중국공산당은 어떻게 민족문제를 해결하는가

中国共产党怎样解决民族问题

『中国共产党怎样解决民族问题』

(How the Chinese Communist Party Manages the Ethno-national Issues)

ⓒ郝時遠

The Chinese edition was originally published by

JIANGXI PEOPLE'S PUBLISHING HOUSE(江西人民出版社) in 2018.

All rights reserved.

This Korean edition was published by

YOUKRACK PUBLISHING CO. in 2023.

《中華社會科學基金》資助
이 도서는 중화학술번역사업(15WMZ001)에 선정돼
중국사회과학기금(Chinese Fund for the Humanities and Social Sciences)의
지원을 받아 번역 출판되었습니다.

中国共产党怎样解决民族问题

중국공산당은 어떻게 민족문제를 해결하는가

하오스위안(郝時遠) 지음 | 김춘자(金春子) 외 옮김

역락

이 책에서는 중국공산당이 중국의 각 민족을 이끌고 중화민족의 위대한 부흥을 이루기 위해 걸어온 지난 역사를 시대 배경으로 하여 중국공산당이 민족문제를 해결해 온 어려운 과정에 대해 체계적으로 회고하였으며, 중국공산당이 당 창건부터 현재에 이르기까지 펼친 역사적 선택에 대해 세밀하게 정리하였고, 그 과정에서 경험과 교훈을 찾아냈다.

이 책에서 저자는 역사적, 변증법적 유물주의의 안목으로 중화민족의 다원일체 구도의 형성과 발전의 역사적 과정에 대해 논의하였고, 중국공산당의 민족관의 형성과 발전 과정을 시기별로 고찰 분석하였으며, 중국의 민족정책과 다른 나라의 정책 및 제도를 비교하면서 설득력 있게 논의를 진행하였다. 저자는 중국공산당이 마르크스주의 민족 이론의 기본 원리와 중국 민족문제의 실제상황을 잘 결합시켜 민족문제 해결의 정확하고 과학적인 방법을 찾아 실천해 왔다고 지적하였다.

저자는 풍부하고 상세한 자료를 바탕으로 민족문제에 대한 중국공산당의 인식 심화 과정과 역사적 조건을 논술하였고 중국공산당의 민족 사업의 발전 맥락을 명확하게 기술하였다. 저자는 민족문제를 해결하는 과정에서 중국의 민족구역자치제도 실행의 역사적 선택은 정확하며 그 효과 역시 뚜렷하다고 밝히고 있다. 민족구역자치제도는 중국의 현실 국정에 부합되며 이 제도에 의해서, 중국은 국가 통일, 영토 완정의 주권 원칙을 유지했고 민족평등, 단결협력, 공동발전의 권리를 효과적으로 보장했으며, 따라서 민족구역자치제도를 확고히 시행하고 이 제도를 지속적으로 발전시키고 보완하는 것이 중국의 민족문제 해결의 유일하고 올바른 길이라고 논의하고 있다.

저자는 이 책의 주제에 대한 연구에서 역사학, 정치학, 민족학, 사회학, 문화학 등 다양한 측면을 다루고 있어 종합적인 연구 특색이 매우 두드러진다. 이 책의 가장 소중한 점은 민족 이론, 민족문제에 대한 사고의 영역을 넓혔다는 점이다. 이 책이 56개 민족이 공존하는 중국의 민족 정책에 대해 관심을 갖고 있는 분들께 많은 도움이 될 것으로 생각한다.

끝으로 이 책의 번역에 함께 동참해 준 趙城琴, 姜紅花, 胡今亮 선생에게 감사드린다. 특히 바쁘신 중에도 흔쾌히 교정과 윤문 작업을 맡아 주신 최명옥 교수님께 깊이 감사드린다. 그리고 이 책의 출판을 맡아 주신 도서출판 역락의 이대현 사장님과 책을 훌륭하게 만들어주신 이태곤 편집이사님 및 편집부 여러분께 진심으로 감사를 드린다.

金春子

2023년 6월

차례

서론

민족 대천세계(大千世界)와 민족문제

역사를 거슬러 올라갈 수록 기원이 같은 각 민족 간의 차이는 점점 사라
지게 된다.

- 엥겔스《아일랜드사》

민족문제는 반드시 역사와 경제 차원에서 제기해야 한다. 민족문제는 세
계적인 현상이다.

- 레닌《민족문제에 관한 보고 강요》

세계적으로는 마르크스-레닌주의가 민족문제를 해결할 수 있다. 중국에
서는 마르크스-레닌주의와 중국의 혁명 실천이 결합된 마오쩌둥의 사상
이 이 문제를 해결할 수 있다.

- 덩샤오핑(鄧小平, 등소평)《서남 소수민족 문제에 관하여》

　　인류 사회는 민족의 대천세계이다. 민족은 인류의 공동체로서, 계
급, 계층, 정당, 조직과 달리, 일종의 안정된 사회 집단 구조로서 '종족'
공동체라고도 할 수 있다. 어떻게 과학적 안목으로 민족 대천세계의 차
이성과 다양성을 관찰하고, 복잡 분분한 민족문제를 해결할 것인가 하
는 것은 줄곧 인류사회가 탐색해 나가는 가장 복잡한 일 중의 하나였다.

1

예로부터 지금까지 인류의 공동체 형태는 계급과 국가의 생성에 따라 끊임없이 변화 발전해 왔다. 일반적으로 말하면 인류사회의 공동체 형태는, 원시 사회의 원시 부락(primitive horde) – 혈연 가정으로 이루어진 씨족(clan) – 친연 씨족으로 이루어진 부족(tribe) – 서로 다른 부족들로 구성된 연맹 또는 족장사회(chiefdom) – 고대 국가의 민족(ethnos) – 현대의 국가 민족(state nation) 등 부동한 형태로 변화 발전하였다.

인류사회의 공동체 형태가 혈연 관계의 결속을 타파하고 지연 공동체를 결성할 때 사유제 – 계급 분화 – 국가 통치의 길에 들어섰음을 의미한다. 그러나 이 발전 변화 과정이 인류 사회의 진화 과정에서 동시에 일어나는 것은 아니다. 고대 사회의 대륙성, 바다 섬 등 자연 지리적 면에서의 단절, 그리고 어떤 독특한 생태 환경에 처해 형성된 '지역인(人)' 및 그들 사이의 경제 사회 생활의 차이에서 인류 사회에는, 20세기에 들어서도 여전히 상술한 공동체 형태의 변천의 역사적 유물과 현실 변이가 존재하게 되었다. 즉 어떤 민족은 지금까지도 여전히 자연 채집, 사냥 수렵 단계에 머물고 있는가 하면, 또 어떤 민족은 이미 우주 공간의 비밀을 탐색하고 있는, 이러한 큰 차이가 있게 되었다. 따라서 이 세상에는 전통적인 채집, 사냥과 수렵, 유목, 농경과 현대의 공업화, 도시화, 정보화가 병존하게 된 것이다.

현 시대에서는 인간 집단이나 개체는, 자신이 어떠한 발전 단계에 있든지 어느 한 나라에 속하며, 어떤 '동족'성의 집단에 속하게 된다. 이러한 인류 사회의 서로 다른 역사적 단계에 처해 있는 '동족' 공동체들은 신체적 특징의 차이로 인해 인식되는 '인종적 우열'은 존재하지 않지만, 경제 사회의 발전 정도, 언어 문화, 생활 습관, 정신 신앙(민간 신앙과 종교), 심리 정체성, 인구 규모 등 면에서는 현저한 차이를 가지게 된다.

그렇지만 "비록 그들이 문화와 언어 면에서 서로 소통이 어렵고, 예의와 풍속 면에서 서로 이해하지 못하고, 신앙 면에서 서로 수용하지 못하지만, 도처에 신화가 있고, 곳곳에 이성이 있고, 도처에 모략과 발명이 있고, 곳곳에 춤과 리듬과 음악이 있으며, 곳곳에 기쁨과 애정, 온화함, 우정, 분노와 증오가 있고(물론 그들은 서로 다른 문화 환경 속에서 상이한 정도로 표현했거나 또는 억압을 당했다), 도처에 무한한 상상이 있으며, 도처에 이성과 광기가 혼합되어 있는데, 이런 혼합의 성분과 비중은 매우 다양하여 분리하기 어렵다."[01] 왜냐하면 그들은 지구의 생물 중 통일된 인류로서, 공동으로 다채로운 민족 대천세계를 형성하였기 때문이다. 그러나 21세기 오늘날에도 이에 대한 그릇된 관념, 이론, 실천은 사라지지 않고 있다.

인류의 기원이 같다는 관점은 이미 과학적으로 증명되었다. 인류의 기원이 같다는 것은 모든 인류의 선조는 모두 지구 생명 중의 한 특수한 동물의 지류 즉 아프리카 열대 수림에서 서식하는 영장류 동물임을 의미할 뿐만 아니라 원숭이로부터 사람으로의 진화도 특정된 지리 환경에서 발생했음을 의미한다. 마치 지구의 생명이 단 한번만 탄생한

---

01   【프랑스】埃德加·莫林, 安娜·布里吉特·凯恩,《地球 祖国》, 马胜利译, 三联书店, 1997년, 제50쪽.

것과 같이, 인류가 원숭이로부터 사람으로 진화된 것도 단지 한 번뿐인 것이다. 따라서 우리가 오늘 마주하고 있는 이 민족 대천의 인류 사회가 그 어떤 복잡한 다양성을 나타내든 그들은 모두 하나의 공통된 조상을 가지고 있으며, 그들은 모두 자연계, 동물문, 포유강, 영장목, 사람과, 사람속, 사람종에 속하는 것이다. 이는 인류 통일성의 생물학적 기초이며 또한 인류 통일성을 인식하는 출발점이기도 하다. 인류의 생물학적 의미에서의 통일성은 '백인 지상주의'의 종족주의를 배제하는 데에 있을 뿐만 아니라 민족 문화의 다양성을 이해하는 데에도 있다.

인류는 통일되었고 민족은 다양한 바, 각 민족이 창조하고 탑재하고 전승한 문화는 다양하다. 인류 사회의 변천 역사로부터 우리는 "진정한 창조성은 결코 일치성을 초래하지 않는다."[02]는 것을 쉽게 알 수 있다. 각 민족 간의 인문 차이는 그들이 부동한 생존환경에서 자연을 인식하고 자연을 이용하는 데서 발생한 창조에 있다. 산지 삼림의 유렵과 화전경작, 강하호해(江河湖海)의 어획과, 편리한 배의 사용, 사막초원의 목축 이동, 광활한 평원의 정착 농경 등등은 모두 부동한 자연 지리적 환경에서 생존하던 인류가 자연에 적응하고 자연을 이용하며 스스로 번식을 유지해 나가는 과정에 있어서의 독특한 창조인 것이다. 이것들의 차이는 다만 "지구 상의 각 민족 구성원들이 부딪친 어려움이 서로 다르고, 또 이 어려움을 극복해 나간 방법이 같지 않음"[03]을 증명할 따름이다. 그렇기 때문에 각 민족마다 민족의 규모가 크든 작든, 사회

02　【미국】E.拉兹洛,《决定命运的选择》, 李吟波等译, 三联书店, 1997년, 제121쪽.

03　【인도】泰戈尔,《民族主义》, 谭仁侠译, 商务印书馆, 1986년, 제1쪽.

발전 속도 빠르든 늦든, 그들의 창조는 모두 인류의 창조인 것이며, 또 바로 이런 다양한 창조가 있었기 때문에 각 민족은 인류 사회에 각 민족의 우수함을 나타냈고, 또 그로 인해 인류 문명의 역사가 다채로워진 것이다.

예로부터 지금까지 인류 사회 집단 구조는 발전 과정 중에 분산에서 취합으로 가는 추세를 보였는 바, 혈연 씨족의 다양성에서 친족 부족의 통일성으로, 친족 부족의 다양성에서 지역 부족 연맹의 통일성으로, 지역 부족 연맹의 다양성에서 고대 국가의 민족 통일성으로, 고대 국가의 민족 다양성에서 현재 구축 중인 민족 다양성으로의 과정을 거쳤다. 이 과정은 사유제, 계급, 국가, 자본주의에로의 진화 발전을 수반하였는데, 그중에서도 국가의 힘이 중요한 역할을 하였으며, 국가 자체도 이런 통일성의 추세 속에서 도시 국가-제국-민족 군주국-현대 민족 국가의 진화 발전 과정을 거치게 되었다.

국가는 계급 모순의 비타협 산물로서, 국가 통치자와 그에 의해 대표되는 계급의 힘은 통치의 지위를 지키는 중요한 기준과 방향이며, 피통치 계급의 복종을 요구하고, 이런 통치 관계의 사회 계급 구조에 대한 인정을 요구한다. 따라서 국가의 힘은 이런 통치 제도의 수호를 위하여 '국민'에 대해 정체적 형상화를 진행하는데 이것은 인류 사회 민족의 진화 발전 과정에 중요한 의제가 되었는 바, 이는 초기 그리스 도시 국가에서 이미 나타났다. 막스 베버(Max Weber)가 말한 바와 같이 "그리스 부족(phylai)은 이전에는 독립적이었다. 그렇지만 그들이 하나의 정치 연합체로 합병되었을 때 도시 국가는 이에 대해 체계적인 도식 처리를 진행하였고, 따라서 정치적으로 만들어진 인공물(political artifact)"[04]이 되었다. 사실상, 고대 종족(ethnos)이 이러했을 뿐만 아니라 현대 민족 (nation)도 마찬가지이다. 다만 전자는 불안정한 상태였기 때문에 흥망 성쇠가 교체되는 국가 역사 발전 과정에서 변천하는 과정에 처해있었 을 뿐이다.

이러한 서로 다른 언어와 부동한 집거 구역과 경제 생활과 서로 다른 문화 풍속과 종교 신앙 등의 특징에 기초한 '동족' 단체는 그 발전 과정에서 전쟁, 재앙, 억압, 이주 등의 원인으로 부단히 흩어지고 취합되고 동화하고 융합되었다. 기원 1,500년 이전에 이런 현상은 서로 차단된 대륙과 고립된 섬 사이에서 이미 서로 부동한 정도로 발생하였는데 특히 유라시아 대륙과 북아프리카 대륙에서 가장 현저했다. 기원 1,500년 이후에는 전 지구적인 해양업의 발전에 따라 각 대륙 간에 식민지 정복, 노예 무역 등과 함께 대규모의 인구 이동이 나타났다. 그중에는 '콜럼버스 교환'이라고 불리는 전염병의 전파와 인종 간 혼혈이 포함되는데 특히 아메리카, 아프리카, 오스트레일리아 대륙에서 가장 광범위하게 발생하였다. 이 과정에서 서방 자본주의가 일으킨 전 세계 식민지 물결로 인하여 많은 낡은 사회가 멸망하였다.

---

04   【독일】马克斯·韦伯,《经济、诸社会领域及权力》, 李强译, 三联书店, 1998년, 제119쪽.

2

글로벌화에 대한 연구에서 학자들은 역사를 소급할 때 일반적으로 500여 년 전의 콜럼버스의 소위 '신대륙'의 탐험을 인류 사회 세계화가 시작된 것으로 보고 있다. 만약 역사적으로 각 대륙이 오랜 시간 동안 단절돼 있었던 시각으로만 본다면 이런 인식은 합당할 것이다. 하지만 지리적 대발견과 함께 일부 서방 자본주의 국가들은 서로 앞다투어 해외 영역 개척을 하면서 식민주의를 확장하였다. 이들 서방 국가들이 세계로 나아가며 구축한 세계화의 기원은 폭력 정복, 미친 듯한 약탈과 식민지 노예화를 특징으로 하고 있으며 비(非) 서방 사회가 가진 고대 문명의 훼멸을 바탕으로 구축된 피와 불의 폭행이었다. "아메리카 금은(金銀) 산지의 발견, 토착민의 토벌과 그들의 노예화, 그리고 그들의 갱도 매장, 동인도에서 진행한 정복과 약탈, 그리고 아프리카에서의 상업적 흑인 포획, 이 모든 것은 자본주의 생산 시대의 태동을 의미한다. 이런 전원시적인 과정은 원시적 축적의 주요 요소이다. 그 뒤를 이은 것은 유럽 각 나라가 지구를 전쟁터로 삼아 진행한 상업 전쟁이었다."[05] 이 "상업 전쟁"에서 서방 식민자들이 일단 세상과 동떨어진 이들 고대 사회에 진입하기만 하면 "그들이 몇 천 년 동안 축적한 대부분 지식도 식민자의 진입과 함께 사라졌으며 훼멸자가 그들의 지식을 무시함으로써 "가장 우수한 토착 문화가 가장 열등한 서방 문화의 충격에

---

05   马克思, 《资本论》, 人民出版社, 1975년, 제819쪽.

의해 소실되는"[06] 각종 비극을 초래하였다. 이런 세계화는 서방 열강들이 전 세계에 행한 일방적인 침략이지 교류가 아니었다. 그들은 "선진적인 무기"를 앞세워 황금 등과 같은 재부의 약탈에만 집중하였을 뿐, 고대 사회 또는 고대 문명을 이해하고 인식하려고 하지는 않았다.

인류의 생물학적 의미에서 통일성에 대한 부정은 상고시기부터 인류사회에 존재한 일종의 보편적인 심리 현상이었다. "고대인들은 타향인을 신령이나 마귀로 여겼"[07]는데, 이런 현상은 각 민족, 각 나라의 역사에서 흔히 볼 수 있는 것으로서, 현실에서도 신기한 것이 아니다. "나와는 다름"에 착안점을 둔 차별성 관점은 동서고금의 역사와 현실 속에서 모두 그대로 반영되었다고 할 수 있다. 콜럼버스가 소위 '신대륙'을 발견한 후 유럽 백인들은 아프리카 흑인을 "깜둥이"라고 불렀고, 동양인들은 서양인들을 "홍모 오랑캐", "양놈"이라고 불렀으며, 짐승을 표현하는 글자나 단어로 다른 민족을 나타내는 현상이 비일비재하였다. 만약 원시사회에서 인류 혈연 씨족과 부락이 "자기와는 다른" 집단을 기이하게 여기고, 배척하고, 무서워하고, 악마화 하는 것이, 자신의 안전에 대한 보호였다면, 계급 사회에서는 계급 통치 이익을 유지하기 위해 사람 간의 불평등의 관념을 신체적 특징이 다른 종족과, 문화 풍속이 다른 민족과, 심지어는 경제 사회 발전 수준이 부동한 국가 간에까지 확대하였다.

서방 식민주의가 창설한 소위의 세계화 기원은, 폭력으로 정복하

---

06   【프랑스】埃德加·莫林, 安娜·布里吉特·凱恩,《地球 祖国》, 제2쪽, 79쪽.

07   【프랑스】埃德加·莫林, 安娜·布里吉特·凱恩,《地球 祖国》, 제52쪽.

는 방식을 통하여, 세계적인 무역, 이민, 식민지 통치와 문화 이식(移植)(언어, 종교 등을 포함)을 추진하였다. 그러나 이런 세계화는 일종의 일방적이고 강제적인 서방 자본주의화로서 "백인 지상주의"와 "유럽 문화 중심론"을 기초로 한 것이다. 이는 인류 통일성에 대한 부정을 전제로 한 것이기 때문에 전 인류의 평등한 참여가 아니다. 이것은 일체 비서방적인 문명과 문화를 배척한다. 이것은 서방의 소수의 "선진 민족"이 비서방 사회의 다수의 "낙후 민족"에 대한 노역으로 표현된다. 심지어 현대의 "생물학이 인류의 통일성을 확인함에 있어 인류를 우수 종족과 열등 종족으로 구분하는 데 대한 열정을 조금도 약화시키지 않았고"[08] 지금까지도 많은 개발 도상 국가들이 직면한 공통 문제는 여전히 어떻게 인류 자신의 존엄과 권리를 얻겠는가 하는 것이다. 왜냐하면 그들은 종래로 서방 문명이 명시한 민족, 자유, 박애에서 "사람은 태어날 때부터 평등하다"는 권리와, 자아와 행복을 느껴본 적이 없기 때문이다. 세계적인 범위에서는 아직도 민족 간, 국가 간의 불평등이 보편적으로 존재하며, 이로 인해 발생한 광의적 의미의 민족문제 즉 국가 내부의 민족문제(ethnic problems)와 국가 간의 민족문제(national questions)가 보편적으로 존재하며[09] 이는 여전히 인류 사회가 마주해야 하는 중대한 문제이다.

---

08 【프랑스】埃德加·莫林, 安娜·布里吉特·凱恩,《地球 祖国》, 제46쪽.

09 소위 국가 내부의 민족문제는 주요하게 다민족, 다이민 국가의 각 민족(ethnos/nationality) 간에 발생한 문제를 가리킨다. 국가 간의 민족문제는 일반적으로 국제관계에 의해 가려져 있다. 사실상 민족 국가 간의 관계도 국가 민족 간의 관계이다. 이를테면 중화민족, 야마토민족(大和民族), 러시아민족, 아메리카민족, 프랑스민족 간의 관계 등도 국가 민족 관계인 것이다.

3

당대 인류 사회는 국가 내부의 다민족 구조와 세계 범위의 다양한 국가라는 이 두 가지 유형의 공동체로 구성되었으며, 소위 민족 대천 세계는 '민족'의 이중적 의미를 포함하고 있다. 세계의 민족국가를 구성하는 시각에서 볼 때 근 200개 국가가 모두 민족 국가(nationstate) 범주에 속한다. 따라서 이들은 주권의 독립, 영토의 완정, 국민의 통합 등 기본 원칙에 따라, 국가의 힘(통일된 국민 신분, 국어 혹은 국가 통용어, 교육 체제, 경제 생활, 심지어는 국기(國旗), 국장(國章), 국가(國歌), 국가 박물관 등의 표징, 상징 등을 포함)으로 국민의 응집과 민족 동질감을 실현하는 현대 국가들이다. 그들은 국가 민족이 세계 민족 가운데서 자립의 길을 걷도록 도모한다. 이와 동시에 역사적 원초적 의미를 갖고 있는 민족은 세계적 범위에서 수천을 헤아린다. 세계 각 민족의 분류에 관한 통계에 따르면 지금까지 세계에는 민족 분류에 대한 통일된 표준이 형성되지 못했는바 일부 통계에서는 언어를 구분의 표준으로 삼아 5, 6천개의 민족으로 분류하였고, 또 일부 통계에서는 나라 별로 국민 성분 통계를 합산하여 2, 3천여 개 민족으로 분류하였다. 역사적 원초적 의미의 통일성 또는 역사적 혈연 관계를 가진 민족공동체도 각종 원인 특히는 현대 민족 국가의 구축 과정에서 정치, 경제, 사회 등의 원인 및 영토, 국경의 구획에 따라 서로 다른 나라에 속하기도 하였는데, 이런 민족은 부동한 나라의 발전 과정을 거치면서 서로 다른 모습으로 변하여 역사 모체 또는 이산된 민족과 서로 다른 새로운 차이를 형성하였다.

종족성에 대해 구분을 진행하는 이러한 과정에서 국가를 단위로

한 인구 통계는 여러 가지 종류의 국가적 특징을 나타냈다. 예를 들면 우리가 일반적으로 말하는 아랍 국가들의 경우 역사적으로 원초적 의미를 가지고 있는 아라비아인들이 부동한 나라에 귀속되어 부동한 국가 민족을 구성하였다. 그리고 역사상 전반 아메리카 대륙에서 생활한, 통털어 인디안인이라고 불리는 종족은 서로 다른 여러 나라에 분산되었을 뿐만 아니라 다양한 언어와 전통 부락 조직을 구비하고 있어 현재는 충분히 서로 다른 민족으로 식별할 수 있다. 미국, 캐나다, 오스트레일리아, 뉴질랜드 등 전형적인 이민 국가들도 원초적인 토착민(indigenous people/abo-rigines)을 제외한 국민들은 세계 각 지역에서 왔으며, 서로 다른 피부색과 언어와 종교를 가지고 있는 바, 자신의 "민족 모체"를 이탈한 이민 단체에 속하며 이 역시 서방 국가에서 말하는 "인종 집단(ethnic groups)"으로서 족군(族群)이라고 약칭할 수 있다.

수천 개에 달하는 민족이 수백 개의 나라에 귀속되게 된 이 점은 당대 세계의 각 나라들로 하여금 기본상 다민족, 다종족의 국가가 되게 하였다. 국민 성분이 단일한 국가, 이를테면 북한, 한국, 일본, 몽골, 포르투갈, 아일랜드 등 나라들도 단순한 단일 민족 국가라고 할 수 없는 바 모두 많게 적게 토착민, 소수민족, 조기 이민이 존재할 뿐만 아니라, 경제 세계화의 촉진과 함께 국제 이민이 날로 확대되고 바야흐로 힘차게 발전하고 있는 추세이다. 따라서 이런 전형적인 동질성을 가지고 있는 국가의 국민 성분에도 변화가 나타나게 되었으며 심지어는 그 변화가 아주 현저한 경우도 있다.

4

현대 국가에 의해 구축된 국가 민족이든 국가 내부의 다민족, 다이민 구조이든 이러한 다양성의 본질은 바로 차이다. 이런 차이는 언어, 문화, 경제생활, 풍속습관 등 여러 면에서 나타나는데 심지어 종교 신앙의 영향도 받는다. 이로부터 생성된 접촉, 교류, 특수성, 적응, 차별 대우, 마찰과 충돌은 민족문제의 바탕을 형성하였다. 그리고 계급사회의 사람들 간의 불평등은 민족과 민족 간, 국가와 국가 간에까지 확대되어 민족문제의 사회적 원인을 형성하였다. 따라서 민족문제는 인류 사회에 보편적으로 존재하는 사회 문제의 하나가 되었으며, 민족문제를 해결하는 것은 인류 사회가 예로부터 지금까지 내려오면서 부딪친 가장 복잡하고 장기적인 업무 중의 하나로 되었다.

기나긴 역사 발전 과정에서 민족문제를 해결하는 관념과 실천은 대부분 차이를 없애는 것을 목표로 하였고, 그 수단도 전쟁을 통하여 정복하거나 강박적으로 동화시키거나, 내쫓거나 포위하거나 심지어는 학살하여 멸절하게 하는 방법을 취하였다. 이런 수단이나 정책은 서방 식민주의 시대에 형성된 통칙으로 그 시기에 극치에 이르렀었다. 무기와 종교와 문화와 약탈 욕망을 가지고 있는 소수의 식민 세력들은 낡은 사회 토착민에 대해 사냥식 학살을 진행한 외에도 식민 통치를 수립하고 옹호하기 위하여 "분할 통치", "적 내부의 모순과 충돌을 이용하여 그 힘을 약화시키기", "힘을 빌어 누르기" 등 일련의 분화 정책을 취하였으며 정복된 사회의 차이성을 이용하여 단결, 연합할 수 없게 하였고, 이를 통하여 외래 식민지 세력의 사회 분할 도전을 막았으며, 이를 위해 영토 구분, 포령(包領, enclave)을 진행하였으며, 심지어는 아프리카 대륙에서 식민지 종주국 세력 범위를 대표하는 기하도형식 국가 변계를 그려냈다. 만약 학살, 강압적 동화의 목적이 인류 사회의 광의적 문화의 다양성으로 말미암아 생성된 차이를 없애고 서방식 통일을 모색하는 것이라면, "분할 통치", "적 내부의 모순과 충돌을 이용하여 그 힘을 약화시키기" 및 이간질의 목적은 피식민 사회의 식민 침략과 노예 통치에 항거하게 하는 힘을 분화하고 약화시키기 위한 것이다. 이렇게 함으로써 토지, 사회 지위, 경제 사회 생활의 이익의 분쟁에 빠져 여기에서 스스로는 벗어날 수 없게 하였으며 진일보 식민자의 권력에 대해 숭배하고 고상한 "중재자"의 권력에 의존하도록 하였다.

만약 우리가 1,500년 후의 세계 역사를 살펴 본다면 현재 세계의 복잡한 민족 충돌, 종교 모순, 영토 분쟁의 원인에 대해 크게 깨닫게 될 것이다. 20세기 90년대 이래 남아프리카에서는 흑인과 백인의 인종분리정책을 철폐하였고, 아프리카 대호수 지역의 르완다 후투족과 투치족 간의 잔혹한 대학살도 이미 멈추었으며, 1998년 인도네시아 자카르타 등 지역의 인종 폭동 참극의 피해자인 화교들도 인도네시아 다문화 사회 구축에 새로운 공헌을 하고 있고, 심지어 20세기 70년대 이래 크게 명성을 날린 스리랑카 '타밀 엘람 해방 호랑이'라는 무장단체도 이미 소실되어 많은 문제들이 해결되었다. 그렇지만 인도와 파키스탄 간의 카슈미르 지방을 둘러싼 영토 분쟁, 장기간 지속된 파키스탄과 이란 간의 충돌, 아프리카 국가들 간의 끝없는 국경 및 영토 분쟁과 부락 충돌, 수단 남북 분리 등의 문제는 아직도 끝나지 않았다. 이처럼 온 세상 사람들에게 생소하지는 않지만 이해할 수 없는, 이미 수습되었거나 또는 아직도 여전히 계속되는 충돌의 배후에는 사실상 '서방 식민주의'가 존재한다. 근대 서방 자본주의가 구축한 전 세계 식민 체계는 비록 붕괴되었지만 식민지 확장과 통치 시대가 이 세상에 남긴, 대다수 개발도상국에 남긴 종족 모순, 민족 충돌, 종교 분쟁과 영토 분쟁은 현재 세계의 하나의 복잡한 '역사 유산'으로 남았다. 이 유산의 현대 '발효'는 냉전 구도가 와해된 후 연이어 발생한 세계의 민족문제의 중요한 역사적 근원이 되었다.

5

19세기에 인류 사회의 민족 대천세계는 서방 식민주의 세력에 의해 거의 전부 분할되었다. 서유럽, 북아메리카의 식민제국은 전 세계의 자원을 약탈하고 염가 노동력을 점유하고 시장을 통제함으로써 신속한 발전을 이루었으며 이와 동시에 내부 혁명을 배태하였다. 1848년 "민족의 봄"으로 불렸던 유럽 혁명은 민족주의(nationalism) 운동의 전면적인 고조와 민족 국가(nation-state) 모델이 승리를 거두었음을 충분히 나타냈다. 마르크스 경전 작가들은 "1848년 혁명은 비록 사회주의혁명이 아니었지만 사회주의혁명을 위하여 길을 닦아 놓았으며 기초를 마련하였다."라고 하였는데 이 기초가 바로 자본주의의 매장꾼—무산계급이다. 이뿐만 아니라 "1848년 혁명은 또 모든 피억압민족이 일어나 독립을 요구하게 하였으며, 스스로 자신의 사무를 관리할 권리를 요구하도록 각성시켰다."[10] 따라서 이번 혁명은 "각 민족의 독립과 통일을 회복시키지 않고는 무산계급의 국제연합이 있을 수 없으며, 각 민족의 공통된 목표를 실현하기 위해 반드시 실행해야 하는 뜻 맞는 자발적인 협력도 있을 수 없다[11]는" 것을 증명하였다. 마르크스, 엥겔스가 1848년에 발표한 ≪공산당선언≫은 세계를 향하여 일종의 새로운 이데올로기의 탄생을 선포하였을 뿐만 아니라 인류 사회 민족문제 해결의 방향을 제시하였다.

마르크스주의 경전 작가들은 유럽에서 "자각적으로 민족국가 (national Staten)를 세우는 추세가 날로 뚜렷해지는 것은 중세기 진보의 가장 중요한 지렛대의 하나"[12]라고 인정한다. "민족국가는 자본주의 발전과정에서 반드시 거쳐야 하는 단계"이며, "자본주의가 일정한 단계에서 생산력을 발전시키는 필수적인 기초이다."[13] 따라서 서유럽에 있어서든, 전 세계에 있어서든 민족국가는 "모두 자본주의 시기의 전형적이고 정상적인 국가 형태"[14]이다. 이뿐만 아니라 열강들에 의해 분할되고 식민화된 아시아에 있어서도, 그곳에서 일기 시작한 민족 운동은 "그 추세는 바로 아시아에서 민족 국가를 세우기 위한 것이고 오직 이

---

10 恩格斯,《德国的革命与反革命》,《马克思恩格斯文集》第2卷, 人民出版社, 2009년, 제 398쪽.

11 马克思·恩格斯,《共产党宣言》,《马克思恩格斯文集》第2卷, 제26쪽.

12 恩格斯,《论封建制度的瓦解和民族国家的产生》,《马克思恩格斯文 集》第4卷, 人民出版社, 2009년, 제219쪽.

13 列宁,《关于无产阶级和战争的报告》,《列宁专题文集·论资本主义》, 人民出版社, 2009년, 제88쪽.

14 列宁,《论民族自决权》,《列宁选集》第2卷, 人民出版社, 1995년, 제371쪽.

런 국가야말로 자본주의의 발전을 보장하는 가장 좋은 조건이다."[15] 무산계급 혁명이 바로 민족국가의 정권을 취득하기 위한 것이다.

이 점에서 "노동자는 조국이 없다. 절대로 그들에게 없는 것을 박탈해서는 안 된다. 무산계급은 반드시 우선 정치적 통치를 취득하여 민족 계급으로 부상해야 하며 자신을 민족으로 조직해야 하기 때문에 자체가 바로 민족적인 것이다. 여기서 말하는 '민족적'이라는 이 단어는 자산계급이 이해하는 민족과는 완전히 다르다."[16] 이에 대하여 레닌은 다음과 같이 진일보 논의하였다. "≪공산당선언≫에서는 노동자는 조국이 없다고 지적하였다. 이것은 맞는 말이다. 하지만 거기에서 이 한 가지 점만 지적한 것이 아니다. 민족국가가 형성되는 시기 무산계급의 역할이 좀 다르다는 것도 지적하였다. 만약 첫번째 원리(노동자는 조국이 없다)만 틀어 쥐고 두번째 원리(노동자들이 조직하여 민족적 계급을 형성하는데 여기에서의 의미는 자산계급이 이해하는 그 뜻이 아니다.)와의 연관을 잊는다면 이는 엄청난 잘못이다."[17] 두번째 원리를 소홀히 하면 민족은 "공고화되지 못하고 성숙되지 못하며 최종적으로 형성되지 못하기"[18] 때문이다. 상술한 관점은 두 가지 함의를 내포하고 있다. 하나는 "민족적 계급"은 무산계급이 국가 정권을 지배하여 구성된 민족을 가리키고, 다른 하나는 무산계급이 지도하는 민족국가를 가리키는 것으로, 이것은 자산계급 민족주의가 추구하는 국민 성분이 단일하고 언어가 동일

---

15   列宁, 《论民族自决权》, 《列宁选集》第2卷, 제347쪽.

16   马克思.列宁, 《共产党宣言》, 《马克思恩格斯文集》第2卷, 제50쪽.

17   列宁, 《致伊·费·阿尔曼德》, 《列宁专题文集·论马克思主义》, 제164쪽.

18   列宁, 《卡尔·马克思》, 《列宁专题文集·论马克思主义》, 人民出版社, 2009년, 제32쪽.

한 "단일 민족 국가"가 아닌, 무산계급이 공동으로 구성한 다민족의 통일된 민족국가도 포함한다.

20세기의 인류 사회를 전체적으로 살펴보면 현대 민족 국가를 세우는 것은 인류 사회 국가 구도가 변화 발전하는 기본 추세이다. 이런 추세는 제국 구조가 붕괴 와해되면서 나타났거나 또는 제국 모델을 와해시켰다고 할 수 있다. 20세기 제1차 세계대전을 거치면서 오스만제국, 오스트리아-헝가리제국, 독일제국과 러시아제국이 해체되었고, 중동부 유럽지역에서 일련의 민족국가가 출현하였다. 이 영향으로 중국의 신해혁명, 터키의 케말혁명과 함께 동방 민족주의 사조와 아시아에서의 현대 민족 국가 구축의 세력이 형성되었다. 제2차 세계대전을 거쳐 아시아-아프리카-라틴아메리카의 민족 해방 운동이 급속히 진전되면서 그 기세가 막강하였고, 서방 국가에서 구축한 세계화 식민제국 체계가 완전히 무너졌으며 세계의 국가 수가 100여 개 증가하였다. 사회주의 운동도 이 두 차례 세계 구도의 중대한 변화 속에서 두각을 나타내기 시작했으며 무산계급이 국가 정권을 탈취하고 장악하는 민족국가 건립 과정에 진입하였다. 이것은 "무산계급의 국제 운동이 독립된 민족 범위 내에서만 가능"[19]하기 때문이다. 소련이 바로 무산계급 정당이 집정한 첫 사회주의 국가이다.

---

19   恩格斯, 《恩格斯致卡尔·考茨基》, 《马克思恩格斯文集》第10卷, 人民出版社, 2009년, 제472쪽.

6

레닌은 과학사회주의의 실천자로서, 그가 이끈 러시아의 "시월혁명"은 사회주의 이론으로부터 실천에로의 노정을 개척하였다. 그는 러시아제국이 "각 민족의 감옥"이라는 역사적 국정으로부터 출발하여 각 민족의 자결권과 독립적으로 민족국가를 수립하는 사상을 선도하였고 각 민족의 무산계급 자결권의 실천과 다민족이 통일된 국가 수립이라는 목표에 입각하여 최종적으로 여러 민족국가로 구성된 소비에트 연방 사회주의 공화국을 건립하였다.

소련의 건립은 20세기 세계를 놀라게 한 중대한 사건 중의 하나이다. 세계를 놀라게 한 또 다른 하나의 중대한 사건은 바로 1991년의 소련의 해체이다. 소련이 해체된 지 30여 년이 지난 오늘까지도 세상 사람들은 아직도 이 '세기의 대사건'에 대해 각종 분석과 설명을 진행하고 있다. 하지만 소련이 민족문제의 해결에 실패했다는 점은 토론할 여지가 없는 확실한 사실이다. 소련의 해체 및 이로 인한 동유럽의 급변으로 초래된 국가의 분열로부터 본다면, 1차 세계대전, 2차 세계대전 후의 상술한 결과와 표면 상 구별이 없어 보인다. 소련은 15개의 국가로 분열되었고, 유고슬라비아는 7개의 국가로 분열되었으며, 체코슬로바키아는 2개의 국가로 분열되어, 세계 각 국가의 구도에는 또다시 중대한 변화가 생겼다. 마르크스가 고대 제국의 해체 원인에 대해 "로마와 그리스는 민족문제 때문에 실패했다."[20]고 말했 듯이, 만약 이것이 일종의 법칙이

---

20   马克思.恩格斯,《神圣家族: 或对批判所做的批判》,《马克思恩格斯文集》第1卷, 人民出

라면, 소련이 하나의 제국인지 그 여부는 판단이 필요한 문제이다.

　소련은 러시아제국의 폐허 위에 수립된 사회주의 연방 국가이며 이론상으로는 주권 국가 연맹에 속하기도 하는 것으로서 현재의 유럽연맹과 매우 비슷하다.[21] 하지만 소련은 자본주의 경제 사회가 상대적으로 발전한 기초 위에 수립된 것이 아니었기 때문에 각 가맹 공화국 간의 경제 사회 발전 수준의 차이가 매우 컸고, 민족, 종교, 문화 등 요소가 상당히 복잡하였고, 러시아제국 시대에 조성된 민족 모순도 상당히 심했다. 이는 소련의 민족문제 해결의 장기성과 복잡성을 결정하였다. 그뿐만 아니라 서방 자본주의 세계가 소련의 민족, 종교 등 문제점을 이용하여 진행한 이간 활동과 침투 활동도 끊이지 않고 지속되었다. 이 방면에서 레닌, 스탈린은 무산계급 혁명과 사회주의 시기 민족문제의 이론 해석을 아주 중시하였고 마르크스주의 민족 이론을 풍부히 하고 발전시키는 데에 중대한 공헌을 하였다. 동시에 연방 체제의 제도 배치에 있어서도 일련의 민족 정책을 제정하였고 러시아 민족 공화국의 경제, 문화와 여러 가지 사회 사업 발전을 돕고 부추기는 등 괄목할 만한 성과를 거두었다. 소련은 마르크스주의 이론에 근거하여 민족문제를 처리하고 해결하기 위한 새로운 국면을 개척하였다고 말할 수 있다.

　그렇지만 스탈린 시대에 출현한 소련 사회주의 건설 과정에서 실제를 이탈한 시대 초월의 판단으로 하여 소련 사회주의 건설 완성론이 나타났으며 심지어 곧 공산주의사회에 진입한다는 주관적인 억측

版社, 2009년, 제321쪽.

21　통일된 연맹 헌법이 있고, 통일된 화폐를 사용하며, 각 가맹 공화국 사이에는 변방 시설이 없고, 각 가맹 공화국은 자기의 헌법이 있다.

이 생겨, 고도로 중앙 집권에 집중함으로써 연방제 민주 권리 구조에 대한 침습을 한층 격화시켰고, 장기성, 복잡성의 민족문제를 실천 중에서 간소화하였다. 그리고 잔혹한 계급 투쟁, 민족 유배 등과 같은 극단적인 방식으로 민족문제를 처리하는 착오를 범하였다. 이런 "주의주의(Voluntarism)"식의 고도 집권과 정치 폭력 강압 하의 민족 "화목"은 "러시아화"가 천하에 공공연히 진행되게 했을 뿐만 아니라 비(非)러시아 민족의 불만 감정이 쌓이고 쌓여 잠류를 형성하게 되었다. 또한 소련 공산당으로 하여금 역사가 소련에 남겨준 소련 민족문제 "유산"이 "완전히 해결된" 것으로 맹목적인 판단을 하게 하였으며, 사상 영역과 민족 이론 학계의 "축배사"식 공덕 칭송에 빠지게 하였다.

소련의 일련의 민족문제 위기를 처리한 적이 있는 레이코프는 민족문제 해결의 교훈을 반성할 때 "과거시대가 남겨 놓은 문제 및 번번히 극복하지 못한, 객관 상황을 돌보지 않고 시대를 앞서 가려고 했던 욕심들은 모두 사업에 근본적인 손실을 초래했다. 예를 들면 중국의 민족문제가 이미 완전히 해결되었다고 생각하였고 이런 배경에서 민족 발전과 민족 간의 상호 관계의 실제 과정에 대한 연구는 항상 간단한 구호에 의해 대체되었다."[22]고 지적하였다. 사회 발전 단계를 초월한 급진적인 판단은, 민족문제의 장기성, 복잡성 등과 같은 기본 특성에 대해 간소화하도록 하였는데, 이는 "소련식 모델"이 민족문제를 해결하는 실천 중에서의 근본적인 폐단이었다. 이는 마르크스주의 민족 이론

---

22 【러시아】雷日科夫,《大国悲剧-苏联解体的前因后果》, 徐昌翰等译, 新华出版社, 2008년, 제36쪽.

에 대한 방치를 초래하였을 뿐만 아니라 연방 권익을 포함한 민족 정책이 실천 중에서 유명무실해지게 하였다. 따라서 소련은 국내의 민족 관계의 조율과, 기타 사회주의 국가와의 국제적인 상호 작용 중 러시아 제국으로 되돌아가는 패권의 길을 걷게 되었다. 그러면서 위대한 러시아 민족은 "리더의 민족", "제일의 민족"이라고 불렸고 "러시아화(化)"가 소련 국민의 표준으로 되었으며, 동시에 "맏형"이 창조한 "소련식 모델"은 기타 사회주의 국가의 본보기로 되었다.

외교는 내정의 연장이다. 소련의 "맏형"식 외교는 국제주의의 사심 없는 원조도 포함하지만 "소련식 모델"의 강제적 수출도 포함하며, 심지어 무력적 수출도 포함했다. 모든 사회주의 국가들로 하여금 "소련식 모델"을 따를 것을 요구하는 패권 행위는 사회주의 진영의 반목과 분열을 조성했을 뿐만 아니라 이런 나라들이 자신의 국정으로부터 출발하여 사회주의 길을 건설함에 있어서의 다양성을 제약하였는데 여기에는 민족문제 해결의 이론과 실천도 포함된다. 그 결과 이런 나라들은 "맏형"의 보호로 함께 부귀를 누리는 성과는 별로 느끼지 못하면서 도리어 "소련식 모델"이 가진 폐단을 모방하거나 강박적으로 공유하게 됨으로써 함께 멸망의 길을 걷게 되는 필연적인 결과를 가져오게 되었다. 소련이 취한 고도의 압력을 무릅쓰고 새로운 길을 개척한 유고슬라비아 역시 소련이 행한 고도의 중앙 집권의 폐단을 극복하기 위하여 "국가 기계를 부수"는 "노동자의 자치"를 급진적으로 추진하였고, 부단한 헌법 수정을 통하여 연맹 중앙의 권력을 약화시켰으며 각 공화국의 지방 민족주의를 용인했지만, 최종적으로 방법은 달라도 결과는 같은 민족 분열과 연맹 해체를 초래하게 되었다.

소련이 사회주의 건설의 발전 과정에 대한 앞선 판단과, 민족문제를 포함한 사회 문제에 대한 급진적이고 간소화한 처리, 특히는 대내로는 대(大)러시아 민족주의를 용인하고 대외로는 대국 강권주의를 실행한 것은 소련으로 하여금 미국과 서방의 패권 경쟁에서 사회 제국주의 나라가 되게 하였다. 이러한 실천은 마르크스-레닌주의에 대한 위반이며 사회주의 민주 원칙에 대한 배신으로서, 소련 각 민족 인민들로 하여금 공통된 사상적 기반과 정신적 터전을 잃게 하였을 뿐만 아니라 "소련화"된 기타 사회주의 국가들로 하여금 마르크스-레닌주의를 본국의 실제와 결부하여 과학 사회주의를 탐색하는 기회와 조건을 상실하게 하였다. 이로 하여 수많은 국가의 자주적이고 창조적인 사회주의 실천이 제도의 우월성을 발휘할 수 없게 되었고, 자본주의와의 경쟁을 강화하기 위한 그들의 실력도 크게 약화시켰거나 심지어 제약하였다. 동시에 소련이 강권적으로 유지한 표준화, 유일성의 경직된 패턴과 그 폐해는 과학사회주의가 "소련식 모델"과 같다는 심각한 오해를 낳았다. 이것 역시 소련의 해체 및 동유럽의 급변에 휩쓸린 사회주의 국가들이 하나도 "서양화"의 길로 나아가지 못하게 된 원인이기도 하다.

근본적으로 말하면 소련이 민족문제의 해결에서 실패한 것은 소련이 어떻게 사회주의를 건설할 것인가 하는 총체적인 문제를 해결하지 못한데서 비롯된 필연적인 결과이다. 스탈린은 "민족문제를 독립적이고, 자립적이며, 고정 불변하는 문제라고 여겨서는 안 된다. 민족문제는 단지 현존하는 제도 문제를 개조하는 과정의 일부분으로서 사회 환경 조건, 국가 정권의 성격에 의해 결정되며, 총체적으로 말하면 사회 발전의 전반 과정에 의해 결정된다."[23]고 지적한 적이 있다. 이는 의심할 여지가 없는 정확한 논의이다. 하지만 소련은 실천 가운데서 "구체적인 역사 조건을 출발점으로 변증법적으로 문제를 제기하는 것을 유일하고 정확한 문제 제기 방법으로 삼아야 한다. 이는 역시 민족문제 해결의 관건이다."[24]라는 사상을 과학적이고 객관적으로 견지하지 못했다. 실천은 진리를 검증하는 표준으로서, 진리를 방치해 두고 사용하지 않는 실천, 심지어 진리를 위배하는 잘못된 실천은 역시 진리를 위해 검증의 표준을 제공할 수 있다. 스탈린이 "민족 이론 절대 권위"의 "개인 숭배"의 후광에 쌓여 실천 중에서 민족문제의 형세에 대해 제기한 모든 주관적인 억측과 정책들은 모두 이 이론을 위반하였고 자아 부정의 결과를 초래하였다. 이런 잘못된 실천은 그의 "절대 권위"의 지위에 의해 당 내와 사상 이론계에 의견 차이가 나타날 수 없게 하였다. 그결과 흐루쇼프가 스탈린에 대해 전면적인 부정을 하게 되는 결과를 초래하였으며, 심지어 스탈린이 계승하고 발전시킨 마르크스-레닌주의의 정확한 사상에 대해서도 "스탈린주의"로 삼아 모두 부정하는 결과를 초래하였다. 마오쩌둥(毛澤東, 모택동)이 말한 바와 같이 "소련은 지난날 스탈린을 만장까지 추켜올렸다가 단번에 지하 구천장까지 끌어내렸다."[25]

안타깝게도 스탈린 이후의 소련 지도자들은 이런 지도자 세대 간

---

23 斯大林,《十月革命与民族问题》,《斯大林选集》上卷, 人民出版社, 1979년, 제118쪽.

24 斯大林,《十月革命与民族问题》,《斯大林选集》上卷, 人民出版社, 1979년, 제81쪽.

25 毛泽东,《论十大关系》,《毛泽东文集》第7卷, 人民出版社, 1999년, 제43쪽.

의 부정을 연속하였을 뿐만 아니라 국내 민족문제의 해결에서도, 사회주의 형제 국가 간의 국제 관계를 처리함에 있어서도 (국가 민족 간의 관계이기도 함), 대내로는 "러시아화", 대외로는 "소련화"의 제국 심리와 패권 행위를 개변하지 못했다. 그리하여 고르바쵸프의 '신사고(new thiking)' 개혁 과정에서 소련, 마르크스-레닌주의 및 사회주의에 대한 전면적인 규탄과 철저한 부정이 나타나게 되었다. 또한 여러 비(非)러시아 민족 공화국들의 불만과, 사회화된 대(大)러시아 민족주의의 수축과 응집은 소련 해체 직전의 "주권 선언" 물결의 추진력이 되어 소련의 민족 분열, 국가 분열의 과정을 가속화하였다.

1978년 프랑스의 학자가 처음으로 소련에 대해 "소비에트 국가도 그가 계승한 러시아제국과 마찬가지로 민족문제의 막다른 골목을 벗어나지 못할 것이다."[26]라고 단언한 적이 있다. 서방의 학계, 정계에서도 "싸우지 않고 이기기" 위하여 소련의 민족문제 특히는 비러시아 민족의 불만 정서에 역점을 두었으며, "만약 또다시 1917년과 같은 권력 진공이 나타난다면 소련은 러시아 제국처럼 빠르게 해체될 것이다."[27]라고 예언했다. 당연히 이런 예견은 "앉아서 기다리는 것"이 아닌, "국민 분열을 조성하여 서로 적대시하는 집단으로 분열되게 하는" 등의 여러 가지 종류의 "분화"행동인 것이다.[28] 그러나 소련은 응집력이 전

---

26 【프랑스】埃菜娜·卡·唐科斯,《分崩离析的帝国》, 都文译, 新华出版社, 1982년, 제271쪽.

27 【미국】罗伯特·康奎斯特主编,《最后的帝国-民族问题与苏联的前途》, 刘靖兆, 刘振前 等译, 华东师范大学出版社, 1993년, 제79쪽.

28 【俄】亚历山大·季诺维也夫,《俄罗斯共产主义的悲剧》, 侯艾君等译, 新华出版社, 2004년, 제98쪽을 참조하라.

중국공산당은 어떻게 민족문제를 해결하는가

혀 없는 국가가 아니었기 때문에 만약 내부에서 기인된 "서방화" 세력이 없었다면 서방 세력도 소련 "분화"의 목적을 달성하지 못했을 것이다. 1991년 3월 17일, 전(全) 소련에서 진행된 "소련 보류 여부"에 대한 국민 투표에서 발트 3국, 그루지아, 아제르바이잔 등 불참한 나라를 제외한 9개 가맹공화국의 투표 참가자 1억 4,800만 명 중 소련 보류를 찬성하는 비율이 76.4%에 달했다. 이 외에도 중앙아시아 5개국의 소련 보류를 찬성하는 비율은 90% 이상에 달했고, 소련 보류를 반대하는 최고 투표율은 우크라이나(28%)와 러시아(26.4%)인 것으로,[29] 놀라운 결과가 나왔다. 이것은 서방의 소련 민족문제 전문가들이 전혀 예상하지 못한 결과이다. "왜 수많은 재능 있는 학자들이 그들의 저서에서 '해결할 수 없는' 민족문제를 선택해서 저술하면서 이 문제에 대해 피하려 하는가? "[30] 소련 해체라는 이 '세기의 대사건'에 대해 지속적인 관심을 가지고 연구를 진행하면서 서방 학자들은 소련의 해체와 민족문제의 관계에 대해서 새로운 해석을 내놓았다. "비록 수많은 공화국에서 일어난 민족 운동이 확실히 민중의 염원을 반영하였지만 만약 사회주의 체제를 취소하고 자본주의를 위해 편의를 제공하고자 하는 친(親)자본주의 연맹의 결심이 없었더라면 민족 운동이 연맹을 무너뜨릴 수 있었다고 말하기는 어렵다."[31] 이것 역시 소련 해체의 "주요 문제"의 범주에

29　【俄】瓦列里·季什科夫,《苏联及其解体后的族性、民族主义及冲突-炽热的头脑》, 姜德页译, 中央民族大学出版社, 2009년, 제96쪽.

30　【俄】瓦列里·季什科夫,《苏联及其解体后的族性、民族主义及冲突-炽热的头脑》, 姜德页译, 中央民族大学出版社, 2009년, 제56쪽.

31　【미국】大卫·科兹, 弗雷德·威尔,《来自上层的革命-苏联体制的终结》,曹荣湘, 孟鸣岐 等译, 中国人民大学出版社, 2008년, 제153쪽.

속할 것이고, 소련 해체의 내적 요인일 것이다.

러시아 제국으로 돌아가든지 사회 제국주의로 나아가든지 소련과 미국이 구축한 냉전 구도는 바로 제국 패권 쟁탈의 구조로서 이 두 패권 국가 중 "하나는 고대 아테네의 옛길을 가고 있고 또 하나는 과거 유럽 제국의 흥망성쇠의 옛길을 가고 있다."[32] 이런 패권 쟁탈에서 소련 및 그가 통제하는 범위의 해체는 사회주의와 자본주의 경쟁의 결과가 아니라, 소련 자체를 포함하여 "사회주의란 무엇인가, 어떻게 사회주의를 건설할 것인가?"라는 근본적인 문제를 해결하지 못한 나라들이 강대한 미국 및 서방 진영과의 싸움에서 패배한 결과이다. 따라서 마르크스주의 및 사회주의가 이로 하여 그 과학성과 생명력을 상실한 것은 아니다. 소련 해체와 동유럽의 급변은 한때 미국을 대표로 한 서방 자본주의 세계로 하여금 날 듯이 기뻐하게 하였다. 수많은 학자, 정계 인물들도 분분히 "민족주의가 공산주의를 이겼다", "공산주의 대실패", "역사적 종말", "모든 다민족 사회주의 국가는 모두 소련의 길을 걷게 될 것이다."와 같은 단언을 했다. 그렇지만 소련이 해체된 이래의 30여 년 동안 민족주의 물결은 사회주의 다민족국가에서 "도미노" 효과를 발생시키지 않았으며, 자본주의세계—발달한 자본주의 국가와, 수많은 자본주의 제도를 실행하는 개발도상국가들에서 오히려 민족 충돌, 민족 모순, 종교 분쟁과 민족 분열주의의 도전에 직면하였다. 실천이 증명하듯이, 민족문제가 성공적으로 해결되었다고 말할 수 있는 나라는 세계에

32　【미국】J.威廉·富布赖特等著,《帝国的代价》, 简新芽译, 世界知识出版社, 1992년, 제3쪽.

아직 없다.

7

　다민족국가를 주체로 한 세계 국가의 구도에서 국가민족(state nation)의 통합, 인정과 소수 단체(종족 또는 민족, 종교, 언어 등이 소수인 단체)의 권리 보호 문제는 여전히 보편적으로 존재하는 난제이다. 통일성과 다양성, 동일성과 차이성은 세계 각 나라의 정치 문화 중에서 여전히 가장 중요한 관심사이다. 비록 소련, 동유럽의 다민족 연방 국가가 30여 년 전에 연이어 해체의 길로 나아갔지만, 연방제 국가와 한창 연방화를 진행하고 있는 국가가 20세기 90년대 이후 13개나 증가되었다. 1994년에 벨기에가 플라마인과 왈론인의 '언어 전쟁'으로 세습군주 입헌의 연방제를 실시한 것도, 2008년에 네팔이 군주제를 폐지한 후 민족, 종교, 언어 다양성의 국정으로부터 출발하여 연방공화국으로 전환한 것도, 모두 국내의 민족문제를 해결하기 위한 것이었다. 세계적으로 민족문제를 해결하는 제도 모델은 여러 가지가 있다. 이를테면 연방제, 민족구역자치, 민족자치, 보류지 등과 같은 것이다. 어떤 '자치 모델'을 선택하고 설계할 것인가 하는 것은 국가별로 서로 다른 구체적인 실천과 특징이 있게 된다. 비록 "다양성의 수용 능력은 연방제의 역량 표현 중 하나"[33]이지만 "보편성"의 영단묘약은 결코 아니다. 벨기에 역시 연

33　【캐나다】乔治·安德森,《联邦制导论》, 田飞龙译, 中国法制出版社, 2009년, 제3쪽.

방화한 후에도 국가 분열의 위험은 해소되지 않았고 플랑드르, 발론, 브뤼셀 세 개 언어 구역의 정치적 분열로 인해 민족, 정당 분쟁이 발생하여 2010년 대선 이래 정부를 구성하지 못하는 세계 기록을 창조하였다.

　서방의 선진국에서는 연방제를 실시하든 기타 모델을 실시하든 모두 피할 수 없는 민족문제에 직면하였는데 심지어 극단적인 문제도 포함된다. 예를 들면 캐나다의 퀘벡 독립운동은 1995년 퀘벡 국민 투표에서 하마터면 캐나다를 분열할 뻔했고, 퀘벡은 캐나다의 "국가 속의 국가"로서의 높은 자치 지위를 형성하였다. 이러한 현상은 서양의 발달한 자본주의 국가에서는 유일한 것이 아니다. 영국의 북아일랜드 문제는 비록 평화 합의를 보았지만 스코틀랜드의 민족당은 "지방의회" 권력 구조 중 다수 의석을 차지하는 우세를 이용하여 5년 내에 전 국민 투표의 방식으로 독립 여부를 결정할 계획이다. 프랑스의 코르시카 독립운동과 브류타뉴인 문제도 아직 해결되지 않았으며, 거기에 또 600만 외래 이민자 문제에까지 직면하게 되었다. 스페인 바스크민족자치구, 카탈루냐민족자치구에서는 독립을 요구하는 운동이 지속되고 있다. 바스크민족독립운동 중 테러 조직인 "에타(ETA)"는 지금도 여전히 스페인의 국가 통일과 사회 안정을 위협하는 중요한 요소이다. 세계에서 가장 발달한 미국에서도 종족 정치가 만들어 놓은 흑인 문제, 식민 시기에 조성된 본토 인디안 토착민 문제, 전(前)식민지(미국 "자유연방" 영토) 푸에르토리코인들이 독립을 요구하는 정당운동, 해외 식민지 괌 문제, 하와이 토착민 독립 운동 및 전 사회적으로 만연된 복잡한 형형색색의 '종족 후손(이민자)' 문제, 흑인과 백인 간의 관계는 21세기 초기에 이르러서도 여전히 미국 사회의 가장 완고하고 가장 골치 아픈 문제였다. …… 절대 대수의 미국인들은 모두 미국의 서로 다른 종족과 단체 간의 모순과 충돌의 엄중성 및 그것이 사회 조직 가운데서 발생한 긴장감에 대해 인정하고 있다. 확실히, 종족과 민족 단체에 의해 발생된 문제야말로 사회가 직면한 가장 심각하고, 가장 오래 지속되고, 가장 해결하기 어려운 문제라고 아주 쉽게 말할 수 있을 것이다."[34]

선진국이 이러할 뿐만 아니라 수많은 개발 도상 국가들도 마찬가지이다. 소련 해체와, 동유럽 급변 이후 재조직되거나 체제를 바꾼 국가들을 포함하여 많은 국가들이 여러 가지의 민족문제에 직면하였는데 여기에는 수많은 민족 분리주의 운동이 포함된다. 1991년 2월, 소련이 해체될 무렵, 소련 발트해 국가를 포함한 일부 "민족 독립운동" 기구는 네덜란드 헤이그에 국제적인 조직을 세우고 유엔 "대표 없는 국가 민족 기구(Unrepresented Nations and Peoples Organization, UNPO)"라고 명명하였다. 현재 이 조직의 멤버는 60여 개에 달한다. 이들은 아시아주, 유럽, 아메리카주, 아프리카주, 오세아니아 등에 있는 많은 나라에 분포되어 있다. 여기에는 호주와 미국의 토착민 운동 조직이 포함될 뿐만 아니라 러시아의 체첸 반정부 무장 조직도 포함되어 있고, 심지어 중국의 영토 완정, 국가 통일과 직접 연관이 있는 '타이완(臺灣, 대만) 독립' 조직과 외국에 망명한 정치 세력인 달라이 그룹, '동투르키스탄' 테러 세력과 '남몽골민주연맹'도 포함되어 있다. 이 조직은 그 멤버 중 라트

---

34 【미국】马丁.N.麦格, 《族群社会学》(第六版), 祖力亚提·司马义译, 华夏出版社, 2007년, 제4-5쪽.

비아, 에스토니아, 아르메니아, 그루지아가 소련을 이탈한 것을 본보기로 삼고, 멤버 조직이었던 벨라우, 동티모르의 독립 건국의 고무에 힘입어, 또 전(前) 멤버 조직인 코소보가 2008년 서방 세력의 지지 하에 독립한 것을 동력으로 민족 분열 활동에 종사하고 있다. 물론 이런 극단적인 조직 외에도 민족문제는 경제 사회 발전, 문화 전승 보호, 종교 신앙 자유 등 인권 분야의 여러 방면에서 더욱 광범위하고 보편적으로 나타나고 있다.

이 면에서 유엔을 대표로 하는 국제 사회는 각종 국제 조약을 제정함으로써, 종족 평등, 민족 평등을 수호하고 있으며, 종족 차별을 반대하고, 민족 권리를 보장하고, 토착민의 이익을 수호하고, 문화 다양성을 보호하는 것 등에 대한 일련의 국제 조약과 선언을 통과시켰다. 이는 유엔 회원국 및 관련 법규의 계약국으로 하여금 국제 규범을 지키고, 국제 의무를 이행하고 국제 질서를 수호하게 함으로써 긍정적인 영향을 미쳤다. 동시에 거의 모든 국가의 헌법에도 종족 차별을 반대하고, 민족 평등을 선도하는 내용이 포함되어 있다. 하지만 선진적인 이념 및 국제적 공감대는 그 실천에 있어서 시간이 필요할 뿐만 아니라 각 나라의 제도, 지도 사상, 경제 사회 발전 정도 등에 근거하여 실제로부터 출발해야 한다.

현재 사회에서 국제 관계를 제외하고 민족문제는 모두 한 국가의 내정에 속하는 바 민족문제를 해결하는 제도에 대한 설계와 정책 제정은 각 다민족 국가의 내부 사무이다. 20세기 이래 민족 국가가 세계 국가의 주체 형태를 구성함에 따라 민족 정책의 실천도 세계 다민족 국가 내부 사무의 일부로 되었다. 제도 구조에서 연방, 민족구역자치, 민족자치 등 형식을 실행하는 외에 민족 정책의 내재적 관념과 목표 추구에서 대체로 "일체화", "용광로", 다문화주의 추세를 보였다. 소위 "일체화"란 일반적으로 소수민족의 권리를 인정하지 않고 국민 대우의 일체화를 강조하는 정책인데 곧 소위의 무차별한, 일률적 평등으로, 국내 다른 민족 특히 소수민족의 "사실상의 불평등"을 덮는 것이다. 소위 "용광로"정책은 미국을 대표로 하는 "여러 금속을 용광로에 넣어 모두 녹여 하나가 되게 하는" 모델로서 동화(심지어 강박성을 띰)를 통하여 국민 지위의 동일성을 실현하고 언어, 문화, 행위 등 각 방면의 국적 귀화를 실현하는 것이다. 소위 다문화주의 정책은 상기 동화 정책이 실패한후 서방 국가들에서 보편적으로 채택한 다양성을 인정하는 정책으로서 캐나다, 오스트레일리아, 뉴질랜드와 미국 등 전형적인 이민 국가들에서 실시되었는데, 현재 많은 서방 선진국과 개발도상국들에서 채택하여 사용하고 있다.

그렇지만 다문화주의를 특징으로 하는 정책 이념은 서방 국가의 실천 가운데서 아직 안정적인 효과를 보지 못했고 심지어는 사회 분열을 부추기는 분리주의 효과를 발생했다는 평가를 받고 있다. 미국의 실천은 이 방면에서 매우 전형적이다. 1960년의 민권 운동은 미국 "용광로"정책의 실패를 선고했다. 잇따른 "샐러드 볼", "모자이크" 식의 정책 이론은 사실상 다문화주의 정책으로 나아가기 전의 "개량" 또는 "개혁"의 발자국이었다. 미국의 다문화주의 정책은 종족에 대한 인정과 "적극적 우대 조치(affirmative action)"의 형식으로 흑인, 소수 종족 후손(각종 이민), 토착민, 부녀 등 경쟁에서의 취약 계층에 대해 취업, 취학, 대출 등 면에서 우대해 주는 160여 개 항목의 법안과 정책이다. 도시화율

(82%)이 아주 높은 선진국인 미국에서도 취업, 교육 등 자원에 대한 경쟁은 아주 치열했는 바, 흑인, 이민자 등 취약 계층에 대한 우대는 백인의 "역차별" 소송 사건을 불러 일으켜, "적극적 우대 조치"의 공평성에 대해 도전을 걸었다. 세계적 범위에서 각종 유색 이민자들이 일파만파로 미국으로 유입되면서 미국 인구의 면모를 부단히 개변시켰고 "백인 지상주의"의 종족주의는 되살아 나고 "몇 년 안에 흑인, 스페인어를 사용하는 사람과 동방인이 중심도시를 꽉 채워 백인을 소수의 지위에 처하게 할 것"[35]이라는 소문이 비일비재하였다. 일찍 민족문제로 소련 해체를 예측했던 미국의 저명한 학자 브레진스키는 스페인어를 구사하는 라틴아메리카 사람들도 포함한 비(非)백인 이민 인구의 급속한 증가에 비추어 보면 "미국은 백인 앵글로-색슨 개신교 문화에 의해 주재되고 형상화된 사회로부터 전 세계 인종이 모여서 합쳐진 사회로 전환될 것이며 가치 관념의 심각한 변화를 일으켜 사회적 응집력을 진일보 상실하게 될 것이다."라고 하였다. 그는 분열 작용이 잠재하고 있는 다문화주의는 "다민족의 미국을 발칸화할 것"이며 심지어 이런 상황이 계속된다면 "미국 사회는 해체의 위기에 직면하게 될 것이다."[36]라고 하였다.

미국 등 서방 국가들은 소련과 같은 다민족 사회주의 연방 국가의 해체에 대하여 한동안 환호했다. 그렇지만 냉전 이후 소련, 동유럽 지

---

35 【미국】西奥多·怀特,《美国的自我探索》, 中国对外翻译出版公司译, 美国驻华大使馆文化处, 1984년, 제400쪽.

36 【미국】兹比格涅夫·布热津斯基,《大失控与大混乱》, 潘嘉劫, 刘瑞祥译, 朱树飏校, 中国社会科学出版社, 1994년, 제125, 118, 126쪽.

역에서 시작된 민족주의 물결이 서방 세계를 휩쓸면서 민족 모순을 격화시켰고 그들의 "실패론", "종말론" 등과 같은 단언을 무색하게 만들었다. 이 현상에 대해 해석하기 위해 헌팅턴은 "문명 충돌론"[37]을 제기하여 이데올로기, 사회 제도의 차별을 해소하는 기초 위에서 충돌의 최종 규칙을 제시하였으며 "부동한 문화의 대주체 간 불협화음은 당연하다."는 논리를 확립하였다. 이 이론은 서로 다른 문명 간의 충돌(특히 동방 유학, 이슬람교와 서방 기독교 세계 간)의 필연성을 내세워 미국을 대표로 한 서방 문명의 중심적 지위와 유일성에 대해 변호를 하고자 하였는데 그 본질은 문명의 다양성에 대한 부정이다. "이것은 적의 이미지를 창조하였고, 행동에 대한 자극을 발생하였으며, 군사와 경제 기구를 합법화시켰고, 구조 상의 위협과 총체적인 불협화음이라는 비약적 관점으로 정치 행동의 자원을 활성화시켰다."[38] 냉전 후 미국의 "이슬람 세계 개조", "아시아-태평양에로의 복귀" 등과 같은 여러 가지 행위에는 군사 세력에 의거하여 전 세계에 대한 패권을 추진하고 미국의 "민주 모델"과 가치관으로 세계를 개조하려고 하는 시도가 포함되는데, 이는 모두 세계 다극화의 발전을 억제하기 위한 것이었다. 이에 대해서는 사람들이 이미 분명히 인식하고 있었다.

2004년 헌팅턴은 또 미국판 "문화 충돌론"[39]을 내놓았는데 그것은

37　【미국】塞繆尔·亨廷顿,《文明的冲突与世界秩序的重建》, 周琪等译, 新华出版社, 1998년.

38　【독일】约恩·吕森,《历史思考的新途径》, 綦甲福. 来炯译, 上海世纪出版集团, 2005년, 제125쪽.

39　【미국】塞繆尔.亨廷顿,《我们是谁-美国国家特性面临的挑战》, 程克雄译, 新华出版社, 2005년.

바로 "문명 충돌론"의 축소판이었다. 그 핵심 내용은 미국으로 하여금 다시 "앵글로-색슨"의 "핵심 문화" 동일 근원에로의 복귀를 시도하게 하고, "백인 지상주의"의 "미국적 가치"의 동화 "용광로"를 다시 구축하고, 종족 정치의 만가(輓歌)를 부르면서 실천적 차원에서 다문화주의 정책을 부정하는 것이다.[40] 경제 세계화의 발전과 함께 국제 이민 현상이 규모가 크고 힘차게 발전하는 추세를 나타냈다. 이에 따라 서방의 전형적인 민족 국가인 독일, 프랑스, 영국 등 나라들은 다원문화정책을 실시하였는데, 그 목적은 이들 이민자들을 속히 주류 사회에 융합시키기 위한 것이었다. 하지만 2010년 앙겔라 메르켈 독일 총리는 다원문화정책이 결코 토이기 등 무슬림 이민자들을 주류사회에 융합시키지 못했다고 선언했고, 같은 해에 프랑스는 로마인의 추방 조치를 취했고, 2011년 캐머린 영국 총리는 다문화정책이 영국에서 실패했다고 선언했다. 물론 이들 정치인들의 과장된 표현과 극단적인 행동은 이들 선진국들에서 날로 뚜렷해지는 이민자 문제를 해결하는 데 아무런 도움이 되지 못했다. 또한 배타적 우익 정치 세력의 상승과 민간의 "스킨헤드"와 같은 네오파시스트가 조직한 활동은 이민자 문제로 하여금 "민족 국가 구축" 계획 중 장기적인 도전이 되게 하였다. 사실이 증명하다시피 미국 등 서방 국가의 동화 정책의 실패, 다문화주의 정책의 좌절은 모두 인류 사회의 민족문제 해결과 국가 민족의 정체성 통합을 실현하는 데에 그 어떤 성공적인 경험도 제공하지 못했다. 따라서 서방의 선진국이

---

40   쫠문《民族认同危机还是民族主义宣示亨廷顿〈我们是谁〉一书的族际政治理论悖论》,
《世界民族》2005년 제3기를 참조하라.

든 수많은 개발도상국가이든 민족문제를 해결하기 위한 이론과 실천은 모두 동적인 탐색 과정에 처해 있다. 이런 가운데서 중국은 통일된 다민족 사회주의 국가로서, 세계에서 인구가 가장 많은 국가로서, 중국 특색의 사회주의를 건설하는 현대화 과정에서, 국정에 부합되는 민족문제 해결의 길을 견지하고 실천 가운데서 부단히 보완해 나가고 있다.

8

마르크스주의는 유사 이래 인류 사회 발전 법칙에 대해 가장 과학적으로 제시한 사상으로서, 비록 서방에서 발생하였지만 전 세계적 범위에 전파될 수 있었던 것은 그것이 과학성을 구비하였고 또 그것이 전 인류를 대상으로 했기 때문이다. 마르크스주의는 인류에 대해 종족적으로 구분하지 않았으며, 민족적으로도 구분하지 않았다. 그들은 인류에 대해 계급적으로 구분하였다. 마르크스주의는 인류 사회의 불평등을 초래한 근원이 사유제라고 지적하면서 종족 차별, 민족 억압은 모두 계급이 인류 자연 단체에 대한 억압의 사회적 확장이라고 제시하였다. 그렇기 때문에 "사람이 사람에 대한 착취가 소멸되면 민족이 민족에 대한 착취도 따라서 소멸되며, 민족 내부의 계급적 대립이 소실되면 민족 간의 적대 관계도 따라서 소실된다."[41]고 주장하였다. 이것은 자본주의 시대의 민족문제의 계급 속성과 민족문제 해결의 사회적 조건에 대

41   马克思.恩格斯,《共产党宣言》,《马克思恩格斯文集》, 第2卷, 제50쪽.

한 마르크스주의 경전 작가들의 과학적인 설명과 해석이다. 이 "두 가지 소멸과 소실"을 실현하려면 무산계급 혁명과 독재를 통하여 사유제를 소멸하고 사회주의를 건설하고 공산주의를 실현하는 길을 걷는 것이 필수적이다. 이는 전 인류 사회를 대상으로 한 과학적 예언이며 전세계 무산계급 혁명의 승리를 전제로 하는 과학적 판단으로서 "사유제를 제거"한다는 이 기본 목표를 집중적으로 체현하였다. 마르크스주의는, 전 세계 무산계급의 연합과 전 세계 억압 받는 민족들의 연합에, 전인류의 사상 해방 실현에, 인류 사회의 19세기, 20세기 교체기에 크나큰 희망을 가져왔으며, "사회주의는 이러한 희망을 장악하였고 거기에 활력을 불어넣었다."[42] 사회주의 사업은 일찍 20세기에 한동안 휘황한 성과를 보여주었다. 사회주의 사업이 소련과 동유럽의 사회주의 실패로 인하여 큰 좌절을 당하였지만 중국 특색의 사회주의 사업은 오히려 개혁개방의 위대한 성취로 21세기의 사회주의에 활력을 불어 넣었다.

한때 서구 자본주의 세계에서는 "공산주의 대실패"로 대표되는 여론이 들끓었다. 동시에 서방 세계는 "역사 종말론", "문명 충돌론" 등과 같은 세계에 대해 재해석하는 여러 가지 이론을 내놓았다. 이들은 모두 인류사회 객관 발전 법칙에 대한 마르크스주의의 과학적 설명, 해석 및 그 영향을 대체하려고 시도하였다. 그렇지만 일부 서방 학자들이 냉철하게 의식했던 바와 같이 "마르크스주의가 저조기에 빠진 후 그 어떤 정치 사상도 복잡한 사유와 원대한 목표를 제시하지 못했다". 동시에 소련 등 사회주의 운동의 실천을 교훈으로 그들도 "만약 사회주의

---

42   【프랑스】埃德加·莫林, 安娜·布里吉特·凯恩,《地球 祖国》, 제8쪽.

의 목표가 사람이 사람을 착취하는 현상을 소멸하는 것이라고 강조한다면 이 목표는 반드시 다시 수립되어야지 실속 없는 약속에 멈춰서는 안 된다."[43]는 것을 인식하였다. 이 점이 바로 중국 특색의 사회주의 현대화 사업의 기본 착안점으로서 개혁개방의 발전과 실천 중에서 무엇이 마르크스주의인지, 어떻게 마르크스주의를 대할 것인지, 무엇이 사회주의인지, 어떻게 사회주의를 건설할 것인지, 어떤 당을 건설할 것인지, 어떻게 당을 건설할 것인지, 어떤 발전을 실현할 것인지, 어떻게 발전할 것인지와 같은 이러한 중대한 문제에 대한 과학적 분석과 이해인 것이다. 이런 문제를 정확하게 분석하고 이해하는 것은 바로 중국 각 민족 인민들이 공동으로 발전하고 함께 부유해지는 것을 실현하며, 중화민족이 세계 민족 가운데서 자립하는 이 위대한 부흥을 실현하기 위한 것이다. 그렇기 때문에 중국공산당이 영도하는 중국 특색의 사회주의 실천은 바로 사회주의제도의 우월성이 "실속 없는 약속"이 되는 것을 피하기 위해 새로 수립한 목표인 것이다.

중국은 중국공산당이 영도하는 통일된 다민족 사회주의 국가로서, 민족 사무는 당과 국가의 전반 국면에 관계되는 중대한 사업이다. 중국이 민족문제 해결의 제도적 배치는 바로 국가의 통일된 정치 체제에서 소수민족 집거 지구의 자치를 실시하는 것이다. 민족구역자치제도는 중국의 기본적인 정치제도로서, 《중화인민공화국 민족구역자치법》의 보호를 받는다. 1947년에 네이멍구(內蒙古, 내몽고)자치구가 건립된 이래, 민족구역자치제도는 이미 60여년의 발전 과정을 거쳤는데, 조국 통

---

43   【프랑스】埃德加·莫林, 安娜·布里吉特·凱恩,《地球 祖国》, 제96쪽, 제111쪽.

일, 영토 완정, 민족 단결과 사회 안정을 유지하는 방면에서, 소수민족 평등권리를 보장하고 자치 지방의 각 민족 인민들의 공동 번영 발전을 촉진하는 방면에서 현저한 성과를 거두었다. 이는 누구나 다 알고 있는 바이다. 하지만 민족문제는 장기적인 특성을 지닌 사무이며, 사회 총체적인 문제의 구성부분으로서, 사회 총체적인 문제를 해결하는 과정 중에서만이 점진적으로 해결될 수 있다. 민족문제는 또한 복잡성의 특성을 지닌 사무로서, 민족은 하나의 공동체로서 사회 구조의 유기적인 구성 부분이며, 또한 민족문제는 모든 사회문제와 어느 정도 서로 침투되고 교차되어 있기 때문에 오직 "사람의 발전"을 실천하는 과정 중에서만이 점차적으로 해결될 수 있다. 동시에 중국의 개혁개방 사업의 발전과 국제사회와의 부단한 융합과 함께 민족문제의 국제적 영향도 부단히 증대되고 있는데, 이런 영향에는 중국이 국제 사회의 관련 규범에 적응하는 책임과 의무뿐만 아니라 세계적 범위의 각종 사조와 현상의 영향도 포함된다. 특히 근대 이래 제국주의가 중국에 남겨준 민족문제의 "역사적 유산" 및 미국 등 서방 국가들이 이런 문제를 이용하여 중국에 대해 진행하는 "서방화", "분화"의 영향도 포함된다. 민족사무와 민족문제의 해결은 중국 특색의 사회주의 사업의 승패와 관계되는 중대한 사무로서 그 중요성은 자명하다. 따라서 중국은 반드시 중국 국정에 입각하여 민족문제의 보편성, 장기성, 복잡성, 국제성과 중요성의 기본특징을 잘 파악해야 한다.[44]

---

44 졸문《20世紀世界民族问题的消长及其对新世纪的影响》,《世界民族》, 2000년 제1기를 참조하라.

중국공산당은 마르크스-레닌주의를 지도로 하는 무산계급 정당으로서 중국공산당이 민족문제를 해결하는 사상 근원은 마르크스주의 경전 작가들의 민족, 민족문제와 민족문제 해결에 관한 기본원리이다. 실천이 증명하다시피 세계적 범위의 사회주의 운동에서 교조주의적이고, 국정을 벗어난 마르크스주의에 대한 이해와 응용 또는 마르크스주의를 방치해 두거나 심지어 실천 가운데서 위배하거나 포기하는 것은 필연코 사회주의 건설 사업의 좌절과 실패를 초래하게 된다. 소련 등 국가들이 이미 심각하고 침통한 교훈을 제공하였다. 그렇지만 "사회과학, 마르크스-레닌주의, 스탈린의 정확한 말들은 반드시 계속 학습하도록 노력해야 한다. 보편적인 진리에 속하는 것을 배워야 하고, 또한 중국의 실제와 부합되게 배워야 한다."[45] 그렇기 때문에 오직 마르크스주의와 본국의 국정을 결합시키고 시대의 발전과 함께 진보하며 인민 군중들과 운명을 같이 해야만 사회주의 건설 사업의 위대한 성과를 이룰 수 있고, 마르크스주의가 강대한 생명력, 창조력과 호소력을 발산하게 할 수 있다. 중국 특색의 사회주의 실천과 중국 특색의 사회주의 이론 체계가 바로 이 방면에서 가장 대표적인 것이다. 그중 중국에서 더욱 풍부해지고 발전한 마르크스주의 민족 이론 역시 중국 특색의 사회주의 이론 체계의 유기적 구성부분인 것이다. 이 방면의 이론적 성과는 마오쩌둥사상, 덩샤오핑이론, "세 가지 대표" 중요 사상과 과학 발전관 속에서 계승 발전되고 시대와 더불어 발전해 나가는 모습을 보여주고 있다.

45　　毛泽东,《论十大关系》,《毛泽东文集》第7卷, 제43쪽.

사회주의에는 기본적인 제도와 본질적인 특점이 있다. 그렇지만 사회주의를 건설함에 있어서는 고정된 모델이 없다. 공산주의 목표의 통일성은 이 목표를 실현하는 길(방법)의 다양성과 모순되지 않는다. 이는 사회주의 건설의 길이 반드시 그 나라의 국정에 부합되어야 하기 때문이다. 중국은 56개 민족으로 구성된 나라로서, 인구가 12억이 넘는 한족을 제외하고도 총 인구수가 1억이 넘는 55개의 민족이 더 있다. 각 민족 별로 인구가 천만, 백만, 몇 십만, 십만, 몇 만, 몇 천 명으로 부동한데, 이들을 통틀어 소수민족이라 부른다. 소수민족은 전국 각지에 분포되어 있는데, 주로 육로 변강지구에 집거해 있다. 민족구역자치 지역은 국토 면적의 64%를 차지하는데 이 광대한 지역은 기본상 경제 사회 발전이 낙후한 서부 지구에 속해 있다. 이러한 기본 국정으로 인해, 중국 특색의 사회주의를 건설함에 있어서 민족문제는 반드시 잘 처리해야 하는 중대한 문제일 뿐만 아니라 민족문제 해결은 장기적이고 복잡하며 아주 어려운 과정이 되었다. 중국은 개혁개방 이래 민족문제를 사회 총 문제의 일부분으로 삼고 있는데, 이 역시 기타 사회 문제와 함께 "점점 많아지고", "점점 심해지는" 추세를 나타내고 있다. 전자는 경제 사회 발전, 각 민족 간의 날로 밀접한 교류로 인해 필연적으로 발생한 현상이고 후자는 제국주의가 중국에 남겨준 민족문제의 "역사적 유산"으로서 서방 일부 세력의 지지 하에 "발효"된 결과이다. 이로 인하여 야기된 2008년 시짱(西藏, 티베트, 서장) 라싸(拉萨) '3. 14 운동', 2009년 신장(新疆, 신강) 우루무치(乌鲁木齐) '7. 5 사건'과 같은 악성 폭력 사건은 중국의 민족문제 해결 방법에 대한 국내외의 각종 논의를 불러일으켰다. 예를 들면 민족구역자치 제도는 "소련식 모델", "정치 소품

(Paraphernalia)", "차별 제도"라는 등등의 논의가 아주 많았으며, "자치를 취소하라", "민족을 취소하라", "미국을 배워라" 등 말까지도 나와 급속히 전파되었으며, "민족 융합"을 선도하는 착한 소망까지도 출현하여 사람들의 관심을 끌게 되었다. 하지만 이런 논의는 모두 중국의 민족문제 해결의 실제에 부합되지 않았다.

중국의 민족문제를 정확히 보고, 중국의 민족문제 해결의 길(방법)에 대해 정확하게 평가하려면 반드시 중국의 역사적 국정과 현실적 국정에 입각해야 하며, 반드시 민족문제의 기본 특점을 파악해야 한다. 마르크스주의 경전 작가들은 "민족 역시 그 어떤 다른 역사 현상과 마찬가지로 변화 법칙의 지배를 받으며 그것만의 역사와 전말이 있다."[46]고 하였다. 하지만 "민족 철폐는……아주 더없이 좋은 일이며, 반드시 실현되는 일이지만, 이것은 단지 공산주의 발전의 다른 한 단계에서만 가능하다."[47]고 하였다. 오직 공산주의 제도 하에서만 "공유제 원칙에 따라 결합된 각 민족의 민족 특징이 이런 결합으로 인해 필연적으로 한데 융합되기 때문에, 민족도 자연스레 소실되게 되는 것이다. 마치 각종 부동한 등급 차별과 계급 차별이 그들의 기초인 사유제가 폐지됨과 함께 사라지는 것과 마찬가지이다."[48] 이것은 기나긴 과정이 될 것이다. "각 민족 간, 각 나라 간에 민족 차별과 국가 차별이 여전히 존재한다면 (이런 차별은 무산계급 독재가 전 세계적 범위에서 실현된 후에도 오래도록 유지

46　斯大林,《马克思主义和民族问题》,《斯大林选集》상권, 人民出版社, 1979년, 제64쪽.
47　列宁,《俄共(布)第八次代表大会》,《列宁全集》제36권, 人民出版社, 1985년, 제165쪽.
48　恩格斯,《共产主义信条草案》,《马克思恩格斯全集》제42권, 人民出版社, 1979년, 제380쪽.

됨), 각 국가의 공산주의 노동자 운동 국제 책략의 통일은, 다양성의 제거를 요구하는 것이 아니며, 민족 차별의 소멸(현재로서는 황당한 환상일 뿐임)을 요구하는 것도 아니다. 이것은 공산당인(人)의 기본원칙(소비에트 정권과 무산계급 독재)을 응용할 때 이 원칙들에 세부적으로 정확하게 변화를 주어 민족 차별과 민족 국가의 차별에 정확하게 적용하고 응용할 것을 요구한다."[49] 중국이 민족문제를 해결하는 과정은 사회주의 초급 단계에 처해있다. 그 어떠한 국가 실정을 이탈한, 시대를 앞서가려는 염원과 급진적 행동은 민족문제 해결의 건강한 흐름을 좌절시킬 수밖에 없다. 여기에는 국내외에 모두 좋은 교훈이 있다. 중국은 민족문제를 해결함에 있어서 선진적 국제 경험을 배척하지 않으며, 참고로 삼고 있다. 이것은 중국이 개혁개방 과정 속에서 전 인류의 우수한 문명 성과를 받아들이는 가장 관건적인 문제이다. 동시에 중국은 민족구역자치제도의 견지 및 보완의 모색 과정에서, 각 민족으로 하여금 경제사회 발전의 실천 가운데서 나날이 밀접하게 왕래하고 교류하며 융합되게 해야 하며, 공존(共存, 함께 도우며 살아나감), 공용(共容, 상호 포용), 공영(共榮, 공동 발전), 공융(共融, 한데 어우러짐)을 실현하도록 해야 한다. 이는 중국 각 민족이 중화민족을 이루는 특색의 길이며, 민족문제를 해결함에 있어서 실현하고자 하는 목표이기도 하다.

---

49   列宁,《共产主义运动中的左派"幼稚病"》,《列宁专题文集·论无产阶级政党》, 人民出版社, 2009년, 제256쪽.

제1장

국정에 대한 역사적인 고찰, 통일 국가 구축

중국은 국토 면적이 세계에서 가장 큰 나라 중의 하나로 그 면적은 유럽 전체 면적과 거의 맞먹는다. 이 광활한 영토에는 광대하고 비옥한 땅이 있어 우리에게 의식(衣食)의 근원을 제공하고, 전국을 종횡으로 뻗은 크고 작은 산맥들은 우리에게 광대한 삼림을 제공하며 풍부한 광산물을 저장하고 있다. 수많은 강과 하천, 호수와 늪은 우리들에게 어업과 관개의 편리를 가져다 주었고 길고 긴 해안선은 우리들에게 해외 각 민족과 친교를 맺는데 편리를 가져와 주었다. 아주 오랜 고대로부터 우리 중화민족의 선조들은 이 광활한 대지에서 노동하고 생존하고 번식하였다.

중국은 현재 4억 5천만의 인구를 보유하고 있는데 이는 전 세계 인구의 거의 4분의 1일을 차지한다. 이 4억 5천만 인구 중의 90% 이상은 한족이다. 이 밖에 몽골인, 회족인, 장족인, 위구르인, 묘족인, 이족인, 좡족인, 부이족인, 조선족인 등 도합 수십여 종의 소수민족이 있다. 비록 문화발전 정도는 다르지만 그들은 모두 유구한 역사를 갖고 있다. 중국은 여러 개의 민족이 결합되어 형성된, 방대한 인구를 가진 나라이다.

- 마오쩌둥(毛澤東, 모택동):《중국 혁명과 중국공산당》

중국의 여러 소수민족은 중국의 역사에 대해 모두 공헌을 하였다. 한족이 인구가 많은 것 역시 장기간 동안 많은 소수민족의 혼혈로 인해 형성된 것이다.

- 마오쩌둥(毛澤東, 모택동):《십대관계를 논함》

한족, 만족, 몽고족, 회족, 장족, 묘족, 요족, 반족, 여족, 이족 등 수십 개의 민족이 포함되어 있는 중화민족은 세상에서 가장 근면하고 가장 평화를 사랑하는 민족이다. 중국은 하나의 다민족 국가이고 중화민족은 중국 경내의 각 민족을 대표하는 총칭이다.

- 팔로군 정치부:《항일 전사 정치 독본》

제1절 "오방지민(五方之民)" 공동으로 통일된 다민족 국가 건설

다원다류적인 중화 문명

중국은 역사가 유구한 동방 문명 고국이며, 또한 세계에서 유일한, 고대 문명이 중단되지 않은 대국이다. 5,000여 년의 발전 과정에서 중국은 여러 차례 강역의 변천과 왕조의 교체를 거쳤다. 그동안 비록 헤아릴 수 없이 많은 내우외환과 정권분립을 거쳤지만 중국의 통일 대세는 결코 이것 때문에 저지당하지 않았으며, 최종적으로 통일된 다민족 국가를 형성하였다. 이 역사 과정에서 중화 대지에서 생존하고 발전해 온 각 민족은 서로 융합되면서 문화가 다양하고, 국가가 통일된 다원일체의 구조를 형성하였다. 이러한 구조가 형성된 원인은 중국이 아시아에서 광활한 지리학 판도를 갖고 있을 뿐만 아니라 또한 이 역사적 지리 범위 내에는 상당히 광범위한 고인류 유적과 문화 다양성의 역사적 근원이 있었기 때문이다.

중국은 세계에서 고인류 유적이 가장 많이 발견된 나라 중의 하나로 현재 중국의 영토에서 이미 발견된 고인류 화석 유적은 수백 개에 달한다. 중국의 구석기 문화 유적지는 수천 개에 달하는데 그중 대부분 유적지는 황허(黃河, 황하) 중하류와 창장(長江, 장강) 유역에 분포되어 있다. 동시에 주장(珠江, 주강)과 민장(閩江, 민강) 수계(水系), 동북, 서남과 칭짱(靑藏, 청장)고원 지구에도 많이 분포되어 있다. 특히 구석기시대 말기 문화 유적지는 전국 각지에 광범위하게 분포되어 있는데 이는 중국의 구석기 문화가 북방과 남방에서 모두 각각 연속적 발전의 맥락이 있었음을 명시한다. 또한 일부 역외인들과 소량의 문화 교류를 한 증거가 발견되기도 하였다.

대략 기원전 1만 년 경에 중국은 신석기시대에 들어섰다. 현재 이미 발견된 수만 개에 달하는, 분포가 광범위한 신석기 문화유적지로부터 우리는 광활한 중국 대지에서 자연 지리와 환경 기후의 차이로 말미암아 신석기 문화의 모습도 큰 차이가 있었음을 알 수 있다. 세계 기타 문명이 강하 유역에서 시작된 것처럼 중국의 황허(黃河, 황하), 창장(長江, 장강) 역시 중국 문명의 시조를 잉태하고 키웠다. 일찍 7~8천년 전부터 중화의 선민들은 이미 황허(黃河, 황하) 유역에서 많은 원시 농업의 씨족 부락 마을을 형성하였는데 예를 들면 이미 발견된 페이리강(裴李崗), 반파(半坡) 문화 유적과 같은 것들이 있다. 이런 신석기 시대의 유적지는 황허 유역에 광범위하게 분포되었을 뿐만 아니라 창장 유역에서도 많이 발견되었다. 이를테면 다시(大溪)문화, 굴가령(屈家岭)문화, 하모도(河姆渡)문화 등의 유적지가 있다. 이런 조기 문명의 확산성 영향으로 중화 대지는 점차 다양한 문화가 서로 어우러져 발전하는 구조를 형성하게 되었다.

이런 인류 문화 유적은 중화의 대지에서 동에서 서로, 남에서 북으로, 혹은 산을 끼고, 혹은 물을 가까이에 하여 중원, 변강, 평원, 산지, 초원, 삼림, 고원, 분지와 산맥, 오아시스 등 부동한 지리 구역과 부동한 생태 환경에서 각기 밭 농업 경제 문화구, 논 농업 경제 문화구와 수렵 채집 유목 경제 문화구를 형성하였다. 예를 들면 황허 중하류, 랴오허(遼河, 요하)와 하이어(海河, 해하) 유역과 같은 밭 농업 경제문화구가 있으며, 창장 중하류의 광활한 지역 논 농업 경제 문화구가 있으며, 동북, 네이멍구 및 신장과 칭짱고원 등 지역의 수렵 채집 유목 경제 문화구가 있다. 이는 중화문명이 고대에서부터 문화 다양성의 구조를 형성했다는 것을 보여줄 뿐만 아니라 이런 다양한 문화의 시조가 다원다류, 합류발전의 역사적 맥락을 갖추고 있음을 보여준다. 이런 역사적 구조 및 그 발전 맥락은 중국이 문자를 사용한 역사에 진입한 후에도 "오방지민"과 그 후예들이 오래 지속되고 상호 융합하도록 추동하는 역사적인 동력이 되었다.

"족류(族類) 변물(變物)"과 "오방지민"

중국 신석기 시기의 각 문화체제의 분포, 합류와 계승 상황으로부터 볼 때 그것과 초기 인간 단체의 관계는 대체로 다음과 같은 윤곽을 그려낼 수 있다. 양사오(仰韶)문화 및 양사오문화에서 발전한 용산(龍山) 문화의 기초에서 점차적으로 하(夏) 혹은 화하(華夏) 족류 그룹이 형성되었다. 대문구(大汶口)문화 및 대문구문화에서 발전한 산둥(山東, 산둥) 용산문화의 기초에서 점차적으로 "동이(東夷)" 족류 그룹이 형성되었다. 하모도(河姆渡)문화, 마가병(馬家浜)문화, 양저(良渚)문화, 다시(大溪)문화, 굴가령(屈家嶺)문화 및 남방 기타 신석기 문화의 기초에서 점차적으로 "남만(南蠻)" 족류 그룹이 형성되었다. 신락(新樂)하층문화, 부하(富河)문화, 홍산(紅山)문화 및 북방의 기타 신석기 문화 기초에서 점차적으로 "북적(北狄)" 민족 그룹이 형성되었다. 마가요(馬家窯)문화와 서부 기타 신석기문화의 기초에서 점차적으로 "서융(西戎)"민족 그룹이 형성되었다. 이 형성 과정이 바로 전설 중의 "삼황오제(三皇五帝)"시기에서 하대(夏代)에 이르는 시기 중화 대지의 원시 족류 그룹의 형성으로, 즉 "동이(東夷)", "북적(北狄)", "서융(西戎)", "남만(南蠻)", "중화하(中華夏)"의 "오방지민"의 분포를 이미 형성한 것이다. "천지 가운데 있는 것을 중국이라 부르고 천지 변두리에 있는 것을 사이(四夷) 라고 부른다."[01]고 하였다. 이처럼 전통적인 "천원지방(天圓地方)" 우주관에서 화하(華夏, 중국)는 "중간 국가" 또는 "중심 국가"에 속한다. 이러한 지리적 방위로 진행하는 '족류' 집단 구분 역시 중국 고대 '족류 변물'의 전통적인 분류 시스템의 산물이다.

1903년 프랑스의 저명한 사회 인류학자 에밀 뒤르켐(Emile Durkheim)

---

01   【宋】石介,《中国论》,《徂徕集》卷10,《四库全书》本.

과 마르셀 모스(Marcel Mauss)는 "사회학 연보" 학파 중 계발성이 가장 크고 가장 중요한 작품 중의 하나라 불리는 "원시적 분류(De quelques forms primitives de classification)"라는 논문을 발표하였다. 이 논문에서 저자는 "소위 분류란 사람들이 일, 사건 그리고 세계와 관련된 사실을 각각 유(類)와 종(種)으로 구분하여 귀속시키고 그들의 포함 관계 또는 배척 관계를 확정 짓는 과정을 말한다."고 지적하였다. 저자가 호주, 아메리카주에 대해 실시한 분류 연구는 씨족, 동족, 부락 등 대상에 근거하여 진행하였고, 중국에 대한 분석은 성상(星象, 별자리의 모양), 점복(점술), 나아가 사계절, 절기에 대한 분류에 근거하여 진행하였다. 왜냐하면 그들은 "중국에는 씨족 관념이 없다"고 생각했기 때문이다. 이는 분명 잘못된 판단이다. 이 때문에 이 논문이 영어로 번역될 때 로드니 니덤(Rodney Needham)은 그의 장편의 서언에서 뒤르켐의 중국에 대한 분류 관념과 관련된 부분에 대해 엄숙하게 비판하였다. 그는 뒤르켐의 판단은 "말 뿐인 근거가 없는 가정"이며, 또한 "그들의 이 논단을 뒷받침하는 중국과 관련된 증명은 모두 확실한 증거가 없다."[02]고 혹평했다. 물론 뒤르켐 등이 중국 전통의 "족류 변물", "군분유취(羣分類聚)"의 분류학에 대해 잘 알지 못했을 뿐만 아니라 중국의 학자들도 "족(族)"자로 대표되는 전통 분류학에 대해 관심이 부족했다.

중국 고대의 "족(族)"의 개념 및 그 "족류" 관념은 역사가 아주 유구한 바 중국 전통 문화의 일종의 분류 체계를 구성하고 있다. 《주역》

02　【프랑스】 爱弥尔·涂尔干, 马塞尔·莫斯, 《原始分类》, 汲哲译, 渠东校, 上海人民出版社, 2000년, 제4, 78, 8, 108쪽.

　　　　　　　　　　중국공산당은 어떻게 민족문제를 해결하는가

에는 "君子以類族辨物(군자이류족변물), 즉 군자는 족류에 근거하여 사물을 변별한다."라고 기록되어 있다. 즉 자연만물에 대해 "동족" 구별을 한다는 뜻이다[03]. 갑골문 중의 "족(族)"자는 상형 문자로서 글자의 모양에서 "깃발(旗)은 무리를 대표하고 화살(矢)은 적을 무찌른다"는 의미를 나타내어, 고대의 가족 또는 씨족을 단위로 하는 군사 조직을 대표하였다.[04] 금문(金文) 중의 "족(族)"자에 대한 해석도 이러하다. 이를테면 모공정(毛公鼎, Duke Mao Tripod) 등의 "많은 기물 위에 새긴 글자 중의 족(族)자는 모두 친족 단위"이며, 또한 "작전 단위"였다.[05] 따라서 한나라의 허신(許愼)의《설문해자(說文解字)》중에서도 이런 의미를 뚜렷하게 나타내고 있는 바, 그 뜻을 "족은 활촉이라, 그것이 모이면 족이라.(矢鋒也, 束之族, 族也。)"[06]라고 그 뜻을 해석하여 족(族)은 단체를 나타낸다고 하였다. "족(族)"자와 주(湊), 주(輳), 촉(簇), 취(聚) 등은 동원자로서 모두 "모이다, 모으다"의 뜻을 가지고 있다.[07] 그러므로 "족"자는 "단체"와 "화살"의 결합이 그 원초적 의미라고 할 수 있다. 또한 "족은 가족, 씨족을 근본으로 하는 군사 조직이라고 할 수 있다."[08]

그렇지만 이런 의미는 주요하게 씨족 부족의 사회 단계에서 적용되고, 국가 조직의 발전 단계에 진입하면서 군대는 점차적으로 국가 기

---

03   졸문《先秦文献中的"族"与"族類"观》,《民族研究》2004년, 제2기를 참조하라.

04   徐中舒 主編,《甲骨文字典》, 四川辞书出版社, 1998년, 제734쪽.

05   許卓云,《西周史》, 三联书店, 2001년, 제161쪽.

06   許慎,《说文解字》, 中华书局, 1963년, 제141쪽.

07   王力 主編,《王力古汉语字典》, 中华书局, 2000년, 제422, 604쪽을 참조하라.

08   周策纵,《原族》,《读书》2003년, 제2기, 제99쪽.

구의 상비 역량으로 형성되어 통치계급이 지배하게 되었다. 씨족 부족 조직의 군사 성격은 국가 역량에 흡수되어 스스로 서민 소속으로 변화하게 되었다. "족(族)"자는 "화살촉"의 의미가 약화되는 동시에 "단체"의 의미를 보류하고 부각하게 되었다. 선진(先秦)의 역사는, 전설 중의 반고의 천지개벽으로부터 "삼황오제" 설에 이르기까지, 그리고 하, 상, 주에서 춘추전국에 이르기까지, 상고의 전설과 문헌적 역사 증명을 막론하고, 모두 중국의 선현들이 야만으로부터 문명에로 나아가는 과정 즉 혈연 씨족, 혈연 부족으로부터 지연(地緣) 부족 또는 부족 연맹과 국가에 이르기까지의 변천 및 이것의 "동족(족류)" 공동체로의 형성 과정을 반영한다. 이 과정에서 "동족(족류)"공동체의 변천과 국가형태의 발전은 시종 이어져 왔고 국가 통치 역량은 "동족(족류)"공동체의 형성에 대해 끊임없이 강화 역할을 해왔다.

당시의 국가 형태의 모습으로 본다면, 왕의 "천하"이든지 제후의 나라이든지를 막론하고 모두 동족끼리 모여 "족거(族居)" 또는 "족취(族聚)"의 형태로 살았는데, 이는 모두 "족(族)"의 "물이유취, 인이군분(物以類聚, 人以羣分)", 즉 모든 사물은 종류 별로 분류되고, 사람은 무리로 나뉜다는 의미를 반영한다. 소위 "족(族)은 모인다는 것이다. 군자의 법이 이러하므로 같은 유형의 사람은 함께 모이게 된다. 모든 사물 역시 종류에 따라 식별된다. 같은 성질과 유형에 따라 분류하여 서로 섞이지 아니하도록 한다."[09] 이와 같이 "같은 유형", "서로 섞이지 아니 함"을 경계로 하여 "사람을 분류하"는 관념과 이로 형성된 "족취(族聚)"는 선

---

09 《周易正义》卷二, "同人", 阮元校刻《十三经注疏》, 제29쪽.

중국공산당은 어떻게 민족문제를 해결하는가

진(先秦) 시기의 '가족', '종족', '씨족'을 바탕으로 중국 사회 문화에 심대한 영향을 끼쳤다. 따라서 중국 고대 "족(族)"의 관념은 "혈연관계가 있는 친척의 합칭"[10]으로, 가족, 종족, 씨족이라는 의미를 포함할 뿐만 아니라, 또한 "품종, 종류"의 의미도 포함한다. 이를테면 후세 사람들이 이해하는 "족(族), 즉 종류라는 의미"[11]를 포함한다. 이렇게 족(族)은 사람들을 구분하는 분류학 개념으로 되었다.[12]

중국 고대 역사 상의 "삼황오제" 시기는 부락, 부락 연맹으로부터 점차 나라로 과도하는 시기였으며 또한 사회 조직이 혈연 관계로부터 점차 지연적 관계로 전환하는 시기였다. 하(夏)조, 상(商)조, 주(周)조의 전승은 천하 통합의 "만방(万邦)", "만국(万國)"의 법적 정통성의 주축이 되었고, 관할 구역인 "전복(甸服)", "후복(侯服)", "수복(綏服)", "요복(要服)"과 "황복(荒服)" 지역은, 그 통치 역량이 미치는 지역의 신복(臣服) 정도를 반영할 뿐만 아니라 동시에 "천자맹주(天子盟主)"의 통치에 대한 승인 정도를 반영한다. 주례왕제(周禮王制)의 백성을 다스리는 사

---

10 《辞源》2, 商务印书馆, 1984년, 제1393쪽.

11 《周礼注疏》卷十, "大司徒", 阮元校刻《十三经注疏》, 제706쪽

12 중국 고대 문헌 중에는 족(族)을 어근으로 하는 단어가 아주 많다. 《御定佩文韵府》에 수록된 족(族)류 어휘만 해도 160여 개에 달한다. 예를 들면 혈연 친족 관계를 나타내는 "家族", "宗族", "父族", "母族", "舅族", "姻族", "亲族", "九族" 등이 있었고, 사회적 지위를 나타내는 "皇族", "帝族", "王族", "公族", "贵族", "豪族", "强族", "世族", "国族", "权族", "望族", "庶族", "贱族" 등이 있었으며, 부족과 성씨를 나타내는 "氏族", "部族", "种族", "异族" 등이 있었고, 또 동물류를 나타내는 "水族", "龙族", "毛族", "鸡族", "鳞族", "虫鱼族" 등이 있었다. 그 외에도 "衣冠族", "方雅族", "轩冕族", "高阳族", "钟鼎族" 등등이 있어 정말로 많은 족(族)을 찾아볼 수 있었다. 이러한 분류는 오늘날까지도 계속 쓰이고 있는데, 예를 들면 "打工族(셀러리맨족)", "上班族(출근족)", "追星族(팬그룹)"등과 같은 것들이 있다.

상에 따르면 "사도(司徒)는 여섯 가지 예의로써 백성들의 성품을 다스리고 일곱 가지 교의로써 백성들의 품덕을 가르치며 여덟 가지 정치로써 방종을 방지하고 도덕을 통일하고 풍속을 통일하는"[13]교화 규범이 있었다. 사실상 이 또한 국가 역량이 "국민"의 동일성을 구축하는 기본 요구이기도 하였다. 소위 "제하(諸夏)"란 바로 주동적 또는 피동적으로 "교(敎)"의 "예의"와 정치적 "형벌"로 구축한 "동속(同俗)"의 방국(邦國)과 속국(屬國)을 말한다. 따라서 주나라가 무예(牧野, 목야)[14]에서 상나라를 이기고 주위로 정벌하여 99개 나라를 정벌하고 652개 국을 정복하고 백만 인구의 동부 평원 지구를 통일하고 관할하였다고 하는데,[15] 이는 분화로부터 통합으로 나아가는 과정인 바 인류 단체 형태가 혈연 관계로부터 지연적 구조로 발전하는 과정이었다. 물론 이는 혈통, 세속 관념의 상실을 의미하지는 않으며 단지 이런 관념이 씨족, 부락 조직에서 이탈된 국가 통치자들에 의하여 "동인의 국가(同人於國)"의 차원으로까지 승격된 것이다. "5복(五服)" 중 통치 중심과 멀리 떨어진 "요복(要服)", "황복(荒服)" 지역의 백성(씨족, 부락 등 단체)들은 "사이(四夷)", "오융(五戎)", "육적(六狄)", "칠민(七閩)", "팔만(八蠻)", "구맥(九貉)"등 "족류"에 속하게 되었다.

물론 이런 군사 영수의 정치 권위와 그에 체현된 국가 통치 역량은 종종 자신의 가족, 종족의 기호로 "국족(國族)"의 승인 표준을 구축

---

13   陈澔 注释,《礼记集说》卷三, "王制",《四书五经》中册, 제75쪽.

14   역자 주: 허난(河南)성 치(淇)현 남쪽의 지명.

15   许悼云,《西周史》, 제116쪽을 참조하라.

하고 동시에 이로 국가를 명명하고 공동의 선조를 확립하고 사회를 규범화함으로써 "백관만민(百官萬民)" 또는 "백성"에 대해 "하늘의 뜻이니 백성들은 따라야 한다."[16]고 강조한다. 그리고 "왕족" 혈통과 세계(世系)는 세습제의 권력 구조에 의해, 그들이 통치 지위를 유지하는 계층간의 넘을 수 없는 벽이 되었다. 이런 형세 하에서 사회 조직 의미 상의 가족, 종족은 민간적 차원에서만 그 전통적 작용을 발휘하였고[17] 국가 조직 의미에서의 가족, 종족이 정치적 차원에서 주역의 역할을 하였다. 양자의 관계는 혈통의 탈을 쓴 계급 관계인 바 종족 사회 정치 지위의 차이는 "그 실질이 일종의 계급조직"[18]임을 구현하였다. 이런 조건하에서 여러 제후국은 비록 "가국(家國)"의 특징을 가지고 있었으나 주나라의 천자가 "천하"를 대표하는 큰 "가국(家國)"으로 놓고 말하면 "국민", "국인(國人)" 관념의 지역적 발전과, 여러 제후국 간의 관계는 정치, 경제 이익의 지방화로 인해, 혈통의 속박에서 벗어나기 위해 서로 경쟁하는 관계가 되었다. 바로 엥겔스가 말한바와 같이 "혈족 단체에 기반을 둔 낡은 사회는 새로 형성된 사회 각 계층의 충돌로 파괴되었으며, 국가가 된 새사회로 교체되었다. 동시에 국가의 말단 단위는 이미 혈족 단체가 아닌 지역 단체로 바뀌었다."[19] 서주의 몰락, 제후들의 패권 쟁

---

16 《春秋左正义》卷四十六, "昭公", 阮元校刻《十三经注疏》, 제2070쪽.

17 "비록 서민들도 당시 종족끼리 모여 사는 현상이 있었지만 그들의 종족제는 귀족 계급과 달랐을 것이다." 童书业, 《春秋史》, 上海古籍出版社, 2003년, 제8쪽.

18 田昌五, 《古代社会形态研究》, 天津人民出版社, 1980년, 제212쪽.

19 恩格斯, 《家庭、私有制和国家的起源》, 《马克思恩格斯文集》第4卷, 人民出版社, 2009년, 제16쪽.

탈의 역사 과정이 바로 이러한 것이다.

기원전 8세기에 전개된 중국 춘추전국시기는 동양 사상이 매우 활발하고 각종 학설들이 백가쟁명하는 국면을 형성했다. 이 시기는 제자백가(諸子百家)가 각기 특기가 있어 중국 역사 상 학술 사상이 제일 번영했던 시기였다. 중국의 대일통(大一統)[20] 왕조가 형성되면서 정치 사상 방면의 제자(諸子) 학문이 쇠퇴하고, 결국 유가 학설이 천하를 통일하는 경학(經學) 체계가 형성되었다. 유가(儒家)의 학설, 선진(先秦) 사상을 모은 《예기(禮記)》라는 책에 기재된 "오방지민의 개념과 그에 대한 서술은 당시 중국 고전 민족지의 효시를 열었는 바, 이 책에서는 당시 중국 땅의 문화적 다양성을 담은 인류 집단과 그 상호 관계에 대해 다음과 같이 기술하였다.

무릇 각지 주민들은 그들이 살고 있는 지역의 기후와 환경이 다름에 따라 삶의 형태를 서로 달리한다. 이들 백성들은 풍속이 서로 다르고, 성격이 서로 다르며, 먹는 음식이 다르고, 사용하는 도구들이 다르며, 옷차림도 서로 다르다. 서로 교류하되 그들의 풍속은 바뀌지 않으며 정치 제도가 통일되어도 그들의 습관은 잘 바뀌지 않는다. 중원, 융이(戎夷)의 오방지민은 모두 자기만의 특성이 있다. 동쪽은 이(夷)라 하는데, 그들은 머리카락을 풀어 헤치고 다니며, 문신을

---

20 역자 주, 대일통(大一統)이라는 단어는 《춘추공양전》에서 처음 사용되었다. 대일통이라는 말은 하나로 통일됨을 드높인다는 의미로 이는 공자가 바라던 주나라 천제에 의해 모든 제후들이 통일되는 것을 의미한다. 한무제의 대일통, 사마천의 대일통, 건륭제의 대일통 등을 들 수 있다.

하며, 음식은 불에 익혀 먹지 않는다. 남쪽은 만(蠻)이라 하며, 그들은 이마에 문신을 하고, 발이 특히 크며, 음식을 불에 익혀 먹지 않는다. 서쪽은 융(戎)이라 하는데, 그들은 머리카락을 풀어헤치고 다니며, 가죽 옷을 입으며, 곡식을 먹지 않는다. 북쪽은 적(狄)이라 하며, 그들은 짐승의 깃털 옷을 입고 동굴에 살며, 곡식을 먹지 않는다. 중원, 이(夷), 만(蠻), 융(戎), 적(狄)은 모두 자신의 거주지와 음식 습관, 복장과 사용하는 일용품 및 도구가 있다. 오방지민은 서로 말이 통하지 않고, 생활습관이 서로 다르다. 그들이 서로 뜻을 전달하고 생각을 나누려면 이를 전달하는 사람이 필요하다. 이런 자를 동쪽에서는 기(寄), 남쪽에서는 상(象), 서쪽에서는 적(狄), 북쪽에서는 역(譯)이라 한다.[21]

위의 말의 뜻은 다음과 같다. 사람들의 자질과 재능은 그들이 처한 기후와 자연지리 환경에 따라 서로 다르다. 이런 차이는 성격, 관념과 행위에서 표현될 뿐만 아니라 음식, 기물, 도구, 복장, 거주지 등 방면에서도 표현된다. "오방지민"은 서로 말이 통하지 않고 관념이 서로 다르기에 상호 교류 시에는 번역이 필요하다. 중원 문화의 예의 관념으로 사방(四方)을 교화하려면 그 풍속습관에 따라 중원 문화의 정부 법령, 헌법으로 사방을 통일하고 당지 실정에 맞게 대책을 세워야 한다는 의미이다.

　이로부터 알 수 있듯이 중국의 선진(先秦) 문화의 사상 관념에는 인

21　《礼记》, 王制, 第五, 《十三经注疏》.

류의 문화적 다양성과 생태 환경 관계에 대한 인식이 형성되었을 뿐만 아니라 예교(禮敎), 정령(政令), 법 통일의 조건 하에서 문화적 다양성을 존중하는 민족관이 형성되었다. 이런 사상 관념은 바로 중국 고대 철학 사상 중의 "화이부동(和而不同, 남과 어울리면서 사이 좋게 지내되 자기 입장을 지키는 것.)" 관념이 민족 관계 처리 면에 집중적으로 체현된 것이다. 이런 사상 관념이 내포하고 있는 "천하통일"의 길, "풍속에 따라 다스리"는 방법, "화이부동"의 목표는 중국의 역사를 관통하는 것이자, 또한 중화 문명이 끊임없이 전승될 수 있었던 내재적 논리이기도 하다. 즉 "오방지민" 및 그 후손들이 공동으로 통일된 다민족 국가를 건립한 것이다.

춘추전국시기는 중국 "오방지민"이 격렬하게 상호 작용하고 교류 융합되고 천하를 분쟁하던 최초의 혼란 시기였다. 통일된 "예의"로써 백성들을 교화하고 "형벌"로써 정치를 다스리면서 산생된 정통 관념은 "이하지변(夷夏之辨)"의 동질성 분류의 기준으로 되었다. 주나라 예(禮) 사상의 "교(敎)"와 "정(政)"을 지키고 유지하면 "이(夷)민족"도 "화하(華夏)족"으로 될 수 있고 이와 반대로 하면 "화하족"도 "이민족"이 될 수 있는 바 바로 "교화"에는 "누구나 구분이 없는"것이라고 할 수 있다. 따라서 당시의 "화하(華夏)"와 "중하(中夏)"는 "사이(四夷)"가 "제하(諸夏)"로 발전 변화하는 구도를 보여준다. 이런 관념과 동적 역량은 또한 중국의 "천하통일"의 기본 법칙으로 되었다. 초기의 "화하(華夏)"중심으로부터, 춘추전국시기에 부단히 중원(中原)을 융합하여 "화하(華夏)"의 "사이(四夷)"까지 받아들임으로써, 중원 지역의 "제하(諸夏)"로 하여금, 서융(西戎)에 속하는 진나라가 부상함에 따라 "천하통일"의 길로 나아가도록 하였다.

"천하통일", "세속에 따라 다스리기"와 "화이부동"

기원전 221년 진(秦)왕조가 건립된 이후부터 중원 지구는 중국의 정치, 경제와 문화의 중심 지역으로 되었다. 농업 문명을 대표로 하는 선진적인 생산 방식은 중앙 왕조의 정치 체제를 공고히 하고 사회 발전을 추동하는 면에서 중대한 역사적 역할을 하였다. 진왕조는 "논밭 면적이 다르고, 수레 바퀴 간격이 다르고, 법과 규정이 다르고, 복식이 다르고, 말이 다르고, 문자가 다른 사회 이질성에 대해 일련의 사회 통합 제도와 정책을 실시하였는데 이를테면 "문자를 통일하고", "수레 바퀴의 간격을 통일하고", 도량형을 통일하고 통일된 국가법률을 제정한 것과 같은 것들이다. 이는 중국 통일의 역사적 대추세를 열어 놓았으며 중원 지역 화하 민족의 통일을 가속화하였는데, 그중에서도 문자의 통일이 중국 사회에 미친 영향은 지대하다. 진나라가 중국을 통일하고 사회를 통합함으로써 후세의 역사 발전 중 인구가 가장 많은 한족이 형성되었고 한족 문화는 중국의 주체 문화로 자리잡게 되었다. 이러한 주체성에 대한 인정, 전승과 유지는 또한 중국 "오방지민" 및 그 후손들이 역대 왕조의 흥망성쇠를 추동하는 유일한 목표가 되었다.

진왕조가 건립되고 발전할 무렵 북방 초원 지구의 유목 문명도 신속히 발전하기 시작하였다. 기원전 209년 묵돌선우(冒頓單于)가 북방 초원의 여러 유목 부락을 통일하고 흉노 유목 제국을 건립하였다. 이때로부터 중국 북방 유목 민족과 중원의 농업 민족 간의 상호 작용 관계는 중국 고대 중앙 왕조의 흥망성쇠의 중요한 요소로 되었다. 흉노 이후의 선비(鮮卑), 유연(柔然), 회흘(回鶻), 토번(吐蕃), 돌궐(突厥), 거란(契丹), 여

진(女真), 서하(西夏), 몽골(蒙古), 만주(滿) 등 북방, 동북, 서북, 서남의 "사이(四夷)" 민족들은 중원 지구와 격렬하면서도 밀접한 왕래를 유지하였다. 이런 상호 작용은 비록 가끔은 전쟁의 형식을 띠었지만 유목업과 농경업 간의 의존 관계, 경제 문화의 교류는 이런 상호 작용의 근본적인 원인이었다. 이런 경제 문화 교류를 주제로 하는 "중심-변방"의 상호 작용 형식은 중원 지구의 농업 문명으로 하여금 날이 갈 수록 발달하고 인구가 부단히 증가되게 하였으며, 국가 관리 형식도 점차 성숙되게 하였다. 역사가 증명하다시피 "오방지민"의 후예는 그 어느 "종족" 단체든지 중원에 자리잡기만 하면 모두 이러한 왕조 체제를 계승하고 인정하고 유지하였다. 따라서 왕조의 후계자들이 전대 왕조의 역사를 편찬하는 전통도 생기게 되었다. 중국 고대 관청에서 편찬한 이십사사(二十四史)가 바로 이런 역사적 인정의 결과이다.

진(秦)왕조로부터 청(淸)왕조에 이르기까지 2천여 년간 지속된 중국 봉건사회는 여러 차례의 왕조의 흥망성쇠, 영토의 확대와 축소, 전쟁과 충돌을 겪었다. 중원 왕조의 정통적 지위는 매 조대마다 황족의 혈맥을 이어 나갔지만 매 조대의 교체는 "오방지민" 및 그 후손들의 경쟁이었다. "오방지민" 및 그 후손들의 정치 활동은 모두 예외없이 전국의 통일을 목표로 삼았다. 진한 이후로 화하 족계(族系)의 위, 촉, 오 3국 정립의 국면이든, "북적(北狄)", "서융(西戎)" 족계가 "대한정통(大漢正統)"에 빌붙은 "오호십육국(五胡十六國)" 분쟁이든, 북위(北魏) 요금(遼金)의 "반벽강산(半壁江山)"이든, 중원의 정권 쟁탈전의 목표는 모두 "천하를 쟁탈하는" 천하통일이었다. 동시에 중원 왕조가 변방 지역과 관할 지역을 다스림에 있어서 "교화하되 그 풍속을 바꾸지 않고 정치 제도에서

중국공산당은 어떻게 민족문제를 해결하는가

유익한 것은 유지하는" 통치 책략도 역대 조대의 "세속에 따라 다스리는" 제도, 정책과 조치에서 체현되었다. 예를 들면 정치 상의 화친교빙(和親交聘), 남북면관(南北面官)²² 제도, 정치 통치 상의 기미(羈縻)²³, 토사²⁴ 제도, 군사 상의 도호(都護)와 위소(衛所)²⁵ 제도, 경제 상의 차마호시(茶馬互市)²⁶ 제도, 문화 상의 "한(漢)"의 확산, "호(胡)"²⁷의 흡수²⁸ 등과 같은 것이다. 여기에는 한자의 획과 형태를 빌어 여진 문자, 거란 문자, 서하 문자를 창제하고, 사회 생활 중에서 "사이(四夷)" 족계를 위주로 한 대량의 인구가 중원의 한족과 융합된 과정, 그리고 원청(元淸) 두 개 조대에 이르러 한족의 체제를 따르고 한족법을 행하는 왕조를 계승한 것 등이 포함되는데, 이들은 모두 중화 문명이 대대로 전승해 내려올 수 있었던 무시할 수 없는 역사적 성공 요인이었다. "천하통일", "세속에 따라 다스리기"에 내포된 목표가 바로 통일된 다민족 국가를 이루는 "화이부

---

22 역자 주, 요(遼)나라가 통치 구역 내의 서로 다른 사회 발전 단계의 민족을 "세속에 따라 다스리기" 위해 실시한 두 가지 서로 다른 통치 제도. 북면관은 거란과 다른 유목 민족을 통치하기 위해 만든 제도이고, 남면관은 당나라 제도를 본떠 만든 한인을 관리하는 제도이다.

23 역자 주, 진나라가 군현제를 수립한 때부터 송, 원 교체기 전까지 중앙 왕조가 소수민족을 회유해 역심을 갖지 않도록 하기 위해, 이민족에 대해 견제하기 위해 시행한 지방 통치 정책이다.

24 역자 주, 원(元)·명(明)·청(淸) 시대의 소수 민족의 세습 족장 제도이다.

25 역자 주, 명조 때, 변경의 여러 번족(蕃族)을 다스리거나 정벌하기 위해 변방에 설치한 행정 단위 및 제도이다.

26 역자 주, 당나라 때부터 주로 내지의 차와 티베트 지구의 말을 물물교환하는 형식으로 무역을 해왔는데 이를 역사 상 "차마호시(茶馬互市)" 또는 "차마무역"이라고 불렀다.

27 역자 주, 옛날 중국 북방과 서방 민족의 총칭.

28 한문화의 주변 사이(四夷)에로의 전파와 영향을 말하는데, 역사적으로 호인(胡人) 문화의 유입과 흡수라고도 한다.

동"인 것이다.

"화이부동"은 중국 고대의 사람 됨됨이와 처세, 치세와 관련된 철리성이 매우 강한 도리이다. "화(和)"는 통일성, 일치성을 말하고 "부동(不同)"은 차이성, 다양성을 말한다. "화"는 "부동"에 대해 존중하고 포용하며, "부동"은 "화"에 대해 인정하고 수호하는 것이 바로 통일성과 다양성의 공존관계이다. "화이부동"은 비록 진보적인 정치적 목표와 이념이었지만 계급 사회에서 왕조 정치의 구체적 실천이 되기 힘들었다. "오방지민"의 상호 작용 관계 중에서 관념 면에 표현되는 "아족이 아니면 그 마음이 반드시 다르다. 우리 동족이 아닌 사람들은 필시 우리와 동심하지 않을 것이다."라는 배타성의 "사융론(徙戎論)"[29], 불교가 들어오던 시기의 "불교와 도교가 확립한 교리가 서로 달라 양 파의 학자들이 서로 상대방을 부정하고 비방하는" 과정 중에서 발생한 "이하론(夷夏論)"[30] 등과 같은 이러한 관념과 실천을 심심찮게 볼 수 있다. 그러나 이것이 융합과 교류, 포용과 공존을 저해하지는 않았다. 불교는 비록 배척을 받고 정교 쟁탈에서의 불교를 멸하고자 하는 사태를 겪고

---

29 房玄齡 等,《晋书》卷五十六,《列传·江统》, 中华书局, 1974년, 제1531쪽.
    역자 주, 사융론(徙戎論)은 서진(西進)의 강통(江統)의 정치 논저로, 관내로 이주한 소수민족을 관외로 내보내야 한다고 주장하였다.

30 萧子显,《南齐书》卷五十四,《列传·顾欢》, 中华书局, 1972년, 제934쪽.
    역자 주, "이하론(夷夏論)"은 남조(南朝) 송말제초(宋末齊初)에 저명한 도교 사상가 고환(顾欢)이 쓴 것으로, 당시 유가, 석가, 도가가 모두 흔들릴 정도로 파장이 컸다. "이하론(夷夏論)"은 유가의 화이지변(華夷之辨-華와 夷가 서로 다름.)을 출발점으로 도교를 숭상하고 불교를 배척하며, 유가의 '이하지방(夷夏之防, 민족의 구분을 엄격하게 따지고, 화하를 존중하며, 다른 민족을 경멸하는 이론.)'의 민족관을 빌려 불교가 중국에 전파되는 것을 부정하였다.

또 이슬람교의 유입 과정에서 종교 분쟁을 겪었지만 외래 종교와 본토 종교의 병합과 각자의 발전은 중국에 "교족(종교와 종족)"간의 충돌을 남기지 않았다. 비록 민족 간에 전쟁이 빈번하고 잔혹한 학살이 비일비재 하였지만 "화친과 교빙", "결의형제 맺기", "화친을 통해 맺은 외교 관계", "무역개폐", "조공(朝貢)과 연반(年班)" 등이 전쟁 후에 바로 나타나곤 했다. 중원 왕조의 황권제일의 권위 관념을 반영한 "신복(臣服)", "내부(內附)", "덕화(德化)", "회화(懷化)", "회유(懷柔)", "수화(綏化)", "귀화(歸化)" 등 "향화(向化)"의 추세는 동질성 중의 서로 다름을 반영하기도 한다. 그렇지만 여기에는 계급 사회에서 극복 불가능한 불평등 관념과 중앙 왕조의 우월감이 침투되어 있다. 그렇기 때문에 우리는 현대의 민족 평등관으로 고대 역사의 개명 정치를 무턱대고 찬미해서도 안 되고 계급 사회 민족 억압의 암흑 통치를 비관적으로 하소연할 필요도 없다. 다만 통일된 다민족 국가의 형성과 발전에서 "화이부동" 관념이 역대 각 조대에서 실현된 정도와 방식에 관심을 가질 필요가 있는 것이다.

각 민족 다 함께 공동으로 통일된 국가 건설

중국의 통일된 다민족 국가의 형성과 발전의 역사 과정 중에는 네 차례의 단계적인 대통일이 있었다. 즉 진한(秦漢) 통일, 수당(隋唐) 통일, 원(元)의 통일, 명청(明淸) 통일이다. 진나라 통일 중의 "서융(西戎)" 요소와 당나라 통일 중의 "북적(北狄)" 성분을 논하지 않는다면, 중국에서 역사적 지리적으로 가장 광범위한 통일 왕조를 이룬 원(元)나라와 청(淸)나라는 각기 몽골족과 만족(만주족)이 중원에 들어가서 건립한 것이다. 원나라 때 토번 지역을 국가 행정구역에 포함시켜 관리하기 시작하였고 시짱(西藏, 티베트, 서장) 불교를 국가 사무의 관리 범주에 포함시켰다. 타이완 지역은 청나라 때 성급 관리(성치, 省治)를 실시했고 대륙의 금천툰(金川屯)은 티베트병(藏兵)을 훈련시켜 타이완에 보내 "임상문(林爽文)의 난"을 평정했으며, 타이완의 원주민 "생번(生番)", "숙번(熟番)"은 옹정(雍正), 건륭(乾隆) 연간에 세 차례 "단체를 조직"해 대륙에 와서 알현하고 열하, 베이징 황궁에서 "진환토사(金川土司)"와 함께 대접받는 예우를 받았다.[31] 이 두 왕조는 중국 판도의 역사적 기초를 닦았으며 중국 다민족 사회 구조의 안정과, 중국 각 지역 간, 각 민족 간의 교류와 협력을 밀접히 하는 데에 중요한 공헌을 하였다. 역사가 표명하다시피 중국은 "화하(華夏)" 중심과 "사이(四夷)" 변방의 상호 관계에서 보수적이고 분리적이지 않았는 바, 종래로 변강을 봉쇄하거나 영토를 분열하지 않았다. 통일은 중국 역사의 대추세로서 중국 역사 상 각 민족은 모두 통일된 다민족 국가의 건설자였다. 이러한 역사적 국정은 세계적 범위에서도 유례가 없는 바 유일무이하다고 할 수 있다. 역사적 사실이 증명하다시피 중국 고대의 역사는 사실상 한 편의 "오방지민" 및 그 후예들이 상호작용하여 한데 융합된 역사인 것이다. 고대 중국 문명의 정치, 경제, 문화에 대한 동일한 인식은 "오방지민" 및 후예들의 주체적 관념이다. 이러한 역사적 기초는 중국의 통일된 다민족 국가의 구조를 결정했으며 근대 제국주의 열강들의 침략, 해체, 분열을 마주한 생사존

---

31   졸문 《清代台湾原住民赴大陆贺寿朝勤事迹考》,《中国社会科学》2008년, 제1기를 참조하라.

망의 위기 속에서도 새 생명을 가질 수 있게 하였다.

제2절 "종족 혁명", "오족 공화" 및 "국가 민족"의 구축

중국, "눈을 뜨고 세계를 보다"

인류 사회 발전의 역사 과정에서 일반적으로 15세기를 인류 역사가 지역으로부터 전 세계로 나아가는 시작인 것으로 본다. 항해업의 발전은 인류로 하여금 서로 차단되어 있던 대륙을 벗어나게 함으로써 세계에로 시야를 펼치게 하였다. 만약 13세기 몽골 제국의 확장이 유라시아 대륙의 동서방 교류를 시작하게 하였다면 200년 뒤의 중국 명나라의 정화(鄭和)의 대항해는 중국이 해양 세계로 나아가는 발단이 된다. 중국과 미래 세계의 상호 작용의 관계를 놓고 말하자면 이번 항해의 경험은 중국 사회 발전 과정 중의 하나의 중요한 전환점이기도 하다. 명나라 시기의 중국은 조선업 및 항해 능력이 아주 발달했고, 중국인들은 해로를 통하여 다양한 세계를 접할 수 있는 원항(遠航)을 실천하였다. 정화는 1405년부터 1433년까지 사이에 명나라의 방대한 정부 함대를 이끌고 일곱 차례 대항해를 하였는데 그 노정은 동남아, 남아시아, 서아시아에 다달았고 가장 멀리로는 동아프리카 해안에까지 이르러, 그들은 도합 30여 개 국가와 지역을 방문했다. 이는 15세기 인류 사회가 항로를 통하여 진행한 대륙 간 교류의 서막과 쾌거임에 틀림없다. 물론 이 대항해는 세계의 역사에 직접적인 영향을 주지는 않았다. 당시 중국이 세계와 교류를 진행한 목적은 단지 황제의 은공을 널리 알리고 세계 각 나라와 수교하고 먼 곳의 사람을 회유하기 위한 데에만 그친 것으로서, 중국의 "천조대국(天朝大國)"이라 자처하는 폐쇄성과 조공 체계에 만족하는 우월감, 그리고 농업을 중시하고 상업을 압제하는 전통적인 가치관을 개변시키지는 못했다. "그들의 항해 활동은 황제의 위엄을 자랑하기 위해서이지 시야를 넓히고 배우기 위한 것이 아니었으며, 자신의 존재를 나타내기 위한 것이지 그곳에 머물기 위한 것이 아니었으며, 존중과 공물을 받기 위해서이지 구매를 위해 간 것이 아니었다."[32] 따라서, 한때 세계의 선두에 섰던 중국의 항해 능력도, 문을 걸어 잠그고 쇄국을 한 해금(海禁)정책[33]과 함께 상실되었다.

중국이 항해 사업을 멈추고 반세기 동안 문을 닫아 건 1491년에 스페인 왕실에서는 콜럼버스의 원항 계획을 허가하였다. 1492년 10월 12일, 동방을 찾던 콜럼버스는 아메리카 대륙 해안의 한 작은 섬에 도착하여 점령 의식을 거행했다. 콜럼버스가 "신대륙"을 발견한 탐험은, 유럽인들의 지속적인 원항의 도전을 불러왔다. "서방 사회는 이미 이륙 지점에 도달했고 곧 이륙할 준비를 마쳤다. 일단 이륙만 하면 그들은 반드시 해로를 철저히 장악하고 막힘없이 세계로 확장하게 된다."[34] 이는 또한 필연코 각 대륙의 고대 문명과 전통 사회에 재난을 가져오게 되는 것이다.

---

32 【미국】戴维·S·兰德斯,《国富国穷》, 门洪华 等译, 新华出版社, 2001년, 제120쪽.

33 역자 주, 명청(明清) 시대에 실시됐던 항해에 관한 금령(禁令).

34 【미국】斯塔夫里阿诺斯,《全球通史: 1500年以前的世界》, 吴象婴, 梁赤民译, 上海社会科学院出版社, 1988년, 제474쪽.

청나라 시기 중국은 비록 많은 면에서 세계의 선두적 지위를 유지하고 있었지만 중국이 직면한 세계에는 중대한 변화가 일어나고 있었다. 서방 세계는 산업혁명의 세례를 받고 민족 국가 구축 과정에서 전 세계로 나아가고 있었다. 서방 제국 열강들의 식민주의의 "글로벌 충동"은 필연적으로 동방 문명 대국에 대한 포위공격을 형성하게 되었다. 서방인의 전 세계로의 확장에 있어서 동방, 중국은 줄곧 유럽인의 "대륙 신화"였다. 당시 세계 경제의 중심은 아시아에 있었고, "중국, 일본과 인도가 앞자리를 차지하고 동남아와 서아시아가 그 뒤를 바싹 따르고 있었"[35]기 때문이다. 따라서 중국의 전통적인 정치 체제, 경제 질서와 사회 문화 생활도 외래 요인의 충격에 직면하게 되었다.

1793년 7월 영국의 사신 매카트니(George Macartney) 백작은 방대한 함대를 이끌고 중국에 도착했는데 그 목적은 중국 시장을 개방하고 중국과 무역 관계를 건립하기 위한 것이었다. 하지만 중영 두 나라 문화의 예의 쟁론과 중국의 "강건성세(康乾盛世, 강희 건륭 시기의 태평성세)"의 우월감과 자부감은, 건륭 황제로 하여금 "천조(天朝)는 물산이 풍부하여 없는 것이 없기 때문에 외국의 것을 들여올 필요가 없다."는 이유로 영국의 청구를 거절하게 하였다. 당시 그들의 "간단한 인사"와 "절하기 인사"의 예의 논쟁에 대해 역사학, 인류학, 정치학 해석은 시각이 서로 다르다. 하지만 이번 논쟁은 동서방 간의 한 차례의 중요한 정치 문화적 충돌인 것으로서, 이것이 전통과 현대의 만남 중에서의 동서방 문화

---

35 【독일】贡德·弗兰克,《白银资本-重视经济全球化中的东方》, 刘北成译, 中央编译出版社, 2001년, 제232쪽.

차이의 충돌이든, 또는 제국주의 확장의 야심과 천조대국의 자아 보호이든, 또는 정치 이념 면에서 영국인의 "주권 평등"과 청나라 "차이 포용"의 제국 구축이든[36], 이 모든 것을 막론하고 이번 교류의 실패는, 영국이 아편을 위주로 하는 밀수 무역으로 중국에 침입하는 결과를 가져왔고, 최종적으로 1840년의 아편전쟁을 폭발시켰다.

1840년의 아편전쟁으로 역사적 우월감으로 가득찼던 "천조대국"은 핍박에 의해, "전함이 견고하고 대포가 세어 해군이 강성했던" 서방 열강들에 의해, 중국의 대문을 열게 되었다. 역사가 유구한, 전통적인 중국은 화약이나 기타 연소 폭발물을 이용하지 않는 냉무기로 대포, 총에 대항하는 대결을 거치면서 서방이 주도하는 세계 시스템 속으로 들어가게 되었다. 중국의 2,000여년 간 지속된 봉건사회도 식민지, 반식민지의 특징을 지니고 근대 역사의 문턱에 들어섰다. 당시의 중국인들은 지고무상(至高無上)의 황제든지, 땅에 속박되어 농사를 짓던 농민이든지를 막론하고, 모두 이 역사적 변고로 인해 거대한 심리적 격차를 느끼게 되었다. 기백이 넘치는 "천조대국"이라는 자부감으로부터, 주권을 상실하고 국가의 위엄이 실추되는 굴욕에 빠졌고 문화가 풍부하다는 우월감으로부터 기술이 남보다 못하다는 자비감에 빠지게 되었다. 이 모든 것은 중국 사람들로 하여금 드디어 "눈을 뜨고 세계를 보게" 하였으며, 국가를 멸망의 위기로부터 구하고 생존을 도모하려는 수많은 선구자들이 용솟음치게 하였다. 그들은 서방의 자료를 번역하고 소개

---

36 【미국】何伟亚:《怀柔远人:马嘎尔尼使华的中英礼仪冲突》, 邓常春译, 社会科学文献出版社, 2002년, 제251쪽을 참조하라.

중국공산당은 어떻게 민족문제를 해결하는가

하기 시작하였으며 중국 사람들에게 세계적 시야를 열어주었다. 중국의 "눈을 뜨고 세계를 본 제1인"으로 불리는 린저쉬(林則徐, 임칙서, 1785-1850)는 책임 지고 《사주지(四洲志)》를 편집하여 제일 먼저 국민들을 위하여 세계적 시야를 열어주었다. 그후 웨이위안(魏源, 위원, 1794-1857)이 편집한 《해국도지(海國圖志)》 및 그가 제기한 "외국의 선진기술을 배워 외국을 제압하는 목적에 이른다"는 사상은 중국의 근대 사회 변환에 중대한 영향을 일으켰다. 서방 문화의 "민주", "과학"의 개념과 각종 정치 이론, 학술 사상이 대량으로 중국에 전해오기 시작했다. 이것이 바로 중국 근대 역사에 거대한 영향을 일으킨 "서학동점(西學東漸)"[37]이다.

당시 중국의 학술 사상계에 대해 중대한 영향을 준 저서로는 앤푸(嚴復, 엄복)가 번역한 일련의 저서들이다. 이를테면 영국 학자 헉슬리(T. H. Huxley)의 《진화론과 윤리학(Evolutionism and Ethics)》, 허버트 스펜서(Herbert Spencer)의 《사회학연구(The Study of Sociology)》, 젠크스(E. Jenks)의 《정치사(A History of Politics)》 등이다. 이런 저서들이 전파한 진화 이론과 "적자생존"의 사상은 국가를 멸망의 위기로부터 구하여 생존을 도모하려는 중국 사람들에게 중요한 영향을 주었으며 동시에 중국의 국가관, 민족관에도 중요한 영향을 주었다. 물론 중국인들이 "눈을 뜨고 세계를 보는" 시야는 고대 중국 문화가 전 동아시아 지역에 대해 심대한 영향을 끼쳤던 근대 과정에서도 계속 이어졌다. 메이지유신 시기 일본이 가진 서방에 대한 인식은 대부분 중국이 번역 편찬한 서양 저서에 근거한 것이다. 1860-1875년 사이 중국이 번역, 편역한 서방 저서와 세계를

---

37   역자 주, 서양 학문이 점차 동양으로 들어오는 것을 말함.

소개한 도서들은 일본 정계, 학계에서 가장 관심을 끄는 자료로 되었으며 수백 권에 달하는 이런 저서들이 일본어로 번역되고 인쇄되었다. 이는 일본인들의 번역 열정을 불러 일으켜, 그들도 대량의 서양 저서를 직접 일본어로 번역하였다.

1895년, 중국은 갑오전쟁에서 실패하였다. 근대의 "서학동점(西學東漸)", "중국에서 꽃 피웠지만 일본에서 향기가 넘친" 결과는 중국인들로 하여금 절박하게 "동학(일본)"의 강국 비결을 찾아 나서도록 하였다. 정부와 민간에서는 역서국, 역서관이 분분히 세워지고 "동학을 주요로 하고 서양학을 보조로 하며 먼저 정치를 배우고 다음에 문화를 배우"[38]고자 하였다. 국민들은 각종 경로를 통하여 일본어 서적을 수집하고 대량으로 일본어 번역 인재를 배양하기 시작하였다. 당시 수많은 일본 유학생들이 일본어 서적을 번역하고 소개하는 데에 크게 기여하였다. 그들은 대량의 간행물을 만들었을 뿐만 아니라 역서총집 출판사 등과 같은 번역 기구를 만들어 이를테면 《역서총집(譯書彙編)》(1900년), 《유학역편(遊學譯編)》(1902년) 등을 출판했다.[39] 중국인들은 대량으로 일본어로 된 서양 저서를 중국어로 번역하면서 정치학 영역의 도서 외에도 사회학, 민족학 방면의 저서에도 많은 관심을 가졌다. 서방 민족학 지식의 유입으로 중국인들은 자신의 문화 다양성과 국가 통일성에 대해 알게 되었고 새로운 민족관을 형성하게 되었다.

---

38 역자 주, 량치차오(梁啓超)는 대동역서국(大同译书局)의 기획자로서, 일본 도서의 번역을 특히 중시하였다. 그가 《大同译书局叙例》 중에 한 말이다. "以东文为主, 而辅以西文, 以政学为先, 而次以艺学。"

39 王晓秋, 《近代中日文化交流史》, 中华书局, 2000년, 제401 쪽을 참조하라.

민족과 종족 - 민족주의

"민족"이란 단어는 중국 고대 한어의 고유명사로, "태고 시대부터 월(粤)에는 민족이 있었다."[40]라는 기록이 있다. 이는 중국 고대의 "족류 변물" 분류 체계의 하나로서 그 응용으로는 "황족"과 "민족"의 구분이 있을 뿐만 아니라 "화하"와 "사이"의 구별도 있으며, 종족도 역시 이에 속한다.[41] 19세기 70년대 일본인들이 대량으로 번역한 서방의 정치학 저서에서는 중국 한자어 "민족(民族)"을 독일문의 "volk"와 영문의 "ethnos", "nation" 등의 단어에 대응시켰다. 1888년에 철학자 이노우에 소노(家井上園)가 《일본인》이라는 잡지를 창간한 후 "민족"이라는 단어가 광범위하게 사용되기 시작하였고 모든 신문 매체에까지 영향을 주게 되었다.[42] 중국어의 "민족"이라는 단어는, 일본에서 서방의 관련 개념에 대응하는 의미가 부여된 후, 한창 근대 민족 국가 건설의 길을 탐색하고 있던 중국에 다시 영향을 주게 되었다.

중국 무술변법이 실패한 후 량치차오(梁啓超, 양계초)는 일본으로 망명하여 여러 가지 사상 이론의 영향을 받았다. 이런 여러 가지 복잡한 사상 이론 가운데서 블룬칠리(Johann Caspar Bluntschli)의 국민과 민족에 관한 정치학 이론은 량치차오에게 중요한 영향을 주었다.[43] 바로 이러

---

40   皮日休,《皮子文藪》卷一,《忧赋》,《四库全书》本.

41   졸문《中文"民族"一词源流考辨》,《民族研究》2004년, 제6기를 참조하라.

42   【일본】小森阳一,《日本近代国语批判》, 陈多友译, 吉林人民出版社, 2003년, 제142쪽, 149-150쪽을 참조하라.

43   郑臣民,《梁启超启蒙思想的东学背景》, 上海书店出版社, 2003년, 제263쪽을 참조하라.

한 배경 하에서 현대적 의미를 가진 민족(nation)의 개념 및 그 이론 관련 화제가 중국에 전해졌다. "민족"이란 단어의 광범위한 사용은 중국이 타락으로부터 재기하여 현대 민족 국가의 건립을 모색한 역사 과정과 직접적인 연관이 있다. 1902년에 량치차오가 "중화민족"의 개념을 제기하면서부터 중화민족에 대한 해석은 중국 사회가 전통 왕조 체제로부터 현대 민족 국가로 전환하는 시기의 키워드로 되었다. 국민 성분이 다원화된 중국에서 중화민족은 한족을 가리키는가 아니면 모든 소수민족을 포함한 전체 국민을 가리키는가? 중국을 통일한 청나라는 중국 왕조인가? 이는 중국의 민족 국가 구축의 과정 중에서 학계, 정계, 민중들의 관심 화제였다. 몇 천 년의 "오방지민"의 꾸준한 상호 작용의 역사를 가지고 있는 중국을 놓고 말하면 현대 민족 관념의 확립은 하나의 복잡한 과정이다. 근대 중국은 현대 민족 국가의 구축 과정에서 우선 중국과 중국 민족의 범위를 어떻게 정할 것인가 하는 문제에 직면하였다. 서방의 "단일 민족 국가(one nation, one state)"의 민족주의 이론으로 중국 역사 상의 연속 부단한 "오방지민"의 상호 관계를 어떻게 해석할 것인가? 더 나아가서 만족 귀족이 건립하고 통치한 청나라를 어떻게 볼 것인가?

청왕조가 제국주의 열강들에 의해 주권, 변강, 영토에 대한 침략과 잠식을 당하는 위기 가운데서, 중국의 뜻있는 애국지사들 역시 사상 관념, 국가 관념, 종족 관념과 민족 관념의 격렬한 충돌과 격변을 겪었다. 그들은 청나라 정부의 연약과 무능, 그들이 행한 영토를 떼어주고 배상금을 지불하는 등의 행위에 대해 뼈아프게 생각했고, 정치 변혁을 통하여 강대국의 길을 모색하려는 절박한 염원을, 모두 청나라 정부의 통치를 뒤엎자는 확고한 정치적 방향에로 귀결시켰다. 청나라 통치 계급의 민족 차별 및 민족 억압 정책은, "자연도태, 적자생존"의 진화론 사상의 영향 하에서, 한족의 정통을 회복하고, 만족의 통치를 축출하는 종족-민족주의 운동을 초래하였으며 "만족 배척"을 중심으로 한 사회 사조를 형성하였다. 이런 사조는 사실상 근대 민족 국가의 구축에서 보편성을 띠는 것으로서, 한편으로 당시 세계 체계에서 "민족 국가를 유일한 합법적 정치체제로 간주"하였음을 볼 수 있고, 다른 한편으로 "사회 다원주의가 어떻게 종족과 계몽 역사를 민족 국가와 연계시키는지"[44]를 볼 수 있다. 다민족이 몇 천 년 동안 상호 작용해 온 중국이라는 이 왕조 국가의 전환 중, 전통적인 왕조의 정통, "이하지변(夷夏之辨)" 그리고 "황제(黃帝)" 상상, 이들 모두 필연적으로 현대 민족국가 구축의 민족주의의 내포가 될 것이다.

중국 지식계와 세도가 계층에 영향을 준 민족주의 이론 및 민족국가에 대한 인식은 주요하게 일본과 독일에서 들어온 이론과 사상이었는데, 이 두 나라의 국민 성분의 단일성은 서방 민족주의 건국 이념에 가장 부합되었다. 이 때문에 민족국가에 대한 중국 지식계의 최초 인식에서 국민 성분이 단일한 국가에 대한 상상이 한때 "종족" 개념을 유행시킨 적이 있었다. 19세기와 20세기가 교체될 무렵 나라를 멸망의 위기에서 구하여 생존을 도모하려 했던 중국의 국가주의, 민족주의, 국민주의 사조는 "자강하여 종족을 유지"하려는 종족 관념과 함께 용솟

---

44 【미국】杜贊奇,《从民族国家拯救历史-民族主义话语与中国现代史研究》, 王宪明译, 社会科学文献出版社, 2003년, 제59쪽.

음쳐 나와 천하와 국가, 신하와 국민, 민족과 종족, 화하(華夏)와 만이(蠻夷) 등 관념의 충돌 중에서 유신파와 혁명파 간의 "종족"분쟁을 불러 일으켰다.[45] 이 논쟁에는 사회 다윈주의의 영향이 스며 있기는 하지만 "국민"(volk)과 "민족"(nation)에 대한 서로 부동한 인식은, "종족 혁명"과 "정치 혁명"관계의 논쟁에서 또다른 이념을 형성하였다.

1905년에 류스페이(유사배, 劉師培)의 《중국 민족지(中国民族志)》가 출간되었다. 이는 중국 학자가 서방 민족학 지식의 영향 하에 저술한 첫 중국 민족지이다. 이 저서는 중국의 "오방지민"의 상호 작용의 역사 맥락을 반영한 동시에 국가 생사존망의 위기에 대한 절절한 우려를 나타내었고, "동족 유지", "타민족 배척"의 한족 진흥책을 제기하였으며, 오직 청조의 통치를 뒤엎어야만 서방 열강들의 침략을 방지할 수 있다고 주장하였다. 당시 이같은 민족주의 발화에 대한 해석은 '황제(黃帝)'의 형상을 상징하는 '황한민족(黃漢民族)'에 대한 조상 숭배와 '황한민족'의 정치적 정통성을 반영하는 한편, 다른 한편으로는 한족(漢族)은 서방에서 유래했다는 가설에도 부합한다.[46] 이런 모순되는 종족-민족주의 심

45 　이를테면 康有为의 《去级界平民族》, 《去种界同人类》, 《大同书》, 梁启超의 《论变法必自平满汉之界始》, 《变法通议》, 章炳麟의 《序种姓》(上, 下), 《埠书》, 邹容의 《革命必剖清种族》, 《革命军》, 陈天华의 《人种述略》, 《猛回头》 등이 있다. 이들 도서는 모두 华夏出版社에서 2002년에 출판되었다.

46 　당시 중국이 가난하고 쇠약한 현황과 서양인들의 "전함이 견고하고 대포가 강대한" 우월성에 초점을 맞추어, 광대한 한족 민중들을 불러 일으켜 청조를 반대하고, 한족 사회를 동원하여 우월한 서양 사람들과 비교하면서 심리상 서양 사람들과 평등해지고자 하는 염원을 가지게 하였는데, 이는 한족의 "서래설(西來說)"의 유행을 불러왔다. 이렇게 함으로써 한족들이 당한 치욕은 청조의 "이적(夷狄)"통치의 결과임을 보여주려는 것이었다.

리 속에서 중국 전통 지식인들은 서방 민족학 이론을 수용하고 응용하였으며, 청나라 말기의 중국의 위기 국면을 이해하고 해석하는 탐색 과정에서 중국의 민족(nation)을 구축하기 시작했다. 이 가운데서 "중화민족"에 대한 개념의 해석과 규정은 학계와 정계의 오랜 논의와 해석의 대상이 되기도 했는데, 중화민족이 바로 한족이라는 관념이 가장 유행했다.

신해혁명과 "오족공화"

1911년 세계에는 국제 사회의 관심을 끌 만한 중대한 사건이 발생하지 않았다. 하지만 동방에 있는 중국에서는 경천동지, 천지개벽의 한 차례 혁명이 일어났다. 100여 년 전에 일어난 신해혁명은 중국의 2,000여 년간 지속된 봉건왕조의 통치를 결속 짓고, 중국으로 하여금 긴 시간 동안 누적된 가난과 쇠약함, 제국주의 열강들의 무수한 괴롭힘의 곤경 속에서 현대 국가의 문턱에 들어서게 하였고, 국가 민족을 통합의 길로 나아가게 했으며 중화민족의 위대한 부흥의 시작을 열어놓았다. 이 혁명은 중국이 봉건왕조로부터 현대 민족국가에로의 전환을 의미할 뿐만 아니라 중국 사람들의 "신하"로부터 "국민"으로의 신분 전환도 상징한다. 현대 민족국가의 국민 통일성을 구축하는 것이 바로 국민 통일의 민족성을 만드는 것이다. 이 과정에서 "중화민족"이라는 이 개념은 종족 의미의 협애한 민족주의로부터 중국의 각 민족을 대표하는 총칭으로서의 변천을 겪었다.

청나라 말기에 홍기한 중국자산계급 민족주의 혁명 운동에서 "청나라를 반대하고 만족을 배척하자"는 것은 가장 설득력이 있는 구호였다. 쑨중산(孫中山, 손중산)이 지도한 신해혁명은 중국의 민족국가 건립의 시작이 되었다. 민족주의는 민족 해방 운동을 일으키고 민족국가를 건립하는 데 있어서 가장 강유력한 사상 동력이었다. 현대 민족국가 건립에 대한 많은 주장 중에서 "만족 정부를 몰아내고 중화를 회복하자"는 "종족" 건국의 사조는, 주요하게 한족이 모여 사는 '18개 성(省)'이 독립 건국하자는 논의를 초래하였다. 이런 건국 주장은 동북 3성, 신장, 내외몽골과 시짱 등 광대한 지역을 제외했는데 이는 분명 다민족이 공동으로 국가를 건설한 중국의 역사에 모순되는 협애한 관념이다. 사실상 이러한 "종족-민족주의"의 정치 주장은 시시각각 중국의 영토에 눈독을 들이는 일본, 제정러시아, 대영제국 등 열강들의 생각에 들어맞았을 뿐 중국이 현대 국가의 길로 나아가는 데는 적극적인 작용이 전혀 없었다. 1911년 12월, 외몽골의 왕공 귀족들이 일으킨 "독립"과 네이멍구의 "후룬베이얼 독립"은 제정러시아가 직접 책동한 결과이다. 1913년 1월, 달라이 라마 13세가 라싸에서 "독립"을 선포했는데 이는 대영제국주의가 시짱에 대한 침략과 해체, 식민 지배를 시도한 결과이다. 이와 동시에 제정러시아는 신장 지역에서 또 알타이를 침점하는 전쟁을 발동하여 북방 변방 지역을 점령하려고 시도했다. 몽골, 시짱, 신장 지역에서 잇달아 나타난 분열 위기는 "종족-민족주의"를 주장하는 혁명당인들이 당초 예상치 못했던 것이었다. 이러한 위기로 인해 중화민국은 민족, 국가, 영토 면에서 새로운 관념을 새로 확립하게 되었다.

신해혁명의 실천 중에서 쑨중산을 대표로 하는 자산계급 민주 혁명 지도자들은, 청나라를 뒤엎는 이번 혁명이, 종족-민족 혁명일 뿐만 아니라, "군주 정체를 뒤엎는 면에서 한 차례의 정치 혁명"이라는 것을 인식했다.[47] 청왕조의 부패에 대해 쑨중산은 설령 한족인이 황제였다 하더라도 이런 정부는 반드시 뒤엎어야 한다고 인식했다. 이번 혁명이 "만족을 배척하기" 위한 것이 아니라는 생각은 쑨중산으로 하여금 중국의 역사적 국정과 현실 위기에 대해 비교적 명확한 인식을 가지게 하였다. 1912년 원단에 쑨중산은 중화민국 임시대통령의 신분으로 "국가의 기본은 인민에 있는 바 한족, 만족, 몽고족, 회족, 장족 등이 거주하는 여러 지역은 모두 하나의 나라이며 한족, 만족, 몽고족, 회족, 장족 여러 민족이 합쳐서 국민이 되어야 민족 통일이라고 할 수 있다. 우한(武漢, 무한)이 먼저 독립하고 10여 개의 성이 선후로 독립하였다. 소위 독립은 청정부로부터 이탈하고 각 성끼리 연합하는 것으로서, 몽골, 시짱도 이와 동일하다. 행동은 일치하고 분기가 없어야 하며 권력은 중앙에 집결되고 결정은 변강 지구에까지 닿아야 한다. 이래야만 영토 통일이라 할 수 있다."[48]라고 선포했다. 이 정치 선언은 중화민국의 민족 통일, 영토 통일에 대해 명확하게 기술하였다. 한족, 만족, 몽골족, 회족, 장족의 "오족공화"의 이론은 이로부터 선도되었다.

신해혁명이 폭발한 후 남방의 여러 성들이 잇달아 독립(청나라를 이탈)하고 공화를 선도하자 청정부는 위안스카이(袁世凱, 원세개)를 내각 총리 대신으로 임명하여 그의 북양군벌의 세력을 빌어 혁명을 진압하려고 하였다. 이런 남북 대치는 위안스카이가 공화를 지지하고, 청조 황

---

47   孫中山,《三民主義与中國民族之前途》,《三民主義》, 岳麓书社, 2000년, 제250쪽.

48   《临时大总统宣言书》,《孙中山全集》제2권, 中华书局, 1982년, 제2쪽.

제를 퇴위시키고, 쑨중산이 대통령 자리를 양보하는 평화 회담으로 끝났다. 1912년 2월 12일, 청조 황제 부이가 퇴위 조서를 반포함으로써 중국 왕조 체제는 정식으로 소멸을 선포하게 되었다. 3월 10일, 위안스카이가 베이징(北京, 북경)에서 정식으로 취임했다. 다음날《중화민국 임시약법》을 반포하였는데 거기에서는 "오족공화"의 입국 원칙을 재차 천명했고 "중화민국 영토는 22개의 성, 내외몽골, 시짱, 칭하이"라고 규정하였다. 4월 22일, 위안스카이는 대통령령을 발표하여 "현재 중화민국은 오족공화로서, 몽골, 시짱, 신장을 비롯한 각 지방은 모두 우리 중화민국의 영토이고 몽골, 시짱, 신장의 각 민족은 우리 중화민국의 국민이다."라고 진술하였다. 그후 쑨중산도 "현재 우리는 공화국이 성립되어 몽골, 시짱, 칭하이, 신장의 동포를 비롯한 옛날에 학대받던 사람들도 지금은 모두 국가의 주체이며 모두 국가의 주인이다."라고 표명하였다.[49] 비록 "오족공화"가 평등하고 객관적으로 중국의 다민족의 현실을 반영하지는 못했지만 중국 영토, 국민에 대한 범주 확정에 있어서는, "18개 성" 한족 건국의 국한성과 협애함을 초월하였다. 이것은 중국 현대 민족 관념의 중요한 변혁으로서 중국 각 민족을 포용하여 공동으로 나라를 건설하고, 중국 각 민족의 조국에 대한 동질감을 불러 일으키고, 제국주의 침략과 분해를 저항하는 데 적극적인 의의가 있다.

---

49   孙中山,《在北京蒙藏统一政治改良会欢迎会的演说》,《民立报》, 1912년 9월 8일.

성 연합(연성 聯省) 자치와 연방 건국

신해혁명의 성과가 위안스카이에게 넘어가고, 뒤이어 1913년 3월 "쑹자오런(宋敎仁, 송교인) 사건" 등 정치 변고가 발생한 후, 쑨중산은 "제2차혁명"과 "위안스카이 토벌 전쟁"을 일으켰다. 쑨중산의 "제2차혁명"이 실패한 후 위안스카이는 정식으로 대통령으로 취임했으며 뒤이어 바로 국민당을 해산하고 국회를 해산하는 등 사변을 일으켰다. 1914년 5월 1일에 반포한 《중화민국 약법》에서는 "중화민국은 중화 인민으로 조직되었고", "중화민국의 영토는 예전의 제국이 소유했던 영토를 그대로 유지한다."고 선포했다. 이 표현은 군주제를 회복하려는 단서를 보여주는 것이다. 1915년, 위안스카이는 군주제를 회복하여 "홍헌제국(洪憲帝國)"의 해프닝을 연출했는데, 이는 전국적으로 위안스카이의 복벽을 반대하는 규탄 속에서 "호국전쟁(護國戰爭)"을 불러 일으켰다. 이듬해 3월 위안스카이는 퇴위하고 "중화민국"의 연호를 회복하였다. 그후 북양군벌 정부 통치 하의 중국은 군벌 혼전의 상태에 빠지게 되었다. 그때로부터 십여 년 동안 중국 대지에는 내전이 빈번하고 크고 작은 전쟁이 수백 차례 일어났으며, 1926-1927년의 북벌 전쟁의 승리로 이런 상태가 비로소 결속되었다.

이 기간에 위안스카이의 "강인정치(强人政治)"와 군주제를 회복한 복벽으로 인하여 민국 제헌의 과정은 중대한 좌절을 겪게 되었고 중국 정체(政體, 정치형태)에 관한 논쟁도 중앙과 지방 관계의 변천에 따라 정계, 학계와 민간의 관심을 받게 되었다. 신해혁명이 폭발하면서 나타난 청조의 통치를 이탈하는 각 성의 독립과 위안스카이가 국회를 해산하고 즉위하여 황제라 자칭하면서 일어난 독립 소동, 그리고 군벌이 군대를 보유하고 자신의 지위를 강화하는 분할 분쟁으로 인하여 "지역 자치", "성 연합 자치"의 연방화 건국의 동의(動議)는 "성제입헌(省制立憲)"을 중심으로 한 논쟁을 불러 일으켰다. 1920-1922년 사이 성 연합 자치 운동이 하나의 붐을 이루면서 "후난(湖南, 호남)인이 후난을 다스리기", "후베이(湖北 호북)인이 후베이를 다스리기", "광둥(廣東, 광둥)인이 광둥을 다스리기"와 같은 주장과 활동이 흥기했다. 사실상 신해혁명을 일으키는 과정에서 쑨중산은 연방제를 주장했었다. 하지만 민국 건립 초기에 일련의 정치적 변고들이 발생하면서 그는 연방제, 집권제를 모두 아우르는, 분권하되 분열하지 않고 집권하되 전제 통치를 하지 않는 균형적인 권력 구조를 희망하게 되었다. 소위 "북아메리카연방제도"는 "가장 적합한" 선택으로 보여졌다. 사실상 이런 운동이나 주장은 청나라가 멸망한 후 중국이 어떻게 현대 국가를 건립하는가 하는 중대한 문제에 대한 탐색을 포함할 뿐만 아니라 군벌 분할이 초래한 국가 정치 분열 구조를 어떻게 없앨 것인가 하는 문제도 포함한다. 그렇기 때문에 쑨중산을 비롯한 많은 사람들의 해석과 주장은 모두 변천하고 있었으며 국내와 국제적 요인의 상호 영향 하에 장기간 존재하는 일종의 정치적 사조로 되었고 동시에 "지방자치"에서 기원된 연방제에서 "민족 자결"의 연방제로 확대되었다.

사실상 중국의 현대 민족국가의 구축에 있어서 "중화민족"의 내포와 외연의 문제는 "오족공화"에 의해 해결을 보지는 못했다. 중화민족이란 개념은 량치차오의 "대민족주의" - "한족, 만족, 몽고족, 회족, 묘족, 장족이 모두 합쳐져 하나의 대민족을 구성한다."라는 논의로부터

중국공산당은 어떻게 민족문제를 해결하는가

쑨중산의 "오족공화"와 "민족통일" 즉 "한족과 만족, 몽골족, 회족, 장족 등 여러 민족이 인민을 이룬다"는 논의, 그리고 미국의 용광로 모델인 "한 용광로에서 제련하여 중화민족이 된다는 신주의(新主义)" 논의, 더 나아가서 리다자오(李大釗, 이대소)의 "신중화민족주의"의 "오족문화는 차차 일치해진다", "무릇 중화민국에 속하는 사람은 모두 신(新)중화민족이다"[50]라는 논의에로의 변천을 거쳤다. 이 변화는 비록 중화민족 개념의 외연으로 하여금 "종족" 의식의 질곡에서 벗어나게 했지만 중화민족의 내적 함의는 여전히 "합침(合)"과 "제련(治)"의 의미를 띠는 "한족 본위"로 변화가 없었다. 따라서 쑨중산의 민족주의 사상은 시종 미국의 "종족 용광로"의 틀에서 벗어나기 어려웠고 서방식 "단일 민족 국가" 이념의 구축은 쑨중산으로 하여금 "오족공화"를 선도한 이래 국가의 남북 대치, 군벌 분할의 국면을 개변시키지 못한 것에 대해 아주 실망하게 하였으며, 결국 "오족공화"를 부정하고 중화 한(漢)족민족주의를 회복할 것에 대한 설명으로 입장을 바꾸게 하였다.

"한 용광로에서 함께 제련"하는 "국가 민족(國族)" 구축

1919년에 쑨중산은 "오족공화"를 상징하는 "오색기"에 대해 "민국이 성립된 이래 늘 사분오열 속에 처한 원인은 모두 이 불길한 오색기 때문이다"라고 하였다. 또 이런 "청나라의 무인(武人) 정권의 오색기"를 국기로 하면 "청나라의 무인 전제 통치를 소멸하기 어렵다"고 했

---

50   李大钊,《新中华民族主义》,《甲寅》日刊, 1917년 2월 19일.

다.[51] 사실 쑨중산의 "깃발"의 상징적 의미에 대한 비난은 청나라의 "무인 기"를 답습한 것에 대한 폐단을 말하는 것만이 아니라 "오색기"가 대표하는 "오족" 평등 공화에 대한 질의이기도 하다. 1920년에 쑨중산은 "오족공화"에 대하여 "이 오족의 명칭은 아주 부적절하다. 우리 국내에 어찌 다섯 개 민족뿐인가?"라고 지적했고 "우리 당의 잘못"을 반성하며 "광복 후 세습 관료가 있었고, 완고한 낡은 당이 있었으며, 복벽(復辟)한 종사당(宗社黨)[52]이 있었는데, 이들을 한데 모아 오족공화라 했다. 근본적인 착오가 바로 여기에 있었다."라고 하였다. 그는 4억 인구의 한족이 종래로 "진정으로 하나의 완전한 한족의 국가를 독립적으로 조직"하지 못했으니 각각 백만 인구를 가진 만족, 몽골족, 회족, 장족이 어떻게 평등하게 "함께 나라를 구축"할 수 있으며, 더구나 이런 민족은 일본인의 세력 밑에 있거나 러시아인들의 통제를 받거나 또는 영국인의 낭중지물로 되어 있는 상황으로, "그들은 모두 자위 능력이 없음을 충분히 알 수 있는 바 우리 한족들이 마땅히 그들을 도와주어야 한다."고 주장하였다. 또 이런 도움은 반드시 민족주의에 공을 들여 "만족, 몽골족, 회족, 장족으로 하여금 반드시 우리 한족에 동화되게 하여 하나의 대민족주의 국가가 되게 해야 한다."고 하였다. 그는 "오족공화"가 선도하는 각 민족 평등을 "한족으로의 동화"로 개변함으로써 발생하는 결과에 대해서는 다음과 같이 설명하였다. "나는 지금 조화(調和)의

---

51 孫中山, 《三民主義》(1919년), 《三民主義》, 岳麓书社, 2000년, 제240쪽.

52 역자 주, 중국 청나라 말기, 조정 안의 당파의 하나. 선통제(宣統帝) 말년으로부터 민국 원년(元年)에 걸쳐 청조의 복벽(復辟)을 목적으로 황족 재도(載道)·재순(載洵) 등이 양필(良弼)·철량(鐵良)과 탁결하여 공화에 반대하여 조직한 결사.

방법을 하나 생각해 냈는데, 그것은 바로 한족을 중심으로 하여 그들을 동화시키고 기타 민족에게 우리와 함께 나라 건설에 참여하는 기회를 주는 것이다. 아메리카 민족의 형식을 모방하여 한족을 중화민족으로 고쳐 부르고 하나의 완전한 민족국가를 구성하여 미국과 함께 동서반구의 2대 민족주의 국가로 되는 것이다."라고 하였다. 또한 "앞으로 그 어떠한 민족이 우리 나라에 가입하든 반드시 우리 한족으로 동화시켜야 한다. 우리 당이 견지하는 민족주의는 바로 이런 적극적인 민족주의이다. 이 점을 여러분은 반드시 잊어서는 안 된다."[53]고 하였다.

쑨중산은 소극적 민족주의는 "민족 간의 불평등을 없애"기 위한 것이고 적극적 민족주의는 "국내 각 민족을 단결"시키기 위한 것이라고 했다. 여기서 말하는 "단결"은 주동적으로 한족 이외의 기타 각 민족을 미국식 "용광로" 속에 수용하고 용해하는 것으로서 "만족을 배척"하는 식의 배척이거나 "오족공화" 식의 평등이 아니라고 했다. 그는 또 이렇게 함으로써 "용광로" 내의 "민족의 종류가 많을 수록 국가의 판도 역시 따라서 넓어지게" 되는 목적을 이루어 "대중화민족"[54]의 구축을 완성해야 한다고 하였다. 어떻게 많은 민족을 "하나의 중화민족으로 통합"하는가 하는 문제에 대해 그는 한족은 혈통, 역사와 자존감, 자부감을 희생하여 기타 민족과 "한 용광로에서 함께 제련"할 것을 주장했다. 이런 "제련"은 융해 및 주조하여 일체가 되게 하는 것이 아니라 "장족, 몽골족, 회족, 만족으로 하여금 우리 한족에 동화하게 하여

---

53   孫中山, 《三民主义之具体办法》, 《三民主义》, 제260-262쪽.

54   孫中山, 《中国国民党宣言》, 《孙中山全集》 제7권, 中华书局, 1985년, 제1, 3쪽.

제일 큰 민족국가를 건설하고, 한족이 자결권을 갖도록 하는 것이다."[55] 소위 "한족의 자결권"이라는 것은 바로 한족의 민족주의로 하여금 중화민족의 "용광로"의 불이 되게 한다는 것으로 여러 인종의 이민들이 미국에 와서 "한 용광로에서 함께 제련"되어 하나의 아메리카 민족이 된 것과 마찬가지로, 소극적으로 각 민족의 평등을 실현할 필요가 없다는 것이다. 이런 적극적인 민족주의를 실행하여 "우리 중국의 많은 민족들도 하나의 중화민족으로 되어 중화민족을 아주 문명한 민족이 되게 한다면 민족주의가 완성되는 것이다."[56]라고 하였다. 즉 그가 선도한 "국가 민족" 구축이 완성되는 것이다.

쑨중산이 지도한 신해혁명은 물론 군주제를 뒤엎기는 했지만 민주 공화를 건립하지 못했다. 무인 전제, 군주제 회복, 지방 분립, 군벌 혼전과 남북 분열의 현실과 제국주의 열강이 중국에 대한 더욱 심해진 억압으로 인해 쑨중산은 안팎으로 궁지에 빠지는 곤경에 처하게 되었다. 1920년대에 들어선 이후, 중국에서 신해혁명이 폭발할 무렵은 세계적으로 민족주의가 고조되기 시작하고 서구 자본주의가 민족국가 건립을 거의 완성하는 시점이었다. 따라서 1913년에 레닌은 자본주의 세계의 민족문제 측면에서 나타난 두 가지 역사 추세에 대해 다음과 같은 판단을 내렸다. 첫번째 추세는 "민족 생활과 민족 운동의 각성으로서, 모든 민족 억압을 반대하는 투쟁과 민족국가의 건립이다."[57] 마르크

---

55   孙中山,《在桂林对滇赣粤军的演说》,《孙中山全集》제6권, 中华书局, 1985년, 제24쪽.

56   孙中山,《在上海中国国民党本部会议的演说》,《孙中山全集》, 제5권, 제394쪽.

57   列宁,《关于民族问题的批评意见》.《列宁专题文集·论资本主义》, 人民出版社, 2009년, 제290쪽.

스주의 경전 작가들은 다음과 같이 주장하였다. "민족국가는 자본주의 발전 과정 중 반드시 거쳐야 할 단계"이며, "자본주의의 일정 단계에서 생산력을 발전시키는 데 필수적인 기초이다."[58] 그렇기 때문에 서구에 있어서든 전 세계에 있어서든 민족국가는 "모두 자본주의 시기 전형적이고 정상적인 국가 형식이다."[59] 이뿐만 아니라 열강들에게 분할되고 식민지로 전락된 아시아에서 홍기한 민족 운동도 그 "추세는 바로 아시아에서 민족국가를 건립하는 것으로서, 오직 이런 국가야말로 자본주의 발전에서 가장 좋은 조건을 담보할 수 있다."[60] 쑨중산이 진력한 혁명과 "국가 민족"의 구축은 바로 이러한 추세에 부응한 것이다.

하지만 중국의 봉건사회의 심각함과 자산계급의 연약함으로 인하여 쑨중산이 지도한 자산계급 민주혁명 및 민족주의 주장은 "적극"적인 의미에서 "한 용광로에서 함께 제련"되어 "대중화민족"으로 되었다고 말할 수 없으며, 설령 "소극"적인 의미에서 각 민족의 평등을 선도하였다 할지라도 단지 "탁상공론"에 불과한 것이었다. 중국 혁명은 새로운 정치 활력이 필요했다. 1915년에 홍기한 신문화운동으로부터 1919년에 폭발한 5.4운동이 바로 중국이 신해혁명 후의 곤경에서 현대 민족국가로 나아가는 새로운 동력이었다. 이런 동력은 바로 1917년 러시아 "10월 혁명"의 포성과 함께 찾아온 마르크스주의이다. 이는 아직 성공하지 못한 중국 혁명에 새로운 활력을 주입시켰고 중국으로 하여

58 列宁,《关于无产阶级和战争报告》,《列宁专题文集·论资本主义》, 제88쪽.

59 列宁,《论民族自决权》,《列宁选集》 제2권, 人民出版社, 1995년, 제371쪽.

60 列宁,《论民族自决权》,《列宁选集》 제2권, 제347쪽.

금 현대 민족국가를 탐색하는 길에서 새로운 단계에 진입하게 하였고 중국에 새로운 노정을 열어주었다.

제3절 중화민족과 통일된 다민족 국가

민족 자결, 자치와 연방 건국

1917년 레닌이 이끈 러시아 "10월혁명"이 승리를 거두었는데 이것은 마르크스주의 과학 사회주의가 이론에서 실천으로 나아간 발단이 된다. 러시아혁명이 가져온 중대한 영향은 바로 마르크스주의의 중국 및 세계에로의 전파이다. 당시 국제와 중국 내의 환경에 힘입어 중국에서는 많은 조기 마르크스주의 지식인들이 양성되었고 중국 무산계급 정당이 탄생되었다. 중국공산당은 중국의 각 민족 인민들을 이끌고 주권 독립, 영토 완정, 국가 통일, 민족 단결의 새로운 길로 나아가는 리더 역량으로 되었다. 그 원인은 "인도와 중국에서 각성한 무산자들은 민족의 길로 갈 수밖에 없는데 이는 그들의 국가가 아직 민족국가를 형성하지 못했기 때문이다."[61]라는 데에 있다. 이 역사적 임무는 피할 수 없는 책임으로 중국공산당의 어깨에 메워졌다.

1921년에 중국공산당이 성립되었다. 그 전에 리다자오, 천두슈(陳獨秀, 진독수), 마오쩌둥 등 조기 공산주의자들은 마르크스주의를 받아들

---

61 列宁, 《关于无产阶级和战争的报告》, 《列宁专题文集·论资本主义》, 제89쪽.

이고 전파하는 실천 가운데서 중국의 민족문제와 국가 통일의 앞날에 대해 관심을 가지기 시작하였으며 중화민족에 관한 토론과 "성급 관리 [省治]" 등 활동에 참여하였다. 1920년 마오쩌둥은 프랑스에서 고학하고 있던 차이허선(蔡和參, 채화삼) 등 유학생들과 주고받은 편지에서 "우리가 하고 있는 일은 중국에만 국한되지 말아야 한다. 나는 중국에서 일하는 사람이 있어야 하거니와, 더우기 전 세계에서 일하는 사람도 있어야 한다고 생각한다. 이를테면 러시아를 도와 사회 혁명을 완성하고, 조선 독립을 돕고, 남양(南洋) 독립을 돕고, 몽골, 신장, 시짱, 칭하이의 자치와 자결을 돕는 것은 모두 아주 중요한 일이다."[62]라고 하였다. 이 말은 세계 혁명에 시야를 둔 마오쩌둥의 넓은 흉금과 전 인류를 해방시키고자 하는 사상 경지를 반영하였을 뿐만 아니라, 중국 혁명이 민족문제를 해결하는데 있어서의 기본적 사고와 중국의 구체적 실제로부터 출발하는 그의 사상적 방향을 반영하였다. 그중 조선, 남양의 "독립"과, 몽골, 신장, 시짱과 칭하이의 "자결과 자치"에 대한 설명은 분명히 "외국"과 "중국"의 구분을 표현한 것이다. 이러한 주장은 마르크스-레닌주의의 식민지 민족문제에 관한 기본 사상을 체현하였고, 민족해방 운동과 무산계급 혁명 운동 간의 관계를 체현하였다. 각 민족의 일률적 평등을 실현한다는 입장은 그 기본 함의이다.

1922년 7월, 중국공산당 제2차 전국대표대회에서는 민족문제의 해결에 대한 정치 선언을 제기하였다. 중국공산당은 "1840년 이래 중국 인민은 90년 동안 억압 받는 재난을 당했기 때문에 제국주의가 말하는

---

62   毛澤東, 《致蔡和森等》, 《毛泽东书信选集》, 人民出版社, 1983년, 제3쪽.

평등과 자결이 무슨 의미인지를 가장 잘 이해한다. 또한 자본 제국주의를 뒤엎은 후에야 비로소 평등과 자결을 실현할 수 있다는 것을 잘 알고 있다."고 인식하였다. 동시에 "진정한 통일된 민족주의 국가와 국내의 평화는 군벌과 국제 제국주의의 억압을 뒤엎지 않고서는 영원히 성공적으로 이룰 수 없다."는 것을 인식하였다. 선언은 한편으로는 경제생활의 동일성의 관점에서 당시 "중국 본부"라고 불리던 각 성의 지역적 통일성(동북3성 포함)을 논증하였고 다른 한편으로는 몽골, 시짱, 신장 등 중국 변방 지역 경제 생활의 차이와 민족이 서로 다른 등 특점으로부터 출발하여 다음과 같이 지적하였다. "이들을 중국 본부가 아직 통일할 수 없는 무인(武人) 정치에 강제로 통일시키는 것은 결국 군벌의 지반만을 확장하고 몽골 등 민족의 자결 자치의 진보를 저해하게 될 뿐만 아니라 본부 사람들에게도 전혀 이익이 없다. 그렇기 때문에 중국 사람들은 반드시 분할식의 성 연합 자치와 전국적인 대통일의 무력 통일을 반대해야 한다. 우선 모든 군벌을 뒤엎고 국민들이 중국 본부를 통일하여 진정한 민주공화국을 건립해야 하며, 동시에 서로 상이한 경제적 원칙에 따라 군벌 세력의 팽창을 막는 한편 다른 한편으로는 변방 사람들의 자주권을 존중하고 몽골, 시짱, 회부(回部)[63] 세 곳의 자치 연방을 하루 빨리 추진해야 하며 진일보 중화연방공화국으로 연합해야 한다. 이것이야말로 진정한 민주주의의 통일이다."[64] 상기 내용에서 알

---

63   역자 주, 톈산(天山) 산맥 이남의 위구르계 무슬림 지역. 청나라는 톈산 산맥을 경계로 그 이북에 사는 투르크계 무슬림 지역을 준부(準部)로, 그 이남에 사는 위구르계 무슬림 지역을 회부로 신장을 크게 두 부분으로 나눠 통치하였다.

64   《中国共产党第二次全国代表大会宣言》, 中共中央统战部编, 《民族问题文献汇编》, 中

수 있다시피 중국공산당은 아주 명백하게 반제반봉건의 민주주의 혁명 목표를 지적하였고 동시에 국가의 실정에 입각하여 봉건 군벌 세력의 "무력 통일"에 의한 확장을 반대하고 변방 소수민족의 자주권리를 존중하고 "중국 본부"의 통일과 몽골, 시짱, 신장, 세 곳의 자치 연방의 건립을 통하여 중화연방공화국으로 연합해야 한다고 하였다. 중국공산당은 "중국 본부"의 "성 연합 자치"를 반대하였는데 이는 국가 통일, 주권 독립을 실현함에 있어서 기초를 마련하기 위해서이다. 중국공산당은 변방 지역에 "자치방"을 건립하고 "중화연방공화국"으로 연합할 것을 주장하였는데 이는 각 민족이 평등하게 연합한 기초에서 국가의 영토 완정을 실현하기 위한 것이다.

물론 이 주장, 특히 연방 건국의 주장은 중국공산당이 1922년에 국제공산당(코민테른)이 모스크바에서 개최한 극동 각국 공산당 및 민족혁명단체 제1차 대표대회에 대표를 파견하여 참석한 것과 직접적인 관계가 있다. 이번 회의에서 레닌은 민족과 식민지 문제의 이론과 투쟁정책에 대해 상세히 설명하였고 중국은 반드시 제국주의 식민지 억압에서 벗어나서 국내의 군벌 통치를 뒤엎고 민주공화국을 건립해야 한다고 지적하였다. 레닌이 지도한 러시아혁명 실천 가운데서, 민족관계가 복잡한 대국에 있어서 "연방제는, 각 민족 노동자들이 완전한 통일로 나아가는 과도 형식"[65]임을 인식했다. 레닌의 민족과 식민지 문제에 관한 기본 사상과 러시아 건국의 실천은 중국공산당에 영향을 주었을

共中央党校出版社, 1991년, 제15, 17쪽.

65   列宁,《民族和殖民地问题提纲初稿》,《列宁专题文集·论资本主义》, 제254쪽.

뿐만 아니라 동시에 중국 국민당에도 영향을 주었다. 당시 공산당과 국민당은 동일한 국제와 국내 형세에 직면하였고 "열강을 타도하고 군벌을 없애자"는 광대한 중국 인민들의 강렬한 염원을 마주하고 있었다. 또한 국제공산당과 국민당의 접촉과 협력 관계 건립은 국민당의 정치 강령에 새로운 정치 주장을 주입시켰다. 따라서 쑨중산은 국민당에 대해 개편을 진행하게 되었고, 이것은 공산당과 국민당의 협력을 촉진하였다. 또한 민족문제를 해결함에 있어서의 국민당의 주장에도 새로운 설명이 추가되었다. 1923년 11월 국제공산당의《중국 민족 해방 운동과 국민당 문제에 대한 결의》에서는 "국민당은 반드시 국내 각 민족의 자결권 원칙을 제정하고 외국의 제국주의를 반대해야 하며 본국의 봉건주의와 군벌제도를 반대해야 한다. 혁명이 승리를 취득한 후에도 이 원칙은 예전의 중화제국의 각 민족으로 구성된 자유적인 중화연방공화국에서 반드시 그대로 체현되어야 한다."[66]고 지적했다. 이 원칙은 공산당의 제2차 대표대회의 선언에도 체현되었다.

"삼민주의"의 "종족-국족(국가 민족, 國族)"

1924년 1월 20일부터 30일까지 중국국민당 제1차 전국대표대회가 쑨중산의 진행으로 개최되었다. 쑨중산의 말을 빈다면 "우리 당의 이번 개편은 소비에트 러시아를 본보기로 한 것"으로 국민 혁명의 성공을

---

66   【일본】松本真澄,《中国民族政策之研究-以清末至1945年的"民族论"为中心》, 鲁忠慧 译, 民族出版社, 2003년, 제115쪽 재인용.

도모하기 위한 것이다. 이번 대회에서는 제국주의를 반대하는 혁명 목표를 정치 강령에 포함시켰다. 이번 대회는 쑨중산의 민족주의 사상을 개변시켰는 바 쑨중산은 이번 회의에서 민족주의에 대한 두 가지 방면의 의의를 제기하였다. "첫째는 중국 민족이 스스로 해방을 얻는 것이고 둘째는 중국 경내의 각 민족은 일률로 평등하다."는 것이다. 동시에 "중국 국내 각 민족의 자결권을 인정하고 제국주의 및 군벌을 반대하는 혁명이 승리를 취득한 후, 통일된 (각 민족이 자유 연합된) 중화민국을 조직해야 한다."[67]고 정중하게 성명하였다. 국민 정부는 또 건국 대강에 "국내의 약소 민족에 대하여 정부는 그들을 육성하여 자결 자치할 수 있도록 해야 한다."[68]고 표명하였다. 비록 국민당 측과 이 선언의 초안 작성자인 국제공산당 대표, 주 광둥 혁명 정부 소련 정부 대표, 쑨중산이 초빙한 고급 고문 보로딘(Mikhail Borodin) 사이에는 "자결"과 "연방제", "자유연합"과 "통일국가" 등 개념의 이해에서 차이가 있었지만[69] 상기 선언은 쑨중산의 과거 민족주의 주장과는 확연히 달랐다. 국제공산당과 소비에트 러시아 연방 건국 경험의 직접적인 영향 하에 1924년에 이루어진 국공합작은 두 정당으로 하여금 민족문제에 대한 정치 강령에서 기본상 일치하게 기술할 수 있게 하였다. 그렇다면 국민당 "제1차 전국대표대회"의 민족주의에 대한 새로운 해석은 쑨중산의 민족주

67   孙中山, 《中国国民党第一次全国代表大会宣言》, 《孙中山全集》 제9권, 中华书局, 1986年, 제118-119쪽.

68   孙中山, 《国民政府建国大纲》, 《孙中山全集》 제9권, 제127쪽.

69   【일본】松本真澄, 《中国民族政策之研究-以清末至1945年的"族论"为中心》, 제116-119쪽을 참조하라.

의에 대한 수정을 의미하는가? 1924년 1월 27일부터 시작하여 쑨중산은 매 주 한 차례의 "삼민주의" 강연을 진행하였다. 이것이 대회 전과 회의 중 민족문제와 관련된 정치 선언에 존재하는 논의에 대한 쑨중산의 답변일지도 모른다.

쑨중산의 "삼민주의"의 민족주의 사상은 청말(淸末) 민국 초 중국 민족주의 사조 발전의 집대성이라고 할 수 있으며 근대 민족주의 사상을 체계적으로 해석한 대표작이라고도 할 수 있다. 중국이라는 고대로부터 형성된 다민족 국가에서 민족국가 구축의 기초는 "민족"이라는 개념에 대한 이해와 그 체제의 범주를 확정하는 것이다. 따라서 쑨중산은 민족주의의 첫 강연에서 "영문 중의 민족이란 명사는 nation인데, 이 단어에는 두 가지 해석이 있다. 하나는 민족이고 다른 하나는 국가이다."라고 하면서 중국에서 "내가 말하는 민족주의는 바로 국가민족주의(국족주의)이고", "내가 말하는 민족은 바로 국가 민족 즉, 국족(國族)이다."[70]라고 설명했다. 물론 여기서 말하는 "민족"과 "국족"은 모두 한족을 가리킨다. 이것은 쑨중산이 중국은 진한(秦漢) 이래 줄곧 "하나의 민족이 하나의 국가를 이루었다"고 생각하고 있었으며, 외국과 달리 한 개 민족이 여러 개 국가를 이루거나 또는 몇 개 민족이 하나의 국가를 이룬 것이 아니라고 여겼기 때문이다. 따라서 "단일 민족 국가"는 중국에 적용되지만 영국과 같은 일부 국가에는 적용되지 않는다고 하였다. 그렇지만 "오족공화" 및 "오색기"의 "상징"성에 있어서는 다섯 개의 "nation" 즉 다섯 개의 "국족"을 가리키는데, 이것은 쑨중산의 민족주의

---

70   孫中山,《民族主義》(第一讲),《三民主義》, 제2쪽.

본의에 위배된다. 또한 혁명 후의 일련의 좌절은 만족, 몽골족, 회족, 장족 등 "민족"들로 하여금 한족 "국족"의 용광로에 용해되게 해야 한다고 하였는데 이것이 바로 그가 중화민족의 "국족" 지위를 확인하는 기본사상으로 되었다.

이어진 민족주의 강연에서 쑨중산은 그의 민족주의 사상에 대해 일련의 상세한 설명을 하였다. 그는 중국을 구하고 중국 민족이 영원히 존재하려면 "반드시 민족주의를 제창"해야 한다고 주장하였다. "이것은 민족주의라는 것이 국가가 발달하고 종족이 생존을 도모하는 보배이기 때문이다. 그렇지만 중국은 오늘날 이미 이 보배를 잃었다."[71]고 하였다. 이 '보배'를 되찾기 위해 쑨중산은 '종족-민족주의' 종족 관념으로 복귀하였을 뿐만 아니라 또한 중국인의 '서래설'의 전철을 밟았다. 그는 중국 문명은 도리대로 말하면 '황하 유역'이 아닌 '주강 유역'에서 발원했다고 하면서 "그렇지만 역사 상의 요(堯), 순(舜), 우(禹), 탕(湯), 문(文), 무(武)를 연구해보면 이들은 모두 주강 유역에서 생활한 게 아니라 서북에서 생활했고 주강 유역은 한나라시기까지만 해도 만이(蠻夷)들이 생활했기 때문에 중국 문화는 서북방에서 온 것이며 나아가 외국으로부터 온 것이다."라고 하였다. 또 "중국인들은 인민을 백성이라 하는데, 외국인들이 말하기를 서방에는 옛날부터 백성이란 민족이 있었는데 후에 중국에 넘어왔다고 한다."[72]라고 하였다. 그는 이것이 바로 "적자생존"의 "자연 진리"라고 하였다. 그렇다면 어떻게 한족의 민

---

71   孫中山,《民族主义》(第三讲),《三民主义》, 제26쪽.

72   孫中山,《民族主义》(第三讲),《三民主义》, 제34쪽.

족주의를 회복할 것인가? 그는 반드시 중국의 "견고한 가족과 종족 단체"에 의지해야 한다고 생각했다. 즉 선진(先秦)시대에 시작된 '가족', '종족', '국족'의 맥락을 따라서 중국 사회의 '소단체'인 '가족', '종족'이 합쳐져서 '대단체'로 되면 "종족주의로부터 국가민족주의(국족주의)에로 확대될 수 있다."[73]고 하였다. 이런 '가족 – 종족 – 국족'관은 국민당의 민족관에 중요한 영향을 주었다.

민족주의에 대한 그의 상기와 같은 관념은 '오족공화'를 부정한 동시에 '연방' 건국의 주장도 부정하였다. 그는 먼저 성(省)연합자치와 성(省) 헌법을 실행하고 그 다음에 연합하여 국가 헌법을 만들자는 주장과 행위는 "정말로 극도의 오류인 바, 나쁜 현상들을 살피지 못하고 남이 말하는 대로 주관 없이 따라 하는 행위라 할 수 있다."고 했다. 그는 중국의 상황은 미국과 완전히 달라서 중국은 "중국 본부" 18개 성에 동북3성과 신장을 합쳐서 도합 22개성, 그리고 열하(熱河), 쑤이위엔(绥远, 수원), 칭하이 등 특별 지역 및 몽골, 시짱의 각 속지를 모두 포함한다. 청조는 물론, 명조, 원조 등으로 거슬러 올라가도 중국은 "역사상 줄곧 통일되어 온 나라였다."라고 하면서 "우리가 청조를 뒤엎고 청조의 영토를 계승하여 오늘의 공화국이 있게 된 것인데, 왜 줄곧 통일되어 온 나라를 다시 분열하겠는가?"[74]라고 하였다. 쑨중산이 연방제 문제에 대하여 진행한 중미 비교는 그의 민족문제 면에서의 중미 비교와는 완전히 다르다. 전자는 중국의 역대의 통일, 특히 원나라, 청나라의 대통일

---

73   孙中山,《民族主义》(第三讲),《三民主义》, 제53쪽.

74   孙中山,《民族主义》(第四讲),《三民主义》, 제116-117쪽.

중국공산당은 어떻게 민족문제를 해결하는가

에 기초한 것이고 후자는 미국식의 "용광로" 동화에 기초한 것으로 여기에는 중국의 "두 차례 망국"의 원인이 포함되는데 "한 차례는 원나라 때이고 다른 한 차례는 청나라 때이다."[75] 이러한 국가 통일에 대한 긍정과 소수민족인 몽골족, 만족 사람들이 중원에 들어와 통치를 한 것에 대한 부정은, 분명 그의 "nation"이란 단어에 대한 두 가지 의미 즉 "민족, 국족"의 통일적인 이해와 모순된다. 쑨중산의 민족주의 "국족" 이념은 비록 민족 국가 모델로 국민 신분의 통일성을 구축하는 국가 민족(state nation) 양상에 부합되지만, 미국 이민 사회의 "한 용광로에서 함께 제련"하는 방식을 "오방지민" 및 그 후예들이 몇천 년 상호 작용한 중국의 국정에 덧씌우는 것은 분명 실제에 부합되지 않으며 심지어는 대한족주의라고 할 수 있는 것이다. "동화"라는 소위 적극적 민족주의는 당시의 동북, 몽골, 신장과 시짱 지역의 제국주의에 의해 조성된 분열 위기에 아무런 도움이 안 되었을 뿐만 아니라 오히려 더욱 부정적인 영향만 일으켰다. 이런 "국가 민족"에 대한 상상과 국가 통일의 염원은 신해혁명 후 중국이 어떻게 현대 민족국가를 건립할 것인가 하는 문제를 해결하지 못했을 뿐만 아니라 해결할 수도 없었다. 이것이 바로 중국 자산계급 혁명의 제한성이다.

쑨중산의 "삼민주의"에 대한 해석 중에는 마르크스주의, 러시아혁명, 신문화운동 등 방면에 대한 일부 견해가 언급되어 있다. 그중에는 "세계주의(국제주의)"와 민족주의 관계에 대한 논의가 상당히 많은 바이로부터 "소비에트 러시아를 스승으로 삼"으려는 그의 취향을 볼 수

---

75   孫中山,《民族主義》(第二讲),《三民主義》, 제14쪽.

있다. 그렇지만 그는 "우리는 현재 마르크스주의의 사상은 배울 수 있지만 마르크스주의의 방법은 사용할 수는 없다."[76]고 하였다. 따라서 그는 국민당 제1차 대표대회 선언의 일부 내용에 대해 "정치 강령과 주의(主義)의 성격은 서로 다른 바, 주의는 영원히 변경할 수 없는 것이고 정치 강령은 수시로 수정할 수 있는 것이다."[77]라고 명확히 해석하였다. "삼민주의"는 쑨중산이 제기하고 신봉한 "주의"로서 영원히 변경할 수 없는 것이다. 이것은 그가 체계적으로 "삼민주의"를 해석하게 된 분명한 출발점이다. 국민당 제1차 대표대회 선언 등 정치 강령에서 제창한 내용에 대해서는, 그는 "최대 1년" 간은 수정할 수 있다고 생각하였다. 이렇게 그가 민족주의에 대해 구축한 "가족-종족-국족"의 이론은 국민당의 정치적 유산의 하나로 되었다.

소수민족 자결과 자치

1925년 쑨중산이 세상을 뜬 후 국민당은 국민정부 수립을 선포하였고 왕징웨이(왕정위, 汪精衛)가 주석으로 당선되었다. 보로딘(Mikhail Borodin)과 "민족", "자결", "통일" 등 개념에 대해 변론한 적이 있는 왕징웨이는 한때 자신의 《민족의 국민》의 민족주의 사상으로 청나라 말 민국 초의 입헌파와 혁명파의 변론 중에서 일가견을 냈었다.[78] 왕징

---

76   孙中山,《民族主义》(第二讲),《三民主义》, 제203쪽.

77   孙中山,《中国国民党第一次全国代表大会闭幕词》,《孙中山全集》제9권, 제178쪽.

78   【일본】松本真澄,《中国民族政策之研究-以清末至1945年的 "民族论" 为中心》, 제116쪽을 참조하라.

웨이는 "혈통"은 민족의 충분 조건이라고 강조하면서 중국의 다민족의 민족-국가 구축은 "반드시 우리 민족이 주인의 지위를 차지하고 다른 것을 받아 들여야 한다"로 원칙을 정립해야 한다고 하였다. 그는 또 "종족 혁명"을 청나라 통치를 뒤엎는 "정치 혁명"의 불가결의 내용으로 보아, "만주족과 한족의 권력 구조를 교체하는 것이 바로 정치 혁명이며, 역시 종족 혁명이기도 하다."[79]고 하였다. 그렇기 때문에 그의 관념은 "황한민족"을 중심으로 형성된 "종족의 민족주의"[80]로 인식된다. 이듬해에 국민당은 제2차 전국대표대회를 소집하였는데 그 선언 중 민족주의에 대한 설명에서는 더는 "약소 민족의 자결, 자치권"을 주장하지 않았고 "약소 민족"의 독립 건국은 쉽게 제국주의에 이용당한다는 등과 같은 내용에 대해 강조하였다.[81] 이는 왕징웨이의 일관된 "동화론" 주장과 직접적인 연관이 있는 것으로 보인다. 국민당의 민족문제에 있어서의 정치 강령의 변화는 사실상 쑨중산이 세상을 뜬 후 국민당 내부에서 러시아를 멀리하고 공산당을 반대하는 사상이 싹트기 시작한 징후의 하나이다. 국공합작의 2년 간 혁명의 양상에는 일련의 중대한 변화가 발생했다. 특히 1925년 상하이(上海, 상해)에서 일어난 "5.30 참사"는 중국 인민들의 제국주의를 반대하는 고조를 불러일으켰고 민중 혁명의 대오를 확대시켰다. 그리고 중국공산당의 영향력과 당원 대

79 　罗久容, 《救亡阴影下的国家认同与种族认同-以晚清革命与立宪派论争为例》, 《认同与国家: 近代中西历史的比较》, 台湾 "中研院" 近代史研究所, 1994년, 제82쪽.

80 　【영국】冯客, 《近代中国之种族观念》, 杨立华译, 江苏人民出版社, 1999년, 제112쪽.

81 　【일본】松本真澄, 《中国民族政策之研究-以清末至1945年的 "民族论" 为中心》, 제124쪽을 참조하라.

오가 선명하게 확대되었고, 잇따라 국공이 협력한 동정(東征)의 승리와 광둥 혁명근거지의 통일을 이루었다. 그러나 1926년 3월에 발생한 "중산함 사건(中山艦事件)"은 권력 독점을 노리는 장제스(張介石, 장개석)에게 훗날 정변을 일으키는 계기를 제공하였다.

1927년 장제스가 "4.12"정변을 일으킨 후 중국 혁명의 형세는 큰 좌절을 당했고 대혁명은 실패하였다. 북벌전쟁 이래 중국은 다시 군벌혼전의 난국에 빠졌다. 그 뿐만 아니라 일본국제주의도 시기를 놓치지 않고 중국에 대한 침략을 다그쳐 "제남참안(济南惨案)" 등 사건이 연이어 발생했다. 중국은 내전이 빈번한 가운데서 국가 멸망의 위기, 민족 멸망의 위기에 빠지게 되었다. 이런 "폭풍전야"의 사회 위기감 속에서, 중화민족 의식도 다시 정당 정치의 해석으로부터 민간으로 옮겨갔다. 1928년 "5.4"운동 후에 나타난 신파 역사학자 창나이후이(常乃惠, 상내혜)는 《중화민족 소사(中華民族小史)》를 발표하여 중화민족에 대해 새로운 논설을 내놓았다. "중국은 세계에서 유명한 문명 고국이고 중화민족은 세계에서 아주 위대한 민족이다. …… 5천 년 동안 수많은 철인지사(哲人志士)들이 굳센 의지로 애써 경영하여 수많은 서로 다른 민족이 융합되어 하나의 대민족으로 되었다. 따라서 중화민족이라는 이름이 생겼다. 중화민족은 하나의 단순한 민족이 아니며 중화민족이 모두 황제(皇帝)의 자손인 것은 아니다."[82] 비록 이 논설은 역사 융합의 관점을 답습했지만 중화민족이 "단순 민족"이 아니며, "모두 황제의 자손"인 것이 아니라는 관점은 "황한민족" 등 종족-민족주의 관점과 비교할 때 분명히 더욱

---

82   常乃惠, 《中华民族小史》, 爱文书局, 1928년, 제1쪽.

중국공산당은 어떻게 민족문제를 해결하는가

넓은 식견을 가지고 있었다고 볼 수 있다.

당시 대혁명이 실패한 후 중국공산당인들은 역경에서 떨쳐 일어났고, 중국공산당 '8.7 긴급회의'[83]에서 확립한 토지혁명과 국민당 반동파를 무력으로 저항한다는 전반적인 방침은 중국 혁명으로 하여금 국제 공산주의 운동의 역사 중 농촌으로부터 도시를 포위하는 새로운 길을 개척하게 하였다. 이 역사적인 결정은 당과 혁명을 구제하는 데 결정적 의미가 있을 뿐만 아니라 당의 혁명 사업이 소수민족 지역으로 발전하도록 하였다. 어떻게 소수민족 지역의 실제로부터 출발하여 소수민족이 민족해방을 쟁취하는 투쟁과 중국 혁명의 관계를 정확히 처리할 것인가 하는 것 역시 중국공산당이 직면한 현실 문제로 되었다. 1928년 중국공산당 제6차 전국대표대회에서는 전문적으로 민족문제에 관한 결의안을 제정했는데, 처음으로 중국 경내의 소수민족 문제의 범위는 "북쪽의 몽골족, 회족, 만주의 고려인, 푸젠(福建, 복건)의 타이완인, 남쪽의 묘족, 여족(黎族) 등 원시 민족, 신장과 시짱"[84]을 모두 포함한다고 명확히 지적하였다. "중국 경내 소수민족"이라는 개념은 "오족공화"의 한계를 뛰어넘어 소수민족 문제는 "혁명에 중대한 의의가 있다"는 점을 분명히 하였다. 이번 대표대회 이후 당의 기층 조직에서도 "중국을 통일하고 만족, 몽골족, 회족, 장족, 묘족, 요족 등 각 민족의 자결권을 인정한다."[85]는 것을 10대 정치강령에 적어 넣었다. 1931년 11월 장시(강

---

83   역자 주, 1927년 8월 7일, 우한(武漢, 무한)에서 개최된 중국공산당 긴급회의.

84   《中国共产党第六次全国代表大会关于民族问题的决议案》, 中共中央统战部编, 《民族问题文献汇编》, 제87쪽.

85   《中国共产党红四军党部"共产党宣言"》, 中共中央统战部编, 《民族问题文献汇编》, 제

서, 江西) 루이진(서금, 瑞金)에서 열린 제1차 전국소비에트대표대회에서는 중화소비에트공화국 임시중앙정부의 성립을 선포하고 중화소비에트공화국 헌법대강을 반포한 동시에 중국 경내 소수민족문제에 관한 결의안을 통과시켰다. 이러한 문헌들에서는 다음과 같이 지적하였다. "중국소비에트정권은 중국 경내 소수민족의 자결권을 인정하는 바, 각 약소 민족이 중국을 이탈하여 독립된 국가를 성립할 권리까지도 인정한다. 몽골족, 회족, 장족, 묘족, 여족, 고려인 등 무릇 중국 내에 거주하고 있는 민족은 모두 완전 자결권이 있는 바, 중국소비에트연방에 가입 또는 이탈하거나 또는 자기의 자치구를 건립할 수 있다. 중국소비에트정권은 이런 약소 민족을 도와 그들이 제국주의, 국민당, 군벌, 왕공, 라마, 토사 등의 억압 통치에서 벗어나 완전한 자유, 자주를 얻도록 한다. 소비에트 정권은 또한 이런 민족들로 하여금 그들 자신의 민족 문화와 민족 언어를 발전시키게 해야 한다."[86] 이는 중국공산당이 정권을 건립하고 국내 문제 해결에 대해 법률적인 형식으로 확정한 기본 정책과 원칙으로서 그 목적은 최종적으로 "민족 경계가 없는 나라를 건설하여 모든 민족 간의 적대시와 편견을 소멸하려는" 것이었다. 이 목적을 실현하기 위한 정책 요구에는 소수민족 지역의 생산력, 민족문화와 언어문자를 발전시키고 소수민족 간부를 배양하며 일체 대한족주의 경향을 반대한다는 등의 내용이 포함된다. 여기에는 "쑨중산의 '민족주의'에 대한 반대도 포함되는데 이는 그가 완전히 지주 자산계급의 이익을

97쪽.

86 《中华苏维埃共和国宪法大纲》, 中共中央统战部编, 《民族问题文献汇编》, 제166쪽.

대표하였기 때문이고 근본적으로 중화소비에트공화국의 주장에 용납될 수 없었기 때문이다."[87]

이러한 내용들이 대부분 국제공산당의 지도로 형성되었으며 심지어 일부는 그들의 지령적 요구였음은 의심할 여지가 없다. 즉 "국제공산당은 여러 번 중국 문제에 관해 지시를 내렸는데, 이들 지시에서는 모두 특별히 중국 경내의 약소 민족 문제에 관해 정확한 책략이 필요하다고 지적했다."[88] 동시에 당내의 "좌"편향 모험주의와 교조주의의 영향도 받았다. 그럼에도 불구하고 당시 중국공산당은 소수민족 지역의 업무에 대해 이미 실정별로 분류 지도하기 시작하였다. 이를테면 네이멍구와 서부 회족에 대해서는 민족 자결을 선도하였고, 윈난(雲南, 운남) 지역의 한족과 각 소수민족이 잡거하고 있는 지역에 대해서는 "독립" 권장이 적합하지 않다고 했다. "만약 민족 독립을 제기하면 객관적으로 볼 때 필연코 윈난의 노동자, 농민과 소수민족의 연합전선이 분열되게 되고 결과적으로 프랑스 제국주의에 이용될 것이다. 지금 선전하고 있는 구호는 민족자결이지 민족독립이 아니다."[89]라고 하였다. "자결"은 결코 "독립"이 아니다. 이는 중국공산당이 선도하는 "자치"를 포함하는 "민족자결권"의 일관된 주장이며, 또한 중국공산당이 "진정한 민주주의 통일" 국가를 건립함에 있어서 시종일관 주장하는 목표이기도

---

87 《关于中国境内少数民族问题的决议案》, 中共中央统战部编, 《民族问题文献汇编》, 제 169-170쪽.

88 陈绍禹, 《为中共更加布尔什维克化而斗争》, 中共中央统战部编, 《民族问题文献汇编》, 제148쪽.

89 《中共中央给云南省委的指示信》. 中共中央统战部编, 《民族问题文献汇编》, 제148쪽.

하다.

비록 레닌이 "민족 자결권"은 "정치 자결 즉 국가 독립, 민족 국가 건립을 제외하고 다른 의미가 있어서는 안 된다."고 해석하였지만 동시에 또 하나의 기본 원칙을 더 지적하였다. "그것은 바로, 그 어떤 사회 문제를 분석할 때 반드시 문제를 일정한 역사적 범위 내에서 제기해야 하며 또한 한 나라에 대해 논의할 때 (이를테면 그 나라의 민족 강령에 대해 논의할 때) 반드시 동일한 역사 시대에서 그 나라가 기타 나라와 구별되는 구체적 특징을 고려해야 한다는 마르크스주의 이론의 절대 요구이다."[90]라고 하였다. 중국공산당은 마르크스-레닌주의를 실천하는 과정에서 국제공산당의 강력한 영향과 당내의 "좌"편향 교조주의의 "명령에 무조건 복종하기"의 영향을 받았다. 그렇지만 중국 국정으로부터 출발하여 마르크스-레닌주의와 중국 혁명의 구체적 실천을 결합하고자 하는 탐색은 시종일관 멈추지 않았는 바, 국내 민족문제 해결에 있어서도 늘 그러했다.

소수민족의 해방은 중국 혁명의 유기적 구성부분

1931년에 일본제국주의는 '9.18'사변을 일으켰고 장제스는 국난이 눈앞에 닥쳤음에도 불구하고 "외적을 물리치려면 반드시 먼저 국내를 안정시켜야 한다"고 하면서 중국공산당이 이끄는 공농홍군 및 근거지에 대해 "포위토벌"을 진행하였다. "포위 토벌 반항" 투쟁이 실패하

---

90   列宁, 《论民族自决权》, 《列宁选集》第2卷, 人民出版社, 1995년, 제347, 350쪽.

자 중국공산당이 이끄는 공농홍군은 어쩔 수 없이 대장정의 길에 올랐다. 세계 상에서 유일무이하고 간고하기 그지없었던 이 대장정은 중국 인민의 국가 독립, 민족 해방을 위한 위대한 정신과 확고한 의지를 반영하였을 뿐만 아니라 중국공산당이 민족문제를 해결함에 있어서 이론으로부터 실천에로 나아가는 새로운 길을 열어놓았다. 홍군이 장정 도중 소수민족 지역을 경과한 실천은 당의 민족사업의 "좌"편향 착오를 수정하게 하였을 뿐만 아니라 그 기초에서 더 깊이 있게 발전하도록 하였으며 동시에 민족문제의 복잡성에 대해 점차적으로 인식할 수 있게 하였다. 장기간의 심각한 민족 억압 속에서 소수민족 경제 사회 발전은 아주 낙후했고 내부의 계급 분화와 통치 방식도 서로 달랐다. 소수민족이 민족 억압에 반항하는 가운데 형성된 내부 단결은 그 내부의 계급 모순을 크게 덮어 감추거나 약화시켰다. 소수민족에 대한 깊은 이해는 중국공산당으로 하여금, 소수민족 통치자는 본 민족 군중들 중에 "큰 권위와 위신"이 있을 뿐만 아니라, 그들이 "민족 이익의 유일한 대표자"의 지위를 누리며, 소수민족의 "모든 대외관계는 모두 그들이 독점"하고 있다는 점을 인식하게 했다. 또한 제국주의 침략과 국내 반동 통치 계급의 민족 억압에 반항하는 면에서 이런 "상층 계급은 확실히 혁명적 작용을 할 수 있으며", 본 민족 인민들에 대해 호소력이 있으며, 또 "우리 소비에트 홍군도 이들 민족 대표자와 관계를 맺지 않으면 안 된다"[91]는 것을 인식하게 되었다. 마오쩌둥은, 마르크스주의를 지도사

91　《中国工农红军政治部关于苗瑤民族工作中工作原则的指示》, 中共中央统战部编, 《民族问题文献汇编》, 제244쪽.

상으로 하여, 민족문제의 구체적 실제로부터 출발하여 소수민족 지역의 혁명 및 이와 중국 혁명의 관계에 초점을 맞추어 전략적 안목이 있고 전략적 의의가 있는 사상을 제기하였다. "민족의 억압은 민족의 착취에 근거한 것으로서 이 민족 착취 제도를 뒤엎게 되면 민족의 자유 연합이 민족 억압을 대체하게 된다. 그러나 이것은 오직 중국소비에트 정권의 철저한 승리가 있어야만 가능하며, 중국소비에트정권을 지지하여 전국적 범위에서 승리를 거두도록 하는 것은 각 소수민족의 책임이다."[92]라고 하였다. 이 사상은, 당시 소수민족 혁명의 임무는 반제국 주의, 반봉건의 투쟁을 거쳐 민족 억압을 뒤엎고 민족 해방을 실현하여 민족 자결권을 행사하는 것이지, 민족 억압 하에서 본 민족 내부의 계급 혁명을 진행하는 것은 아니라는 것을 표명한다. 동시에 소수민족이 민족 억압을 반대하는 해방 투쟁은 고립된 것이 아니라 중국공산당이 지도하는 반제국주의 반봉건 혁명과 긴밀히 연관된 것으로서 중국 혁명의 유기적인 구성부분임을 표명한다. 또한 중국 혁명의 철저한 승리는 소수민족이 민족해방 투쟁을 쟁취하는 방식의 지지가 필요하며 소수민족이 민족해방을 쟁취하려는 염원은 중국 혁명의 철저한 승리 속에서만 실현 가능하다는 것이다.

이 중요한 사상의 제기는 소수민족이 민족해방을 쟁취하는 운동을 중국 혁명의 거센 흐름속에 융합시켰고, 항일 전쟁 시기 가장 광범위하게 건립된 민족통일 전선을 위해 이론적 기초를 닦아 놓았다. 이 지도

---

92   毛泽东, 《中华苏维埃共和国中央执行委员会与人民委员会第二次全国苏维埃代表大会的报告》, 中共中央统战部 编, 《民族问题文献汇编》, 제211쪽.

사상에서는 신민주주의혁명 단계에서의 중국공산당의 민족 사업의 기본 방침을 확정하였으며, 소수민족 내부 혁명이 한족 지역의 혁명 과정, 책략, 방식과 다르다는 기본 원칙을 명확히 지적하였다. 이러한 인식에 근거하여 중국공산당은 홍군 대장정 기간 마오쩌둥의 지도 하에 일련의 민족 사업 방침과 구체적인 정책을 확정하였다. 이를테면 다음과 같은 것들이 있다. "소수민족 내부의 지배 방식을 충분히 존중하며 너무 급히 그 내부의 계급 혁명을 일으키지 않는다. 소수민족의 종교신앙과 풍속습관을 충분히 존중하고 소수민족의 이익을 유지한다. 소수민족이 자주적으로 본 민족의 사무를 관리할 권익을 충분히 존중하고 정권 수립에 있어서 소비에트 정권 형식을 보급하지 않는다. 소수민족과 종교 상층부를 연합하여 반제국주의 반봉건의 민주통일전선을 수립하고 소수민족도 중국 혁명을 지지하고 중국혁명에 참가하도록 하게 한다"는 등등이다. 이런 정확한 방침과 정책은 홍군이 대장정을 실천하는 과정에서 소수민족 지역에 전파되었고 민족 관계의 개선에 중요한 영향을 주었다. 소수민족은 자신들을 평등하게 대하고 그 어떤 피해도 주지 않는 신형의 "한족 군대"와의 접촉 과정에서 그들을 믿고 존중하고 옹호하게 되었다. 이는 더 나아가 그들이 중국 혁명을 지지하고 중국 혁명에 동참하는 자각성으로 전환되었다.

변경 위기와 가장 광범위한 민족통일전선

일본제국주의는 중국 동북3성을 침점한 후, 중국을 정복하려면 반드시 먼저 만주와 몽골을 정복해야 한다는 계획을 신속히 실시하였다. 일본이 오랜 기간 동안 획책한 "만주 몽골 독립"은 1932년 청나라 마지막 황제 푸이(溥儀, 부의)를 꼭두각시 "원수(元首)"로 하는 위"만주국"의 성립으로 그 서막을 열었다. 1933년 네이멍구 데므치그돈로브(Demchugdongrub)-더왕(德王, 덕왕)을 선두로 하는 일부 맹기(盟旗)의 왕공 귀족들은 "네이멍구 고도 자치"와 "네이멍구 자치 정치"를 성립하는 운동을 일으켰다. 같은 해 신장 카스 지역에서는 "동투르키스탄 이슬람공화국"이 세워졌고 당시 서남 지역의 캉짱(康藏, 강장), 칭짱(青藏, 청장)에서도 분쟁이 연이어 일어났고 심한 충돌이 발생했다. 그리고 1934년 영제국주의 세력이 윈난의 반훙(班洪, 반홍), 반라오(班老, 반로) 등 광산구를 점령한 행위는 근대 이래 프랑스, 영국 열강들의 윈난에 대한 침략을 한층 격화시켰다. 근대 이래 중국의 육로 변경 위기는 새로운 고조를 형성했다. 이는 대장정 중의 중국공산당으로 하여금 중국 민족 문제의 심각한 형세에 대해 더욱 명확한 인식을 가지게 하였다. 소수민족의 민족해방 운동을 진일보 선전하고 발동하는 것은 당시의 중요한 임무로 되었는데, 그 기본 원칙은 다음과 같다. 소수민족의 반제국주의 반봉건이라는 공동 목표의 지도 하에 서남 지역에서는 "묘족 인민과 기타 소수민족 인민의 자결과 독립자치운동을 과감하게 고무격려하고 묘족 인민과 기타 소수민족 인민의 자치단체 건립을 확대하며 제국주의, 국민당을 반대하고 납세를 거부하며 지방 토호를 반대하는 투쟁을 강화하여 소수민족의 기층 통일전선을 수립한다."[93] 그리고 "캉짱 민족

93   《中共四川省委接受国际十三次全会提纲与五中全会决议的决定》, 中共中央统战部编, 《民族问题文献汇编》, 제221쪽.

이 스스로 인민혁명정부를 수립하고", "캉짱 민중들이 무장하여 유격대, 자위군, 인민혁명군을 건립하고, 중국 홍군에 참가하"[94]는 것을 고무격려한다. 북방 지역에서는 네이멍구 민중과 한족 민중이 함께 일본 침략을 반대하고 국민당을 반대하며 왕공 귀족을 반대하는 통일전선을 건립하는 것을 선도하며 "투쟁의 내용을 제고함으로써 네이멍구 혁명 운동과 합류하도록 하여 제국주의, 국민당, 왕공 귀족의 통치를 뒤엎고 민중 정권을 수립하는 길로 나아가도록 한다."[95]는 것 등이다. 물론 이런 선언은 고무 격려와 선전에 그쳤지만, 이로부터 공산주의 국가로서의 중국의 정세 판단과 주장을 명확하게 볼 수 있다. 소수민족의 혁명투쟁은 "반드시 중국공산당의 지도 하에서 민족자결을 실행하고 자기의 소비에트와 홍군을 조직하며 중화소비에트공화국에 가입하여 공동의 적인 제국주의, 국민당 군벌을 반대하여야만 민족해방을 쟁취할 수 있다."[96]는 이 기본원칙 역시 틀림이 없고 정확한 것이다. 이 점이 바로 중국공산당이 중국 민족해방운동과 신민주주의 혁명의 성패에 대한 자기책임과 인식이다. 이는 또한 중국공산당이 국가의 생사존망의 위기, 민족의 생사존망의 위기의 형세 하에서 전체 민족을 동원하여 공동으로 제국주의를 반대하고 국민당의 통치를 반대하고 민족 억압을 반대하여 나선 필연적인 선택인 것이다.

---

94   《中国共产党中央委员会告康藏西番民众书》, 中共中央统战部编, 《民族问题文献汇编》,
       제285쪽.

95   《中共中央驻北方代表给内蒙党委员会的信》, 中共中央统战部编, 《民族问题文献汇编》,
       제231쪽.

96   《中国共产党川南特委关于川南工农劳苦群众目前斗争纲领》, 中共中央统战部编, 《民
       族问题文献汇编》, 제259쪽.

홍군 대장정은 옌안(延安, 연안) 시기 중국공산당의 민족사업의 심도 깊은 발전을 위해 든든한 기초를 닦아 놓았고, 중국공산당이 마오쩌둥의 정확한 지도 아래 중국 민족문제의 국정을 과학적으로 파악하고 민족문제를 해결하는 근본 해법을 창조적으로 모색하기 위한 경험을 쌓았다. 옌안 시기는 중국공산당이 민족이론과 민족사업 면에서 중대한 돌파를 이룬 시기이다. 일본 제국주의의 침략 전쟁 및 일본이 동북, 네이멍구에서 진행한 "분할 통치"의 분열 활동 때문에, 중국 각 민족, 각 계층 인민들을 동원하여 일심협력하여 함께 공동으로 항일운동을 진행하게 하는 것이 중국공산당의 아주 긴박한 과업이 되었다. 시안(서안, 西安)사변의 평화적 해결과 함께 국공 양당은 공동 항일의 기치 아래 다시 협력하였다. 마오쩌둥은 천백만 군중들이 모두 항일 민족 통일전선에 나서 투쟁할 것을 호소하였다. 이 "민족 통일전선"이 바로 중국 각 민족을 포함한 통일된 역량이고 중국으로 말하면 통일된 중화민족인 것이다. 외적이 침입하고 중국과 일본 제국주의 간의 모순이 급속히 상승한 형세에서 민족 동원은 계급 동원을 초월하여 가장 광범위한 항일 민족 민주 통일전선을 수립하였는데, 이것이 바로 국내 각 민족 인민을 모두 포함한 통일전선인 것이다. 이 민족 동원의 수요로부터 중국 각 민족 귀속의 통일성, 이익의 일치성에 대한 사상 이론적 해석이 나오게 된 것이다.

"중화민족"은 중국 경내 각 민족을 대표하는 총칭

1937년 일본제국주의는 "7.7"사변을 일으켜 전면적인 중국 침략 전

중국공산당은 어떻게 민족문제를 해결하는가

쟁의 물결을 일으켰다. 중국 인민은 전대미문의 멸망의 위기에 직면하였고 "중화민족에게 가장 위험한 시기가 닥쳐 왔다"는 논의가 중국 사회를 격동시켰다. 중화민족의 의식도 이와 함께 강화되어 중화민족에 대한 논의가 전 사회의 관심을 끌게 되었고 학술계에서도 다시 "중화민족"에 관한 토론이 흥기했다. 당시 "서학동점(西學東漸)"이래 여러 학문의 지식이 전파되면서 중국의 전통적인 학술 체계에 현저한 변화가 일어났는데 그중 민족학, 인류학, 민족역사학, 변방정치학 등 학과가 모두 일정하게 발전했다. "민족", "민족주의", "민족 국가", "소수민족", "변방 민족", "국가 민족[국족, 國族]" 등의 개념과 이런 개념들의 중국에서의 응용은 "오족공화" 이후의 중요한 사상 영향으로 되어 학자들의 관심을 받았다. 1937년 민족역사학자 장잉량(江应樑, 강응량)은 "중화민족"설에 대해 "중국 영토 내의 모든 민족 구성원에 대해 철저하고 명백한 인식이 있어야 우리 자신을 이해했다고 할 수 있으며, 중화민족 부흥의 방법을 논할 수 있다."[97]는 견해를 내놓았다. 또 "오족공화" 이후 국공 양당의 여러 정치 강령에는 묘(苗), 요(瑶), 번(番), 이(夷) 등 집단의 명확한 명칭이 속속 등장하였는데, 이런 논의들이 쑨중산으로 하여금 "우리 국내에 왜 5개 민족뿐이겠는가"라는 인식을 가지게 하였다. 그렇지만 민족주의와 자결, 자치 등 현대 정치 의제 중에서 현실 속의 다민족 구조와 중국 경내 각 민족의 일률적 평등을 승인하는 데에는 통일적인 인식이 형성되지 못하였다. 한족이 고대의 많은 소수민족을 흡수하고 융합하고 동화시켰다는 데에는 논쟁의 여지가 없었고, 초기의 종족-

---

97   江应樑,《广东瑶人之今昔观》,《民俗》, 第一卷, 1937년.

민족주의 사조도 이미 미미해졌다. 그러나 중화민족이 바로 한족이라는 관점은 여전히 유행하고 있었다. 장잉량의 관점은 분명 중국의 다민족 구조와 다민족이 중화민족을 이루는 현실적 기초 위에서 형성된 인식인 것이다.

당시 "중화민족" 개념과 관련된 학술 논쟁에서 1938년 양쑹(杨松, 양송)이 발표한 《민족론》에서는 근대 민족의 "중화민족설"을 제기하였다. "중국인은 하나의 근대민족이다. 이는 중국에는 오직 하나의 민족뿐임을 의미하는가? 아니다. 중국은 다민족 국가이다. 대외적으로 볼 때 중화민족은 중국 경내의 각 민족을 대표한다. 따라서 중화민족은 중국 경내 각 민족의 핵심이며, 또한 중국 경내 각 민족은 단결되어 하나의 근대국가를 형성하였다."[98] 이 논의의 새로운 의미는 첫째로 "중국은 하나의 다민족 국가"라는 것이고, 둘째는 '중화민족'의 대외적 대표성이다. 즉 세계 민족 속에서의 중국 민족의 대표는 중화민족이라는 것이다. 그렇지만 문제는 이 대표성이 국내에 있어서는 "중국 경내 각 민족의 핵심"인 한족이라는 것이다. 즉 중화민족은 한족을 가리키고 한족은 국내에서는 각 민족의 핵심이며 대외로는 중화민족의 명의로 중국의 각 민족을 대표한다는 것이다. 그렇지만 어쨌든 이 논의 중의 "민족으로 말하면 각자 서로 다른 민족이다. 하지만 국적으로 말하면 모두 '중화민국'의 국민이다. 모두 공통한 조국의 동포인 것이다."와 같은 논의는 '중화민족'으로 하여금 이론적 의미 상에서 국가민족(state nation)의

98　【일본】松本真澄, 《中国民族政策之研究-以清末至1945年的"民族论"为中心》, 제225쪽 재인용.

　　　　　중국공산당은 어떻게 민족문제를 해결하는가

개념에 더욱 접근하게 하였다.

중화민족 개념에 관한 토론 중에서 역사학자 구제강(顾颉刚, 고힐강)과 사회학자이자 민족학자인 페이샤오퉁(费孝通, 비효통)이 진행한 "중화민족은 하나"라는 논쟁이 가장 대표적이다.[99] 1939년 구제강은《중화민족은 하나》라는 글을 발표하였는데 역사상 민족 동화와 융합의 시각으로 당시 유행한 "중국 본부", "오족공화"에 초점을 두고 분석과 비판을 하였다. 중국 역사상 각 민족은 진나라 때부터 시작하여 혈연과 문화 면에서 점차적으로 일체로 융합되었다는 관점을 제기하면서 만족, 몽골족, 회족, 장족, 묘족, 요족 등으로 다시 구분하는 것을 반대하였고 중국에는 오직 하나의 '중화민족'만 있다고 주장하였으며, '중화민족'은 사실상 역사적으로 부단히 소수민족 성분이 융합된 한족이라는 것이다. 페이샤오퉁(费孝通, 비효통)은《민족문제에 관한 토론》이란 글에서 개념으로부터 착수하여 "민족"의 함의를 분석하였고 중국 사람은 부동한 문화, 언어, 체질의 집단으로 구성되었음을 인정하였으며 이를 위해 소비에트 러시아의 다민족구조와 정치상의 통일을 실례로 들었다. 한마디로 말하면 전자는 중화민족의 단일성을 강조하였고 후자는 중화민족의 다양성을 강조하였다. 이 문제를 둘러싸고 진행된 학술 토론, 특히 역사학과 민족학, 인류학의 대화는 중국 현대 민족국가의 구축에

---

99 顾颉刚,《中华民族是一个》,《益世报》, 1939년 2월 13일, 第四版; 费孝通,《关于民族问题的讨论》,《益世报》, 1939년 5월 1일, 第四版; 顾颉刚,《续论〈中华民族是一个〉-答费孝通先生》,《益世报》1939년 5월 8일; 顾颉刚,《续论〈中华民族是一个〉-答费孝通先生》(续),《益世报》1939년 5월 29일.

있어서 중요한 의미를 가진다.[100]

'중화민족' 개념에 대한 논쟁은 결코 단순한 학술 이슈가 아니다. 이것은 당시 중국 각 정당, 각 계층, 각 민족이 공동으로 일본 제국주의의 침략에 저항하고, 중국 변강 지역에 대한 제국주의의 해체와 분열에 반대하며, 중국 각 민족 인민을 불러 일으켜 단합하여 적과 대치하도록 하고, 국가 정체성에 대해 인식하게 하는 것 등에 있어서 국가의 미래와 운명과 관계되는 중대한 정치문제였다. 따라서 중국의 정치계가 학술계의 '중화민족' 관련 논쟁에 대해 관심을 가지든지 말든지 그 여부를 막론하고, 국가와 민족의 생사존망과 관계되는 이 이슈는 필연적으로 정치가들로 하여금 항일전쟁 중 민족 모순이 상승하는 추세에 대해 사고하게 하였다. 1939년 12월 마오쩌둥은 《중국혁명과 중국공산당》이라는 문장을 발표하였는데 여기에서는 중화민족을 하나의 주제로 따로 한 개의 장절을 두어, 중화민족의 완정성에 대해 선인들을 초월한 새로운 해석을 진행하였다. 중국의 "90%이상은 한족이다. 이밖에 몽골인, 회족인, 장족인, 위구르족인, 묘족인, 이족인, 쫭족인, 종가인, 조선족인 등 총 수십여 종의 소수민족이 있는데 비록 이들은 문화 발전 정도가 서로 부동하지만 모두 유구한 역사가 있다. 중국은 여러 민족이 결합되어 형성된 광대한 인구를 가진 국가이다."[101]라고 하였다. 이 해석은 중국의 역사적 국정과 현실적 실정에 대한 객관적인 파악이다. 이로부터 중국공산당은 "중국은 4억 5천만 인구로 구성된 중화민족이다.

---

100   이는 수십 년 뒤 페이샤오퉁이 "중화민족 다원일체" 이론 명제를 제기하게 된 역사 배경이다.

101   毛泽东,《中国革命和中国共产党》,《毛泽东选集》제2권, 人民出版社, 1991년, 제622쪽.

중화민족에는 한(漢), 만(滿), 몽(蒙), 회(回), 장(藏), 묘(苗), 요(瑤), 번(番), 여(黎), 이(夷) 등 수십 개 민족이 포함된다. 중화민족은 세계에서 가장 근로한 민족이며, 가장 평화를 사랑하는 민족이다. 중국은 다민족 국가로서 중화민족은 중국 경내 각 민족을 대표하는 총칭이다."[102]라는 민족관을 확립하였다.

1942년에 장제스도 '중화민족'에 대해 해석을 한 적이 있다. "우리 중화민국은 전체 중화민족에 의해 건립되었다. 우리 중화민족은 한(漢), 만(滿), 몽(蒙), 회(回), 장(藏) 다섯 개 종족이 연합되어 하나의 전체를 구성하는 총체적 명사이다. 나는 우리가 다섯 개 종족이라 했지 다섯 개 민족이라고는 하지 않았다. 우리는 모두 중화민족을 구성하는 구성원으로서, 형제가 합쳐서 가족을 이루는 것과 같은 것이다. …… 우리는 많은 가족이 모여서 종족이 되었고 종족이 합쳐져서 하나의 완정한 중화민족이 되었다. …… 하기에 우리에게는 오직 하나의 중화민족이 있다. 중화민족 중 각 단위의 가장 적절한 명칭은 종족이라고 해야 한다."[103] 이듬해 장제스는 《중국의 운명》이라는 책을 출간하여 "민족이 성장한 역사로 보면 우리 중화민족은 다수의 종족이 융합되어 형성되었다. 역대로 중화민족에 융합된 종족은 쭉 증가되어 왔다. 융합된 동력은 문화이지 무력이 아니었으며 융합의 방법은 동화이지 정복이 아니었다. …… 고대 중국의 민족은 바로 이렇게 구성된 것이다. …… 요컨대 중국 5천년의 역사는 바로 각 종족 모두가 함께 한 공동의 기록이

---

102 《抗日战士政治课本》, 中共中央统战部编, 《民族问题文献汇编》, 제808쪽.

103 蒋中正, 《中华民族整个共同的责任》, 秦孝仪 编, 《总统蒋公思想言论总集》卷19, 中国 台湾中央文物供应社, 1984년, 제216쪽.

다."[104]라고 진일보 강조하여 지적했다. 이는 국민당이 쑨중산이 세상을 뜬 후 처음으로 쑨중산의 유훈인 "가족-종족-국족" 모델에 근거하여 중화민족에 대해 해석한 것이다. 물론 이런 "종족-국족"설도 당시 어느 정도 입지가 있었다. 하지만 이런 관념은 중국의 각 민족이 단결하여 항일하고 공동으로 통일 국가를 건립하기 위해 분투하는 데에 있어서는, 대한족주의를 선양하는 영향 외에 별다른 적극적인 작용을 일으키지 못했다.

통일된 인민공화국 건립과 민족구역자치 실시

중국의 다민족 국정에 대해 인정하고, 중화민족은 중국 각 민족을 대표하는 총칭이라는 것에 대해 규명함으로써, 중국공산당은 각 민족이 모두 통일된 국가를 건립해야 한다는 신념을 더욱 확고히 하게 되었다. 노동자-농민 혁명은 중국공산당이 개시하고 지도한 혁명이다. 이 혁명은 노동자계급의 선봉대 역할을 구현하였고, 또 마르크스주의 경전 작가들이 지적한 "무산계급정당이 (만약 어떤 나라에서 발생될 수 있다고 할 때) 농민 운동과 그 어떤 관계도 맺지 않고, 실제로 농민운동을 지지하지 않고서도 이런 낙후한 국가에서 공산주의 책략과 공산주의 정책을 실시할 수 있다고 하면 그것은 공상이다."[105]라는 원칙도 구현하였다. 노동자-농민 혁명은 계급혁명 운동으로서, 제국주의(강세), 봉건주

---

104 蔣中正,《中國之命运, (1943年), 秦孝仪 编,《总统蒋公思想言论总集》卷4, 第2-6쪽.

105 列宁,《民族和殖民地问题委员会的报告》,《列宁专题文集·论资本主义》, 제278쪽.

의(심각), 민족자산계급(연약), 무산계급(취약)이 공존하는 나라에서, 반드시 민족혁명과 긴밀히 연계되어야 하거니와 심지어 하나로 융합되어야 한다. 왜냐하면 식민지, 반식민지 국가의 민족해방운동에 있어서 "농민은 민족운동의 주력군으로서, 농민의 군대가 없으면 세찬 민족운동이 있을 수 없기 때문이다."[106] 그렇지만 중국 혁명에 있어서는, 특히 일본 제국주의가 중국을 침략한 형세 하에서는 항일이 첫번째 혁명 임무이다. 이 뿐만 아니라 가장 광범위한 민족통일전선을 건립하는 것으로써 중화민족의 해방을 쟁취해야 한다. 반제국주의 투쟁은 각 민족, 각 계층의 공동의 참여가 필요하다. 이는 또한 1935년에 중국공산당이 와야오바오(瓦窯堡, 와요보)회의에서 "소비에트 공농공화국"을 "소비에트 인민공화국"으로 수정하기로 제기한 원인이기도 하다.

이 회의에서는 다음과 같이 지적하였다. "민족통일전선이 더욱 유력한 기초를 얻게 하기 위해 소비에트 공농공화국 및 중앙정부는 다음과 같이 선언한다. 소비에트 공농공화국을 소비에트 인민공화국으로 변경하고, 정책 즉 소비에트 공농공화국 정책의 많은 부분을 변화시켜 일본제국주의가 중국을 식민지로 만들려고 하는 상황을 더욱 효과적으로 반대할 수 있도록 해야 한다." 이 같은 정책 변화는 중국공산당, 소비에트 인민공화국이 노농민중의 이익을 대표할 뿐만 아니라 중화민족의 근본적 이익을 대표하고 있음을 보여준다. "중화민족의 기본 이익은 중국의 자유 독립과 통일에 있는데, 이 기본 이익은 오직 소비에트의 굳센 방침 속에서만이 취득할 수 있고 유지될 수 있으며, 이 방

---

106   斯大林,《论南斯拉夫的民族问题》,《斯大林全集》第7卷, 人民出版社, 1958년, 제61쪽.

침 속에서만이 이런 이익을 반대하는 적들인 제국주의와 매국노를 완전히 전승할 수 있다."[107] 같은 시기 마오쩌둥이 발표한 《일본제국주의를 반대하는 책략을 논함》에서도 "공농공화국"을 "인민공화국"으로 수정할 데 대한 주장을 제기했고 당의 신민주주의 혁명시기의 분투 취지에 깊은 민족성을 부여하였다. 마오쩌둥은 중국공산당은 "노동자와 농민을 대표할 뿐만 아니라 민족도 대표한다."고 하였으며, "인민공화국 정부는 노동자와 농민을 주체로 하는 동시에 제국주의를 반대하고 봉건 세력을 반대하는 기타 계급도 포용한다."고 지적하였다. 이는 소자산계급과 민족 자산계급이 "항일투쟁에 참가할 가능성을 열어 두었"[108]을 뿐만 아니라 각 소수민족의 민족 억압 반대 투쟁으로 하여금 중국 각 민족의 공동 이익에 복종하는 기초 상에서 부분과 전체의 통일을 얻을 수 있게 하였다. 즉 "이 운동이 신속히 소비에트의 세찬 파도 속에 합류할 수 있게 하였다."[109] 이 사상은 가장 광범위한 항일민족 통일전선을 건립하는 책략과 결정을 반영하였고 또한 중국 신민주주의 혁명의 성격이 결정한 건국 목표를 보여준다. 이러한 사상의 제기는 "중화연방공화국"을 건립하는 등과 같은 국정을 이탈한 정치 주장을 근본적으로 개변하였을 뿐만 아니라 중국공산당이 마르크스주의 기본 원리와 중국 혁명의 구체적 실제를 결합하는 면에서의 또 한 차례의 중요한

---

107 《中共中央关于目前政治形势与党的任务决议》, 中共中央统战部编, 《民族问题文献汇编》, 제332쪽.

108 毛泽东, 《论反对日本帝国主义的策略》, 《毛泽东选集》第一卷, 人民出版社, 1991년, 제156, 157쪽.

109 《中共中央政治局关于目前战略方针之补充决定》, 中共中央统战部编, 《民族问题文献汇编》, 제312.쪽.

중국공산당은 어떻게 민족문제를 해결하는가

이론 돌파를 보여준다. 이 사상은 중국의 국정으로부터 출발하여 민족 문제를 해결하는 데 있어서 획기적인 의의가 있다.

중국공산당이 어떤 성격의 국가를 건립할 것인가 하는 면에서의 새로운 사고는 중국이 민족문제를 해결하는 길에서 명확한 방향을 선택할 수 있게 하였다. 비록 마오쩌둥이 중국공산당 창건 전에 소수민족 "자치, 자결"에 대한 사상이 싹 텄고, "후난인 자치" 운동에 적극적으로 참여하였고 또 당 창건 이후 국제공산당이 주도한 "연방제" 주장도 했었지만 사상 면에서 "연방제"에 대한 부정은 제기하지 않았다. 그러나 "인민공화국" 건립의 목표를 제기한 후, 통일된 국가 내에서 소수민족 집거 지역의 자치를 실시하는 것은 중국공산당의 민족 사업의 실천이 되었다. "중국은 반드시 통일되어야 한다. 통일되지 않으면 승리할 수 없다."[110]고 하였다. 중국 통일 문제에 관한 상기 논설은 항일 전쟁 중 중국 내에 존재한 통일되지 않은 요소에 초점을 두고 한 말이다. 그렇지만 중국 통일에 대한 그의 인식은 단지 제국주의 침략에 저항하여 전 국민을 동원하기 위한 책략 사상이 아니었다. 통일된 나라를 건립하는 것을 통하여 "중화 여러 민족을 단결하여" 공동으로 항일하고, 제국주의가 "우리 국내 각 소수민족 분열을 강화하려는 모략"을 저지하기 위한 것으로서, 새 중국을 건립하기 위한 그의 전략 구상이었다. 그렇기 때문에 마오쩌둥은 "몽(蒙), 회(回), 장(藏), 묘(苗), 요(瑤), 이(夷), 번(番) 등 각 민족이 한족과 평등한 권리를 가지는 것을 허용한다. 각 민족은 공동으로 일본을 저항하는 원칙 하에서, 스스로 자신의 사무를 관리할

110　毛泽东,《必须制裁反动派》,《毛泽东选集》第二卷, 제576쪽.

권리가 있으며, 또한 한족과 연합하여 통일된 국가를 건립한다."[111]라고 명확히 제기하였다. 중화민족이 내포하는 의미의 완정성, 다민족 국가의 통일성은 중국공산당으로 하여금 소련 모델로 연방국가를 건립하려던 교조주의 구상을 포기하게 하였고, 통일된 인민공화국을 건립하고, 동시에 소수민족 집거 지역에서는 민족구역자치를 실시하는 이 역사적인 선택을 하게 하였다.

당시 중국공산당의 민족 사업의 중점은 항일전쟁 형세의 수요에 의해 주요하게 네이멍구와 서북 지역에 집중되었다. 그렇지만 마오쩌둥의 명의로 발표된 《네이멍구 인민에 대한 중화소비에트 중앙정부의 선언》과 《회족 인민에 대한 중화소비에트 중앙정부의 선언》은 전 당의 민족사업과 전국 각 소수민족을 단결하여 공동으로 항일하는 데에 광범위한 영향을 주어 아주 중요한 지도적 의의가 있었다. 특히 전국 항일민족통일전선을 건립할 데 관한 마오쩌둥의 사상과 책략, 결정은 중국공산당이 국가 통일과 민족 일체(一體)의 방면에서 중대한 관념 변혁과 사상 비약을 가져오도록 했다. 네이멍구와 서북 지역의 소수민족 해방 투쟁에 대해 마오쩌둥은 "몽골 인민, 회족 인민 및 기타 소수민족 인민을 동원하여 민족 자결과 자치의 원칙 하에 공동으로 항일하자."[112]고 명확히 지적하였다. 민족자결을 통하여 민족자치를 실현한다는 사상은 마오쩌둥의 선도 하에 우선 산시(陝西, 섬서), 간쑤(甘肅, 감숙), 닝샤(寧夏, 녕하)의 변경 지역 범위 내에서 실천되기 시작하였다. 민족자치는 통일

---

111 毛泽东, 《论新阶段》, 中共中央统战部编, 《民族问题文献汇编》, 제595쪽.

112 毛泽东, 《为动员一切力量争取抗战胜利而斗争》, 中共中央统战部编, 《民族问题文献汇编》, 제557쪽.

된 국가 조건 하에서 소수민족이 본 민족 내부의 사무를 자주적으로 관리하는 자치 제도 형식으로서, 마오쩌둥의 자치 원칙에 대한 강조는 통일된 국가를 건립하려는 그의 사상과 밀접히 연관된다.

산시·간쑤·닝샤 변경 지역의 민족구역자치의 실천은 중국공산당이 지도한 네이멍구자치운동에 중요한 탐구적 의의가 있는 실천이었다. 항일전쟁이 승리할 무렵 중국 통일에 관한 마오쩌둥의 사상은 중국공산당 제7차 전국대표대회 정치 보고에서 진일보 발전되고 심화되었다. 마오쩌둥은 "반드시 분열된 중국을 통일된 중국으로 개변시켜야 한다. 이는 중국 인민의 역사적 임무이다."[113]라고 심각하게 지적하였다. 이 목표를 실현하려면 반드시 전국 여러 민족 인민들이 자유와 민주를 얻은 정치적 기초 위에서 통일을 이루고 연합정부를 구성하며 새 중국을 건립해야 한다. 이를 위해서 각 소수민족 인민(군중과 연계된 모든 지도자를 포함)을 도와 그들이 정치, 경제와 문화 면에서 해방과 발전을 얻도록 하는 것은 통일된 새 중국을 건립함에 있어 필연적으로 직면하게 되는 긴박한 임무였다. "수년 동안 산시·간쑤·닝샤의 변경 지역과 화북의 각 해방 지역에서 몽골족과 회족 인민을 대한 태도는 정확했고 그 사업은 성과가 있었다."[114] 마오쩌둥이 지적한 이 정확한 태도와 사업의 성과는 중국공산당이 선도하는 민족평등과 민족자결의 원칙을 집중적으로 체현하였다. 여기에서 말하는 민족자결이 바로 마오쩌둥이 일관적으로 선도해 온 민족자결권이다. 자결은 독립을 의미하지 않는

---

113   毛泽东,《论联合政府》,《毛泽东选集》第三卷, 제1071쪽.

114   毛泽东,《论联合政府》,《毛泽东选集》第三卷, 제1084쪽.

다. 다민족 국가의 무산계급혁명에서 소수민족이 민족 억압을 반대하는 해방 투쟁은 혁명의 유기적 구성 부분이며 또한 통일된 국가를 건립하는 중요한 역량이기도 하다.

네이멍구자치구를 건립하는 자치 운동 실천 가운데서 마오쩌둥은 사상 면에서 이 운동의 발전 방향을 매우 중시하였을 뿐만 아니라 업무 상에서도 아주 구체적인 지도를 하였다. 마오쩌둥의 네이멍구의 통일 자치를 견지할 것에 관한 방침, 소수민족이 자치권을 확실히 향유하도록 하는 기본원칙, 독립 자결 경향을 견결히 반대할 것에 관한 확고한 태도, 민족문제를 처리하는 면에서 "좌"편향 착오를 방지할 것에 관한 경고는 중국공산당이 네이멍구의 자치 문제에 대해 행한 일련의 문건, 지시에서 충분히 체현되었다. 마오쩌둥은 심사숙고한 끝에 중국의 민족문제 해결은 역사적으로 전해 내려온 "회유(懷柔), 기미(羈縻)의 낡은 방법으로는 실현할 수 없다."[115]고 판단했다. 소련의 연방제 건국 모델도 중국의 실제에 부합되지 않았다. 중국의 구체적 실제로부터 출발하여 민족 자치를 민족 자결의 내용으로 삼아 "중국 경내 각 소수민족은 평등한 자치 권리가 있다는 것을 인정한다."[116] 이는 마오쩌둥이 중국 민족문제를 해결함에 있어서의 역사적인 공헌이며 마르크스-레닌주의 민족자결 이론이 중국 민족문제의 구체적 실제와 결합하는 과정에서의 창조적인 발전이기도 하다. 민족구역자치제도는 새 중국 정치제도의 중요한 구성부분으로서 바로 이런 창조성을 구현하고 있다. 이

---

115 毛泽东, 《论新阶段》, 中共中央统战部编, 《民族问题文献汇编》, 제595쪽.

116 毛泽东, 《中国人民解放军宣言》, 《毛泽东选集》第四卷, 제1238쪽.

런 정확한 방침과 원칙은 중국공산당이 지도하는 네이멍구 자치 운동의 건강한 발전을 보장하였고 네이멍구 인민들로 하여금 새 중국이 성립되기 전에 민족구역 자치를 실현할 수 있게 하였다.

항일전쟁이 승리한 후 네이멍구 자치운동은 중국공산당의 지도 하에, 네이멍구 각 민족 인민들이 항일 전쟁 중에서 응집된 끈끈한 단결로 자연스레 성공 단계에 진입하게 되었다. 1945년 11월 신화사 진찰기(晋察冀)[117] 분사 기자가 네이멍구 자치 운동을 지도한 울란푸(烏蘭夫)를 인터뷰한 적이 있다. 울란푸는 몽골 민족에 대한 중국공산당의 정책에 대한 기자의 질문에 답할 때 "중국공산당의 소수민족에 대한 정책은 아주 명확한 바 바로 민족평등과 민족자치를 실시하는 정책이다. 오직 민족자치를 실시해야만 민족문제를 진정으로 해결할 수 있기 때문이다. …… 민족 평등, 민주 자유의 원칙에 기초하여 몽골족과 한족 및 기타 민족이 정권 조직 형식에서 친밀한 연합과 협력을 실시할 것을 주장한다. …… 우리가 현재 주장하는 민족 자치의 불가결의 내용이 바로 민주이다. 민주가 없으면 진정한 자치가 있을 수 없다."[118]고 지적하였다. 과거의 "자치"는 상층 귀족 통치계급의 "자치"이고 오늘의 자치는 인민 군중의 자치인 것이다. 뒤이어 울란푸는 네이멍구 동부 지역의 일부 민족 상층인사들이 발기하여 "동부 몽골인민자치정부"를 성립한 문

117　역자 주, 진찰기 변구는 항일전쟁 시기 중국공산당이 이끌었던 적후의 항일 근거지 중 하나이다. 진찰기 변구는 산시성과 네이멍구의 차하르 지역, 허베이성(河北, 하북) 일부를 포함한다.

118　乌兰夫, 《答新华社晋察冀分社记者问》, 《乌兰夫文选》上册, 中央文献出版社, 1999년, 제1-2쪽.

제에 대해서는 "네이멍구 지역은 중국 영토의 일부분이고 몽골족은 중화민족을 구성하는 일부분으로서 그들이 요구하는 자치는 기본상 중국의 각 성과 똑같은 일종의 지방자치이다. 그러나 그들은 하나의 다른 민족이기 때문에 민족자치이기도 하다."[119]라고 지적하였다. 이는 민족구역자치의 지방성과 민족성을 표명하였다. 네이멍구 지역의 몽골족에게 있어서 중국공산당의 지도 하에 민족과 지역의 통일 자치를 실행하는 것은 민족 해방을 실현하기 위해 반드시 거쳐야 할 길이다.

1947년 4월 23일에 네이멍구 인민대표대회가 열렸고 네이멍구 각 지역에서 온 392명의 인민대표들이 대회에 출석하였다. 이번 대회에서는 "네이멍구자치정부 시정(施政) 강령" 등 일련의 중요한 문건이 통과됐고 "네이멍구 임시 참의회(參議會)"와 네이멍구자치정부의 지도부 성원들을 선출하였으며 네이멍구자치구의 성립을 선포하였다. 마오쩌둥과 주더(朱德, 주덕)는 대회에 보낸 축전에서 "온갖 고난을 겪은 네이멍구 동포들이 여러분들의 지도 하에 자유롭고 광명한 새 역사를 창조하고 있습니다."[120]라고 하였다. 네이멍구자치구의 성립은 중국공산당이 마르크스-레닌주의 기본 원리에 근거하여 중국 민족문제의 실제와 결합하여 중국의 통일된 다민족 국가라는 역사적 국정을 파악한 기초 위에서 장기간의 이론과 실천의 탐색 과정에서 중국 특색이 있는 민족문제 해결의 길을 개척한 것이다.

중국공산당은 최종적으로 국제공산당이 도출한 소련의 "연방제"를

---

119 《关于内蒙自治问题云泽主席发表谈话》,《晋察冀日报》, 1946년 2월 22일.

120 《毛主席、朱总司令复内蒙古人民代表大会电》, 中共中央统战部编,《民族问题文献汇编》, 제1127쪽.

포기하고 민족구역자치를 실시하였다. 이는 레닌의 "우리는 국내 각 민족의 절대적 평등을 요구함과 동시에 모든 소수민족의 권리를 무조건 보호할 것을 요구한다. 우리는 광범위한 자치를 요구하며, 구역자치를 실시할 것을 요구한다. 자치 구역 역시 민족 특징에 근거하여 나누어야 한다."[121]는 민족정책 원칙에 의거했을 뿐만 아니라 레닌의 "어떤 국가에 대해 논한다면 (이를테면 이 국가의 민족강령에 대해 논한다면) 동일한 역사 시대에 이 국가가 기타 다른 국가와 구별되는 구체적 특점을 고려해야 한다."[122]는 실사구시의 원칙도 따랐다. 이에 대하여 1957년에 저우언라이(周恩來, 주은래)는 특별히 소련의 연방제 및 중국의 민족구역자치제도에 대해 깊이 있는 해석을 한 적이 있다. 그는 소련과 중국 두 나라의 역사적 국정과 정권을 취득한 부동한 과정에 대해 논의하면서, "역사 발전은 우리에게 민족 협력의 조건을 주었고 혁명 운동의 발전 또한 우리에게 협력의 기초를 주었다. 그렇기 때문에 새 중국이 성립된 후 우리가 채택한 것은 우리 중국의 상황에 적합하고 민족 협력에 유리한 민족구역자치제도이다."라고 지적하였다. 그는 중국이 민족구역자치제도를 실시하게 된 역사 배경, 국정의 특점, 민족 분포 등에 대한 두 나라의 비교를 통하여 소련과 중국 두 나라의 민족문제 해결의 제도 모델의 다른 점에 대해 다음과 같이 결론적인 논술을 제시하였다. "이는 단지 명칭에서 차이가 나는 것이 아니라 제도 자체가 다른 것이기 때문에 실질상

---

121 列宁,《向拉脱维亚边疆區社会民主党第四次代表大会提出的纲领草案》,《列宁全集》第23卷, 제215쪽.

122 列宁,《论民族自决权》,《列宁选集》第2卷, 제350쪽.

서로 다른 것이다."[123]라고 하였다. 새 중국의 건립과 함께 민족구역자치 역시 중화인민공화국의 기본 정치제도의 하나로 되어 전국 각지 소수 민족 집거 지구에 보급되었다. 민족구역자치제도는 마르크스주의의 중국화 산물로서, 중국특색의 사회주의 제도의 유기적인 구성 부분이다.

---

123 周恩來, 《关于我国民族政策的几个问题》, 中共中央文献研究室, 中共新疆维吾尔自治區委员会编, 《新疆工作文献选编》(一九四九 - 二〇一〇年), 제185쪽.

제2장

민족 평등 원칙의 실천 및 민족구역자치 제도의 실행

개인이 개인에 대한 착취가 소멸되면 민족이 민족에 대한 착취도 따라서 소멸되게 된다. 민족 내부의 계급 대립이 없어지면 민족 간의 적대 관계도 따라서 없어지게 된다.

- 마르크스 엥겔스《공산당선언》

우리는 국내 모든 민족의 절대적인 평등을 요구하며, 모든 소수민족의 권리를 무조건적으로 보호할 것을 요구한다. 우리는 광범위한 자치를 요구하며 구역 자치를 실행할 것을 요구한다. 자치 구역은 민족 특징에 따라 나누어야 한다.

- 레닌
《라트비아 변방 지역 사회민주당 제4차 대표대회에서 제기한 강령 초안》

구역자치제도는 민족문제를 해결하는 필요조건이다.

- 스탈린《마르크스주의와 민족문제》

역사의 발전은 우리의 민족 대가정으로 하여금 소련과는 다른 형식을 취할 것을 요구하고 있다. 각 나라는 모두 자기만의 역사 발전 상황이 있기 때문에 다른 나라의 것을 그대로 옮겨와서는 안 된다. 민족구역자치는 우리에게 완전히 적합한 선택이다.

- 저우언라이(周恩來, 주은래)《우리 나라 민족 정책에 관한 몇 가지 문제》

제1절 민족 확인 및 민주 개혁

1949년에 중화인민공화국이 성립되면서 중국 사람들은 다시 일어서게 되었으며 나라의 주인이 되었다. 신해혁명이 중국의 2천년의 봉건 왕조 통치를 끝내고 중국으로 하여금 현대 사회로 진입하게 하였고 중국 여러 민족을 통합의 길로 이끌어 중화민족의 위대한 부흥의 문을 열었다면, 새 중국의 건립은 중화민족이 위대한 부흥의 길로 나아가기 시작하였음을 의미한다.

중국이라는 이 통일된 다민족 국가에서, 여러 민족의 평등은 새 중국, 새 사회의 가장 중요한 표징이다. 따라서 새 중국이 성립될 즈음, 사회 각 계 인사들이 참가한 중국인민정치협상회의에서는 국가 헌법 성격을 띤《공동강령》이 통과되었다.《공동강령》에서는 중국의 모든 민족은 일률로 평등하다는 각 민족의 권리를 선포하였을 뿐만 아니라, 소수민족 집거지에서는 민족구역자치를 실행할 것을 규정하였으며, 여러 소수민족이 모두 자기의 언어 문자와 풍속 습관 및 종교 신앙을 보유하고 발전시킬 수 있는 자유가 있다고 규정하였다. 그리고 인민정부에 소수민족을 도와 정치, 경제, 문화, 교육 등을 발전시킬 것을 요구하였다. 이렇게 함으로써 소수민족의 평등한 권리를 보장하는 중국의 국가의 책임에 기초가 마련되었으며 통일된 국가 정치 체제 하에서 민족구역 자치를 실행하기 위한 기본 정치제도가 확립되었다.

그렇다면 이제 어떻게 민족평등을 실천하고, 어떻게 민족구역자치 제도를 실시할 것인가? 이것은 새 중국 앞에 놓인 중대한 임무였다. 중국공산당은 신민주주의 혁명 실천 중에서 이미 다민족국가의 국정과 민족문제라는 이 기본적인 형세에 대해 거시적으로 파악하고 있었지만 "다민족"의 구체적인 정황과 민족문제의 복잡성에 대해서는 인식이 부족하였다. 1950년에 서남지구 사업을 주관하고 있던 덩샤오핑은 "소수민족문제에 있어서 나는 아직 초등학생에 불과하다."고 말했는데, 사실 중국공산당도 마찬가지였다.

혁명 시기에 여러 소수민족을 동원하여 민족 억압을 반대하고 함께 공동으로 항일을 함에 있어서 중점은 선전과 계몽에 있었다. 소수민족의 투쟁의 중점을 중국 혁명의 물결 속으로 들어오게 하는 데에 두었는데, 이 과정에서 중국공산당이 선도하는 민족평등, 민족자결, 민족자치 등 민족 정책과 원칙이 일부 소수민족 지구와 일부 소수민족들에게 전파되었고, 일정한 효과를 거두게 되었다. 하지만 당시 소수민족지역에서의 중국공산당의 업무에는 한계가 있었다. 새 중국이 건립된후, 국가의 통일, 주권의 독립, 영토의 보전과 여러 민족의 일률적 평등의 원칙은 반드시 중화인민공화국의 모든 곳에 모두 철저하게 침투되어야 하며, 모든 중화민족 구성원의 마음에 깊이 심어져야 했다. 따라서 중국 여러 민족의 구성요소에 대해 과학적으로 확인하고 각 민족에게 국가의 주인이라는 지위를 확실하게 부여하는 것은 민족 평등을 실현하고 민족구역자치제도를 실시하는 선결 조건이 되었다.

중화민족, 하나의 대가정

중화인민공화국이 설립되기 이전에 중국공산당은 이론상에서 이미 중국은 통일된 다민족 국가라는 사실을 명확하게 인식하였으며 중화민족의 과학적인 내포에 대해 명확하게 천명하였으며, 민족구역자치의 길을 열었다. 이에 앞서 쑨중산 선생은 일찍 "우리 국내에 어찌 다섯 민족뿐이겠는가?"라는 문제를 제기하였고, 일부 학자들도 "중국 영토에 있는 모든 민족에 대해 철저하고 명백한 인식이 있어야만 우리 스스로에 대해 요해했다고 할 수 있으며, 중화민족의 부흥의 길을 갈 수 있다."고 하였다. 마오쩌둥도 "중국에는 한족을 제외하고도 수십 개의 소수민족이 있다."고 지적하였다. 그렇다면 중화민족 대가정 속에는 도대체 얼마나 많은 민족이 포함되어 있는가? 이것은 중화인민공화국이 설립될 때까지도 미처 해결하지 못한 문제로 남아 있었다.

각 민족의 일률적인 평등을 실현하기 위해서는 우선 중국의 "다민족"은 어떻게 구성되었는지, 중국에 있어서 중화민족 대가정은 어떤 구성원으로 구성되었는지를 확인하여야 한다. 민족구역자치를 실시하기 위해서는 우선 자치를 실시할 주체가 어떤 민족인지를 명확히 해야 한다. 따라서 건국 초기에 당과 국가는 민족 관계를 소통하고 민족 확인 작업을 실시하는 것을 민족구역자치제도를 추진하는 사업의 중대한 임무로 삼아 추진하였다.

중국의 기나긴 역사 발전의 과정 중에 선진(先秦) 시기의 "오방지민" 및 그 후예들은 "자칭" 또는 "타칭"에 의해 수없이 많이 역사 무대에 올랐었다. 그들은 역사의 발전 중에서 동화되거나, 또는 재건되거나, 또는 이동하거나 또는 이별하면서 수많은 장면의 다양한 문화 집단의 상호 영향과 흡수와 융합의 감동적이고 눈물 겨운 역사극을 써냈다. 인구가 많은 한족과 역사 상 영향력이 꽤 컸던 일부 소수민족들은 이러한 상호 영향, 흡수와 융합의 과정 중에서 점차 안정적인 추세에 들어서게 되었으며 민족 호칭도 점차 통일되었다. 예를 들면 근대의 "오족 공화(五族共和)"는 한족, 만족, 몽골족, 회족, 장족을 가리키는 것과 같은 것들이다. 그러나 자연 지리 환경의 폐쇄성과 사회 발전 조건의 제약성으로 말미암아 많은 다양한 문화의 "족군(族群)" 단체들은 그때까지도 내부 정합이 필요한 단계에 처해 있었다. 이러한 단체들은 언어 문화, 경제 생활, 풍속 습관 면에서 서로 비슷하거나, 서로 다르거나, 서로 비슷하면서도 다르거나, 또는 완전히 다르기도 하여, 자칭으로나 타칭으로나 모두 유동적이고 변화하는 상태에 처해 있었다. 덩샤오핑은 서남 업무를 주관할 때 이렇게 말한 적이 있다. "서남에 소수민족이 도대체 얼마나 되는지는 지금도 명확하지 않다. 최근 윈난의 보고에 따르면 전 성에 등록된 민족 명칭은 70여 종이다. 구이저우(贵州, 귀주)성의 묘족은 세분하면 그 종류가 백여 종이 되는데, 이들 중 일부는 사실 묘족이 아니다. 예를 들면 동족(侗族)은 과거에는 묘족인 것으로 알려졌지만, 사실 그들의 언어, 역사가 모두 묘족과 다르므로 그들 자체가 묘족이라고 하는 것에 대해 반대를 하고 있다. 이러한 상황으로부터 볼 때, 우리가 아직 소수민족 문제에 있어서는 입문도 못한 것임을 알 수 있다. 물론 2-3년의 노력을 더 거치면 각 민족에 대해 잘 파악할 수 있을 것이며,

역사 상에서 밝히지 못했던 문제들도 밝혀낼 수 있을 것이다."[01]

총괄적으로, 소위 역사 상의 "사이(四夷)", "오융(五戎)", "육적(六狄)", "칠민(七閩)", "八蠻(팔만)", "구적(九籍)" 등 민족 단체는 천백 년의 변화를 거치면서 여러 문헌에서나, 민간에서나 모두 그 명칭이 아주 다양하며, 자칭으로나 타칭으로나 모두 복잡하고 다양했다. 따라서 1953년 중국 정부가 제1차 전국 인구 전면 조사를 진행했을 때 여러 소수민족이 스스로 응답한 민족 명칭은 400여 종에 달했으며, 윈난성 한 개 성에서만 260여 개의 민족이 신고되었다. 1964년에 실시한 중국 제2차 인구 전면 조사 때 등록된 소수민족 명칭도 여전히 183개나 되었다. 일부 소수민족들은 강 하나를 사이 두고, 또는 산 하나를 사이 두고 "자칭", "타칭" 서로 다른 민족으로 신고하여, 일정한 인구 규모에 기초하여 행정 구역을 설립하는 자치 지방 사회 관리 시스템에서는 거의 실현하기 어려운 상황이었다. 따라서 여러 민족에 대해 정확히 식별하고 민족 신분과 단체 귀속을 확인하는 작업은 당시 중국 정부의 소수민족 사무의 가장 중요한 내용으로 되었다.

1950년대부터 중앙 정부는 선후로 서북, 서남, 중남, 동북, 네이멍구 등 소수민족 지역 방문단, 위문단을 조직하여 각 소수민족 집거 지역으로 가서 민족 정책 홍보와 사회 조사를 진행하였다. 아울러 대량의 과학연구 종사자들, 특히 인류학, 민족학, 사회학, 역사학, 언어학 등의 학자들을 대거 조직하여 전국적인 범위에서 대규모로 소수민족 언어 문자와 사회 역사 조사 연구를 전개하였다.

---

01 邓小平,《关于西南少数民族问题》,《邓小平文选》第一卷, 人民出版社, 1994年, 第161쪽.

　　　　　　　　　　중국공산당은 어떻게 민족문제를 해결하는가

근대에 서양의 민족학, 인류학 등의 학문은 중국에 전해진 이래, 문화적 다양성의 역사와 현실 자원이 매우 풍부한 중국에서 비교적 빠르게 발전해 왔다. 또 고고(考古) 인류학, 문화인류학, 민족학, 민족역사학, 변강(邊疆)정치학 등의 학과에서도 중국과 서양을 통달한 전문가 학자들을 배출하였으며, 이러한 전문가 학자들은 타이완을 비롯한 중국의 변방 지역의 소수민족에 대해 일련의 현지 조사를 진행하였다. 이러한 조사 연구의 성과는 신중국 성립 이후 전개된 민족 식별 작업에 매우 가치 있는 자료를 제공하였다. 1956년부터 1964년까지 사이에 중국에서는 1,400여 명이 참가한 조사팀을 구성하여 각 소수민족 지역에 대해 세밀하고 대대적인 조사를 벌였다. 이 조사 연구는 전대미문의 과학 연구 활동으로서, 이는 중국의 다민족, 다언어, 다문화, 다종교 등 기본적인 국정 전반에 대한 한 차례의 심도 있는 요해가 되었으며, 중국의 민족 식별과 국가 민족 사무의 전면적 전개를 위해 풍부하고도 중요한 과학적 근거를 제공하였다.

민족 식별 작업은 각 소수민족의 뜻을 충분히 존중하며, "이름은 본인의 뜻에 따라 명명한다"는 원칙에 의해 '우리 부족'이라는 명칭에 대해 과학적인 연구를 진행하는 복잡한 작업이었다. 특히 문자가 없는 많은 소수민족 사회에서는, 참고로 삼을 만한 문헌 기재가 없었기 때문에 어려움이 더 컸다. 따라서 사회, 역사, 언어, 문화, 경제 생활, 풍속, 습관 등에 대한 다방면에 걸친 심도있는 종합 조사를 거쳐서 비로서 이들 부족 간의 기원과 발전, 같은점과 다른점을 비교적 정확하게 반영할 수 있었고, 이들의 민족 별 귀속 문제에 대해 과학적인 의견을 제공할 수 있었다.

민족 식별의 의의는 단지 민족 명칭과 족속을 정하는 데 있는 것이 아니라, 각 민족이 일률로 평등하다는 정치적 지위를 확립하는 데 있다. 앞서 서술한 바와 같이, 세계적 범위에서, 각 민족이 서로 다른 자연 지리적 환경 중에서 형성된 "지역인" 및 그들 상호 간의 정치, 경제, 문화, 사회 생활의 차이로 인해, 20세기에 접어 들어서도 인류 사회에는 여전히 씨족, 부족 등의 공동체 형태가 존재하게 되었다. 이는 중국에서도 마찬가지였다. 조사에 따르면 중국 소수민족의 경제 사회 생활은 채집, 사냥, 목축, 농경과 같은 여러가지 유형으로 표현될 뿐만 아니라 언어, 문화, 생활 습관, 종교, 인구 규모, 분포 범위 등의 다양성으로도 표현되고 있었다. 또한 소수민족의 사회 형태도 다양하여 집단 내 계급 분화 정도와 생산력 발전 수준에 따라 결정되는 사회제도의 형태도 매우 다양하였다. 즉 씨족 족장제, 부족 우두머리제, 귀족노예제, 정교합일 영주 농노제(政教合一領主农奴制), 버크(목장주) 봉건제 등 다양한 사회 제도 형태를 유지하고 있었다. 이들은 원시 공동체 말기부터 봉건 사회까지의 다양한 사회 형태를 모두 포함하고 있었다.

이처럼 복잡하고 상이한 사회 역사적 발전 단계에 처해 있는 소수민족에 대해서, 소련의 '부족', '민족', '사회주의 민족'에 따라 그들의 대가족 중에서의 구성원 지위를 확인해도 괜찮을까? 마오쩌둥은 다음과 같이 지적하였다. "우리는 각 민족과 단결해야 한다. 큰 민족이든지 작은 민족이든지를 불문하고 모두 단결해야 한다. 예를 들어 어룬춘족은 2천 명도 안 되지만, 우리는 그들과도 단결해야 한다."[02] 중국에서는 '부

---

02   毛泽东,《接见西藏观礼团、代表团的谈话》, 中共中央文献研究室, 中共西藏自治區委

족'과 '민족'의 구분 없이 크고 작은 민족이 일률로 평등하다. 이것은 중국공산당이 민족문제 해결에서 예로부터 지켜온 기본원칙이다.

이번에 진행한 기간이 길고 규모가 거대한 이 현지 조사는 중국의 소수 민족 사무에 풍부한 실증 자료와 중요한 지적 지원을 제공하였다. 과학적인 조사와 역사 문헌의 뒷받침 하에 민족 식별 작업을 거쳐 민족별 신분과 명칭을 속속 확인하였고 잇따라 여러 차례 국무원의 승인을 받았다. 1965년에 시짱 지역의 로파족이 확인되면서 중국 소수민족의 식별작업은 54개 소수민족에 대한 확인을 완료하였다. 그리고 1979년에 윈난성의 키노족이 확인되면서, 중국의 민족 식별 작업이 기본상 완성되었다.[03] 중국은 하나의 통일된 다민족 사회주의 국가이며 중화민족은 한족을 포함한 56개 민족으로 이루어진 대가족이다. 이 대가족 속에서 각 민족은 인구의 많고 적음과, 경제 사회의 발전 수준의 여하에 상관없이 평등하다.

1950년대 중국이 정치, 경제, 문화와 사회생활 등에서 많게 적게 일정한 정도 소련의 영향을 받았다는 것은 의심할 여지가 없다. 민족 식별 작업에서 언급된 "민족"의 정의도 주요하게 스탈린의 민족 정의에 근거를 두고 있다. 그러나 실천에 있어서 학계와 정부 당국에서는 소련

員会, 中国藏学研究中心编,《毛泽东西藏工作文选》, 中央文献出版社, 中国藏学出版社, 2008年, 제102쪽.

03 중국 인구 통계에는 아직 식별되지 않은 부분적인 인구가 있는데, 그런 의미에서 중국의 민족 식별 작업은 아직 완전히 완료되지 않았다고 할 수 있다. 사실 이들 미식별 인구에 대한 민족 별 인증 작업은 지금도 계속되고 있는데, 주요하게는 그들을 새로운 민족으로 식별하는 것이 아니라 기존에 있는 어느 한 민족으로 통합시키는 것이다. 물론 이 작업은 개인과 집단의 의사와 공동체 의식을 존중하는 복잡한 사무이다.

의 경험을 엄격하게 따르지는 않았다. 국가 차원의 민족(нация/Nation)에 대한 스탈린의 정의는 사실상 중국 내에서 인구가 가장 많은 한족과 각 소수민족의 신분 확인에 대한 참고 지표가 되었을 뿐이다. 실천 중에서, 스탈린이 강조한 민족이 "반드시 만족시켜야 하는" 민족의 4대 특징인 '공통 언어', '같은 지역', '공통된 경제 생활', '동일 문화에서 나타나는 동일한 심리적 소질'이, 중국의 민족 식별 사업 중에서는 "반드시 만족시켜야 하는" 조건이 되지는 않았다. 중국의 민족 식별 작업은 각 집단별 의사를 존중하는 동시에 스탈린이 말한 '동일 문화에서 나타나는 동일한 심리적 소질', 즉 문화 정체성도 존중하면서, 고대 문헌 자료에 나타난 역사적 연원과 발전의 흐름을 중시하였다. 따라서 이 작업은 당시의 과학적 조건 하에서 최상의 결과에 도달했다고 할 수 있다.

평화적 해방과 민주 개혁

신민주주의 혁명에서 소수민족의 혁명 투쟁은 내부에서 일어나는 계급 혁명 투쟁이 아니라, 제국주의를 반대하고, 민족적 억압을 반대하는 것을 특징으로 한다. 신중국을 건설하는 해방 전쟁에서 소수민족의 집거 지역의 해방은, 국민당 반동파를 대표로 하는 계급통치가 소멸되었음을 의미한다. 이것은 신중국의 각 민족이 일률로 평등하고, 각 민족이 모두 나라의 주인이 됨을 실현하는 필요조건이다. 중국 전역의 해방 전쟁에서 변강 소수민족 지역의 해방은 평화 해방의 특징이 두드러진다.

항일전쟁 승리 후 네이멍구가 가장 먼저 민족 구역 자치의 길을 걸었고, 1949년 9월 쑤이위안성(绥远省, 수원성)이 평화적 해방을 이루었다. 1949년 8월, 중국 인민해방군이 란저우(蘭州, 난주)를 점령하였고, 그 시기 산시와 간쑤, 닝샤와 칭하이도 잇따라 해방되면서, 신장의 국민당 세력에 대하여 포위 섬멸의 기세를 형성하게 되었다. 마오쩌둥은 "신장은 이미 전쟁 문제가 아닌, 평화적으로 해결되는 문제"라는 결정을 내렸으며, 9월 25일 국민당의 신장 주둔 군대가 봉기를 일으켰고, 그 다음 날 신장성 정부는 국민당 난징 정부와 일체의 관계를 단절한다고 발표함으로써, 신장은 평화적 해방을 실현하였다[04]. 1949년 11월, 해방군은 국민당 기간(基幹)부대 백숭희(白崇禧) 그룹을 섬멸하고, 광시(廣西, 광서)성을 해방시켰다. 같은 달, 해방군은 구이저우에 들어가, 쓰촨성 남쪽과 쓰촨성 동쪽으로 진격하여 충칭(重慶, 중경)을 포위하였으며, 이러한 정세 하에서 류원후이(刘文辉, 유문휘) 등이 윈난 쿤밍(昆明, 곤명)과 야안(雅安, 아안) 등 지역에서 잇따라 봉기를 일으켰다. 12월 10일 장제스가 타이완으로 도주하였고, 해방군은 청두(成都, 성도)에서 국민당의 마지막 기간 부대인 후쭝난(胡宗南, 호종남) 그룹을 섬멸하였다. 이로써 국민당 그룹의 대륙에서의 통치가 완전히 끝났다. 1950년에 하이난(海南, 해남)도가 해방되었다. 1950년 1월 중국공산당은 중앙위원회에서는 시짱 진출 결정과 함께, 시짱 지방 정부와 애국 지사들에게, 시짱의 평화적 해방을 위한 협상을 촉구하였으며, 1951년 5월 23일에 베이징에서 《중앙인민정부와 시짱 지방 정부의 시짱의 평화적 해방 방법에 관한 합의서》("17조 합의서"로 약칭)를 정식 체결하였다. 10월 24일, 달라이 라마 14

---

04   厉声,《中国新疆历史与现状》, 新疆人民出版社, 2003년, 제222쪽.

세는 마오쩌둥 주석에게 전화를 걸어 시짱의 평화적 해방 방법에 관한 합의를 옹호한다고 하였으며, 10월 26일 중국 인민해방군은 라싸에 진주하여, 시짱 지역에서 국가의 주권을 지키고 영토 완정을 유지하는 신중국의 신성한 직책을 수행하기 시작했다.

네이멍구 지역에서 실행한 민주 연합의 자치, 신장의 평화 해방, 그리고 시짱의 평화 해방은 모두, 소수 민족이 역사적으로 민족적 억압을 받았고, 근대 이래 제국주의의 현혹과 부추김을 받아 민족 간의 간극이 아주 심각해진 문제에 대해 중국공산당이 정확하게 파악하였기에 가능한 일이었다. 중국공산당이 각 민족 인민을 이끌고 국민당의 통치를 무너뜨리고, 제국주의 세력을 몰아낸 것은 바로 '사람을 착취하는' 사회를 뒤엎고, 민족적 억압을 제거한 것이다. 그러나 중국공산당 및 중국공산당이 영도하는 인민 군대도 각 민족 인민을 대신하여 그 민족 내부의 계급 억압 문제를 해결할 수는 없다. 이것은 긴 역사 과정 중에 형성된 민족 억압 제도, 그리고 현실에 존재하는 제국주의의 부추김, 국민당 장제스 그룹이 시행한 대한족주의 정책으로 인해 아주 심각한 민족 장벽과 민족 간 불신이 초래되었기 때문이다. 따라서 민족관계의 문제를 다룰 때, 민족 갈등은 종종 계급 억압의 실체를 감추게 되는데, 이것은 또한 흔히 각 민족의 지배계급, 상층부의 권세가 본 민족의 힘의 동원자, 민족 이익의 대표자가 되는 결과를 초래하게 된다. 이것은 중국공산당이 홍군 장정 시절에 이미 인식한 객관적인 사실이며, 이는 민족 억압 제도의 실체가 계급적 억압이라는 이 마르크스주의의 관점을 이해하면 필연적으로 알게 되는 인식이다. 그렇기 때문에 소수민족 집거 지역을 평화적인 방식으로 해방시킴으로써, 전쟁이 소수민족 지역

중국공산당은 어떻게 민족문제를 해결하는가

의 경제 사회와 민중의 이익에 가져오는 재난을 피할 수 있었을 뿐만 아니라, 민족적 억압을 없애고 민족관계를 개선하며 사회질서를 안정시키고 소수민족의 이익을 지키는 데 중요한 긍정적인 역할을 할 수 있었다.

중국공산당은 대혁명 시기부터 해방 전쟁 시기까지 줄곧 혁명 근거지에서 토지 제도 개혁을 전개해왔다. 즉 한족 지역을 위주로 하는 계급 억압제도를 해결해 온 것이다. 봉건적 토지 제도는 농민의 가난과 농업 생산의 낙후를 초래하는 총적 근원이다. 봉건 착취 토지 소유 제도를 농민 토지 소유제로 바꾸어, '경작자가 자기 밭을 소유하도록' 하는 것은 중국의 신민주주의 혁명의 역사적 임무이자 기본 강령 중의 하나였다. 신중국이 세워질 때까지만 해도 전국 2/3 지역에 봉건적 토지 제도가 존재했다. 전체 농가의 7% 미만인 지주, 부농이 전체 경작지의 50%를 차지하고 있었고, 반대로, 전국 농가의 57%를 점하는 빈농, 고농이 차지한 경작지는 전체 경작지의 14%에 불과해, 농촌에는 땅이 없거나 땅이 적은 농민이 아주 많았다[05]. 따라서 토지개혁은 중국의 봉건 착취 제도를 종식시키는 가장 광범위하고 깊이 있는 사회 변혁이 되었다. 1952년 말에 이르러, 토지 개혁의 임무가 거의 완성되어, 농촌 인구의 92.1%를 차지하는 빈농, 중농이 전체 경작지의 91.4%를 차지하게 되었다. 이와 함께 공장, 광산 기업, 사회 분야의 민주 개혁도 병행하여 진행되었다.

---

05   中共中央党史研究室,《中国共产党历史》第二卷(1949-1978), 中共党史出版社, 2011, 제90-91쪽을 참조하라.

광범위한 소수민족 지역에 있어서의 사회 변혁은 한족 지역과는 다른 특수성을 가지고 있었기 때문에, 중앙에서는 반드시 "신중하고 착실하게 나아간다"는 방침을 취하였다. 마오쩌둥은 다음과 같이 지적하였다. "소수민족 지역의 사회 개혁은 중대한 일이기 때문에 반드시 신중해야 한다. 급히 서두르면 문제가 생기기 쉽기 때문에 우리는 어떤 상황에서든 서둘러서는 안 된다. 조건이 성숙되지 않으면 개혁을 진행해서는 안 된다. 일부 조건이 성숙되고 일부 조건이 성숙되지 않은 경우에도 중대한 개혁을 진행해서는 안 된다."[06] 류사오치(劉少奇, 유소기) 또한 다음과 같이 지적하였다. "소수민족들과의 사무에 있어서 우선 소수민족의 구체적인 상황을 파악하고, 각 소수민족의 구체적인 상황으로부터 출발하여 현지의 사업방침과 구체적인 업무 절차를 결정해야 한다. 한족 지역의 업무 경험과 슬로건을 그대로 옮겨오는 것을 엄격히 방지하고, 한족 지역에서 실행한 각종 정책을 명령 식의 방식으로 소수민족 지역에서 추진하는 것을 엄격히 금지해야 한다."[07] 덩샤오핑은 서남 지역의 소수민족 사업에 대해 다음과 같이 보다 구체적인 요구를 제기했다. "소수민족 내부에 과거 한족과의 벽이 깊고, 여러 가지 상황이 복잡했기 때문에, 외부의 힘으로 소수민족 내부의 이른바 계급투쟁을 일으켜서는 안 되며, 외부의 힘으로 계급투쟁을 만들어서는 안 되며, 외력으로 개혁을 진행해서도 안 된다. 모든 소수민족 내부의 개혁은 소수민족

---

06 毛泽东, 《不要四面出击》, 《建国以来毛泽东文稿》第一册, 中央文献出版社, 1987, 제399쪽.

07 刘少奇, 《中央关于处理少数民族问题的指示》, 《建国以来刘少奇文稿》, 中央文献出版社, 2005, 제220쪽

내부의 힘에 의해 이루어져야 한다. 개혁은 필요한 것이다. 개혁을 하지 않으면 소수민족의 빈곤은 소멸할 수 없고, 빈곤을 소멸하지 않으면 낙후를 없앨 수 없다. 그러나 이 개혁은 소수민족 내부의 여건이 갖춰진 뒤에만 가능하다."[08] 이로부터 소수민족 지역의 민주 개혁 문제에 있어서, 중국공산당과 국가가 모두 상당히 신중을 기하고 있었다는 것을 알 수 있다.

네이멍구는 전국 소수민족의 집거 지역 중에서 가장 먼저 토지개혁을 실시한 지역이다. 네이멍구 지역은 명청(明淸) 이후 농업 지역이 꾸준히 확대되었기 때문에 이 점을 감안하여 농업, 반농반목(半農半牧), 목축업의 세 가지 유형으로 개혁을 진행하였다. 따라서 1948년에 "네이멍구 혁명의 임무는 반제국주의 반봉건으로, 중국 내지와 동일하였지만, 전략 및 사업 수행 절차는 네이멍구 사회 경제 발전의 상황과 몽골족 민족 내부의 계급 관계의 변화에 따라 다소 달랐다." 개혁의 내용에는 주로 다음과 같은 것이 포함되었다. 봉건적 토지소유제를 폐지하고 모든 봉건 계급 및 사찰의 토지 소유권을 없애는 것; 공민의 의무를 이행하지 않고, 강제로 징역하고 노동을 무상 점유하는 것을 포함한 봉건 계급의 모든 정치·경제 특권을 폐지하는 것; 종교 신앙의 자유를 실행하며, 라마는 공민 이외의 기타 특권을 누려서는 안 되는 것; 노예제도를 폐지하고 모든 노예들의 해방을 선언하고 노예주와의 모든 관계에서 영원히 벗어나 완전히 평등한 공민권을 가지는 것; 토지 개혁 전 상업 매매 채무를 제외한 농촌에서의 모든 채무를 폐지하는 것; 목축지

---

08   邓小平,《关于西南少数民族问题》,《邓小平文选》第一卷, 제164쪽.

에서 자유 방목을 실행하고, 맹(盟), 기(旗) 등의 행정 구역에 따라 자유롭게 방목하는 것; 농업 지역에서는 경작자가 농지를 소유하는 원칙을 실행하고, 원래 봉건 지주가 점유한 모든 토지는 공유화를 하며, 농촌의 다른 토지와 통일적으로 전체 농민들에게 인구 수에 따라 균등하게 분배하는 것; 농촌 마을의 모든 몽골족, 한족 및 그 밖의 모든 민족에게 동등하게 토지를 나눠주어 촌민들이 평등한 토지 사용권을 가지게 하는 것 등등의 내용이 포함되었다.

이러한 개혁들을 실시하는 과정 중에, 한때 목축구의 생축, 목장에 대해 평균 분배하고, 농촌 개혁 방식을 반농반목 지역에 적용하고, 구체적인 경제 사정을 따르지 않고, 임의로 계급을 나누고, 라마를 투쟁하고, 사찰을 훼손하는 등의 급진현상이 있었다. 그렇지만 이러한 현상은 빠르게 시정되어, "봉건 특권을 폐지하고, 방목공의 임금을 적절히 인상하고, 방목 제도를 개선하며 목축민과 목장주 양자의 이익을 보호하는 것을 전제로 축산업을 단계적으로 발전시켜 목축민의 생활을 개선하는 것"으로 확정하였다. 죄가 크고, 극악무도한 몽골족 악질분자에 대해서만 그 가축과 재산을 몰수하였을 뿐, "일반 목장주에 대해서는 절대로 뺏거나 싸우거나 하지 않았다."[09] 이렇게 함으로써, 유명한 "삼불양리(三不兩利)" 정책이 형성되었다. 즉 몽골족의 목축구, 반농반목구, 농업구의 구체적인 실제 상황에 따라 "빼앗지 않고, 싸우지 않고, 계급을 나누지 않으며, 목축민과 목장주 양자의 이익을 보호"하는 정책이 형성된 것이다.

---

09 乌兰夫,《蒙古民族的发展特点与解放道路》,《乌兰夫文选》上册, 제88-93쪽을 참조하라.

중국공산당은 어떻게 민족문제를 해결하는가

네이멍구의 실천은 전국의 소수민족 목축구의 개혁에 좋은 경험을 제공하였다. 1952년에 "중국공산당 중앙에서는 소수민족 집거 지역 목축업구에 대해, 목축민과 목장주 양자의 이익을 모두 보호하는 정책을 실행하는 한편 목장주의 봉건적 특권을 점진적으로 없애고 목축민의 생산 적극성을 장려함으로써 목축 경제를 발전시키기로 했다."[10] 각 소수민족마다 경제 사회 여건이 현저히 달랐기 때문에 각 지역 소수민족의 사회 민주적 개혁 진도와 방법도 크게 달랐다. 계급적 억압이 심하고 사회적 등급이 삼엄한 소수 민족 사회에 대해서는 인내심을 갖고 섬세하게 민중을 계발하여 노예제, 농노제 등 인신 의존적 관계를 점진적으로 철폐하고 "직접 투쟁과 협상을 결합"하는 방침으로 특권을 취소하고 혹형을 폐지하였다. 일부 인구가 적은 민족에 있어서는, 민주개혁의 과정은 기본적으로 생존 조건을 개선하고, 생산 발전을 지원하고, 정착을 실현하고, 풍토병을 퇴치하는 등의 내용이 주를 이루었다. 한족 집거 지역의 도시와 농촌에서는 낡은 풍속과 습관을 고치는 개혁을 진행하였지만, 소수민족 지역에서는 민족의 풍속 습관을 존중하는 기초에서 교육, 의료, 위생 등 보조적인 방법을 통하여, 경제 생산과 사회 생활, 신체 건강에 도움이 되지 않는 일부 풍속을 바꿔 나갔다. 그리고 이 과정에서 시종일관하게 낡은 민족 관계에 대한 소통과 조정을 수반하여, 상호 신뢰, 평등, 단결, 호조, 협력의 새로운 민족 관계를 형성하였다. 그 중에서도 소수민족 상층 인사들과의 관계 업무를 잘 처리하는 것이 민주 개혁을 실행하는 관건이 되었다.

---

10   中共中央党史研究室,《中国共产党历史》第二卷(1949-1978), 제144쪽.

통일전선과 소수민족 상류층

통일전선은 중국공산당이 항일전쟁 시기에 창설한 일대 법보이며 또한 중국 신민주주의 혁명이 승리를 취득하게 된 중요한 경험이기도 하다. 새 중국이 창립된 이후에도 통일전선은 여전히 각 민족, 각 계층, 사회 각 업계를 단결시키는 유대적 역할을 하고 있으며, 정치협상회의라는 국가 제도의 형식을 통하여 정치협상, 민주감독, 참정, 의정의 정치적 환경을 마련하였다. 소수민족지구에서 민주개혁을 실시하는 과정에서도 통일전선은 민족 간의 장벽을 제거하고, 민족단결을 증진하며, 민족협력을 실현하는 중요 정책이었다.

소수민족의 민주 개혁을 실시하고 추진하는 과정에서 민족 간의 상호 신뢰, 특히 인민 대중 간의 상호 신뢰는 민주 개혁을 순조롭게 추진하는 대중적 기초이며, 종교 부문 상층 인사들을 포함하여 단결할 수 있는 모든 소수 민족 상층 인사들과의 단결을 실현하는 것은 민주개혁을 순조롭게 추진할 수 있는 관건적인 요소이다. 민족, 종교계의 상층 인사들은 크게는 노예주, 영주, 왕손 귀족을 포함하며, 작게는 일부 소수민족의 추장, 토사, 크고 작은 족장들을 모두 포함한다. 이들은 자본주의 이전 시기 여러 가지 사회 형태의 상층 통치자들을 대표하는 사람으로서 그들은 한 면으로는 그들이 처한 사회 제도의 통치 지위에 있으며, 동시에 다른 한 면으로는 제국주의와 국민당 정부의 이중 억압을 겪어 왔다. 따라서 그들은 새 중국의 민주 개혁과 사회주의 개조 과정에서도 이중성을 가지게 된다. 즉 한 면으로는 각 민족은 모두 평등하다는 정책에 지지를 표시하지만(설사 반신반의할 지라도), 또 다른 한 면으로는 자신의 권력과 이익을 유지하는 것에 대해서도 아주 중요하게 생각하고 있었다. 또한 종교신앙이 전민화가 되어 있는 지역에서는 종교 상층 인사(정치와 종교가 유착된 정교합일의 종교 상류층도 포함)는 민중에게 막대한 영향력을 주는 사회적 지위와 권력을 가지고 있었다. 소수민족 지역의 이러한 권력자 및 정신적인 통치 계층은, 그 지방의 민중과 아주 밀접한 통치 관계와 전통적인 영향력을 유지하고 있었을 뿐만 아니라 전체 민족의 이익을 대표하는 역할도 맡고 있었다.

그러므로 중국공산당의 민족 및 종교 사업 그리고 지방의 기타 사업은 모두 반드시 이들 상층 인물과 접촉해야만 실행할 수 있게 된다. 반대로 이들 상층 인사를 외면하거나 또는 한족 생활 지역에서처럼 "지주와 투쟁, 경작지 분할"과 같은 치열한 방식으로 개혁 추진을 시도한다면 이것은 실패로 끝나거나, 또는 제거하기 어려운 "후유증"을 반드시 조성하게 된다. 이와 같은 문제와 관련하여 덩샤오핑은 다음과 같이 지적하였다. "일부 동지들은 늘 급진적인 방법을 취하고 상층 인물들과 접촉하지 않는 것이 더욱 효과적으로 잘 할 수 있는 방법이라고 생각한다. 그러나 이렇게 진행하는 것은 사실상 일을 더욱 그르치게 되며, 속도도 더 느려지게 된다. 왜냐하면 저항 요소가 많기 때문이다. 상층 인사에 대한 사업을 잘해서 그들이 진보하도록 도와주고, 우리와의 협력이 잘 이루어지도록 해야 한다. 이렇게 해야만 그들의 도움을 받아서 일을 추진시킬 수 있어서, 훨씬 순조롭게 일을 진행할 수 있게 되는 것이다. 어떤 동지들은 이렇게 하면 계급 입장을 잃어버리는 것이 아닌가 하는 고민을 가지고 있는데, 오히려 그 지역에서는 계급 입장이 다르게 나타난다는 것을 이해하지 못한 것이다. 그렇다면 정확한 계급 입장이란 무엇인가? 현재 시점에서 계급 투쟁을 일으키지 않고, 서로 다른 민족 간의 단결을 도모하는 것을 정확한 계급입장이라고 할 수 있다."[11] 그러므로 민족 개혁과 종교 개혁에 상관없이 모두 반드시 상층 인사와의 교류를 잘 하여 그들을 설득하고 동원하여 낡은 통치제도를 포기하고, 착취 제도와 봉건 특권을 폐지하는 동시에 그들의 "합리적"인 이익을 보호해야 한다. 또한 일부 애국 진보 상층 인사들에 대해서는 그들에게 정치적 지위를 부여하여 그들이 국가와 지방의 정치적 사무에 참여하게 해야 한다.

이 방면에서 중국공산당 중앙에서는 소수민족 지구의 민주개혁과 사회주의 개조에 대해 매우 중시하였을 뿐만 아니라 소수민족 상층 인사 및 애국 진보 인사 그리고 소수민족 대중들과의 교류 사업도 많이 진행해왔다. 1949년부터 1964년까지의 15년 간, 마오쩌둥, 류사오치, 저우언라이, 주더 등 당과 국가 지도자들이 직접 접견한 소수민족 참관단, 경축단과 대표단은 무려 268차에 달하며 인원수는 약 1만여 명에 달한다.[12] 또한 평화적으로 해방을 달성한 후 시짱의 정교합일의 지도자 달라이 라마, 판첸 라마에 대해서도 매우 높은 예우를 해 주었다. 마오쩌둥은 달라이 라마, 판첸 어르더니와 서신 교류를 하였을 뿐만 아니라 직접 접견하여 교류를 진행하였다. 그리고 1954년에는 달라이 라마와 판첸 어르더니가 베이징으로 와서 중화인민공화국 제1차 전국인민대표대회에 참석하였다. 이번 회의에서 달라이 라마는 전국인민대표대

---

11   邓小平,《关于西南少数民族问题》,《邓小平文选》第一卷, 제169쪽.

12   国家民族事务委员会《中国少数民族》编辑组,《中国少数民族》, 人民出版社, 1984年, 제14쪽을 참조하라.

회 상무위원회 부위원장으로 당선되었고, 판첸 어르더니는 전국인민대
표대회 상무위원회 위원으로 당선되었다. 그리고 전국과 지방의 인민
대표대회, 정치협상회의, 각급 정부, 각종 사회단체에서 소수민족 상층
인사들이 모두 일정한 정치적 의석을 차지하였다.

민주 개혁을 실시하고 사회주의를 개조하는 과정 중에는 매우 완
고하게 사회의 변화를 제압하고, 필사적으로 자기의 통치 권력을 유지
하려고 하는 상층세력이 존재하기 마련이다. 심지어 대중들을 선동하
고 협박하고 끌어들여 무장 반란을 개시하고, 민족 분열을 조성하려고
하는 상층 세력도 존재한다. 이러한 현상에 대해서는 당연히 단호하게
투쟁하고 타격해야 한다. 이것은 각 민족의 평등을 수호하고, 중화민족
의 공동 이익을 수호하며, 각 민족이 단결 협력하고 공동 발전하는 새
중국의 사회질서를 수립하기 위해서는 의심할 여지가 없이 취해야 하
는 조치인 것이다.

소수민족 간부 대오 양성

중국 초기의 마르크스주의 사상을 가진 사람들은 소수민족들에게
어떻게 새 문화의 혁명 사상을 전파할 것인가 하는 데에 주의를 돌리기
시작했다. 1913년 중화민국 정부가 베이징에 설립한 몽장(蒙藏)학교[13]는
일찍부터 리다자오(李大釗, 이대소), 덩중샤(邓中夏, 등중하) 등 사람들의 관
심의 대상이었다. 1919년의 5·4운동 시기에 몽장학교의 학생들도 교문

---

13   역자 주, 몽골족, 장족 학교를 말함.

을 벗어나 이 위대한 애국주의 운동에 함께 참여하였다. 몽장학교에서는 1923년에 네이멍구 투모터치(土默特旗)에서 모집한 몇 십 명의 학생들 중 상당수의 몽골족의 조기 공산당원이 배출되었다. 국공합작(国共合作)[14] 기간에 황푸(黄埔)군사학교에서도 일부 소수민족의 공산주의 혁명가를 배양하였다. 이것은 중국공산당이 성립 초기부터 중국의 민족문제를 해결하는 것을 정치강령의 하나로 삼아서 제출한 것과 직접적인 관련이 있다. 홍군(紅軍)의 장정(長征) 기간 동안에도 당과 군대에서는 부단히 소수민족 군중들을 끌어들여 혁명에 참가하도록 하였으며 1941년 9월에는 연안민족대학교를 건립하였다.

연안민족대학교의 건립은 중국공산당이 여러 민족은 모두 평등하며, 일본 제국주의 침략에 함께 저항하며, 새 중국을 함께 건설한다는 전략적 사고를 실천하고 있음을 보여주고 있다. 1949년에 마오쩌둥은 칭하이 사업 지시 중에서 다음과 같이 말하였다. "민족문제를 철저히 해결하고 민족 반동 세력을 완전히 고립시키려면 대량의 소수민족 출신의 공산주의 간부들이 없이는 불가능하다."[15] 그 당시 연안민족대학교에서 공부한 학생 중에는 구이저우와 쓰촨에서 온 묘족, 장족, 이족 학생들이 있었으며 또 네이멍구 서부 지역에서 온 몽골족, 한족 학생들도 있었고 서북 지역에서 온 회족, 동향족 학생들도 있었다. 이 학생들은 연안민족대학교에서 마르크스주의의 영향을 받아 문화 수준을 제

---

14   역자 주, 중국 현대사의 양대 정당인 중국국민당과 중국공산당이 맺은 두 번에 걸친 협력 관계를 말한다.

15   毛泽东,《关于大量吸收和培养少数民族干部的电报》,《建国以来毛泽东文稿》第一册, 제138쪽.

중국공산당은 어떻게 민족문제를 해결하는가

고하였고, 중화민족의 민족 의식을 증강하여, 그 이후의 해방전쟁과 새 중국 성립 이후의 민족 사업 등의 영역에서 모두 중요한 작용을 발휘하였다. 이 경험은 새 중국 건립 이후 국가 교육 체제의 유기적인 구성부분으로 되었다.

1950년 11월, 정무원[16] 제60차 정무회의에서 승인을 받은 《소수민족 간부 배양의 시안(試案)》에서는 국가 건설, 민족구역자치와 공동 강령의 실현, 민족정책의 수요로부터 출발하여 중앙으로부터 각 성과 현에 이르기까지 모두 신민주주의의 교육 방침에 근거하여 보편적으로 대량의 여러 소수민족 간부를 배양해야 한다고 제기하였다. 그리고 베이징에 중앙민족대학교를 설립하고, 서북, 서남, 중남 지역에 각각 중앙민족대학교의 분교를 하나씩 설립하기로 결정하였으며 필요 시에는 증설하기로 결정하였다. 동시에 기타 성에서도 민족간부학교를 설립하고, 관련 지역 또는 현에서도 실제 수요에 따라 단기적인 민족 간부 강습반을 설립하기로 하였다. 관련 각급 인민정부에서는 계획적으로 소수민족의 초등학교와 중학교, 고등학교를 점차적으로 정돈하거나 설립하도록 하였다. 이 결정에 근거하여 1951년에 베이징에 중앙민족대학교가 설립되었으며 동시에 서북, 서남, 중남 지역에 중앙민족대학의 분교가 설립되었고, 그 후로 기타 지구에서도 잇따라 민족대학교가 설립되어, 소수민족을 주요 대상으로 하는 중국의 고등 민족교육체계가 형성되었다.

---

16   역자 주, 중국 건국 초기(1949년~1954년)의 최고 행정 기관. 나중에 '国务院(국무원)'으로 개칭함.

1954년 말까지 중앙민족대학교를 비롯하여 서북, 서남, 중남, 윈난, 구이저우, 광시, 광둥에 설립된 8개의 민족대학교에서는 총 11,000명의 소수민족 학생들을 졸업시켜, 새 중국 건립 이후 배양된 상당수의 소수민족 골간 역량을 형성하였다. 그리고 민족 사업과 지방 사무의 실천 중에서 강습반 등의 형식을 통해 소수민족 간부대오를 부단히 확대하여 1954년에 이르러 전국의 소수민족 간부 대오는 14만 명에 이르렀다.[17] 1956년에 저우언라이는 소수민족 간부의 배양 문제에 대하여 "현재 전국에는 간쑤, 광시, 신장 등 지역에 모두 여덟 개의 민족대학교가 있으나 3,000여 만명의 소수민족 인구에 비하면 아직도 부족하다. 앞으로 더 설립해야 할 것이다. 중국의 소수민족은 구역자치를 실행한다. 자치기관은 주로 본 민족의 인원으로 간부를 구성하여야 하며 본 민족 간부들이 일을 처리해야 할 것이다. 학교를 많이 세워야만 소수민족 간부의 수준을 제고할 수 있다."[18]고 제기하였다.

소수민족 간부는 소수민족이 주인이 되었다는 상징일 뿐만 아니라 당과 소수민족 군중 간의 교량이기도 하다. 특히 민주개혁을 실행하는 과정에서 소수민족 간부들은 당의 정책을 선전하고, 군중들과 연결하고, 군중들을 동원하며, 본 민족 상층 인사들과의 소통을 진행하는 등 많은 면에서 대신할 수 없는 역할을 하게 되었다. 예를 들면, 신장에서

---

17   中共中央党史研究室,《中国共产党历史》第二卷(1949-1978), 제144쪽을 참조하라.

18   周恩來,《尊重少数民族的宗教信仰和风俗习惯》, 中共中央文献研究室, 中共新疆维吾尔自治區委员会编,《新疆工作文献选编》(一九四九-二〇一〇年), 中央文献出版社, 2010년, 제145쪽.

감조감식(減租減息)정책[19]과 토지개혁을 진행하는 사업과 관련하여 당중앙에서는 다음과 같이 명확하게 지적하였다. "준비 단계에서 일반적인 감조(減租)에 대한 선전 외에도 매우 중요한 것이 있는데 그것은 바로 대량의 여러 민족 간부를 훈련시키는 일이다. 이 정책에 대해 잘 아는 수천 명의 각 민족의 간부들을 배양하여, 구체적으로 어떻게 농민을 조직하여 감조할 것인지에 대한 방법을 그들이 구체적으로 알도록 해야 한다. 반드시 그들을 통하여 광대한 농민을 조직할 수 있을 때에 성공적인 감조정책을 실행할 수 있다. 그렇지 않으면 불가능할 것이다."[20] 이처럼 대량의 소수민족 간부와 각 분야별 소수민족 인재를 배양시키고 육성하는 것은 중국공산당의 민족정책의 기본 내용 중의 하나이다.

민주개혁과 그 뒤를 이은 사회주의 개조는 중국공산당이 민족정책을 제정하고 보완해 나간 과정이기도 하다. 중국공산당이 신민주주의 시기에 제기한 여러 민족은 모두 평등하다는 것을 기본 입장으로 하는 여러 가지 민족정책 이념을 어떻게 안정적이고 효과적인 정책으로 실천해 나갈 것인가 하는 것은 오로지 상기 일련의 중대한 실천 과정 중에서 하나하나 점차적으로 확립시켜 나가야만 가능하다. 정책은 터무니없는 상상도 아니며 선한 소망도 아니다. 정책은 이론과 실천을 결합한 기초에서 객관적인 법칙과, 각 과정 별 특징 그리고 실시 대상과 예상 효과에 대해 전면적으로 고려하여 얻어낸 결과이어야 한다.

---

19   역자 주, 소작료와 이자 삭감 정책. 항일 전쟁 시기에 중국공산당 해방 지역 내에서 실시했던 주요 정책 중 하나로, 농민의 소작료·토지세·대출 이자 등을 낮추는 정책이다.

20   《中共中央关于新疆人民民主同盟和新疆减租土改问题的指示》, 中共中央文献研究室, 中共新疆维吾尔自治區委员会编, 《新疆工作文献选编》(一九四九-二○一○年), 第58쪽.

제2절 민족정책과 소수민족 평등의 권익

정책은 한 나라의 의지의 관념화, 주체화, 실천화의 반영으로서 국가 의지의 정치적 이념, 국민의 이익, 법률 정신, 권력 한정과 권익 보장 등 효과를 나타낸다. 정책은 사회 여러 영역의 사업 지도 원칙이며 행동 규범이다. 중국은 통일된 다민족국가로서 중국의 민족 사업은 당과 국가의 전체적인 중대 사무와 관련되는 사업이다. 중국의 근본 법규인 헌법에 기록된 "중화인민공화국의 각 민족은 일률로 평등하다."는 조항은 모든 민족 사무를 지도하는 헌법의 원칙이며 모든 민족 정책을 제정하는 근본 입장이다.

신민주주의 혁명시기부터 중국공산당이 민족문제를 해결하는 정치강령에서는 여러 민족은 모두 평등하다는 기본원칙을 일관적으로 확립하였다. 그렇기 때문에 마오쩌둥은 쑨중산의 민족주의 사상을 평가할 때 다음과 같이 지적하였다. "쑨중산 선생이 1924년에 쓴《중국국민당 제1차 전국대표대회 선언》에서, '국민당의 민족주의는 두 방면의 의의가 있다. 하나는 중국 민족의 자기해방이고 다른 하나는 중국 경내의 모든 민족의 평등이다.'라고 말했다. …… 중국공산당은 쑨중산 선생의 상기 민족정책에 완전히 동의한다. 공산당원은 반드시 군중들과 밀접히 연결되어 있는 소수민족 지도 인사를 포함한 여러 소수민족의 광범한 인민 군중을 적극적으로 도와 정치, 경제, 문화 상의 해방과 발전을 취득하도록 해야 하며, 군중 이익을 수호하는 소수민족 자체의 군대를 건립하게 하며, 그들의 언어, 문자, 풍속, 습관, 종교신앙을 존중해야 한다."[21] 이처럼《여러 민족이 일률로 평등하다》는 것은 중국공산당이 민족구역자치를 실시하고 여러 가지 민족정책을 제정하는 근본적인 출발점이다.

정치적 평등

중화민족의 대가정 속의 매개 구성원의 평등 지위는 우선 정치 상에서의 평등이다. 중국은 다민족 국가라는 국정으로부터 출발하여 민족 확인 작업을 진행하였고 여러 민족 인민들에게 법으로 정한 민족 지위를 부여하였다. 다시 말하면 여러 민족의 정치 상의 평등한 지위를 승인한 것이다. 중화민족의 해방이라는 것은 우선 정치 상의 해방이다. 즉 신민주주의의 혁명 목표를 실현하는 것을 통하여 독립 자주적인 중화인민공화국을 건립하고 계급 억압 제도와 민족 억압 제도를 소멸하는 것이다. 이것은 정치적 해방의 기초이며 민족 평등을 실현하는 전제 조건이기도 하다.

통일된 다민족 국가에서 여러 민족의 정치적 해방이란 바로 공동으로 나라를 다스리는 일에 평등하게 참여하는 것인 바 이는 국민이 나

---

21 毛泽东,《论联合政府》,《毛泽东选集》第三卷, 제1084쪽. 마오쩌둥은 쑨중산의 "종족 국가"의 민족주의 이론을 찬성하지 않는다. 이 문헌에서 장제스의《중국의 운명》중의 관점에 대하여 "국민당은 인민 그릅을 반대하고 중국에 여러 민족이 존재한다는 사실을 부정하였으며 한족 이외의 여러 다른 소수민족을 "종족"이라 부른다. …… 이는 대한족주의의 그릇된 민족 사상과 민족 정책이다."라고 지적하였다. 마오쩌둥이 쑨중산의 삼민주의에 대한 긍정적인 평가는 중국공산당의 최저 강령 차원에서 신민주주의의 통일된 나라를 건립한 것을 두고 한 말이다.

라의 주인이라는 민주 정치의 내용이다. 소수민족을 놓고 말할 때 정치상에서 한족과 평등하다는 뜻이다. 그렇기 때문에 중국공산당은 신민주주의 혁명 시기에 시종일관 정치적 평등을 민족 사업의 첫자리에 놓았다. 중국공산당은 산시·간쑤·닝샤 변경 지역의 자치 실천 중에서 《여러 민족 평등의 원칙에 따라 몽골족과 회족이 정치, 경제, 문화 면에서 한족과 평등한 권리를 가지며 몽골족 회족 자치구를 설립하며 그들의 종교 신앙과 풍속 습관을 존중한다.》[22]는 기본 정책을 확정하였다. 이러한 민족 정책에 대한 주장은 새 중국이 창건되기 전에 이미 초보적으로 구체적인 사업 방침과 정책을 형성하였다. 그런데 당시 중국 여러 민족의 민족 해방이라는 가장 큰 문제가 아직 해결되지 못했기 때문에 이러한 정책 이념의 실시 정도와 범위가 제한을 받게 되었으며 그 당시에는 이러한 정책을 뒷받침하기에는 국가의 능력이 부족했다. 그렇지만 이러한 사업 방침과 정책은 새 중국이 창건된 이후 민족정책 체계의 수립에 토대를 닦아 놓았다. 새 중국이 창건될 무렵 《중국인민정치협상회의 공동강령》의 민족정책에 관한 기술에서 명확한 정책 입장과 이념을 볼 수 있다. 예를 들면, "중화인민공화국 경내의 여러 민족은 일률로 평등하다", "각 소수민족의 집거 지구에서는 민족구역자치를 실시해야 한다", "여러 소수민족은 모두 통일된 국가의 군사제도에 따라 인민해방군에 가입하고 지방 공안부대를 조직할 권리가 있다", "여러 소수민족은 모두 자기의 언어문자를 발전시키고 자기의 풍속습관과 종교신앙을 유지하고 개혁할 자유가 있다" 등과 같은 것이다.

---

22   《陝甘宁边區施政纲要》, 中共中央统战部编, 《民族问题文献汇编》, 제678쪽.

새 중국이 창건된 후 국가의 민주 정치 건설은 각 계 인민대표대회로부터 시작되었다. 이는 당시에는 전국 범위에서 보통선거를 진행하는 인민대표대회제도의 조건이 아직 갖춰지지 않았기 때문이며, 또 이와 같은 원인으로 중국인민정치협상회의 전체회의와 지방 각급 각계 인민대표대회를 소집하는 방식을 채택하면서 점차적으로 인민대표대회 제도로 과도하게 된 것이다. 1953년 1월 중앙인민정부는 국민의 보통선거 방식으로 지방 각 기층 정권을 선출하는 인민대표대회를 소집하기로 결정하였으며 이 기초 위에서 전국인민대표대회를 열기로 하였다. 이렇게《중화인민공화국 전국인민대표대회 및 지방 각급 인민대표대회 선거법》이 완성되었다. 덩샤오핑은 선거법 초안에 대한 보고에서 전문적으로 소수민족 대표의 선발 규정에 대하여 다음과 같이 설명하였다.《전국 소수민족 인구는 전국 인구 총수의 14분의 1을 차지한다. 초안은 전국인민대표대회의 소수민족 대표 정원을 150명으로 규정하였으며 이 고정 정원 외에 소수민족 인민이 전국인민대표대회의 대표로 선거되었을 때 경우 이들 숫자는 150명 정원 내에 포함되지 않는다고 규정하였다. 그렇기 때문에 전국인민대표대회의 소수민족 대표인수는 실제상 대표 총수의 7분의 1로 예상한다. 우리는 이 인수의 규정이 합리적이라고 생각한다. 왜냐하면 전국적으로 보면 민족 수가 많고 분포 지구가 넓기에 반드시 이러한 배려가 필요하며, 또 이렇게 해야만 국내 소수민족의 상당수의 대표가 전국인민대표대회에 출석할수 있기 때문이다. 또한 이와 똑같은 이유로 지방 각급 인민대표대회의 소수민족대표 정원도 위의 취지에 근거하여 확정한다."[23] 인민대표대회 제도는 중국의 근본적인 정치제도이며 전국인민대표대회는 중국 최고의 권력 기구이다. 전국인민대표대회 건립 초기 소수민족 대표들에게 더욱 광범위하게 국가 사무에 참여하고 나라의 주인으로서의 권리를 행사하도록 하기 위하여 이와 같은 규정과 배치를 한 것이다. 이것은 여러 민족은 모두 평등하며 나라의 주인인 소수민족의 정치적 지위를 뚜렷하게 체현하고 있다.

동시에 중국공산당이 확립한 민족구역자치제도는 국가의 기본 정치제도의 하나인 바 소수민족이 민족구역자치를 실시하는 것은 국가의 기본정치제도를 실천하는 것이며 평등한 정치적 권리를 행사하는 것이다. 이것은 류사오치의 "우리는 국내 여러 민족이 모두 적극적으로 국가의 정치 생활에 참여하고 여러 민족이 민족구역자치의 원칙에 따라 나라의 주인이 된 역할을 하며 자기 내부 사무를 관리할 권리가 있음을 인정한다. 이렇게 해야만 역사가 남겨 놓은 민족 간의 장벽과 기시를 소멸하고 여러 민족 간의 상호 신임과 단결을 부단히 증진할 수 있다."[24]라는 지적과 일맥상통한다. 중국은 중국공산당 지도 하의 다당참정의 사회주의 국가로서 국내 여러 민족의 정치 세력이 존재하지 않는다. 중국공산당은 중화민족의 선봉대인 바 중화민족의 근본 이익을 대표한다. 소수민족 인민들도 중국공산당 및 여러 민주당파에 가입할

23　邓小平,《对少数民族选举的规定》, 国家民族事务委员会政策研究室编,《中国共产党主要领导人论民族问题》, 民族出版社, 1994年, 第87쪽.

24　刘少奇,《关于民族区域自治问题》, 中共中央文献研究室, 中共新疆维吾尔自治区委员会编,《新疆工作文献选编》(一九四九-二○一○年), 제118쪽.

　　　　　　　　　　중국공산당은 어떻게 민족문제를 해결하는가

수 있으며 인민대표, 정협위원 등을 선거하는 것과 같은 여러가지 방식으로 집정, 민주 협상, 민주 감독 등의 정치권리를 이행할 수 있다.

각 계층 민족구역자치 지방의 정부 지도자들은 소수민족으로 채용하며 당과 국가에서는 소수민족 간부(기술인재 포함)를 힘써 배양하고 사회 각 영역에서는 소수민족 간부(기술인재 포함)를 등용해야 하며 특히 전국인민대표대회, 지방 각급 인민대표대회에서 소수민족에게 인구 비례보다 많은 대표수를 주어야 한다는 등과 같은 규정은 모두 소수민족이 나라의 주인으로서의 권리를 보장하기 위한 것이며, 또 민족 자치 지방에서 자주적으로 본 민족 내부의 사무를 관리하고 자치 지방 내의 여러 민족 인민이 공동으로 자치 사무를 관리하는 정치 평등의 권리를 보장하기 위한 것이다. 이렇게 함으로써 전국 여러 지역의 여러 민족이 공동으로 중화민족의 위대한 민족 부흥을 실현하기 위하여 다 함께 노력하게 된다.

경제 발전

중국 소수민족 거주 지역은 기본적으로 육로 변방 지역에 위치해 있어서 자연지리, 생태환경이 서로 다르며 또 여러가지 전자본주의(pre-capitalism) 생산관계의 속박으로 경제 사회 발전 정도가 서로 다르고 생산 생활 방식도 서로 다른 바 총체적으로 내지 및 한족 집거 지구에 비해 현저한 경제적 차이가 존재하였다. 중국공산당은 창건 초기에 벌써 소수민족 지구를 도와 생산력을 발전시키자는 것을 민족문제 강령에 기재하였다. 새 중국이 창건된 후 민족 식별, 민주 개혁과 민족구역자치를 실시함에 따라 당과 국가에서는 소수민족 경제발전에 대한 지원을 중요한 사업으로 삼고 의사일정에 놓고 천방백계로 실시에 옮겼다.

새 중국 창건 초기 민족 사무에 관한 문헌에서도 중국공산당의 주요 지도자들이 모두 소수민족 지역 경제의 회복과 발전에 지원과 도움을 주자는 논술을 한 것을 볼 수 있다. 이는 당과 국가가 소수민족 지역 경제 건설을 매우 중시하고 소수민족의 생산과 생활 조건의 개선에 각별한 관심을 돌렸다는 것을 보여준다. 이뿐만 아니라 많은 미세하고 구체적인 사무에도 관심을 돌리고 해결해 주었다. 이를테면 1950년 신장은 일상 용품이 부족하여 외국으로부터 대량 수입하였었다. 그렇지만 중앙과 내륙의 지원으로 일상 용품이 부족한 문제가 바로 해결되었고 따라서 수입한 물건을 반품하려고 한 사건도 있었다. 이 사건에 대하여 저우언라이는 "우리가 외화를 좀 써도 괜찮으니 그 물건을 반품하지 말고 사들이자. 물건이 많으면 가격이 싸지게 마련이니 신장의 주민들이 사용하도록 하고 국가에서 보조를 해주면 된다."라고 지적한 바 있다.

소수민족 지역의 경제에 대한 지지와 발전은 새 중국이 창건된 초기부터 시작되었다. 국가에서는 무역, 세금 감면, 수당, 구제의 방식과 공상업 개조를 진행하고 수공업을 지지하고 소수민족이 특별히 수요하는 상품의 생산을 지원하는 등 각종 부동한 방식으로 소수민족 지역의 경제 생활을 조절하고 군중의 생산과 생활조건을 개선하기 위해 노력했다. 심지어는 인구가 매우 적고 채집과 수렵에 종사하는 소수민족에 대해 공급제를 실시하고 엽총을 교환해 주고 탄약과 식량, 일용품을 제공하였으며 정착지를 만들어 주고 삼림을 보호하는 임무를 주는 등의 방식으로 그들의 생산과 생활 조건을 제고시켰다. 소수민족 지역에 대해서는 그 지역 특산물을 무역, 판매, 수매하였으며 소수민족 지역 주민들이 수요하는 일상 생활 용품과 특별 수요 용품을 공급함으로써 경제 유통에 활력을 부여하고 발전을 촉진하였다. 이러한 경우에는 "소수민족 지역의 무역에서는 절대 착취를 해서는 안 되고 평등 호혜만 생각해서도 안 되며", 많이 지원하고 많이 지출하는 원칙으로, 소수민족 인민 군중에게 이익을 주도록 함으로써 민족관계에 악영향을 주는 낡은 사회의 악덕 상업 행위를 개변시켰다.[25]

민주개혁을 실행하고 착취제도를 소멸하고 각종 봉건 특권을 폐지하며 낡은 생산관계를 개변하는 조치들 중에는 목축 구역에서 실시한 "삼불양리(三不兩利)" 정책도[26] 포함된다. 이는 소수민족 지역의 경제발전과 인민들의 생활을 개선하는 중요한 조치임에 틀림없다. 그러나 이런 정책도 소수민족 지역의 낙후한 경제 토대를 신속하게 개변시키기 어려웠다. 그렇기 때문에 중앙정부는 국가의 제1차 5개년 계획을 제정할 때 소수민족 지역의 건설 문제에 대하여 특별히 다음과 같은 요구를 제기하였다. "소수민족 지구의 경제 발전은 농업, 목축업, 무역, 교통 발전을 중점으로 해야 하며 일부 개별적인 민족은 각자의 사회 경제 조건에 따라 어업, 수렵, 임업, 수공업 및 여러가지 부업을 중점적으로 발전시키도록 해야 한다. 모든 소수민족 지역에서는 등가교환 내지 일정한 기간 동안 보조금을 지원하는 방법으로 무역을 대대적으로 발전시

---

25   周恩來, 《对西北地区民族工作的几点意见》, 中共中央文献研究室, 中共新疆维吾尔自治區委员会编, 《新疆工作文献选编》(一九四九-二〇一〇年), 제55쪽을 참조하라.

26   역자 주, 세 가지를 하지 않음으로써 쌍방 모두에 유익이 되는 정책, 즉 빼앗지 않고, 싸우지 않고, 계급을 나누지 않음으로써, 목축민과 목장주 양자의 이익을 보호하는 정책.

키고 점진적으로 협동 조합을 발전시킨다. 철도를 부설하는 지역을 제외한 기타 소수민족 지구에는 간선 도로를 건설하고 중요한 도로와 교량을 건설하고 수리하며, 부분적인 중점 지구에는 우체국, 전보와 전화 사업도 점차적으로 전개한다. 소수민족 중심구와 인구가 밀집한 지역에는 국가에서 지정하여 건설하는 중요한 광공업 기업 외에도 주민들의 생활에 필요하고 주민들의 생산 발전과 밀접한 관련이 있는 서로 다른 규모의 공업을 발전시켜야 한다."[27] 총체적인 요구는 바로 소수민족의 요구와 바램을 들어주고 또 여러 민족의 현 단계의 발전 특점과 여러 가지 상이한 정황을 충분히 고려하여 소수민족 지역의 여러 가지 건설 사업을 실제적으로 착실하게 하자는 것이다.

제1차 5개년 계획의 실시 과정에서 일련의 중점 건설 사업이 소수민족 지역에서 전개되었다. 이를테면 철도 건설에서는 여덟 갈래의 새로운 철도 부설 계획 중 다섯 갈래가 소수민족 지구 또는 소수민족 지구와 직접 연결되었다. 란저우로부터 신장에 이르는 란신(蘭新)철도, 서북과 서남을 연결하는 보성(寶成)철도, 네이멍구 지닝(集寧, 집녕)으로부터 얼렌하오터(二連浩特)에 이르는 지얼선(集二線) 등과 같은 것이 있다. 도로 건설에서는 이를테면 캉짱(康藏, 강장)도로, 칭짱(青藏, 청장)도로 등을 들 수 있다. 이 두 갈래 도로는 시공이 가장 간고했던 도로로서 이 두 도로의 준공은 시짱 지역이 내륙 지구와 교통이 불편하던 역사를 종결지었다. 1957년에 이르러 소수민족 지구에 개통된 철도의 총 길이는

27　《中共中央关于制定五年建设计划应重视少数民族地區建设的指示》, 中共中央文献研究室, 中共新疆维吾尔自治區委员会编,《新疆工作文献选编》(一九四九-二〇一〇年), 제95쪽.

5,400여 킬로미터에 달했고 도로 개통 노정은 6만 킬로미터에 달하게 되었다. 또한 소수민족 지구에서는 대형 광공업(鑛工業) 기업의 건설이 전개되었다. 예를 들면 바오터우(包頭, 포두)강철연합회사, 신장비철금속 공업과 커라마이(克拉瑪依)유전 등은 모두 이 시기에 건설된 성과이다[28]. 이러한 기초 시설과 광공업회사의 건설은 소수민족 지구의 경제 구조와 발전 능력을 현저하게 개선하였을 뿐만 아니라 다른 영역의 사업의 발전도 추진하였다. 동시에 당중앙은 1955년부터 소수민족 지역에 보조 수당과 특별 경비를 설치하여 소수민족 지구의 재정능력을 강화시켰다.

경제 발전 면에서 당과 국가에서는 당시의 국가 능력이 허용하는 조건 하에서 소수민족 지역에 대한 투자와 지지를 확대하였고 또한 한족 간부와 군중들에게 부단히 교육을 진행하여 소수민족 지구는 "땅이 넓고 물산이 풍부"하기 때문에 국가에 대한 공헌과 지원이 크다는 것을 충분히 인식하게 하였다.

문화의 번영

소수민족 문화를 존중하고 발전시키는 것은 역대로 중국공산당의 민족문제 해결의 정치 강령의 중요한 구성 부분이었다. 특히 소수민족 언어문자의 사용과 발전에 대하여 특별히 중시하였다. 제1차 5개년 계

---

28 《当代中国》丛书编辑部编, 《当代中国的民族工作》(上), 当代中国出版社, 1993년, 제 121쪽을 참조하라.

획의 기획 중에서는 소수민족 문화 사업 발전에 대하여 다음과 같은 요구를 제기하였다. 여러 가지 종류의 학교 교육, 성인 교육, 문맹 퇴치 사업을 발전시킬 것을 강조하였는데, 여기에는 영화, 슬라이드 등의 형식을 통하여 교육을 진행하며 소수민족의 언어 출판을 추진하며 방송 시설을 건설하며 문예 체육 오락 활동을 추진하는 등의 형식이 포함된다. 이 방면에서 당과 국가에서는 "소수민족의 언어문자를 존중할" 것을 요구하였을 뿐만 아니라 소수민족 지역에서 사업하는 한족 간부들도 소수민족 언어를 배울 것을 요구하였다. 또 민족 교육 사업의 발전과 소수민족 언어의 사용과 계승을 위하여 "문자가 없는 소수민족을 도와 문자 창제"[29] 계획을 제기하였다. 이 계획의 실행으로 "자발적인 선택, 적극적인 도움"이라는 원칙의 지도 하에 언어 과학 연구자들이 선후로 쫭족, 부이족, 이족, 묘족, 하니족, 율속족, 나시족, 동족, 와족, 여족, 경파족, 토족 등 12개 민족을 위하여 16종의 문자를 창제하였으며[30] 국무원의 허가를 받아 시행되었다.

당시 국가에서는 소수민족 언어문자와 사회 역사에 대한 조사를 진행하였는데 이 조사는 실제상 소수민족 문화에 대해 전면적인 조사를 진행하는 역할을 하였다. 이번 조사의 결과물은 중국 소수민족의 역사, 언어, 문화, 사회, 정치, 경제, 생활습관 등 여러 방면의 연구 진행을 위해 대량의 기초적인 현지 자료, 문화재와 민간 문헌을 축적하였다.

---

29 周恩來, 《要尊重少数民族的宗教信仰和风俗习惯》, 中共中央文献研究室, 中共新疆维吾尔自治區委员会编, 《新疆工作文献选编》(一九四九-二○一○年), 제144쪽.

30 여기에서 말하는 16종의 문자에는 서로 부동한 지역에 거주하는 소주민족을 위하여 창제한 한 종류 이상의 문자가 포함된다.

중국공산당은 어떻게 민족문제를 해결하는가

또한 중국의 민족 연구 사업을 위해 다 학문적 발전의 토대를 마련하였고 이 사업 실시 기간 중 중앙으로부터 지방에 이르기까지 수많은 과학 문화 연구기지가 세워졌으며 소수민족 문화의 보호와 발전에 중요한 공헌을 하였다.

이 사업은 20여 년이란 시간을 거쳐 338종의 401부의 민족지 연구 개발 성과를 반영하는 저서를 출판하였는데 여기에는《소수민족 언어지》,《소수민족 간사》,《소수민족지》,《소수민족 사회 역사 조사 자료 정리집" 등 일련의 시리즈 총서가 포함된다. 선후로 이 사업의 연구와 편찬에 참여한 인원은 총 3,000여 명에 달한다. 또한 10여 편의 소수민족의 사회 문화 생활을 반영한 민족지 기록 영화도 촬영하여 당시 소수민족의 사회 생활과 문화 특징을 기록하였다. 매개 민족의 언어에 대해 언어지를 써내고 각 민족의 역사를 기록한 이 모든 것은 중국공산당의 민족 평등 정책의 중요한 체현이다.

사회 보장

사회보장에는 당시의 역사 조건에서 주로 다음과 같은 몇 가지 방면이 포함된다.

첫째, 기본적인 사회 공익 서비스 시설을 건립한 것이다. 특히 의료, 위생 등 방면의 시설 건설이다. 제1차 5개년 계획의 기획에서도 소수민족 사회 발전의 중심을 생존 조건의 개선에 놓고 중심 지역과 인구 집거 지역에 점차적으로 병원, 보건소와 의무실을 건설하고 농촌, 목축 지역에 의료대 및 방역소를 점차적으로 건립할 것을 요구하였다. 이는 당시 소수민족 지구의 가장 두드러진 문제의 하나로서, 편벽한 지역에 위치하여 의사가 부족하고 의약품이 모자라며 위생조건이 뒤지고 각종 지방병이 유행했기 때문이다.

둘째, 무역, 공급과 수매 등의 방식을 통하여 소수민족 주민들의 의식주와 생산 생활에 필요한 특수 상품에 대한 요구를 충족시켰다. 이는 소수민족 풍속습관을 존중하는 중요한 조건이다.

셋째, 소수민족의 종교 신앙을 존중하고 종교 신앙 자유 정책을 실제적으로 관철하여 실행에 옮겼다. 특히 민주 개혁 과정에서 사원과 승려의 특권을 폐지하고 승려 등 교역자들로 하여금 노동에 참가하여 자력갱생하도록 인도하고 격려하였다. 그렇지만 이는 종교를 폐지하고 사원을 때려 부수자는 의미가 아니었다. 민주 개혁을 이끌거나 민주 개혁에 참가하는 한족과 소수민족 간부 군중들은 절대로 과격하게 종교를 일반적 봉건 미신으로 삼고 풍속 개량의 대상으로 삼아 없애 버려서는 안 된다고 하였다. 저우언라이는 "한족은 우선 소수민족의 종교 신앙을 존중해야 한다. … … 어찌 종교를 취소할 수 있겠는가? 더우기 전 민족이 하나의 종교를 신앙하는 소수민족에게 있어서는 종교가 가정 관계, 사회 관계에 미치는 영향이 더욱 크다. 중국은 종교 신앙 자유 정책을 아주 실제적으로 잘 집행하고 있다. 우리는 반드시 종교 신앙이 없는 사람은 종교 신앙이 있는 사람을 존중하고 종교 신앙이 있는 사람은 종교 신앙이 없는 사람을 존중함으로써 서로 화목하게 지내고 일치단결하는 습관을 길러야 한다."[31]라고 지적하였다.

---

31   周恩來,《要尊重少数民族的宗教信仰和风俗习惯》, 中共中央文献研究室, 中共新疆维

넷째, 전 사회적으로, 낡은 사회로부터 전해 내려온, 민족 차별을 상징하고 모욕성을 띠고 있는 흔적들에 대해 제거하고, 여러 민족이 서로 존중하고 단결하여 화목하게 지내는 사회 분위기와 신형의 민족 관계를 창조하였다. 여기에는 사회 생활 속에 존재하거나 사회 생활에서 사용되는 소수민족을 차별하거나 깔보는 민족 명칭, 지명, 거리 명칭 등 호칭에 대해서 모두 적절한 호칭과 명칭으로 바꾸고, 소수민족을 모욕하는 의미를 가진 비석, 간판 등에 대해서는 철거하거나 다른 것으로 교체하고 봉인하거나 수거하여 보관하며, 문예작품과 교과서에 나타난 부당한 내용에 대해서 연구 수정하는 등의 조치가 포함된다.[32]

이외에도 입학 점수 조정 등과 같은 방식으로 소수민족 청소년의 입학을 확대하고 소수민족 인구를 발전시키도록 고무 격려하는 등의 정책 이념도 형성되기 시작하였다. 이러한 정책과 조치의 목적은 민족 평등, 민족 단결의 사회 환경을 창조하기 위한 것이며 여러 민족 간의 신형의 민족 관계 수립에 사회보장을 제공해 주기 위한 것이었다. 이런 것들은 또한 당시 사회에 보편적으로 존재하고 있던 민족 관계, 민족 사업과 민주 개혁에서 출현한 두 가지 민족주의 사상의 영향을 없애기 위한 필요조건이었다.

吾尔自治區委员会编,《新疆工作文献选编》(一九四九-二○一○年), 제145쪽.

32 周恩來,《政务院关于处理带有歧视或侮辱少数民族性质的称谓、地名、碑昌、匾联的指示》, 中共中央文献研究室, 中共新疆维吾尔自治区委员会编,《新疆工作文献选编》(一九四九-二○一○年), 제66쪽을 참조하라.

두 가지 민족주의를 반대

민족주의(nationalism)란 일종의 지극히 복잡한 관념 형태와 실천 운동이다. 민족주의는 전형적인 관념 형태로서 일반적으로는 프랑스 대혁명에서 나타났다고 보고 있다. 마르크스주의 경전 작가들은 민족주의가 고대 역사상에서 일으킨 작용을 부인하지 않는다. 하지만 그들의 착안점은 주요하게 자산계급 혁명과 민족 국가 시대의 민족주의에 있으며, 또한 무산계급이 정권을 취득한 후 다민족 국가 내부의 민족 관계에 존재하는 두 가지 민족주의(대 민족주의와 지방 민족주의)의 잔재와 영향을 어떻게 없애는가 하는 데에 있다.

"자산계급의 민족주의와 무산계급의 국제주의, 이들은 서로 조화될 수 없는 두 가지의 적대 구호이다. 자본주의 세계의 양대 진영의 계급 세력에 각각 적응되는 이 두 가지 구호는 민족문제에 있어서의 두 가지 정책(두 가지 세계관이기도 하다)을 대표하고 있다."[33] 따라서 "그것이 가장 '공정'하고 '순결'하며 치밀하고 문명한 민족주의라고 할지라도 마르크스주의와 민족주의는 절대 조화를 이룰 수 없다. 마르크스주의는 국제주의가 모든 민족주의를 대체한다고 제기하였는데 이것이 바로 여러 민족이 고도로 통일되어 융합되는 것을 말한다."[34] 마르크스주의 경전 작가들은 "민족주의, 이것은 자산계급 최후의 진지인 바 자산계급을 철저히 전승하려면 반드시 자본주의를 이 진지에서 쫓아내야

---

33   列宁,《关于民族问题的批评意见》,《列宁选集》第2卷, 제339쪽.

34   列宁,《关于民族问题的批评意见》,《列宁选集》第2卷, 제346쪽.

한다."[35]고 주장한다. 이는 마르크스주의 경전 작가들이 민족주의 현상에 대한 기본태도이다.

자본주의가 봉건주의를 대체한 역사적 진보 차원에서 출발하여 마르크스주의 경전 작가들은 민족주의의 적극적인 작용을 긍정했으며 또한 무산계급으로 하여금 식민지, 반식민지의 자산계급 민족주의 운동을 지지하고 그 힘을 빌리도록 격려하였다. 이것은 식민지 통치를 반대하는 운동에서 "매 하나의 피억압 민족의 자산계급 민주주의에는 모두 억압을 반대하는 일반 민주주의 내용이 포함되며, 우리가 무조건적으로 지지하는 것이 바로 이러한 내용"[36]이기 때문이다. 이는 민족 억압을 반대하는 필요조건이다. 근대 중국에서 쑨중산의 민족주의가 20세기 초기 동방민족주의 대표로 될 수 있은 것도 바로 이와 같은 이유에서이다. 그러나 마르크스주의 경전 작가들은 무산계급 혁명과 국제 사회주의의 정치적 목표로부터 출발하여 범민족주의를 포함한 모든 민족주의의 표현을 반대한다.

마르크스주의 경전 작가들은 다민족 국가에 대하여 "추상적으로 민족주의 문제를 제기하는 것은 매우 불합리하다. 반드시 억압 민족의 민족주의와 피억압 민족의 민족주의, 대민족의 민족주의와 소민족의 민족주의를 구별해야 한다."[37]고 주장한다. 이 두 가지 민족주의에 대한 구별은 또한 사회주의 시기에 자산계급 민족주의 잔재 또는 영향 청산

35　斯大林, 《在鞑靼-巴什基里亚苏维埃共和国成立大会筹备会议上的讲话》, 《斯大林全集》第4卷, 人民出版社, 1956年, 제84쪽.

36　列宁, 《论民族自决权》, 《列宁选集》第2卷, 제386쪽.

37　列宁, 《关于民族或"自治化"问题》, 《列宁选集》第4卷, 제758쪽.

에 대한 경전 작가들의 기본관점이기도 하다. 레닌은 러시아의 대국 쇼비니즘은 각 민족의 무산계급 단결을 파괴하는 숙적이기 때문에 우선 이런 대민족주의와 단호하게 투쟁해야 하며 비러시아계 민족의 민족주의는 흔히 이런 대민족주의 억압에 대한 반항과 방어라고 주장한다. 민족주의에 대한 반대는 지방민족주의(협애 민족주의)를 제거하는 전제이다.

중국공산당의 조기 문헌에는 민족주의에 대한 문제가 별로 언급되어 있지 않다. 그러나 새 중국이 창건된 후 특히 민족 사업이 전면적으로 전개된 후, 당의 지도자들은 두 가지 민족주의를 반대하였으며 특히 대한족주의에 대한 반대에 많은 중시를 돌렸다. 더우기 민주 개혁을 실시하는 과정에서 두 가지 민족주의의 표현은 모두 보편성을 띠었는데 대한족주의 문제가 가장 두드러졌다. 이와 관련하여 류사오치는 "한족 인민 내지는 한족 간부들에게까지도 여전히 대한족주의 사상이 존재한다. 이를테면 소수민족의 풍속습관을 존중하지 않고 소수민족의 언어문자를 존중하지 않으며 소수민족의 종교신앙의 자유를 인정하지 않고 소수민족에게 민족 내부 사무를 관리할 권리가 있음을 인정하지 않으며 소수민족 지구에서 사업하면서 소수민족 간부들을 존중하지 않고 소수민족 간부들과 협상하지 않고 일을 처리하며 소수민족 간부들이 실제 사업에서 각종 업무 관리 능력을 제고할 수 있다는 것을 믿지 않는 등과 같은 것이다. 이런 대한족주의의 사상과 행위는 필연적으로 민족 단결을 파괴하게 된다. 중국의 제도는 이에 대해 절대로 허용하지 않는다. 한족 인민들과 한족 지도자들은 반드시 늘 대한족주의 사상 극복에 주의를 돌려야 한다. 다른 한면으로 각 소수민족에게는 지방

민족주의 사상이 존재한다. 이런 지방 민족주의는 대한족주의와 마찬가지로 오랜 역사의 유물이다. 이러한 지방 민족주의의 사상과 행위는 대한족주의와 마찬가지로 민족 단결을 방해할 뿐만 아니라 자기 민족의 이익에도 해롭기 때문에 지방 민족주의 역시 극복해야 한다."[38]고 개괄했다.

여기서 말하는 대한족주의의 여러 가지 표현 형태들은 고대 중국의 "같은 동족이 아니면 생각이 반드시 다르다"는 식의 배척도 아니고 청나라 말기 민국 초기의 "청나라를 반대하고 만족을 배척한다"는 식의 민족주의도 아니지만, "황한민족"주의가 남긴 우월감인 것은 아주 쉽게 그리고 분명하게 보아 낼 수 있다. 또한 혁명이 승리한 후, 절박하게 개변하고자 하는 "선한 염원"도 포함되어 있는 바, 소수민족이 새로운 사회규범, 새로운 직업적 요구 및 풍속 개량, 종교 신앙의 개변 등 방면에서 능력과 주관 능동성이 결핍되어 있다고 여기면서 독단적으로 월권하여 대신 처리하고 경시하고 심지어는 일부 풍속을 멸시하는 현상도 나타났으며 깔보는 태도, 차별의 언행도 나타났다. "일부 한족들은 자기들 것은 다 좋고 남의 것은 다 낙후하다고 생각하는데 이것은 자산계급 민족주의 사상이다".[39] 반면에 지방 민족주의는 보수적이고 신생 사물을 받아들이는 것에 대해 주저하고 우려하고 반대함과 동시에 자신의 이익에 대해 지나치게 강조하고 보호하려는 경향으로 표

---

38 刘少奇, 《关于民族區域自治问题》, 中共中央文献研究室, 中共新疆维吾尔自治區委員会编, 《新疆工作文献选编》(一九四九-二〇一〇年), 제120쪽.

39 周恩來, 《关于我国民族政策的几个问题》, 中共中央文献研究室, 中共新疆维吾尔自治區委员会编, 《新疆工作文献选编》(一九四九-二〇一〇年, 제200쪽.

현되었다. 비록 이 두 가지 민족주의 표현 형태에는 분열을 도모하는 분열주의 성분은 기본상 존재하지 않았지만 근대 이후 제국주의가 중국 변방 지역에 대해 형성한 선동과 유혹과 도발의 영향은 여전히 존재한다. 일부 민주 개혁을 반대하는 상층 계급은 민간에 존재하는 이러한 관념과 행위의 모순을 이용하여 아주 쉽게 사단을 일으키고 민족주의 원한을 선동하며 심지어는 무장반란과 같은 아주 극단적인 사태도 만들어 내고 있다. 그렇기 때문에 두 가지 민족주의를 반대하는 것, 그중에서도 대한족주의를 반대하는 것은 중국공산당의 민족정책의 중요한 내용의 하나일 뿐만 아니라 국가의 헌법과 기본법에도 명확히 규정된 내용이다.

그렇다면 무엇 때문에 먼저 대한족주의를 반대해야 하는가? 한족은 중국의 주체 민족이고 한족의 문화는 국가 차원에서나 민간 사회에서나 모두 주도적인 영향력을 가지고 있으며 동시에 한족 거주 지역은 경제가 비교적 발달하였고 또 당시의 환경에서 한족 관리자가 당과 나라의 방침 정책을 선전하고 관철하고 집행하는 주체 역량이었다. 그렇기 때문에 한족 지도자와 군중들이 대민족주의 태도를 보이게 되면 소수민족들이 당과 국가의 방침 정책에 의심을 가지게 되며 더 나아가서 저항하는 현상까지 나타나게 된다. 이러한 문제에 대한 보편적인 반응은 바로 민족문제의 "급성 질환"을 간소화하게 처리하는 것이다. 새 중국이 창건된 후 일부 지역에 문제가 발생했는데 "가장 중요한 원인은 바로 급성질환"[40]이었다. 소위의 "급성질환"은 좋은 염원을 포함하고

---

40   邓小平,《关于西南少数民族问题》,《邓小平文选》第一卷, 제164쪽.

있지만, 장기성과 복잡성을 띤 민족문제를 처리할 때에는 실제를 벗어난 "간소화"를 발생시킨다. 이러한 급진적인 "간소화"는 "좌" 편향 착오를 초래하게 되며 당과 국가의 민족 사무에 큰 손실을 가져다주게 되며 민족 관계의 악화를 초래한다.

이런 현상에 대해 마오쩌둥은 다음과 같이 호되게 비판하였다. 그는 "공산당원에게 있어 이러한 상황은 절대 용인할 수 없다. 반드시 우리 당 내의 많은 당원과 간부 중에 존재하는 심각한 대한족주의 사상에 대해 엄격히 비판해야 한다. 즉 지주계급과 자산계급이 민족관계에서 나타낸 반동사상 즉 국민당 사상에 대해서 반드시 바로 착수하여 고쳐야 한다. …… 만약 다그쳐 교육을 진행하지 않고 당 내부와 인민 중에 존재하는 대한족주의를 견결히 반대하지 않는다면 이것은 아주 위험한 일이 될 것이다. 많은 지방의 당 내부와 인민들에게 민족 관계 문제가 존재하는데 이는 단순한 대한족주의 잔재의 문제인 것이 아니라 매우 엄중한 대한족주의의 문제이다. 즉 자산계급 사상이 이 사람들을 통제하고 있고, 아직 마르크스 교육을 받지 못하였고 중앙의 민족정책을 공부하지 못한 문제인 것이다."[41]라고 말했다. 그렇기 때문에 덩샤오핑은 "대민족주의를 포기하기만 하면, 소수민족의 협애한 민족주의 포기를 바로 얻을 수 있다. 우리는 소수민족이 먼저 협애한 민족주의를 없앨 것을 요구할 것이 아니라 응당 우리가 먼저 성실하게 대민족주의를 없애야 한다. 두 가지 민족주의가 취소되면 바로 단결될 수 있다."[42]라

---

41   毛泽东,《中央关于批判大汉族主义的指示》,《建国以来毛泽东文稿》第四卷, 央文献出
       版社, 1990년, 제128쪽.

42   邓小平,《关于西南少数民族问题》,《邓小平文选》第一卷, 제163쪽.

고 지적했다. 이는 마르크스주의 변증법에 부합되는 관점인 것이다.

새 중국의 창건으로부터 1950년대 중기에 이르기까지의 기간은 새 중국의 중국공산당의 민족정책이 전면적으로 제정되고 대대적으로 관철되고 실시된 단계이며, 새 중국이 민족문제를 해결한 기초 단계이다. 상기 몇 개 방면의 정책, 원칙과 내용은 모두 민족구역자치제도의 전면적인 실시라는 이 기본정책을 위해 복무하며, 이들은 모두 1948년에 반포된《중화인민공화국 민족구역자치법》의 기본내용으로 되었다.

제3절 민족구역자치제도의 전면적인 추진

앞에서 논의한 바와 같이 다민족국가의 통일성과 중화민족이 내포하고 있는 완정성은 중국공산당으로 하여금 구소련을 참고 모델로 하는 연방국가의 교조주의 구상을 철저히 포기하도록 하였으며 통일된 인민공화국을 건립하고 소수민족 집거 지구에서 민족구역자치를 실시하는 역사적인 선택을 하도록 하였다. 이 역사적인 선택은 중국공산당이 "민족 자결"의 원칙을 포기했음을 의미하는 것이 아니라 중국공산당이 통일된 새 중국을 건설하는 분투 과정에서, 모든 제국주의 세력의 중국 주권 침식을 뒤엎는 혁명 중에서, 국가, 민족적 차원에서의 자결 즉 중화민족의 자결을 실현하였음을 보여준다. "중화인민공화국의 창건은 바로 제국주의에 대한 민족자결이다"[43]. 이러한 의미에서 볼 때 레

---

43   乌兰夫,《民族问题学习笔记》,《乌兰夫文选》上册, 제359쪽.

중국공산당은 어떻게 민족문제를 해결하는가

닌이 민족자결은 "정치 자결 즉 국가 독립, 민족국가의 건립을 제외하고는 다른 의미가 있을 수 없다."[44]고 한 논술은 중화민족에 관한 한, 바로 신민주주의혁명을 통하여 실현하고 건립한 독립 자주적인 중화인민공화국의 자결인 것이다.

레닌은 또한 다음과 같은 기본원칙을 제기하였다. "한 사회의 어떤 문제를 분석할 때 마르크스 이론의 절대적인 요구는 바로 문제를 역사적 범위로 올려 놓는 것이다. 그 밖에 한 나라(예를 들면 나라의 민족 강령)에 대해 이야기하고자 한다면 반드시 동일한 역사 시기에 이 나라가 다른 나라와는 다른 구체적인 특점을 고려해야 한다." 이 원칙이 중국에서의 실천이, 바로 소수민족 집거구에서 민족구역자치를 실행해야 한다는 "국가의 민족 강령"이다. 이 민족 강령은 중화민족이 스스로 통일된 다민족 국가를 건립한 기초에서 중국의 구체적인 실제로부터 출발하여 확정한 것이다.

1947년 네이멍구자치구 인민정부의 성립을 표징으로 중국은 민족구역자치제도를 확립하였다. 민족구역자치는 나라의 집중 통일된 권력 구조 내에서 소수민족 집거 지구에서 민족 요소와 지역 요소를 결합하고, 정치 요소와 경제 요소를 결합하며, 역사적 조건과 현실 조건을 결합하는 자치제도를 실시하는 것을 말한다. 이 제도는 중국의 역사적 국정에 부합되며 "천하통일", "풍속에 따라 나라를 다스리기", "화이부동"과 같은 중국의 전통적인 정치 지혜를 체현하고 있다. 이 제도는 중국 현실 국정에 부합되며 이 제도에 의해서 중국은 국가 통일, 영토 완

---

44   列宁,《论民族自决权》,《列宁选集》第2卷, 人民出版社, 1995년, 제347, 350쪽.

정의 주권 원칙을 유지했고 민족 평등, 단결 협력, 공동 발전의 권리를 효과적으로 보장했다.

중국공산당은 무엇 때문에 연방제 주장을 포기했는가?

구소련은 연방제의 형식으로 연맹을 건립했는데 이는 중국 혁명에 중대한 영향을 가져왔다. 중국공산당은 신민주주의 혁명 과정에서 시종 '연방' 건국을 자신의 정치 강령으로 여겼으며 혁명 정권의 건설에서도 '명의' 상의 시도를 해보았다. 예를 들면 '중화소비에트공화국 임시정부'는 '중화소비에트연방'의 의미를 포함한다. 명확하게 '연방'의 명의로 정권을 수립한 사례로는 1936년 10월 홍군 제1방면군과 제4방면군의 합류 이전에 홍군 제4방면군의 인솔자 장궈타오(張國燾, 장국도)가 독단적으로 제정하고 반포한 '중화소비에트공화국 서북연방정부 성립 선언'과 같은 관련 서류가 있다. 이런 포고문, 선언, 전보, 축사에서는 "변방의 각 소수민족은 스스로 전체 민족-지방-구-향 각급 인민혁명정부를 건립하고 스스로 업무를 관리하고 민족자치를 실시해야 한다"[45]고 호소했고 연방정부의 가입을 준비시켰다. 홍군 제1방면군과 제4방면군이 합류한 후 당중앙은 당시의 형세와 임무에 관한 결의를 통과했는데 여기에서는 민족문제 정책에 대해 진일보 분석하고 설명했으며 현 단계 당의 소수민족 사업 임무에 대해 다음과 같이 결정하였

---

45 《中华苏维埃西北联邦临时政府回番夷少数民族委员会布告》, 中共中央统战部编, 《民族问题文献汇编》, 제263쪽.

184   중국공산당은 어떻게 민족문제를 해결하는가

다. 우선 각 민족을 불러 일으켜 해방과 독립을 쟁취하는 투쟁으로 반제국주의, 반민족억압, 민족자결의 목표에 도달한다. 이 기초에서 "연방의 정책이 정확하다"는 것을 강조한다. 중앙에서는 "현재 서북소비에트 연방정부를 건립하기에는 너무 이르다"[46]고 생각했다. 사실상 당시 당의 역량과 군사 실력으로 놓고 보면 "연방정권" 수립 선언은, 정치상의 상징적 의미만 있을 뿐이었다. 이것은 장궈타오가 군대를 보유하고 자신의 지위를 강화하고 또다른 중앙을 건립하는 한 개 절차에 지나지 않았다.

중국공산당의 연방 건국의 정치적 구상은 구소련의 경험과 공산국제의 지시에서 온 것이며 동시에 신해혁명 후 "연성자치(聯省自治)"[47] 운동의 본토 영향도 있었다. "연방 책략" 역시 당시 중국 혁명과 건국의 탐색의 길에서 시종일관 견지한 원칙이었다. 국가 통일은 중국공산당의 확고한 목표이며 이 목표를 실현하기 위한 책략 선택에는 당시 조건 하에서는 필연적으로 이미 구소련에서 성공적으로 실시한 연방제가 포함되며 민족구역자치 실시도 포함되었다. 이를테면 "공농소비에트국가"의 건립으로부터 "인민공화국" 건립에로의 전환과 같은 것이다. 구체적인 역사 조건에 근거하여 민족문제 강령을 제기하는 것은 마르크스주의 역사적 유물주의와 변증유물주의의 내적 근거이다. 책략은 정책 실현의 경로와 방법으로서 정책을 실시함에 있어서 반드시 시기

46　《中共中央关于一、四方面军会合后的政治形势与任务的决议》, 中共中央统战部编, 《民族问题文献汇编》, 제306쪽.

47　역자 주, 성을 단위로 하는 자치제도. 북양(北洋)정부 시기 일부 정치가들이 제기한 정치 제도 개혁 방안.

에 따라 조절하고 지역에 따라 알맞게 규정하는 유연성의 원칙을 준수해야 한다. 마르크스주의 기본원리와 중국 혁명의 구체적 실천을 결합하는 탐색은 하나의 동적이고 발전적인 과정으로서 중국공산당이 중국 민족문제의 복잡한 형세에 대한 요해가 부족한 상황에서 연방의 구호, 자치 실현은 모두 중국 실제에 부합하는 진로 탐색 과정에서 반드시 거쳐야 하는 단계들이다. 이는 중국공산당이 새 중국 창건 전 연방 건국의 포기를 선포하지 않은 원인이기도 하다.

1945년 항일전쟁이 승리한 후 어떻게 통일된 나라를 건립할 것인가 하는 문제를 두고 마오쩌둥은 "연합정부를 논함"이란 보고에서 신민주주의 국가 문제와 정권 문제를 제기했는데 여기에는 다음과 같은 연방제 문제도 포함되어 있다. 즉 중국 경내 각 민족은 자원과 민주의 원칙 하에 중화민주공화국연방을 조직하며 그 기초 위에서 연방중앙 정권을 조직한다는 것이다. 그러나 이것은 내전을 피하고자 하는 항일전쟁 이후 중국 인민의 기본 요구를 반영한 기초 위에 건립된 제안으로서, 여기에서는 "국민대표대회를 소집하며 더 넓은 범위에서 각 당파와 무당파 대표들을 포함하는 역시 연합 민주식의 공식 정부를 성립한다"[48]는 건의를 제기했다. 이 역사적 조건을 제쳐 놓고 중국공산당이 연방제에 대한 태도를 논한다면 오해와 분기가 생기는 것을 피면할 수 없다. 비록 이 건의가 내전으로 인해 실시 조건을 잃었지만 민족구역자치는 산시, 간쑤, 닝샤의 변경 지역의 "소형" 시험으로부터 1947년 네이멍구 지구의 실시에로까지 발전하였다. 정확하고 효과적인 실천은 방법

---

48   毛泽东, 《论联合政府》, 《毛泽东选集》第三卷, 第 1030쪽.

선택에 있어서 가장 유력한 근거이다. 연방제 문제에 대해서는 새 중국 창건 때 최종 결정을 내렸다. 연방제와 민족구역자치 두 개 제도 중에서 어느 것이 다민족국가인 중국의 통일에 더 부합하는가? 어느 것이 중국공산당의 중화민족-국가통일의 기본인식에 더 부합되는가? 이에 대해서는 1949년 새 중국 창건 전에 선택을 함으로써 자연스레 성사되었다.

1949년 9월에 저우언라이는 중국인민정치협상회의 제1기 전체회의에서 정협대표들에게 보고를 하면서 다음과 같이 지적하였다. "국가제도 면에서 우리 나라는 대민족연방제인가? 초안을 작성하면서 떠오른 생각들을 제기하니 다같이 고민해 보자. 중국은 다민족국가로서 한족 인구가 4억명 이상으로 절대 다수를 차지하며, 소수민족은 모두 합쳐서 전국 인구의 10%도 안된다. 인구가 많고 적음을 떠나 각 민족은 평등하다. 우선 한족은 마땅히 다른 민족의 종교, 언어, 풍속, 습관을 존중해야 한다. 하지만 여기에서 주요 문제는 민족 정책은 자치를 목표로 하는가 아니면 자치 범위를 초과하는가 하는 것이다. 우리는 민족 자치를 주장하지만 제국주의가 민족문제를 이용하여 중국 통일에 분쟁을 일으키는 것은 반드시 방지해야 한다. …… 각 민족을 단결하여 하나의 대가정을 만들고 제국주의의 분쟁을 방지해야 한다. 천쟈겅(陈嘉庚, 진가경) 선생은 이번에 동북에 참관 왔다가 네이멍구 자치구역에도 다녀왔는데 네이멍구의 한족과 몽골족은 아주 단합이 잘 되어 친형제 같다고 했다. 이 소식을 듣고 우리는 매우 기뻤다. 이것은 우리 민족 정책의 성공을 증명한다. …… 여기에서도 알 수 있다시피 중국의 전칭은 중화인민공화국이지 연방이 아니다."[49]

구소련식 연방제가 중국에 맞지 않는 원인을 저우언라이는 1957년 민족정책에 대한 연설에서 더 깊이 있게 분석하였다. 이 연설에서 저우언라이는 구소련과 중국 두 나라의 역사적 국정과, 정권을 취득한 부동한 경로에 대해 분석하면서 다음과 같이 지적하였다. "역사의 발전은 우리에게 민족이 협력할 수 있는 조건을 마련해 주었고 혁명 운동의 발전은 우리가 협력할 수 있는 기초를 제공하였다. 그렇기 때문에 해방 후 우리는 중국 상황에 알맞고 민족 협력에 유리한 민족구역자치제도를 선택하였다." 또한 중국에서 민족구역자치제도를 실행하게 된 역사적 배경, 국정, 민족 분포 등에 대해 구소련과의 비교를 통하여 구소련과 중국 두 나라가 민족문제를 해결하는 제도 모델의 차이에 대해 "이들은 이름이 같지 않을 뿐만 아니라 제도 자체에서도 차이가 나며, 본질적으로도 차이가 있다."[50]라고 결론적으로 논술하였다. 1949년에 인식하지 못했던 구소련과 중국 두 나라 민족 구조에 대한 국정 상의 특점에 대해 1957년의 이 문헌에서 체계적으로 비교와 논술을 하게 된 것은 새 중국이 창건된 후 민족 관계를 소통시키고 민족 식별을 전개한 것, 그리고 전국 소수민족에 대해 과학적인 조사를 진행한 민족 사업과 직접적인 관계가 있다. 이 문헌 및 문헌에 내재되어 있는 역사적 안목, 국정 입장은 중국공산당이 왜 연방 건국을 선택하지 않았는가 하는 것

49   周恩來, 《我们主张民族區域自治, 把各民族团结成一个大家庭》, 中共中央文献研究室, 中共新疆维吾尔自治區委员会编, 《新疆工作文献选编》(一九四九-二〇一〇年), 제3쪽.

50   周恩來, 《关于我国民族政策的几个问题》, 中共中央文献研究室, 中共新疆维吾尔自治區委员会编, 《新疆工作文献选编》(一九四九-二〇一〇年), 제190, 185쪽.

에 과학적인 해답을 해 주고 있다.

중국공산당은 어떻게 민족구역자치를 실시하였는가?

중국공산당은 소련식 연방제를 실시하지 않았지만 이것이 마르크스-레닌주의 원칙을 위반했음을 의미하지는 않는다. 마르크스주의 경전 작가들은 통일된 사회주의 다민족국가에서 "광범위하게 구역자치를 실시해야 하며 자치구역은 민족의 특징에 따라 구분해야 한다."[51]고 하였다. 민족 특징에 따라 구분한 구역자치가 바로 민족구역자치이다. 이런 자치는 민주의 중앙집중제와 조금도 모순되지 않는다. 반대로 민족 성분이 복잡한 대국은 구역 자치를 통해야만 비로소 진정한 민주의 중앙집중제를 실현할 수 있다. 레닌이 연방제 건국을 선택한 것은, 러시아 제국의 폐허가 남겨 놓은 민족문제, 그리고 국정에 의해, 집중통일의 책략을 선택하게 된 것이다. 중국공산당이 연방제를 선도하고 민족구역자치를 탐색하고 최종적으로 민족구역자치를 선택한 것은 바로 구소련의 경험으로부터 독창적으로 마르크스-레닌주의를 활용한 결과이다.

중화인민공화국 창건 전야에 반포한《중국인민정치협상회의 공동강령》에서는 민족구역자치제도에 대해 명확하게 헌법적 의의를 띤 규정을 하였다. "각 소수민족 집거 지구는 반드시 민족구역자치를 실행

---

51   列宁,《向拉脱维亚边疆區社会民主党第四次代表大会提出的纲领草案》,《列宁全集》第 23卷, 人民出版社, 1990년, 제215쪽.

해야 하며 각 민족 집거구의 인구와 구역의 크기에 따라 각종 민족자치 기관을 건립해야 한다. 민족 잡거(雜居) 지역 및 민족 자치구 내에서 각 민족은 당지의 정권 기관 중에 반드시 일정한 정원의 대표가 있어야 한다."[52] 이 법률적인 원칙에 근거하여 1952년 정무원에서 통과시킨 《중화인민공화국 민족구역자치 실시 강요》는 민족구역자치제도의 전면적인 실시를 위해 다음과 같은 입법과 실시의 기본 규범을 확립했다. 우선 "각 민족자치구는 모두 분리 불가능한 중화인민공화국 영토의 일부분이다. 각 민족자치구의 자치기관은 모두 중앙인민정부의 통일 지도 하의 일급 지방 정권이며 상급 인민정부의 영도를 받는다." 이 기초 위에서 각 소수민족 집거지구에서는 당지 민족 관계, 경제 발전 조건, 역사적 상황에 근거하여 각각 부동한 행정계층(향, 구, 현, 전문구[53] 또는 전문구 이상 및 성급)의 자치지방(당시는 자치구라고 통칭)을 건립하여 자치기관을 구성한다. 이 자치기관은 "구역자치를 실행하는 민족의 성원을 주요 구성원으로 하여 조성되며 동시에 자치구 내에는 기타 소수민족과 한족도 적당히 포함되어야 한다." 자치권리에는 "자치기관에서 통용되는 민족 문자를 사용하고, 문화 교육 사업을 발전시키며, 간부를 배양하고, 각 민족 대다수 주민 및 주민과 연관되는 관련 지도자들의 의지에 따라 내부 개혁을 진행하며, 본 지방의 재정 관리, 나라의 통일된 경제 제도와 경제 건설 계획에 따라 지방 경제를 자유롭게 발전시키며, 문화, 교육, 예술과 위생 사업을 발전시키는 등의 권리가 포함된다. 그

---

52 《中国人民政治协商会议共同纲领》, 中共中央文献研究室, 中共新疆维吾尔自治区委员会编,《新疆工作文献选编》(一九四九-二〇一〇年), 제13쪽.

53 역자 주, 전문구[专区], 중화인민공화국의 행정 구역의 한 단위, 성과 현의 중간에 해당함.

리고 자치구 내의 민족 관계와 상급 인민정부의 지도 원칙에 대해서도 규범화하였다.[54] 이 실시 강요는 정부가 법적인 방식으로 민족구역자치 제도에 대해 계획한 것으로, 그 이후의 민족구역자치법의 제정에 기초를 마련해 주었다.

자치구의 명칭에 관하여 위의 강요에서는 특수 상황을 제외하고는 민족 명칭에 지역 명칭을 달아 함께 사용하는 것으로 구성된다고 규정하였다. 동시에 각 자치구의 구역 경계선의 구분과 조절, 행정 지위와 명칭에 대해서도 명확한 규정을 하였다. 물론 이것은 실시 과정이 아주 복잡한 국가 건설의 하나의 대공정이었다. 이에 대해 1950년에 마오쩌둥은 "구역자치문제는 관련되는 지역이 아주 넓은 바 시짱, 칭하이, 닝샤, 신장, 간쑤, 시캉(西康, 서강), 윈난, 광시, 구이저우, 하이난, 샹시(湘西, 상서) 등 지역과 관련된다. 어떤 지방은 네이멍구처럼 대구역 정부를 설립해야 하고 어떤 지방은 여러 개의 작은 현을 포함하는 소구역 정부를 설립해야 하며 또 어떤 지역은 한 개 현 또는 한 개 구(區)인 정부를 설립해야 한다. 여기에는 구역 경계선 획분, 인원 배치, 정책 지도 등 매우 많은 문제가 존재하는 바 반드시 전면적인 계획을 세워 총괄해야 한다."[55]고 강조하여 지적하였다. 실시 과정은 확실히 이러했는 바, 신장 위구르자치구의 건립 과정은 이러한 문제들 중 가장 전형성을 띠었다.

신장은 평화적으로 해방된 이후인 1952년에 《중화인민공화국 민족

---

54 《中华人民共和国民族區域自治实施纲要》, 中共中央文献研究室, 中共新疆维吾尔自治區委员会编, 《新疆工作文献选编》(一九四九-二〇一〇年), 第73-78쪽을 참조하라.

55 毛泽东, 《民族區域自治问题须加统筹》, 《毛泽东西藏工作文选》, 中国文献出版社, 中国藏学出版社, 2001년, 第29쪽.

구역자치 실시 강요》에 근거하여 자치구 건립을 준비하기 시작하였다. 신장은 원래 다민족 지구로서 이 지역에는 13개의 민족이 생활하고 있었다. 따라서 신장지구에서 어떻게 각 소수민족의 정치 권리를 보장할 것인가 하는 것은 매우 복잡한 사무였다. 신장지구에 민족자치지역을 건립하는 과정에서 우선 비교적 집중적으로 거주하는 소수민족지구에 향(鄕), 구(區) 급의 자치지방을 건립하였다. 예를 들면 1953년 11월에 휘청현(霍城縣, 곽성현) 이처가산 시보족자치구(伊车嘎善锡伯族自治區)를 설립하였으며 그 이후 이어서 우수현(乌苏县, 오소현) 지얼거러터궈렁 몽골족자치구(吉尔格勒特郭楞蒙古族自治區) 등 일련의 민족자치구를 설립하였다. 1954년 3월에는 신장에서 첫 현급(縣級) 자치지방인 옌치 회족자치구(焉耆回族自治區)를 설립하였으며 그 이후 이어서 6개의 현급 1급 자치지방을 설립하였다. 같은 해 6월에 설립된 바인궈렁 몽골족자치구(巴音郭楞蒙古自治區)는 첫 파출급(专署级)[56] 자치지방이며, 11월에 설립된 이리 카자흐자치구(伊犁哈萨克自治區)는 부성급(副省級)의 자치지방이다.[57] 이러한 아래에서부터 위로의 상향식 자치구 건립은 신장자치구의 건립을 위해 기초를 다져주었다.

당시 신장자치구에서는 "어떻게 민족 명칭에 지역 명칭을 함께 사용할 것인가"하는 문제에 대한 해결 방안도 하나의 난제였다. 위구르족이 신장에서 인구가 가장 많은 민족인데 이 명칭을 신장자치구의 민족 명칭으로 하는 것이 적합한지, 기타 소수민족들도 모두 동의하는지 등

---

56 역자 주, 성(省)·자치구(自治區)에서 필요에 따라 설치한 파출 기구(专员公署)'의 약칭.

57 厉声主编,《中国新疆历史与现状》, 新疆人民出版社, 2006년, 제230-233쪽을 참조하라.

중국공산당은 어떻게 민족문제를 해결하는가

과 같은 문제들은 모두 중앙에서 고려해야 할 문제였다. 이 문제에 대해 당시에는 "톈산(天山, 천산)위구르자치구"라고 하자는 건의도 있었고 심지어는 "위구르스탄"으로 하자는 건의도 있었으며 마오쩌둥이 "신장자치구"로 하자는 의견을 표시한 적도 있다. 신장 지방 정부 특히 위구르족 대표들의 의견과 여러 방면의 광범한 의견을 구한 후에 중앙에서 신장을 "신장위구르자치구라고 명하기로 결정하여 '모자'는 여전히 위구르족의 모자를 쓰도록 하였다. 이것은 왜냐하면 위구르족이 신장의 주체 민족으로서 70%이상을 차지하기 때문에 기타 민족도 같은 '모자'를 쓰도록 결정한 것이다."[58] 또한 신장의 기타 소수민족은 초기에 건립한 각 급 자치지방 명칭에 모두 본 민족의 명칭을 사용하였기 때문에 이런 소수민족들은 "신장에서 실시하는, 위구르족을 위주로 하는 구역자치에 대해 절대 다수가 '신장위구르자치구'라고 명명하는 데 동의하였다. 분국 위원 중의 한족 위원들도 당의 민족정책과 신장의 실제 상황을 반복적으로 고려한 후 절대 다수가 '신장위구르자치구'라고 하는 게 좋겠다고 인정했다."[59] 이처럼 민족구역자치 지방을 건립하는 과정은 매우 복잡할 뿐만 아니라 또한 민족관계 등 여러가지 요소를 내포하고 있다. 특히 자치지방의 구역 획분에 있어서 경제 사회 방면의 발전 조건이 하나의 중요한 요소로 되었다. 예를 들면 "비교적 발달한 이닝 지역을 카자흐자치구(哈薩克自治區)에 귀속시키지 않으면 그 지역에서 가장 좋은

---

58 周恩來, 《关于我国民族政策的几个问题》, 中共中央文献研究室, 中共新疆维吾尔自治區委员会编, 《新疆工作文献选编》(一九四九-二〇一〇年), 제190쪽.

59 《新疆分局关于新疆实行民族區域自治的名称问题的报告》, 中共中央文献研究室, 中共新疆维吾尔自治區委员会编, 《新疆工作文献选编》(一九四九-二〇一〇年), 제131쪽.

곳을 떼어 가는 것으로서 이 자치구에 지도적 중심이 없어져 버려 금후의 발전에 불리하게 되는"[60] 것과 같은 사례이다.

1955년 9월 13일에 전국인민대표대회 상무위원회에서는 국무원 저우언라이 총리의 의안을 승인하여 신장위구르자치구를 설립하고 신장성 편제를 취소하였으며 원래의 신장성의 행정구역을 자치구의 행정구역으로 정하였다. 이렇게 10월 1일에 신장위구르자치구가 정식으로 설립되었다. 신장위구르자치구의 건립은 중국 민족구역자치제도의 전면적인 실시 과정 중에서 전형적 의의를 가진다. 신장위구르자치구는 민족이 많고 여러 민족이 함께 잡거하고 자치지방 계층이 복잡하지만 여러 민족의 이익이 모두 보장을 얻도록 하였으며 동시에 위구르족의 주체적인 지위가 두드러지게 하였다. 따라서 신장은 중국민족자치지방 중에서 유일하게 내부에 자치주, 자치현, 자치향을 모두 포함한 성급 자치구로 되었다. 이는 중국의 다민족, 다계층 민족구역자치 패턴의 축도로서 이러한 복잡성은 연방제가 중국 국정에 부합되지 않음을 나타낼 뿐만 아니라 민족구역자치는 각 민족이 공동으로 새 중국을 건설함에 있어서 반드시 거쳐야 할 단계임을 보여준다. 1950년에 주더는 "새로운 신장 건설이 곧 새 중국의 건설이다."[61]라는 명언을 내놓은 바 있다. 민족구역자치를 실시하는 신장이 바로 새로운 신장인 것이다.

---

60 邓小平. 习仲勋. 李维汉, 《关于审批新疆民族區域自治实施计划草案的两份报告》, 中共中央文献研究室, 中共新疆维吾尔自治區委员会编, 《新疆工作文献选编》(一九四九-二〇一〇年), 第99쪽.

61 朱德, 《建设新的新疆即是建设新中国》, 中共中央文献研究室, 中共新疆维吾尔自治區委员会编, 《新疆工作文献选编》(一九四九-二〇一〇年), 第60쪽.

민족구역자치제도 - 사상 전례가 없는 최초의 시도

중국에서 실시하는 민족구역자치제도는 중국공산당이 중국의 역사적 국정에 근거하여 내린 선택이며, 중국공산당이 마르크스주의 경전 작가들의 이론에 근거하여 통일된 다민족 사회주의국가에서 민족평등의 실시를 위해 만들어 낸 제도적 배치이다. 중국 정부는 "당지 주민들이 자신의 경제와 생활 습관, 민족 성분 등에 대해 진행한 평가에 근거하여 대략적으로 자치 지구와 구역 자치의 경계를 확립한다."[62]는 기본원칙을 관철하여 구역 자치를 실시하는 소수민족의 역사적 전통 집거 구역에 대한 존중을 나타내었다. 동시에 구역을 획분할 때 소수민족의 자치 권리 보장을 고려함과 동시에 자치 지방의 미래의 경제 사회 발전 조건도 고려하였다. 예를 들면 시짱자치구의 설립을 준비할 때 시짱 지구의 장족 인구는 100여만 명밖에 안 되었지만 칭하이, 간쑤, 쓰촨, 윈난에도 100여 만 명의 장족이 있었기 때문에 이런 지방에도 각각 자치주, 자치현을 설립하였다. 이런 분포를 가지게 된 심원한 역사적 원인에 대해서는 차치하고, 민족구역자치제도의 실시면에서는 "이런 지역과 소재 성의 경제 관계가 매우 밀접하여 상호 협력에 유리하다." 광시좡족자치구를 설립할 때에도 '광시, 윈난, 구이저우의 좡족 지구를 하나로 합병하여 단일한 좡족자치구를 설립할 수 없을까?'라는 논의가 나왔었다. 하지만 "만약 이렇게 획분하면 좡족자치구는 아주 고립되어

---

62   列宁,《有党的工作人员参加的党中央委员会1913年夏季会议的决议》,《列宁全集》第
      23卷, 제61쪽.

경제 발전에 불리하게 되는 바, 교통에서 철로가 광시의 한족 지역과 갈라지게 되고 경제에서는 동쪽의 농업과 서쪽의 광공업이 갈라지게 되어 이런 것들이 공동 발전에 불리하게 된다. 다른 민족과 합쳤을 때 훨씬 더 편리하다. 이렇게 하여 광시자치구도 민족 협력의 자치구로 되었다."[63]

유사한 상황은 또 있다. 네이멍구 지구를 제외한 신장, 칭하이와 동북 지구에 분포해 있는 몽골족 자치지방 및 전국 각지에 분포한 회족은 모두 지역과 민족이 통일된 자치지방을 건립할 수 없었다. 이것이 바로 역사가 중국에 남겨놓은 "오방지민" 및 그 후예들이 장기간 서로 영향을 주고 교류한 결과이며, 여러 민족들이 상대적으로 집거하고 서로 잡거하면서 함께 살아온 결과이다. 동일한 소수민족이 상이한 지역에 분포되어 있고 부동한 소수민족이 같은 곳에 집거하고 총체적으로 모두 한족과 함께 거주하면서 자치 지방 설립의 다양성을 형성하였다. 또 자치구, 자치주 범위 내에 일부 다른 소수민족이 집거하고 있어서 자치현(자치기)을 설립하거나 또는 일정한 행정구역 내에 두 개 이상의 소수민족이 공동으로 한 개 자치주, 자치현을 설립하기도 하였다[64]. 이밖에 자치 지방의 경계 확정에 있어서, 예컨대 초원의 목축업이 의지하는 초원의 획분 같은 소수민족의 전통 경제 생활의 범위를 충분히 고려하였다.

63　周恩來, 《关于我国民族政策的几个问题》, 中共中央文献研究室, 中共新疆维吾尔自治區委員会编, 《新疆工作文献选编》(一九四九-二〇一〇年), 제188쪽.

64　30개 자치주 중 10개는 두 개 소수민족이 공동으로 자치를 실행하는 지역이며 120개 자치현(자치기) 중 두 개 소수민족이 공동으로 자치를 실행하는 지역은 27개, 3개 소수민족이 공동으로 자치를 실행하는 지역은 6개, 4개 소수민족이 공동으로 자치를 실행하는 지역은 1개이다.

이렇게 함으로써, 소수민족 집거 지구는 일반적으로 지역이 광활한 특점을 가지게 되었다. 네이멍구자치구, 신장위구르자치구, 시짱자치구의 지역은 모두 100만 제곱 킬로미터가 넘는다.

중국 민족구역자치 지방의 건립은 국가의 통일된 행정 구분을 따라 전국의 성, 시, 현과 일치하게 하였다. 즉 당지 소수민족 인구 규모에 따라 자치구, 자치주, 자치현(자치기)[65]을 설립하였다. 몇천 년 이래, 중국의 여러 민족의 상호 작용과 교류로, 각 민족의 분포에는 분산, 잡거의 구조가 나타나게 되었다. 중부, 동북, 동부, 연해의 한족이 집거하는 성에는 일련의 소수민족 자치주, 자치현을 설립하고 소수민족 인구의 집거 규모가 더 작은 지역에는 수천 개의 민족향(민족진)을 건립했다. 이렇게 하여 현재는 5개의 성급 자치구, 30개의 지방급 자치주와 120개의 자치현의 기본 구조를 형성하였다. 그중 자치주, 자치현은 전국 5개 자치구를 제외하고 15개 성시에 골고루 분포되어 있으며[66] 이 155개 민족자치 지방의 총면적은 전국 총면적의 64%에 달한다. 저우언라이는 일찍 "우리는 중국의 실제 상황에 근거하여 실사구시적으로 민족구역자치를 실시해야 한다. 이런 민족구역자치는 민족자치와 구역자치의 정확한 결합으로서 경제 요소와 정치 요소의 정확한 결합인 것이다. 집거 민족이 자치 권리를 향유할 뿐만 아니라 잡거 민족도 함께 자치 권리를 향유할 수 있다. 인구가 많은 민족으로부터 인구가 적은 민족, 대

65　"자치기"는 "자치현"의 내몽골자치구 범위 내의 행정 호칭으로서 청나라 시기 내몽골 지구에서 실행한 "맹기제도"의 전통명칭이다.

66　분포 지역은 헤이룽장, 지린, 랴오닝, 허베이, 저장, 하이난, 광둥, 윈난, 구이저우, 후베이, 후난, 충칭, 스촨, 칭하이, 간쑤이다.

집거 민족으로부터 소집거 민족에 이르기까지 거의 모두 일정한 자치 단위를 형성하여 민족자치의 권리를 충분히 향유한다. 이러한 제도는 사상 전례가 없는 최초의 시도이다."[67]라고 지적했다.

중국은 전국의 통일된 행정구역 내에 부동한 계층의 민족자치 지역을 설립했는데 그 목적은 국가 제도와 법률을 통하여 소수민족의 평등 권리를 보장하기 위한 것이다. 1954년 9월 20일 제1차 전국인민대표대회에서는 《중화인민공화국 헌법》이 통과되었는데 그중 제3조에는 "중화인민공화국은 통일된 다민족국가이다.", "각 소수민족이 집거하는 지방에서는 구역자치를 실시한다. 각 민족자치지방은 모두 중화인민공화국의 불가분의 한 부분이다."라고 규정하였다. 이와 같이 민족구역자치제도는 중국 헌법에서 그 지위를 확립하였다.

중국의 민족구역자치제도는 공평, 정의를 발판으로 삼은 제도이다. 중국의 민족구역자치제도가 정치 평등, 경제 발전, 문화 번영, 사회 보장 등 방면에서 진행한 제도적인 설계와 법률적 규범은 세계적으로도 선진적인 것으로 인정받고 있다. 중국은 소수민족의 신분을 확인하고 민족구역자치를 실행하여 소수민족의 사회 정치 영역에서의 평등 지위와 자치권리 문제를 해결하였다. 평등은 정치 권리의 평등 뿐만 아니라 경제, 문화와 사회 생활 등 각 방면의 평등을 포함한다. 오직 경제, 문화와 사회 생활 각 방면의 평등한 지위를 실현하여야만 권리의 진정한 평등을 보장할 수 있게 된다. 하지만 중국의 민족구역자치 지방은

---

67   周恩來, 《关于我国民族政策的几个问题》, 中共中央文献研究室, 中共新疆维吾尔自治區委员会编, 《新疆工作文献选编》(一九四九-二〇一〇年), 제188쪽.

모두 경제가 덜 발달한 지역으로서 전국적인 범위에서 볼 때 경제 사회 발전의 말단에 처해있다. 이러한 상황은 소수민족으로 하여금 법률적으로는 평등한 지위를 향유하지만, 사회가 부여한 권리는 충분히 향유할 수 없게 하였다. 이것은 마르크스-레닌주의가 제기한 "실질상의 불평등" 현상이다. 그렇기 때문에 각 민족 간의 경제, 문화, 사회 생활 방면에 존재하는 차이를 점차 축소하고 제거해야만 실질상의 진정한 평등을 실현할 수 있게 된다.

선진적인 제도의 배치와 낙후한 경제 기초는 중국이 민족구역자치 제도를 실시하는데 있어서 반드시 힘써 해결해야 할 모순이다. 덩샤오핑은 "민족구역자치를 실행함에 있어서 경제를 살리지 못한다면 그 자치는 실속이 없다."[68]라고 하였다. 경제 사회 발전 수준이 보편적으로 낙후한 소수민족 집거 지구로 말하면 민족구역자치를 실행하는 것은 민족문제를 해결하기 위한 것이다. 따라서 가장 먼저 해결해야 할 것은 지역 경제 발전과 인민 생활의 개선이다. "민족문제 해결의 기초는 경제이다. 생활수준을 향상시켜 우리와 함께 전진하도록 해야 한다. 경제 문제를 해결하지 못하면 민족문제도 해결할 수 없기 때문이다."[69] 따라서 중국 민족 사무의 근본 임무는 소수민족 및 그 집거 지구의 경제 발전을 가속화하여 각 민족 간의 경제, 문화와 사회 생활의 발전 차이를 점차적으로 축소하거나 제거하여 소수민족 그리고 민족구역자치 지방의 여러 민족 인민, 전국 각 민족 인민들이 공동으로 부유해지고 공동

---

68   邓小平,《关于西南少数民族问题》,《邓小平文选》第一卷, 제167쪽.

69   邓小平,《解决民族问题的基础是经济》(1953年), 中共中央文献研究室, 中共新疆维吾尔自治區委员会编,《新疆工作文献选编》(一九四九-二〇一〇年), 제104쪽.

으로 번영하게 하는 것이다.

그러나 마르크스주의 경전 작가들이 지적한 바와 같이 민족문제는 단일한 문제가 아니라 사회 전반 문제의 일부분이며 사회의 전반 문제를 해결하는 과정에서만이 진정으로 민족문제를 해결할 수 있게 된다. 만약 신민주주의 혁명의 총 문제가 반제국주의, 반봉건주의 그리고 반관료자본주의라는 중국 인민의 머리 위의 3대 산을 뒤엎는 것이었다면 새 중국 창건 후의 사회 문제는 무엇인가? 어떻게 새 중국의 사회 문제를 인식하고, 또 새 중국의 문제를 해결하는 과정에서 어떻게 민족문제를 해결할 것인가가 중국공산당이 신민주주의 혁명으로부터 사회주의 건설에로 나아가는 과정에서 탐색해야 할 근본 문제이다.

제3장

사회주의 초급단계에
입각하여 서부 개발 실시

중국의 사회주의는 사회주의 초급단계에 처해 있다. 즉 초급단계의 사회주의이다. 사회주의 자체가 공산주의의 초급단계이고, 우리 중국은 또한 사회주의의 초급단계에 처해 있기 때문에 저발달 단계에 있는 것이다. 모든 것은 이 실정으로부터 출발하여 이 실정에 근거하여 계획을 제정해야 한다.

　- 덩샤오핑(鄧小平, 등소평)《모든 것은 사회주의 초급단계로부터 출발해야 한다.》

민족구역자치의 실시에 있어서 경제를 잘 발전시키지 못한다면 소위 자치는 공론이다.

　　　　　- 덩샤오핑(鄧小平, 등소평)《서남 소수민족문제에 관하여》

사회주의 공업화 국가를 건설하는 것은 모든 민족에게 있어서 예외가 없어야 한다. 오직 한족 지역에서만 공업화가 고도로 발달하고 시짱이 장기간 낙후하고, 위구르자치구가 장기간 낙후하고, 네이멍구 목축구가 장기간 낙후하다 것은 상상할 수 없으며, 또한 그렇게 하는 것은 사회주의 국가가 아니다. 우리 사회주의 국가는 모든 형제 민족 지역과 구역자치 지역에서 모두 현대화를 실현해야 한다.

- 저우언라이(周恩來, 주은래) 《우리 나라 민족정책의 몇 가지 문제에 관하여》

소수민족과 민족 지역의 발전을 가속화하는 것은 중대한 경제문제일 뿐만 아니라 하나의 중대한 정치문제이기도 하다.

- 장쩌민(江澤民, 강택민) 《중앙민족사업회의에서의 보고》

제1절 우여곡절 탐색 중의 민족 사무 및 중대한 좌절

유구한 역사를 가진 중국은 1840년 아편전쟁의 폭발로부터 1949년 중화인민공화국의 성립까지 이 100여 년 간에 심각한 사회 변천이 일어났다. 주권을 잃고 각종 모욕을 당하던 중국을 생사존망의 위기에서 빠져나오게 하기 위하여 수많은 뜻있는 애국 인사들이 희생되었고, 그들은 과거를 계승하고 미래를 열기 위해 끊임없이 구국 운동의 장을 열었다. 최종적으로 1921년에 건립된 중국공산당이 각 민족을 이끌고 반제국주의 반봉건의 중화민족 자결의 길에 올라섰으며 독립 자주적인 새 중국을 건립하였다. 역사가 증명한 바와 같이 오직 중국공산당만이 중국을 구할 수 있다.

1950년대에 들어서서 다시 일떠선 중국 사람들은 중국공산당의 영도 하에서 모든 것이 폐허로 된 중국을 모든 것을 기초로부터 다시 신속하게 건설하여 정권 건설, 경제 발전, 내정과 외교 등 각 영역에서 새 사회의 기초를 닦는 중대한 성과를 거두었으며, 민족 사무면에서도 민족문제를 해결하는 새로운 형세를 개척하였다. 1956년 신중국은 생산 자료 사유제의 사회주의 개조 및 사회주의 기본 제도의 건립을 표징으로 하는 신민주주의로부터 사회주의에로 나아가는 임무를 기본적으로 완성하였고 사회주의 건설의 새로운 단계에 들어섰다. 그러면서 중국 공산당은 '어떻게 사회주의를 건설할 것인가' 하는 중대한 임무를 어깨에 짊어지게 되었다.

1956년 중국공산당 제8차 전국대표대회에서는 중국 사회주의 건설의 길을 탐색하는 임무와 기본 사상이 확립되었다. 이때로부터 1978년 중국공산당 제11기 중앙위원회 제3차전체회의에서 개혁개방을 실시하는 위대한 전략 정책이 명확해질 때까지, 중국의 사회주의 건설의 길을 탐색하는 과정은 거의 20년 간의 우여곡절을 거쳐서야 비로소 사상적으로, 실천적으로 확실하고 효과적인 정확한 방향을 찾게 되었다.

중국 사회의 총적인 문제를 파악

1956년 중국은 우선 그해 2월에 있은 소련공산당 제20차대회의 사상 이론적 충격을 받았다. 흐루쇼프가 소련공산당 제20차대회에서 한 비밀 보고는 사회주의 진영 전체를 진동시켰고 서방 세계의 주시를 불러 일으켰다. 스탈린 개인 숭배에 대한 비판 및 그에 대한 전반적인 부정으로, 중국공산당은 어떻게 마르크스-레닌주의를 수호할 것인가 하는 근본적 문제에서, 국제공산주의 논쟁의 서막을 열게 되었다. 이때로부터 "중국공산당은 스탈린의 공로와 과오에 대한 시비를 국제공산주의 운동의 역사적 경험의 높이에 올려 종합적으로 평가하게 되었으며 이는 또한 중국 자체의 사회주의 건설의 길을 모색하는 계기가 되었다." 소련의 경험 교훈을 총결하는 과정에서 비록 마오쩌둥이 "민중을 이탈한 개인 돌출주의와 개인 영웅주의를 피하고 우리 사업에서 객관적 실제 상황을 이탈한 주관주의와 편면성을 줄여야 한다."[01]는 것은 인식하였지만 세계적 범위의 사회주의 건설의 짧은 역사적 과정에서 이런 문제를 피할 수 있을지 여부는 당시의 역사 조건에서 누구도 장담할 수 없었다.

1956년 4월, 마오쩌둥의 《10대 관계를 논함》이란 연설은 중국이 사회주의 건설의 길을 탐색하는 데에 대해 중국공산당이 최초로 비교적 체계적으로 해석한 문헌이며 또한 지도성적인 문헌이기도 하다. 이에 의하면 한족과 소수민족의 관계는 "10대 관계" 중의 하나이다. 마오쩌둥은 "한족과 소수민족의 관계에 있어서 우리의 정책은 비교적 적절하고 또 소수민족이 찬성하는 정책이다. 우리는 대한족주의를 반대하는 데에 초점을 둔다. 지방 민족주의도 반대하지만 그것은 중점이 아니다. …… 일반적으로 중국은 땅이 넓고 물산이 풍부하고 인구가 많다고 하는데 실제로는 한족의 '인구가 많고' 소수민족은 '땅이 넓고 물산이 풍부한 상황'이다. 적어도 지하자원은 아마 소수민족의 '자원이 풍부'할 것이다. …… 역사 상의 반동 통치자는 주로 한족의 반동 통치자로, 일찍 우리 각 민족 간에 각종 장벽을 만들어 소수민족을 괴롭힌 적이 있다. 이런 상황으로 초래된 영향은 노동 인민들 속에서 쉽게 사라지지 않는다. 따라서 우리는 간부와 인민 대중에 대해 모두 광범위하고 지속적으로 무산계급 민족 정책 교육을 진행해야 할 뿐만 아니라 한족과 소

---

01   中共中央党史研究室,《中国共产党历史》第二卷(1949-1978), 제379, 378쪽.

수민족의 관계에 대해서도 정기적으로 점검을 해야 한다. 2년 전에 점검한 적이 있지만 지금 다시 한번 점검해야 할 필요성이 있다. …… 우리는 소수민족의 경제 건설과 문화 건설을 성심성의껏 적극적으로 도와야 한다. 소련에서 러시아 민족과 소수민족의 관계가 아주 정상적이지 않았는데 우리는 이 교훈을 받아들여야 한다."[02]고 지적하였다. 이는 당시 중국의 민족 정책 및 그 실천 효과에 대한 예측, 그리고 민족문제의 장기성과 복잡성에 대한 인식과 소련의 민족 관계에 대한 판단은 모두 정확하였다는 것을 보여준다. 이것은 중국 사회주의 건설의 길을 탐색하는 과정에 있어서 민족 사무의 근본 지침이다.

1956년 9월에 개최된 중국공산당 제8차 전국대표대회에서는 국내 형세와 국내 주요 모순의 변화를 정확하게 분석하였고 향후 당의 근본 임무를 제기하였으며 전 당의 사업 중심을 적시적으로 힘을 집중하여 생산력을 발전시키는 방향으로 이전할 것을 요구하였다. 그리고 당시 중국 국내 주요 모순은 "선진적인 사회주의 제도와 낙후한 사회 생산력 간의 모순"에 집중되었다는 중요한 판단을 하였다. 이 판단의 정확성 여부를 막론하고 사회주의 기본 정치제도가 건립된 후 사회생산력을 발전시켜 이 제도를 지지하고 이 제도의 우월성을 발휘하는 것은 정확하고 필수적인 것임에 분명하다. 이것은 "기초가 약하고 기반이 약한" 중국과 같은 농업 대국에 있어서 사회주의 건설 시기의 사회 전반적인 문제(기본모순)에 대한 과학적인 파악이었다. 중국공산당 제8차 전

---

02   毛泽东,《论十大关系》,《建国以来毛泽东文稿》第六卷, 中央文献出版社, 1992년, 제 93-97쪽.

국대표대회의 소집 및 사상 이론의 성과는 첫 5개년 계획의 실시에 강력한 동력을 부여하여 아주 현저한 성과를 거두었다.

그렇지만 소련공산당 20차 대표대회로 인한 국제공산주의 운동의 물결 및 중국공산당 제8차 전국대표대회 전후로 일어난 폴란드, 헝가리 사건에 대해 마오쩌둥은 "지금 정권을 잡은 세계 각 공산당 앞에 놓인 문제는 어떻게 10월혁명의 보편적인 진리와 본국의 구체적 현황을 결합하는가 하는 문제로서 이는 아주 큰 문제이다. 폴란드-헝가리 사건을 계기로 우리는 중국 문제를 더욱 잘 고려해야 한다."[03]라고 기본적인 판단을 하였다. 당시 중국 국내에서도 일부 노동자들의 파업, 청원 및 농민들의 항의, 지식분자들의 비판, 질책 등 현상이 나타났다. 이런 새로운 사회모순을 어떻게 판단할 것인가에 대해 중국공산당의 일부 간부들은 사상 준비가 부족하였으며, 혁명시기(개혁, 개조 단계를 포함) 계급투쟁의 관념으로 이런 문제를 판단하고 처리하고자 하는 것이 보편적인 심리와 본능적인 반응이었다.

1957년 2월, 마오쩌둥은 《인민 내부 모순을 정확하게 처리할 것에 관한 문제》라는 강연을 발표하여(6월에 공개 발표) 사회주의 사회의 기본 모순은 여전히 생산력과 생산관계, 경제기초와 상부 구조 간의 모순이지만 이런 모순들은 사회주의 시기에 있어서 적대적인 모순이 아니라 서로 적응하는 문제라고 지적하였다. 사회주의 사회의 기본 모순은 정치, 경제, 문화 등 여러가지 모순의 발생과 발전을 야기하고 있지만 사회주의 사회의 생산력과 생산관계가 기본적으로 서로 적응된다면 기

---

03   中共中央党史研究室,《中国共产党历史》第二卷(1949-1978), 제425쪽.

본 모순을 조절하고 해결할 수 있으므로, 기본 모순으로 인한 기타 모순도 해결될 수 있다고 하였다. 하지만 이는 결코 계급모순이 존재하지 않음을 의미하지 않는 바 대규모의 질풍노도적인 민중 계급투쟁이 거의 종료된 후에도 계급투쟁은 완전히 끝나지 않았음을 의미한다고 하였다. 그는 두 가지 다른 성격의 모순에 대해 구분하고, 두 가지 서로 다른 성격의 모순을 서로 다른 방법으로 해결할 것에 대하여 과학적인 논술을 하였다.

마오쩌둥은 인민 내부의 모순을 정확하게 처리하는 내용 중 민족문제에 관해 "대한족주의이든 지방 민족주의이든 모두 각 민족 인민의 단결에 불리하다. 이것은 극복해야 하는 일종의 인민 내부모순이다."라고 지적하였다. 이는 사회주의 건설 시기 중국 민족문제의 기본성격에 대한 정확한 판단이다. 마찬가지로 민족문제에서 계급문제가 존재하지 않는 것이 아니다. 각 소수민족 내부의 계급 관계 문제는 아직 완벽하게 해결되지 못했고 심지어 어떤 소수민족에 있어서는 아직 시작되지도 않은 상태이기 때문이다. 예를 들면 시짱 지역은 아직 정교합일(政敎合一)의 봉건농노제도를 유지하고 있고 변혁의 시작 시점은 "시짱의 대다수 인민 대중과 지도자들이 시행 가능하다고 판단할 때에야만 결정할 수 있으므로 성급해서는 안 된다."[04] 같은 해 3월에 저우언라이는 민족관계와 민족구역 자치문제에 대해 또다시 장문의 담화를 발표하였는데, 거기에서는 특히 "민족 감정"의 문제점을 지적하였다. "그 어떤 민족이든 모두 자체의 민족 심리와 감정이 있다. 한족은 우세한 지위에

---

04   毛泽东,《关于正确处理人民内部矛盾的问题》,《建国以来毛泽东文稿》第六卷, 제341쪽.

처해있기 때문에 소수민족의 심리와 감정을 이해하기 어렵다. …… 이는 우리 한족, 특히 지도 사업을 맡은 사람들은 형제 민족의 심리와 감정을 주의하여 이해해야 하며, 형제 민족의 역사, 문화를 학습하고 연구해야 한다는 것을 의미한다. …… 민족문제는 워낙 복잡하고 번잡한 문제이다. 각 민족에게는 모두 장기적인 발전 과정에서 남겨진 역사적 흔적이 있다. 민족문제를 상대함에 있어서 역사적으로 분석해야 하며 계급 관점이 있어야 한다. 계급이 있는 사회에서 민족문제는 계급문제를 벗어날 수 없지만 민족문제는 계급문제와 완전히 동일한 것이 아니기 때문에 이 두 가지 문제는 관련이 있으면서도 또한 차이점도 있다. …… 민족 감정은 양면성이 있기에 정확하게 분석해야 한다. …… 그리고 민족 감정은 반동계급에게 이용될 수도 있고 협애한 민족주의로 변화될 수 있다는 것을 인정해야 한다. …… 한 개 성, 나아가서 한 개 현도 지방 감정이 있는데 하물며 한 개 민족이야 더 말할 필요가 있겠는가? 민족 감정도 그렇고 지방 감정도 그렇고 모두 양면성이 있다. 그들은 계급사회에서 항상 계급의 낙인을 가지고 있다. 하지만 민족 감정을 완전히 계급 감정으로 보는 것은 잘못된 것이다."[05]라고 하였다. 이런 분석과 논술은 인민내부 모순을 정확하게 처리하려는 마오쩌둥의 관점에 부합된다.

중국공산당 제8차 전국대표대회에서 확립한 목표에 따라 전면적으로 사회주의 건설사업을 추진하는 과정에서, 사회주의 건설시기의

---

05   周恩來,《民族區域自治有利于民族团结和共同进步》, 国家民族事务委员会政策研究室
      编,《中国共产党主要领导人论民族问题》, 民族出版社, 1994年, 제149-153쪽.

전반적인 문제(기본 모순)를 파악한 바탕에서 중국공산당이 민족문제에 대해 내린 판단은 실제 상황에 부합되었고 국내 민족관계에 대한 관심과 배려는 실사구시적이었고 아주 신중하였다. 그렇기 때문에 당과 국가는 전면적으로 민족구역자치제도를 추진하는 동시에 소수민족 지역의 경제 발전을 강력하게 지원하고 지지하는 것을 근본임무로 하여 집행하였다. 저우언라이는 "사회주의 공업화 국가를 건설하는 것은 모든 민족에게 있어서 예외가 없어야 한다. 오직 한족 지역에서만 공업화가 고도로 발달하고 시짱이 장기간 낙후하고, 위구르자치구가 장기간 낙후하고, 네이멍구 목축구가 장기간 낙후하다는 것은 상상할 수 없으며 또한 그렇게 하는 것은 사회주의 국가가 아니다. 우리 사회주의 국가는 모든 형제 민족 지역과 구역자치지역에서 모두 현대화를 실현해야 한다. 전국의 현대화는 반드시 전면적으로 발전되어야 한다. 우리에게는 이런 기개가 있으며, 이는 우리의 민족 대가정의 진정한 평등우애의 기개이다."[06]라고 지적하였다.

그렇지만 소수민족지역에서 민주 개혁과 사회주의 개조를 실시하는 임무를 아직 완성하지 못했고, 시짱지역은 아직 개혁을 진행하지 않았으며, 일부 소수민족 지역의 낡은 제도도 아직 철저히 폐지되지 못했다는 점도 정확하게 인식해야 한다. 즉 대륙 범위의 새 사회에서 보면 질풍노도식의 계급혁명은 이미 역사로 되었지만 일부 소수민족 지역 특히 시짱 지역에서는 계급 혁명이 아직 시작되지도 않았고 신중국의

---

06   周恩來, 《关于我国民族政策的几个问题》, 中共中央文献研究室, 中共新疆维吾尔自治區委员会编, 《新疆工作文献选编》(一九四九—二〇一〇年), 제197쪽.

일부 지역은 아직 계급사회에 처해있다는 것도 사실이다. 이로 인해 발생한 문제는 중국 계급 투쟁 형세를 총체적으로 판단하는 요인의 하나로 되었고, 심지어는 확대되어 필연적으로 사회주의 건설 사업과 민족사무 등 여러 분야의 좌절을 초래할 수도 있다.

"신중하고 착실하게 진행"하던 데로부터 "더 많이, 더 빨리, 더 좋게, 더 절약"하는 식으로

1957년 5월 1일에 시작된 중국공산당의 정풍(整風)운동은 인민 내부의 모순을 정확히 처리하자는 주제에 대한 전면적인 관철을 바탕으로 한 사상적 기풍의 정비였다. 그 목적은 사회 각 업계의 비평과 건의를 통해 당내에 존재하는 주관주의, 종파주의와 관료주의를 극복하며 당의 작풍 건설이 사회주의 건설 사업의 새로운 요구에 더욱 잘 부합되게 하여 여러 가지 인민내부 모순을 잘 해결하고자 하는 것이었다. 하지만 사회에 분분히 나도는 각종 비평과 의견이 급격히 고조되는 형세에서 당의 지도적 지위, 사회주의 기본제도 등에 대한 질의와 공격까지 나타났다. 중국공산당과 사회주의를 반대하는 보수적인 사상이 머리를 들기 시작하였고 심지어 중국공산당의 지도에 위기가 생겼다는 여론까지 조성되었다. 이런 사태는 당중앙 및 마오쩌둥의 고도의 경계심을 자아냈다. "사안이 변화되고 있다."고 판단하면서 정풍운동의 주제는 인민내부의 모순을 정확하게 처리하자는 방향으로부터 적대투쟁에로 기울어지기 시작하였으며 이로부터 반우파투쟁의 서막이 열렸고 반우파 투쟁이 과도하게 확대되는 결과를 초래하였다.

반우파 투쟁의 엄중한 확대화는, 중국 사회주의 건설의 길 탐색에 막대한 부정적 영향을 주었고, 중국공산당 제8차 전국대표대회의 기초에서 건립된 양호한 시작이 좌절되게 하였으며, 중국공산당 제8기중앙위원회 제3차회의에서 확립한 중국 사회 기본모순에 대한 관점이 근본적으로 전환되게 하였다. 마오쩌둥은 "무산계급과 자산계급의 모순, 사회주의 길과 자본주의 길의 모순은 현재 우리 나라 사회의 주요모순"[07]이라고 여겼다. 이러한 사회주의 건설 시기의 전반적인 문제(기본모순)에 대한 새로운 판단은 중국공산당의 지도 사상의 "좌"편향을 조성하였을 뿐만 아니라 사회주의 건설 "총 노선"의 출현을 초래하였다. 이러한 방침의 지도 아래에서 "대약진", "인민공사화" 운동이 전국적 범위에서 기세 드높게 전개되었다. "더 많이, 더 빨리, 더 좋게, 더 절약하기"와 "적게, 느리게, 나쁘게, 낭비하기"와 같은 이런 간단하면서도 단도직입적인 사회주의 건설 노선의 두 가지 대립적인 서술은 눈앞의 이익에만 급급한 바탕에서 내린 선택으로서 조급하고 성급하고 무모하고 급진적으로 목적을 달성하고자 하는 주관 의지를 체현하였고 "15년 내에 영국을 추월하자", "20년 내에 미국을 따라잡자"는 식의 사회주의가 반드시 자본주의를 전승한다는 실제에 부합되지 않는 야망을 뚜렷이 나타내었다.

"대약진"의 발동은 중국의 여러가지 사업에 대해 거대한 동원 작용을 하였다. 각 업계에서 끊임없이 높아가는 "고지표"와 서로 비교하는 "허위 보고 기풍"은 점차적으로 사회주의 건설 사업이 중대한 승리

07　　中共中央党史研究室,《中国共产党历史》第二卷 (1949-1978), 제461쪽.

를 이루었다는 경축식 "신기록 세우기" 허상을 조성하였다. 기층에서 나타난 이러한 "창조성"은 나아가서 상층의 결심에 영향을 주게 되었다. 그리하여 1958년 마오쩌둥은 "제국주의가 우리를 억압하고 있다. 우리는 반드시 3년, 5년, 7년 내에 우리 나라를 공업 대국으로 건설해야 한다."[08]고 강조하여 지적하였다. 이처럼 전국적인 "대약진"의 거대한 기세 속에서 새 중국이 성립된 이래, 줄곧 "신중하고 착실하게 진행해" 나가는 상태에 처해 있던 민족 사무는 우편향 보수주의의 "특수론", "점진론", "조건론"으로 간주되었고 약진을 반대하는 "적게, 느리게, 나쁘게, 낭비하기"의 반열에 오르게 되었다. 장기성, 복잡성 등의 특점을 가지고 있는 민족문제 역시 "인민 공사화"의 물결 속에서 사회발전 단계를 뛰어넘는 "더 많이, 더 빨리, 더 좋게, 더 절약하기" 식의 해결을 "이뤄냈다".

1957년 정풍 운동과 반우파 투쟁이 시작되면서부터 소수민족 지역의 개혁 과정에서는 주로 대한족주의를 반대하던 것으로부터 지방 민족주의를 반대하는 것으로의 전환이 나타났다. 즉 "전국적 범위에서 대규모적인 자본주의와 사회주의 두 가지 길에 대한 대변론이 일어났고 이와 결합하여 지방 민족주의 사상도 비판하게 되었다." 이것은 "대한족주의 사상을 극복하는 것이 한때는 중대한 정치적 임무가 되었던 시절이 있었기 때문이다. 대한족주의를 극복해야만 지방 민족주의를 순조롭게 극복할 수 있었기 때문이다." 그러나 "지금은 중국의 절대 다수의 소수민족 지역은 한족 지역과 마찬가지로 기본상 생산 자료 사유

---

08   中共中央党史研究室,《中国共产党历史》第二卷(1949-1978), 제486쪽.

제에 대한 사회주의 개조를 실현하였다. 그러나 수많은 소수민족 중의 착취계급분자들이 계급의 멸망을 달가와하지 않는다. 이러한 착취계급들이 사회주의 개조에 반항하는 형태로 지방민족주의가 새롭게 성장하였으며, 이미 경각성을 높여야 하는 위험한 경향으로 되었다. 지방 민족주의의 이 역류가 중국의 각 민족의 단결과 국가 통일을 위협하는 주요한 위험으로 된 이 시기에는 반드시 계속 주의하여 대한족주의 경향을 극복해야 하는 동시에 지방 민족주의를 단호하게 반대하고 극복해야 한다. 이는 아주 필요한 것이다."[09] 따라서 전국적인 심각한 반우파 투쟁이 확대되는 형세에서 소수민족 지역의 간부, 지식인 심지어 일반 민중들까지 잇달아 "자산계급 지방 민족주의분자", "민족 분열분자" 등 "우파 모자"를 쓰게 되었다. 이와 함께 "민족문제 방면에서도 정치 사상 전선에서의 사회주의 혁명의 결정적 승리를 거두었다."[10] 이러한 정치 사상 전선의 승리는 소수민족 및 그 집거 지역으로 하여금 전국과 마찬가지로 경제, 사회, 생활 면에서 함께, 동시에, 심지어 "한 걸음"에 사회주의에 진입하게 하였다.

"한 걸음"에 사회주의에 진입

민주 개혁과 사회주의 개조 과정에서 소수민족 지역에는 내부에 여러 가지 계급제도가 존재하고 있었을 뿐만 아니라 사회 전통, 언어 문

---

09   射扶民,《各族人民的伟大团结》,《十年民族工作成就》, 民族出版社, 1959년, 제46-47쪽.

10   汪峰,《我国民族政策的伟大胜利》,《十年民族工作成就》, 제26쪽.

자, 종교 신앙, 경제 생활과 문화 풍속 등 일련의 적응성 문제가 존재하고 있었다. 중국공산당은 이에 대해 민족 사업의 사상적 이론 면에서나 정책의 실천 면에서나 모두 명확히 인식하고 있었다. 그렇지만 전국의 전면적인 "대약진" 형세에서, 절박하게 발전을 가속화하려는 염원과 열정으로 인해 민족문제를 해결함에 있어서의 간고한 과정이 대대적으로 간소화되었다. 중국은 "15년 내에 영국을 추월하고 20년 내에 미국을 따라잡아야 했고", 소수민족 지역도 마찬가지로 단시기 내에 한족 지역을 따라잡을 수 있도록 해야 했다. 정치 사상 전선의 지방 민족주의에 대한 승리는, 경제 사회 조건이 어떠하든, 소수민족 지역의 민주 개혁의 성과가 안정하든 말든, 소수민족 내부의 계급 관계가 효과적인 조절을 얻었든 말든 이러한 일련의 문제를 막론하고 이에 대한 객관적인 평가가 없는 상황에서 각 민족 자치 지역으로 하여금 급히, 일제히 기세가 드높은 인민공사화 운동에 진입하게 하였다. 이런 변혁으로 "민족 융합"의 바람이 갑자기 불기 시작하였고, 한족 지역을 답습하고 한족 지역의 경험으로 당의 민족정책을 대체하면서 현급 이하의 민족구, 민족향이 사라지고 일부 자치현이 합병되고 일부 자치주는 유명무실하게 되는 등의 현상이 잇따라 나타났다. 많은 지방에서 낡은 풍속 습관을 바꾸는 개혁 과정에서, 소수민족의 의향과 수용도를 무시하고 '특수'와 '낙후', '지방민족주의'를 반대하는 길을 열어놓고, 일련의 높은 지표를 제시하면서 과격하고 급진적인 방식으로 개혁을 추진하였다.

이런 소수민족 자치 지방의 권리에 대한 침해와 급진적인 변혁은 정치, 경제, 문화와 사회 생활 등 면에서 여러 가지 부정적인 영향을 많이 발생시켰다. 여기에는 소수민족 언어문자 사용 권리에 대한 침해도 포함된다. 예를 들면 1957년 전국에서 출판된 소수민족 문자 도서는 1,763종 1,462만 권에 달했는데, 1962년에 와서는 942종 910만 권으로 축소되었다.[11] 이러한 현상은 민족평등 정책의 보장 하에서 수립한 소수민족 간부와 군중들의 자존심과 자신감을 심각하게 손상했을 뿐만 아니라, 당의 민족정책에 대한 신뢰도 부분적으로 손상시켰다. 당시 전국적인 맹목적 행동 열조의 선도 하에 많은 소수민족의 간부와 민중들도 영향을 받아 "신중하고 서서히 진행"되던 개혁 과정으로부터 자각적으로 '혁명'을 진행하였다. 여기에는 민족, 종교 상층, 지주, 목장주, 사원 및 "삼불양리(三不兩利)"[12] 정책에 대한 비판과 변혁이 포함되며, 심지어는 계급 투쟁의 격렬한 방식으로까지 진행하였다.

바로 이런 신속하고도 치열한 변혁으로 인해, 토지나 목축 등 재산을 분배 받았던 일부 민중들은 인민공사에 가입함에 따라 또다시 "아무 것도 가진 것이 없게" 되었으며, 따라서 곤혹과 불만이 생기게 되었다. 특히 특권과 재산을 상실한 상류 계급은 그 반항 심리가 더욱 선명하였다. 이로 인해 일부 지역에서 소수민족 상류 계급이 군중의 곤혹, 불만을 이용하여 민족 모순을 선동하고 민족관계를 도발하여 무장 반란을 발동하는 엄중한 사건들이 유발되었다. 1958년 4월, 칭하이성 쉰화(循化, 순화)현에서 발생한 무장 반란은 이런 문제를 부각시켰다. 의심

11　졸저 《中国的民族与民族问题》, 江西人民出版社, 1993년, 187쪽을 참조하라.

12　역자 주, "삼불양리"는 건국 초기에 네이멍구 자치구가 민주 개혁을 진행할 때 목축구에서 시행한 특수한 정책이다. 세 가지를 하지 않음으로써 쌍방 모두에 유익이 되는 정책을 말한다. 즉 삼불은 "서로 빼앗지 않고, 싸우지 않고, 계급을 나누지 않는 것"이며, 양리는 "목축민과, 목장주의 양자의 이익을 보호하"는 것을 가리킨다.

할 여지가 없이 이러한 반란 활동의 조직자는 모두 민족 내부 낡은 제도의 통치계급 세력을 대표하는 일부 민족의 상류 계급이고, 반란 활동의 참여자는 대부분 유혹과 선동을 받은, 급진적인 변혁을 받아들이기 어려워하는 민중이었다. 여기에는 심지어 일부 당원과 간부까지 포함되었다. 이러한 형세 변화는 그때까지 민주 개혁을 진행하지 않은 시짱 지역에도 직접적인 영향을 주었다. 1959년 3월 시짱에서 폭발한 무장 반란 및 달라이 라마가 해외로 도망간 사건은 정교합일을 고수하는 봉건농노제도의 통치사상과 직접적으로 관련이 있지만, 시짱을 비롯한 내지와 연계된 일부 장족 지역에서 나타난 급격한 변혁은, 그들이 기회를 타서 반란을 발동한 구실 중의 하나임에 틀림없다.

"민족문제의 본질은 계급문제"

민족문제는 극히 복잡하고 특수성을 가진 사회문제이다. 마르크스주의 경전 작가들은 추상적으로 민족문제를 제기하는 것을 반대하였다. 그들은 반제국주의 반식민지의 민족해방 운동에서 "무산계급 정당이 (통상적으로 만약 어떤 나라에서 발생할 수 있다고 가설하면) 농민운동과 그 어떤 관계를 발생하지 않고 실질적으로 농민운동을 지지하지 않는 상황에서, 낙후한 나라에서 공산주의 전략과 공산주의 정책을 실시한다는 것은 절대로 공상이다."[13]라고 인정하였다. 이런 의미에서 "민족문제의 기초, 핵심 본질은 의심할 바 없이 여전히 농민문제인 것이다. 이

---

13   列宁,《民族和殖民地问题委员会的报告》,《列宁专题文集·论资本主义》, 제278쪽.

는 또한 농민이 민족운동의 주력이고 농민 군대가 없으면 성세호대한 민족운동도 있을 수 없다는 것을 설명한다. 이른바 민족문제는 본질적으로 농민문제라는 논점이 바로 이것을 두고 하는 말이다."[14] 이 원리는 중국의 신민주주의 혁명 과정 즉 노동자-농민 연맹 사상, 농촌으로부터 도시를 포위하는 실천에서 실증되었다. 이에 대해 마오쩌둥은 아주 풍부하고 깊이 있는 논의를 하였다.

마르크스주의 경전 작가들은 무산계급이 정권을 얻은 후 "현재 소비에트 발전의 조건에서 민족문제의 계급 본질은 과거 통치 민족의 무산계급과 과거 피억압 민족인 농민 간에 정확한 상호 관계를 건립하는 것이다. …… 민족문제에 있어서 근본적으로 해결해야 할 임무는 과거 통치 민족의 무산계급과 기타 민족 농민 간에 정확한 관계를 건립하는 것이며 또한 예전에 이용했던 특수 형식인 과거에는 분리되었지만 지금은 통일된 국가 범위 내에서, 연합된 각 민족 간에 서로 협력하고 형제처럼 공존하는 관계를 건립하는 것이다."[15]라고 지적하였다. 이러한 인식에 근거하면 중국에서도 민족문제는 중국공산당이 영도한 노동자 계급과 각 소수민족 중 절대 다수 인구를 차지하는 농민, 목축민 간의 관계인 것이다.[16]

물론 중국공산당이 영도하는 노동자 계급과 한족 중 절대 다수 인구를 차지하는 농민 간의 관계도 존재하지만(이는 민족관계에 속하지 않는

---

14   斯大林,《论南斯拉夫的民族问题》,《斯大林全集》第 7 卷, 人民出版社, 1958년, 제61쪽.

15   斯大林,《俄共(布)第十二次代表大会》,《斯大林全集》第 5 卷, 人民出版社, 1957년, 제 155-156쪽.

16   소수민족 중의 노동자 계급은 극소수이기 때문에 논의에서 제외하였다.

다.), 스탈린의 관점인 "예전에 이용했던 특수 형식 즉 과거에는 분리되었는데 지금은 통일된 국가 범위 내에서, 연합된 각 민족 간에 서로 협력하고 형제처럼 공존하는 관계를 건립하는 것이다."라는 관점에 따르면 한족과 소수민족 간의 관계를 포함하는 것이다. 다만 이런 관계에는 서로 다른 차원의 관계인 중국공산당이 대표하는 노동자 계급, 내부의 계급제도를 제거한 한족과 내부의 계급 억압 문제를 아직 완전하게 해결하지 못한 소수민족 간의 관계도 함께 존재하고 있거나, 또는 함께 뒤섞여 있는 것이다.

"농민은 어디서든 모두 민족 국한성과 지방 국한성의 체현자로서 농민 운동은 필연코 지방성과 민족성을 띠게 되며",[17] 또한 농촌은 "민족의 보존자"[18]이기 때문에, 이런 관계들은 필연적으로 "농민은 자산계급 자본주의 관계의 체현자"[19]로서의 영향을 반영하게 된다. 대한족주의, 지방민족주의는 모두 이런 영향에서 출현하게 된 것이다. 소수민족 지역에 대한 민주 개혁, 사회주의 개조 특히 질풍노도식의 인민공사화, "민족 융합"식의 낡은 풍속 습관 바꾸기가 바로 농촌, 목축구 등의 이런 "민족의 보존자" 인구가 가장 집중된 지역에 초점을 둔 것이다. 그런데 이런 지역은 아직 계급관계 변혁을 완성하지 못했거나 심지어 어떤 지역은 아직 계급관계의 변혁을 불러 일으키지 못한 계급사회 범주에 처해있는 상황이었다. 따라서 당시에 출현한 당의 급진적인 사업 진

---

17   恩格斯, 《匈牙利的斗争》, 《马克思恩格斯全集》第6卷, 제195쪽.

18   斯大林, 《俄共(布)第十次代表大会》, 《斯大林全集》第5卷, 제39쪽.

19   列宁, 《民族和殖民地问题委员会的报告》, 《列宁专题文集·论资本主义》, 제278쪽.

척이든, 대한족주의의 대체성 개조이든 모두 지방민족주의를 격발시켰고, 심지어 민족성의 적대적 모순식 저항으로까지 나타났는데, 이들은 모두 당연한 것이었다.

칭하이 "쉰화(循化) 사건" 이후 당시의 정치 분위기에서 "계급 사회에서 민족문제의 본질은 계급문제이며, 계급 실질을 파악하지 않으면 민족문제를 철저하게 해결할 수 없다는 것을 항상 기억해야 한다."[20]는 중앙의 지시는, 1959년의 시짱 반동 통치 상층이 오래동안 음모를 꾸미며 발동한 반란을 통해 실증되었다. 계급사회에서의 민족문제 즉 민족 억압 및 억압을 반대하는 문제는 그 본질은 계급문제임이 틀림없다. 마르크스주의 경전 작가들의 "사람이 사람에 대한 착취가 없어지면 민족이 민족에 대한 착취도 따라서 사라진다."라는 통찰력 있는 논술이 바로 이것을 두고 말하는 것이다. 1949년에 건립된 신중국은 계급 억압제도를 뒤엎었고 따라서 민족 간의 억압도 소멸되었다. 토지개혁, 민주개혁과 사회주의 개조를 통해 한족과 일부 소수민족 내부의 계급 억압제도를 제거하여 총체적으로 민족 간의 관계를 개변하였다. 이것이 바로 마르크스주의 경전 작가들이 위에서 논술한 두번째 구절인 것이다. 즉 "민족 내부의 계급 대립이 사라지면 민족간의 적대관계도 따라서 사라진다."는 것이다. 하지만 20세기 50년대 말, 중국에는 아직도 일부 소수민족 지역이 계급통치 제도를 철저하게 제거하지 못했거나 계급 통지 제도에서 완전히 벗어나지 못한 상태에 처해 있었다. 심지어 아직도 기존 계급 통치 제도에 손도 못 댄 상태에 처해 있었다. 이는 각 민족 간

---

20   牙含章, 《论社会主义时期的民族关系》, 《中国社会科学》1983년 第1期에서 재인용.

의 관계는 아직도 일정한 정도의 계급 사회 민족억압으로 인한 "적대관계"가 존재하고 있다는 것을 의미한다. 중화민족 내부에 존재하는 이러한 "적대관계"를 제거하는 것은 중국공산당의 사명이었다.

시짱에서 반란이 발생한 후 마오쩌둥은 "원래는 1962년 이후에 개혁문제를 검토하려고 했는데 그들이 먼저 포를 쏘았으니 개혁이 4년 앞당겨지게 되었다. 그러고 보면 포를 쏜 것은 좋은 일이기도 하다."[21]라고 지적하였다. 이 사건에 대한 역사와 관련된 연구를 보면 수많은 해외의 '시짱대학자'들은 모두 '음모론', '모의론' 등으로 이번 반란을 해석하고자 하였다. 즉 중앙 정부가 이미 사전에 "비밀리에 군사 배치를 진행하였고 정치와 선전적 준비를 진행하였으며 오래전부터 계획한 지 '총결전'을 진행한 것"[22]이라고 하였다. 사실상 시짱 지역의 개혁에 대해 마오쩌둥과 당중앙은 개혁하느냐 안 하느냐의 문제가 아니라, 오로지 언제 개혁하느냐 하는 것이 문제라고 이미 여러 차례 명확하게 설명한 바 있다. 이것은 중국공산당 영도 하의 신중국이 반드시 해결해야 할 문제이며, 또한 중화민족의 근본 이익을 수호하기 위해 반드시 해결해야 할 문제이기도 한 것이다. 따라서 이 사건의 발생으로 인해 시짱 개혁의 시간이 확정되었으며 이 시간은 달라이 라마 및 통치 세력이 선택한 것이다. 시짱에서 반란이 발생하였다는 이 엄연한 사실은 사회주의 시기 계급투쟁에 대한 중국공산당의 인식을 한층 더 강화시켰다.

---

21   毛泽东,《同意大利共产党代表团的谈话》, 中共中央文献研究室, 中共西藏自治區委員会, 中国藏学研究中心编,《毛泽东西藏工作文选》, 제190쪽.

22   李工琳,《1959拉萨！达赖喇嘛如何出走》, 中国台北, 联经出版事业股份有限公司, 2010년, 서언 X쪽.

사실 1958년 가을과 겨울 무렵부터 당중앙은 이미 "대약진"과 인민공사화 운동에서 나타난 여러 가지 문제를 발견하였고 "좌"편향 착오를 수정하는 과정에서 무엇이 사회주의 건설이며, 무엇이 사회주의의 내용인가 하는 등 일련의 중대한 근본적인 이론 문제에 대해 토론하기 시작하였다. 근 9개월 동안의 "좌"편향 착오를 수정하는 과정에서 비록 일부 문제에 대하여 초보적으로 규명하고 대응 대책을 취해 "공산풍", 허위보고 기풍, 고지표 현상 등에 대해 어느 정도로 규제하였지만, 반우파 투쟁 이래 계급투쟁을 사회 주요모순으로 삼은 착오적 인식을 바로잡지 못했을 뿐만 아니라, 오히려 루산(廬山, 여산)회의에서 "좌"편향 착오를 수정하던 데로부터 반우파 투쟁으로 기울어지기 시작하였다. 1960년에 들어선 후 중국공산당은 "대약진"으로 인한 경제 사회의 긴장한 형세에 직면하게 되어 전면적인 조정을 시작하였다. 1962년 1월의 "7,000인대회"를 표징으로 하여 민족사무, 통일전선과 종교계 등을 포함하는 사회의 각 영역에서 전면적 조정이 진행되었다.

　　1962년 4월에 전국인민대표대회 민족위원회, 국가민족사무위원회가 연합하여 소집한 전국민족사업회의에서는 "지난 몇 년간 민족 사업에서 발생한 심각한 부족점과 착오는 주로 사회주의 혁명과 사회주의 건설 과정에서 민족문제에 대해 중시가 부족했기 때문이다. 즉 민족적 특징 및 민족 종교 문제, 소수민족 지역의 경제 문제, 소수민족의 평등 권익과 자치 권리 및 민족 종교 상층부의 통일전선 문제를 등한시하였기 때문이다."라고 지적하였다. 회의에서는 향후 5년 간의 민족 사업 임무를 다음과 같이 제기하였다. "각 민족 내부의 각 계급과 계층 간의 관계를 포함한 민족관계를 조절하고 민족단결을 강화하고 힘을 합쳐 생산을 복구하고 발전시켜 인민의 생활을 개선한다."고 하였다. 그리고 긴급히 처리할 사항이 아닌 점차적으로 진행해야 할 임무에 대해서도 다음과 같이 제기하였다. 민족구역 자치 지방의 사무 특히 경제적 특징, 문화 형식, 언어 문자, 풍속 습관을 배려하는 문제에 대해서는 반드시 소수민족 인민과 간부들에게 맡겨 자체로 관리하게 해야 한다고 하였다. 그리고 소수민족 지역의 실제 상황에 따라 인민공사와 합작사를 잘 운영하고 일부 조건이 성숙되지 않은 지방은 나중으로 미뤄 진행하며 일부 변방 지역의 급진적인 방법에 대해 철거할 필요가 있으면 결연하게 철거할 것 등등이 포함된다. 이번 회의에서 당중앙은 "민족문제의 철저한 해결은 장기적인 것으로서 반드시 장기적으로 제때에 업무 처리를 해야만 점차적으로 실현할 수 있다. 이러한 장기성을 인식하지 못하고 혁명과 사회주의 건설 과정에서 민족문제를 중시하지 않고, 민족적 특징과 지역적 특징을 고려하지 않고, 당의 정책에 따라 사무를 처리하지 않으면 사업에서 반드시 실수하게 될 것이다."[23]라고 지적하였다. 민족 업무는 다시 개선되어 좋은 방향으로 발전하기 시작하였다.

1962년은 결코 평화롭지 않았다. 중국과 소련의 관계가 더욱 악화되면서 4-5월 사이 주(駐) 신장 이닝(伊寧, 이녕) 소련 영사관의 현혹과 선동 하에 대규모의 불법 월경을 진행한 "변민(邊民) 해외 탈주" 사건이 발생하였다. 이리(伊犁), 타청(塔城, 탑성) 지역에서 해외 탈주에 참여한 총 인수는 74,570명이었고 불법으로 소련으로 월경한 총 인수는 61,361

---

23   中共中央党史研究室, 《中国共产党历史》第二卷(1949-1978), 제627-628쪽.

명이었으며, 그들이 가지고 간 가축은 23만 마리에 달했다.[24] 이 기간에 창고, 상점 및 기타 공공재산을 강탈하는 소동이 발생하였을 뿐만 아니라 주(州)정부를 포위, 충격하고 무기를 빼앗고 총을 쏘아 사람을 다치게 하고 이리 카자흐자치주 인민위원회 기관을 파괴한 폭력 사건도 발생하였다. "이런 사건은 분명 일반적인 소동이 아니다. 이것은 오랫동안 꾸며온 중대한 정치적 음모이다."[25] 이러한 사건의 발생으로, 금방 조정을 거친 민족 사무에는 또다시 엄혹한 계급투쟁의 그림자가 드리우게 되었다.

1962년 7월 당중앙은 베이따이허(北戴河, 북대하)에서 중앙사업회의를 소집하였다. 회의에서 마오쩌둥은 "계급", "형세"와 "모순" 등 세 가지 문제에 대하여 중점으로 강연을 하였다. 계급문제에서 마오쩌둥은 질문의 방식으로 "도대체 계급이 있는가, 없는가? 계급이 존재하는가, 존재하지 않는가? 사회주의 국가에 아직도 계급이 존재하는가?"라고 제기하였다. 동시에 "중국에서는 절대로 수정주의가 나타나지 않는가? 이것도 단언하기 어렵다."[26]라고 지적하였다. 이번 회의에서는 8-9월에 열릴 중국공산당 제8기 중앙위원회 제10차 전체회의를 위해 "계급투쟁을 다시 제기하자"는 기조를 잡았다. 이번 회의에서는 무산계급 혁명과 무산계급 독재 정치의 전반 역사 시기에 모두 계급투쟁이 존재할 뿐

---

24   沈志华主编,《中苏关系史纲》, 新华出版社, 2007年, 제311쪽을 참조하라.

25   《新疆维吾尔自治区人民委员会命令和自治区党委的宣传要点》, 中共中央文献研究室, 中共新疆维吾尔自治区委员会编,《新疆工作文献选编》(一九四九-二〇一〇年), 제218-219쪽.

26   金冲及,《二十世纪中国史纲》, 社会科学文献出版社, 2009年, 제948-949쪽을 참조하라.

만 아니라 당내에까지 반영되었다고 이론적으로 천명하였고 "계급투쟁을 강령"으로 한 정치 동원의 명제를 위해 사상이론 기초를 확립하였다. 이 변화는, 비록 중국-소련 논전, 타이완 해협 정세, 중국-인도 변계 충돌, 미국의 베트남에 대한 침략 등등 일련의 복잡다단한 국제적 요소의 원인도 있었지만, 당시 중국 국내 형세 특히 당내 수정주의가 나타날 것을 우려한 데서 발생하게 되었다. 결국 1966년에 마오쩌둥은 "문화대혁명"을 발동하게 되었다.

10년이라는 기간을 거친 "문화대혁명"은 중국공산당이 사회주의 건설의 길을 모색함에 있어서 가장 비극적인 10년이었고 "좌"편향 착오가 극치에 달한 10년이기도 하다. 1963년에 마오쩌둥은, 마오쩌둥의 표어, 구호, 어록 심지어 "마오쩌둥 결재"를 "최고 지시"로 삼는 "문화대혁명"이라는 이 광란의 시대에, 자연스럽게 미국 인권 운동 투쟁이 제기한 "민족 투쟁은 결국 계급 투쟁의 문제이다."라는 논의를 중국의 민족문제에 가져다 사용했다. "계급사회에서 민족문제의 본질은 계급문제이다"라는 논의도 "민족문제의 본질은 계급투쟁이다."로 단순화되었다. 사실상 당시 형세에서 이런 "단순화" 또는 "비단순화"는 이미 별다른 구별이 없게 되었다. "계급투쟁을 강령"으로 하는 것은, 이미 중국을 "두 계급", "두 갈래 노선"이 결사적 대전을 하고 있는 나라로 만들었기 때문에 그 자체가 "계급사회에 처해" 있게 되었다. 사회의 총체적 문제에 대한 틀린 판단은, 필연코 민족문제를 비롯한 거의 모든 사회문제에 대해 틀린 판단을 내리는 국면을 초래하게 되었다.

이 명제의 지도 하에 중국공산당의 민족사업은 기타 사업과 마찬가지로 거대한 손실을 입었으며, 신중국이 성립된 후부터 1957년까지 기간에 제정하고 만들어 놓은 민족정책의 기초, 민족구역자치제도, 소수민족 간부 대오, 소수민족 애국 상층인사, 통일전선 등이 모두 심각한 타격을 입었다. 1965년에 성립된 시짱자치구도 '문화대혁명'의 '세례'를 받아 당의 민족, 종교정책의 실시 역시 이런 분위기의 직접적인 영향을 받게 되었으며 홍위병들의 반란 행동으로 대량의 사원이 파괴되었다. 이러한 문제는 비록 1972년 극좌 경향에 대해 비판하는 사조에서 얼마간 조정이 되어 "민족정책은 일정하게 회복되었고 일부 오심 사건도 수정되었으며 '문화대혁명'에서 심각하게 파괴된 민족관계도 초보적으로 개선"[27]되었지만 "문화대혁명"이 끝나지 않은 상황에서 당과 국가는 사회주의 건설의 정확한 길을 다시 찾을 수 없었다.

1958년의 "대약진"과 인민공사운동 및 그 뒤의 "문화대혁명"에 대해 덩샤오핑은 다음과 같이 지적하였다. "객관적 실제 상황에 완전히 위배되었고, 냉정하지 못하였으며 초고속 발전만 도모하려 하였다. 1957년 하반기부터 시작하여, 실제상 8대노선을 위반한 이 '좌'편향 사상은 1976년에 이르기까지 근 20년이란 긴 시간동안 지속되었다. '좌'편향 사상의 극치가 바로 '문화대혁명'이다."[28] '문화대혁명'은 소수민족만 당한 재해가 아니라, 전국 각 민족이 공동으로 당한 재해이다. "계급투쟁을 강령"으로 삼은 것은 "민족문제의 본질은 계급 문제"라는 인식을 초래하였고, 또한 이로 인해 일련의 엄중한 착오들을 초래하였다. 이뿐만 아니라 한족 지역에 대한 피해는 더욱 컸다. 민족사업에 심각한

27   中共中央党史研究室,《中国共产党历史》第二卷(1949-1978), 제871쪽.

28   邓小平,《我们干的事业是全新的事业》,《邓小平文选》第二卷, 人民出版社, 1993년, 제253-254쪽.

손실을 가져왔을 뿐만 아니라 각 분야의 각 업종에 모두 심각한 손실을 가져다 주었다. 또한 민족관계 뿐만 아니라 사회 전반의 여러 가지 관계에 모두 엄중한 피해를 주었다. 이에 대해 덩샤오핑은 "'문화대혁명'이 소수민족들에게 피해를 줬다고 하여 우리가 소수민족들을 차별했다고 말할 수 없다. 그 당시에는 소수민족만 피해를 입은 것이 아니다. 한족들이 가장 큰 피해를 입었다. 대다수의 노일대 혁명가들이 모두 타도되지 않았는가? 그들은 거의 모두가 한족이다. 거기에 나도 포함된다."[29]라고 지적하였다. 이는 사회주의 건설의 총체적 문제(기본모순)에 대한 심각한 오판으로 인해 유발된 결과로서 이 총체적 문제를 해결하지 않으면 중국의 사회주의 건설은 영원히 우여곡절 중에서 배회할 것이며 광명한 탄탄대로로 나아갈 수 없게 되며, 이 총체적 문제를 해결하지 않으면 민족문제 역시 정확히 처리하고 해결할 수 없다. 이 총체적 문제 해결의 시작점이 바로 중국공산당의 제11기 중앙위원회 제3차 전체회의이다.

제2절 사회주의 초급단계와 민족문제

혼란 평정과 개혁개방

역사상 전례 없던 "문화대혁명"은 1976년에 "4인방"의 종말로 종료

---

29   邓小平,《立足民族平等, 加快西藏发展》,《邓小平文选》第三卷, 제246쪽.

되었다. 10년 동안 지속된 "문화대혁명"은 국가의 정치, 경제, 문화, 의식형태, 사회 생활과 인민들의 심리에 큰 혼란을 가져다 주어, 이론상으로나 실천적으로나 모두, 바로 혼란 국면을 바로잡고 정상으로 회복할 것이 절실히 필요했다. 마르크스주의를 지도사상으로 하는 중국공산당은 실사구시의 정신을 유지하고 발양하여 혼란을 평정하는 것 외에는 다른 방도가 없었다. 마르크스주의의 진수가 바로 실시구시이기 때문이다. 실사구시의 정신을 견지하려면 맹목적인 숭배를 타파하고 사상을 해방해야 한다. 그런데 "문화대혁명"이 여러가지 맹목적인 숭배를 만들어 냈다. 이를테면 "무릇 마오쩌둥이 내린 결정은 반드시 옹호해야 하고 무릇 마오쩌둥의 지시는 반드시 준수해야 한다."와 같은 것이다(즉 두 가지 무릇). 이것이 바로 "문화대혁명"이 남긴 "전형적인 맹목적인 숭배"이다.

1978년 5월《실천은 진리를 검증하는 유일한 표준》이란 문장이 발표됨에 따라 사상 해방의 서막이 열렸으며, 이로 인해 일어난 사상 이론계의 대토론은 전국적으로 거대한 진동을 일으켰다. 이번 토론은 "두 가지 무릇"에 대한 사상이론 투쟁이었으며, 동시에 완전하면서도 정확하게 마오쩌둥 사상을 이해하는 전제조건이기도 하였다. 덩샤오핑은 "두 가지 무릇" 문제에 대해, "이는 마오쩌둥사상의 깃발을 높이 드는 것인가? 절대 아니다. 계속 이렇게 나간다면 마오쩌둥사상에 해를 끼치게 된다. 마오쩌둥사상의 기본점은 바로 실사구시이며 마르크스-레닌주의 보편적 원리를 중국 혁명의 구체적 실천과 결합시키는 것이다."[30]라고 지적하였다. 1978년 12월에 열린 중국공산당 제11기중앙위원회 제3차 전체회의 보고에서 덩샤오핑은 "만약 당, 국가와 민족이 모든 것을 교조주의로부터 출발하여 사상이 경직되고 맹목적인 숭배가 성행하게 된다면 앞으로 전진할 수 없고 생기가 없게 되며 나아가 당이 망하고 나라가 망하게 된다."[31]라고 지적하였다. 당의 제11기 중앙위원회 제3차전체회의는 중국이 사회주의 건설의 길을 탐색함에 있어서 중대한 역사적 전환의 의의가 있다. 이번 회의에서는 실사구시의 사상노선을 다시 확립하였고 당과 국가의 사업 중심을 과거의 "계급투쟁을 강령으로 하던" 데로부터 사회주의 현대화 건설에로 옮겨왔으며 개혁개방의 기본국책을 제기하였다.

이번 회의 후 중국공산당은 사회 각 영역에서 혼란을 바로잡기 시작하였고 사상 이론과 사업 실천에서 과거의 착오를 시정하고 안정화되고 단결된 정상적인 사회관계를 건립하기 위해 조건을 창조하였다. 덩샤오핑은 중국 사회주의 건설 시기의 계급문제에 대해 일련의 논술을 하였다. 여기에는 중국 민족관계에 대한 새로운 해석도 포함된다. "우리나라의 각 형제 민족은 민주 개혁과 사회주의 개조를 거쳐 이미 사회주의 길에 들어섰고 사회주의 단결, 우애, 호조협력의 새로운 민족관계를 맺었다. …… 네 개 현대화를 실현하는 과정에서 각 민족의 사회주의 일치성은 더욱 발전되고 각 민족의 대단결은 더욱 견고하게 될 것이다."[32]

---

30   邓小平, 《高举毛泽东思想旗帜, 坚持实事求是的原则》, 《邓小平文选》第二卷, 人民出版社, 1994年, 제126쪽.

31   邓小平, 《解放思想, 实事求是, 团结一致向前看》, 《邓小平文选》第二卷, 제143쪽.

32   邓小平, 《新时期的统一战线和人民政协的任务》, 《邓小平文选》第二卷, 제186쪽.

라고 하였다. 민주개혁과 사회주의 개조 과정에서 많은 문제가 존재했지만, 1959년 시짱의 민주 개혁과 자치구 건립 후부터는 소수민족 내부의 계급제도 문제가 이미 제거되었다고 분명하게 말할 수 있다. 그렇기 때문에 덩샤오핑이 제기한 "신형의 민족관계"는 바로 이 사건에 초점을 두고 한 말이다. 이와 동시에 당중앙은《시짱 사업 좌담회 기요(紀要)》를 전달할 데 관한 통지에서 '문화대혁명' 시기 유행했던 "민족문제의 본질은 계급문제이다"라는 명제가 틀린 논의라고 명확히 지적하였다. 1980년 7월 15일《인민일보》는 특별계약 평론원의 문장《소위 "민족문제의 실질은 계급문제이다"를 평함》을 발표하여 "민족문제의 본질은 계급문제이다"라는 그릇된 명제를 근원적으로 부정하였다. 이는 민족사업 전선의 평정에서 반드시 우선적으로 해결해야 하는 사상이론 문제였다. 이 기초에서 당과 국가의 민족사업은 다시 회복되었고 억울한 사건, 허위로 조작한 사건, 오심 사건을 시정하였으며 당의 여러가지 민족정책, 종교정책을 철저히 시행하여 민족관계를 조정하였고 "문화대혁명"시기에 "4인방"에 의해 분해된 민족구역 자치 지방의 행정구역(예를 들면 네이멍구 자치구)에 대한 복구 등 일련의 사업도 잇달아 전개하였다.

중국공산당 제11기 중앙위원회 제6차전체회의에서는《건국 이래 당의 여러 가지 역사 문제에 관한 결의》를 통과시켰다. 덩샤오핑의 주관 하에서 형성된 이 결의는 신중국 성립 이래 사회주의 혁명과 건설의 역사적 경험에 대해 총결 지었고 마오쩌둥의 역사적 지위에 대해 과학적으로 평가하였으며 중국 국정에 부합되는 사회주의 현대화 건설의 정확한 길을 확립하였다. 따라서 이번 회의는 전당, 전국 인민들에게 아주 큰 단결과 응집 작용을 일으켰다. 그리고 중국 각 민족 간의 관계에 대해 "현재 우리 나라의 민족 관계는 기본상 각 민족 노동 인민 간의 관계라는 것을 반드시 명확히 인식해야 한다."는 기본적인 판단을 내렸다. 1982년에 수정한 헌법에서 이 관계의 성격과 특징을 "평등, 단결, 호조(互助)의 사회주의 민족관계가 이미 확립되었다."라고 개괄하였다. 이 결의의 형성은 혼란을 평정하는 역사적 임무가 완성되었음을 의미한다.

혼란을 평정한다는 것은 사상, 정치, 조직 및 각 전선에서 과거의 잘못을 시정하고 예전에 이미 확립하고, 확정한 정확한 방침과 정책을 계승하고 발양하는 것이다. 개혁개방은 현실을 근거로 하여 미래를 개척하고자 하는 독창적인 혁신이며 사회주의 제도에 대해 진행한 자기완성으로서 제도 자체의 효능과 우월성을 끊임없이 강화하고 있다. 비록 "우리 중국공산당은 종종 실수하지만 우리는 실수하게 된 원인에 대해 늘 주의를 기울이고 연구하여 바로 시정한다."[33] 이것이 중국공산당과 소련공산당의 차이점이고, 이것이 바로 중국이 소련의 해체, 동유럽의 변혁과 함께 멸망하지 않은 원인이다.

민족구역자치법의 제정과 반포

민족구역자치는 중국공산당이 통일된 다민족 국가를 건립하는 혁명 투쟁 실천의 탐색 중에 확립한 민족문제 해결의 기본정책이다. 신중국이 건립된 후 이 제도는 전면적으로 보급되기 시작하였는데, 당시

---

33   邓小平,《马列主义要与中国的实际情况相结合》,《邓小平文选》第一卷, 제260쪽.

의 주요한 의거는 1952년에 정무원에서 통과한 《중화인민공화국 민족구역자치 실시강요》이다. 이 실시강요는 비록 제도 설계 등의 면에서 완벽하지 못하지만 전면적으로 민족구역자치제도의 실시를 추진함에 있어서 중요한 정책 지도 작용을 하였다. 1965년 시짱자치구가 건립됨에 따라, 중국 민족구역 자치 지방의 기본 구도가 이미 형성되었다고 할 수 있다. 하지만 1957년부터 시작된 반우파 투쟁에서 민족구역자치제도를 실시할 필요성에 대해 의심하면서 이것에 대해 심지어 "무모한 진보"를 반대하고 "특수론"을 비판하는 내용의 하나로 취급하였다. 그 시기에 민족구역자치제도는 실천 과정에서 그 작용을 제대로 발휘하지 못했고 이미 오래 전에 설립된 네이멍구자치구를 제외한 기타 자치 지방은 대체로 그 틀만 세웠을 뿐 그 자치 권리를 행사하는 방식은 탐색 중에 있었다. 그렇지만 이 기초마저 "문화대혁명"에서 심하게 침식되었을 뿐만 아니라 "혁명 반란" 형식의 "정권 탈취"운동과 심지어 자치 지방을 취소하거나 자치 지방에 대해 구획 분할을 하는 현상까지도 비일비재했다. 따라서 이 제도를 체제적으로 보완하고 법률적으로 보장하는 것이 개혁개방 과정의 중대한 임무로 되었다.

1980년 당중앙은 제5기 전국인민대표대회 제3차회의에서 개헌의 건의를 제기하였다. 여기에는 "각 소수민족 집거 지역에서 진정으로 민족구역 자치를 실시할 수 있도록 해야 한다"[34]는 기본원칙이 포함되었다. "민족구역 자치를 진정 바르게 실시"하려면 반드시 자치를 실시하는 소수민족 지역의 자치권을 보장해야 한다. 자치를 실시하는 권력,

---

34   邓小平,《党和国家领导制度的改革》,《邓小平文选》第二卷, 제339쪽.

권리와 권익은 반드시 법률로 규범화하고 보장해야 한다. 1981년 8월 덩샤오핑은 신장에서 업무 고찰을 할 때 "신장의 근본문제는 공화국을 만드는가 아니면 자치구역을 만드는가 하는 문제이다. 우리 나라에서 실시하는 민족구역자치제도를 법률의 형식으로 규정하고 법률적으로 이 문제를 해결해야 한다."[35]라고 지적하였다.

1984년 5월 31일, 제6기 전국인민대표대회 제2차회의에서는 《중화인민공화국 민족구역자치법》을 통과시켰는데 이것은 국가의 헌법 원칙에 근거하여 제정한 기본법이다. 이 법률이 반포됨으로써 1947년부터 실시된 민족구역자치제도가 정치제도와 법률규범의 통일을 실현하고 민족구역자치제도를 위해 법률적 보장을 제공하게 되었다. "민족구역자치는 중국공산당이 마르크스-레닌주의로 중국의 민족문제를 해결하는 기본정책이고 나라의 기본정치제도의 하나이다. 민족구역자치는 국가의 통일된 지도 아래서 각 소수민족이 집거 지역에서 구역자치를 실시하고 자치기관을 설립하여 자치권을 행사하는 것이다. 민족구역자치의 실시는 각 소수민족이 본 민족의 내부사무를 관리하는 권리를 존중하고 보장하는 국가의 정신을 보여주며 각 민족의 평등, 단결과 공동번영을 지속적으로 실시하는 국가의 원칙을 체현하고 있다."[36] 이 법률은 중국 민족문제 해결의 노선인 민족구역자치제도가 이미 중국 정체

---

35 邓小平,《新疆稳定是大局, 选拔干部是关键》, 中共中央文献研究室, 中共新疆维吾尔自治區委员会编,《新疆工作文献选编》(一九四九—二○一○年), 제252쪽.

36 《中华人民共和国民族區域自治法》, 中共中央文献研究室, 中共新疆维吾尔自治區委员会编,《新疆工作文献选编》(一九四九—二○一○年), 제263쪽. 이하에서는 이 법에 대한 인용표시를 생략함.

(政體)와 법률체계의 유기적인 구성부분이 되었음을 상징한다. 과거에 실시한 일부 중요한 민족정책도 법률 조항에 포함시켰다. 이 법률은 일부 중요한 정책에 대해 아래와 같이 명확히 규정하였다.

- 민족구역자치 지방의 행정등급에 대해 규범화하였다. 자치구, 자치주, 자치현(기)의 명칭은 지방, 민족, 행정 지위의 순서에 따라 구성된다. 자치기관은 국가의 일급 지방정권으로서 각급 자치 지방의 인민대표대회와 인민정부로 구성되며 자치구 주석, 자치주 주장, 자치현(기) 현(기)장 등은 구역자치를 실시하는 민족의 공민이 담임하기로 확정하였다.
- 민족자치지방의 자치기관은 반드시 국가의 통일을 옹호하고 헌법과 법률이 당지에서 준수, 집행되도록 보장해야 한다고 명확하게 규정하였다. 민족구역자치 지방은 건립된 후에는 법적 절차를 거치지 않고는 철회 또는 합병할 수 없다. 민족자치 지방의 지역 경계역시 일단 확정되면, 법적 절차를 거치지 않고는 변경할 수 없다.
- 민족구역자치 지방에 당지 민족의 정치, 경제와 문화적 특징에 근거하여 자치조례와 단행조례를 제정하는 권리를 부여한다. 민족구역자치 지방은 당지의 상황에 근거하여 헌법과 법률을 위반하지 않는 원칙 하에서 특수 정책과 원활한 조치를 취해 민족구역 자치지방의 경제, 문화 건설 사업의 발전을 가속화하는 권한을 가진다. 당지 실제 상황에 부합되지 않는 상급 국가기관의 결의, 결정, 명령과 지시에 대해 자치기관은 해당 상급 국가기관에 신고하여 비준을 거친 후 변통적으로 시행하거나 시행을 중지할 수 있다.

- 민족자치 지방의 자치기관은 국가 계획의 지도 하에서 현지의 특점과 수요에 근거하여 경제 건설 방침, 정책과 계획을 제정하고 자주적으로 지방성 경제 건설 사업을 배정하고 관리할 수 있다고 규정하였다. 이런 자주권은 초원, 삼림 등 자연 자원 및 기업, 사업, 무역, 재정, 세무, 교육, 문화, 과학기술, 의료, 체육 등 여러 방면을 모두 포함한다.
- 민족구역자치 지방은 당지 각 민족이 모두 자신의 언어 문자를 사용하고 발전시키는 자유를 보장해야 하며, 자신의 풍속 습관을 유지하거나 개변시킬 자유를 보장해야 하며, 각 민족 공민의 종교 신앙의 자유를 보장해야 한다고 규정하였다. 자치기관은 직무 집행 시 본 지방의 자치조례의 규정에 따라 현지에서 통용되는 한 가지 또는 여러 가지 언어 문자를 사용할 수 있으며, 집법, 소송에서 각 민족 공민들이 모두 본 민족의 언어 문자로 소송할 수 있는 권리를 보장해야 한다고 규정하였다. 그리고 민족 자치 지방이 민족관계 면에서 반드시 준수해야 할 법률 규범을 규정하였다.
- 상급 국가기관이 민족구역자치법을 이행할 것에 대한 책임과 의무를 규정하였다. 국민경제와 사회 발전 계획을 제정할 때 민족자치 지방의 특점과 수요를 배려할 것을 요구하였다. 그리고 기초시설 건설, 자원 개발 등 항목의 배치와 투자, 특별 자금의 설립, 여러가지 혜택 정책의 제정, 소수민족 간부 대오와 각종 인재의 양성 등 여러 방면의 정책 요구를 제시하였다.

이 법률의 반포와 시행, 그리고 중국 개혁개방 사업의 발전에 따

중국공산당은 어떻게 민족문제를 해결하는가

라, 그리고 사회주의 시장경제 체제의 수요와 서부대개발 전략 실시 수
요에 적응하기 위하여 2001년에 진행한 수정 작업은, 중국의 민족구역
자치제도의 건설과 보완을 위해 보장을 제공하였다. 이 법률의 제정은
"문화대혁명" 이후의 혼란을 평정한 중대한 성과일 뿐만 아니라, 개혁
개방 사업 과정에서 사회주의 제도의 자기완성의 중대한 조치이다. 이
것은 또한 중국특색의 사회주의 제도의 우월성이 민족문제 해결 방면
에서 정치적 법률적 통일로 체현된 것이며, 정치 민주 건설의 중요한
체현이다. 그렇기 때문에 덩샤오핑은 "민족문제를 해결함에 있어서 중
국이 선택한 것은 민족공화국 연방제도가 아니라 민족구역자치제도이
다. 우리는 이 제도가 중국의 실정에 부합되기 때문에 더 좋다고 생각
한다. 우리들에게는 우월한 것이 많이 있는데 이는 우리 사회주의 제도
의 우세이기 때문에 포기할 수 없다."[37]라고 지적하였다. 따라서 민족구
역자치제도의 견지 및 보완은 변함없는 중국의 기본 국책이다.

경제건설을 중심으로 한 "두 가지 대세"

중국공산당 제11기중앙위원회 제3차전체회의 이후 중국공산당의
사업 중심은 사회주의 현대화 건설의 길로 옮겨왔다. 경제건설을 중심
으로 하여 사상을 해방하고 개혁개방을 진행하며 생산력을 크게 발전시
키는 것은 사회주의 현대화 건설의 지도사상으로 되었다. 1982년에 반
포한 헌법에서는 현 아래에 향, 민족향, 진의 1급인민대표대회와 인민정

---

37   邓小平,《我们干的事业是全新的事业》,《邓小平文选》第三卷, 제257쪽.

부를 설립할 것을 규정함으로써 농촌 세대별 생산량 연동 도급 책임제[38]로 추진한 경제체제 개혁이 현저한 발전을 이루도록 하였다. 이 발전 형세는 계획경제와 상품경제 대립의 전통 울타리를 타파하였을 뿐만 아니라 인민공사라는 '정권과 인민공사 합일'의 낡은 체제의 종료를 선고하였다. 이 개혁은 소수민족의 농촌, 목축구의 생산력을 해방하고 적극성을 불러 일으켰으며 경제 발전 추진에 중요한 작용을 일으켰다.

중국 신민주주의 혁명은 농촌으로부터 도시를 포위하는 기본 전략의 기초 위에 건립된 것으로서 이는 중국 국정에 의해 결정된 것이다. 중국의 개혁개방 역시 농촌에서 먼저 전개되었는데, 이것 역시 중국 국정에 의해 결정된 것이다. 중국은 농업 대국으로서 농민이 중국 인구의 주체이며, 소수민족에 있어서도 농민, 목축민이 차지하는 비중이 훨씬 더 크다. 신민주주의 혁명 시기에 중국공산당의 주요 임무가 노농연맹을 건립하여 수많은 농민들과 단결하고 그들에 의거하여 제국주의 억압의 민족문제를 해결하고, 농민운동을 통해 봉건제도 및 민족 억압 제도를 뒤엎는 것이었다면, 사회주의 건설 과정에서도 역시 농민문제를 해결하는 것이 최우선 임무로서, 이것은 민족문제를 해결하는 기초이며, 평등, 단결, 호조의 사회주의 민족관계를 건립하는 기초였다. "민족문제의 본질은 농민문제이다."라는 것은 사회주의 건설 사업 중에서 각 민족 "노동 인민의 관계"에서 집중적으로 구현되었다. 다민족국가에서 각 민족의 농민 문제 해결에 있어서, 당시 가장 두드러진 문제는

---

38 역자 주, 생산 수단 집단소유제가 변하지 않는 조건 아래, 농가는 집체와 계약을 맺고 집체 소유의 토지나 기타 생산 수단을 도급 받아 국가나 집체에서 정한 책임량을 제하고 나머지의 기타 수입은 농가에 돌아가는 농업 생산 제도.

중국공산당은 어떻게 민족문제를 해결하는가

먹고 입는 문제 즉 기본 생계 유지 문제를 해결하는 것이었다. 이것은 민족문제의 해결에 있어서 가장 기초적이면서도 중대한 의의가 있다.

중국공산당 제12차대표대회 이후, 중국은 전면적 개혁의 새로운 단계에 진입하면서 도시의 개혁과 각 영역의 개혁이 잇따라 전개되었다. 특히 연해 지역 경제 특별구의 설립은 "번영 발전"의 좋은 모습을 나타냈다. 동시에 동남 연해 지역의 쾌속적인 발전을 선두로 하는 중국의 경제 구조가 초보적으로 형성되게 되었다. 중국공산당 제12차대표대회의 보고에서는 "민족단결, 민족평등과 각 민족의 공동번영은 우리 다민족 국가에 있어서 국가의 운명과 관련되는 중대한 문제이다."라고 지적하여 국가 운명이라는 정치적 높이에서 각 민족의 평등단결에 대해 인식하고 각 민족의 공동 발전 번영을 강조하였다. 이것은 중국공산당이 사회주의 현대화 건설 사업 중 민족문제의 중요성에 대한 새로운 해석이다. 중국공산당 제13차대표대회는 중국 개혁개방 과정에서 중대한 이론적 의의와 실천적 의의가 있는 회의로서, 이번 회의에서는 중국의 사회주의 건설이 처한 역사 단계에 대해 과학적인 해석을 하였을 뿐만 아니라 이 역사 단계에서 전 당이 반드시 확고부동하게 준수해야 할 "한 개 중심, 두 가지 기본점"의 기본 노선을 확립하여 중국 사회주의 현대화 실현의 "3단계" 전략 목표와 임무를 확립하였다. "중국의 사회주의는 어떤 단계에 처해 있는가? 사회주의 초급단계에 처해 있다. 즉, 초급단계의 사회주의이다. 사회주의 자체가 공산주의의 초급단계이고 우리 중국은 사회주의의 초급단계에 처해 있기 때문에 우리는 저발달 단계에 있는 것이다. 모든 것은 이 실정으로부터 출발하여 이 실정에 근거하여 계획을 제정해야 한다."[39] 사회주의 초급단계 이론의 제기는 중국공산당이 사회주의 현대화 건설을 진행하는 과정에서 기본 국정에 대한 전반적인 파악이고, 무엇이 사회주의이고 어떻게 사회주의를 건설할 것인가 하는 이 중대한 문제에 대해 이론을 정립하는 기초가 되었다.

사회주의 초급단계의 기본특징은 이 단계의 사회 총체적 문제(기본모순), 즉 "날로 늘어나는 인민들의 물질 문화적 수요와 낙후한 사회 생산력 간의 모순"에 의해 결정된다. 이 모순을 해결하려면 반드시 "한 개 중심, 두 개 기본점"의 기본노선을 견지해야 하며, 반드시 점진적으로 "3단계" 발전 전략을 실시해야 한다. 하지만 국토 면적이 넓고 인구가 많은 중국에 있어서 경제건설을 중심으로 하는 발전은 전국적 범위에서 동시에 동일한 속도로 전개될 수 없으며 국가 역시 모든 지방을 다 지원하여 전면적인 대규모 경제 건설을 추진할 수 없다. 그렇기 때문에 일부 지역을 먼저 발전시켜 국가 능력을 강화하기 위해 재부를 축적하고, 기타 지역을 이끌어 발전시키기 위해 환경을 마련하고 경험을 제공해야 한다. 이것이 사회주의 초급단계에 입각한 실사구시적이고 과학적인 결정이다.

1988년에 덩샤오핑은 중국의 국정으로부터 출발하여 개혁개방의 "두 가지 대세" 문제를 제기하였다. 즉 "연해지구의 대외개방을 가속화하여 2억 인구를 가진 이 광대한 지역이 빨리 먼저 발전하여 향후 내지(內地)의 발전을 이끌게 해야 한다. 이는 대세와 관련되는 문제이다. 내지에서는 이 전반적인 국면을 고려해야 한다. 연해 지역이 일정한 정도

---

39   邓小平,《一切从社会主义初级阶段的实际出发》,《邓小平文选》第三卷, 제252쪽.

240   중국공산당은 어떻게 민족문제를 해결하는가

로 발전한 후 연해 지역으로 하여금 더욱 큰 힘으로 내지의 발전을 돕도록 한다. 이것 역시 대세이다. 그때에는 연해 지역이 이 대세에 따라야 한다."[40] 이 "두 가지 대세"의 발전 전략을 실시하는 과정에서 동남 연해 지역의 경제 발전은 고속 성장 추세를 나타냈다. 그렇지만 이것이 국가에서 내륙 지역 특히 주로 서부 지역에 집중된 소수민족 집거 지역에 대한 지원과 지지를 소홀히 한다는 것을 의미하지 않는다.

사실 "문화대혁명"이 끝난 후 당과 국가에서는 이미 소수민족 지역의 경제발전에 대한 지원과 지지를, 민족정책을 회복하고 실시하는 것의 중요한 내용으로 삼아 고도로 중시했으며 일련의 조치를 취하여 소수민족 집거 지역의 경제 발전을 추진하였다. 예를 들면, 1977년에는 변경 건설 사업 보조 기금을 설립하였고 1979년에는 국가에서 《변강 건설 계획(초안)》을 제정, 실시하여 8년 내에 변강 건설 자금 400억 위엔을 배치한다고 하였다. 같은 해 소집된 전국 변방 사업 회의에서는 맞춤형 목표 지원 정책을 확정하여, 베이징은 네이멍구를, 허베이(河北, 하북)는 구이저우를, 장쑤(江蘇, 강소)는 광시와 신장을, 산둥(山東, 산동)은 칭하이를, 상하이(上海, 상해)는 윈난과 닝샤를, 전국이 시짱을 지원하기로 결정하였다. 1980년에는 경제 후진 지역 발전 기금을 설립하였으며, 1987년 전국 목축구 사업회의에서는 27개 국가 중점 지원 목축구 빈곤현을 확정하고 목축구 빈곤 특별 이자 보조 대출을 설립하였다. 1980-1988년에 중앙재정은 5개 자치구와 소수민족이 비교적 많이 집중된 구이저우, 윈난, 칭하이 등 성에 대해 해마다 10%씩 증가하는 정액

---

40   邓小平,《中央要有权威》,《邓小平文选》第二卷, 제277-278쪽.

보조 제도를 실시하였다. 이뿐만 아니라 당과 국가는 부동한 지역에 대해 서로 다른 경제 발전 정책을 취하였다. 예를 들면 시짱자치구에 대해 1984년 후부터 농업구에서는 "토지를 농가에 귀속시켜 사용하게 하고 자주적으로 경영할 수 있게 하고 이것을 장기간 변함없이 유지하는" 정책을, 목축구에서는 "가축을 농가에 귀속시켜 자주적으로 사양하고 자주적으로 경영하며 이것을 장기간 유지하는" 정책을 실시하였고, 시짱 지역 농민, 목축민에 대해 세금을 감면하는 정책을 취하였다. 또 1984-1994년 간 국가 및 전국 아홉 개 성, 시에서 시짱의 43개 프로젝트에 투자, 지원하였는데 총 투자액은 4.8억 위엔에 달하였다.[41]

"두 가지 대세"의 순서 별 발전을 실시하는 과정에서 동부 지역에 대한 국가의 투입은 재정 면의 투입도 포함하지만 더욱 중요한 것은 생산력 해방과 대외개방에 유리한 정책적 투입이다. 이는 동부 지역의 경제, 과학 기술, 교육, 지역 위치, 노동력 시장 등 일련의 기존에 가지고 있는 기초에 의해 결정한 것이다. 당시의 조건에서 이런 정책의 투입은 내지와 서부 지역에 있어서는 아직 정책 효과를 충분히 발휘할 수 있는 경제 사회 기초가 부족한 상황인 것은 두말할 필요도 없었다. 동부 지역의 신속한 발전과 중서부 지역의 완만한 발전, 이 양자 간의 차이는 경제적 기초 조건의 역사적 차이로서 1990년대에 신속히 확대되는 태세를 보였다. 소수민족과 자치 지역에서도 여러 가지 절박한 염원이 나타났고 일부 간부, 민중에게서도 "상실감"이 생겼으며, 심지어 "구역자치

---

41 《西藏的民族區域自治》, 王晨主编,《中国政府西藏白皮书汇编》, 人民出版社, 2010年, 제74쪽을 참조하라.

는 필요없고 특별구 정책을 요구한다"는 염원을 표현하였다. 이 모두는 이해할 수 있는 것이다. 이러한 염원은 사회주의 초급단계의 중국 민족 문제의 핵심인 소수민족과 민족자치지방의 쾌속적인 발전에 대한 요구와 자기 발전 능력 부족 간의 모순을 뚜렷이 반영하였기 때문이다.

마르크스주의 경전 작가들은 "각 민족 간의 상호 관계는 해당 민족의 생산력, 분공과 내부 교류의 발전 정도에 의해 결정된다. 이는 공인된 원리이다. 한 민족과 기타 민족의 관계, 그리고 그 민족 자체의 전반 내부 구조 역시 자체의 생산 및 내부와 외부의 교류의 발전 정도에 의해 결정된다. 한 민족의 생산력 발전수준은 그 민족 분공의 발전 정도에서 가장 선명하게 표현된다."[42]라고 논의하였다. 다시 말하면 한 민족 내부의 분공 정도 및 그에 의해 결정된 생산력 발전 수준이 민족 교류 관계의 비교 효과에서 기본조건으로 된다는 것이다. 신중국이 건립된 후, 특히 개혁개방 이래 소수민족 지역의 경제 사회 등 각 항목의 사업의 발전은 모두 장족의 발전을 이루었다. 하지만 구역 경제의 발전이 결코 한 민족, 한 지역의 "사람의 발전"을 완벽하게 대표할 수는 없다. 농민과 목축민 인구 비례가 한족보다 높은 소수민족 지역에 있어서 전통적인 경제 생산 방식은 여전히 보편적으로 존재하며 빈곤 문제도 여전히 광범위하게 존재하고 있었다. 민족구역자치 지역은 자연 지리 조건, 기초 시설, 경제 기초, 과학기술, 교육 능력 등 여러가지 요소의 제약으로 인해 풍부한 광산 등 자연 자원을 가지고 있지만 자신의 힘으

---

42   马克思, 恩格斯,《德意志意识形态》,《马克思恩格斯文集》第1卷, 人民出版社, 2009년, 제520쪽.

로 효과적으로 개발하고 이용하지 못하고 있었다. 따라서 본 지역, 본 민족의 실정에 입각하여 점진적으로 당지 조건에 부합되는 발전을 모색하는 것이 곧 발전을 가속화하는 중점이다. 이 방면에서 당과 국가는 동부 지역을 선두로 하는 발전 전략을 추진하는 과정에서 서부 지역 특히는 소수민족 지역의 가속적인 발전에 유리한 정책을 점진적으로 조정하고 강력하게 실시하였다.

국가의 경제 실력이 대폭 강화됨에 따라 1990년대부터 당과 국가에서는 서부 지역 특히 소수민족 지역의 발전 정책에 대한 지원을 지속적으로 강화하였다. 예를 들면 1990년에 국가에서는 "소수민족 빈곤 지역 생계 유지 기금"을 설립하고 141개 소수민족 빈곤현을 중점적으로 지원했다. 1994년에 실시한 《국가 8.7 빈곤 구제 중점 계획》에서는 표준 완화를 통해 혜택 정책을 받을 수 있는 소수민족 빈곤현 116개를 추가했다. 1992년에는 소수민족 발전 기금을 설립하였으며 같은 해에 국경 개방 전략을 실시하여 13개 대외개방 도시와 241개 1등급 개방 항구를 확립하였고 14개 변경 기술협력구를 설립하였으며 변민(邊民) 통상을 실시하여 지역 시장경제를 촉진시키고 인민대중의 수입을 증가하는 중요한 통로가 되게 하였다. 1994년의 소수민족 지역의 광산 자원 개발의 발전에 따라 국가에서는 중앙과 자치구의 광산 자원 보상금 분배 비율을 4:6(기타 성, 시는 5:5)으로 조정했다. 일대일 지원면에서, 1996년에 국무원은 15개 동부 발달 성, 시가 일대일로 서부 11개 성(자치구)을 지원할 것을 확정하였다. 각 민족 각 지역의 공동 발전, 공동 번영이라는 이 사회주의 본질적 특징을 띤 이념은 "두 단계 발전"의 실천 과정에서 더욱 선명하게 구현되고 있다. 1992년에 덩샤오핑은 남방담화

(南方谈话)에서, 연해 지역의 발전 상황에 근거하여, 사회주의 근본 목적이 공동 부강을 실현하는 것이라고 논술하면서, 이 연설에서 동남 연해와 중부, 서부 지역 경제 발전 격차 문제에 대해 다음과 같이 형세를 분석하여 지적하였다. "본 세기 말에 샤오캉(小康)수준에 도달할 때에 이 문제를 중점적으로 제기하고 해결할 수 있을 것임을 예상할 수 있다."[43]고 하였다. 실천이 증명하다시피 덩샤오핑의 중국 개혁개방 발전 전략 진행에 대한 설계와 예상 성과는 완전히 실제에 부합되었다.

소련 해체의 도전

중국이 개혁개방의 길에 들어서서 현저한 성과를 이루기 시작할 무렵인 1985년부터 소련도 개혁을 시작하였다. 하지만 고르바초프가 영도한 개혁은 소련공산당을 통해 과거의 잘못을 시정하고 미래의 방향을 제시한 것이 아니라 고르바초프 개인을 통한 "공개적" 사회동원이었다. 그 본인이 말한 바와 같이 "첫번째 공개적인 행동은 1985년 5월의 레닌그라드 행이라고 나는 생각한다. 이것은 지도자와 인민들 간의 특별한 접촉이 되었다. 나의 연설은 사전에 아무런 초고도 없었고 또 사전에 동료들과 협상하지도 않은 것이어서 정치국에 많은 난제를 가져다주었다."[44] 흐루쇼프가 소련공산당 20차대표대회에서 한 비밀보고는 국제공산주의 운동과 서방의 진동을 불러일으켰다. 고르바초프는

43　邓小平,《在武昌、深圳、珠海、上海等地的谈话要点》,《邓小平文选》第三卷, 제374쪽.

44　【俄】米·谢·戈尔巴乔夫,《戈尔巴乔夫回忆录》上册, 述强等译, 社会科学文献出版社, 2003년, 제369쪽.

앞장서서 대중 연설을 하여 당내와 국내 여러가지 추악한 현상에 대해 비판하였는데, 이 역시 소련 사회와 민중들의 강렬한 반응 및 동유럽 국가와 서방 세계의 관심을 불러일으켰다.

소련 개혁은 피할 수 없는 추세였다. 그렇지만 고르바초프의 개혁은 명목만 "위로부터 시작된 개혁"이었지 사실은 소련공산당 지도 핵심과 연맹 중앙의 공통된 의지가 아니었기 때문에, "공개성"은 "아래의 혁명"을 동원하여 "위의 혁명"을 지지하도록 하는 결정적 요인이 되었다. 이것은 그가 생각하는, "개혁이 성공을 취득하고, 또 되돌릴 수 없도록 하는 가장 믿음직한 담보의 하나"[45]였다. 그렇지만 이러한 소위의 "민주화"의 사회 운동이 "오늘의 상처이든 역사의 비참한 사건이든 모든 사건이 언론의 분석 대상이 될 수 있"[46]을 때가 오게 되면 모든 사회 모순은 "비참한 사건"의 폭로, 고발과 함께 폭발되는데, 여기에는 오래 동안 잠재하고 있었던 민족 모순도 포함된다.

1986년 알마티에서 발생한 소동은 소련 개혁 과정 중의 민족 충돌의 서막을 열어놓았다. 잇따라 1987년에 발생한 "크림 타타르인 운동은 공개성과 민주화를 실행하는 조건 하에서 조직적이고 결연한 방식을 택하여"[47] 붉은 광장에서 진을 치고 항의를 진행하였다. 그후 발트3국은 민족주의 조직을 세웠고 나고르노 카라바흐, 트빌리시, 페르가나, 바쿠에서 민족 충돌이 연이어 발생했다. 소련 민족문제의 전면적인 폭

45　【苏】米·谢·戈尔巴乔夫,《改革与新思维》, 苏群译, 新华出版社, 1987년, 제65쪽.

46　【苏】米·谢·戈尔巴乔夫,《改革与新思维》, 제94쪽.

47　【俄】米·谢·戈尔巴乔夫,《戈尔巴乔夫回忆录》上册, 제598쪽.

발은 사회 동란을 일으켰고 정치적 변천을 가속화하고 민족과 민족 간의 충돌을 일으키면서 국가 분열 야기에 중요한 역할을 하였다. 비러시아 민족 중에 나타난 주로 연맹에 대항하는 일련의 민족적인 항의는 이미 "소련"을 대표하는 러시아 민족의 대민족주의로 하여금 많이 수축되게 하였다. 특히 "러시아 내부에서 '자유민주파'가 정권을 잡은 후 선후로 쇼비니즘(배타적 애국주의) 그룹이 하나 둘 나타났고 심지어 파쇼의 길을 걸으려는 사회의 쓰레기들마저 나타났다. 그들은 민족주의 구호와 러시아 인민의 이익을 배려한다는 명목 하에" 또 그들이 만들어낸 "공격성이 막강한 민족주의"[48]로 소련 각 민족의 분열 운동을 격화시켰다. 러시아의 옐친(자유민주파), 지리노프스키(극단적 민족주의자)가 바로 이 방면의 대표적인 인물이다. 이렇게 됨으로써 1990년에 이르러 러시아연방공화국은 각 가맹공화국이 하나 둘 주권 선언을 발표하는 형세에 처하게 되었다. 러시아 국가들의 "주권 선언"은 "국가 통일에 가장 심각한 타격을 주는" 행동으로 되었으며, "이 행동은 전 소련의 권력과 관리 중심이 쇠망할 수밖에 없음을 의미한다. 이렇게 되어 통일국가가 멸망하게 된 조건이 마련되었다."[49]

소련의 개혁 과정에서 대러시아 민족주의가 사회화로부터 민족화로 축소된 것은 소련의 대외정책이 "소련 모델"로부터 "국내 개혁"으로 축소된 것을 의미한다. 고르바초프는 동유럽 각국에 대한 개혁 동원에서 경제호조위원회 각 성원국에 소련은 더 이상 "맏형"의 역할을 담

---

48 【俄】雷日科夫,《大国悲剧-苏联解体的前因后果》, 제36쪽.

49 【俄】雷日科夫,《大国悲剧-苏联解体的前因后果》, 제37쪽.

당하지 않는다는 정보를 명확하게 전달했다. 이를테면 "그는 발견자의 자부감을 가지고 평등과 상호 책임에 대해 논했고, 각 당과 국가의 독립성에 대해 논했다."[50]와 같은 것이다. "그는 헝가리, 폴란드, 체코와 독일민주공화국의 형세와 발전을 주의 깊게 주시하였고", "너무 느리면 반드시 생활의 징벌을 받게 된다."[51]와 같은 명언으로 동유럽 국가들의 개혁을 선동하였다. 그리고 이러한 국가들에 나타난 사회적 불안정 상황을 개혁의 계기로 간주하였으며 심지어 이런 국가들에 주재한 소련대사관들은 이들 개혁을 지도하는 "센터"로 되었다. 소련 국내 개혁 형세와 고르바초프가 동유럽 국가에 대한 개혁 동원의 작용으로, 동유럽 국가 내부에서는 각종 사회 모순이 잇따라 폭발하였다. 이런 유사 "소련 모델" 방식을 실행한 국가들에서는 소련과 같거나 또는 유사한 문제들이 쌓이게 되었는데 여기에는 민족문제도 포함된다. 1989년에 20여만 명의 불가리아 터키인들은 "자신들의 가축을 도살하고 재산을 싼 값에 팔고"[52] 국경을 넘어 터키에 진입하였다. 이 사태는 불가리아 국내 "민주파"가 공산당 정권을 뒤엎는 구실의 하나로 되었다. 그리고 거의 이와 동시에 루마니아의 헝가리인들이 집거한 작은 도시 티미쇼아라에서 발생한 유혈사건은 전국적인 시위와 동란을 일으켰으며 며칠 뒤 차우셰스쿠 부부가 살해되는 사건이 발생하게 되었다. 이런 나

50　【保】托多尔·日夫科夫,《日夫科夫回忆录》, 吴锡俊, 王金柏译, 新华出版社, 1999년, 제 256쪽.

51　【독일】埃贡·克伦茨,《大墙倾倒之际-克伦茨回忆录》, 沈隆光等译, 世界知识出版社, 1991년, 제76-77쪽.

52　【保】托多尔·日夫科夫,《日夫科夫回忆录》, 제256쪽.

라들에서 발생한 변화는 모두 민족문제의 도화선을 내포하고 있다. 소련의 해체, 동유럽 격변의 과정에서 체코슬로바키아의 분열이 "평화적 분열"에 속한다면 유고슬라비아 연맹의 해체는 가장 잔혹한 전쟁 비극이었다.[53] 이런 국면은 2008년에 이르러, 코소보의 독립으로 7개 국으로 분열된 상태가 되어서야 비로서 안정되었다.

소련, 체코슬로바키아, 유고슬라비아 등 세 개의 다민족 연방국가의 해체에는 여러 가지 원인이 존재하지만 민족문제 해결의 실패가 이들의 공통된 특징이었다. 이 해체 과정은 고르바초프가 선도한 "공개성" - "전 인류 가치" - "민주화"의 과정에 따라 전개되었지만[54] 최후의 해체는 결국 민족주의가 추진한 독립적 건국임이 분명하다. 러시아연방을 포함한 소련 15개 가맹공화국의 분리이든, 체코와 슬로바키아의 분열이든, 더 나아가서 슬로베니아, 크로아티아의 유고슬라비아로부터의 우선 이탈이든, 그리고 변화가 일어난 모든 전(前) 사회주의국가의 소련 진영으로부터의 이탈이든, 민족주의 정치의 깃발에는 모두 소련 반대, 공산주의 반대, 사회주의 반대라는 마크가 새겨져 있었다.

지프코프는 자신의 가장 큰 착오를 회억하면서 "나는 사회주의 발전의 길을 포기하는 가능성이 나타날 것을 예견하지 못했다."[55]고 말했다. 리지코프는 "우리들의 비극은 우리가 '소비에트의 가치'를 잃고 과

---

53 졸저 《帝国霸权与巴尔干"火药桶"-从南斯拉夫的历史解读科索沃的现实》, 社会科学文献出版社, 1999년을 참조하라.

54 【俄】雷日科夫, 《大国悲剧-苏联解体的前因后果》, 제18쪽을 참조하라.

55 【保】托多尔·日夫科夫, 《日夫科夫回忆录》, 제256쪽.

거의 모든 긍정적인 것을 새로운 시기로 가져오지 못했기 때문이다."[56]
라고 지적했다. 크렌츠는 생동하면서도 슬프게 "우리 사회의 복지정책
의 우월성에 대해 의문을 제기하는 사람이 점점 많아"졌지만, "서방의
희망은 매일 우리와 함께 했다. 예를 들면 텔레비전 광고, 소포, 작은 선
물 및 외화 상점의 공급품 등과 같은 데에서 말이다. 아이들마저 부모
들에게 '왜 우리는 독일연방만큼 돈이 많지 못한가'라고 묻는다."[57]라고
말했다. 이들 옛 공산당의 고급 정계 인물들이 본국의 사회주의 건설의
실패에 대해 지적한 이러한 반성은 사람들로 하여금 깊이 생각하게 한
다. 이는 또한 우리 중국 사람들로 하여금 현재 걷고 있는 중국특색의
사회주의 성공의 길에 대해 더욱 깊은 인식을 가지게 한다.

물론 민족문제 해결의 시각에서 보면 이런 나라 자체에 문제가 존
재했던 것 외에도 미국 등 서방 나라들의 "철의 장막" 뒤의 틈을 이용하
여 진행한 장기 침투도 민족문제를 격화시킨 요인의 하나였다. 고르바
초프가 개혁을 발동한 후 브레진스키는 아주 민감하게 "동유럽 국가의
억압된 의지와 현대 대러시아제국 내부의 민족 모순은, 중요하면서도
서로 의존적인 이 두 가지 목표를 실현하기 위한 발판을 제공하였다."
고 인식하였다. 동유럽의 정치 다원화는 "최종적으로 소련 자체의 다원
화를 촉진하게 되며" 이로 인해 필연적으로 "발트해 연안의 일부 공화
국에서, 벨라루스와 우크라이나 혼합 문화 구역에서, 카프카스와 중앙
아시아의 공화국 주변 지역에서" 비러시아민족과 러시아인이 통제하고

---

56   졸저 《帝国霸权与巴尔干"火药桶"-从南斯拉夫的历史解读科索沃的现实》, 社会科学文
      献出版社, 1999년을 참조하라.

57   【독일】埃贡·克伦茨, 《大墙倾倒之际-克伦茨回忆录》, 제155쪽.

있는 연맹정권과의 "정면 충돌"을 일으키게 된다. 이러한 상황에서 "비러시아인들이 민족 권리에 대해 그 어떤 중대한 요구를 하든 모두 러시아 영토 우세에 도전이 된다." 일단 이런 사태가 형성되면 "대러시아제국의 해체는 최종적으로 찾아오게 되는 것이다." 따라서 미국은 우선 동유럽을 와해시킴으로써 유럽 지역 정치 경쟁에서의 외부적 우세를 대체해야 하며, 그리고 "의식형태 면에서 미국은 불씨를 소련 국내에로 끌어들여 민족 공동 결책을 요구하는 내부 압력을 강화해야 한다."[58] 물론 패권을 다투고 있는 미국과 소련에 있어서 이것은 이미 그 어떤 "음모"가 아닌 공개적인 "계획과 책략"이었다.

사실 미국은 이른바 "철의 장막"이 내려올 무렵부터 이런 침투를 시작하였는데, 그중 민족문제를 이용한 것은 평화적 변천 전략을 실시하는 과정에서 사용하는 일관적인 수단이었다. 물론 이런 요소는 필경은 외적 요인인 것으로서 "만약 내부에, 소련의 적들이 세운 목표를 완전히 따르는 '제5종대'가 없었다면, 외부의 힘에만 의거했다면, 누구도 우리 나라를 어떻게 할 수 없었을 것이다."[59] 이는 틀린 말이 아니다. 그렇지만 내부의 정치, 경제, 문화와 사회 생활의 건설에서 사회주의제도의 우월성을 구현하지 못하거나 "백성들이 제기한 문제를 장기간 미루면서 해결해 주지 않으면 이런 문제들이 누적되어 제도문제로 되는 것이다."[60] 이 말도 절대 비현실적인 말이 아니다. 소련을 비롯한 이들 국

---

58 【미국】兹比格涅夫·布热津斯基,《竞赛方案-进行美苏竞争的地缘政治纲领》, 中国对外翻译出版公司, 1988년, 제224, 117, 211, 118, 226쪽.

59 【俄】雷日科夫,《大国悲剧-苏联解体的前因后果》, 제3쪽.

60 【독일】埃贡·克伦茨,《大墙倾倒之际-克伦茨回忆录》, 제155쪽.

가들은 모두 무엇이 사회주의인지, 어떻게 사회주의를 건설할 것인지에 대한 문제를 제대로 해결하지 못했기 때문에 민족문제도 효과적으로 해결하지 못했던 것이다.

어쨌거나 소련 해체와 동유럽 격변은 헌팅턴의 "20세기 제3의 민주화 물결"을 위해 증거를 제시했다. 즉 소위 "이 단계가 추진됨에 따라 폴란드에서는 민주화에 10년의 시간이 걸렸고, 헝가리에서는 10개월, 동독에서는 10주, 체코슬로바키아에서는 10일, 루마니아에서는 10시간이 걸렸다."[61]는 것이다. 이외에 또 세계에 가져다 준 거대하고 현저한 영향은 소련과 동유럽 지역에서 시작된 민족주의 물결이 전 세계로 만연된 것이다. 냉전 후에 나타난 이 민족주의 물결은 소련과 동유럽 지역을 휩쓴 후 서유럽, 북아메리카, 아프리카, 중동, 동남아, 태평양 제도 등 지역의 수많은 국가에로 확산되었다.[62] 동시에 이 물결은 다민족의 사회주의 중국에도 영향을 끼쳤는데 이런 영향은 이중적인 것으로서 서방인들이 말하는 "공산주의 대실패"와 "민족주의가 공산주의를 전승"했다는 것이다.

1990년을 전후하여, 중국의 영토 완정과 중화민족의 이익에 직접적 위험을 주는 세력들이 나타났다. 해외의 달레이 라마 및 그 망명 그룹은 국제사회에서 "티베트 문제"를 일으키는 여러 가지 활동을 활발

---

61 【미국】塞繆尔.亨廷顿, 《第三波-20世紀后期民主化浪潮》, 刘军宁译, 上海三联书店, 1998년, 제118쪽.

62 졸문《20世紀三次民族主义浪潮评析》, 《世界民族》1996年 第3期 ; 《20世纪世界民族问题的消长及其对新世纪的影响》, 《世界民族》2000年 第1期 ; 《21世纪世界民族问题的走向》, 《国外社会科学》2001年 第1期를 참조하라.

하게 진행함으로써 서방의 소위 "국제 티베트 지원 세력"이 신속하게
발전하여 각종 방식을 통해 국내의 시짱 등 장족 집거 지역에 대해 영
향을 주었다. 그리고 해외의 "타이완 독립" 세력이 다시 타이완에 돌아
와 타이완 내의 "타이완 독립" 세력과 협력하여 타이완의 정치 환경을
개변하고 있다. 또한 해외의 "동투르키스탄" 세력도 활약상을 띠었다.
그들은 "바런(巴仁, 파인)향 사건"으로 신장에서 테러 사건을 일으키고
자 하는 그들의 취향을 드러냈다. 소련이 해체된 후 몽골, 중앙아시아
5개국의 민족주의가 극도로 팽창되었고 "세계 카자흐인대회", "세계
몽골인대회" 등과 같은 민족주의가 퍼졌으며, 동북아시아 지역에서는
"대고려 민족주의" 등 활동이 나타났다. 이들은 모두 중국의 관련 지역
에 대해 크게 작게 영향을 끼쳤다. 미국 등 서방 세력은 1989년 중국에
서 발생한 "정치 풍파"의 기회를 타서 서방의 제재 분위기를 조성하였
고 소련 해체와 동유럽 격변의 기세를 타서 소위 "모든 사회주의 다민
족 국가는 모두 소련의 전철을 밟을 것"이라는 도미노 효과를 추진함
으로써 중국에 대해 "서방화", "분열화" 등의 전략을 실시하였다. 중국
은 민족 분열의 준엄한 도전에 직면하게 되었다.

소련의 해체, 동유럽 혁명의 중대한 국제 형세 변화에 대해 중국공
산당은 침착함과 냉정함을 유지하였다. 중국은 이미 민족문제 해결을
포함한 사회주의 발전의 길을 찾았고, 개혁개방 이래 경제 사회 발전과
인민 생활 수준의 개선을 통해 중국특색의 사회주의 길은 그 정확성 및
효과성이 증명되었으며, 발전 성과 역시 각 민족 민중들의 공감을 얻었
기 때문이다. 그렇지만 필경 미국과 대항할 수 있는 세계 대국인 소련이
순식간에 붕괴되었고 동유럽 전체가 따라서 기치를 바꾸게 된 사실은

실로 사람들을 놀라게 하였다. 특히 미국 등 서방 국가들의 오랜 평화적 변천 전략이 소련에서 먹혀 들었다는 점은 사람들을 더욱 각성시켰다. 게다가 1989년에 중국에서 발생한 "정치 풍파"와 잇따른 서방의 제재는, 소련의 경험을 받아들이고 평화적 변천을 반대하는 방면에서 강렬한 위기 의식을 느끼게 하였다. 이러한 의식은 중국의 개혁개방 과정에서 나타난 상품 경제, 시장경제, '사회주의이냐 자본주의이냐' 등을 포함한 여러 가지 문제와 맞물려 위기감을 고조시켰다. 개혁개방이 어떤 길로 나아가야 하는지가 당시의 중요한 곤혹이었다. 1992년에 덩샤오핑은 남방담화에서 사람들이 관심하는 일련의 중대한 문제에 대해 정확하게 답하였다. 무엇이 사회주의이며 어떻게 사회주의를 건설할 것인가에 대해 간단명료하면서 이치에 맞게 논리적으로 해석하였다.

덩샤오핑이 제기한 "발전이야말로 확고한 도리이다."라고 한 논술, 그리고 중국의 모든 문제를 해결하는 관건은 자체의 발전에 달려있고 발전의 목적은 공동 부유를 실현하는 것이라고 한 일련의 논술은 중국의 개혁개방에 새로운 동력을 불어넣었고 중국의 각 민족, 각 지역의 공동 발전과 번영을 위해 방향을 제시하였다. 이 방향에는 동부 지역의 쾌속적인 발전과 동시에 서부 지역의 발전에 대해 지지해야 한다는 내용이 포함된다. 그는 "연해 지역이 어떻게 내지를 돕는가 하는 것은 하나의 큰 문제이다. 연해 지역의 한 개 성이 내지의 한두 개 성을 맡아 돕는 방법을 택할 수 있다. 한꺼번에 너무 많은 부담을 주지 않는 선에서 기술 양도부터 할 수 있다. 공동으로 부유해지는 것은 우리가 개혁 시작 때부터 말한 것으로서 장래 언젠가 반드시 중심 과제로 될 것이다. 사회주의는 절대 소수인이 부유하고 대다수가 가난한 이런 모양이 아니다. 사회주의의 최대 우월성이 바로 공동 부유인 것으로서 이는 사회주의 본질을 체현하는 내용이다. 만약 양극분화를 실시한다면 상황은 바뀌게 되는 바, 민족 모순, 지역 간 모순, 계급 모순 등이 모두 발전하게 되고 따라서 중앙과 지방의 모순도 발전하게 되는데 그렇게 되면 큰 문제가 생기게 된다."[63]라고 지적하였다. 그렇기 때문에 경제 건설을 가속화하고 내지와 서부 지역에 대한 지원을 강화하며 적시에 경제 발전의 중심을 조절하는 것은 이미 당과 국가가 계획한 새로운 전략이 되었다.

제3절 서부대개발 전략과 민족문제 해결

중국의 개혁개방은 경제 건설을 중심으로 하는 사회변혁이다. 20년 간의 동부 연해 지역을 선두로 한 경제 발전을 거쳐 중국의 자주적 발전 능력은 뚜렷이 강화되었고 종합 국력도 대폭 향상되었다. 동시에 이런 비균형적인 지역 경제 발전 방식은 공업과 농업, 도시와 농촌, 동부 지역과 서부 지역, 한족과 소수민족 간의 발전 차이를 더욱 확대하였다. 새로운 세기에 들어설 무렵 중국은 공업이 농업을 지원하고 도시가 농촌을 지원하고 동부가 서부를 지원하며 각 민족이 함께 공동으로 발전, 번영하는 새로운 단계에 들어섰다.

---

63   邓小平, 《善于利用时机解决发展问题》, 《邓小平文选》第三卷, 第364쪽.

민족 사업의 행동 강령

1999년 신중국 창건 50주년에 즈음하여 당중앙은 중앙민족사업회의를 개최하였다. 이번 회의에서는 중국의 민족 사무에 대해 어떻게 계승 발전하고, 어떻게 미래를 개척하고 창조할 것인가 하는 새 세기를 향한 새로운 임무를 제기하였고, 각 민족 공동의 발전과 번영을 실현하기 위해 경제 발전 전략에 대해 조정을 진행하였다. 장쩌민(江澤民, 강택민)은 보고에서 "전 당의 동지들은 반드시 민족 단결을 강화하고 각 민족의 공동 발전과 공동 번영을 촉진하는 것을 사회주의 초급단계에서 민족사업의 행동강령으로 해야 한다."[64]고 지적하였다. 중국 사회주의 초급단계에 입각한 이 행동강령은 중국 민족문제의 주요모순을 해결하기 위한 것이었다.

중앙민족사업회의에서 주룽지(朱鎔基, 주용기)는 "민족사업을 한층 더 잘하기 위한 관건은 소수민족과 민족 지역의 발전을 가속화하는 것이다. 특히 경제를 발전시켜야 한다. 이는 수많은 소수민족 간부, 민중들의 절박한 소원이며, 또한 각 민족 인민들의 공동 부유를 실현하고 민족문제를 해결하는 근본적 방법이다."[65]라고 지적하였다. 소수민족과 민족구역 자치 지방의 각 민족 인민들의 이 절박한 염원을 실현하기

---

64   江澤民, 《在中央民族工作会议暨国务院第三次全国民族团结进步表彰大会上的讲话》, 《中央民族工作会议暨国务院第三次全国民族团结进步表彰大会文件集》, 人民出版社, 1999년, 제4쪽.

65   朱镕基, 《加快少数民族和民族地区发展把民族团结进步事业推向新世纪》, 《中央民族工作会议暨国务院第三次全国民族团结进步表彰大会文件集》, 제14쪽. 아래 글에서 주석을 달지 않은 인용문은 모두 본 문헌에서 인용한 것이다.

위해서는 반드시 이들 지역의 경제 사회 발전을 가속화해야 한다. 발전 속도를 가속화해야만 역사가 남겨준 경제 사회 발전의 차이를 효과적으로 제거할 수 있으며, 발전 속도를 가속화해야만 현실에서 지속적으로 확대되는 경제 사회 발전의 차이를 효과적으로 축소할 수 있기 때문이다. 그렇기 때문에 장쩌민은 "소수민족과 민족 지역의 발전을 가속화하는 것은 중대한 경제 문제일 뿐만 아니라 중대한 정치 문제이기도 하다."라고 지적했다. 이 논단은 아주 의미심장한 말이다.

새 중국은 이론적으로나 실천적으로나 모두 국가 차원에서 낡은 제도를 뒤엎고 각 민족 내부의 낡은 제도를 깨끗이 제거하였다. 이는 각 민족의 정치적 지위의 평등을 실현하였음을 의미한다. 하지만 각 민족, 각 계층 간에 경제 문화 지위에서 차이가 존재하기 때문에, 특히 도시와 농촌, 한족과 소수민족, 동부와 서부 지역 간에 총체적인 경제, 문화, 생활 등의 발전 차이가 존재하기 때문에 사람들이 공동으로 여러 가지 사회 공익 권리를 향유하는 면에서는 "사실 상의 불평등"이 존재한다. 그렇기 때문에 사회주의 국가가 선언하는 "진정한 민족 평등"은 "자산계급 민주제가 형식적으로 선언하는 민족 평등"과는 서로 다르다. 국가는 "이전에 억압받던 노동 민중을 도와 실질적인 평등에 도달하게" 해야 할 뿐만 아니라 "자본주의 시대가 남긴 불신과 간극 등 모든 흔적을 제거해야 한다."[66] 이러한 흔적은 경제 문화 방면에 두드러지게 반영된다. 중국공산당은 전통적으로 소수민족의 경제 발전을 중시해 왔으며, 이를 '사실상의 불평등' 해소와 각 민족의 '진정한 평등' 실

---

66   列宁,《俄共(布)纲领草案》,《列宁全集》第36卷, 人民出版社, 1985년, 제101쪽.

현의 전제조건으로 삼았다. 저우언라이는 "가장 근본적인 문제는 소수민족을 도와 생산을 발전시키고 생활을 개선하는 것이다. 소수민족이 경제상에서 발전하지 못한다면 그것은 진정한 평등이 아니다. 그렇기 때문에 진정으로 각 민족의 평등을 실현하려면 반드시 소수민족을 도와 경제를 발전시켜야 한다."[67]라고 지적하였다.

레닌의 사상에 따라 스탈린은 소련 사회주의 건설 시기의 민족문제에 대해 "문화가 비교적 발달한 민족과 문화가 덜 발달한 민족 간에는 아직도 낡은 자산계급 제도가 남겨 놓은 사실상의 불평등(문화적, 경제적, 정치적)이 존재하기 때문에 민족문제는 일종의 형식을 띠게 된다. 이런 형식은 일련의 대책을 취하여 낙후한 민족과 부족의 노동 군중을 도와 경제, 정치와 문화 면에서 번영시킬 것을 요구한다. 이렇게 함으로써, 그들로 하여금 앞서가는 무산계급 러시아 중부를 따라잡게 해야 한다."[68]고 지적하였다. 따라서 사회주의 시기 민족문제를 해결하는 근본임무는 역사적, 사회적 등 원인으로 조성된 각 민족의 경제 문화와 사회 생활의 발전 차이를 없애는 것이다. 각 민족 간의 "사실상의 불평등은 여전히 모든 불만과 모순의 근본이기 때문이다."[69] 이런 논술은 소련의 실정에 완전히 부합되며 중국의 실정에도 부합된다. 문제는, 사회주의 국가에 "실질적인 불평등"이 존재한다는 이 객관적인 사실을 밝힘으로써 사회주의의 명예에 얼마나 손상을 주느냐 하는 것이 아니라,

---

67 周恩來, 《要尊重少数民族的宗教信仰和风俗习慣》, 中共中央文献研究室, 中共新疆维吾尔自治區委员会编, 《新疆工作文献选编》(一九四九−二○一○年), 제145쪽.

68 斯大林, 《俄共(布)第十次代表大会》, 《斯大林全集》第5卷, 人民出版社, 1957년, 제35쪽.

69 斯大林, 《俄共(布)第十二次代表大会》, 《斯大林全集》第5卷, 제201쪽.

국가 운명의 높이에서 이 문제를 얼마나 과학적으로 인식하고 적극적으로 해결하느냐 하는 것이다. "사실상의 불평등" 현상은 사회주의 초급단계에 필연적으로 존재하는 객관사실이다. 당과 국가가 "진정한 평등"을 강조하는 것은 바로 이런 "사실상의 불평등"에 초점을 맞춘 것이다. 이런 "사실상의 불평등"은 각 민족 간에도 존재하고 각 계층 간에도 존재한다.

　　사회주의 다민족 국가 내부에서 각 민족의 경제 사회 발전의 불평형은 보편적인 현상이다. 역사적 원인으로 인해 조성된 각 민족의 생산력 발전 수준이 서로 다른 이러한 현실은 사회주의 단계의 일정한 역사 시기에 각 민족 간의 "사실상의 불평등"이 존재하게 된 원인이며, 민족 관계의 조화로운 발전에 영향을 주는 근본원인이기도 하다. 이런 상황에서 국가가 이론적으로 각 민족의 일률적인 평등에 대해 정치적 선언을 하고 또한 법률, 정책, 더 나아가서 제도적 장치를 마련하여 보장한다고 하더라도, "사실상의 불평등"으로 인해 생긴 인민 군중의 "불만과 마찰"을 근본적으로부터 해소하지 못한다면 최종적으로 정치적인 반응을 초래하게 될 것이다. 다시 말하면 이런 "사실상의 불평등" 현상이 장기적으로 존재하거나, 또는 효과적으로 해결할 수 있다는 희망과 전망이 없다면, 각 민족 인민들의 "절박한 염원"이 만족스럽게 해결될 수 없다면, 크렌츠가 깨달은 결과, 즉 "백성들이 제기한 문제를 장기간 미루면서 해결해 주지 않으면 이런 문제들이 누적되어 제도 문제로 된다."[70]는 결과가 필연코 나타나게 될 것이다. 이런 상황에서 서방은 민

70　【독일】埃贡·克伦茨,《大墙倾倒之际-克伦茨回忆录》, 제155쪽.

족문제를 이용하여 평화적 변천을 위한 침투를 진행하고 민족 간의 대항성적인 모순들을 야기시켜 틈탈 기회를 찾은 것이다.

중국공산당이 민족문제를 해결하는 근본적인 정치제도는 민족구역자치이며, 국가의 기본법으로 이를 보장한다. 장쩌민은 중앙민족사업회의 보고에서 "민족구역자치는 중국의 기본정치제도로서, 이 제도는 국가의 집중적인 통일적 지도와 소수민족 집거구의 구역자치를 긴밀히 결합시킴으로서, 강대한 정치 생명력을 가지고 있기 때문에 우리는 시종일관 견지하고 부단히 보완해야 한다. 언제든지 국가 통일의 수호 및 민족구역자치의 실시 관계를 정확하게 파악해야 하며, 국가는 법에 따라 민족 자치 지방의 자치 권리를 보장해야 하며, 민족 자치 지방은 당과 국가의 방침 정책을 전면적으로 관철해야 하며, 아울러 본 지역의 실제 상황과 결합하여 창조적으로 사업을 전개해야 한다."고 강조하여 지적하였다. 중국의 민족구역자치제도의 중요성에 대해 명확하게 설명하고, 또 이 제도는 중앙의 집중 통일 지도 하에 실시되어야 한다고 한 이 논술은 민족구역자치제도가 중국 특색의 사회주의제도의 유기적 구성부분임을 분명하게 표명하였다. 또한 민족구역자치제도를 견지하고 발전시키고 보완하는 것이 바로 사회주의제도 자체에 대한 견지와 발전과 보완임을 분명하게 표명하였다.

물론 이러한 견지, 발전과 보완은 모두 이 기본적인 정치제도가 국가의 집중적인 통일과 소수민족 집거 지역의 자치라는 두 가지 기본 원칙을 수호하는 방면에서 유기적인 결합을 이룰 수 있게 하기 위한 것이다. 이런 결합의 기초는 오직 국가의 대대적인 지지 하에 소수민족과 자치지방의 경제 발전을 가속화해야만 점차적으로 다져질 수 있다. 그렇기 때문에 사회주의 초급단계의 민족사업 행동강령의 제기는, 어떻게 민족구역자치제도를 견지하고 보완할 것인가, 또한 어떻게 사회주의 제도를 견지하고 보완할 것인가 하는 문제를 위해 방향을 제시한 것이다. 그것은 바로 경제를 발전시키고 인민의 생활수준을 향상시키고 종합 국력을 증강하는 것을 통해 실현되는 것이다. 사회주의 초급단계의 민족사업 강령은 중국공산당이 장기간 사회주의 건설 시기의 민족문제의 주요모순을 파악해온 기본사상을 집중적으로 체현하였다. 경제를 잘 발전시키지 못하면 민족구역자치는 공론에 불과하다던 덩샤오핑의 지적으로부터 소수민족 경제 문화 발전을 가속화하는 것은 중대한 경제 문제일 뿐만 아니라 또한 중대한 정치 문제라고 한 장쩌민의 이러한 논단은 모두 각 민족의 공동 발전과 번영이라는 사회주의 본질을 명확하게 체현하였으며, 또한 오직 경제 발전 문제를 해결해야만 민족구역자치제도의 우월성을 정확히 발휘할 수 있다는 점을 명확하게 체현하였다. 소련, 동유럽 등 일련의 사회주의 다민족 국가의 민족문제 해결에 있어서의 실패를 교훈으로, 중국공산당은 "진정한 민족 평등" 원칙을 일관되게 주장해 왔는데, 이는 사회주의 초급단계의 민족사업의 행동강령에서 체현되었을 뿐만 아니라 서부대개발 전략을 실시하는 구체적인 실천 중에서도 체현되었다.

서부대개발 전략 실시

1999년에 중국 정부는 소수민족 지역의 경제 사회 발전을 가속화하기 위한 새로운 요구를 제기하면서 서부 대개발 전략의 새로운 장을 열었다. 이것이 바로 2000년부터 전면적으로 시작된 서부대개발 전략이다. 덩샤오핑의 "두 가지 대세"에 관한 사상과 동부 지역이 서부 지역의 발전을 돕도록 하고, 20세기 말에 서부 지역의 경제 발전을 중심임무로 할 데 관한 지도적 의견은 세기 교체기에 모두 실시되었다. 장쩌민은 "중서부의 발전을 가속화하는 것은, 특히 서부 대개발 전략을 실시하는 것은, 그 조건이 이미 구비되었다. 서부대개발을 실시하는 것은 중국의 다음 세기 발전의 중대한 전략 임무이다."라고 지적하였다. 이는 중국이 경제 사회 발전 방면에서 중대한 전략적 전이, 즉 동부 지역 우선 발전으로부터 서부를 중심으로 한 지역 경제의 조화로운 발전으로 전환하였음을 의미한다. 민족문제의 해결은 정치 제도의 보장이 없어서는 안 되고 정치 제도는 경제 기초의 지원이 없어서는 안 된다. 경제를 발전시키고 인민들의 생활 수준을 향상하는 것은 각 민족 평등의 실현에 물질적 보장을 제공하고, 각 민족 공동 번영을 위해 조건을 창조한다. 당중앙이 제기한 중서부 지역의 발전 가속화 특히 서부대개발 실시 전략은 중국특색의 사회주의 제도의 본질적 특점을 체현하였고 수많은 소수민족과 민족 지역의 각 민족의 간부와 민중들의 마음의 소리를 표현한 것으로서 중화민족을 진흥시키기 위한 웅대한 사업의 중요한 결책이다.

중국의 "서부 지역"은 경제 지리 개념으로서 경제 사회 발전 수준이 낙후하고 자기발전 능력이 부족한 내륙, 변방 지역을 이르는 말이다. 장쩌민은 중국공산당 제15차대표대회 보고에서 중국의 사회주의 초급단계의 국정 특징을 깊이 있게 해석하였다. 여기에는 사회 발전이 후진 상태에 처해있고, 농업 인구가 큰 비중을 차지하고, 자연경제와 반자연경제가 큰 비중을 차지하며, 문맹 또는 반문맹 인구가 큰 비중을 차지하고, 빈곤인구가 큰 비중을 차지하며, 지역 경제 문화 발전이 불균형하다는 내용이 포함된다. 이런 특징들은 소수민족 집거 지역에서 모두 집중적으로 뚜렷하게 나타나고 있다. 서부 지역 특히 변방 소수민족 지역의 경제 발전 기초의 취약성 및 민족(인문조건), 지역(자연조건)의 다양성과 복잡성 등 원인으로 발전을 가속화하는 임무가 아주 막중하므로 서부대개발은 중국의 현대화 사업 발전 중의 힘겨운 싸움이라고 할 수 있다. 서부대개발 전략의 실시는 발전을 가속화할 수 있는 중대한 계기를 제공하였지만 서부 지역의 현실 기초가 가속화 발전을 제약하는 요소로서 동시에 존재한다. 따라서 서부대개발 전략을 실시하는 과정에서는, 반드시 고도의 역사적 책임감과 긴박감을 가지고 또 실제로부터 출발하여 객관법칙에 따라 일을 처리해야 하며 서부대개발 전략의 전면적 추진을 위해 적극적으로 여건을 창조해야 한다.

유구한 역사를 가진 통일된 다민족 국가인 중국에 있어서, 소수민족과 민족 지역의 경제적 번영과 사회 진보가 없으면 전체 국가의 번영 발전과 문명의 번영이 있을 수 없게 되며, 소수민족과 민족 지역의 현대화가 없으면 전 중국의 현대화가 있을 수 없다. 중국은 국토 면적이 넓고 인구와 자원의 분포가 불균형하다. 동남 연해 지구 등 일부 지역을 먼저 발전시키는 전략을 통해 국가의 종합 경제 실력을 향상시키고 그 후 서부대개발의 전략적 전이를 실시하는 것은 각 민족의 공동 발전, 공동 부유를 실현하기 위한 과학적인 선택이다. 특히 사회주의 시장경제를 건립하는 과정에서 동부 발달 지역은 자원의 서포트, 자금의 투입, 노동력의 이전 및 통일된 전국 대시장의 개척 등 일련의 지속적 발전을 위한 수요로 인해, 이들 지역이 서부 지역에 대한 의존도 역시 날로 강화되고 있다. 이것이 바로 중국의 개혁개방 사업의 총설계사인 덩샤오핑의 원대한 과학적인 예견이며, 중국 현대화 사업이 제3단계 전략적 목표를 향해 나아가는 선결 조건이기도 하다.

서부대개발 전략에 포함된 12개 성, 시, 자치구는 총 면적이 686만 7천 제곱킬로미터로서 전국 국토 면적의 71.5%를 차지한다. 경제지리 의미에서의 서부 지역은 비록 인구는 총 인구의 27.9%밖에 차지하지 않지만[71] 이 지역 내의 소수민족 인구는 8,666만 명에 달해 전국 소수민족 총 인구의 75% 좌우를 차지한다.[72] 민족구역자치제도를 실시하는 다섯 개 자치구 및 절대 대부분의 자치주, 자치현이 이 범위 안에 포함되어 있다. 그렇기 때문에 서부대개발 전략에 포함된 12개 성급 지역 중 절대다수가 민족구역자치제도를 실시하는 소수민족 집거 지역에 속한다. 이와 동시에 중국의 동북, 중남, 서남, 화북 등 내지에 분포된 민족 자치 지방(자치주, 자치현)은 경제 사회 발전 정도 면에서 서부의 특징을 가지고 있기 때문에 이런 자치 지방도 서부대개발의 정책을 향유한다. 서부대개발 전략은 구역, 인구와 경제 유형 등에서 중국 소수민족의 모든 자치지방을 포함한다. 이는 서부대개발 전략이 민족 사무와 밀접한 관계가 있다는 것을 의미하며, 더 나아가서, 서부대개발 전략 자체가 바로 중국이 민족문제를 해결함에 있어서의 가장 중대한 조

---

71 中华人民共和国统计局编,《中国统计年鉴》(2010), 中国统计出版社, 2010년, 제19쪽을 참조하라.

72 中华人民共和国统计局编,《中国统计年鉴》(2010), 中国统计出版社, 2010년, 제25쪽을 참조하라.

치라고까지 할 수 있는 것이다.

주룽지는 보고에서, 민족 지역의 발전을 가속화하기 위해 유리한 조건을 창조하자는 임무를 제기하였고, 서부대개발과 민족 지역의 발전을 가속화하는 것을 국가에서 제정한 "제10차 5개년" 계획 및 장기적 계획의 중요한 지도방침으로 할 것을 요구하였다. 동시에 투입을 확대하고, 일대일 지원을 강화하고 보완하며, 양방향 개방을 촉진하는 등 방면에 대해 논술하였으며 민족 지역의 기초 시설 건설을 강화하고, 산업 구조 조절을 가속화하여 특색이 있는 민족 지역 경제를 발전시키고, 천연림 보호 공정 및 생태 환경 건설을 중시하며, 힘을 모아 빈곤 구제 사업을 실행하고, 과학기술과 교육에 의한 국가 진흥 전략을 실시하여 적극적으로 민족 지역 경제 및 조화사회 발전을 적극 추진하는 등 5개 방면의 주요 업무를 강화해야 한다고 제기하였다. 이 기초에서 주룽지는 또한 "소수민족과 민족 지역의 전면적인 진흥과 발전을 실현하려면 결국 민족 지역 간부와 민중들의 자력갱생과 간고분투에 의지해야 한다."고 특별히 강조하여 지적하였다. 이 점은 아주 중요하다.

실천이 증명하다시피 개방은 발전을 촉진하는 전제 조건이다. 소수민족 및 그 집거 지역은 사회주의 시장경제를 건립하는 과정에서 반드시 지속적으로 개혁을 심화하고 개방을 확대하여 국가의 서포트, 발달 지역의 지원 및 대외개방의 유리한 조건 하에서 자력갱생, 간고분투하여 자기 발전 능력을 격발시키고 키워야 한다. 서부 지역 특히 소수민족 지역의 경제 사회 발전 기초를 보면 발전을 가속화함에 있어서 국가의 서포트를 떠날 수 없을 뿐만 아니라 발달 지역의 지원도 떠날 수 없다. 심지어 어느 단계에서는 국가의 정책 지원과 재정 투입, 동부 지역의 무상 지원이 서부 지역의 발전에 대해 주도적인 작용을 할 수도 있다. 다만 이런 투입과 지원의 목적은 서부 지역의 소수민족과 각 민족 인민의 자기 발전 능력을 강화하기 위한 것이다. 한 지역, 한 민족의 자기발전 능력은 외부의 지원을 통해 자연적으로 성장되는 것이 아니라 이러한 외부 환경의 지원 속에서 자력갱생을 통해서만 취득할 수 있다. 사실 소위 발전이라는 것은, 그 근본은 한 나라, 한 지역, 한 민족 내부에서 발생하는 자주적인 변화에 달려 있으며, 내재된 발전 능력은 한 민족이 끊임없이 진보하는 기본 활력이며 발전과 번영의 기초이다. 한 민족의 자기 발전 능력은 종합적인 것으로서 경제, 문화, 인구, 자원, 환경과 사회의 조화로운 발전 등 여러가지 방면에서 구현된다. 따라서 당과 국가, 지방 정부가 적극적으로 서부대개발 전략을 추진하고, 각 민족, 각 지역의 실정으로부터 출발하여 이를 실시하는 과정에서, 소수민족과 민족 지역의 각 민족 민중들은 반드시 기회를 잡고 간고분투, 자력갱생의 정신을 발양하여 끊임없이 자기 발전 능력을 강화해야 한다. 그렇기 때문에 국가의 서포트, 발달 지역의 지원, 서부 지역 각 민족 인민들의 자력갱생, 이 세 가지는 중국이 민족문제를 해결함에 있어서의 "삼위일체"로서 그 어느 하나도 빠뜨릴 수 없는, 발전과 분투의 매커니즘이며 중화민족의 위대한 부흥의 필수조건이기도 하다. 이러한 "삼위일체"가 바로 공동 발전, 공동 번영의 보장인 것이다. 사회주의 본질을 구현한 이 "공동"의 가치라는 민족 사업의 주제는 서부대개발 전략 실시 과정에서도 여실히 드러난다.

　　　　　중국공산당은 어떻게 민족문제를 해결하는가

여러 민족이 다 함께 단결 분투, 번영 발전

2002년 중국공산당 제16차 전국대표대회에서는 "세 개 대표" 중요 사상을 전면적으로 관철하는 이론과 실천 요구를 제기하였으며 전면적으로 샤오캉 사회의 건설을 위한 분투 목표와 근본 임무를 제기하였다. 회의에서는 중국공산당은 중화민족 속에 깊이 뿌리를 두고 있다고 지적하였다. 중국공산당은 성립된 그 날부터 중국 노동자 계급의 선봉대인 동시에, 중국 인민과 중화민족의 선봉대로서 중화민족의 위대한 부흥을 실현해야 하는 장엄한 사명을 짊어지었다. 이로써 전국 56개 민족을 대표하는 총칭인 중화민족이라는 이 국가민족 개념은 중국공산당의 당헌에 기록되게 되었다. 중국공산당이 대표하는 광대한 각 민족 인민의 근본 이익도 내포상으로 더욱 원만하게 표현되었다. 전면적으로 샤오캉 사회를 건설한다는 내용 중의 "전면"에는 구역 개념인 "전면"이 포함될 뿐만 아니라, 각 민족을 다 어우르는 의미의 "전면"도 포함된다. 따라서 중화민족의 위대한 부흥을 실현하기 위해서는 각 민족 인민들이 공동으로 다함께 분투해야 한다.

2003년에 후진타오(胡錦濤, 호금도)는 "우리가 중국공산당 제16차대표대회에서 확정한 각 항목의 임무를 수행하고 전면적으로 샤오캉 사회를 건설하는 웅대한 목표를 실현하는 것은 바로 각 민족의 공동 번영 발전을 더욱 잘 실현하기 위한 것이다. 각 민족의 공동 번영 발전을 실현하려면 여러 민족의 공동의 단결 분투가 필요하다. 다함께 단결 분투하고, 다함께 번영 발전하는 것은 신세기 새로운 단계 민족사업의 주제이다."[73]라고 지적하였다. 민족사업의 주제를 확립하는 것은 사회주의 초급단계 민족문제의 주제에 대해 과학적으로 파악하는 것이다. 소수민족 및 그 집거 지역에서의 가속화 발전에 대한 절박한 염원과 자기 발전 능력의 부족 간의 모순은 반드시 전국 여러 민족 인민들이 다함께 공동으로 노력해야 해결할 수 있다. 위에서 논의한 "삼위일체"의 다함께 하는 공동 매커니즘이 바로 민족사업 주제의 내포인 것이다. 이는 "한족은 소수민족을 떠날 수 없고 소수민족은 한족을 떠날 수 없으며 소수민족 간에도 서로 떠날 수 없다."는 공동의 운명을 체현하였다. 이런 공동 운명은 중국이 통일된 다민족 국가를 형성하는 역사 과정에서 확립된 것으로 중국 신민주주의 혁명과 사회주의 건설의 실천 과정에서 응집된 것이고, 중화민족의 위대한 부흥을 실현하는 분투 목표에서 승화된 것이다.

2004년 중국공산당 중앙정치국에서 진행한 제16차 단체학습에서는 서부대개발 전략의 추진 및 민족문제의 해결과 직접 관련되는 민족문제 주제를 선택하여 진행하였다. 이번 학습 회의에서 후진타오는 민족문제를 인식하고 해결하는 중요성에 대해 또 한 번 강조하면서 다음과 같이 지적하였다. "중국은 통일된 다민족 국가로서 소수민족 인구가 1억 이상이고, 자치 지방 면적은 600여만 제곱킬로미터에 달한다. 이러한 기본 국정은 민족문제가 시종일관 당과 국가 사업의 전반 국면에 관련되는 중대한 문제임을 결정하였다."[74]고 하였다. 민족문제는 중

73　胡锦涛,《共同团结奋斗, 共同繁荣发展》, 国家民族事务委员会, 中共中央文献研究室编, 《民族工作文献选编》(二〇〇三-二〇〇九年), 中央文献出版社, 2010년, 제3쪽.

74　胡锦涛,《牢固树立和落实科学发展观, 全面做好新形势下民族工作》, 国家民族事务委

국특색의 사회주의 전반 국면에 관련되는 중대한 문제로서 어느 한 개의 민족사업 부서에 의해 해결될 수 있는 것이 아니며, 어느 한 자치 지방에 의해 해결될 수 있는 것도 아니다. 이는 전 당과 전국의 중대한 사무로서 오직 "공동"이라는 이 사회주의 성격을 체현한 내적 요구에 의해서만이 점차적으로 해결될 수 있다. 그렇기 때문에 서부대개발은 단순한 경제적 행위가 아니라, 중국이 전면적으로 샤오캉 사회를 건설하고 현대화 국가 목표를 실현하기 위한 사회 전반의 건설인 것으로서, 그중 가장 중요한 내용이 바로 서부대개발을 통해 소수민족 및 그 집거 지역의 경제 사회 발전을 가속화하는 것이다. 또한 이것을 통하여 중국의 민족문제 해결을 위한 건강 프로세스를 추진하고, 그 과정에서 중국 여러 민족 인민들이 다함께 공동으로 단결 분투하고 다함께 번영 발전하는 새로운 구도를 형성하고자 하는 것이다. 이 사업의 주제를 실천함에 있어서 핵심 내용은 "공동"이고, 관건은 "단결 분투"이며, 목적은 "번영, 발전"이다. "공동"은 각 민족 평등의 내포이자 각 민족이 단결하고 서로 돕고 화합하는 총체적인 특징이기도 하다.

서부대개발 성과 현저

2000년 10월 중국공산당 제15기중앙위원회 제3차전체회의에서 통과한 《국민경제와 사회발전 제10차 5개년 계획 제정에 관한 중공중앙의 건의》에서는 서부대개발을 실시하고 지역의 조화로운 발전을 촉진

员会, 中共中央文献研究室编, 《民族工作文献选编》(二〇〇三-二〇〇九年), 제51쪽.

하는 것을 하나의 전략적 임무로 제정하였다. 서부대개발 전략을 실시하고 서부 지역의 발전을 가속화하는 것은 경제 발전, 민족 단결, 사회 안정과 관련되며 지역의 조화로운 발전과 다함께 공동 부유의 최종 목표를 실현하는 것과 관련된다고 하면서 이는 제3단계 전략목표를 실현하기 위한 중대한 조치라고 강조하여 지적하였다. 2001년 3월 제9기 전국인민대표대회 제4차회의에서 통과한 《중화인민공화국 국민 경제와 사회 발전 제10차 5개년 계획 개요》에서는 서부대개발 전략의 실시에 대해 재차 구체적인 배치를 진행하였다. 서부대개발 실시는 유라시아 대륙교(大陸橋), 장강 수로, 서남 해양 통로 등 교통 간선에 의거하여 중심 도시의 작용을 발휘하며, 점차적으로 확대하여, 시룽하이란신선(西隴海蘭新線), 장강 상류, 난닝(南寧, 남녕)-구이양(貴陽, 귀양), 청두(成都, 성도)-쿤밍(昆明, 곤명) 등 행정 구역을 초월한 중국 서부의 특색이 있는 경제벨트를 형성하여 기타 지역의 발전을 이끌고 단계적으로, 중점적으로 서부대개발을 추진해야 한다고 하였다.

　서부대개발 전략의 추진 과정에서 당과 국가는 전 국면에 관계된 민족 사무에 대하여 일련의 중대한 결정을 내렸다. 2005년 국무원은 민족구역자치법의 실시에 관해 몇 가지 규정을 반포하였다. 이것은 민족구역자치제도를 유지하고 보완하는 중요한 절차이며, 서부대개발 전략의 실시를 제도와 법률적 측면에서 진행하기 위한 기본 건설이기도 하다. 이것은 또한 민족구역자치제도와 관련되는 자치권 및 상급 기관의 책임과 의무에 대해 규정한 더욱 구체적인 규범이며, 민족구역자치제도를 완성화하기 위한 중요한 성과로서, 서부대개발과 전면적인 샤오캉 사회 건설 과정에서 소수민족의 평등한 권리에 대한 절실한 보장이기도 하다. 따라서 이것은 민족구역 자치 지방의 각 항 권익을 보장함에 있어서 아주 중요한 의의가 있다. 같은 해 당중앙과 국무원은 민족 사업을 더욱 강화하고 소수민족과 민족 지역 경제 사회 발전을 가속화하기로 결정을 하였고 민족사업의 주요 임무에 대해 다음과 같이 배치하였다. "덩샤오핑 이론과 '세 개 대표'의 중요사상을 지도로 하는 것을 견지하며, 과학 발전관으로 경제 사회 발전의 전반 국면을 통솔하고, 샤오캉 사회를 건설하는 웅대한 목표를 둘러싸고, 각 민족이 다함께 공동으로 단결 분투하고, 공동으로 번영 발전한다는 주제를 확실하게 파악하며, 당과 국가의 민족 정책과 민족 법률, 법규를 전면적으로 관철하고 집행하며, 민족구역자치제도를 유지하고 보완하며, 사회주의 민족관계를 공고하게 발전시키고, 소수민족 간부와 각 분야의 인재를 대대적으로 양성하며, 소수민족과 민족 지역의 경제 사회 발전을 가속화하여, 중국의 사회주의 물질문명, 정치문명, 정신문명과 조화사회 건설의 전면적 발전을 위해 공헌해야 한다."[75]고 하였다. 민족사무에 대한 당과 국가의 이러한 중대한 결책에 근거하여 전국인민대표대회 상무위원회는 집법 검사 계획에 따라 민족구역자치법이 공포된 이래 22년 동안의 실시 상황에 대해 처음으로 전면적인 검사를 진행하였다.[76]

2006년 12월 8일 국무원 상무회의에서는 《서부대개발 제11차 5개년

75 《中共中央、国务院关于进一步加强民族工作加快少数民族和民族地区经济社会发展的决定》, 国家民族事务委员会, 中共中央文献研究室编, 《民族工作文献选编》(二〇〇三—二〇〇九年), 第94쪽.

76 司马义·艾买提, 《全国人大常委会执法检查组关于检查〈中华人民共和国民族區域自治法〉实施情况的报告》, 国家民族事务委员会, 中共中央文献研究室编, 《民族工作文献选编》(二〇〇三—二〇〇九年), 第176쪽을 참조하라.

계획》을 심의하고 원칙적으로 통과시켰다. 그 목표는 서부 지역 경제의 양호하고 쾌속한 발전을 실현하고, 국민 생활 수준을 지속적으로 안정적으로 향상시키고, 기초시설과 생태환경 건설이 새로운 돌파를 실현하게 하고, 중점 구역과 중점 산업의 발전을 새로운 수준에 도달하게 하고, 교육, 위생 등 기초 공공 서비스 평준화가 새로운 효과를 얻을 수 있게 노력하여 사회주의 조화사회를 구축하기 위해 착실하게 발걸음을 내딛는 것이다. 서부대개발의 총체적인 전략 목표는, 여러 세대의 간고분투를 거쳐, 21세기 중엽에 이르러 전국적으로 기본상 현대화를 실현하게 될 때, 서부 지역의 상대적으로 낙후한 모습을 근본적으로 개변시켜, 경제가 번영하고 사회가 진보되고, 생활이 안정되고, 민족이 단결되고, 산천이 수려하고, 인민이 부유한 새로운 서부를 건설하는 것이다.

서부대개발의 총체적인 계획은 50년을 세 단계로 나누어 고찰할 수 있다. 2001년부터 2010년까지의 기초 단계에서는, 구조를 조절하고, 기초시설, 생태환경, 과학기술 교육 등 기초건설을 확실하게 하며, 시장체제를 건립 보완하고, 특색 산업 성장점을 육성하여 서부 지역의 투자환경을 초보적으로 개선하고, 생태와 환경의 악화를 초보적으로 억제하여, 경제 운행이 선순환에 진입하게 하며, 경제 성장 속도가 전국의 평균 성장 수준에 도달하게 하는 것이 중점이다. 2011년부터 2030년까지의 가속 발전 단계에서는, 전 단계의 기초시설 개선, 구조 전략적 조정 및 제도 건설 성과의 기초 상에서, 서부개발의 스퍼트 단계에 진입하여 기초를 한층 더 다지고 제고하며, 특색산업을 배양하고, 경제 산업화, 시장화, 생태화 및 전문 지역 배치의 전면적 업그레이드를 실시하여 경제 성장의 비약적인 발전을 실현한다. 2031년부터 2050년까지의 전면적 현대화 추진 단계에서는, 일부 먼저 발전한 지역이 실력을 강화하여 국내 국제 현대화 경제 체계에 융합된 기초에서, 변방 산간 지역과 낙후한 농업 목축구 지역의 개발에 힘을 쏟음으로써, 서부 인민들의 생산, 생활 수준을 보편적으로 향상시켜 전면적으로 격차를 축소한다.

제10차 5개년 계획 시기, 서부대개발 실시의 중점 임무는 기초시설 건설을 가속화하고, 생태환경 보호와 건설을 강화하고, 농업의 기초 지위를 공고하게 하며, 공업 구조를 조절하고, 특색 관광업을 발전시키며, 과학기술 교육과 문화위생 사업을 발전시키며, 특히 소수민족 지역, 옛 혁명 근거지, 변방 지구와 극빈 지역에 대한 빈곤구제 사업을 확실하게 함으로써 이런 지역의 생산과 생활 조건을 근본적으로 개선하는 것이다. 이를 위해 제한된 역량을 집중하고, 세심하게 계획하여 서부 발전 전반과 관련된 대표적인 사업들을 조직 건설해야 한다. 5년에서 10년 간의 시간을 이용하여 서부 지역의 기초시설과 생태환경 건설이 돌파적인 진전을 달성하도록 하며 서부개발의 양호한 출발을 확보해야 한다. 이 서부대개발의 웅대한 청사진 설계에서 민족사무 분야에서도 새로운 발전이 전개되었다. 2004년 1월 국가민족사무위원회와 재정부에서 솔선적으로 《흥변부민(興邊富民, 변방 지역 개발 및 국민 생활 개선) 행동 전략을 계속하여 추진할 것에 관한 의견》을 제정하였다. 즉 2000년에 확정한 아홉 개 변강 성, 자치구와 2001년에 새로 확대한 17개 흥변부민 시험 현(기 등)의 기초에서 37개 현(변경 기, 현 총수의 27.4% 차지)으로 확대하여 흥변부민 행동 전략을 실시하는 것이다. 이것은, 자금과 정책 투입을 치중하여 진행하는 것을 통해 소수민족 집거 변경 지역의 기초시설 조건이 선명하게 개선되도록 하고 인민들의 생활수준이 현저하게 향상되게 하며 교육, 문화, 위생 등 사회사업이 전면적으로 진보되게 하여 변경 지역의 전면적인 샤오캉 사회 건설을 위해 조건을 창조하기 위한 것이다. [77]

2005년 국가민족사무위원회 등 일련의 중앙 부문들이 연합하여 《인구가 비교적 적은 민족의 발전을 지원할 것에 관한 계획》(2005-2010)을 제정하였다. 이것은 인구가 10만명 이하인 22개 소수민족에 초점을 맞추어 제정한 특수 지원 계획으로서, 이들 소수민족은 보편적으로 경제 발전 수준이 낮고, 생산 생활 조건이 좋지 않고, 빈곤 문제가 여전히 뚜렷하며, 사회 사업 발전이 낙후하다. 이 계획은 서부 지역과 헤이룽장(黑龍江, 흑룡강)성, 푸젠(福建, 복건)성 10개 성의 구역 중의 86개 현, 238개 향진, 640개 행정촌의 인구가 비교적 적은 소수민족 384,000명을 포함한다.[78] 이 계획에 포함된 소수민족들은 새 중국이 성립될 때 경제 사회 형태가 모두 자본주의 전 단계의 서로 다른 역사 단계에 처해 있거나 심지어 원시 사회 말기의 특점을 보존하고 있는 "소민족"에 속했다. 비록 민주 개혁과 사회주의 개조 과정을 거쳤지만 그들이 종사하는 일부 규모가 아주 작은 자연 경제는 생활 수준의 개선을 보장할 수 없었고, 농업이나 기타 생산 등의 협력 경제로 전환함에 있어서도 지역 조건, 가치관념, 행동 방식 등의 적응성 문제가 존재하였다. 이 때문에 장기간 지방 정부의 공급 구제 상태에 머물러 있고, 전체적으로 인구가 적고, 지

---

77 《国家民委、财政部关于继续推进兴边富民行动的意见》, 国家民族事务委员会, 中共中央文献研究室编,《民族工作文献选编》(二〇〇三—二〇〇九年), 제7쪽을 참조하라.

78 《扶持人口较少民族发展规划》(2005-2010), 国家民族事务委员会, 中共中央文献研究室编,《民族工作文献选编》(二〇〇三—二〇〇九年), 제119쪽을 참조하라.

역이 편벽하고, 생산 생활 여건이 좋지 않고 빈곤면이 크다는 특징을 가지고 있다. 행정촌 640곳 중 도로 불통인 곳이 145곳, 전기 불통인 곳은 90곳, 우편 불통인 곳은 274곳, 방송 불통인 곳은 498곳, TV가 개통이 안된 곳은 215곳, 전화 불통인 곳은 279곳, 안전 식수가 없는 곳은 368곳이었다. 빈곤 표준에 따르면 345개 행정촌이 빈곤촌에 속하고 19만 명의 인구가 절대 빈곤 인구에 속했으며 20만 명의 인구가 저수입 인구에 속했고 근 5만 가구가 오막살이 집이거나 낡아서 무너질 위험이 있는 건물에서 살고 있었다.[79] 따라서 인구가 비교적 적은 이들 소수민족의 생존과 발전, 부유와 번영 문제를 해결하는 것은 서부대개발 전략의 실시를 위한 전문적인 임무일 뿐만 아니라 소수민족 지역의 빈곤 퇴치의 우선 목표로 되었다. 이는 중국의 각 민족이 인구가 많고 적음을 막론하고 일률로 평등하다는 원칙을 두드러지게 나타내고 있다.

2007년에 국무원은 《서부대개발 제11차 5개년 계획》을 비준하고 "서부 지역 경제의 양호하고 빠른 발전을 실현하고, 국민 생활 수준을 지속적으로 안정적으로 향상시키고, 기초시설과 생태환경 건설이 새로운 돌파를 실현할 수 있도록 하며, 중점 지역과 중점 산업의 발전을 새로운 수준으로 끌어올리며, 교육, 위생 등 기본 공공 서비스 평준화가 새로운 효과를 거둘 수 있도록 하여 사회주의 조화사회를 구축하기 위하여 착실한 발걸음을 내디뎌야 한다."[80]는 임무를 제기하여 서부대개

---

79 回良玉, 《大力扶持人口较少民族加快发展》, 国家民族事务委员会, 中共中央文献研究室编, 《民族工作文献选编》(二〇〇三—二〇〇九年), 第129쪽을 참조하라.

80 《国务院关于西部大开发"十一五"规划的批复》, 国家民族事务委员会, 中共中央文献研究室编, 《民族工作文献选编》(二〇〇三—二〇〇九年), 第197쪽.

발 전략을 위해 일련의 새로운 지표를 확정하였다. 같은 해에 《소수민족사업 제11차 5개년 계획》이 국무원의 비준을 거쳐 실행되었는데, 이는 중국 민족사무에 있어서 이정표적 의의가 있는 중대한 조치이다. 소수민족의 발전과 번영을 국가의 중요한 사업으로 삼고, 전문적인 계획을 통해 실시하는 것은 전례 없는 일이었다. 이 계획에서는 민족구역자치 지방의 경제 사회 발전의 일련의 예상 목표를 강조하였고 5년 내의 발전 임무와 중점 사업을 확정하였으며, 처음으로 국가 계획의 형식으로 민족구역 자치 지방의 5년 발전 목표를 확정하였다. 이와 동시에 흥변부민 행동 전략의 초기 실시의 기초에서 국가에서 《흥변부민 행동 전략 제11차 5개년 계획》을 제정하여 중국의 소수민족 사무로 하여금, 전반 계획 및 인구가 비교적 적은 민족 지원과 흥변부민 행동 전략이라는 이 두 가지 특별 계획의 뒷받침 하에 서부대개발 전략의 실현을 위해 소수민족과 민족 지역 경제 사회 발전을 가속화하게 한다는 목표를 더욱 명확하게 정하였으며, 서부대개발과 민족문제 해결을 위한 건전한 진행에 있어서 민족 사무의 중대한 의의에 대하여 더욱 명확하게 해석을 하였다.

서부대개발 전략의 추진에 따라 10년 간의 공동 단결 분투를 통해 서부 지역은 공동 발전 면에서 거대한 발전을 이루어 경제 실력이 대폭 성장되었다. 서부 지역의 12개 성, 구의 생산 총액(GDP)은 2000년의 16,655억 위안으로부터 2009년의 66,973억 5천만 위안으로, 연 평균 12%가 성장하여 전국 동기 경제 성장 수준을 초과하였다. 일인당 지역 생산 총액은 4,624 위안으로부터 18,286 위안으로 성장하였다.[81] 이러한 고속 성장은 국가의 대대적인 지원과 동부 지역의 지속적인 지지에 힘입어 실현된 것으로서, 그 목적은 민족자치지방을 포함한 서부 지역의 생산력 발전을 가속화하고 이런 지역의 재정 자급(自給) 능력을 향상하기 위한 것이었다. 이것은 "자치권리에서 가장 중요한 문제는 재정"이기 때문이다.[82] 재정 자급 능력은 한 지역, 한 민족의 자기발전 능력의 중요한 표징이다.

관련 통계에 의하면 2000-2008년 간에 국가 재정에서 서부 지역에 대한 이전지급의 규모는 1,089억 위안으로부터 7,933억 위안으로 증가하여 연 평균 28.2%가 증가하였고, 이전지급 누계액은 30,338억 위안에 달하여 중앙이 지방에 대한 이전지급 총액의 43.6%를 차지하였다. 지방 재정 본급 수입은 1,127억 위안으로부터 6,055억 위안으로 증가하여 연 평균 19.4%가 증가하였다. 서부 각 성, 구의 재정 자급 능력을 지속적으로 강화하는 동시에 국가에서는 서부 지역의 교통, 수리 공사, 에너지, 통신 등 기초시설을 개선하는 방면에서 102개 중점 건설 공사를 실시하였는데 그 투자 총액은 1억 7천만 위안에 달하였다. 이를테면 칭짱(青藏, 청장)철도, 서기동송(西氣東輸, 서부의 천연 가스를 동부에 수송하는 사업), 서전동송(西電東送, 서부의 전력을 동부로 수송하는 사업), 대형 수리 중추, 국도 주간선 도로 구간 등 일련의 중점 공사는 이미 모두 중대한 경제적 사회적 효익을 발휘하고 있다. 이런 중대한 경제 건설 항목은 서

---

81   中华人民共和国统计局编,《中国统计年鉴》(2010), 제19쪽을 참조하라.

82   邓小平,《解决民族问题的基础是经济》(1953年), 中共中央文献研究室, 中共新疆维吾尔自治區委员会编,《新疆工作文献选编》(一九四九—二〇一〇年), 제104쪽.

부 지역 특히 소수민족 지역 경제 사회 건설의 낡은 구조를 철저히 개변하고 미래 발전적 새로운 국면을 개척하는 데에 든든한 기초를 닦았으며 발전의 조건을 창조하였다.

2009년 연말까지 서부 지역의 누적 신규 착공 중점 공사는 120건에 달하고, 투자 규모는 총 2조 2천억 위안에 달했다. 교통 방면에서 신설 도로의 개통 거리는 97만 2천 킬로미터에 달했으며, 그중 신설 고속도로가 16,000킬로미터이고 "오종칠횡(五縱七橫)"[83] 국도 주간선 서부 도로 구간 16,000킬로미터가 전구간 개통되어, 도로 개통 총거리가 150만 4,500킬로미터에 달했고, 향(진)과 행정촌 도로의 개통률은 각각 99.06%와 88.54%를 실현하였다. 새로 증가한 철도 영업 거리는 11,000여 킬로미터, 철도 총 영업 거리는 3만 2,800킬로미터에 달했다. 증축한 간선/지선 공항은 48개, 새로 건설한 공항은 23개, 민용 운수 공항은 81개에 달하여 전국 공항 총수의 48.8%를 차지했다.[84] 또한 일부 수리, 에너지, 전력 등 방면의 중대한 기초시설도 현저한 발전을 거두었다.

인민의 생활과 직결되는 교육, 의료 위생, 식수, 주택, 사회보장 등 여러 방면에도 국가는 대량의 자금을 투자하였다. 예를 들면 의료위생에 대한 투입은 1억 5천만 위안으로부터 242억 3천만 위안으로 증가하여 161배 증가하였다.[85] 같은 시기 동부 지역은 자금, 기술, 인력 등을 통하여 서부 지역에 대한 일대일 지원으로 제도화 운영을 형성하였다. 동

83   역자 주, 1991년에 계획하여 2008년에 완성된 종선 다섯 갈래에 횡선 일곱 갈래의 중국의 국도 체계. 오종칠횡 국도 간선 총 길이는 약 3만 5천 킬로미터이다.

84   데이터 출처, http://www.china.com.cn/news/2010-07/08/content

85   데이터 출처, http://www.chinawest.gov.cn/web/index.asp

부의 발달한 성, 시와 서부의 성, 자치구가 고정적인 경제 원조 관계를 형성하였는데, 이를테면 베이징과 네이멍구, 상하이와 신장, 광둥과 광시 등과 같은 일대일 원조 관계이다. 시짱자치구에 대해서는 전국이 시짱을 지원하는 체제를 형성하였다. 2009년 연말까지 약 20여 만 개의 동부 기업이 서부지역에 가서 투자하고 창업하였는데 그 투자 총액은 3조 위안에 달하였고 15개 동부 성(시), 단독 경제 계획 시행 도시[86] 및 특구 도시가 11개의 서부 성(구, 시)과 동, 서 빈곤 구제 협력 관계를 맺었으며, 국가의 조직 하에 서부 지역에서 도합 3,528명의 현지 간부를 선발하여 중앙 국가기관과 동부 지역으로 파견하여 원 직무를 보류하면서 직업 단련을 하게 하였으며 중앙과 국가기관에서는 573명 간부를 선발하여 서부 지역으로 파견하여 원 직무를 보류하면서 직업 단련을 하게 하였다. 선후로 "햇볕공정"[87] 등을 실시하여 서부 지역 특히 기층 지역을 위하여 수백만 명의 실용형 인재를 양성하였고 박사 봉사단 총 1,151명을 선발하여 아홉 차례 서부 지역으로 파견하여 근무하게 하였으며, 9,800명의 대학생을 서부 지역으로 파견하여 서부 지역에 지적 지원을 제공하였다. 이러한 조치들은 서부 지역의 경제 사회 발전을 가속화하는 데 중요한 추진 작용을 하였으며, 중국 현대화의 진행 과정 중 각 민족이 다함께 단결 분투하고 다함께 번영 발전한다는 주제를 체현하였다.

---

86   역자 주, 행정 체계는 그대로 유지하면서 경제 체제와 관리 권한은 독립성을 유지하는 성(省)급에 준하는 도시를 말한다. 다롄(大连, 대련), 칭다오(青岛, 청도), 닝보(宁波, 녕파), 샤먼(厦门, 하문), 선전(深圳, 심천) 등이 있다.

87   역자 주, 햇볕공정은 정부 공공 재정이 지원하며, 주로 식량 생산지, 노동력 수출 지역, 빈곤 지역, 혁명 근거지에서 진행한, 농촌 노동력을 비농업 분야로 이전하기 위한 취업 전 직업기능교육 시범사업이다.

서부대개발 전략을 추진하고 실시하는 과정에서 소수민족 자치 지방의 발전은 전국 평균 수준보다 높은 경제 성장을 나타냈다. 그중 다섯 개 자치구의 지역 생산 총액은 2000년의 5,198억 위안으로부터 2009년에 23,476억 위안으로 증가하여 연 평균 12.8%가 증가하였으며, 서부 지역에서 차지하는 비중이 2000년의 31.2%로부터 2009년에는 35.1%로 향상되었다. 그중 네이멍구자치구는 다섯 개 자치구 중에서 경제 성장 속도 "선두주자"로 되었을 뿐만 아니라 2002년부터 시작하여 지속적으로 전국 각 성, 자치구에서 앞자리를 차지하여 경제학계로부터 "네이멍구 현상"으로 불리고 있으며, 서부대개발 전략이 소수민족 지역의 가속화 발전을 추진하는 방면의 전형적인 사례로 되었을 뿐만 아니라, 덩샤오핑이 일찍이 내놓은 다음과 같은 예견도 증명하고 있다. "예를 들어 네이멍구자치구의 경우, 그곳에는 광대한 초원이 있고 인구도 많지 않아, 앞으로 발전해 나가기 시작하면 선두에 설 가능성이 크다. 그곳에는 한족들이 많이 있다. 소수민족 지역을 고찰할 때에는 주로 그 지역이 발전할 수 있는지 없는지를 보아야 한다. 만약 그곳에 한족들이 조금 더 많아 현지 민족 경제의 발전에 도움이 된다면 이는 결코 나쁜 일이 아니다. 이러한 문제를 볼 때에는 형식에 치우치지 말고 본질에 중점을 두어야 한다."[88] 2005-2007년 기간에 다섯 개 자치구는 시짱 건립 40주년 축제, 신장, 광시와 닝샤의 건립 50주년 축제, 네이멍구 건립 60주년 축제를 잇달아 맞이하여 민족구역자치제도의 실천 성과를 보여주었고 개혁개방 이래 특히 서부대개발 전략이 실시된 이래 취득한

---

88   邓小平,《立足民族平等, 加快西藏发展》,《邓小平文选》第三卷, 제247쪽.

눈부신 발전 성과를 보여주었다. 사실이 증명하다시피 민족구역자치지방은 쾌속적인 발전의 새로운 단계를 맞이하였다.

그러나 역사가 만들어낸, 현실 속에서 확대된 발전 격차는 결코 단기간 내에 해소 및 축소될 수 없다는 사실을 명확하게 인식해야 한다. 더욱이 서부 지역의 급속한 발전을 추진함에 있어서, 서부는 자연 환경, 경제 환경, 인문 환경, 사회 환경 각 방면에서 모두 동부 지역에 비해 상대적으로 열세 위치에 처해있는 상황이고, 이외에도 서부의 일부 지역에서는 제국주의가 중국에 남겨준 민족문제 "유산"과 싸워야 하는 복잡한 형세에 직면해 있다. 또한 이 방면의 문제들은 국제 사회의 여러가지 요소의 영향 하에서 끊임없이 서부 지역의 발전을 방해하고 있으며, 사회 안정에 심각한 영향을 주는 일련의 문제를 일으키고 있다. 이런 문제들은 서부 지역 특히는 소수민족 지역의 쾌속적인 발전에 대해 모두 일정하게 제약 작용을 하고 있다.

책임은 무겁고 갈 길은 먼 서부대개발

2010년까지 중국의 서부대개발 전략은 10년 동안 실시되었고, 서부 지역의 경제 사회에는 거대한 변화가 발생하였으며, 서부 지역은 전례 없는 중대한 발전을 이루었다. 그러나 서부 지역 특히 소수민족 집거 지역의 경제 발전은 여전히 아주 어려운 과제에 직면해 있다. 중국의 동부, 중부, 동북, 서부 등 4대 지역의 경제 종합경쟁력 평가[89]에 의

---

89   경제의 종합경쟁력은 주로 거시경제, 산업경제, 발전 지속 가능성, 재정 금융, 발전 환

하면 2008년 동부 지역의 평가 점수는 31.01점, 중부 지역은 19.99점, 동북 지역은 22.17점, 서부 지역은 15.62점이었다. 서부 지역의 경제 종합 경쟁력은 여전히 가장 말단에 머물러 있다. 서부 지역의 각 성, 자치구에 대한 동일 유형 평가에서 볼 수 있듯이, 소수민족 집거 지역은 네이멍구자치구, 쓰촨성을 제외하고 신장, 닝샤, 광시, 윈난, 칭하이, 구이저우, 간쑤, 시짱은 모두 전국 31개 성, 시, 자치구 중에서 하위에 랭크되어 있다.

2008년 서부 12개 성, 자치구 경제종합경쟁력 순위

서부 12성, 시, 자치구	전국 31개 성, 시, 자치구에서의 순위 (타이완, 홍콩, 마카오 불포함.)
네이멍구	10
쓰촨	16
산시	20
충칭	22
신장	24
닝샤	25
광시	26
윈난	27
칭하이	28
구이저우	29
간쑤	30
시짱	31

동부와 서부 간의 경제 사회의 발전 격차 특히 소수민족 집거 지

경, 정부의 역할, 전면적 조절 능력으로 구성된다.

중국공산당은 어떻게 민족문제를 해결하는가

역 및 내륙과 동부 지역 간의 발전 격차가 가장 두드러지다. 관련 연구의 통계 분석에 따르면 일련의 경제 사회 발전과 지속 가능한 발전 능력을 판단하는 지표에서 서부 지역의 각 성, 자치구의 발전 속도는 확실히 가속 태세를 보이고 있지만 전국 평균 수준 및 동부 지역, 중부 지역, 동북의 구공업 기지 등의 동일 유형 발전 지표와 비교해 보면 그 격차는 여전히 현저하다.

예를 들면 구역 경제 발전 수준 면에서 2000년 전국 평균 수준 지수는 108이었고(동부 지역의 1995년 수준에 상당함) 동부 지역은 116.2, 서부 지역은 100.2이었다. 서부대개발을 실시한 7년 후인 2007년 전국 평균 수준 지수는 122.2, 동부 지역은 129.9, 서부 지역은 114.4였다. 7년 사이 전국 구역 경제 발전 수준의 평균 지수는 14.2 상승하였고 동부 지역은 13.7 상승하였으며 서부 지역은 14.2 상승하여 전국 평균 상승 수준에 도달했을 뿐만 아니라 동부 지역의 상승 수준보다 높았다. 이는 국가의 강력한 투자에 힘입어 지역 경제 발전 수준의 네 가지 지수인 기초 시설 능력, 경제 규모, 경제 추진력, 구조적 합리성 등이 모두 정도 부동하게 향상되었다는 것을 의미한다. 같은 기간의 기타 주요 지표에 대해 동일한 비교를 진행해도 이러한 발전 추세를 볼 수 있다.[90]

지역 경제 발전 수준에 있어서, 전국 평균 수준 지수는 2000년 105.2에서 2007년 114.9로, 9.7 상승하였다. 같은 기간 동부 지역은 109.9에서 119.4로, 9.5 상승하였으며 서부 지역은 102.3에서 110.9로, 8.6 상

---

90   中国科学院可持续发展战略研究组编, 《2010中国可持续发展战略研究报告-绿色发展与创新》, 科学出版社, 2010年, 제306-316쪽을 참조하라.

승하였다.[91]

지역 교육 능력은, 전국 평균 수준 지수는 2000년 108.5에서 2007년 121.2으로, 12.7 상승하였다. 같은 기간 동부 지역은 111.7에서 122.8로, 11.1 상승하였으며 서부 지역은 104.5에서 117.7로, 13.2 상승하였다.[92]

지역 과학기술 능력은, 전국 평균 수준 지수는 2000년 104.1에서 2007년 111.4로, 7.3상승하였다. 같은 기간 동부 지역은 106.5에서 114.3으로 7.8 상승하였으며 서부 지역은 98.4에서 105.4로 7 상승하였다.[93]

지역 관리 능력은, 전국 평균 수준 지수는 2000년 104.9에서 2007년에 106.9로, 2 상승하였다. 같은 기간 동부 지역은 104.1에서 107.7로, 3.6 상승하였으며 서부 지역은 100.1에서 104.5로, 4.4 상승하였다.[94]

이러한 지표에서 알 수 있다시피 서부대개발 전략을 실시한 후 서부 지역은 국가의 서포트와, 동부 지역의 지원 및 서부 각 민족 인민들의 자력갱생이라는 이 "삼위일체"의 단결 분투 가운데서 전체적으로 발전이 가속화되는 양상을 보였으며, 관련 지표의 지수 상승폭은 모두 전국 평균을 넘어 동부 지역의 상승폭에 도달하였거나 초과하였다. 그러나 이는 서부 지역, 특히 소수민족 자치 지방이 전국 경제 사회 발전에서 중하위, 심지어는 말단에 집중되어 있는 상태를 바꾸지는 못했다.

---

91 지역 경제 발전 수준은, 기초 시설 능력, 경제 규모, 경제 추진력, 구조적 합리성 등 4가지 지수로 구성된다.

92 지역 교육 능력은 교육 투입, 교육 규모, 교육 성과 등 세 가지 지수로 구성된다.

93 지역 과학기술 능력은 과학기술 자원, 과학기술 산출, 과학기술 기여 등 세 가지 지수로 구성된다.

94 지역 관리능력은 정부 효율, 경제 사회 조절과 관리, 환경 관리 등 세 가지 지수로 구성된다.

중국공산당은 어떻게 민족문제를 해결하는가

소수민족 지역의 경제 사회 발전을 가속화하는 목적은 이들 지역의 경제 사회 발전 정도를 전국 평균 수준에 도달하게 하고, 자아 발전 능력의 현저한 향상을 실현하기 위한 것이다. 이런 자기 발전 능력은 단순히 지역 총생산과 그 성장 속도를 가리키는 것이 아니라, 인간의 발전을 포함한 전면적이고 협조적이고 지속가능한 발전을 위한 종합적인 능력을 구현하는 것을 말한다. 현재의 투자 촉진과 자원 개발을 위주로 하는 경제 데이터 성장에서는 결코 여러 가지 자기 발전 능력으로 구성된 지역적, 민족적 지속 가능한 발전 수준을 완전히 구현할 수 없다. 그렇기 때문에 동서부 경제 사회의 발전 격차를 줄이기 위해서는 지속 가능한 발전 능력에 초점을 맞춰야 한다. 그렇지만 이 부분에서 1% 격차를 줄이는 것이 지역 총생산의 증가폭, 증가 속도를 높이는 것보다 훨씬 어렵다.

서부 12개 성, 자치구, 시의 지속 가능한 발전 능력 순위[95]

서부 12개 성,시,자치구	지속 가능한 발전 종합능력	전국 31개 성, 시, 자치구에서의 순위(타이완, 홍콩, 마카오 불포함.)
전국 평균치	108.9	——
충칭	108.8	16
산시	108.3	18
네이멍구	107.9	20

---

95 ① 지속 가능한 발전 능력 종합 평가 수치는 생존 서포트 시스템, 발전 서포트 시스템, 환경 서포트 시스템, 사회 서포트 시스템, 지능 서포트 시스템과 이에 포함된 226개 기초 지표와 45개 변수 지수에 대해 합성한 것이다. 상세한 내용은 中国科学院可持续发展战略研究组编,《2010中国可持续发展战略报告 - 绿色发展与创新》, 제266쪽을 참조하라.

서부 12개 성,시,자치구	지속 가능한 발전 종합능력	전국 31개 성, 시, 자치구에서의 순위(타이완, 홍콩, 마카오 불포함.)
광시	107.3	22
쓰촨	107.2	23
신장	106.5	25
구이저우	105.5	26
윈난	105.2	27
칭하이	104.43	28
닝샤	104.2	29
간쑤	103.6	30
시짱	102.2	31

서부대개발 전략을 실시한 10년 이래 서부 지역의 경제 사회 발전 속도, 규모 효과 등은 모두 전국의 평균 수준에 근접하거나 또는 평균 수준보다 높은 성과를 거두었다. 그렇지만 이들 지역의 자기 발전 능력은 여전히 매우 약하다. 특히 다섯 개 자치구와 소수민족의 집거 정도가 높은 쓰촨, 윈난, 구이저우, 칭하이, 간쑤성은 경제 경쟁력과 지속 가능한 발전 능력 면에서 모두 전국 평균 수준보다 낮으며, 동부 발전 지역과의 격차가 여전히 현저하다. 서부 지역 경제 사회 발전 수준이 정체된 원인은 역사와 자연 지리적 요소도 있고 경제 생산 방식, 사회 문화 전통과 인적 자원 등 다방면의 이유가 있다. 지역 경제 발전의 정체는 필연적으로 인민 생활 수준의 차이를 반영한다. 이를테면 2009년 서부 지역 농촌 주민의 일인당 가처분소득은 3,816 위안으로서, 동부 지역보다는 3,340 위안, 동북 지역보다는 1,641 위안, 중부 지역보다는 977 위안이 적었고, 전국 평균 5,153 위안과도 여전히 차이가 현저하게 나

중국공산당은 어떻게 민족문제를 해결하는가

타났다. 서부 지역 도시 주민의 일인당 가처분소득은 14,213 위안으로 중부, 동북 지역과의 차이는 그다지 크지 않지만 동부 지역에 비해서는 6,740 위안이 적었고, 전국 평균 수준인 17,175 위안과 비교해도 차이가 상당하다.[96] 따라서 서부 지역 경제 사회 발전의 각종 지표가 전국 평균 수준에 도달하려면 여전히 책임이 무겁고 갈 길이 멀다.

중국의 서부 지역 특히 소수민족 집거 지역의 경제 사회 현대화는 아주 복잡한 건설 공사이다. 이 같은 복잡성에는 일부 사회 안전과 안정에 영향 주고 발전 환경을 파괴하며 민족 관계에 해를 끼치는 특수 문제까지 포함된다. 이런 문제는 기본적으로 중국이 근대 역사에서 제국주의 열강들의 모멸과 침략을 당한 경력과 직접적인 연관이 있다. 이 방면에서 중국은 서방 식민주의 통치를 받았던 많은 개발도상국들과 비슷한 문제에 직면해 있다. 다른 점이라면, 중국은 본국의 실정에 부합하는 발전의 길을 걸어왔다는 것이다. 1990년대 이래 이런 문제는 중국이 민족문제 해결에서 직면해야 할 특수한 모순이 되었을 뿐만 아니라, 민족문제의 국제적인 특점으로 인해, 중국이 민족문제를 해결하는 내부 사무가, 국제 상호 관계에서 중요한 지위를 차지하게 되어, 중국이 국가의 핵심 이익을 보호하는 중요한 내용으로 되었다.

---

96 中华人民共和国统计局编,《中国统计年鉴》(2010), 제21쪽을 참조하라.

제4장

국가의 통일 수호 및
민족 분열 반대

시짱은 중국의 영토이고 시짱 문제는 중국의 내정 문제이다. 인민해방군은 반드시 시짱에 진입해야 한다.

- 마오쩌둥(毛澤東, 모택동)《인민해방군은 반드시 시짱에 진입해야 한다.》

양안의 통일, "이것은 일단 민족문제이며, 민족의 정감 문제이다. 중화민족의 자손이라면 모두 중국의 통일을 바라는 것으로서, 분열은 민족 의지를 어기는 일이다."

- 덩샤오핑(鄧小平, 등소평)《미국 기자 마이클 월리스의 질문에 답변》

새 중국이 성립된 이래 우리와 국제 반중 세력 및 민족 분열 세력 간의 시짱 및 신장 지역을 둘러싼 투쟁은 한시도 멈추지 않았다. 이들 지역의 안정을 유지하고 국제 적대 세력 및 민족 분열 세력의 파괴 활동을 반대하고 민족 단결 및 조국 통일을 수호하는 것은 개혁개방과 현대화 건설의 순조로운 진행 보장과 우리 당과 국가의 장기적인 안정에 대해 모두 지극히 중대한 의의가 있다. 이 점에 대해 우리는 반드시 명석한 두뇌를 유지해야 한다.

- 장쩌민(江澤民, 강택민)

《당과 국가의 소리를 시짱, 신장 등 변방 지역의 수많은 가정에 전파하자》

법에 따라 민족 분열주의 세력 및 그들의 활동을 단속하고, 국내외 적대 세력들이 민족문제를 이용하여 진행하는 침투, 파괴 활동을 단호히 반대하며, 민족 단결, 조국 통일, 국가 안전, 사회 안정을 철저히 수호해야 한다.

- 후진타오(胡錦濤, 호금도)《중앙민족사업회의에서의 강연》

중국은 근대 역사의 소용돌이 속에서 제국주의 열강들의 끊임없는 침략을 받았고 백 년에 달하는 긴 시간 동안 제국주의 열강들의 주권의 침략, 영토의 침점, 해체, 분열 등 각종 굴욕을 당했다. 1840년 아편전쟁 후부터 영국, 프랑스, 독일, 미국, 이탈리아, 오스트리아-헝가리제국, 제정 러시아제국, 네덜란드, 스페인, 포르투갈, 일본 등 여러 나라가 연이어 해상과 육지로부터 중국을 침략하였다. 근대 서방 제국주의 식민 침략을 받은 각 대륙 각 나라 중에서 이런 상황은 전례 없다고 할 수 있다. 따라서 제국주의가 중국에 남겨준 민족문제의 "역사 유산"은 특히 심각하다.

여기서 말하는 민족문제의 "역사 유산"은 바로 중국을 분열하고 중화민족을 분열하고자 하는 문제로서 중국의 주권 독립, 영토 완정과 관련되는 국가 차원의 민족문제이다. 이런 "역사 유산"은 항일전쟁이 승리함에 따라, 중화인민공화국이 건립됨에 따라, 중국의 개혁개방이 추진됨에 따라 그중 일부는 이미 제거되었다. 하지만 일부 문제는 중국의 주권 독립, 영토 완정과 중화민족의 위대한 부흥에 아직도 위협이 되고 있다. 예를 들면 "시짱 문제", 해협 양안 통일 문제, "동투르키스탄" 세력 문제 등이 그것이다.

20세기 90년대 소련의 해체, 동유럽 혁명과 냉전 패턴의 해소에 따라 이런 "역사 유산" 역시 서방 세력의 유혹 및 지원에 의해 현대적인 "발효"가 시작되었다. 따라서 중국공산당은 민족문제를 해결함에 있어서 국가 통일을 수호하고 민족 분열을 반대하는 어렵고 복잡한 장기적 과제에 부닥치게 되었다.

제1절 제국주의 열강들의 중국 영토 침략 및 중국의 주권 잠식

중국 영토에 대한 제국주의의 침략과 점령

근대 중국은 해상과 육지 등 사면팔방으로부터 제국주의 열강들의 침략을 받았다. 이런 침략 전쟁은 모두 중국에 대해 분열적인 식민 점령을 하기 위한 것이었고, 중국의 주권과 이익을 분할하기 위한 것이었다.

1624년에 네덜란드인들이 타이완 남부를 점령하였고 2년 후 스페인인들이 타이완 북부를 점유하였다. 1662년 청나라를 반대하고 명나라를 복귀할 결심을 한 명나라 정씨 세력이 정청궁(鄭成功, 정성공)의 통솔 하에 타이완을 점유한 네덜란드 식민 세력을 단번에 격파하고 타이완을 수복하였다. 1683년 청나라 군대가 정씨 세력을 격파함에 따라 타이완은 정치적, 영토적으로 대륙의 청왕조와 통일을 실현하였다. 그 후로부터 200여 년 동안 청정부는 타이완에 대한 통치에서 "군중을 안정시키고 해역을 평정한다."[01]는 책략을 실시하였다. 소위 "군중을 안정시킨다"는 것은 타이완의 원주민인 생번(生蕃), 숙번(熟蕃)과 내지의 한족 이민들 간의 관계 문제 및 한족 이민들 간의 "복건인과 객가인의 싸움" 등과 같은 문제를 잘 처리하고 해결한다는 것이다. 소위 "해역을 평정한다"는 것은 타이완에 대한 제국주의 열강들의 침략 문제를 방어하고 물리쳐 해결한다는 것이다. 아편전쟁 후 1841년의 "영국 군함의 침략"으로부터 1885년에 "프랑스 군함이 펑후(澎湖, 팽호)도를 공격하고 마궁아오(媽宮澳)[02]를 점령"하기까지 영국, 미국, 프랑스, 독일, 일본 등 제국주의 열강들은 잇따라 타이완을 점령하려 하였다.[03] 또한 그해 청정부는 타이완에서 원래 실시하던 부(府), 현(縣), 청(廳), 도(道)의 관리 제도를 성(省) 제도로 승급시켰다. 타이완에 성을 건립한 목적은 바로 중국의 주권, 영토와 해안을 수호하기 위한 것이었다.

제국주의가 타이완을 넘보고 침략하고 있을 때 중국 대륙도 마찬가지로 제국주의 열강들의 무력 침략 및 각종 불평등 조약으로 주권, 영토를 분할 당하는 재난을 입고 있었다. 1840년의 아편전쟁으로 중국은 결국 근대 역사 상의 첫 불평등 조약인《남경조약》을 체결하게 되었고, 1842년, 대영제국주의가 중국의 홍콩을 점령하고 식민지 통치를 실시하게 되었다. 그리고 그전에 포루투갈 식민 세력은 이미 중국의 마카오를 식민지로 침점하였다. 오랜 동방제국과 서방 현대 민족국가인 제

---

01   《大清高宗纯(乾隆)皇帝实录》(28), 卷1387, 中国台北, 台湾华文书局股份有限公司, 1969年, 제20766쪽.

02   역자 주, 현재의 마궁(마공, 馬公) 항구.

03   連橫,《台湾通史》, 华东师范大学出版社, 2006年, 제42-45쪽을 참조하라.

국주의 간의 충돌에서, 아직 냉병기시대를 벗어나지 못한 청왕조는 서방의 선진적인 총과 대포 앞에서 패배의 운명을 피할 수가 없었다. 그리고 청왕조는 전쟁 후에는 강화(講和)를 요청하면서 불평등 조약을 체결하는 방식으로 금, 은을 배상하고 영토를 할양하고 권익을 양도하게 되었는데, 이것은 청왕조가 핍박에 의해 식민지 시대 제국주의 규칙에 굴종하게 된 부득이한 선택이었다. 이러한 소위의 계약과 평화 회담은 불평등의 기초 위에 건립된 완전한 강탈이었다. 《남경조약》으로부터 시작하여, 제국주의 열강들은 무력으로 청왕조를 핍박하여 수많은 불평등조약을 체결하였는데, 이것들은 모두 중국에 대한 주권 침습, 영토 점령, 이익 박탈 등으로 가득 찬 소위의 '합법' 조약들이었다.

제정 러시아 세력은 1858년의 《아이훈조약(瑷珲条约)》, 1860년의 《북경조약》을 통해 중국 동북 지역의 100만 제곱킬로미터에 달하는 토지를 분할하여 점령하였다. 그리고 1864년에는 《중-러 서북 경계 탐사 확인 조약[中俄勘分西北界约记]》을 통해 중국 서북의 44만 제곱킬로미터의 토지를 분할하여 점령하였다.[04] 그 뿐만 아니라 1865년 중국 서부 지역 회족 인민들이 청조의 통치를 반대하여 폭동을 일으킨 시기를 이용하여 중앙아시아의 코칸드 왕국은 야쿠브 베그가 통솔한 군대를 파견하여 신장 남부를 점령하고 "카슈가르칸" 정권을 건립하였다. 이 세력이 신장 남부를 통제한 후 계속하여 신장 북부로 확장함에 따라, 중국 서북 지역(신장지역)을 오래동안 넘보아 오던 제정 러시아 세력은 드디어

---

04   人民出版社地图室编, 《近代中国百年国耻地图》, 人民出版社, 1997年, 제18쪽을 참조하라.

기회를 잡게 되었다. 1871년 제정 러시아 세력은 군대를 출동하여 이리 (伊犁) 지역을 강점하였다.

당시 서부아시아, 남부아시에서 제정 러시아 세력과 각축전을 벌이던 대영제국은 이미 중국의 서북, 서남을 그 경쟁의 범위에 포함시켰다. 제국주의 열강들 간의 이 경쟁에서 영국인들은 위기감이 고조되어 "러시아의 국경은 끊임없이 확장되어 이미 인도와 거의 접하게 되었다.", "중앙아시아에 있는 러시아가 가장 강하고, 인도에 있는 영국은 약소하다."[05] 등등과 같은 말들이 출현하였다. 따라서 러시아의 확장을 억제하고 중국 시짱에 침입하는 전략 목표를 실현하기 위해 영국은 야쿠브 베그 정권을 승인하고 지원까지 하게 되었다. 중국 서부 육로 변방의 위기에 직면하여, 1875년 청 정부는 좌종당(左宗棠)[06]을 파견하여 서북을 수복하게 하였는데, 이는 중국 근대 역사 상 외세의 침략에 저항한 가장 성공적인 전쟁이었다. 그리고 1884년에 여러 차례 준비 과정을 거쳐 신장에 성을 건립하는 방안이 청정부의 비준을 받았는데, 이는 청조 정부가 육로 변방을 공고히 하기 위한 중대한 조치였다.

당시 중국의 기타 육로 변방에서도 제국주의 침략의 위기는 전방위 폭발의 태세를 형성하였다. 제국주의 식민 세력의 침략 행동은 필연적으로 각 변방 지역 인민들의 저항을 받게 되었고, 이런 저항은 열강들이 청정부에 압력을 가해 "조약"화 이익을 얻는 핑계로 되어, 침략-반항-회담을 통한 위협 공갈-손해 배상 계약-합법적 침략의 식민주의

---

05   人民出版社地图室编,《近代中国百年国耻地图》, 人民出版社, 1997年, 제18쪽.

06   역자 주, 좌종당(1812-1885), 중국 청나라 말기의 군인, 정치가. 태평천국의 난을 진압, 중국 최초의 관영 조선소를 만듦, 양무운동(洋務運動)의 선구자.

중국공산당은 어떻게 민족문제를 해결하는가

패턴을 형성하게 되었다. 1876년에 중국과 영국이 체결한 《연대조약(煙臺條約)》은 영국인 침입자가 윈난성에서 현지 소수민족에게 살해 당한 이른바 '마가리 살해사건'을 이유로 침략 행위의 문을 열어준 조약이다. 이 조약의 체결은 영국 식민 세력으로 하여금 윈난과 서남으로 침입하는 합법적인 권리를 획득하게 하였으며, 또한 시짱을 침략할 수 있는 길을 터주었다.

1888년 남부아시아 준대륙을 식민 통치 하에 둔 영국은 제1차 시짱 침략 전쟁을 발동하였다. 청정부의 타협으로 하여 1890년 중국과 영국은 《장인조약(藏印條約)》을 체결함으로써 시킴은 영국의 "보호 감독 관리"를 받게 되었다. 그리고 중국 시짱과 시킴의 경계선 등에 대해서도 확정하였다.[07] 1903년에 영국은 재차 시짱을 침략하는 전쟁을 일으켰고 이듬해 8월에 라싸를 점령하였다. 9월 7일 영국 침략자와 시짱 지방 정부는 《라싸조약》을 체결하였는데, 여기에는 시짱 지방 정부가 영국 측에 50만 파운드의 거액의 배상금을 지급하고 배상금 상환기한(75년)을 영국 군대가 춤비(春丕)계곡 야둥(亞東)에 대한 영국군의 점령 기한으로 한다는 내용도 포함되어 있다.[08] 침략자의 "손실"을 피침략자가 배상하도록 요구하고 영토를 침점하는 것으로 배상을 보장받는 것이 바로 제국주의의 강도 논리였다. 바로 이런 강도 논리 하에서 중국 시짱 지역의 영토가 침점을 당하게 된 것이다.

1894년 청정부의 해군은 일본 해군과 벌인 갑오해전에서 패배했

---

07   人民出版社地圖室編, 《近代中國百年國恥地圖》, 제32쪽을 참조하라.

08   【영국】彼德·費萊明, 《刺刀指向拉薩》, 제239쪽을 참조하라.

고 그 이듬해에 《마관조약(馬关條約)》을 체결하였다. 이 조약을 통해 청 정부는 "영토를 할양하고 배상금을 지불"하는 중대한 치욕을 당했고 타이완도의 전부 및 팽호열도를 일본에게 할양하게 되었다. 따라서 타 이완은 반세기에 달하는 일본 제국주의 "황민화" 식민통치를 받기 시 작하였다. 일본 제국주의가 청정부에서 얻은 "영토 할양과 배상금 지 불" 이익은 기타 제국주의 열강들의 욕구를 크게 자극하였다. 그러면 서 "의화단 강도" 진압을 핑계로 한 중국 분할 전쟁이 1990년에 폭발하 게 되었다. 영국, 미국, 독일, 프랑스, 러시아, 일본, 이탈리아, 오스트리 아-헝가리제국으로 구성된 "팔국연합군"은 베이징에 침입하여 만행을 저질렀으며 청정부의 마지막 남은 "천조대국"의 자신감까지 깨부셨다. 잇따라 체결된 《신축조약(辛丑條約)》으로 인해 중국은 은 4억 5천만 냥 (원금과 이자 도합 9억 8천만 냥)을 배상하게 되었고, 주권 상실과 영토 분 할이라는 치욕 속에서 중국은 반식민지 반봉건 사회로 전락하게 되었 고 청정부는 제국주의가 중국을 통치하는 도구로 전락되고 말았다.

제국주의의 중국 분열과 해체

19세기의 제정 러시아 제국은 유라시아대륙에서 크게 확장된 열강 국가이다. 제정 러시아는 중국의 동북, 서북에서 대량의 영토를 약탈 한 동시에 중국의 몽골 지역에 대해서도 침략활동을 전개하였다. 비록 1927년에 중국과 러시아는 《브렌츠키 조약》, 《캬흐타조약》을 통해 중-러 변계를 확정하였지만 몽골 지역을 점유하려는 제정 러시아의 야심 은 전혀 감소되지 않았다. 특히 일본이 갑오전쟁을 통해 중국 요동반도에서 대량의 침략 권익을 획득한 후 중국의 동북 지역에 대한 러시아와 일본의 쟁탈은 점점 더 치열해지게 되었다. 최종적으로 1904년에 러시아와 일본은 중국의 영토에서 전쟁을 벌이게 되었다. 러시아는 전패한 후, 1907년에 일본과 《일본-러시아 비밀조약》을 체결하여 러시아가 중국의 외몽골 지역에서의 특수 이익을 확정함으로써 제정 러시아가 외몽골을 침점함에 있어서 기타 열강들의 패권쟁탈 우환을 제거하였다. 제정 러시아는 여러 가지 방식으로 외몽골에 대해 침투를 실시하였다. 상층 라마, 왕공 귀족을 수매하고 몽골족과 한족, 몽골족과 만족의 관계에 분쟁을 일으켰으며 친러시아 세력의 무력을 양성하는 등등으로 외몽골을 중국에서 분열하기 위한 여러 면의 준비를 진행하였다.

1910년 청정부는 쿠룬(庫伦)에 업무 담당 대신(大臣)으로 산둬(三多, 삼도)를 파견하여 신정책을 적극적으로 추진하였는데, 이는 당지 재정에 엄중한 부담을 가져왔고, 사회 혼란을 유발하였으며 외몽골 왕공 귀족들의 독립 활동을 가속화하였다. 1911년 7월에 카얼카(喀尔喀) 4 부족 왕공과 상층 라마는 동맹을 맺고 비밀리에 독립을 모의하고 결정하였으며, 상트페테르부르크에 특파원을 파견하여 러시아의 지원을 요구하였다. 당시 제정 러시아는 비록 "중재자"의 신분으로 외교 경로를 통해 외몽골의 독립을 지지한다고 밝혔지만, 쿠룬 주재 러시아 영사관 호위대를 보강한다는 명목으로 두 개 연대의 코사크 군대를 쿠룬에 파견하였다. 사실 제정 러시아는 이러한 군사적 존재로, 외몽골을 해체하고자 하는 정치적 목표를 달성하려고 하였던 것이다.

1911년 신해혁명이 폭발한 후 내륙 남방의 각 성(省)들이 연이어 청정부로부터 독립한다고 선포하자 외몽골 활불 제8대 젭춘 담바도 그 기회를 타서 12월 1일에 독립을 선포하고 국가수반으로 즉위하였고 "복드 칸"이라고 칭하였다. 동시에 내몽골의 각 연맹 지역에 통보를 내려 호응하라고 호소하였다. 제정 러시아는 외몽골의 독립을 지지했을 뿐만 아니라 즉시 외몽골과 《러시아-외몽골 협약》, 《러시아-외몽골 상무조약》을 체결함으로써 제정 러시아의 외몽골에 대한 식민통치가 합법화되도록 하였다. 이는 중국 인민의 강렬한 항의를 불러일으켰다. 민국정부의 교섭에 의해 1913년 11월에 중국과 러시아는 《성명 문서》를 체결하였고, 또 1915년에는 《중국-러시아-외몽골 협의》를 체결하여, 중국은 외몽골에 대해 "종주권"을 가지며, 외몽골은 중국 영토의 일부분이며, 중국과 러시아 두 나라는 외몽골의 "자치"를 승인한다는 등 내용을 재차 천명하였다.[09] 이로부터 "종주권"은 제국주의 열강들이 중국을 분열하는 또 하나의 정치적 구실이 되었다.

1917년 러시아에서는 10월혁명이 폭발하여 제정 러시아제국이 붕괴되었다. 따라서 외몽골의 "자치"정권은 제국주의의 후원을 상실하게 되었다. 1919년 11월 7일 외몽골 "자치정부"의 왕공 대신들은 민국정부 대통령에게 연명으로 상소하여 "자치"를 철폐하고 중국, 러시아, 외몽골의 모든 조약과 협정을 폐지할 것을 요청하였다. 1919년 11월 22일과 1920년 1월 28일, 민국정부는 선후로 두 차례 정령(政令)을 반포하여 정식으로 외몽골의 "자치"를 취소하였다. 당시 소련혁명으로 인해 수많은 제정 러시아제국 통치계급의 이민과 군인이 외몽골 지구로 도망 가 토비로 되어 소란을 일으켰다. 그중 독일계 운게른의 도당이 쿠룬을 차

---

09   郝时远, 杜世伟编著, 《蒙古》, 社会科学文献出版社, 2007年, 제87-88쪽을 참조하라.

지하고 젭춘 담바를 지지하여 그를 다시 군주의 자리에 올리고 젭춘 담바로 하여금 독립을 선포하도록 하였다.

그 기간 소련혁명의 영향으로, 외몽골 지역의 혁명 조직도 발전하기 시작하여, 1921년 3월 1일에 몽골인민혁명당을 성립하고 무장력을 구성했다. 소련 홍군이 외몽골에 들어가 악당을 토벌하고 몽골인민혁명당을 지원하였다. 이런 형세에서 1921년 7월 10일에 몽골인민혁명당이 영도한 몽골인민혁명정부 즉 쳅춘 담바를 칸(군주)으로 한 군주입헌 정부가 성립되었다. 11월에 이 정부는 러시아 소비에트연방 사회주의공화국과 우호협정을 체결하였고 1924년 6월 7일에 몽골인민공화국을 성립하기로 결정하였다. 외몽골은 소련 보호 하의 "독립" 상태에 처하게 되었다. 당시 연려연공(소련 및 공산당과 연합), 국공합작(국민당과 공산당의 협력)의 형세에서 이러한 사태 즉 소련의 정치 주장과 외몽골 인민혁명정권 역시 국제공산당(코민테른) 정치 강령의 영향 아래에서 국민당과 공산당의 "정치적 용인"이 되었다. 그러면서 외몽골 지역의 "독립" 상태 또한 소련과 중국 간에 해결해야 할 역사 현안(懸案)이 되었다.

일본은 제국주의 열강의 중국 침략 역사에서 이익을 가장 많이 취하고 영토를 가장 많이 빼앗은 나라 중 하나였다. 일본-러시아 전쟁 후 일본은 중국 동북의 남부 지역에서 제정 러시아를 대신하여 세력의 이득자로 되었다. 일본은 요동반도를 "관동주(關東州, 간토슈)"로 이름을 바꾸고, "관동도독부(關東都督府)"를 설립하고 "만주철도[滿鐵]" 회사를 설립하였으며 중국 침략 군대를 "관동군(關東軍)"으로 개칭함으로써 동북 전역을 침점하려는 야심을 백일 하에 드러냈다. 1911년부터 1916년까지 일본은 청정부 잔여 세력 및 몽골 귀족을 회유하여 "만주-몽골 독립"을 시도하였다. 그 후 "만주-몽골 문제" 해결은 일본 제국주의가 중국에 대한 전면적 침략을 진행함에 있어서 최우선 목표가 되었고 이를 위해 일본은 대량의 계획과 준비를 진행하여 중국의 동북 지역, 내몽골 동부 지역을 중국에서 이탈시키려고 하였다.

1931년 "9.18"사변 직후, 푸이(溥儀, 부이)를 "원수"로 하고, "영토는 동북 4개 성 및 몽골을 포함"하는 "새 정권"을 세운다는 이른바 "만주-몽골 문제 해결 방안"이 바로 정식으로 시행되었다. 그 목적은 "만주-몽골을 중국 영토에서 철저히 분리시키기 위한 것이었다."[10] 그리고 1932년 2월 18일에는 일본 관동군의 획책 하에 소위 "동북행정위원회"가 선언을 발표하여 동북은 이미 중국에서 이탈하여 "독립"하여 "만주국"을 건립하기로 결정하였다고 선포하였다. 3월 1일에는 또 소위 "건국선언"을 반포하여 "만주국" 성립을 선포하였다. 그리고 3월 9일에는 푸이의 "취임 행사"를 진행하였다. 소위 "만주국"이란 바로 일본 제국주의가 중국 영토에서 민족과 국가를 분열시켜 만들어낸 결과물이다. 일본은 이런 괴뢰 정권 형식을 통해, 일본과 《일만 의정서(日滿議定書)》를 체결하게 함으로써 일본으로 하여금 중국의 동북 지역을 침략하는 행동이 적어도 표면적으로는 합법화되도록 하였다. 그렇지만 실질적으로 "만주국"의 영토는 이미 일본 제국주의 식민지로 되어 버린 것이다.

근대 제정 러시아, 영국 등 제국주의 세력이 중앙아시아, 서아시아 및 중국 신장 등 지역에서 각축전을 벌이던 여러 가지 군사, 정치, 비즈

---

10   姜念东, 伊文成, 解学寺, 吕元明, 张辅麟, 《伪满洲国史》, 吉林人民出版社, 1980年, 제 87쪽.

니스 등의 활동에 있어서, 점령과 분열은 결코 상충되지 않고 병행되던 목표였다. 그리고 19세기 80년대는 마침 중앙아시아, 서아시아, 북아프리카에서 이슬람 부흥 운동의 각종 사조가 광범위하게 전파되던 시기였다. 그중 범이슬람주의, 범이슬람 민족주의, 신소피주의와 지하드운동은 서방 신흥제국의 침략과 식민점령을 거부하는 이슬람 세계의 사상 동원과 저항 운동이 되기도 했다.[11] 이런 범이슬람주의, 범투르키주의의 사조는 중국 서북 지역의 이슬람사회에도 영향을 주었다. 특히 신장의 위구르족 중 일부 제정 러시아 카잔 타타르 지역과 터키 지역에서 유학한 종교 인사, 지식분자들이 이런 사상의 계승자와 전파자로 되었다. 1933년 11월 12일 신장 남부의 카스(喀什)에서 출현한 "동투르키스탄 이슬람공화국"이 바로 상기 배경에서 생겨난 것이다. 그 조직의 발기자는, 당시 신장 각 지역의 군벌 통치를 반대하는 투쟁 및 간쑤 군벌 마중잉(馬仲英, 마중영) 부대가 신장을 습격하여 교란하던 형세를 이용하여, 중국을 분열하는 이 작전을 일으킨 것이다. 1934년 2월 이 정권은 건립 3개월 후 마중잉 부대에 의해 패망하였다. 이 사건의 영향은 비록 길게 가지는 않았지만, "동투르키스탄"이라는 이 모호한 지리 개념이 신장 지역 민족 분열주의의 상징이 되게 하였으며,[12] "11월 12일"이라는 이 날짜 역시 "독립건국일"이라는 상징적 의미를 부여받게 되었다.

---

11 吳云貴, 周爱藩,《近现代伊斯兰教思潮与运动》, 社会科学文献出版社, 2000年, 제146쪽을 참조하라.

12 厉声主编,《中国新疆历史与现状》, 제157쪽을 참조하라.

"주권화를 제거한" "종주권"

서방의 민족 국가 체계가 형성되고 식민주의 에너지가 세계로 확장되는 과정에서 전통적인 대륙성 제국은 연이어 해체되었다. 하지만 역사상 "오방지민"을 구축하고 계승한 중화제국은 비록 흥망성쇠와 조대의 교체를 거쳤지만 해체된 적은 단 한번도 없었다. 진한(秦漢) 통일이래, 중국은 종래로 소실된 적이 없었고 종래로 나라가 망한 적이 없었다. "유사 이래 중국은 다만 전통적인 왕조의 흥망성쇠와 교체만 겪었을 뿐 대규모적인 파열과 새로운 시작은 단 한번도 겪은 적이 없었다."[13] 이것이 바로 중국 역사 사실에 부합되는 정확한 인식이다.

제국주의 열강들은 중국을 포위 공격하는 침략 전쟁에서 중국을 해체하기 위해 여러가지 수단을 사용하였다. 그들은 군사적 우세를 점한 조건 하에서 그들 주도의 국제 사회 "조약" 체결 방식과 규칙으로, 청정부를 굴복하게 하여 "영토를 할양하여 배상하는" 처지에 빠지게 하였다. 그리고 소위 "종주권(suzerain)"이라는 서방 식민주의 개념으로 중국의 역사적 강역(疆域)에 대한 주권 소유와 영토 관할을 부정하였다. 그들은 중국과 타국, 중국과 변방 지역의 "종주 관계"를 강화함으로써 청왕조의 국가 주권을 해체하고 청왕조의 관리권을 말살하였다. 그목적은 몇 천년 동안에 걸쳐 "천하통일", "풍속에 따라 관리하기", "화이부동"의 사상 관념에 의해 형성된 중국의 통일된 다민족국가의 역

---

13 【미국】斯塔夫里阿诺斯,《全球通史: 1500年以前的世界》, 吳象嬰, 梁赤民译, 上海社会科学院出版社, 1992年, 제71쪽.

중국공산당은 어떻게 민족문제를 해결하는가

사 구조를, 서방 민족 국가의 "단일 민족 국가"의 이념에 따라, 자연 지리, 역사 문화, 경제 생활, 종교 신앙 등의 민족 차이성에 근거하여 서방 "식민지화" 관념의 "종주 관계" 구조로 해체, 변화시킴으로써, 서방 식민 시대 약육강식의 "정글 법칙"을 통해 "종주 관계"로 변경하려는 목적을 이루기 위한 것이었다. 이는 제국주의가 중국 변방 지역을 침략, 해체, 분열, 식민지화하는 과정에서 늘 사용하던 수단이었다.

동방의 오랜 문명 대국으로서 중국은 몇 천 년 간의 역사 발전 과정에서 주변 지역에 광범위하게 정치, 경제, 문화적 영향을 발휘하였고 조공 체계를 특징으로 하는 "천하(天下)", "향화(向化)" 관념을 형성하였다. 하지만 "내외유별"은 중국 정치 문화에서 아주 엄격한 규칙이었다. 먼 곳의 사람을 회유하는 외번의 조공, 풍속에 따라 다스리는 소속 번부의 조견은 청조의 법전, 규칙에 아주 명확하게 규정되어 있다. 즉 조선, 류큐, 미얀마, 안남, 코칸드, 구르카, 러시아 및 동남아시아 일부 고대 국가에 대해서는 외번 조공 제도를 실시하였고, 몽골, 신장, 시짱 등 소속 번부에 대해서는 조견 연반 제도를 실시하여 이런 지역의 행정, 군사, 경제 및 사회 등을 통치하였다. 건륭 53년(1788년)에 푸캉안(福康安, 복강안)은 타이완의 린솽원(林爽文, 임상문) 사건을 평정한 후 타이완 생번 두목 여러 명을 요청하여 상경하여 조견하도록 하였는데 이는 "사천 주둔 토사 사례에 따른" 규칙을[14] 근거로 한 것이다. 이것은 타이완이 중국의 영토였기 때문이었다.

---

14   福康安, "奏为查明台地出力生番等优加赏给缘由折",《宫中档乾隆朝奏折》제68輯, 中国台北, "国立故宫博物院"印行, 1988年, 제209쪽.

서방 식민주의 "종주국"의 개념으로 중국의 조공 조견 체계를 해석한다면, 외번 조공은 이론적으로 확실히 "종주권"의 특징을 가지고 있지만, 소속 번부의 연반 조견은 절대 "종주 관계"가 아니었다. 제국주의 열강들이 꾸민 시짱, 외몽골 독립 분열 활동에서 이런 지역에 대한 중국의 "종주권"을 승인한다는 것은 인지 면에서 개념을 혼동한 것이 아니라 고의적으로 이런 지역을 "외번 조공" 국가들과 동일화한 것이다. 그리고 이런 "외번 조공" 국가들은 이미 그들의 무력 또는 조약을 통해 "종주권"이 교체되어 식민지(예를 들면 일본에 의한 조선, 프랑스에 의한 베트남, 영국에 의한 미얀마)로 되었기 때문이다. 외몽골, 시짱 등 중국 영토 역시 이러한 "종주 관계" 범주에 포함시키는 것은 이런 지역도 독립할 수 있고 "종주"를 변경할 수 있다는 것을 의미한다. 따라서 중국과 변방 소수민족 지역의 "종주 관계"에 대한 제국주의의 정치적 설계는 이런 지역에 대한 중국의 "종주권"을 승인하는 동시에 중국이 이런 지역에 대해 주권을 가지지 않는다는 복선을 음험하게 깔아 놓은 것이다.

제2절 제국주의 열강들이 중국에 남겨 놓은 민족문제의 "역사적 유산"

대영제국(大英帝國)이 만든 "시짱 문제"

시짱이 중국의 불가분의 영토라는 이 점은 현대 민족 국가의 명제일 뿐만 아니라 고대 중국 주권의 귀속과 영토 범위에 대한 사실적 인정이기도 하다. 13세기 원나라가 중앙 왕조의 토번 지역에 대해 행정 구획 통치를 실시했던 시기로부터 계산하면 시짱의 중국 소속은 이미 700여 년의 역사를 가지고 있다. 중국의 "오방지민" 간의 상호 관계로부터 말한다면 서융에 속하는 토번은 당조 시기부터 중원과 밀접한 관계를 맺어왔기때문에 이미 1,300여 년의 역사를 가지고 있다고 할 수 있다. 이러한 시각으로 중화문명이 전승된 이유를 탐구하지 않고서는 중국이 한번도 멈추지 않고 이어져 올 수 있었던 역사의 수수께끼를 완벽하게 풀 수 없으며, 소위 "시짱 문제"에 대한 제국주의의 본질도 파헤칠 수 없다.

소위 "시짱 문제"는 근대 제국주의 열강들이 시짱에 손을 뻗기 위해, 대영제국이 시짱을 침략하기 위해 만들어 낸 거짓 명제이다. 서양인들이 시짱에 진입한 것은 근대 식민주의의 세계 침략의 결과이다. 1774년 11월 동인도회사의 대표 조지 포겔이 시짱에 들어가 르카쩌(日喀则, 시가체)에 머물렀고, 19세기 상반기에는 일부 서양인들이 비밀리에 시짱 지역에 잠입하여 측량, 조사, 유람, 선교 등 활동을 진행하였다. 러시아는 북부로부터, 영국은 남부로부터 프랑스는 동부로부터 잇따라 탐험가, 선교사 등을 파견하여 "비밀리에 또는 공개적으로 시짱에 잠입하는 고조를 형성하였다."[15] 서방 식민 세력이 시짱 진입을 계속하는 목적은 당연히 상업 무역의 길을 열고 시장을 점령하고 광산 자원을 약탈하기 위한 것이었지, "즐거운 야만인"을 찾기 위한 것이 아니었다. 그러므로 이들의 활동 역시 서방 식민주의자들이 전 세계적 범위에서 진

---

15   周伟洲主编,《英国俄国与中国西藏》, 中国藏学出版社, 2001年, 제76쪽.

행한 활동과 별다른 구별이 없었다. 그랬기 때문에 그들의 이런 목표가 청정부의 제약을 받거나 시짱 승속(僧俗) 사회의 저항을 받을 때에는 필연적으로 무력 침략을 선택하게 되었던 것이다. 1903년 12월 영국군은 시짱 침략 전쟁을 발동하였고 이듬해 8월에 라싸에 침입하였다. 현대 세계적으로 사건화 되고 있는 소위 "시짱 문제"는 바로 여기에서 비롯된 것이다.

사실상, "영국 군이 1903년-1904년에 시짱에 진입할 때 시짱이라는 '나라'에 대해 정의를 내리기 매우 어려웠다. 유럽인들과 아시아인들이 나라에 대한 이해는 근본적으로 다르다. 유럽인들은 나라를 하나의 민족 국가로 이해한다. 즉 나라라는 것은 하나의 완전한 토지로서, 명확한 국경선이 있으며, 이 토지를 하나의 정부가 집정하면서 독점권을 가지는 것으로 이해한다."[16] 1840년의 유럽 혁명(민족의 봄, Spring of Nations) 및 보편적으로 민족국가를 건립한 서유럽 지역과 비교하면 아시아 등 대륙의 오래된 사회는 모두 자산계급 민족주의 운동의 전야에 처해 있었고, 중국의 시짱 지역은 정교합일의 봉건농노제도 통치 하에 처해 있었다. 따라서 중국에서 부르주아 혁명이 폭발해도, 심지어 두 차례 세계대전 기간에도 "서방 열강들이든, 시짱이든 모두 시짱의 독립을 선언할 수 없음은 아주 명백한 일이다."[17] 이는 시짱 지역의 사회 제도, 권력 구조와 경제 사회 발전 정도가 그때까지도 유럽 중세기에 상응하

---

16 【영국】Alex Mckay,《我们希望一个团结的西藏》, 黄文娟译, 中国藏学研究中心历史所编印,《国外学者西藏历史论文集选译》(下), 제518쪽.

17 【프랑스】石泰安,《西藏的文明》, 耿昇译, 王尧审订, 中国藏学出版社, 1999年, 제103쪽.

는 암흑한 연대에 처해 있었기 때문이다. 비록 시짱에 침입한 영국 침략자들이 "정치 목적을 위해 선전용 이데올로기와 이미지를 찾기 위해서이다."라고 솔직하게 털어 놓았지만, 그들은 시짱에서 서방 민족 국가 패턴으로 "제도를 도입할" 수 있는 사회적 기초를 찾지 못하였다. 그 뿐만 아니라 토번 왕조 후 "시짱 사람들의 자아 형상에도 국가주의라는 것이 기본상 반영돼 있지 않았다. 이는 시짱의 역사 사실과 부합된다."[18] 따라서 "영국인들은 모종의 시짱 이미지를 찾고 만들어 내어", "이런 이미지를 도구로 이용하여 강대한 시짱 '완충 지대'를 건립하려 하였다."[19] 본질적으로는 영국 인도 제국이 통치하는 식민지를 만들려고 했던 것이다.

중국 시짱과 인접한 남아시아 준대륙에 이미 식민통치를 건립한 대영제국에 있어서 그들의 실력과 지리 조건은 시짱 지역을 규제하고 있는 기타 제국주의 세력과 비교하여 볼 때 우세한 지위를 차지하고 있었다. 특히 20세기 초엽에 들어서서 영국인들은 제정 러시아제국 세력의 경쟁을 저항하기 위하여 외교와 무역 수단을 이용하여 청정부에 대해 압력을 가했고 최종적으로 군사 침략까지 발동하여 시짱 지역을 통제할 수 있는 강세적 위치를 얻었다. 20세기 전반기에 "영국인은 라싸에서 큰 영향력을 누리고 있었으며, 심지어는 시짱인의 후원자의 역할까지 맡고 있었다. 그들은 시짱인들의 폐쇄적인 염원을 잘 알고 있었으며, 외국인들의 시짱 진출을 금지하려고 애썼으며, 제국정부에 이익을

18 【미국】罗伯特·B.埃克瓦,《藏族人的自我形象》, 季斌译, 中国藏学研究中心历史所编印,《国外学者西藏历史论文集选译》(下), 제497쪽.

19 【영국】Alex Mckay,《我们希望一个团结的西藏》, 제518쪽.

가져다줄 수 있는 사람들만 들어갈 수 있게 허용하였다."[20] 여기에서 소위 "제국정부에 이익을 줄 수 있는 사람"은 바로 시짱 "독립국"을 만들기 위해 "시짱 이미지"를 설계할 수 있는 사람을 가리킨다.

따라서 "영국인들은 시짱을, 국가 형식을 모델로 하는 강대하고 통일된 명확한 정의가 있는 실체로 전환시키는 것이 필요하였다. 하지만 국가가 되기 위한 여러 가지 전제조건이 부족하였기에 영국인들은 국가 신분 특징을 대표할 수 있는 일부 기본 요소 즉 국가의 구조(권리 집중에 관한 내용, 예를 들면 정부, 법률, 국경선 등과 관련된 내용)와 사회발전 정도(단결 의식 또는 신분에 관련되는 사회, 이를테면 전통관, 가치관 및 신앙)를 창조하거나 발전시키라고 시짱 정부를 설득할 수밖에 없었다.[21] 바꾸어 말하면 서방 현대 민족 국가의 모델에 따라 중국의 시짱 지역에서 "국가 신분 특징을 대표하는 기본 요소"를 구축하는 것이었다. 1913-1914년에 영국인들이 기획하고 주도한 "심라회의"가 바로 이러한 "시짱 이미지"를 만들기 위한 관건적인 절차였다.

소위 "시짱 이미지"의 기초는 우선 "종주권" 문제이다. 제정 러시아가 일본과의 극동 경쟁에서 실패한 후 영국과 러시아의 관계는 완화되기 시작하였다. 1906년 6월에 시작된 영국과 러시아 담판 및 그 이듬해에 타결된 《영국-러시아 협정》에서는 두 나라가 공동으로 시짱에 대한 중국의 종주권을 인정하고, 러시아는 영국이 시짱에서 특수 권익을 가짐을 인정한다는 등의 내용을 규정하였다. 이런 내용들은 1906년의 《중

20　【영국】Alex Mckay , 《西藏-隔离的神秘》, 黄文娟译, 中国藏学研究中心历史所编印, 《国外学者西藏历史论文集选译》(下), 제512쪽.

21　【영국】Alex Mckay, 《我们希望一个团结的西藏》, 제520쪽.

영속정장인조약(中英續訂藏印條約)》에서도 체현되었다. 중국이 시짱에 대해 "종주권"을 가진다는 것을 승인하는 조약법 설명의 목적은 시짱 통치에 대한 중국의 "주권화를 제거"하기 위한 것이었다.

1904년에 영국군이 라싸에 침입할 때 달라이 라마 13세는 내지로 도망가서 피난하였다. 달라이 라마가 시짱으로 다시 돌아오는 문제에 관해서도, 제정 러시아와 영국은 서로 쟁탈전을 벌였다. 하지만 영국이 《영국-러시아 협정》으로 시짱에서 "특수 이익"을 가지고 있었기 때문에 제정 러시아의 도움을 받아 영국에 저항하려던 달라이 라마는 핍박에 의해 영국인의 지배를 받게 되었다. 이 기간 동안 청정부는 선후로 시짱과 촨캉(川康, 천강) 두 성에서 새로운 정책을 추진하여 전개하였는데, 이 과정에서 시짱 귀족, 상층 승려들의 실질적 이익을 크게 저촉하여, 달라이 라마와 시짱 승속 관리들의 강렬한 불만을 불러일으켰다. 심지어 달라이 라마가 영국, 러시아 공사에 지원을 요청하기까지 이르렀다. 시짱 형세의 변화로 청정부는 시짱에 군대를 파견하기로 결정하였고 1910년 2월 12일에 쓰촨군대가 시짱에 들어갔다. 달라이 라마는 즉시 인도로 도망가 영국의 보호에 들어갔다.[22] 이때로부터 시짱 지역의 정교 영수인 달라이 라마는 대영제국이 "시짱 이미지"를 만드는 데 있어서의 상징물이 되었다.

1911년 내지에서 신해혁명이 폭발하자 시짱에 주둔한 쓰촨군대는 즉시 우창(武昌, 무창)봉기에 호응하여 병변(兵變)을 발동하였다. 허우짱(后藏), 쟝쯔(江孜), 보미(波密), 쟝다(江達) 등 지의 주둔군대도 분분히 라

---

22   张植荣,《中国边疆与民族问题》, 北京大学出版社, 2005년, 제226-227쪽을 참조하라.

싸로 들어가 시짱에 대한 청정부의 통치를 무너뜨렸다. 하지만 쓰촨군 대와 같은 시짱 주둔 군대는 성분이 복잡하고 파벌 투쟁이 심하고 게다 가 내지 혁명과의 연계도 부족하여 곧 혼란상태에 빠지게 되었다. 이런 형세에서 시짱 주둔 군대와 당지의 정교, 군민 사이의 관계도 신속히 악화되었고 심지어 쟝쯔에 주둔한 군대가 포위, 공격당하고 세라사원 (色拉寺院)이 노역(奴役) 지원에 항거하면서 공격을 당하는 등 사건이 발 생하면서 시짱의 형세는 한족과 장족이 충돌하는 추세로 나아가게 되 었다. 그 사이에 달라이 라마는 외국에서 이미 한족 군대를 쫓아낼 계 획을 세우고 지속적으로 시짱에 계획을 전달하며 조직 동원을 진행하 였다. 그 결과 최종적으로 시짱 주둔 군대의 무장을 해제시켰고 1912년 9월 1일에 인도를 거쳐 중국 내지로 돌아오기로 하였다.

이와 동시에 한족 군대를 쫓아내고자 하는 달라이 라마의 계획은, 쓰촨 변방의 장족 지역에서도 전개되면서 자오얼펑(趙尔豊, 조이풍)의 개 토귀류 정책[23]에 저촉된 토사, 우두머리, 승려 등의 적극적인 호응을 얻 어, 그들이 무장 폭동을 발동하여 한족 군대와 한족 관리를 내쫓음으로 써 서남의 쓰촨 경계에 위태로운 국면을 조성하였다. 민국정부는 즉시 군대를 파견하여 서정(西征)을 시작하였고, 동시에 영국에 시짱 관련 조 약을 수정할 4가지 원칙을 제기하였다. 그중 첫번째 원칙이 바로 시짱 은 영원히 중국의 영토라는 것이었다. 쓰촨-윈난군대의 서정(西征)의 반 격 속도는 아주 빨라 몇 개월 내에 바로 촨캉(쓰촨과 시캉, 川康)을 평정하

---

23 역자 주, 명·청 시대에, 중앙 집권 체제를 강화하고 변방 지역을 통일적으로 관리하기 위하여 윈난·구이저우·쓰촨·광시 등 소수 민족 지역에서 족장인 토사(土司)를 폐하고 중앙에서 임명한 벼슬아치인 유관(流官, 임기제 관리)이 다스리게 하는 정책.

중국공산당은 어떻게 민족문제를 해결하는가

고 시짱 진입을 준비하였다. 이러한 형세 변화는 영국 측의 강렬한 반응을 불러일으켰다. 영국은 끊임없이 민국정부에 압력을 가했고 심지어 "만약 민국정부가 반드시 시짱을 토벌하고자 군대를 계속 파견한다면, 영국 정부는 중화민국에 대해 승인하지 않을 것이며 전력으로 시짱 독립을 도울 것이다."[24]라고까지 하였다. 위안스카이 정부는 영국인들의 압력으로 인해 하는 수 없이 쓰촨-윈난 서정(西征) 군대의 시짱 진입을 포기하였다. 동시에 위안스카이 정부는 전국 인민의 항의에 못 이겨 영국 측에 시짱 문제 관련《비망록》을 제기하여 중국의 주권에 대해 성명하였고, 시짱 사무는 내정이라는 원칙을 견지하였다. 하지만 이번 사건이 조성한 결과는 심각하였다. 우선 중앙 정부가 시짱에 파견하여 주둔한 관리와 군대가 강제로 철수되었다. 그리고 달라이 라마와 시짱 사무에 대한 영국의 영향력이 크게 강화된 것이다.

"시짱 문제"의 하나의 에피소드로서, 1913년 1월에 외몽골과 시짱 간에 체결한《몽장조약》을 들 수 있다. 이 사건은 마침 달라이 라마가 인도에서 라싸로 돌아올 무렵에 발생하였다. 당시 외몽골은 제정 러시아의 책동과 지원 하에서 이미 "독립"을 선고했고 장기간 동안 달라이 라마 옆에서 함께 활동하던 러시아 국적 몽골인 더얼쯔가 이 협정 체결 시 시짱 대표 역할을 맡았다. 이 조약에서는 외몽골과 시짱은 서로 독립 국가의 지위를 승인한다고 하였다. 이는 제정 러시아 세력이 지속적으로 달라이 라마를 매수하는 획책 중에 나타난 "더얼쯔 음모"인 것이다. 이 조약은 그 어떤 영향이나 반응도 일으키지 못했고 심지어 달라

---

24   周伟洲, 周源主编.《西藏通史·民国卷》(上), 中国藏学出版社, 2008년, 제14쪽.

이 라마와 시짱 지방 정부까지도 이 러시아인 더얼쯔를 시짱 대표로 위임하여 외몽골과 체결한 이 조약을 승인하지 않았다.[25] 하지만 러시아인의 이러한 활동으로 인해 영국은 "시짱 문제" 해결의 발걸음을 가속화할 수 있었다.

1913년 10월 13일에 중국 중앙정부, 영국, 시짱 지방정부 3자 대표로 구성된 "심라회의"가 인도에서 개최되었다. 이 "3자회의"는 완전히 영국이 기획하고 중국에 압력을 끊임없이 가하는 형세 하에서 이루어진 산물이다. 중국 중앙정부의 대표는 천이판(陳貽范, 진이범)이었고 서방 제국주의 식민세력인 영국의 대표는 맥마흔으로, 이 회의 주석을 담당하여 회의의 의사일정을 통제했으며 회의 중재자 역할을 맡았다. 시짱 지방정부 대표 룬신샤챠(夏扎)는 친영파로서 회의 전에 영국 관리의 지시를 받아 소위《시짱 요구 조건》방안을 제정하였는데 거기에서는 "시짱은 중국에 예속된 적이 없었고 이후에도 중국과 평화롭게 지낼 수 없기 때문에 시짱을 독립국으로 결정한다."라고 하였다. 또한 이와 동시에, 중국과 시짱의 국경 획정안을 제시하였으며, 더 나아가 중국 정부가 시짱에 배상할 것을 요구하는 등 여섯 개 항목의 요구가 제시되어 있었다.[26] 이는 영국인이 설계하여 내놓은 "시짱 독립"의 계획안이었다. 이렇게 이 "방안"을 둘러싼 문제, 특히 그중의 시짱 경계선 획분을 둘러싼 문제는 오랜 논제로 남게 되었다. 회의 기간 영국인과 시짱 지방 정부 대표는 비밀리에 두 개의 협정을 체결하였는데 하나는《영

---

25   周伟洲, 周源主编,《西藏通史·民国卷》(上), 제36쪽을 참조하라.

26   周伟洲, 周源主编,《西藏通史·民国卷》(上), 제36쪽을 참조하라.

장 신립 통상 규정》이고 다른 하나는 "인도티베트변계" 획분으로서, 이
들 협정에서는 "인도-시짱 변계를 원래의 히말라야산 기슭으로부터 산
정상으로 옮겨 정했으며, 시짱 영토의 넓은 지역을 인도에 할양"[27]하였
는데, 그 표징이 바로 아무 설명도 없이 후세에 출현한 "맥마흔 라인"
이라고 불리는 변경선의 출현이다.

"심라회의"는 1914년 7월 3일, 중국 정부 대표가 사인을 거절함으
로 끝났다. 이번 회의에서 형성된 서류 및 영국과 시짱 양측에서 체결
한 협의는 모두 불법적이었지만 "시짱 독립", "대시장구(大西藏區)"의 정
치 설계가 정식으로 나타나게 되었고 "맥마흔 라인"과 관련된 중국의
9만 제곱킬로미터의 토지가 중국과 인도 두 나라 사이에 해결하기 어
려운 "역사 유산"으로 남고 말았다. 이 "역사 유산"은 영국인이 계획한
"시짱 독립"의 산물이며, "시짱 문제"의 영토 요인으로 남게 되었다.

대영제국이 19세기에 처음으로 중국 시짱에 침입해서부터 "심라회
의"에 이르기까지, 대영제국은 "시짱 독립"을 위해 정치적, 영토적 면
에서 여러 가지 디자인과 계획을 하였지만 시짱의 사회, 문화, 종교에
대한 그들의 부정적인 시각은 다음과 같이, 한번도 변한 적이 없었다.

- "우리가 들어가 본 모든 건물과 사원에는 모두 금도금한 불상, 저
속하고 화려한 그림, 악마, 요녀, 알록달록한 벽화, 무서운 모습을
한 악마의 탈, 라마가 테러리즘 속임수를 실시하기 위한 기구들이
있었다. 이런 귀신 같은 미신의 겉모습은 노련한 라마가 발명한

27 【미국】梅·戈尔斯坦,《喇嘛王国的覆灭》, 杜永彬译, 时事出版社, 1994年, 제77쪽.

산물로서 이는 모두 승려 정치의 구성부분이다."

- "라마는 태상황(太上皇)이고 농민은 그들의 노예이다.", "라마들이 정신적 공포 수단을 이용하여 그들의 영향력을 유지하고 정권을 계속 자신들의 손에 장악하려고 하는 것은 의심할 여지가 없다. …… 이런 시대에 우매하고 무지한 농노들은 삶의 참모습을 조금씩 접하게 될 것이며, 수 세기 동안 그들과 그들의 통치자 간의 관계가 과연 공정했는지에 대해 의구심을 갖게 될 것이다. 하지만 이 사람들은 아직도 아직 중세기에 머물러 있다. 정치 제도, 종교 면에서뿐만 아니라 준엄한 징벌, 샤머니즘, 라마교의 활불(活佛) 계승 제도 및 열화와 끓는 기름 시련 등과 같은 여러가지 면에서 그러했고 또한 그들의 일상생활의 모든 면에서도 예외가 아니었다. 세계 역사에서 완고함과 암흑이 이처럼 갑자기 과학 앞에 드러난 것은 전례가 없다고 장담할 수 있다."

- "여기는 아수라장이고 질서가 전도된 땅이다. 여기의 사람들은 일생 중의 절반 이상의 시간을 할애하여 독해하기 어려운 경문을 읊조리면서 마니차(징통, 经筒)를 돌리고, 죽은 사람을 조각 내서 개나 매에게 먹인다." "불교의 지도자, 보살 화신이 살고 있는 이 궁전(포탈라 궁)에는 유럽에서 가장 많은 피의 빚을 진 중세 성곽에서보다도 살인 장면과 범행을 종용하는 광경이 더 많았다." [28]

---

28 【영국】埃德蒙·坎德勒,《拉萨真面目》, 尹建新, 苏平译, 西藏人民出版社, 1989年, 제 182, 186, 187쪽.

중국공산당은 어떻게 민족문제를 해결하는가

그렇기 때문에 그들은 시짱을 위해 새로운 이미지를 창조해야만 하였다. 그 원인은, 영국의 관리들에게 있어서 "시짱의 역사 이미지의 초점은 우리가 '핵심'이라고 부르는 이미지로서, 시짱은 현대 국가이며, 정부가 관리하는 연합된 국가이며, 총 주권이 자신에게 속하며, 이웃 나라인 영국령 인도와 우호적으로 지내는 자랑스러운 국가"라는 데에 있기 때문이다. 이런 "시짱 이미지"를 창조하는 기본 책략으로서 서방인들은 자신의 우월감을 숨기고, 시짱의 종교, 사회, 사람 및 행동 방식에 대한 혐오와 비난을 자제하고, "우호적이고", "온화하며", "성실하고", "개방적이며", "명랑하고", "유쾌한" 등과 같은 기분 좋은 말로 바꾸어 정교합일 제도 통치의 봉건농노제 사회를 묘사하였다. 동시에 최대한 시짱의 문명 발원과 문화 요소 중에서 "중국화를 제거하고" 그것들이 "인도화 되게" 하려고 노력하였다. 이는 "시짱과 인도의 역사적 연결 관계를 디자인함과 아울러 중국과의 관계를 희생시켰음을 의미한다." "그들은 영국인들과 연맹할 가치가 있다고 여기는 시짱 이미지를 창조하려 하였다."[29] 환상, 엽기, 견유(犬儒) 정신으로 가득 찬 서양인들에게 있어서, 영국인의 통제 아래에서 "격리"된 시짱은, "시짱 이미지"의 창조를 통해 "서방 이미지에서 성행하는 시짱 '샹그릴라' 형상을 형성하였다."[30] 심지어 시짱이나 라싸에 가본 적이 없는 수많은 서양인들까지도 책을 쓰고 논의를 펼쳐 "지극히 환상적이고 허황한 느낌"으

---

29 【영국】AlexMckay, 《我们希望一个团结的西藏》, 제532-534쪽.

30 【영국】AlexMckay, 《西藏-隔离的神秘》, 제513쪽.

로 "서양인들이 상상한 시짱에 신비한 색채를 더해 주었다."[31]

이들 중 일부는 옛 시짱의 '샹그릴라'식의 풍경과 낭만을 상상하는 데에 아주 열중하였는데, 만약 그것이 광적인 무지가 아니라면 단지 의식형태 또는 사회제도에 대한 입장 차이로 인해 나타난 정치적 태도일 수밖에 없다. 사실 동양 신비주의에 대한 서양인들의 상상은 20세기 초기부터 점점 더 많은 정치적 요소를 가미하여, "어떻게 해야 신비로운 동양인을 추구하는 사람들로 하여금, 지적 능력은 떨어지지만 마음씨가 착한, 수천수만의 사람들로 하여금 진실한 불교 전통 및 진실한 시짱을 이해할 수 있게 할 것인가?"[32]라는 "아주 단순한" 문제를 불러 일으켰고, 이 문제는 지금까지도 여전히 전해 내려오고 있다. 이 문제의 해답을 찾기 위해 서방 식민 세력은, 시짱은 "독립국"이라는 역사적 정치적 오도(誤導)를 만들어 냈다. 이렇게 서양 민족국가 시대에 날조되고 디자인된 시짱 "독립국"의 정치적 오도와 '샹그리라'식의 신비한 유혹은 오늘날까지도 서양 사회에 영향을 미치고 있다. 그뿐만 아니라 이것은 1959년 이후에는 "시짱 망명 정부가 계속하여 이런 이미지를 이용하여 그들의 이익을 실현하려는"[33] 시도의 지침으로 되고 있다.

---

31 【영국】AlexMckay,《西藏-隔离的神秘》, 제505쪽.

32 阿格合南达·巴拉提,《虚构的西藏然巴主义的起源和持续》, 李晨升译, 中国藏学研究中心历史所编印,《国外学者西藏历史论文集选译》(下), 제470, 448쪽.

33 【영국】AlexMckay,《我们希望一个团结的西藏》, 제533쪽.

일본, 미국 제국주의가 키운 "타이완 독립" 세력

　1945년 8월 15일 일본 제국주의가 무조건 항복을 선포함에 따라 중
국 인민이 8년 동안 피흘려 싸운 항일전쟁은 승리를 거두었다. 8월 17
일 일본 관동군은 "만주국" 멸망식을 연출하였고 푸이는 2분 만에 "퇴
위 조서"를 읽은 후 일본으로 철퇴하려고 했으나 펑톈(奉天, 봉천)공항에
서 소련 홍군에게 포로됨으로서, 만주국은 철저히 종말되었다.[34] 일본
제국주의가 중국 땅에서 만들어 낸 "만주국"은 역사의 연기로 사라졌
고 동북지역은 여전히 중국의 동북지역이 되었다. 마치 타이완이 여전
히 중국의 타이완인 것과 마찬가지이다.

　1943년 11월 22일부터 26일까지 중국, 미국, 영국 3국 지도자들은
카이로에서 회의를 열고 대일 작전의 공동 군사문제를 어떻게 조율할
것인가, 전쟁 후 일본에 대해 어떻게 처벌할 것인가 등과 같은 정치문
제에 대해 논의하였다. 이번 "카이로회담"에서 발표된 《카이로선언》에
서 삼국은, 대일 작전의 목적의 하나가 일본에 강탈된 동북 4성, 타이
완, 펭호군도 등 중국의 영토를 "중화민국"에 돌려주기 위한 것이라고
공표하였다. 1944년에 국민정부는 충칭에 타이완조사위원회를 성립하
고 타이완 회수 준비 사무에 착수하였다.

　1945년에 일본 제국주의가 투항을 선고하자 타이완 섬 내부의 일
본군 정계에는 "주전파(主戰派)"와 "주화파(主和派)"가 나타났다. 그중 이
사야마, 나카미야 고로, 마키자와 요시오 등 열광적인 군인으로 구성된

34　姜念东, 伊文成, 解学寺, 吕元明, 张辅麟, 《伪满洲国史》, 제607쪽을 참조하라.

"주전파"는 타이완의 세도가이며 일본 귀족원(貴族院) 의원인 린시안탕 (林獻堂, 임헌당), 일본 헌병대 특무 쉬쿤추안(徐坤泉, 서곤천) 등과 같은 타 이완의 일부 세도가와 재벌들과 결탁하여 타이완 황민봉공회에서 "타 이완 독립" 활동을 획책하여 중국 정부가 타이완을 인수하기 전에 "타 이완 독립"을 선포하려고 도모하였다. 이 행동은 당시 타이완에 주둔 한 일본군 사령 겸 타이완 총독 안도 리키치에 의해 제지당했다.[35] 하지 만 이 활동은 "엄격한 의미에서 말하면 '타이완 독립'의 시조이고 '타이 완 독립'의 첫 실천이기도 하다."[36] '타이완 독립'이라는 이 화제에 있어 서, 일부 '타이완 독립' 세력은, 1895년 5월 25일 도내 군민 각계 인사들 이 청정부가 타이완을 일본에 할양했다는 이유로 연합하여 '타이완 민 주국' 수립을 선언한 것을, 대만 독립 운동의 시초로 삼곤 한다. 본질적 으로 보면, 갑오전쟁의 실패와 청정부의 무능으로 인해 타이완의 군민 들이 일본 제국주의 통치의 망국노로 되는 것이 안타까워 독립을 선고 하는 것과, 중국이 일본 제국주의와의 전쟁에서 승리하여 타이완을 수 복하자, 일부 일본 군국주의 분자들이 실패를 승인하지 않고 "황민화" 한 타이완 세도가들과 결탁하여 독립을 도모하는 것은 전혀 그 어떤 공 통점도 없으며, 함께 논할 수 있는 일이 아니다. 그렇지만 후자가 1945 년 이후 '타이완 독립' 세력의 '황민화 도구'로 된 것만은 확실하다.

국민당 정부가 타이완을 인수하여 관리하는 기간 국민당 고관들 은 권력을 독점하여 부정부패를 저지르고, 현지인을 배척하고, 재산을

---

35   陈圭宏, 《海外台独运动史》, 中国台湾, 前卫出版社, 1998年, 제50쪽을 참조하라.

36   孙云, 《"台独"理论与思潮》, 九川出版社, 2007年, 제15쪽.

수탈함으로써, 전쟁 후 타이완의 경제 사회를 더욱 곤경에 빠지게 하였다. 따라서 타이완 사회의 '민란' 및 1947년의 '2.28'사변을 초래하였다. 이 사건이 끼친 중대한 영향 중 하나는 '타이완성 내 집단 모순'이, 나중에 타이완 정치 구도에 영향을 미치는 "아킬레우스의 발 뒤꿈치"로 이어졌다는 점이다. 이른바 '타이완 성 내 집단 모순'이란 1945년 전에 타이완에 이주한 "본성인(本省人)"과 1945년 국민당 정부가 타이완을 인수하면서, 그리고 1949년에, 패배한 국민당 정권을 따라 타이완에 가게 된 "외성인(外省人)" 간의 모순을 이르는 말이다. 장제스는 타이완으로 패퇴한 후, 미국의 지원 아래 '대륙반공(大陸反攻)'을 한 시도 잊지 않았으며 타이완을 그들의 '중화민국'을 '광복'하는 기지로 삼아 권위 통치를 실시함으로써, 인원 수에서 우세를 차지하지 못하는 "외성인(外省人)"이 타이완 "본성인(本省人)"에 대한 정치적 압제를 형성하였고 더 나아가서 사회 문화적으로 억압하는 형국을 형성하였다. 심지어 사회 권력과 이익 구조에서 "지배자는 일반적으로 외성인(外省人)이고 타이완인들은 피지배자로 된 현상"[37]이 형성되었다. 물론 이런 배척에는 일본 제국주의 세력이 타이완을 떠날 때 '타이완 독립'을 기획하여 꾸며낸 '타이완 독립' 세력에 대한 숙청과 타격이 포함된다. 민족 분열의 범주에 속하는 '타이완 독립' 세력은 타이완에서 몸 둘 곳이 없게 되자 분분히 해외로 나가 발전하게 되었는데 그들은 우선 일본으로 갔고 그 후 미국에까지 가게 되었다. 반면 '타이완 성 내 집단 모순'은 '중화민국'

---

37 张茂桂,《台湾的政治转型与政治的"族群化"过程》, 施正锋编,《族群政治与政策》, 中国 台湾, 前卫出版社, 1997년, 제48쪽을 참조하라.

의 강제적인 '민족 정체성(national identity)'의 분위기 속에서 타이완 사회의 정치적 잠류로 전환되었다.

헌팅턴의 연구에 따르면 1974년 포르투갈의 독재자를 축출한 정변으로부터 현대 세계에는 민주화의 "제3의 물결"이 시작됐고, 타이완의 정치 민주화도 그 흐름에 말려들었다.[38] 이렇게 된 데는 물론 타이완 경제 사회 발전과도 관련이 있지만, 주로 국제사회에서의 양안의 위상 변화가 중요한 요소로 작용하였다. 사실 1971년 중-미관계의 완화와 연합국에서의 중화인민공화국의 합법적 지위의 회복, 1972년 닉슨의 중국 방문 및《상하이 공동성명》체결, 중-일 수교 그리고 20세기 70년대 말 중-미 수교 등 일련의 외교 환경의 변화는 국민당 타이완 정권에 대한 가장 심각한 타격이 되었다. 이러한 중국의 합법 정부에 대한 국제사회의 보편적인 인정은, 국민당 타이완 정권이 대표하던 중국의 "법통(法統)" 지위로 하여금 근본적으로 기초를 상실하게 하였으며, 동시에 국민당이 타이완에서의 권위적 통치와 강제적으로 "중화민국"을 인정하도록 했던 민족주의가 권위를 잃게 되었다.

이 기간에 타이완 '본성인(本省人)'을 위주로 한 '당외 운동'이 고조를 이루면서 선후로 '중리사건(中壢事件, 중력사건)', '메이리다오 사건(美麗島事件, 미려도사건)'[39]이 발생하였고, 여러 가지 형태의 자주성(自主性)

---

38 【미국】塞缪尔·亨廷顿,《제 三波-20世纪后期民主化浪潮》, 刘军宁译, 上海三其书店, 제23쪽을 참조하라.

39 '중리사건'은 1977년 '당외세력'이 타이완 지방선거 과정에서 국민당이 속임수를 썼다고 지적함에 따라 일어난 소란을 말한다. 중리(中壢, 중력)의 경찰국이 이로 인해 포위되고 불태워졌으며 후에 군대까지 투입되어 대치되었다. 그 다음날, 당국에서 투표감사자에 대해 법적으로 처리하고 타오위안(桃園, 도원)현 현장 선거 후보자로 나선 당

을 요구하는 '자력구제식(自力救濟式) 항의' 활동도 많이 발생하였다. 통계에 의하면 1980-1986년 사이 도합 18가지 유형의 사회운동과 3,000여 차례의 항의 또는 청원 활동이 발생하였는데[40] 그중에는 '고산족 동포' 운동도 포함된다.[41] 이러한 '반대운동'은 국민당 정권의 합법성에 도전하였을 뿐만 아니라 "민주화"로 하여금 타이완 사회의 보편적인 정치적 요구가 되게 하였다. "일본이 타이완을 통치할 때의 '패권적 역사관', '황민화 사상', 연합국에서의 중국의 대표권을 해결하기 위해 미국이 설계한 '타이완 독립 이론', 나아가서 일제 점유 시기에 형성된 '타이완 우선주의', '타이완의 독특성' 등과 같은 이론 또는 개념이 어느 순간 갑자기 모두 반대 세력들이 가장 선호하는 것으로 되어 버렸다.

외인사 쉬신량(許信良)이 당선됨에 따라 사태가 평정되었다. '메이리다오 사건'은 타이완 '당외운동' 급진 세력이 1979년에 창간한 《메이리다오(美麗島)》잡지와 국민당 정부 사이에 발생한 정치적 충돌 사건을 말한다. 해당 잡지는 창간 후 《세계 인권 선언》발표 30주년 기념일을 이용하여 "국제 인권 기념대회 및 시위"를 조직하였다. 해당 잡지의 총경리 스밍더(施明德)는 시위 행열을 지휘하여 경찰 및 헌병과 충돌 및 무장전투를 일으켰다. 후에 당국은 《메이리다오(美麗島)》잡지의 핵심 멤버를 체포하였고 1980년에 스밍더(施明德), 황신제(黃信介), 뤼슈랜(呂秀蓮) 등 수십 명에 대해 형을 선고하였다. 이 사건은 20세기 80년대 이후의 타이완 정치, 사회 정세의 변화에 심각한 영향을 주었다.

刘红, 郑庆勇, 《国民党在台五十年》, 九州出版社, 2001년, 제91-95쪽을 참조하라.

40 王甫昌, 《台湾反对运动的共识动员, 一九七九至一九八九年两次挑战高峰的比较》, 《台湾政治学刊》创刊号, 台湾政治学会, 1996年 7月, 제173쪽을 참조하라.

41 1983년 타이완대학의 고산족 학생이 학원 간행물 《고산청(高山青)》을 창간한 것이 타이완 소수민족 운동의 발단으로 여겨진다. 1984년 "원주민 권리 촉진회(原住民权利促进会)"가 성립됨에 따라 타이완의 소수민족 운동은 조직이 있고, 정치적 선언을 제기하는 새로운 단계로 들어서게 되었다.

林淑雅, 《第一民族: 台湾原住民族运动的宪法意义》, 中国台湾, 前卫出版社, 2000년, 제74쪽, 397쪽을 참조하라.

이렇게 한 순간, 타이완은 또다시 중화문명과 관계를 끊으려는 듯 보였고, 사회적으로도 종족 대립과 불안감을 조성하게 되었다." [42]

1986년 타이완의 첫 '본성인" 정당인 '민주진보당'('민진당'이라고 약칭)이 성립되었는데, 이는 국민당 전제(專制)의 정치 '계엄' 조건 하의 '동원감란(動員戡亂, 반란을 평정하기 위해 전시동원체제를 갖추는 것)' 정세에 전례 없는 충격을 주었다. '민진당'을 건립한 '당외운동' 급진 세력은 1983년에 제기한 정견(政見)에서 이미 "타이완의 앞날은 응당 타이완의 전체 주민들이 공동으로 결정해야 한다."고 선언하였는 바, 이것이 바로 '거주민 자결' 원칙이다. '거주민 자결' 구호의 제기는 타이완의 '반대 운동'이 '민주화'에 대한 요구로부터 '본토화'로 방향을 바꾼 정치 추세를 반영하고 있다. [43] 이런 '정치 본토화' 요구는 '국호(國號)', '국가', '국기', 역사 교과서 등의 내용을 수정하고 '타이완어'(민남어)의 사용을 강화하는 등 '타이완인' 공동체 의식 이념을 선양하는 가운데서 국민당의 '중국 민족주의'에 대항하는 '타이완 민족주의'의 구축을 이루었다. "그들이 만들고자 하는 민족은 '타이완인'이고 타이완 민족을 몰락하게 만든 적은 바로 외래 정권인 '국민당'이며 오직 국민당이 사퇴해야만 타이완인들은 민족의 영광('타이완인이 빛을 보는 날')을 회복할 수 있

---

42   宋光宇,《台湾史》, 人民出版社, 2007年, 제177쪽.

43   타이완의 '본토화'는 '타이완화'를 이르는 것이다. 그들은 정치적 면에서 "자신들의 존재를 과대 평가하였는데, 장씨 가족부터 리덩후이, 천수이볜(陈水扁, 진수편) 정권까지 타이완은 '주권이 독립된 국가'라고 생각하였고, 중국 대륙에서 '독립'되어 나가겠다는 뜻을 포함하고 있다."

      许介鳞,《李登辉与台湾政治》, 社会科学文献出版社, 2002년, 제42쪽.

다."는 것이다.[44] 이렇게 함으로써 '민진당'은 최종적으로 '타이완 독립'을 당의 강령에 써넣은 "타이완 독립 정당"이 되었다.

타이완 사회의 정치 형세 변화가 국민당 전제 권위와 '당고(黨錮)'[45] 체제를 돌파한 상황에서 국민당 정부는 정치 반대파를 용인하고 '계엄법'을 취소하였고 대륙 인사들의 귀성 방문을 동의하고 신문(언론) 제제를 개방하는 등 일련의 조치를 취하였고 동시에 국민당 자체의 '본토화' 과정을 가속화하여 국민당 내부의 '본성인' 엘리트의 지위 제고를 통해 정권의 합법성을 유지하고자 하였다. 국민당 내부의 '본성인' 엘리트들은 국민당의 이른바 '외래 속성'을 옅어지게 할 수 있었기 때문에 중용을 받았다. 장징궈(蔣經國, 장경국)의 뒤를 이은 리덩후이(李登輝, 이등휘)가 바로 이런 '본토화' 정치 추세에서 '당국'의 권력을 잡은 것이다. 리덩후이는 집정 후 '본성인' 권력 구조를 구축하는 방식으로 '반대 운동'의 정치 요구에 맞추어 국민당 내 '낡은 세력'의 '반격'을 고립시키고 소거하여 최종적으로 1993년에 '본성인'을 '행정원 원장'으로 임명함으로써 "중국 국민당 및 중화민국의 '본토화, 현지화'의 기초 작업을 완성하였다."[46] 이 과정에서 해외의 '타이완 독립' 세력들도 비밀리에 분분히 타이완으로 돌아와 '민진당'을 대표로 한 '타이완 독립 정당'의 중국 분열 활동을 부추겼다.

---

44 王甫昌,《台湾反对运动的共识动员: 一九七九至一九八九年两次挑战高峰的比较》,《台湾政治学刊》创刊号, 제183쪽.

45 역자 주, 모 당파나 집단 그와 관련된 사람들의 참정을 금지하고 그의 활동을 제한하는 것을 가리킴.

46 张茂桂,《台湾的政治转型与政治的"族群化"过程》, 施正锋编,《族群政治与政策》, 제53쪽.

타이완이 중국에 반환된 후로부터 1960년대에 이르기까지 "타이완 독립" 세력의 중심은 일본에 있었다. 전쟁 후 미국이 일본의 범죄 행위를 청산하는 과정에서 일본 군국주의 죄행에 대한 방임은 일본 우익 세력으로 하여금 타이완에 대한 통치를 회복하고자 하는 야심을 가지게 하였으며, 집중적으로 "타이완 독립" 세력에 대한 지원을 하게 하였다. "타이완 독립" 세력들은 타이완에 비밀리에 돌아와 조직원을 발전시키고, 사단을 밀모하고, 무장을 조직하고, 지하 조직을 만들어 폭력으로 국민당을 뒤엎고 '타이완 민주공화국'을 건립하려고 시도하였다.[47] 그러나 '타이완 독립'에 대한 국민당의 엄격한 경계와 진압 때문에 '타이완 독립' 세력은 타이완에서 발붙일 곳이 없었고 영향도 크지 못했다. "타이완 독립" 세력이 일본에 의탁하여 진행한 "타이완 독립" 관련 활동은 일본 정부의 지원을 얻지 못했다. 따라서 "타이완 독립" 세력은 미국으로 방향을 바꾸어 발전을 도모했다. 사실 "타이완 독립" 문제에 대한 미국의 중시는 그 유래가 아주 길다고 할 수 있다. 2차세계대전이 끝나기 전부터 미국은 전쟁 후 타이완의 귀속과 지위에 대해 미리 정치적 평가와 전략적 기획을 실시하였다. 국민당 정부가 타이완을 인수한 후에도 미국은 타이완 문제에 대한 전략을 포기하지 않았다. 그중 타이완 '독립'의 태세를 만든 것은 미국 정치적 선택 중의 하나였다. 1947년 중국 주재 미국 대사 존 레이튼 스튜어트는 '타이완 독립' 인사 랴오원이(廖文毅, 유문의)와의 만남에서 "타이완 독립은 긴 시간이 필요하고 아

---

47   孙云,《'台独'理论与思潮》, 제16쪽.

중국공산당은 어떻게 민족문제를 해결하는가

주 어려운 길이지만 분투할 가치가 있다."[48]라고 말했다. 이듬해 랴오원이(廖文毅, 유문의)는 첫 해외 '타이완 독립' 단체인 '타이완 재해방 연맹'을 조직하였는데 이것은 존 레이튼 스튜어트가 선동하고 부추긴 결과이다.

타이완에 대한 미국의 태도는 '연합국 위탁 관리', '타이완 포기', '타이완 중립화', '타이완 지원' 등의 서로 다른 여러 가지 정치적 방향을 거쳤지만, "타이완, 팽호도를 중국공산당의 손에 들어가지 않게 하"는 것이 그들의 마지노선이었다. 따라서 "이 목표를 달성하기 위한 가장 절실한 수단이 바로 이런 섬들과 중국 대륙을 격리시키는 것이었다. 그리고 이 과정에서 미국은 공개적으로 그리고 일방적으로 책임지는 것을 피해야 했다."[49] '타이완 독립'세력의 존재가 미국의 이 목표를 이룰 수 있게 할 뿐만 아니라 미국으로 하여금 그들 뒤에 숨을 수 있도록 하였다. 이는 제국주의가 국제 관계를 처리함에 있어서 시종일관 유지해 온 정치적 책략으로서, 이는 "타이완 독립" 세력이 미국에서의 발전을 위해 조건을 창조하였다. 1970년대로부터 시작하여 일본의 "타이완 독립"은 미국으로 옮겨갔고, 미국 유학을 선호하는 타이완 학생들은 '타이완 독립' 조직의 미국에서의 발전에 "인적 자원"을 제공하였다. 이와 동시에 일본, 미국, 유럽 등 지역의 각양각색의 '타이완 독립' 조직들이 미국을 본부로 하여 '전 세계 타이완인 독립 쟁취 연맹'("타이완 독립 연맹"이라고 약칭)을 맺게 되었다.

---

48   陈佳宏,《海外台独运动史》, 제53쪽 재인용.

49   陈佳宏,《海外台独运动史》, 제56쪽 재인용.

1990년 이전의 해외 '타이완 독립' 세력의 발전은 주로 조직과 이론적인 면에 집중되었다. 1990년 이후 '타이완 독립' 세력은 타이완 내부 및 해외에서 수많은 조직을 만들고, 다양한 이론을 제기하였으며, '타이완 독립'을 실천하는 등 방향으로 발전하려는 태세를 보였다. 통계에 따르면 현재 해외에서 활동하는 '타이완 독립' 조직은 70여 개에 달하며 타이완 섬 내에서 활동하는 조직(정당 포함)은 수백 개에 달한다고 한다.[50] 또한 '타이완 독립'의 지도자, 이론가, 조직자, 후원자 등 영향력 있는 인물 및 여러 가지 조직의 지도자와 핵심 멤버는 수백 명에 달한다. '타이완 독립'에 관한 이론 저서, 잡지, 신문, 사이트 등 여론 전파 능력도 아주 큰 규모를 이루었다. '타이완 독립' 이론은 초기의 '타이완 민족론'으로부터 수 차례의 발전 과정을 거쳐 '타이완 운명 공동체', '타이완 생명 공동체', '먼 친척 가까운 이웃', '타이완 문화 독립' 등의 이론으로 파생되었다. 최초의 주도 이론인 미국의 '타이완 위탁 관리', '타이완 지위 미정론' 등도 '거주민 자결론', '중국 주권 진부론', '신 주권관' 등으로 파생되었다. 리덩후이가 정권을 잡은 후 타이완의 주류 정치는 '타이완 독립' 추세와 아울러 소위 '헌정개혁'을 통하여 국민당의 '본토화'를 가속화하였다. 즉 대량으로 '본성인'의 정치 역량을 육성하고, '본성인'을 영입하였으며 당, 정, 군 업계에서 차지하는 '본성인'의 비중을 강화하였고 '타이완 독립' 정치 계층의 기초를 육성하였다. 동시에 "한 나라 두 정부", "타이완의 중화민국", "양국론" 및 중국을 분열하는 "일곱 조각론"을 제기하였고 사상 문화 영역에서는 "중국화를 제거"하고자 노

---

50   杨立宪编著,《'台独'组织与人物》, 九州出版社, 2008년, 제60-66쪽을 참조하라.

력하였다. 이런 '타이완 독립' 이론과 실천은 2000년 '타이완 독립' 정당이 최종적으로 정권을 잡고 집정할 수 있는 조건을 창조하였다. 리덩후이 역시 이때로부터 "타이완 독립"의 대부가 되었다.

소련의 지원을 받은 '동투르키스탄' 세력

1944년 11월 12일에 중국 신장의 '이리(伊犁) 해방 조직'은 '동투르키스탄 공화국' 임시 정부의 성립을 선고하였는데, 이는 1933년 11월 12일 신장 남부 카스 지역에서 나타났던 "동투르키스탄 이슬람 공화국"이 생각나게 한 다. 이들 '동투르키스탄'과 '11월 12일'은 우연한 일치가 아니다. 여기에서 이들 간의 관계를 명백하게 보아 낼 수 있다. 하지만 다른 점이라면, 1933년의 '동투르키스탄' 정권에 대해 신장 당국은 소련의 섬멸 협조 약속을 받았었지만, 1944년에 나타난 이 '동투르키스탄' 정권은 오히려 소련의 직접적인 지원에 의해 산생되었다는 점이다.

당시 소련은 비록 매우 힘든 위대한 국가 보위 전쟁을 진행하고 있었지만, 제정러시아 시기부터 시작된 중앙아시아에 대한 중시는 소련 시기에도 변화가 없었다. 다만 과거의 영토 확장과 민족 정복으로부터, 당시의 사상·이념 면에서의 '혁명 수출'과 민족 해방으로 바뀌었을 뿐이다. 물론 1944년의 중국은 아직 사회주의 국가가 아니었고 아직도 전 민족 항일 전쟁을 진행하고 있었다. 그리고 신장 지역은 비록 항일 전쟁의 전장에서 멀리 떨어져 있었지만 계급 억압, 민족 억압을 반대하는 투쟁이 아주 격렬하게 벌어지고 있었다. 1933년의 신장 변란을 거친 후 신장의 통치자 성스차이(盛世才, 성세재)는 "반제국주의, 친 소련, 국민

평등, 청렴, 평화, 건설" 등 "6대정책"을 공개적으로 선고하여 소련의 신뢰와 지지를 얻었다. 소련도 이로 인해 신장에 군대를 주둔하고 광산, 석유를 채굴하는 등 여러 가지 권익을 얻었다. 하지만 소련이 독일 파쇼의 전면적인 진공을 받는 위기에 처해있던 1942년에 성스차이는 소련을 멀리하고 질책하면서 장제스에게 "당국에 충성"할 마음을 비치었다. 장제스는 이 기회를 타서 신장에 대한 통치를 다시 건립하기 위해 쑹메이링(宋美齡, 송미령)을 디화(迪化, 적화)에 파견하여 성스차이와 상의를 진행하여, 군대를 파견하여 소련군을 탄압하고, 외교권을 중앙에 회수하고, 공산당을 숙청하며, 소련을 핍박하여 신장에서 물러나게 하는 등의 합의를 이루어냈다.

그 후 성스차이는 소련 전문가와 고문들을 쫓아내는 등 소련을 반대하는 조치를 취하였고 신장의 공산당 조직에 대해 거리낌 없는 도살을 시행하여 천탄추(陳潭秋, 진담추), 마오쩌민(毛澤民, 모택민), 린지루(林基路, 임기로) 등 신장에 있던 공산당 지도자들이 비참하게 살해되었다. 1943년 국민당은 신장에 정식으로 성(省) 위원회를 건립하였고 미국, 영국 영사관을 신장으로 끌어들였다. 이는 러시아 시대로부터 형성된 지정학적 전략 구도에 의식 형태와 전쟁 위기 등 요소까지도 포함한 중대한 변화를 가져왔다. 소련은 즉시 신장에 있는 모든 인원의 철수를 포함하여, 신장과 일체 관계를 끊는다는 결정을 내렸다. 이는 장기간 동안 경제적으로 소련에 의존하던 신장에 있어서는 아궁이의 불을 치우는 격이 되어 사회 경제 질서가 즉시 혼란과 곤난에 빠지게 되었다. 그리고 국민당이 정치, 경제, 군사 면에서 신장 사무에 대대적으로 개입함에 따라 "독립 왕국"을 도모하던 성스차이의 정치적 지위도 심히 영

중국공산당은 어떻게 민족문제를 해결하는가

향을 받게 되었다. 그러나 다시 소련에 귀의하기에는 이미 너무 늦어져 버렸다. 그때 소련은 이미 "'민족 부흥 소조'의 명의로 신장 소수민족 중에서 혁명 역량을 배양하기로 결정"하고, 특별행동 소조를 성립하였고 각종 반역 무장 반군 집단에 연락하여 그들을 무장시키고, 훈련시켰으며, 신장 경내로 무기까지 운송하였다. 그중 아산(阿山) 지역의 카자흐족 우스만 무장 반군은 소련의 도움으로 신속하게 발전하였다.[51]

역사적으로 제정 러시아에 점령당했다가, 1918년 중국 정부가 재관할하게 되었고, 1921년 소련이 독립을 책동했던 탕누우량하이(唐努烏梁海, 당노오량해) 지역은 1944년 8월, 투바 인민공화국의 이름으로 소련에 가입할 것을 "청구"하였다. 그 때 소련은 이미 전략적 반공을 진행하고 있었기 때문에 이런 문제는 쉽게 해결할 수 있는 여력이 있었다. 1944년 10월에 신장 아산, 이닝(伊宁, 이녕)에서 연이어 발생한 폭동에서는 소련 교민, 이닝에 주둔한 소련 총영사가 지휘한 위구르족 '해방 조직'과 소련군 소규모 무장 반군 및 소련군 후계 부대 등의 협력으로 재빨리 이닝을 점령할 수 있었다. 이렇게 11월 12일 '동투르키스탄' 임시정부가 성립되었다. 1945년 6월에 소련은 500여 명의 홍군 군관과 2,000여 명의 병사를 파견하여 '동투르키스탄' 임시정부를 지원하기로 결정하였다. 6월부터 9월 사이 소련 군사 고문의 배치에 의해 타청(塔城, 탑성), 아산 두 개 지역도 연이어 '동투르키스탄' 임시정부의 관할구로 되었으며, 따라서 '삼구 혁명'[52] 이라고 명명되게 되었다.

---

51   沈志华主编, 《中苏关系史纲》, 제77-79쪽을 참조하라.

52   厉声主编, 《中国新疆历史与现状》, 제197쪽.

소련이 지지하고 기획한 '동투르키스탄공화국' 및 '삼구(三區)혁명'
은, 성스차이 군벌 통치와 국민당의 민족 억압에 대한 반항에는 일정한
긍정적인 의의가 있었지만 소련이 "민족 부흥"의 명의로 조직하고 동
원함으로써 강렬한 민족주의 색채를 띠었고, 또 이로 하여 '삼구혁명'
은 "한족을 반대하고 한족을 배척하"는 민족적 경향을 나타내게 되었
다. 1945년 1월 5일, '동투르키스탄' 임시 정부는 "동투르키스탄공화국
은 중국을 이탈하여 독립한다."고 선언하였다. 이는 중국 신장을 분열
시키고자 하는 소련의 목적을 확연히 보여준다. 소련이 조직한 이 '동
투르키스탄' 임시 정부 지도자들은 대다수가 봉건 귀족과 종교 상층이
었고 소비에트 사상교육을 받은 진보 인사는 아주 적었다. 따라서 이것
은 소련에 있어서 한차례 "민족해방운동"에 불과한 것이다.

1945년 2월에 미국, 영국, 소련 삼국 지도자들은 얄타에서 유명한
"얄타회의"를 개최하였다. 소련이 동부전선에 출병하여 일본과 작전
하는 문제에 대한 토론에서 소련은 일부 권익 면의 조건을 제기하였는
데 여기에는 "외몽골의 현황을 유지한다"는 내용이 포함되어 있다. 이
른바 "외몽골의 현황"이란 바로 소련의 보호에 의해 실제적으로 독립
한 몽골인민공화국을 이르는 말이다. 이에 관해 국민당 정부는 스탈린
과 수차례 교섭하였지만 모두 효과를 보지 못하였고 핍박에 의해 이 조
건을 받아들였으며, 동시에 《중소 우호동맹 조약》을 체결하게 되었다.
외몽골 독립 문제에 있어서는 외몽골 독립 국민 투표를 단 한번 진행하
였을 뿐이었다. 1946년 1월 5일 몽골인민공화국 국민 투표 결과가 발표
됨에 따라 국민당 정부는 중소 두 나라가 달성한 합의에 따라 외몽골의

중국공산당은 어떻게 민족문제를 해결하는가

독립을 승인하게 되었다[53]. 이로 인해 중국은 또다시 150여만 제곱킬로미터의 영토를 잃게 되었다.

중-소 간의 이 역사적 현안의 해결은 신장의 '동투르키스탄' 임시 정부의 독립 문제도 따라서 해소되게 하였다. 스탈린은 "동투르키스탄" 임시 정부에 대한 지지를 중지하고, 동시에 임시 정부 중의 진보적 세력을 지지하여 담판에 참여할 수 있도록 하여, 최종적으로 1946년 6월 27일에 "동투르키스탄공화국"은 더이상 존재하지 않는다고 선포하였다. "삼구혁명"은 이때로부터 중국 신민주주의 혁명의 궤도에 들어섰고 신장의 최종적인 평화 해방에 조건을 창조하였다. 신장을 욕심냈던 제정 러시아 시대의 제국 심리의 계승이었든, 성스차이가 소련 이익을 해친 행동에 대한 보복이었든, 또는 외몽골의 독립을 실현함으로써 중국에서의 권익을 얻기 위한 것이었든 이 모두를 막론하고 소련이 '동투르키스탄공화국'을 만들어 낸 행위 그 자체는 이미 사회주의 국가가 신봉하는 국제주의가 아니었다. 이러한 '동투르키스탄'의 재등장 및 1933년 사건은 중화인민공화국에 민족문제의 "역사유산"을 남겨 주게 되었다.

제3절 확고부동하게 국가의 통일 수호, 민족 분열 반대

1957년에 마오쩌둥은 "국가의 통일, 인민의 단결, 국내 각 민족의

---

53   郝时远, 杜世伟编著, 《蒙古》, 제91쪽.

단결은 우리 사업이 반드시 승리할 수 있는 기본 보증이다."[54]라고 지적하였다. 이는 중국공산당이 시종여일하게 신봉하는 기본 이념이며 중국이 국가 주권, 영토 완정을 유지하고 중화민족의 위대한 부흥을 실현함에 있어서 변하지 않는 근본 원칙이다.

인민해방군은 반드시 시짱에 진입

중화인민공화국의 성립은, 중국이 1840년 이후 제국주의 열강들로부터 침략, 해체, 분열을 당하던 역사가 결속되었음을 의미한다. 중국공산당의 영도 아래 중화민족은 민족 자결을 실현하고 독립 자주적인 현대 국가를 건립하였다. 세계 기타 현대 국가와 마찬가지로 신중국 역시 주권 독립, 영토 완정 유지가 확고한 신념이며 단호한 행동이다. 근대 역사 중 제국주의가 해상과 육로를 통하여 중국 영토를 침략했던 행위는 절대 재연되어서는 안 된다. 국가 주권, 영토 안전 및 인민의 이익을 보호하는 군사력인 중국인민해방군은 중국 땅을 수호하기 위해 반드시 혈전을 벌이고 피를 흘리며 희생할 각오를 하고 있다. 따라서 국민당의 군대를 섬멸하고, 토비를 토벌하고, 지방 무장세력을 소멸하는, 전국 해방 전쟁의 과정에서, 또 평화적 해방을 실현하는 과정 속에서, 중국인민해방군은 시종일관 국토와 인민의 수호자였다. 물론 신장, 시짱 등 변방 지역도 제외하지 않는다. 이는 신중국을 보위하고 사회주의 제도를 보위하며 중화민족의 근본 이익을 유지하는 기본 요구이다.

---

54   毛泽东,《关于正确处理人民内部矛盾的问题》,《建国以来毛泽东文稿》第六卷, 제316쪽.

그렇지만 1949년 중화인민공화국이 건립된 후, 시짱 지방 정부 역시 독립 건국의 활동을 진행하였다. 먼저 영국에 도움을 청하여 유엔 가입을 모색하였고 그 이후에는 또 미국에도 지원을 요청하였는데, 이러한 지원 요청 이유의 입각점은 바로, 서방의 "철의 장막"에 대한 우려 즉 "공산주의의 만연 및 공산주의가 중국에서의 성공을 고려할 때 가장 긴박한 위험은 공산주의가 시짱을 침공하는 것"[55]이라는 이 우려에 영합한다는 점이었다. 영국 제국주의가 시짱을 침략하고 "시짱 독립"을 주장하는 것이 식민주의 점령의 수요에서 출발한 것이었다면, 제2차세계대전이 끝난 후, 특히 1949년 이후, 영국, 미국 등 서방 국가들이 "시짱 문제"에 대한 중시, 음모, 공공연한 모의 및 달라이 라마와 그 망명 세력에 대한 지원, 매수, 원조는 모두 냉전 정세를 위한 서로 다른 의식형태와 서로 다른 사회제도 간의 투쟁이었다. 서구인들에게 보수적이고 배타적인 것으로 인식되어 오던 시짱 지방 정교 세력은 서방 세력의 맥을 민감하게 파악하여 영국 식민 침략자가 만든 "시짱 문제"에 반공 반사회주의의 의미를 부여하였다. 신중국은 중국공산당이 영도하는 사회주의 제도의 국가로서, 시짱 지방 역시 민주개혁을 통하여 사회주의의 정치, 경제, 문화와 사회 건설을 진행해야 한다. 이와 역행하는 선택은 그 어떤 것이든 필연코 신중국의 역사에 의해 도태될 것이다. 그렇기 때문에 마오쩌둥은 외국 세력의 질의, 질책에 대해 "중국 군대는 반드시 시짱의 모든 곳에 가야 한다. 시짱 지방 정부가 담판을

55　茨仁夏加, 《龙在雪域: 一九四七年后的西藏》, 谢惟敏译, 中国台北, 左岸文化出版社, 2011년, 제43쪽.

원하든 원하지 않든, 담판 결과가 어떠하든, 그 어떤 다른 나라의 간섭도 허용하지 않는다."[56]고 단호하게 지적하였다.

1951년 시짱이 평화적으로 해방된 후 중앙 정부는 시짱의 민주 개혁 과정에 대해 최대한의 이해와 관용을 해주었고 달라이 라마, 판첸 어르더니에 대해 국가 정치 차원에서 긍정하였으며 그들을 신중국의 최고 권력 기구의 지도 성원으로 임명하였고 달라이 라마가 시짱자치구 준비 위원회의 사업을 주관하도록 배치하였다. "시짱 인민들 마음 속에서 불교는 매우 높은 위신을 가지고 있고, 인민들이 달라이 라마와 판첸 어르더니에 대해 아주 깊은 신앙이 있다. 그렇기 때문에 협의에서는 종교에 대해 존중하고 사원을 보호해야 한다고 규정했을 뿐만 아니라 상기 장족 지도자의 지위와 직권에 대해서도 존중해야 한다고 규정하였다."[57]

그러나 1956년부터 시짱 지방 정부 일부 인사들의 교사, 선동과 조직에 의해 캉취(康區, 강구) 등 지역에서는 잇따라 반란 활동이 일어났다. 그리고 달라이 라마는 인도에 방문하는 동안, 완전히 미국 편에 서서 시짱 독립과 무장 반란을 도모하는 세력에 제약되어 미국 등 외국 세력들의 지원을 받는 것과 "17조협의(Seventeen Point Agreement)"를 준수하는 것, 이 둘 중에서 정치적 선택을 할 것을 강요당했다. 이러한 원인으로 그는 라싸에 돌아온 후 여러 가지 무장 반란을 방임함으로써, 민족구역 자치를 반대하고, 해방군의 시짱 철퇴를 요구하는 등의 조직적인 선

56　毛泽东,《对西藏问题任何外国无置喙的余地》, 中共中央文献研究室, 中共西藏自治區委員会, 中国藏学研究中心编,《毛泽东西藏工作文选》, 제34쪽.

57　毛泽东,《必须恪守和平解放西藏办法的协议》, 中共中央文献研究室, 中共西藏自治區委員会, 中国藏学研究中心编,《毛泽东西藏工作文选》, 제50쪽.

전 활동들이 라싸에서도 일어났다. "까샤[58]는 이런 단체가 중앙에 대해 항의하는 것을 적극적으로 지지하고 격려하였고, 그들과 비밀적인 접촉을 유지하려고 하였다."[59] 이것은 영국, 미국 제국주의에게서 배워온 수단이다. 당시 영국, 미국의 "시짱 문제"에 대한 태도가 바로 "시짱 독립"을 공개적으로 승인하지는 않지만, 암암리에 "시짱 독립" 활동을 지원하는 것이었다. 1959년에 시짱에서 반란이 일어난 후부터 달라이 라마 및 그의 외국에 있는 망명 세력은, 중국인민해방군이 시짱에 들어간 것을 "중국 군대의 시짱 침략"으로 칭하고, 이것을 가지고 "시짱 문제"의 국제화를 만들어내고 추진하였으며, 더 나아가서 시짱의 "역사 귀속", "주권 귀속" 등에 대한 국제 여론 투쟁을 불러 일으켰다. 사실 이 분열 세력의 뒤에는 시종일관 서방 제국주의 세력의 "검은 손"이 존재하였다. 여기에는 1959년에 발생한 중국을 분열하려고 했던 반란도 포함된다.

1957년 가을의 어느 날, 미국 중앙정보국의 빌딩에서는 환호소리가 울려 퍼졌다. 그 원인은 그들이 라싸 이남 60마일 떨어진 브라마푸트라 강변에서 보내온 전보를 받았기 때문이다. 이는 미국이 훈련시키고 공중 투하한 시짱 첩보원이 성공적으로 중국 시짱에 잠입하였다는 것을 의미한다.[60] 미국 할리우드 영화에서 자주 보아왔던 첩보원(또는 특수부대)이 "몰래 잠입"하는 이러한 장면이 바로 미국이 "또다시 시

---

58 역자 주, 옛날 티베트 지방 정부. 1959년에 해체됨.

59 茨仁夏力,《龙在雪域: 一九四七年后的西藏》, 제193쪽.

60 【미국】约翰·肯尼斯·克珞斯,《冷战孤儿-美国和西藏为争取生存的抗争》, 傳小强等译, 周镜校, 内部资料刊印本, 제1쪽을 참조하라.

짱을 목표"로 시짱을 "공산주의가 아시아에서 만연되는 것을 반대하는 보루"로 간주하여 일으킨 "시짱 행동"[61]인 것이다. 미국이 공중 투하한 다섯 명의 시짱 첩보원은 미국 기지인 사이판 섬에서 넉달 반 동안 "폭파, 송신, 낙하산 사용, 그림, 지도 사용, 야외 생존, 정보 수집, 격투 체포, 간이 위장, 비밀코드 번역 및 사용 등과 같은 첩보원 테크닉" 및 "지상에서의 공중 투하 지휘, 유격팀 조직, 여러 가지 총과 폭발물의 사용, 매복과 매복 기습 방어 등과 같은 유격 전술" 등과 관련된 전문 훈련을 받았다. 미국이 이렇게 첩보원들을 훈련시켜 공중 투하한 목적은 바로 미국이 달라이 라마에게, 까샤 정부의 요청에 응하여 시짱 문제에 간섭할 수 있다는 소식을 전달하기 위한 것이었으며, 그들로 하여금 시짱 "위교군(衛教軍)" 무장을 조직하게 하기 위한 것이었다. 1958년과 1959년에 미국은 이런 첩보원이 조직한 "사수육강(四水六崗)" 무장군에게 무기를 두 번 공중 투하하였다.[62] 1959년 달라이 라마가 해외로 도망갈 때 그의 망명 맴버 중에는 "무전기를 조작할 줄 아는 중앙정보국(CIA) 요원이 있어서 상급과 연락을 유지"[63]했으며 심지어 미국에 "30,000명을 무장시킬 수 있는 무기를 공중 투하" 할 것을 요구하였다. 미국은 비록 이처럼 막대한 지원 계획은 없었지만, "그후 3년 간 무려 30여 차례의 공중 투하"를 통하여 250톤에 달하는 무기, 장비 등 군용 물자를 제공하였다. 그리고 1958년부터 미국의 본토 콜로라도 주의 "헤일 캠프

---

61 【미국】约翰·肯尼斯·克珞斯,《冷战孤儿-美国和西藏为争取生存的抗争》, 제26쪽.

62 李江琳,《1959拉萨！达赖喇嘛如何出走》, 中国台北, 联经出版社, 2010年, 제147, 148, 158쪽을 참조하라.

63 达赖喇嘛,《达赖喇嘛自传》, 康鼎译, 中国台北, 联经出版社, 1990年, 제165쪽.

중국공산당은 어떻게 민족문제를 해결하는가

(Camp Hale)"에서는 시짱 무장 요원을 양성하는 활동이 "6년 동안 쭉 지속되어 왔다."[64]

위에서 서술한 바와 같이 시짱 지역은 1949년 중화인민공화국이 성립된 이후 계급 억압 제도가 가장 오래 동안 보류된 지역이었다. 시짱 지역의 정교합일의 봉건농노제도를 폐지하는 것은 민주개혁의 목표이고 사회주의 건설의 필연적 요구이기도 하였다. 하지만 중앙 정부가 이 개혁을 실시하는 기본 방침은 아주 명확하였는 바, 달라이 라마와 판첸 어르더니의 동의와 시짱 인민들의 동의를 거치는 것이었다. 이뿐만 아니라 또한 마오쩌둥이 달라이 라마와의 담화에서 지적한 바와 같이 "시짱의 개혁은 중요한 조건이 하나 있는데 그것은 바로 시짱 지방 정부 관리들과 사원의 책임자들의 찬성, 최소한 그들 대다수의 찬성을 받아야 진행할 수 있다"[65]는 것이었다. 1956년에 쓰촨 민주 개혁 과정에서 나타난 문제에 근거하여 마오쩌둥은 "민주 개혁은 필요한 것이고 개혁의 결심도 정확한 것이다. 하지만 우리에게는 단점이 하나 있다. 그 단점은 바로 협상이 부족하고 의견 청취 능력이 부족하며 준비가 부족하고 양보가 부족하며 융통성이 부족한 것이다. 중앙은 이에 책임이 있다."[66]라고 지적했다. 하지만 이러한 최선을 다하는 태도도 결코 달라이 라마의 정치 선택을 바꾸지 못했고, 심지어 마오쩌둥의 시짱 민

64　【미국】约翰·肯尼斯·克珞斯,《冷战孤儿-美国和西藏为争取生存的抗争》, 제168, 169쪽.

65　毛泽东,《创造条件帮助西藏实现改革和进步》, 中共中央文献研究室, 中共西藏自治區委员会, 中国藏学研究中心编,《毛泽东西藏工作文选》, 제110쪽.

66　毛泽东,《在听取甘孜、凉山两个自治州改革和平乱问题汇报时的谈话》, 中共中央文献研究室, 中共西藏自治區委员会, 中国藏学研究中心编,《毛泽东西藏工作文选》, 제152쪽.

주 개혁 문제에 대한 공식 답서도 역사 기억에서 지워버리는 것으로 세인들의 시신을 흐리고 있다.

달라이 라마는 다음과 같이 말했다. "1956년 여름 쓰촨에서 나타난 문제에 대해 나는 마오쩌둥에게 편지 한 통을 보냈고 또 정부 측을 통하여 편지 한 통을 더 보냈지만, 나는 여전히 베이징의 회답을 받지 못했다. 나는 처음으로 중국공산당 지도자의 의도를 의심하기 시작했다."[67]라고 밝혔다. 사실 1956년 8월 18일에 마오쩌둥은 달라이 라마한테 보내는 회신에서 "나에게 보낸 두 통의 편지를 받고 나는 매우 기뻤다. …… 우리는 모두 당신을 잘 알고 있고 당신이 시짱의 사업을 잘 할 것이라 믿는다. 나는 늘 한족 사람들이 거기에서 당신들과 협력을 잘 하지 못하고 장족인들의 신뢰를 얻지 못할까 봐 걱정한다. 당신이 책임지고 잘못한 한족인들에 대해 엄격히 교육하고 그들을 당신 자신이 관리하는 간부로 생각하고 대해 주기를 바란다."[68]라고 썼다. 이는 마오쩌둥이 전국인민대표대회 부위원장, 시짱자치구 준비위원회 주임에 대한 신뢰와 고무격려였다. 그렇지만 달라이 라마는 이 역사적 사실을 말살하고 "중국공산당이 정책을 변경했다"는 거짓말로 "시짱 독립"을 꾀하고자 한 그의 반란 동기를 감추었고, 정교합일의 봉건적 농노제도를 수호하겠다는 계급적 입장을 드러냈을 뿐만 아니라, 제국주의가 만든 '시짱 독립'이라는 정치적 설계에 따라 중국을 분열하고, 인민을 분열하고, 중화민족을 분열하는 활동을 계속하고자 하는 뜻을 밝혔다.

---

67   达赖喇嘛,《达赖喇嘛自传》, 제132쪽.

68   毛泽东,《给达赖喇嘛的信》, 中共中央文献研究室, 中共西藏自治区委员会, 中国藏学研究中心编,《毛泽东西藏工作文选》, 제154쪽.

1959년에 일어난 시짱 라싸의 반란 사건에 대해 서방 언론은 "인민 봉기", "민족투쟁" 등으로 규정하였는데, 사실 이는 한 차례의 계급투쟁으로서, 정교합일의 봉건농노제도를 유지하려는 계급통치 세력과 사회주의 제도 간의 겨룸이었다. 이번 반란을 발동한 기획자와 조직자는 시짱 3대 영주층의 일부였고 이 사변의 지지자와 지원자는 미국 등 제국주의 세력이었다. 여기에 시짱의 일부 민중이 참여하게 된 것은 "종교 보호"와 "달라이 라마 보호"의 유혹과 선동을 받았기 때문이다. 이는 민족적, 종교적 요소를 이용하여 계급 통치 제도를 옹호하려고 하는 목적을 감추고자 하는 한차례 복잡한 계급투쟁이었고 또한 시짱 지방의 정교합일의 통치 체제에서 가장 선동하기 쉽고 발동하기 쉬우며 조직하기 쉬운 "민변사태(民變事態)"였다. 이것은 시짱의 수많은 장족인들의 이익을 대표한 것이 아니라, 종교에 대한 장족 민중의 경건한 신앙과 달라이 라마에 대한 존중을 이용한 것일 뿐이다. 그렇기 때문에 이 반란을 일으키고 좌우하게 된 내적 동인은, 시짱 정교 통치 집단 중 민주 개혁에 완고하게 저항하고 기득권을 수호하고자 하는 계급 통치 세력이었다.

1956년 당중앙이 캉취(康區, 강구) 사변의 경험 교훈을 총결할 때, 마오쩌둥은 "전쟁의 성격은 기본적으로 계급투쟁인 것이지 민족투쟁이 아니다. 전쟁의 다른 한 측 즉 반란 측의 두목은 이번 전쟁을 민족투쟁이라고 할 것이다. 그들은 '민족과 종교를 보호한다'면서 일부 민중을 속였으므로 이 전쟁은 민중성을 띠고 있다. …… 우리 측 입장에서 말하면 전쟁의 목적은 소수민족 중의 대다수 인민을 해방하고 그들의 생산력을 발전시키고 생활을 개선하기 위한 것이다. …… 앞으로 진사장

(金沙江, 금사강) 서쪽의 시짱 구역의 개혁은 반드시 전쟁을 피해야 한다. 최선을 다해 설득하거나 설명한다면 전쟁은 피할 수 있을 것이다."[69] 라고 지적하였다. 하지만 왜 전쟁을 피하지 못하였을까? 문제는 달라이 라마의 양면성에 있다. 중앙인민정부는 달라이 라마, 판첸 어르더니의 시짱에서의 정교적 지위와 사회 영향력에 대해 충분히 이해하고 있었기 때문에 달라이 라마에게 국가 지도자의 정치적 지위를 주어 그들이 중국, 중화민족의 이익으로부터 출발하여 자각적으로 시짱 지방의 낡은 제도에 대해 변혁을 진행함으로써 수많은 장족인들을 이끌어 정교합일의 봉건농노제도의 억압에서 벗어나게 하고자 하였다. 이에 대해 달라이 라마 역시 "우리 시짱은 여러 면에서 조건이 모두 아주 낙후하다. 하지만 우리는 마오쩌둥 주석에게 담보할 수 있다. 당신과 중국공산당의 지도 하에 우리는 반드시 시짱의 여러 가지 사업을 잘하여 끊임없이 진보할 것이다."[70]라고 말했다. 하지만 동시에 달라이 라마는 또한 까샤와 측근, 심지어 해외에서 서방의 원조를 받고 "시짱 독립"을 지지하는 세력의 밀접한 영향을 받아 결국 "중생을 제도하는" 정치적 선택에서 개인과 소수자의 이익을 지키는 길을 택함으로써, "석가모니를 따라 배워 수많은 민중을 생각하고, 전체 시짱인의 이익을 도모해야 한다"[71]는 종교의 질서를 위배하였다.

---

69   毛泽东,《在听取甘孜、凉山两个自治州改革和平乱问题汇报时的谈话》, 中共中央文献研究室, 中共西藏自治區委员会, 中国藏学研究中心编,《毛泽东西藏工作文选》, 제151-152쪽.

70   毛泽东,《同达赖喇嘛、班禅额尔德尼的谈话》, 中共中央文献研究室, 中共西藏自治區委员会, 中国藏学研究中心编,《毛泽东西藏工作文选》, 제114쪽.

71   毛泽东,《接见西藏地區参观团、西藏青年参观团负责人等的谈话》, 中共中央文献研究

위에서 말한 바와 같이 1959년에 발생한 시짱 반란은 당시 전국적인 "대약진"과 "인민공사화"의 배경을 떠날 수 없는 바 시짱과 내지가 연결된 일부 장족 지역에 나타난 급격한 변혁은 이들이 이런 기회를 타서 반란을 발동할 구실로 삼은 것임에 틀림없다. 하지만 시짱 지역의 계급 문제는 해결되지 못했고, 미국 등 서방 세력이 지원하는 반란 무장세력은 이미 큰 규모를 이루어, "1958년 말 전체 시짱 지역의 반란 무장 세력은 이미 23,000여 명으로 발전"[72]하였다. 이 사태와 관련하여 마오쩌둥은 1959년 1월에 "몇 년 후, 예를 들면 3, 4년, 5, 6년 또는 7, 8년 후 언젠가 한번 총결전이 있을 것이다. 그 때가 되어야 문제를 철저히 해결할 수 있을 것이다."[73]라고 예측하였다. 이것은 당시의 형세에서도 시짱의 민주개혁 시간표는 결코 내지의 돌진에 의해 앞당겨지기 않았음을 명시한다. 또한 시짱 지방 통치 세력이 민주개혁을 반대하고, 심지어 무장반란을 조직하고 독립을 도모할지라도, 아무리 시간을 많이 주어도, 계급 대항 문제는 스스로는 해결될 수 없다는 실질적인 문제를 제시한 것이다. 시짱에 주둔하고 있는 중국인민해방군은 반드시 이를 위해 전쟁 준비를 잘 해야 하는 바, 이는 국가 통일, 영토 완정, 인민의 복지를 유지하는 신성한 직책인 것이다. "총결전"이 언제 시작되게 되는지는 시짱 지방의 민주 개혁을 반대하는 "3대 영주"의 계급 이익을

室, 中共西藏自治區委員会, 中国藏学研究中心编,《毛泽东西藏工作文选》, 제131쪽.

72   西藏自治區党史资料征集委员会, 西藏军區党史资料征集领导小组编,《平息西藏叛乱》, 西藏人民出版社, 1995년, 제17쪽.

73   毛泽东,《接见西藏地區参观团、西藏青年参观团负责人等的谈话》, 中共中央文献研究室, 中共西藏自治區委员会, 中国藏学研究中心编,《毛泽东西藏工作文选》, 제131쪽.

대표하는 정교 세력의 선택에 달려 있었다.

"시짱 문제"의 국제화를 단호히 반대

1959년 달라이 라마 14세 및 그의 정치적 추종자들은 조국을 배신하고 인민을 배신하는 정치 망명의 길에 올랐다. 그들은 인도에 거주하면서 소위 "망명 정부"를 건립하고 서방의 소위 "삼권분립"의 "민주" 구조로 시짱의 전통적인 정교합일 제도를 이어나갔다. 즉 소위《망명 티베트인 헌장》에서 규정한 바와 같이 "정부의 최고 권력은 달라이 라마 소유"인 것이다. 이는 정교합일의 망명 집단에 불과하다. 하지만 이처럼 유럽 중세기에 존재했던 암흑한 정교 체제 및 달라이 라마가 60년 동안 유지해 온 정교합일의 "지도 지위"에 대해 서방인들은 알아보지 못했고 오히려 달라이 라마를 "민주"의 모범, "평화"의 상징으로 간주하여 "노벨 평화상"까지 수여하였다.

2011년 달라이 라마가 "정치 은퇴"를 선포하면서, 이 "망명 정부"에서는 소위 "해외 티베트인"의 "민주" 선거를 진행하여 "미국 국적 티베트인" 까룬츠바(정부 수뇌)를 선출함으로써, 이 정교합일의 망명 집단은 비로소 형식적인 "정", "교" 분리를 실시하고 "중앙 티베트 행정부"라고 그 이름을 바꾸었다. 서방 세계는 왜 중세기의 암흑한 통치를 대표하는 이 제도를 못 본 척 외면하고 심지어 "인권", "민주", "평화" 등의 아름다운 수식어를 붙여 주었을까? 서방인들은 왜 그들의 선조들이 멸시하고 차별하고 추악한 말로 묘사했던 1950년대 이전의 시짱 사회, 승속 민중과 시짱 불교 등을 까맣게 잊어버리고, 생각을 완전히 바꾸어

"유토피아"식의 "전원시"와 같다고 상상할까? 서방인들은 왜 현대 시짱의 경제 사회, 문화 생활, 종교 신앙, 환경 보호 등의 면에서 이룬 현실적인 성과에 대해서는 못 본 척하고 오히려 달라이 라마의 "시짱 문화 쇠퇴론", "시짱 불교 멸종론", "생태 환경 훼멸론" 등에 영합하고 있을까? 그 원인은 두 가지다. 하나는 달라이 라마 및 그의 망명 세력이 반세기 동안 국제 사회에서 줄곧 만들어 온 흑백이 전도된 여론이고 다른 하나는 미국 등 서방 세력들이 사회주의 대국이 사회주의 건설 사업에서 얻은 성과를 시종 용인하지 못하고 받아들이려 하지 않기 때문이다. 특히 소련이 해체된 후에는 더욱 그러하다.

　1959년에 달라이 라마가 외국으로 망명한 후부터 달라이 라마 및 망명 정치 세력들은 시종 영국 식민 세력이 설계하고 꾸민 "시짱 이미지"라는 정치 지침서를 따라 국제사회에서 이른바 시짱 "독립국"의 "평화", "안녕"과 "즐거움"을 묘사하였다. 그러나 옛 시짱의 정교합일의 봉건농노제도가 시짱 사람들에게 가져다 준 심중한 고난에 대해서는 종래로 그 어떤 견책도 하지 않았다. 낡은 시짱의 암흑 면에 대한 대화를 정말로 피할 수 없는 경우에는 "시짱의 지주와 농민 간의 관계는 중국의 지주, 농민 간의 관계보다는 훨씬 좋았다."[74]라고 얼버무려 해석했다. 그 원인은 아주 간단한 바 세상 사람들이 현재 멸시하고 혐오하고 비난하는 중세기 노예제 사회의 모습은 모두 서구의 인권 이념에 부합되지 않기 때문이다. 달라이 라마가, 옛 시짱의 암흑과 잔혹함을 인정한다면, 그가 시짱에서 잃어버린 통치권력과 사회지위가 더이상 "비

74　　达赖喇嘛,《达赖喇嘛自传》, 제122쪽.

정한" 호소거리로 될 수 없기 때문이다. 정직한 사람이라면 누구든지 이런 역사적 악행으로부터 이 "신성한" 위선을 알게 될 것이고 옛 시짱의 암흑면을 본 사람이라면 누구든지 오늘날 시짱의 인권 상황 및 그 실현 정도에 대해 객관적인 평가를 내릴 것이다. 그렇기 때문에 옛 시짱의 암흑에 대한 비밀 유지는 달라이 라마 및 그 집단 세력의 필연적인 정치 책략인 것이다. 그들은 오늘날 중국의 시짱자치구에 대한 인권 보장, 경제 사회 발전 등 방면에서의 성과에 대해 끊임없이 공격하고 비난해야만 "시짱 이미지" 신화를 계속 유지할 수 있게 된다. 따라서 "달라이 라마는 세상 사람들에게 (대부분 적용되지 않는 무관한) 서구적 개념으로 시짱 문제를 설명하지 않을 수 없게 된 것이다."[75] "시짱의 국제 법적 지위", "종주관계", "독립국가", "식민 침략", "동화", "인구 급감", "종교 파멸", "문화 멸절", "생태 파괴" 등 일련의 화제는 "국제 시짱 지원 세력"들이 대대적으로 이슈화하는 내용으로 되었다. 1989년 달라이 라마가 '노벨 평화상'을 수상한 후 이런 이슈화 조작은 "시짱 문제" 국제화의 주요 추진력이 되었다.

미국 등 서방 국가들은 중국 시짱 문제에 대해, 1950년대에는 시짱에 무기를 지원하고 중국이 시짱 지역에서 주권을 수호하고 행사하는 것을 전복하기 위한 정책을 실시하였고, 1960년대 이후에는 "시짱 문제"에 대해 냉대하는 단계도 있었다. 따라서 달라이 라마는 처음 미국을 방문하고 나서, "사실 시짱의 운명에 대해 알고 있는 미국인은 극히 적다."는 사실과 "미국의 정치제도는 그들 자신의 이념을 따르지 않

---

75   【미국】约翰·肯尼斯·克珞斯,《冷战孤儿-美国和西藏为争取生存的抗争》, 제366쪽.

는다."[76]는 사실을 알게 되었다고 말했다. 동시에 달라이 라마는 이른바 "시짱 문제"에 대한 미국의 지원은 "시짱의 독립에 대한 관심이 아니라 전 세계의 공산당 정부를 뒤엎기 위해 실시하는 모든 노력 중의 하나에 불과하다."[77]는 것을 인식하게 되었다고 했다. 그렇기 때문에 달라이 라마가 정치 망명자로서 그의 "사업"을 성사시키려면, 반드시 미국의 이 전략적 목표를 위해 복무해야 했다. 그렇지 않을 경우 본인 및 그의 집단세력은 바로 무력해지게 되는 것이다. 그는 국제적으로 "시짱 이미지"를 계속 만들어 가야 했을 뿐만 아니라 이런 "이미지"에 "인권" 등 서방 세계가 선양하는 도의의 꼬리표를 달아야 했고 또 끊임없이 중국이 "인권을 침략하고", "종교 신앙 자유를 억제한다"는 "사건"들을 조작하여 미국 등 서방 세력이 중국 정부를 뒤엎으려는 목표에 보증을 서줘야 했다. 1987년 시짱 라싸에서 벌어진 '시짱 독립'을 내세운 소란이 바로 달라이 라마 집단이 중국을 분열하는 전복 활동을 재차 중국 경내에 끌어 들인 사건이다.

그후로부터 달라이 라마 및 그들이 추진하는 "시짱 문제" 국제화는 날로 강화되는 추세를 보였다. 특히 1989년 중국의 "정치적 파동" 이후 서방 세계가 중국에 대한 제재와 고립 역시 소련의 해체 과정에서와 마찬가지로 중국의 내부 동란을 일으키고 '인권'과 '민주'의 국제 간섭을 통해 중국의 변화('서구화', '분열화')를 시도하는 양상을 띠기 시작했다. 이런 형세 가운데 달라이 라마가 내세운 '시짱 문제'는 서방 국가

---

76   达赖喇嘛,《达赖喇嘛自传》, 제232쪽.

77   达赖喇嘛,《达赖喇嘛自传》, 제145쪽.

들이 중국의 내정을 간섭하고, 국제여론이 중국의 내정에 대해 "오명화"하고, 서방 민간 사회가 중국 내정을 오해하게 만드는 중요한 지점(支點)의 하나로 되었다. 이런 상황에서 중국의 시짱 사무는 전례 없는 국제적 도전에 직면하게 되었다.

첫째, 달라이 라마 및 그의 집단 세력들의 국제 활동 공간이 끊임없이 확대되고 있다. 달라이 라마가 해마다 서방 국가를 위주로 하여 세계 각지를 돌아다니며 지속적으로 유세하며 수많은 거짓말을 꾸며내어 사람들의 이목을 현혹하는 것은 물론[78] 그의 조직들도 서방 국가를 위주로 하여 그 범위를 끊임없이 확장하여 청원, 시위, 우편물 배달, 강연 및 인터넷 업로드 등 각종 선전수단을 통해 서방의 정계 요인, 의회, 싱크탱크, 매체, 학계, 민간에 대해 영향력을 행사하고 있다.

둘째, 미국 등 서방 국가의 지도자들은 도의의 최고 위치에 있다는 대표성을 나타내기 위해, 본인의 국내 정당 투쟁에서 승리하고 유권자들의 마음을 얻기 위해, 그리고 중국 탄압을 위한 정치적 목적 등 전략적 이익을 달성하기 위해, 달라이 라마와의 만남을 임기 내의 중요한 사무 중의 하나로 삼고 '시짱 문제'를 중국과의 대화에 있어서 중요한 내용의 하나로 간주한다. 이 때문에 옛 동유럽 국가들과 기타 일부 국가들을 비롯한 서방 국가들은 의회에서 "시짱을 지지"하는 전담 팀을 만들어 "시짱 문제"에 대한 결의안 채택을 모색하는 등 중국 내정 간섭을 지속적으로 시도하고 있다.

---

78   唐家卫編著,《事实与真相—十四世达赖喇嘛丹增嘉措其人其事》, 中国藏学出版社, 2003년, 제409-456쪽을 참조하라.

셋째, 국제 사회에는 여러가지 명목의 '시짱 지원' 조직이 형성되었다. 이를테면 "국제 티베트 지원 대회", "자유 티베트 운동" 등과 같은 각가지 명목과 조직 형태로 달라이 라마의 "시짱 문제"를 부추기고 있다. 여기에는 많은 학생 조직, 종교 조직, 할리우드 스타, 헤아릴 수 없이 많은 "사이버 시짱 서포트"와 다종다양한 "길거리 정치" 활동이 포함되며, 심지어 할리우드 영화 작품(예를 들면 "쿤둔(Kundun)", "리틀 부다", "티베트에서의 7년", "2012" 등)까지도 포함된다. 이런 방식을 통해 서방 민간 사회는 물론 전 세계적인 범위에 영향을 주고 있다.

넷째, 미국 등 서방 국가에 숨어 있는 이른바 중국에 대해 '정치적 이견'을 가진 인사, 조직('민중 운동' 등) 및 "타이완 독립", "동투르키스탄", "남몽골운동" 등의 분열세력들은 모두 달라이 라마와 그의 집단 세력과 결탁하여 이른바 '한장 연맹(漢藏聯盟)'을 건립하는 등 조직 형태를 통해 각종 "길거리 정치" 활동을 펼쳤다. 그들은 달라이 라마를 열광적으로 추종함으로써 달라이 라마의 국제적 영향력을 빌어 중국 사회주의를 전복하고 민족을 분열하는 운동에 힘을 보탰다.

다섯째, 달라이 라마와 그 망명 세력이 고취하는 "시짱 문제"는, 서방을 위주로 한 장학(티베트학) 연구계가 집중적으로 논의하는 화제로 되었다. 학자들이 언론, 학술 저술의 방식으로, 시짱의 역사, 주권의 귀속, 1959년 반란, 시짱의 경제 사회 발전, 인권 보장 등에 대해 다학제적인 논의를 진행함으로써 이른바 "시짱 문제"에 대한 다양한 주장에, "역사적 사실", "법적", "실증적" 근거를 제공하였다. 그중 미국, 프랑스, 독일, 네덜란드, 노르웨이 등 국가의 일부 장학(티베트학) 연구에 종사하는 저명한 학자들은 중국 정부 측의《중국의 티벳에 대한

100가지 질문과 답변》을 대상으로 하여 조목조목 질의하고 반박하면서 "창작의 동기가 결코 완전 중립이 아니다"라는 주장을 내놓았다. 《Authenticating Tibet: Answers to China's 100 Questions》[79]이 바로 이들 주장의 집대성이다.

이처럼 달라이 라마가 선동한 '시짱 문제' 및 여기에서 파생된 이른바 '시짱 문제'를 해결하는 "비폭력"의 "중립의 길"은, 중국의 시짱 사무가 이미 국가 내정으로부터 "국제화" 정도가 가장 높은 화제로 되었음을 표징한다. 중국공산당과 중국 정부는 지금까지 줄곧 국제 세력이 국가의 내정을 간섭하는 것을 반대해 왔으며, 이것은 중국의 시짱 사무에 있어서도 변함없는 기본원칙이다. 물론 중국은 이같은 일련의 '시짱 문제'와 관련된 준엄한 국제적 투쟁에 직면하였을 뿐만 아니라, 이런 망명 세력 및 그들이 의지하는 국제적 지지 세력의 중국 시짱 지역과 기타 장족 집거 지역에 대한 침투와 간섭, 파괴 활동에도 직면하게 되었다. 그들의 목적은 중국 내부의 소란, 폭동 활동을 유발함으로써 지속적으로 '시짱 문제'라는 국제적 인식을 강화하고 '시짱 독립'이라는 목표에 빌미를 주려는 것이었다. 이는 결국 2008년 라싸 "3.14" 폭력사건으로 이어지게 되었다. 이 사건의 국제적 배경은 다음과 같다. 2008년 중국이 올림픽을 개최하게 되었는데, 이 대회는 중국이 개혁개방의 위대한 성과를 전 세계에 보여줌으로써 중국이 이미 세계 평화와 발전의 중요한 힘이 되었음을 알리는 성대한 활동이며 중화민족의 위

---

79 【프랑스】安玛莉·布隆锋, 卡提亚·毕菲特里耶等编著, 《遮蔽的图伯特: 国际藏学家解读(中共版)〈西藏百题问答〉》, 谢惟敏译, 中国台北, 前卫出版社, 2011년, 前言 iv。

중국공산당은 어떻게 민족문제를 해결하는가

대한 부흥을 이루는 길에 기념비적 초석이 되는 활동이었다. 이는 달라이 라마 등 해외 분열 세력이나 서방 반중 세력이나 모두 마주할 수 없고 받아들일 수 없는 "중국의 굴기"를 상징하는 표징이었던 것이다. 그렇기 때문에 그들은 "베이징 올림픽을 '최후의 기회'로 여기고 중국과의 접촉 유지를 위주로 하던 데로부터 중국에 대해 압력을 가하는 것으로 전환하여 갖은 수단을 통하여 중국 내 시짱 지역을 혼란스럽게 만들어 국제적 관심과 간섭을 불러 일으키려고 시도하였고 '시짱 독립' 문제에서 돌파구가 생기기를 망상하였다."[80]

개혁개방 이래 시짱자치구는 "중앙의 관심, 전국적인 지원, 일대일 시짱 지원" 전략 결책의 지도 하에서 경제 사회 등 각 분야의 사업에서 지속적으로 진보되고 날따라 발전하는 태세를 나타냈는데 이는 달라이 라마 및 그의 망명 세력이 원치 않는 바였다. 달라이 라마는 외국으로 망명한 후, 시짱 불교 승도들이 숭배하고 존경하는 달라이 라마라는 칭호가 가져다 주는 영향력을 계속 향유하는 것을 빼고는, 수많은 장족 승려, 민중들에게 아무런 실질적인 이익도 가져다주지 못했다. 그가 제정한 "시짱 발전 강요"는 혼자서 북치고 장구쳐서 만들어낸 "그림의 떡"일 뿐이었다. 이 강요에는 시짱의 경제 발전을 가속화하고 민생을 개선하기 위한 중앙정부, 시짱자치구 인민정부의 정책과 조치에 대한 악의적인 공격이 적지 않게 들어있다. 그렇기 때문에 그들은 시짱이 경제 사회 등 여러가지 사업에서 거둔 성과를 아주 두려워하고 이러한 발전을

80   贾庆林,《确保西藏及其他藏区的发展和稳定》, 国家民族事务委员会, 中共中央文献研究室,《民族工作文献选编》(二〇〇三一二〇〇九年), 第273쪽.

애써 저애하고 파괴하려고 하였다. 사회 안정에 영향을 주고 발전 상황을 파괴하는 '사건'을 일으키고, 사회 질서를 파괴하는 악질적인 폭력 활동을 일으키는 것 역시 그들의 소위 "비폭력" 주장의 실제 행동인 것이다. 올림픽성화가 서방 국가에서 봉송될 때도 마찬가지로 포위, 파괴 심지어는 성화 탈취까지 있었는데, 이 모든 것은 달라이 라마 집단 세력 및 서방 "시짱 지원" 조직이 일으킨 것이다. 이런 파괴 활동은 중국뿐만 아니라 세계, 인류와 평화 이념에 대한 모독이다. 그것은 올림픽으로 대표되는 국제 스포츠가, 인류 사회가 종족, 종교, 언어, 이데올로기, 사회제도, 나라의 규모 등에 차별을 두지 않고 가장 높은 참여도와 세계화를 이룬 평등하고 평화로운 경기 활동이기 때문이다.[81]

사실 중앙정부는 달라이 라마가 망명한 후에도 시종 그에게 스스로 잘못을 뉘우치고 새 출발할 수 있도록 기회를 주었고 "그를 인민대표대회 부위원장으로 선발하고 자치구 조직위원회 주임위원의 직위도 그에게 남겨두었다."[82] 시짱자치구가 성립된 후 중앙에서는 달라이 라마가, 시짱이 중국의 일부분이라는 것을 승인하고 독립주장을 포기하기만 하면 그가 중국으로 돌아오는 것을 환영한다는 기본원칙은 변하지 않는다고 했다. 개혁개방 후 중앙정부와 달라이 라마의 대표는 여러 차례 소통하였고 2002년부터 중앙 관련 부처에서는 달라이 라마의 개인 대표와 접촉하고 상담하는 체제를 구축하여 달라이 라마 개인 및 주

81   졸문 《文化民族主义与国际体育运动的文明范式》, 《国际经济评论》 1998년, 제3, 4기를 참조하라.

82   毛泽东, 《西藏平叛后的有关方针政策》, 中共中央文献研究室, 中共中央西藏自治区委员会, 中国藏学研究中心编, 《毛泽东西藏工作文选》, 제205쪽.

변의 일부 사람들과 합의를 이룰 수 있기를 기대하였다. 그러나 달라이 라마는 시짱이 한때 "독립국"이었다는 입장을 견지하면서 시짱이 "중국에 의해 침략당하고 점령당했다"는 현실 상황을 확립하려고 시도하였으며, "전체 시짱인의 이익"을 대변하는 협상 지위를 도모하려고 하였다. 그는 심지어 2008년 라싸 "3.14"사건 이후의 접촉 상담에서 "전체 시짱인의 진정한(명실상부한) 자치를 얻기 위한 비망록"까지 내세워 본인의 소위 "불독립(不獨立)"의 "중도(中道)"를 위해 제도적 설계까지도 하였다. 사실 이것은 라싸 "3.14"사건을 이용하여 국제 "시짱 원조"의 물결과 서방 압력 태세에 편승하여 "퇴위 강요"를 요구하는 식의 분열 선언에 불과하며 중국특색의 사회주의 기본 정치제도에 대한 모독과 전복인 것이다. 달라이 라마의 이런 주장과 행동은 접촉 상담이 진전을 거둘 수 없게 하였다.

　　국제사회로 하여금 중국의 시짱 사무를 정확하게 이해할 수 있게 하기 위해 중국 정부는 1992년부터 시짱의 주권 귀속, 인권 사업, 문화 발전, 현대화 과정, 생태 건설과 환경 보호, 민족구역 자치, 민주 개혁, 평화 해방 등에 대한 일련의 특집 백서를 잇달아 발표하였다.[83] 이러한 중요한 발표들은 중국 시짱의 역사와 현실에 대해 다방면으로 해석하였고 달라이 라마가 국제 사회에서 흑백을 전도한 여러 가지 거짓말을 폭로하였을 뿐만 아니라, "시짱은 중국 영토이며 시짱 문제는 중국 내정 문제"라는 중국 핵심 이익과 관련된 중대한 원칙을 엄정하게 성명 하였다. 이와 동시에 중국 정부는 여러가지 방식으로 세계에 진실한 시

83　　王晨 主编,《中国政府西藏白皮书汇编》, 人民出版社, 2010년을 참조하라.

짱을 홍보하고 소개하여 "시짱 이미지"의 허위와 거짓을 폭로하고 시짱 발전 진보의 진실을 명시하려고 노력하고 있다.

평화적 통일과 "일국양제(一國兩制)"

1959년에 마오쩌둥은 "우리는 아직 두 가지 문제를 해결하지 못했다. 바로 시짱 문제와 타이완 문제이다"[84]라고 말했다. 시짱 문제는 어떻게 민주개혁을 실시할 것인가 하는 문제이고, 타이완 문제는 어떻게 해방할 것인가 하는 문제이다. 물론 이들은 서로 다른 두 가지 문제이다. 어떻게 타이완을 해방할 것인가 하는 문제에서 미국에 의지하는 국민당이 타이완을 차지하고 "두 개 중국"을 만들려고 시도하고 있기 때문에 중국공산당은 다음과 같은 기본 원칙을 확정하였다. 첫째, "우리는 중국의 일부분인 신성한 영토 타이완이 아직 해방되지 못했다는 것을 잊지 말아야 한다. 타이완을 해방하는 문제는 완전히 중국의 내정 문제이다."[85] 둘째, 반둥회의(Bandung Conference) 이후, "전쟁의 방식으로 타이완을 해방하는 방법 외에 평화적 방식으로 타이완을 해방할 가능성도 존재한다. …… 평화적 방식으로 타이완을 해방하도록 노력하여야 한다."[86]고 제안했다. 셋째, "타이완 지역은 중국의 일부분이다. 절

---

84 毛泽东,《关于西藏民主改革》, 中共中央文献研究室, 中共西藏自治区委员会, 中国藏学研究中心编,《毛泽东西藏工作文选》, 제209쪽.

85 毛泽东,《对中共八大政治报告稿的批语和修改》,《建国以来毛泽东文稿》第六卷, 제142쪽.

86 毛泽东,《对周恩来在政协二届二次会议上的政治报告稿的修改》,《建国以来毛泽东文稿》第六卷, 제33쪽.

대 다른 나라가 아니다. 세계에는 오직 하나의 중국만 있을 뿐이다. 절대 둘로 나뉠 수 없다."[87] 당시의 역사 조건 하에서 미국 등 서방 세력은 "타이완 해협을 사이에 두고 각자 다스리는" 양안(兩岸) 구조를 만들고 "두 개 중국"을 만들려고 시도하였지만, 오히려 국민당 당국이 대륙을 반격하고 대륙을 광복하기 위해 섬 내의 "타이완 독립" 세력을 강하게 타격하였다. 따라서 타이완 당국으로부터 제기된 "타이완 독립" 문제는 존재하지 않으며 문제의 관건은 해협 양안 중 누가 연합국에서의 중국의 합법적 지위를 대표하는가 하는 것이었다.

제2차세계대전이 끝날 무렵 독일은 패전국으로서 《얄타협정》과 《포츠담협정》에 의해 동, 서로 나뉘었고, 한반도는 38선을 경계선으로 하여 남, 북으로 나뉘었다. 그리고 제2차세계대전이 끝난 뒤, 제네바회의에서 인도차이나 전쟁 문제를 해결할 때 베트남은 남, 북으로 나뉘었다. 그리고 중국의 타이완은 《카이로선언》에서 전쟁 후 중국에 반환한다고 규정하였기 때문에, 국제조약에 의해 두 개의 중국으로 분리되는 문제는 존재하지 않는다. 중국의 타이완 문제가 두 개의 독일, 두 개의 조선(한국), 두 개의 베트남과 비슷한 점이 있다면, 의식형태와 사회제도 면에서 양안의 대립이 존재하고, 냉전 대결의 영향으로 인해 나뉜 두 지역이라는 점이며, 중국 내전 및 미국의 개입으로 인한 결과라는 점이다. 그렇기 때문에 이에 대해 중국공산당은 시종일관 무력 수복 또는 평화 해방을 통한 국가 내정 처리라는 기본원칙을 견지하였고 미국

---

87 《中华人民共和国国防部告台湾同胞书》, 中共中央文献研究室编,《毛泽东文集》第七卷, 人民出版社, 1999년, 제420쪽.

등 외부 세력이 중국 내정을 간섭하는 것을 단호히 반대하였다. 1971년 키신저의 비밀 방중 기간 타이완 문제는 양측 토론의 초점이었다. 중국의 원칙은 아주 명확하였는 바, 타이완은 중국의 한 개 성이라는 것을 미국이 반드시 승인해야 하며, 타이완 문제는 중국 내정이며 미국은 반드시 타이완에 주둔한 미군을 철거함과 동시에 타이완-미국《공동방어조약》[88]을 폐지해야 한다는 것이었다. 중·미 두 나라의 수교협상이 진행되면서 1976년에 미국은 타이완 주둔 미군의 점진적 철수를 선언했고, 1978년에 미국은 타이완-미국《공동방어조약》이 1979년 말에 자동적으로 종료된다는 것에 합의하였으며, 중국은, 더는 "타이완 해방"이라고 표현하지 않고 "조국 통일"로 대체하기로 합의하였다.

1978년 12월 16일에 발표한《중·미 수교 연합공보》에서는 "미국은 '중국은 오직 하나이며, 타이완은 중국의 일부분'이라는 입장을 인정하고(acknowledge) 중화인민공화국이 중국의 유일한 합법 정부임을 인정한다."[89]고 성명하였다. 물론 미국은 결코 이것으로 타이완에 대한 활동을 포기하지 않았다. 1979년 4월에 미국은 국내 입법의 형식으로《타이완 관계법》을 통과하여 타이완에 대한 "안보적 책임"을 계속 유지하겠다고 승낙하였다. 당시 타이완에서는 "본성인(本省人)"을 위주로 한 "당외(黨外)운동"과 "민주화"가 시작되었다. 타이완 섬 내에는 "타이완 독립" 세력이 나타나기 시작했고, 이들은 해외 "타이완 독립" 세력과 의기투합하여 섬 내 "타이완 독립" 정당화를 위한 정권 탈취 운동을 일으

88   李松林, 杨建英,《中国共产党反分裂反"台独"斗争及经验研究》, 人民出版社, 2009년, 제117쪽을 참조하라.

89   李松林, 杨建英,《中国共产党反分裂反"台独"斗争及经验研究》, 제118쪽.

켰다. 반면 중국 대륙은 개혁개방의 과정 속에서 평화적 통일의 새로운 국면을 열었다.

1978년에 덩샤오핑은 "타이완 문제를 해결함에 있어서 우리는 타이완의 현실을 존중할 것이다. 예를 들면 타이완의 그 어떤 제도도 바꾸지 않을 것이며, 타이완에 대한 미국, 일본의 투자도 제한하지 않을 것이며, 그쪽의 생활 방식도 건드리지 않을 것이다. 그렇지만 통일은 반드시 해야 한다."[90]고 지적하였다. 또 다른 자리에서도 그는 "타이완의 사회 제도는 우리의 현재 사회제도와 당연히 다르다. 타이완 문제를 해결할 때 이 특수한 문제를 꼭 배려할 것이다."[91]라고 재차 지적하였다. 이러한 사상은 1979년 1월 1일에 전국인민대표대회 상무위원회에서 발표한《타이완 동포들에게 고함》에서도 체현되었는 바, 타이완의 현황과 타이완 각계 인사의 의견을 존중하고 합리적인 정책과 방법을 적용한다는 것이다. 그 이후에도 덩샤오핑은 타이완 문제에 관하여 여러번 이와 같은 내용을 언급하였다. 예를 들면 "타이완 당국은 지방 정부로서 일정한 권리를 가질 수 있고, 군대를 가질 수 있으며, 외국과의 무역, 상업 관계를 계속 유지하고 민간 교류를 지속할 수 있으며, 현행 정책, 현재의 생활방식을 유지할 수 있다. 그렇지만 반드시 하나의 중국이라는 조건을 만족해야 한다."[92], "타이완은 중국의 한 지방 정부

---

90 邓小平,《同缅甸总统吴奈温会谈时谈台湾问题》,《邓小平思想年谱》(一九七五—一九九七), 中央文献出版社, 1998년, 제91쪽.

91 邓小平,《会见美国友好人士斯蒂尔时谈台湾问题》,《邓小平思想年谱》(一九七五—一九九七), 제97쪽.

92 邓小平,《会见美国时代出版公司总编辑多诺万时谈台湾问题》,《邓小平思想年谱》(一九七五—一九九七), 제170쪽.

로서 충분한 자치권이 있다."[93]와 같은 것이다. 1981년에 전국인민대표대회 상무위원회 위원장 예젠잉(葉劍英, 엽검영)은 타이완의 방침에 관한 연설에서 "타이완은 특별행정구로, 고도의 자치권을 향유하고 군대를 보유할 수 있다. 중앙정부는 타이완의 지방 사무에 대해 간섭하지 않는다."와 같은 아홉 가지 규정을 명확하게 제기하였다. 덩샤오핑은 이에 대해, "사실상 한 나라 두 가지 제도로서, 두 가지 제도를 허용한다. 타이완도 대륙의 제도를 파괴하지 않고 우리도 타이완의 제도를 파괴하지 않는다. 국가의 통일은 우리 중화민족의 염원이다."[94]라고 명확하게 개괄 설명하였다. "일국양제"라는 훌륭한 정치적 지혜를 담고 있고 "화이부동"을 체현한 이 사상은 바로 여기에서 비롯되었다.

1982년 중국과 미국이 체결한 《8.17 공보》에서 미국은 재차 "두 개의 중국" 또는 "일중일대(一中一臺, 하나의 중국과 하나의 대만)"의 정책을 실행할 의사가 없다고 천명하였다. 이에 대해 덩샤오핑은 합의 달성에 축하를 표시함과 동시에 미국에 대해 "타이완 문제는 전적으로 중국의 내정이다. 공보에서 중국은 타이완 문제의 평화적 해결을 위한 정책을 재천명했는데, 이것이 중국이 미국이나 또는 기타 누구에게 그 어떤 약속을 했음을 의미하지는 않는다. 또한 미국이 타이완에 무기 판매 행위를 중단하는 것이 타이완 문제 평화적 해결을 전제로 했다는 식의 왜곡

---

93 邓小平, 《会见日本首相大平正芳时的谈话》, 《邓小平思想年谱》(一九七五—一九九七), 제175쪽.

94 邓小平, 《会见美国华人协会主席李耀滋时的谈话》, 《邓小平思想年谱》(一九七五—一九九七), 제212쪽.

도 절대로 용납하지 않는다."[95]고 엄숙하게 지적하였다. 또한 그는 중·미 관계에는 검은 구름인 《타이완 관계법》이 있다고 강조하여 지적하였다. 중국은 미국의 치외법권을 승인하지 않으며 미국 법정은 중국에 아무런 영향력도 없다. 덩샤오핑은 "《타이완 관계법》은 중·미 관계의 가장 큰 문제로서, 이 법을 바꾸지 않고서는 중·미 관계의 뚜렷하고 만족스러운 발전은 불가능하다."[96]라고 하였으며, "중국인들이 보기에 이것은 중국 내정에 대한 간섭이 아니고 무엇인가? 미국 의회가 어떠한 법안을 통과시켜 중국 인민들에게 강요하려고 하는데 이것은 도대체 무슨 방식과 주장과 제도인가?"[97]라고 하였다. 이 단호한 원칙과 입장은, 중국 내정 간섭을 반대한다는 중국 정부와 중국 인민의 원칙과 입장을 충분히 보여주었고, 해협 양안의 통일 대업을 꼭 실현하겠다는 중국의 확고부동한 결의도 잘 보여주었다.

'평화적 통일'은 무력 포기를 의미하지 않는다. '일국양제'도 타이완의 "완전한 자치"가 아니다. "자치는 한도가 없어서는 안 된다. 즉 한도가 있어서 '완전'하지 않은 것이다. '타이완의 완전한 자치'는 '두 개의 중국'이지 하나의 중국이 아니다. …… 타이완은 특별행정구로서 비록 지방 정부이지만 기타 다른 성, 시, 자치구의 지방 정부와 달리, 기타 성, 시, 자치구가 가지고 있지 않은 혼자만의 어떤 권력을 가질 수 있다.

---

95   邓小平,《在中美联合公报发表前会见美国驻华大使恒安石时的谈话》,《邓小平思想年谱》(一九七五—一九九七), 제229쪽.

96   邓小平,《会见美国国务卿舒尔茨时的谈话》,《邓小平思想年谱》(一九七五—一九九七), 제248쪽.

97   邓小平,《会见美国众议院议长奥尼尔时的谈话》,《邓小平思想年谱》(一九七五—一九九七), 제251쪽.

다만 조건이 있다. 통일 국가의 이익에 피해를 주지 않는 것이다."[98] 이 것은 "하나의 중국" 원칙의 가장 중요한 전제와 조건이다. 중국공산당 의 "평화적 통일, 일국양제"의 구상은, 중국이 개혁개방, 세계 평화 발 전의 대세에 순응하고 추진하는 과정에서 국가의 주권을 수호하고 국 가 내정을 해결하기 위해 창조한 일종의 새로운 전략이다. 이것은 마르 크스주의의 정수인 실사구시의 정신을 깊이있게 구현하였을 뿐만 아 니라 동방 문명의 오래된 지혜인 화이부동의 이념을 고도로 개괄하였 다. 이는 다양한 문명, 다양한 제도가 있는 세계에 있어서나, 중국의 복 잡한 내정에 대한 처리에 있어서나, 모두 현대 인류 사회 정치문명의 새로운 이론적 패러다임임에 틀림없다. 이에 반해 전통적인 이데올로 기, 사회 제도와 '서구 중심'에 기초한 '실패론', '역사 종말론', '문명 충 돌론'에 체현된 편협, 불공평, 보수 등은 인류 사회의 문명 진보에 전혀 도움이 되지 않는다.

"평화적 통일, 일국양제"는 중국의 주권 독립, 영토 완정과 중화민 족의 통합에 있어서 중화민족 애국주의 공감대에 기반한 대단결을 강 조하고 있다. 중국이 홍콩, 마카오를 회수하면서 실행한 "일국양제"의 실천 과정에서, 홍콩, 마카오는 중국의 특별행정구로서, 홍콩 사람들이 홍콩을 다스리고 마카오 사람들이 마카오를 다스리는 고도의 자치를 시행하였다. 이런 자치를 실행하는 주체(집행자)가 바로 애국자인데, 이 것이 바로 "한계와 기준"인 것이다. "애국자의 기준은 자기 민족을 존 중하고, 홍콩에 대한 중국의 주권 회복과 주권 행사를 성심성의껏 옹호

---

98   邓小平,《中国大陆和台湾和平统一的设想》,《邓小平文选》第三卷, 제30쪽.

하며, 홍콩의 번영과 안정을 해치지 않는 것이다. 이런 조건만 구비하면 그들이 자본주의를 신앙하든 봉건주의를 신앙하든 심지어 노예주의를 신앙하든 관계없이 모두 애국자이다. 우리는 그들이 모두 중국의 사회주의 제도를 찬성할 것을 요구하지 않는다. 다만 그들이 조국을 사랑하고 홍콩을 사랑하기를 바랄 뿐이다."[99] 이것이 바로 "평화적 통일, 일국양제"가 중화민족의 정체성, 중화민족의 위대한 부흥을 위해 보여 준 응집력, 포용력인 것이다.

"타이완 독립" 억제와 《반분열국가법》

위에서 논의한 바와 같이, 국민당이 리덩후이 시기에 "현지화", "본토화"를 완성하면서, "타이완 독립" 세력은 타이완에서 "합법 정치"의 당파적 모습으로 등장했다. "타이완 독립" 세력이 타이완 사회에서 판을 치게 된 발전 태세는, 리덩후이 집권 이후 직면한 소련 해체, 동유럽 혁명과 직접적인 관련이 있었고, 냉전 종식 후 미국의 전략적인 전 세계적 재배치 과정에서 중국 사무에 대한 평가에 의해 초래된 결과이기도 하다. "중국 붕괴" 또는 "중국 해체"에 기반한 이 같은 판단은 타이완 당국으로 하여금 양안 관계를 "분열 국가 패턴"으로 처리하도록 고무격려하였다. 타이완이 국제 사회에서의 지위를 도모하고 "유엔 복귀", "금전 외교" 활동을 크게 행함으로써, 1993년에 시작된 양안 "왕고회담(汪辜會

---

99   邓小平, 《一个国家、两种制度》, 《邓小平文选》第三卷, 제61쪽.

談)"[100]이, 진행 과정에서 "타이완 독립" 분열 행동의 엄중한 간섭을 받게 되었고, 양안 관계도 "하나의 중국", "통일인가? 분열인가?" 하는 문제에서 새로운 도전에 직면하게 되었다. 그러나 1992년에 "양측 모두 하나의 중국을 고수"한다는 원칙인 "92공식(九二共識, 1992 Consensus)"[101] 합의가 달성되면서 양안은 평화적 통일의 토대를 마련했다.

1995년 1월 장쩌민은 양안 통일 대업이 직면한 형세에 대해 "모든 중국 사람들이 경계해야 할 것은 최근 몇 년간 타이완 섬 내 분리 성향이 발전하면서 '타이완 독립' 활동이 창궐해지고 있다는 점이다. 일부 외국 세력들은 타이완 문제를 선동하고 중국 내정을 간섭하려 한다."[102] 고 지적했다. 그리고 타이완 정책에 대한 여덟 가지 견해를 제기하였는데, 구체적으로 다음과 같은 내용을 포함한다. 타이완이 외국과 민간 경제, 문화 관계를 발전시키는 것에 대해 대륙은 이의를 제기하지 않을 것, "두 개의 중국", "일중일대(一中一臺, 하나의 중국과 하나의 대만)"의 분열 활동을 단호하게 반대할 것, 양안 문제는 평화적 통일 담판을 통해 우선 적대 상태를 개변시킬 것, 양안 경제 문화 왕래를 강화할 것, 직접적인 우편, 항로, 상업 등의 개통을 실현할 것, 대륙과 해외에서의 타이

---

100 역자 주, 1993년 4월 27~29일 싱가포르에서 중국 양안관계협회 왕다오한(汪道涵, 왕도함) 회장과 타이완해협교류기금회 구쩐푸(辜振甫, 고진보) 회장이 가진 회담. 양측은 양안 간 경제 협력, 과학 기술, 문화, 청년, 언론 등 분야의 교류 강화에 대해 의견을 교환했으며, '왕고회담 공동합의' 등 4건의 합의문에 서명했다.

101 역자 주, 1992년 10월 28일 중국의 해협양안관계협회(海峽兩岸關係協會)와 타이완의 해협교류기금회(海峽交流基金會)가 양안 관계 원칙에 대한 논의를 거쳐 합의한 양안 관계의 원칙. 그 핵심 내용과 정신은 '양안 모두 하나의 중국 원칙을 견지한다'는 것이다.

102 江澤民,《为促进中国统一大业的完成而继续奋斗》,《江泽民文选》第一卷, 人民出版社, 2006년, 제420쪽.

완 동포의 일체 정당 권익을 보호할 것, 타이완 당국 지도자들을 비롯한 타이완의 각 당파, 각계 인사들의 중국 방문을 환영할 것 등이다. 이 주장들은 중국공산당의 양안 평화 통일에 대한 기본원칙과 정책 이념을 한층 풍부히 하였다. 특히 "평화적 통일 담판 과정에서 양안 각 당파, 단체의 대표적 인사를 흡수하여 참석시키자는"[103] 주장은, 양안의 실정에 더욱 부합되며, 양안의 각종 정치 세력과 국민들의 의지를 충분히 반영하는 협상 공간을 체현하였다.

대륙과 통일된 후의 타이완의 권익 문제 면에서는, 비록 홍콩 회귀(반환) 시의 "일국양제"의 정치 구조와 법률적 실천이 있지만, 타이완과 홍콩의 다른 점은, "타이완은 행정관리권, 입법권, 독립적인 사법권과 종신권 등을 포함한 고도의 자치권을 향유할 수 있다. 그리고 타이완은 자신의 군대를 보유할 수 있고, 대륙은 군대를 파견하지 않을 것이며 행정인원도 파견하지 않을 것이다. 또 타이완의 대표인사가 중앙정부의 지도적 직책을 맡아 국가 사무에 대한 관리에 참여할 수 있게 된다. 한마디로 타이완은 홍콩과 마카오보다 더 많은 자치권을 향유하게 된다."[104]라는 점이다. 그러나 타이완 사무에 대한 미국의 개입과 영향력은 사실상 "타이완 독립" 세력을 종용하고 격려하고 지지하였으며, 끊임없이 "타이완 해협 위기"를 만들어 양안의 평화 회담을 방해하고 간섭하고 파괴해 왔다. 1999년에 리덩후이가 내놓은 "양국론"은 양안 관계에 중대한 위기를 조성하였다. 리덩후이의 "타이완 독립" 노선 및 그

103 江澤民,《为促进中国统一大业的完成而继续奋斗》,《江澤民文选》第一卷, 제421쪽.

104 江澤民,《解决台湾问题的原则和立场》,《江澤民文选》第二卷, 人民出版社, 2006년, 제152-153쪽.

가 최후의 승부를 건 "양국론"은 해협 양안, 국제 여론에 강렬한 반응을 불러 일으켰으며, 사실상 국민당의 집정 위상에도 부정적인 영향을 미쳤다. 이런 형세 하에서 타이완 섬 내에서는 "정당 교체"를 요구하는 목소리가 커지고 있었다. 그러면서 자신을 감추고 때를 기다리는 계략을 이용한 천수이볜(陈水扁, 천수편) 및 그의 "타이완 독립 제거화" 주장이 섬 내 정권 쟁탈에서 경쟁 우세를 차지하게 되었다.

민진당은 '타이완 독립'을 주장하는 정당이고, 천수이볜은 타이완 조기의 '반대 운동'의 적극적인 참가자이며 민진당 창당 이후 두각을 나타낸 '정치 스타'이자 일련의 '타이완 독립' 강령과 정책의 추진자이기도 하다. 민진당의 '신조류계(新潮流系)'[105] 대표 인물의 말에 의하면 "소위 '타이완 독립 제거화' 노선은 타이완 독립을 반대하는 것이 아니라 타이완 독립이 공개 정책으로 되는 것을 피하자는 주장이다. 이 노선의 기본 관점은 '민주를 강조'하고 '타이완 독립 화제를 피함'으로써 당시 사회의 주류 가치에 맞춰 가장 많은 지지와 표를 얻는 것이었다." 천수이볜은 민진당 창당 초기부터 2002년까지 "대부분의 시간을 모두 이 노선을 위해 할애한 주요 지도자 중의 한 사람이었다."[106] 1999년 리덩후이가 내세운 '양국론'의 '타이완 독립' 풍파 및 그것이 국민당에 대한 영향은, 천수이볜으로 하여금 소위 '타이완 독립 제거화'를 이용하여 유권자들의 민심을 얻을 수 있도록 조건을 창조하였다. 2000년의 타이완 지역 지도자 선거에서, 천수이볜은 민진당이 내세운 '대통령' 후

---

105 역자 주, 타이완 독립 기조를 강경하게 고수하는 민진당 내 급진 세력.

106 林浊水,《共同体-世界图像下的台湾》, 中国台北, 左岸文化出版社, 2006년, 제213쪽.

중국공산당은 어떻게 민족문제를 해결하는가

보 신분으로 출마하여 '대통령'으로 당선되었고, 민진당은 국민당의 집정 지위를 대신하였다. 이 '정당 교체'는 타이완에서 50여년간 지속된 국민당의 일당정치(一黨政治)의 종료를 의미할 뿐만 아니라, '타이완 독립' 세력이 합법적으로 타이완 정치 무대의 중심에 올라섰음을 의미한다. 천수이볜이 정권을 잡은 후의 집정 이념과 정책 실천의 핵심이 바로 '타이완 독립' 추진이었다.

　'타이완 독립' 이념 면에서, 천수이볜은 집정 기간 선후로 "신중간 도로", "일변일국(一邊一國)"[107] 등과 같은 논설을 내놓았으며 "타이완 정명(正名)", "타이완 주체성", "국민 투표" 등과 같은 사회적 동원을 통하여 "점진적 타이완 독립"과 "법리적 타이완 독립"을 추진하였다. 실천 중에서 그는 일련의 "문화 타이완 독립" 정책을 통하여 "타이완 독립"을 위해 사회 의식의 문화적 기초를 다졌다. 교육 면에서는 "본토화", "향토성" 교재를 강력하게 시행하여 "탈중국화"를 실시하였다. 이를 위해 그는 리덩후이가 만든 "타이완 4대 집단" 논조를 심화하며 "민남인", "객가인", "원주민"과 "본성인"이라는 "민족 집단(ethnic groups)" 분화 구조를 형성하였다. 그 목적은 "민족 집단" 분화를 통해 국민당 권위 통치 하의 "중국 민족주의" 의식형태를 중화시키고 정치적 차이를 만드는 동시에 "타이완 민족주의" 정체성 정치 구축을 도모하기 위한 것이었다. 민족주의 범주에 속하는 '민족 집단주의'는 '민족 집단화' 개념의 무한한 확대로 인해 포퓰리즘과 함께 얽히게 되었다. 타이완 정치는 '민주화'와 '본토화'의 침투 속에서 포퓰리즘 세력의 "감정 호소"와, "소수민

107　역자 주, '대만과 중국 각각에 하나의 나라가 있다'는 타이완 독립 운동 진영의 구호.

족 배경", "민초(평민) 사회", "역사 상상" 등과 같은 '민족 담론'에 힘입어, 인정 정치의 사회 동원을 이뤄냈다. 그렇기 때문에 '타이완 독립' 세력이 조작한 "민족 집단 정치" 역시 "민족 포퓰리즘"운동의 공동 논리를 뚜렷하게 나타냈는 바, 그것이 바로 "타이완 민족"을 구축하기 위한 "본토화 동원, 문화 정치화 및 공동체 순수화"[108]인 것이다.

중화민족과 차별화된 "타이완 민족"을 구축하기 위하여 천수이볜 당국은 타이완의 "원주민" 역사 자원을 이용하여 혈통, 문화, 언어 등 여러 면으로부터 "타이완 민족"의 남도민족(南島民族, 오스트로네시아족) 귀속을 만들어 냈다. 세계 토착민 혁명의 기본 정치 이념과 '토착 민족주의(native nationalism)'를 통해 "원주민족(原住民族, native nation)을 구축하여 민족 자결 권리를 누리려고 했던 것이다."[109] 바로 "남도민족"이 타이완 "원주민"의 "범민족주의"운동의 주체가 될 수 있었던 것이다. 천수이볜의 이른바 "남진(南進)정책"은 "원주민과 타이완 정부 간의 새로운 동반자 관계"[110]를 구축하는 등 의례적인 활동을 통해 "남도민족"을 대대적으로 띄워 그의 "통일과 독립 의제"를 위해 복무하게 하려는 것이 그 목적이었다. "원주민"이라는 이 "본토 자원"을 이용하기 위해, 일부 "타이완 독립" 연구자들은 유래, 혈통, 종족, 민족 등 여러 면에서부

108 【영국】安东尼·D·史密斯,《全球化时代的民族与民族主义》, 龚维斌, 良警宇译, 中央编译出版社, 2002년, 제78, 80쪽.

109 汪明辉,《台湾原住民民族主义的空间性: 由社会运动到民族发展》, 台湾师范大学地理系區域研究中心, http://www.geo.ntnu.edu.tw/geoweb/perildical/ntnu/rshrpt/no31.

110 《新伙伴关系》, 中国台湾《中国时报》 2002년 10월 20일, http://ntw.com.tw/1004/103.html.

중국공산당은 어떻게 민족문제를 해결하는가

터 타이완 "본성인" 중의 한인(漢人)들은 "원주민"과의 혈연관계가 몇 세대를 거쳤기 때문에 이미 중국의 한족에 속하지 않으며, 심지어 이미 "원주민"의 반열에 들어갔음을 증명하려고 시도하였다. 민진당 등 '타이완 독립' 세력은 허황된 상상을 통해 "원주민"을 위해 "휘황한 역사"를 만들어내고 "아름다운 미래"를 그려냈지만, 현실적으로는 "원주민"이라는 "본토 자원"을 "타이완 독립"을 향한 하나의 디딤돌로 삼았을 뿐이다. "범남도 민족주의(泛南島民族主義)"는 바로 "타이완 독립" 세력이 "원주민" 문제를 이용하여 "국제 공간"을 도모한 산물이며, "원주민"을 끌어들여 "남도(南島)"에 치우치게 하고 북방 대륙과 소원해지게 하는 "타이완 독립"의 행보였으며, "문화 타이완 독립" 이론 중 이른바 중국 "내륙 문화"와 구별되는 "해양 문화"의 문화 민족주의에 바탕을 두고 있다. 이것은 천수이볜이 자신은 중국인이 아니라고 주장하는 이유이기도 하다.[111]

1990년 리덩후이가 집정해서부터 2000년 민진당이 정권을 잡고 연속 8년간 집정하기까지 타이완의 정치에는 중대한 변화가 발생했다. '타이완 독립' 이론 및 실천은 타이완 민중들에게 큰 영향을 끼쳤다. 중국인인가 아니면 타이완인인가? 또는 중국인이기도 하고 타이완인이기도 한가? 이런 문제에 대한 여론 조사는 중국인 정체성이 대폭적으로 하락되고 타이완인 정체성이 현저하게 상승하는 변화를 보여주었다. 중국인이면서 타이완인이라는 이중적 정체성은 대체적으로 안정되어 있지만 기복이 심한 변화도 있어 여러가지 불확실성을 많이 보여준

---

111   孙云, 《"台独"理论与思潮》, 제183쪽을 참조하라.

다. 타이완 사회의 국민당과 민진당의 사상 대립, "민족 집단" 의식 등은 모두 중화민족의 정체성에 도전이 되었다. 이 시기의 "타이완 독립" 반대 투쟁 과정 중《반분열국가법》의 제정과 시행은, 대륙이 조국 통일을 수호하고 국가 분열을 반대하는 데에서의 중대한 조치였다.

2005년 3월 14일 제10기 전국인민대표대회 제3차회의에서는《반분열국가법》이 통과되었다. 이 법안은 첫머리에서 "'타이완 독립' 분열 세력이 국가를 분열하는 것을 반대하고, 억제하고, 조국의 평화적 통일을 촉진하며 타이완 해협 지역의 평화와 안정을 유지하고 국가 주권과 영토 완정을 유지하며 중화민족의 근본 이익을 수호하기 위해 헌법에 근거하여 이 법을 제정한다."라고 분명하게 요지를 밝혔다. 이는 천수이벤이 정권을 잡은 후 정치, 문화의 "타이완 독립"으로부터 "국민 투표", "법리적 타이완 독립"에 이르기까지 국가 분열의 물결을 일으킨 것에 대한 법적 대응이었다.《반분열국가법》은 '하나의 중국'원칙, 타이완 사무의 내정 문제, 평화적 통일과 '일국양제', 양안의 평화적 안정 유지, 양안 관계의 발전, 양안의 평등 협상과 담판의 실현 등 일련의 중대한 원칙적 문제에 대해 법률적으로 규범화하였다. 또한 "'타이완 독립' 분열 세력이 그 어떤 명목 또는 그 어떤 방식으로 타이완이 중국에서 분리되어 나가게 하거나, 또는 타이완이 중국에서 분리되어 나갈 가능성이 있는 중대한 사변을 일으키거나, 또는 평화적 통일의 가능성이 완전히 소실되는 등의 상황이 발생할 경우, 국가는 반드시 비평화적인 방식 및 기타 필요한 조치를 취하여 국가의 주권과 영토의 완정을 수호할 것이다."라고 규정하였다. 이 법안의 공포는 양안 관계의 발전을 촉진하고, 중국의 평화적 통일을 촉진하며, '타이완 독립' 세력이 중국을

중국공산당은 어떻게 민족문제를 해결하는가

분열하는 것을 반대하고 억제하며, 타이완 지역의 평화와 안정을 유지하며, 나아가 아시아-태평양 지역의 평화와 안정을 유지하고, 중국의 주권과 영토 완정을 수호하고 중화민족의 근본 이익을 수호하는 데 모두 중대한 현실적 작용과 심원한 역사적 영향이 있다.

변경에 군대를 주둔하여 개간하면서 변경 수비를 공고히 하기

신장이 평화적으로 해방될 무렵 중앙인민정부는 인민해방군이 신장에 들어가 생산을 발전시켜야 한다는 임무를 확정하였다. "신장은 땅이 넓고 사람이 적어 해방군, 봉기군, 민족군 그리고 미래 단기간에 투입할 민병자위대 등과 같은 큰 규모의 군대를 공급할 수 없다. 따라서 생산을 제창하지 않으면 생존할 수 없고 질서를 유지할 수 없다는 것은 아주 자명한 일이다. 여러분들이 앞장서서 노력하여 모범 작용을 하여 난니완(南泥灣, 남니만)[112] 사적과 같은 위대한 성과를 이루기 바란다."[113]라고 하였다. 당시 신장은 경제 발전이 낙후되었을 뿐만 아니라 성스차이가 소련을 반대한 후 "5년 넘게 소련과의 무역이 중단되어 모피, 면화, 잠사 등의 생산이 위축되어 절반 이상 감산된 것으로 추정된다. 내지와의 무역은 거리가 너무 멀어 원활하지 못하였고 시장에는 일

---

112 역자 주, 이곳은 중국 대약진운동의 전신인 '대생산운동'의 시발지이다. 아무것도 없던 지역에 군인들이 투입되어 농작물을 대생산하여 크게 성공했다.

113 朱德, 《关于新疆发展生产问题给王震的信》, 中共中央文献研究室, 中共新疆维吾尔自治區委員会编, 《新疆工作文献选编》(一九四九-二〇一〇年), 제25쪽.

상 용품이 극히 부족한 탓에 경제가 비정상적으로 침체되어 인민들의 생활에 영향을 주었다. …… 이는 신장에 진입한 부대의 생존에 영향을 끼칠 뿐만 아니라 신장의 민족문제, 민족 군대 단결 문제, 타오즈웨(陶峙岳, 도치악)[114] 부대 개조 문제에도 심각한 영향을 주게 된다."[115] 또한 신장은 여러 차례 전란을 겪었기 때문에 민족, 종교 등 극단주의 사상의 영향을 받았을 뿐만 아니라 제정러시아, 영국, 미국, 소련의 영향을 받았다. 더구나 신장에는 민족이 매우 많아 평화적 해방 이후 "모든 특무 기관과 반동 조직을 해산하고 특무, 토비와 영국 미국 제국주의의 은폐적인 파괴분자를 숙청하고 반동분자의 음모와 파괴활동을 엄밀히 방지하고 진압해야 하는"[116] 임무가 막중하였다. 그렇기 때문에 신장 지역에서 생산을 발전시키고 적을 숙청하고 민주개혁과 토지개혁을 진행함에 있어서 당중앙의 정책은 현지의 실정으로부터 출발하는 특점을 체현하였는데, 여기에는 "반혁명을 진압하는 문제에서 소수민족에 대해 관대하게 처리하는 원칙"[117] 등이 포함된다. 1949년 말 신장에 진입한 부대와 당지 민족군, 국민당 봉기부대 및 지방 행정인원은 24만여 명이었는데 신장의 재정 능력은 이들을 위한 비용의 30% 정도밖에

---

114 역자 주, 당시 신장(新疆, 신강)의 정부 주석 겸 경비 총사령관.

115 彭德怀, 《关于新疆工作问题给毛泽东的电报》, 中共中央文献研究室, 中共新疆维吾尔自治区委员会编, 《新疆工作文献选编》(一九四九-二〇一〇年), 第39쪽.

116 《新疆省人民政府委员会目前施政方针》, 中共中央文献研究室, 中共新疆维吾尔自治区委员会编, 《新疆工作文献选编》(一九四九-二〇一〇年), 第45쪽.

117 刘少奇, 《关于在土改中保留寺院土地等问题给王震并习仲勋的电报》, 中共中央文献研究室, 中共新疆维吾尔自治区委员会编, 《新疆工作文献选编》(一九四九-二〇一〇年), 第85쪽.

감당할 수 없었다.[118] 부대가 자력갱생하여 경제 생산 문제를 해결할 것을 고무격려하는 방침의 지도 하에, 1952년 말에 이르러 주둔 군대 중 농업생산 종사자 4만 명, 수리(水利) 공사 참여자 3만 명, 운송업자 1만 명, 목축업자는 7천 명에 달하였는데, 이는 신장 지역의 경제 생산 능력을 강화하고 시장 수요를 만족시키고 물가를 안정시키는 데에 모두 중요한 역할을 했다. "국민당 시기에는 경작지가 1,300만 무[119]였는데, 지금은 1,800만 무에 달한다. …… 과거에는 양 세 마리로 차(茶) 한 덩이를 바꾸었지만 지금은 양 한 마리로 차 두 덩이를 바꿀 수 있다."[120] 이처럼 이 정책은 아주 효과적이었다. 이리하여 1954년에 신장 군구 개편에서는 국방부대와 생산부대 지도부를 분리하여 중국인민해방군, 민족군, 봉기군을 기반으로 한 '신장 생산건설병단(新疆生産建設兵團)'을 설립할 것을 제기하였다.[121] 동시에 신장 생산건설병단에 대해 "각 민족 농민들의 확대 생산을 돕고 호조협력을 중심으로 한 농업 증산 활동을 강화하여"[122] 자체적으로 하루 빨리 정규적인 국영 농장의 건설 목표를 실현할 것을 요구하였다. 신장 생산건설병단의 설립 및 현지 경제 사회

---

118 彭德怀,《关于新疆工作问题给毛泽东的电报》, 中共中央文献研究室, 中共新疆维吾尔自治區委员会编,《新疆工作文献选编》(一九四九-二〇一〇年), 제39쪽을 참조하라.

119 역자 주, 중국식 토지 면적의 단위. 1헥타르는 15무이며, 1무는 666.7제곱미터이다.

120 《中央财政经济委员会关于新疆财经问题的意见》, 中共中央文献研究室, 中共新疆维吾尔自治區委员会编,《新疆工作文献选编》(一九四九-二〇一〇年), 제91쪽.

121 《新疆军區关于成立新疆生产建设兵团的请示》, 中共中央文献研究室, 中共新疆维吾尔自治區委员会编,《新疆工作文献选编》(一九四九-二〇一〇年), 제117쪽.

122 《中共中央对新疆分局、新疆军區党委关于驻新疆农业生产建设部队加强援助各族农民开展以互助合作为中心的农业增产运动的决定的批语》, 中共中央文献研究室, 中共新疆维吾尔自治區委员会编,《新疆工作文献选编》(一九四九-二〇一〇年), 제127쪽.

발전에 대한 지원으로 "해방군이 신장에 진입하여 주둔하면서 신장을 개간하는 것이 신장 지역 각 민족 인민들이 해방을 얻는 보장"으로 되었고 중국공산당이 신장 민족문제를 해결하는 기본 경험으로 되었다. 1958년 신장 생산건설병단의 규모는 약 37만~38만 명으로 늘어났다. "이는 신장 지역의 치안과 국방을 공고히 하는 큰 힘이 되었을 뿐만 아니라 신장 지역의 농업, 목축업과 공업 발전의 주력군이 되었다. 신장 생산건설병단의 경험(즉 군대가 진입하여 주둔하면서 개간을 실시하는 것)은 성공적이었다."[123]

신장 생산건설병단의 국영 농장화 및 농업, 목축업, 공업 등 분야에서 이룬 발전은 신장 지역 경제 사회 발전을 위해 중요한 역할을 하였다. 신장 생산건설병단은 또한 국방을 튼튼히 하고 변방의 안전을 지키는 중요한 역량이기도 하였다. 특히 1962년에 소련의 책동에 의한 "위구르인 탈출" 사건이 터지면서 신장 생산건설병단의 변경에 주둔하면서 개간하며 변경을 수비하는 둔간수변(屯墾戍邊)의 직책은 새로운 수준으로 격상되었다. 한편으로, 당시 내지에 흉년이 들어 발생한 심각한 형세를 바로잡고, 변방 지역의 수요를 충족시키기 위해 군에서 전역한 간부, 병사, 지식청년들이 생산건설병단의 새로운 역량이 되었다. 이 과정에서 당중앙은 신장 지역 각 민족의 단결을 고도로 중시하였다. 마오쩌둥은 "신장에 들어간 한족 노동 인민들을 잘 안치해야 한다. 신장에서 한족 노동 인민과 소수민족 노동 인민 간의 관계를 잘 처리해

---

123   朱德,《关于新疆发展生产和加强民族团结的问题》, 中共中央文献研究室, 中共新疆维
        吾尔自治區委员会编,《新疆工作文献选编》(一九四九·二〇一〇年), 제208, 210쪽.

야 한다. 민족이 다르고 언어가 다르고 생활습관도 다르기 때문에 한족 노동 인민들에게 민족 정책 교육을 진행해야 하며, 한족 노동 인민들이 소수민족의 풍속습관을 존중하도록 교육해야 하며, 한족 노동 인민들을 동원하여 소수민족의 언어를 배우게 해야 하고 소수민족 노동 인민과의 관계를 잘 처리하고 단결을 잘 하게 해야 한다. 또 신장으로 간 한족 노동 인민의 혼인 문제와 기타 문제 해결을 도와야 한다."[124]고 지적하였다. 이 말에 포함된 뛰어난 구상, 깊은 함의와 세심한 배려는 중국 공산당이 민족문제 해결을 위한 최고의 전형적인 논술이라고 할 수 있다. 다른 한편으로, 생산건설병단의 변경을 수비하는 수변(戍邊)의 역할이 강화되었다. 저우언라이는 "생산건설병단은 생산팀이자 작업팀이며 또한 전투팀이다. 전투 면에서 전에는 잘 틀어쥐지 못했는데 1962년 이후부터 단단히 틀어쥐기 시작했다."[125]라고 지적했는데 이 말은 국가 보위, 변경 수호의 역할을 "단단히 잡았다는" 뜻이다. 신장은 중국의 후방이자 또한 전선이기도 하다. "경제를 살리는 것이 바로 군사 상의 준비인 것이다. …… 신장 생산건설병단은 민병대를 만들어야 한다. 이는 정규군과 같다. 여러분들이 북방 변계의 곳곳을 모두 잘 운영해 나가야 한다."[126]고 하였다.

"문화대혁명" 기간 지식청년들은 농촌으로 내려가라는 마오쩌둥

---

124 毛泽东,《新疆要做好经济工作和增强民族团结》, 中共中央文献研究室, 中共新疆维吾尔自治區委员会编,《新疆工作文献选编》(一九四九-二〇一〇年), 제228쪽.

125 周恩來,《为建设革命的新新疆而奋勇前进》, 中共中央文献研究室, 中共新疆维吾尔自治區委员会编,《新疆工作文献选编》(一九四九-二〇一〇年), 제230쪽.

126 邓小平,《新疆大有可为》, 中共中央文献研究室, 中共新疆维吾尔自治區委员会编,《新疆工作文献选编》(一九四九-二〇一〇年), 제238쪽.

의 호소에 따라 전국적인 "상산하향 운동(上山下鄕運動)"[127]의 붐이 일었다. 따라서 광시, 윈난, 헤이룽장, 네이멍구, 시짱에서도 잇따라 생산건설병단이 설립되었다. 1974년과 1975년에 이들 병단 제도가 잇따라 취소되면서, 신장 생산건설병단도 1975년에 취소되었고, 농간총국(農墾總局)이 설립되었다. 1981년 왕전(王震, 왕진)이 신장 생산건설병단을 회복하자는 건의를 제기하였다. 이에 대해 덩샤오핑은 "신장 생산건설병단은 바로 현재의 농지 개간 부대로서, 신장을 안정시키는 핵심이다. 신장 생산건설병단은 회복되어야 한다."[128]라고 지적하였다. 이는 당시 신장 지역이 직면한 국제 형세와 내부에 존재하는 문제에 대해 중앙이 내린 판단과 직접적인 관련이 있다. 즉 외부에서는 "소련 패권주의가 신장과 인접된 변경에 대병력을 주둔시키고 무력으로 위협했을 뿐만 아니라 여러 가지 전복, 파괴 활동을 진행하였다. 그리고 신장 경내의 한족과 소수민족 중에는 극소수의 반혁명분자와 기타 반동분자들이 패권주의자, 외국의 적대 세력과 결탁하여 민족단결을 파괴하고 조국 통일을 분열시키는 죄악 행동을 진행하고 있었다."[129] 이러한 배경에서 1981년 12월 3일, 당중앙, 국무원, 중앙군사위원회는 신장 생산건설병단을 회복하기로 결정하였고 "생산건설병단이 변경에 주둔하면서 개간하며 변경을 수비하는 둔간수변(屯墾戍邊) 역할은, 농지 개간 사업을

---

127   역자 주, 1960~70년대 문화어혁명운동 기간 중국공산당이 대량의 도시 지식청년(知识青年)을 농촌으로 보내 생활과 노동에 종사하게 하였던 정치운동.

128   邓小平,《新疆稳定是大局, 选拔干部是关键》, 中共中央文献研究室, 中共新疆维吾尔自治區委员会编,《新疆工作文献选编》(一九四九-二0一0年), 제253쪽.

129   《中央书记处讨论新疆工作问题的纪要》, 中共中央文献研究室, 中共新疆维吾尔自治區委员会编,《新疆工作文献选编》(一九四九-二0一0年), 제251쪽.

　　　　　　　　중국공산당은 어떻게 민족문제를 해결하는가

발전시키고, 자치구 각 민족의 경제, 문화 건설을 발전시키며, 패권주의 침략을 막고, 조국의 변방을 수호하는 데 모두 매우 중요한 의의가 있다."[130]고 강조하여 지적하였다.

"세 세력(Three Evils)"[131] 타격과 "상하이 협력조직"의 설립

중·소 관계가 정상화되면서 20년 동안 이어져 온 소련의 백만 병력의 전쟁 위협은 사라졌다. 그러나 소련의 해체와 중앙아시아 지역 국가의 재편으로 인해 범이슬람주의, 범튀르크주의(Pan-Turkism)와 극단 민족주의가 중앙아시아 지역에 재차 현대적 영향을 일으켰다. 역사적으로 볼 때 이런 영향은 필연적으로 중국의 신장에도 파급될 수밖에 없다.

신장이 평화적으로 해방된 후 비적들을 숙청하는 임무가 매우 과중했는데, 여기에는 일부 종교 상층부들이 자신의 영향력을 이용하여 선동하고 조직한 폭동 활동도 포함된다. 이런 활동은 대부분 범이슬람주의 범튀르크주의의 "쌍범(雙泛)" 극단주의 색채를 띠면서 동시에 공산당을 반대하는 추세를 나타냈다. 그리고 그 활동은 대부분 지방 정부

---

130 《中共中央、国务院、中央军委关于恢复新疆生产建设兵团的决定》, 中共中央文献研究室, 中共新疆维吾尔自治區委员会编, 《新疆工作文献选编》(一九四九-二〇一〇年), 제 255쪽.

131 역자 주, 2001년 6월 15일 상하이협력조직(SCO)은 '테러주의, 분열주의, 극단주의 상하이 퇴치 협약'에 서명해 테러주의, 분열주의, 극단주의를 처음으로 명시했다. 세 세력이란 폭력 테러 세력(예를 들면 라덴 같은 테러 조직의 우두머리), 민족 분열 세력(예를 들면 러시아 체첸의 불법 무장 단체), 종교적 극단 세력(예를 들면 우즈베키스탄의 이슬람 운동 단체)을 말한다.

등 공공 부문을 공격하고 무기를 탈취하려는 시도가 그 특징이었다. 20세기 60년대 중국과 소련 두 나라의 관계가 나빠지면서 이런 활동은 정치화 색채가 더욱 짙어지는 특징을 나타내었다. 여기에는 "동투르키스탄 인민혁명당"을 조직하는 등 지하 활동이 포함되며, 또한 인쇄물 등과 같은 매체를 이용하여 민족분열주의 주장을 선전하고 조직을 발전시키고 무장 폭동을 기획하는 활동 등이 포함된다. 1970년에 "동투르키스탄 인민혁명당"이 검거되었는데, 이 사건에 연루된 사람은 5,000 여 명에 달했으며, 그중 조직성원으로 신분이 확인된 사람만 1,165명이었다.[132] 20세기 80년대에 들어선 후 이런 활동은 다발적인 양상을 보였다. 돌발적인 우발 사태로 책동된 집단적 폭력 소동이 여러 차례 나타났으며, 정부 기관을 공격하고 파괴하고 약탈하고 불사르는 이러한 거리 폭력 활동 중에는 "한족을 쫓아내고", 이슬람 "정신"을 선양하는 민족적, 종교적 요소가 나타났다. 1985-1989년 간, 자치구 소재지 우루무치에서도 이런 단체 소란과 공격하고 파괴하고 약탈하고 불사르는 폭력 사건이 세 차례 발생했다. 이런 사건의 발생은 소련의 민족 갈등이 폭발한 외부 환경, 그리고 개혁개방 이후 동·서부 지역 간 경제 사회 발전 격차가 확대된 국내 요인과도 관련이 있다. 그러나 해외 이슬람극단주의 사조의 영향 및 『동투르키스탄의 고전』 및 『동투르키스탄 역사』 등을 포함한 해외 서적이 재판, 수정 증보되어 신장 지역에 전해지고, 이런 사회 사조에 영합하는 신장 지역의 일부 역사 서적이 전파되는 등과 같은 것의 영향도 있었다. 이러한 영향은 해방 전 두 차례의 '동투르

---

132   厉声主编, 《中国新疆历史与现状》, 제348쪽을 참조하라.

키스탄'의 '건국' 망령(亡靈)을 불러오는 역할도 했다.

　1990년대에 들어서서 신장 지역의 지하당 조직과 공모조직의 분열 활동은 다발적이고 폭력적인 양상을 보였다. '동투르키스탄 이슬람 당'이 기획하고 조직한 아커타오현(阿克陶縣) 바런향(巴仁鄉) 폭력 사건은 '동투르키스탄' 세력이 테러리즘을 향해 나아가는 시발점으로 간주된다. 1990년부터 1995년까지 폭발 또는 폭발을 실시하려고 음모를 꾸민 폭력 테러 활동은 26건에 달하며, 공안기관이 수사 해결한 분열 조직과 공모 조직의 사건은 109건에 달하며, 수사를 통해 대량의 총기, 탄약, 수류탄, 폭약 등을 노획하였으며, 이들 사건에 연루된 사람은 수천 명에 달했다. 이 시기는 바로 소련과 중앙아시아 국가들이 재편되던 과도기로서, 경제가 어렵고 사회가 혼란하고 민족 관계가 경색되던 시기였다. 터키와 이란이 중앙아시아에서 이슬람화 경쟁을 벌였고, 이슬람 원교주의 극단사조, 범튀르크주의 극단사조가 잇따라 범람하였으며, 각 정당, 민간 조직, 심지어 '이슬람군' 등 극단 조직이 분분히 건립되고 폭탄테러, 습격사건, 소동 등과 같은 사건이 빈번하게 발생하였으며 집단적 범죄 활동의 비율이 해마다 증가하였다.[133] 게다가 소련이 해체된 후 중앙아시아 5개국에서는 모두 소련을 반대하고 공산당을 반대하고 사회주의를 반대하는 정치 추세가 나타났다. 이런 특징들이 중국의 신장 지역에 미치는 영향은 아주 뚜렷하였다. 이슬람교의 교도들은 통합을 실현하기는 어려웠지만 서로 호응하고 서로 영향주는 것은 오히려 아주 쉬웠다. 신장에서 나타난 수많은 '동투르키' 조직에는 형사

133　赵常庆主编,《中亚五国概论》, 经济日报出版社, 1999년, 제214쪽을 참조하라.

범죄 조직도 포함되어 있었다. 이런 조직들은 본래 사회에 불만이 있었기 때문에 아주 쉽게 종교 극단 세력, 민족 분열 세력, 폭력 테러 세력의 유혹을 받게 되고 속임수에 넘어가게 되었다. 신장 주변의 국제 환경에서 이 '세 세력'이 가장 심각했기 때문에 "바런향(巴仁鄉) 사건은 전반 국제, 국내의 동향과 갈라놓을 수 없다."[134] 따라서 신장 지역의 사회 안정을 수호하기 위해서는 유리한 주변 국제 환경을 만들어야 했다. 상하이 협력조직의 출현은 이 절박한 수요를 체현하였다.

1996년 중국, 러시아, 카자흐스탄, 키르기스스탄, 타지키스탄 등 5개국은 선린 신뢰의 우호적 협력관계를 강화하고 변경, 군축 문제를 가속화하기 위해, 선후로 상하이와 모스크바에서 회견하고《국경 지역의 군사 분야 신뢰 강화에 대한 협정》,《국경 지역의 상호 군사력 감축에 대한 협정》을 체결하였다. 그 후 5개국은 해마다 정상들이 회견하는 형식으로 고정적으로 번갈아 가면서 각 나라에서 회의를 진행하였다. 회담 내용도 접경 지역의 신뢰 강화로부터 점차적으로 정치, 안보, 외교, 경제 무역, 인문 등 다양한 분야의 전면적인 상생 협력 전개에 대한 토론으로 확대되었다. 그중에는 갈수록 기승을 부리고, 지역 안전에 심각한 영향을 주는 국제 테러리즘, 민족 분열주의와 종교 극단주의라는 이 '세 세력'에 연합하여 공동 대처할 것에 대한 의제가 포함되어 있다. 이 협력 기구의 첫 회의가 상하이에서 열렸으므로 "상하이 협력조직"이라고 명명하였다.

---

134 江澤民,《把新疆社会主义建设和改革事业不断推向前进》, 中共中央文献研究室, 中共新疆维吾尔自治區委員会编,《新疆工作文献选编》(一九四九-二○一○年), 제319쪽.

1999년 5개국 정상들의 비슈케크 회견 시, 장쩌민은 지역 안보 협력 강화와 관련해 "지역 안보와 안정을 위협하는 종교 극단 세력, 민족 분열 세력, 국제 테러 활동 및 기타 각종 다국적 범죄 활동을 지속적으로 타격해야 한다. 5개국 관련 부서는 이를 위해 점차적으로 효과적인 협력 기구를 건립해야 한다."고 제기하였다. 2000년 두샨베 회견 시 장쩌민은 재차 안보 분야 협력 심화와 관련하여 "5개국은 연합 행동하여 여러 가지 분열 세력, 테러 세력, 극단 세력이 본 지역에서의 활동을 타격해야 하며, 또한 관련 법률 기초와 구체적인 협력 기구를 조속하게 구축하고 보완하여 각 나라의 국가 통일과 주권을 수호하고, 본 지역 안보에 대한 각종 위협을 방어하기 위해서 상호 지원을 강화해야 한다."[135]고 제안하였다. 2001년 6월 14일 "상하이 5개국" 정상과 우즈베키스탄 대통령은 상하이에서 회견하고 우즈베키스탄이 "상해 5개국" 기구에 가입하는 공동 성명에 서명했다. 6개국 정상은 공동으로《상하이 협력조직 설립 선언》을 발표하고《테러주의, 분열주의와 극단주의 척결을 위한 상하이 협약》을 체결하였다. 이《협약》은 테러주의, 분열주의, 극단주의에 대해 정의한 기초에서 계약국의 책임과 의무 및 상호 협력의 내용, 조치와 보장 등을 규정하고 있다. 2001년 10월 27일 중국 제9기 전국인민대표대회 상무위원회 제24차회의에서 이《협약》이 비준되었다.

세계를 놀라게 한 미국 '9.11'사건 발생 전 중국 등 '상하이 협력조

---

135 江澤民,《加强區域合作, 維护地區和平与安全》, 中共中央文献研究室, 中共新疆维吾尔自治區委员会编,《新疆工作文献选编》(一九四九一二〇一〇年), 제445, 446쪽.

직' 회원국은 이미 《테러주의, 분열주의와 극단주의 척결을 위한 상하이 협약》을 체결하였는데 이는 결코 선견지명이 아니고 '세 세력'의 피해를 크게 입은 필연적인 선택이었다. 중국에 있어서 "'동투르키스탄' 분열 세력은 진정한 테러주의 세력이었다. '동투르키스탄' 테러 세력은 중국에서뿐만 아니라 기타 일부 국가에서도 피비린내 나는 테러 활동을 조직하였다. 이 사악 세력을 타격하는 것은 국제 반테러 투쟁의 불가분의 구성부분이며, 각 지역 각 나라의 공동 이익에 부합한다."[136] 불완전한 통계에 따르면 1990-2001년 사이 중국 국내와 해외의 '동투르키스탄' 세력은 신장 경내에서 적어도 200 차례 이상의 테러 폭력 사건을 조직했고, 이로 인해 각 민족 민중, 기층 간부, 종교 인사 등 162명이 사망하고 440여 명이 부상을 입었다. 이런 폭력 테러 활동에는 폭발, 암살, 습격, 독극물 투하, 방화, 훈련기지 건립, 무기 탄약 제조, 소동을 기획하고 조직하는 것 등이 포함된다. 이들 '동투르키스탄' 테러분자들은 '알카에다' 조직의 훈련을 받고 '탈레반' 조직에 가입하고 러시아 체첸과 중앙아시아 지역에서 테러 무장 세력의 용병 역할을 담당하는 등 활동도 진행하였다.[137] 따라서 2001년부터 '상하이 협력조직'의 안보 분야의 협력 중점은 시종 마약 밀수, 국제적 범죄, 불법 이민 등 비안보 분야의 위협을 포함한 '세 세력'의 타격에 두었다. '상하이 협력조직'이 해마다 진행하는 합동 군사 훈련도 주요하게 테러주의에 초점을 맞추

---

136 江澤民, 《加强區域合作, 维护地區和平与安全》, 中共中央文献研究室, 中共新疆维吾尔
     自治區委员会编, 《新疆工作文献选编》(一九四九-二〇一〇年), 제450쪽.

137 国务院新闻办公室, 《'东突'恐怖势力难脱罪责》, 中共中央文献研究室, 中共新疆维吾尔
     自治區委员会编, 《新疆工作文献选编》(一九四九-二〇一〇年), 제729-738쪽을 참조하라.

어 진행하였고, 테러분자 데이터베이스와 정보 교환 기구를 구축하는 면에서 지속적인 진전을 이루었으며, 반테러 상설 기구를 설치하였다. 이러한 매커니즘은 '상하이 협력조직' 회원국 지역 간 경제 협력에 양호한 보장을 제공하였다. 물론 "좋은 형세도 봐야 하지만, 동시에 존재하는 문제와 직면한 도전도 직시해야 한다."[138]

국제적 반테러 형세에서 '동투르키스탄' 세력 역시 끊임없이 민족 분열을 위한 조직과 행동을 조정하였다. 2004년 해외의 각양각색의 '동투르키스탄' 조직은 독일 뮌헨에서 '세계위구르인대회'를 조직하였고, 2006년에는 소위 '지도자'인 레비야 카디르를 선출하였으며, 달라이 라마 및 그 집단 세력의 국제 홍보 수단을 모방하며 끊임없이 국제 사회에서 여론을 조성하고 흑백을 전도하고 '길거리 정치', 인터넷, 인쇄물 등을 통해 '동투르키스탄'의 "휘황한 역사", "현실 비극"을 대대적으로 홍보하였으며 '인권', '문화', '생태' 등 화제를 만들어내고 부각시켜 미국 등 서방 세력의 지지를 이끌어 내기 시작하였다. 동시에 침투와 잠입을 통하여 신장에서 계속하여 사단을 일으키고 테러 활동을 일으켰다. 2009년 신장 우루무치에서 발생한 '7.5' 폭력 사건이 바로 '동투르키스탄' 세력의 영향과 선동에 의해 일어난 것이다. 후진타오는 "대량의 사실이 표명하다시피 민족 분열 세력 및 그들의 활동은 신장 사회 안정에 영향을 주는 주된 위험이다. 신장 지역에 존재하는 분열과 반분열 투쟁은 장기적이고 복잡하고 첨예하고 때로는 아주 격렬하기까지 하다. 우리는 반드

138　江澤民,《正确认识新疆历史, 坚决反对民族分裂》, 中共中央文献研究室, 中共新疆维吾尔自治區委员会编,《新疆工作文献选编》(一九四九-二〇一〇年), 제471쪽.

시 장기간 투쟁할 각오와 준비를 잘 해야 한다."[139]고 지적하였다.

제4절 책임이 무겁고 갈길이 먼 중국의 반분열 투쟁

후진타오는《중국공산당 창건 90주년 경축대회에서의 강연》에서 "중국은 이미 세계가 주목하는 위대한 성과를 거두었다. 그러나 중국이 장기간 사회주의 초급단계에 처해있다는 기본 국정은 변함이 없고 인민들의 날로 늘어나는 물질, 문화 수요와 낙후한 사회생산 간의 모순 즉 사회적 주요모순은 변하지 않았으며 중국이 세계에서 가장 큰 개발도상국가라는 국제적 지위도 변하지 않았다. 발전은 여전히 중국의 모든 문제 해결의 관건이다."[140]라고 지적하였다. 여기에는 효과적으로 국가 통일을 수호하고 단호히 민족 분열을 반대하는 민족문제 해결도 포함된다.

발전과 안정의 유기적인 통일을 견지

중국 민족문제에서 하나의 중요한 역사적 기초는 바로 각 민족 간

139　胡锦涛,《深入贯彻落实科学发展观, 努力推进新疆跨越式发展和长治久安》, 中共中央文献研究室, 中共新疆维吾尔自治區委员会编,《新疆工作文献选编》(一九四九-二〇一〇年), 제707쪽.

140　胡锦涛,《在庆祝中国共产党成立９０周年大会上的讲话》, 新华网, http://news.xinhuanet.com/politics/2011/07/01, 이하에서는 반복하여 주를 달지 않는다

경제 사회 발전 수준이 불균형하다는 것이다. 특히 소수민족 및 그 집거 지역과 한족, 내륙 지역 간의 경제 사회 발전 수준의 차이가 현저하다는 점이다. 그렇기 때문에 소수민족 및 그 집거 지역의 경제 발전, 사회 진보를 돕고 지지하고 지원하는 것은 중국공산당이 변함없이 유지해 온 중대한 정책이다. 이에 대해 중국공산당의 구세대 혁명가, 제3세대 중앙 지도 집단과 "제16차 대표대회" 이래 후진타오를 총서기로 한 당중앙은 이론적으로 깊이 있게 해석하고 설명하였을 뿐만 아니라 일련의 발전 전략, 발전 정책을 제정하여 소수민족 및 그 집거 지역의 경제 사회 발전을 끊임없이 추진하고 가속화하였다. 특히 서부대개발 전략을 실시한 이래 당과 국가에서는 서부 지역, 소수민족 지역의 경제 사회 발전을 가속화하는 데 유리한 일련의 중대한 정책을 조밀하게 시행하였다. 이에 대해서는 위에서 이미 기술하였다.

경제 사회의 발전은 민족 평등, 사회 조화를 실현하는 물질적 기초이다. 중국에 있어서 "빈곤은 사회주의가 아니며", 마찬가지로, 경제 발전 불균형과 사회 권익 불균형 역시 사회주의가 아니다. 각 민족, 각 지역의 공동 발전과 번영, 각 민족 각 지역에서 개혁개방의 성과를 다함께 누리는 것이 중국 특색 사회주의의 본질적 요구이다. 그러므로 발전은 확고부동한 도리이며, 가장 중요한 임무이다. 이 발전은 안정된 사회 환경을 필요로 하는 바, "안정된 국면이 없으면 아무 것도 할 수 없다. 안정을 유지하고 경제를 발전시키는 것은 변증법적 통일인 것으로서 안정된 정치적 전제 조건이 없으면 경제를 건설할 수 없게 된다. 또한 경제가 발전하지 못하면 안정은 결국 유지할 수 없게 된다. 안정이 가장 우선하다고 말하는 의미가 바로 여기에 있다."[141] 소수민족 지역 안정의 정치적 전제 조건은 민족구역자치제도를 지속적으로 견지하고 보완하며, 당과 국가의 각종 민족정책을 착실하게 관철, 집행하며, 각 민족 인민의 대단결을 수호하고 공고히 하는 것이다. 또한 이와 동시에 경제 건설을 틀어쥐어야 한다. 경제건설을 잘 하지 않으면 그 민족 자치는 의미가 없게 된다. 이들은 서로 협력하고 보완하는 상생의 관계이며, 시너지 효과를 낼 수 있는 상생의 매커니즘이다.

민족구역자치제도를 주체로 하는 민족 정책 체계를 확실하게 실천하는 것은 정치적 안정을 창조하고 공고히 하는 전제조건이며, 경제 사회 발전을 가속화하는 것은 사회 안정을 실현하고 유지하는 조건이다. 발전에는 안정이라는 보장이 필요하고 안정은 발전의 뒷받침이 필요하다. 이는 모순되지 않는 병행적인 과정이다. 중국특색의 사회주의제도는 개혁개방의 발전 과정에서 끊임없이 자기완성을 실현해 오고 있다. 여기에는 인민대표대회제도라는 근본적인 정치제도의 자기완성이 포함될 뿐만 아니라, 중국공산당이 지도하는 다당합작과 정치협상제도, 민족구역자치제도 및 기층 군중 자치제도 등으로 구성된 기본 정치제도의 자기완성이 포함되며, 더 나아가 중국특색의 사회주의 법률체계, 공유제를 주체로 하여 여러 가지 소유제 경제가 공동 발전하는 기본 경제제도, 그리고 근본 정치제도, 기본 정치제도, 기본 경제제도의 기초 위에 세워진 경제체제, 정치체제, 문화체제, 사회체제 등 제반 구

---

141 江泽民,《把新疆社会主义建设和改革事业不断推向前进》, 中共中央文献研究室, 中共新疆维吾尔自治區委員会编,《新疆工作文献选编》(一九四九-二○一○年), 第319쪽.

체 제도의 자기완성이 포함된다. 개선 보충 보완이 곧 발전이다. 상부 구조의 보완은 경제 사회 발전의 물질적 기초에 의하여 실현되며, 이런 제도의 자기완성은 또한 경제 사회의 물질적 기초를 공고히 하고 튼튼해지게 하기 위한 보장이 된다.

발전은 단순한 재부의 축적이 아니다. 발전은 인간의 발전이며, 지역, 민족, 민중의 자기발전 능력의 향상이다. 발전 번영의 표상이 인간의 발전, 한 민족의 발전, 한 지역의 발전과 긴밀히 연결되지 못한다면 고층 건물 사이에 존재하는 빈곤을 피면할 수 없게 되고 번화한 거리 주변의 빈곤을 없앨 수 없다. 민중에게 혜택을 줄 수 없는 발전 지표와 기준, 표징과 "정치 업적"은 민중들의 인정을 받을 수 없고 유지될 수도 없다. 발전은 변화를 의미하지만 변화에는 성과는 물론 악화(환경의 대가, 지역 경제 차이의 심화, 수입 분배 불공평, 사회 모순의 부각 등)도 포함된다. 악화의 결과는 소수민족을 포함한 민중들의 불만을 불러일으킬 수 있고 해외 적대 세력들에게 이용될 수도 있다. 따라서 발전과 안정에는, 모두 어떻게 발전시키고 어떻게 안정시킬 것인가 하는 문제가 존재하게 된다.

20세기 60년대 신장 지역 경제 사회 발전을 추진하는 과정에서 류사오치는 초원 개간 문제에 대해 "초원을 보호해야 한다. 초원을 개간해야 하는가 개간하지 말아야 하는가? 무릇 목축업 발전에 유리하다면 개간해야 하며, 목축업 발전을 방애한다면 개간해서는 안 된다. 초원 보호는 아주 중요한 문제이다. 미국이 한 차례 초원을 개간하였다가 실수하여 모래 바람 재해를 당했다. 그래서 부득불 다시 풀을 심을 수밖에 없었다. 소련도 이런 실수를 저질렀다. 우리가 또다시 이런 실수를 해서는 안 된다. 그렇기 때문에 우리는 초원을 보호하고, 지나치게 개간하지 말아야 한다."[142]라고 지적하였다. 이는 오늘날 우리가 초원 지역에서 과학적이고 합리적으로 초원을 이용하고 생태 보호와 건설 공사를 실시하는 데에 중요한 계시를 준다. 경작지를 삼림으로 환원하고, 방목구를 초원으로 환원하며, 수원을 축적 보존하고, 물종을 보호하고, 환경 난민을 이주시키는 것과 같은 조치들은 모두 이러한 생태 문명 건설을 실천하는 중요한 조치로서 뚜렷한 성과를 거두었다. 그러나 일부 지역에서는 경제 사회 발전의 절박함과 재정 성과, 경제 지표 등과 같은 지역적 수요와 개인 "정치 업적"을 강요하는 취향이 뒤섞여, 농지 점용에서 한족 지역을 중심으로 일련의 모순과 충돌이 일어났을 뿐만 아니라 초원 지역에서도 무질서한 광산 채굴로 환경과 목축민들의 이익을 파괴하는 문제가 발생하기도 하였다.

2011년 5월 내몽골 시린궈러(錫林郭勒) 시우기(西烏旗)에서 발생한 '광산, 목축' 충돌은 최근의 전형적인 사례 중의 하나이다. 이 사건으로 인해, 현지에서 일어난 청원과 항의 활동은 아주 빠른 속도로 해당 도시에서 만연되었고 심지어 네이멍구자치구 소재지 후허하오터(呼和浩特)에까지 파급되어 사회 불안정 사태를 불러 일으켰다. 이뿐만 아니라 이 사건은 해외의 '남몽골 운동' 및 그의 '지원' 세력에까지 이용되어 여론몰이와 '길거리 정치' 활동으로 전개되었다. 더 나아가 이들은 사태를 확대하여 2008년 시짱 라싸의 '3.14 사건', 2009년 신장 우루무치의 '7.5사건'과 유사한 사태를 조성하려고 시도하였다.

---

142   刘少奇, 《关于新疆的牧业、农业和工业等问题》, 中共中央文献研究室, 中共新疆维吾尔自治区委员会编, 《新疆工作文献选编》(一九四九-二〇一〇年), 제235쪽.

사실 이것은 민족문제가 아니다. 토지 문제, 환경 문제로 촉발된 이와 같은 사건은 최근 중국의 발전 과정에서 아주 많았다. 심지어 난징(南京, 남경) 시민들은 길가 양쪽의 오동나무를 보호하기 위해 시위한 적도 있다. 이것들은 모두 어떻게 발전하느냐와 관련된 문제이다. 후진타오는 "지속적인 발전이 확고부동한 도리라는 것의 본질적 요구는 바로 과학적 발전을 견지하는 것이다. 우리는 과학적 발전을 주제로 잡고, 경제 발전 방식의 전환을 가속화하는 것을 주선(主線)으로 하며, 인본주의를 더욱 중시하고 , 전면적이고 협조적이며 지속가능한 발전을 더욱 중시하며, 통일적으로 계획하고 종합적으로 고려하는 것을 더욱 중시하고, 개혁개방을 더욱 중시하며, 인민의 생활 보장과 개선을 더욱 중시하고, 경제 구조의 전략적인 조정을 가속화하고, 과학기술의 진보와 창신을 가속화하며, 자원 절약, 친환경의 사회 건설을 가속화하며, 사회의 공정과 정의를 촉진하고, 경제의 장기적이고 안정적이며 비교적 빠른 발전과 사회의 화합과 안정을 촉진하며, 생산이 발전되고, 생활이 부유하고, 생태환경이 양호한 문명 발전의 길에서 지속적으로 새롭고 더 큰 성과를 거두며, 전면적인 샤오캉 사회를 건설하고 중화민족의 위대한 부흥을 실현하기 위해 지속적으로 더욱 튼튼한 기초를 닦아야 한다."고 지적하였다. 이것이 바로 어떻게 발전하느냐에 대한 해답이다. "과학적 발전을 주제로 하고, 경제 발전 방식의 전환을 가속화하는 것을 주선으로 하는" 발전은 정치 안정, 사회 안정을 유지하는 근본적 보장이다.

중국의 민족문제 해결의 이론과 실천은 국제사회에서 보편적으로 관심하는 '화제'의 하나이다. 비록 이것은 대부분 달라이 라마 및 그의 집단 세력, '동투르키스탄' 세력 등이 끊임없이 여론을 조성한 결과이기도 하지만 서구의 반중 세력들이 오래전부터 타국의 민족, 종교 문제를 이용하여 '서방화', '분화(分化)' 전략을 펼쳐온 것과도 관련이 있다는 것은 이제 공공연한 비밀이다. 이런 세력들은 경제 사회 발전이 민심의 향배를 좌우할 수 있다는 것을 아주 잘 알고 있었기 때문에, 중국의 발전 과정에서 나타난 문제를 이용하여 여론을 조성하고 사단을 일으켜 중국의 발전 환경을 파괴하는 것을 그들의 필연적인 선택으로 삼고 있다. 중국이 향후 10년 간 전면적인 샤오캉 사회를 건설하는 발전 과정에서, 소수민족 지역이 가속적인 발전과 비약적인 발전을 이루게 되는 것은 이들 지역에 문제가 더욱 집중되고 집약적으로 나타날 것임을 의미한다. 이런 문제를 잘 처리하지 못하거나, 처리가 타당하지 못하면, 해외 각종 적대 세력의 선동, 교사에 의해 다시 심각한 사태가 나타날 가능성도 있게 된다. 그렇기 때문에 발전을 보장하고 안정을 유지하는 임무는 더욱 막중하다.

후진타오는 "발전은 확고한 도리이고 안정은 확고한 임무이다. 안정이 없으면 아무 것도 해낼 수 없고 이미 이룬 성과도 잃을 수 있다. 이 도리는 당의 모든 동지들이 명기해야 할 뿐만 아니라 전체 인민들이 명기하도록 인도해야 한다."라고 지적하였다. 안정은 구호가 아니다. 안정이 가장 우선한다는 것은, 끊임없이 문제를 해결하여 안정에 영향 주는 여러 가지 요소를 제거하자는 데에 바탕을 둔 행동지침이다. 안정을 유지하기 위해 개혁개방 중 아무 것도 하지 않고, 안정을 유지하기 위해 문제 해결을 지연하고 방해하고, 안정을 유지하기 위해 압제적인 방식을 취하는 것으로는 모두 안정을 실현할 수 없다. 발전은 필연적으로 일련의 문제를 일으키게 된다. 안정은 바로 이러한 발전의 동태적 과정에서 적시적으로 합리하게 이러한 문제들을 해결하는 것이다. 후진타오는 "사회 모순 운동은 사회 발전을 추진하는 근본적인 힘이다. 우리는 사회 발전 법칙을 준수해야 하며, 주동적으로 모순을 직시해야 하며, 인민 내부 모순과 기타 사회 모순을 타당하게 처리해야 한다. 모순을 감소하거나 해소하기 위해 끊임없이 물질적 기초를 마련하고, 정신력을 강화하며, 정책과 조치를 보완하고, 제도 보장을 강화하기 위해 사회 활력을 최대한 격발시키고 조화 요소를 최대한 증가하고, 불협화 요소를 최대한 감소해야 한다."라고 지적했다. 이것은 안정을 실현하고 발전을 보장하는 기본 이론이다.

발전 과정에서 부딪친 여러 가지 문제를 해결하려면 반드시 과학적 발전관의 기본 요구에 근거하여 "민정(民情)을 깊이 이해하고 민의를 충분히 반영하며 민중의 지혜를 광범위하게 모으고, 민력(民力)을 실질적으로 아끼는 건전한 결책 기제를 건립하여야 한다. 결책이 인민의 이익과 염원에 부합되도록 보장"하면 발전 과정에서 불리한 것을 피할 수 있고, 유리한 조건을 이용할 수 있으며, 해외 적대 세력들이 중국의 내정 문제 해결 과정의 부족점을 이용하여 악의적으로 조작하고 선동하는 것을 줄이거나 피할 수 있다. 이것은 이러한 요소가 이미 중국의 정치 안정, 사회 안정, 국제 이미지에 영향 주는 가장 중요한 요소의 하나로 되었기 때문이다. "변화무상한 국제 형세에 직면하여, 막중하고 복잡한 국내 개혁 발전의 안정이라는 과제를 완성하려면" 반드시 중국의 실정에 입각하여 과학적 발전관의 통솔 하에 발전을 실천하고 민족 사무를 포함한 내정 문제를 잘 해결해야 한다. 만약 외교가 내정의 연장선이라면 좋은 내정은 외교를 위해 효과적으로 힘을 실어줄 수 있고,

국제적으로 중국의 발전과 안정에 불리한 여러 가지 요소를 제거할 수 있으며, 외국에 망명한 분열주의 세력, 중국 정권의 전복을 도모하는 세력들이 의존하는 '중국 문제', '시짱 문제', '동투르키스탄 문제'의 토양을 제거할 수 있다.

민족구역자치제도의 견지와 보완

후진타오는 "우리 당은 단결하여 인민들을 단결시키고 인도하여 계속 앞으로 전진하고 사업의 새로운 국면을 개척하여 사업에서 새로운 승리를 이루어야 한다. 이렇게 하기 위해서 가장 근본적인 것은 중국 특색 사회주의의 위대한 기치를 높이 들고 중국 특색의 사회주의 길을 견지하고 확장하는 것이며, 중국 특색의 사회주의 이론 체계를 유지하고 풍부하게 하며 중국 특색의 사회주의 제도를 유지하고 보충 보완하는 것이다."라고 지적하였다. 중국공산당이 창립한 민족구역자치제도는 국가의 기본 정치제도의 하나로서 중국 특색의 사회주의 제도의 구성부분이다. 민족구역자치제도를 유지하고 보완하는 것은 바로 중국 특색의 사회주의 제도를 유지하고 보완하는 것이다.

2005년에 후진타오는 "민족구역자치제도는 중국의 기본 정치제도로서 사회주의 민주를 발전시키고 사회주의 정치 문명을 건설하는 중요한 내용이며, 당이 단결하여 각 민족 인민들을 이끌고 중국특색의 사회주의를 건설하며 중화민족의 위대한 부흥을 실현하는 중요한 보장이다. 국가의 통일적인 지도 하에 민족구역자치를 실시하는 것은, 소수민족이 자주적으로 본 민족 내부의 사무를 관리하는 권리를 국가가 존중하고 보장한다는 것을 체현하였고, 민족 평등, 민족 단결, 각 민족의 공동 번영 발전의 원칙을 체현하였으며, 민족 요소와 지역 요소, 정치 요소와 경제 요소, 역사 요소와 현실 요소의 통일을 체현하였다. 실천은 이 제도가 중국의 국정과 각 민족 인민의 근본 이익에 부합되며 강대한 생명력을 가지고 있음을 증명하였다. 민족구역자치는 중국공산당의 중국 민족문제 해결의 기본경험으로서 의심할 여지가 없으며, 중국의 기본 정치제도로서 흔들려서는 안 되며, 중국의 사회주의의 큰 정치적 우세의 하나로서 약화시켜서는 안 된다."[143]라고 지적하였다. 그렇기 때문에 새로운 역사적 조건에서, 중국의 민족 사무를 국제, 국내 형세의 새로운 변화에 어떻게 적응시키고, 민족구역자치제도를 어떻게 보완할 것인가 하는 것은 중국 민족 사무의 새로운 방향이고 새로운 실천이다.

그러나 실천 과정에서 민족구역자치제도는 도전에 직면하게 되었다. 특히 2008년 시짱 라싸에서 '3.14'사건이 발생한 후, 국내외에서는 민족구역자치제도의 실시에 대한 찬반 논란이 일었다. 달라이 라마는 심지어 직접 "전체 장족인의 진정한(명실상부한) 자치를 얻기 위한 비망록"이라는 대안까지 내놓으며 소위 "중간도로"를 위해 제도를 설계하였다. 이 제도 설계의 본질은 바로 '민족자치'로서 민족구역자치를 대체하려는 시도인 것이다. 그 후 달라이 라마는 줄곧 이것이 자신의 정치적 요구의 "최저 한도"라고 밝히면서 2009년에 또 이 "비망록"에 대한 "해석"을 발표하였다. 이 "비망록"이 발표된 후 해외의 여러 '시짱

---

143 胡锦涛,《在中央民族工作会议暨国务院第 四次全国民族团结进步表彰大会上的讲话》, 国家民族事务委员会, 中共中央文献研究室编,《民族工作文献选编》(二〇〇三－二〇〇九年), 第81쪽.

지원' 세력들은 끊임없이 중국에 압력을 가하였고, 심지어 일부 '시짱 독립'을 찬성하지 않던 정계 요인(要人), 학자와 일반 인사들까지도 이 것이 중국의 '시짱 문제'를 해결하는 계기라고 여기게 되었다. 그들은 중국의 국정과 제도적 배치에 대해 아는 것이 매우 적은데다 더욱이 이 념적 편견까지 더해져 이 "비망록"의 본질에 대해 판별하기 어려웠다. 이런 여론은 이 "비망록"의 이른바 "최고의 도의"라는 이미지와 "불독 립"이라는 허상을 조성하였다.

달라이 라마 집단이 이 "비망록"을 묘사할 때 가장 많이 강조한 것 은 이 "비망록"이 《중화인민공화국 헌법》과 《중화인민공화국 민족구 역자치법》의 취지와 원칙에 근거하여 제기한 자치 방안이라는 점이었 다. 즉 "상호 이익에 기초한 중간도로의 정신은 바로 시짱 민족이 중화 인민공화국 헌법 취지를 위반하지 않는 상황에서 명실상부한 민족자 치의 지위를 얻는다는 것이다." 사실 "진정한 자치"라고 하든 "명실상 부한 자치"라고 하든, 이 말에 숨겨진 뜻은 현행의 민족구역자치는 진 실하지 않거나 또는 명실상부하지 않다는 것이다. 그 입론(立論) 자체가 중국의 헌법과 민족구역자치법을 위반한 것이다. 중국이 제시한 이 제 도의 진실성에 대한 부정은 중국 국가 정치 제도에 대한 질의이고 중국 사회주의 제도에 대한 도전이기도 하다.

내용 면에서 볼 때 이 "비망록"의 본질은 바로 "장족인들이 시짱 을 다스리"는 "민족 자치"를 시도하려는 것인데 이것 역시 헌법과 민족 구역자치법에 위배되는 것으로서, 그들이 천명한 "자치 형식과 표준이 《중화인민공화국 헌법》의 자치 관련의 정신에 완전히 부합되는" 것이 아니었다. 본질적으로 중국 시짱의 현행 민족구역자치제도를 바꾸고자

중국공산당은 어떻게 민족문제를 해결하는가

하는 것이 그의 명확한 요구였다.

우선, 이 "비망록"의 제목에 제시된 것처럼, "전체 장족인"은 "현행의 행정 구획을 떠나, 모든 장족인들이 동일 민족으로서 통일적으로 집거해야 하며, 이 현실은 반드시 존중을 받아야 한다."고 제기하였다. 여기에서 말하는 "모든 장족인들이 동일한 민족으로서"라는 자체가 사실에 부합되지 않는다. 중국에는 단지 하나의 장족만 있을뿐 여러 개 장족의 비"동일성"문제가 존재하지 않는다. 서로 다른 지역에 모여 사는 장족은, 서로 다른 지역에 모여 사는 한족과, 기타 소수민족과 마찬가지로, 수천년 간 중국의 "오방지민" 및 그 후예들이 끊임없이 상호 왕래하면서 형성된 결과이다.

둘째, "통일적 집거"는 역사 사실에 부합되지 않는다. 장족의 분포와 서로 다른 집거 지역 나아가 서로 다른 방언의 형성은 모두 기나긴 과정을 거쳤다. 오늘날 칭하이, 간쑤, 쓰촨, 윈난에서 생활하고 있는 장족은 역사적으로 보면 토번 왕조 때부터 시작하여 천여 년의 확장, 이주, 이산을 거친 결과이며, 그들이 지금 집거하고 있는 지역은 역사상 결코 무인지역이 아니었다. 장족어(티베트어) 3대 방언의 형성은 바로 역사상 민족과 민족 간의 밀접한 상호 작용 관계의 산물이며, 더 나아가 시짱자치구 외의 장족 집거 지역이, 인접한 성의 관할 구역에 들어간 것 역시 중국 송나라 이래 수백 년의 행정구역 변천을 거친 결과이다.

셋째, 위와 같은 황당한 요구에 근거하여 "비망록"에서는 장족은 "동일한 민족구역 자치권을 행사해야 한다."고 제기하였다. 중국에서의 민족구역자치제도는 헌법에 규정하고 민족구역자치법에 규정된 동일한 제도로서, 각 소수민족 자치 지역, 행정구역 면에서 등급의 차이만 존재할 뿐 국가 법률이 규정한 범위 내에서 "동일"하지 않은 자치권의 차이는 존재하지 않는다. 즉 시짱자치구든 기타 장족자치주든, 자치현이든 모두 민족구역자치법이 규정한 공동 권리를 향유한다.

이처럼 달라이 라마의 "비망록"의 실체는 바로 "대서장(大西藏)"의 "고도의 자치권"을 도모하려는 것이었다. 달라이 라마 및 그의 망명 조직 회원들은 여러 번 "시짱은 바로 시짱이고, 대서장 또는 소서장은 존재하지 않는다.", "'고도의 자치' 또는 '낮은 등급의 자치' 문제도 존재하지 않으며, '일반적인 자치이다'."라고 밝혔다. 그렇지만 "비망록"에 나타난 "대서장 지역"과 "고도의 자치"의 목표는 아주 명확한 것인 바, 사실 그들은 이른바 하나의 "대서장 지역"을 만들려는 것이었다. 이 "대서장 지역"이 바로 한 때 영국인들이 주도한 "심라회의"의 결과 중의 하나인 것이다. 그들의 목적은 "장족인이 시짱을 다스리는" "민족자치"를 달성하기 위한 것이었다.

"비망록"에서 요구하는 장족의 "동일성", 자치 범위의 "통일성", 자치권의 "고도성"은 모두 "장족인이 시짱을 다스리는" 목표를 달성하기 위한 것이다. 비록 "비망록"에는 "장족인이 시짱을 다스린다."는 개념은 없지만 그 입론은 아주 명확하게 표현되어 있다. "시짱 민족 문화와 특징의 보호는 반드시 장족인 자체로 실현해야지 기타 그 누구도 대신하여 이룰 수 없다. 따라서 시짱 인민은 반드시 스스로 서로 돕고 자기 발전과 자기 관리를 하는 것과 중앙정부 또는 각 성의 시짱에 대한 지원과 지도 사이에서 균형을 유지해야 하는데, 이 점은 매우 중요하다." 따라서 "지금 각 자치 지역에 분산되어 있는 모든 장족인을 하나의 자치 체계에 통일시키자는" 요구는 바로 "장족인이 시짱을 다스리기" 위한 영토 기초를 도모하기 위한 것이다. 또한 이 목표를 실현하고자 하면 반드시 시짱 지방 정부의 재편도 진행해야 한다. 즉 "장족인은 자기의 수요와 특점에 부합되는 지방 정부, 정부 조직 및 제도의 권리에 대해 재편해야 한다." 이런 논설 자체가 기존 시짱자치구 인민대표대회, 시짱자치구 인민정부에 대한 부정인 것은 차치하고, 여기에는 "정교합일"의 체제를 수호한다는 통치 목표도 포함되어 있다. "비망록"에서는 "우리는 비록 정교(政敎) 제도의 분리가 아주 중요하다는 것을 인정하지만 신도들의 자유와 종교 실천을 침범해서는 안 된다."고 하였다. 이 말에 숨은 뜻은 바로 시짱의 낡은 "정교합일(政敎合一)" 제도는 "신도의 자유와 종교 실천"을 보장할 수 있다는 것이다. 이 점은 적어도 달라이 라마가 "비망록"을 설계할 때의 기본관념이었다.

"장족인이 시짱을 다스리"는 "민족 자치"의 입장에서 중국 헌법과 민족구역자치법의 내용을 해석하면 필연적으로 법률 원칙을 왜곡하고 이탈하는 결과를 낳기 마련이다. 달라이 라마가 고안한 "독립을 포기" 하고 중국 헌법, 민족구역자치법 원칙 내에서 "대서장 지역"의 "고도의 자치" 방안을 실시한다는 이 내용에는 사실상 숨겨진 정치적 배경이 포함되어 있다. 이 배경은 바로 홍콩, 마카오 특별 행정구의 고도의 자치권, 홍콩인이 홍콩을 다스리고 마카오인이 마카오를 다스리는 패턴을 본따서 "대서장"의 "고도의 자치"를 설계한 것이다. 물론 이런 비교의 목적은 단지 자치 권리를 도모하기 위한 것에 그치는 것이 아니고, 시짱 지역의 역사적 정치적 지위를 "하나의 독립된 국가"로 확정하고, 시짱 지역의 현재의 정치적 지위를 "중국의 식민지"로 확정하기 위한데에 있다.

중국의 홍콩, 마키오가 서방 식민주의 세력의 통치를 받은 것은 세 인들이 다 아는 사실로서 더 설명할 필요가 없다. 식민주의 시대가 중국에 남겨준 '역사 유산'을 해결하기 위해 중국은 주권을 회수할 때 '일국양제'라는 특별 행정구 모델을 만들어 채택하였다. 이는 중국 정치의 전통 지혜를 체현한 현대 제도의 새로운 모델이다. 홍콩, 마카오의 패턴을 모방하려고 시도한 달라이 라마의 '비망록'은 다음과 같은 정치적 목적이 있었다. 첫째, 달라이 라마는 "독립 포기"라고 밝혔지만 그 전제는 시짱이 1950년 이전에 하나의 독립 국가였다는 것이다. 따라서 이른바 "독립 포기"의 유일한 이유가 "시짱이 중국에 남아 있으면 경제 발전 면에서 도움이 된다."는 것에 집중되어 있다. 둘째, 시짱이 중국에 귀속되어 있는 역사를 중국의 침략과 점령을 받은 것으로 왜곡하여 시짱에 식민지의 정치적 특성을 부여하려는 것이다. 셋째, '탈식민지화'가 이미 세계적 흐름으로 자리잡은 상황에서, 시짱이 '중국의 식민지'이면서 독립 건국을 요구하지 않는 것으로 국제사회에서 "열세 민족"의 최고 도의와 "도량"을 얻기 위한 것이다. 넷째, 이 목적을 달성한 후 "대서장 지역"의 "영토"와 "전체 장족인"의 "민족 통일"의 "고도 자치"라는 조건 하에서 국제법의 원칙에 따라 "전민 투표" 형식인 "민족자치권"의 실행을 위해 복선을 깔아둔 것이다. 그렇기 때문에 이 "비망록"이 위장된 독립이라고 하는 것은 그 핵심을 정확히 파악한 것이다.[144]

달라이 라마가 2011년에 진행한 소위 "민주화"의 "정치적 은퇴"가

---

144 졸문 《在实践中不断完善民族區域自治制度》, 《中国民族报》 2011년 5월 13일, 理论
周刊을 참조하라.

그의 '정교합일'의 제도를 끝낼지는 국제사회가 지켜봐야 알 일이다. 그 이유는 달라이 라마가 국제 사회를 현혹시키는 발언을 자주 하기 때문이다. 서방 식민통치자들은 구사회의 민중들을 "선량한 야만인"으로 여겼지만, 오늘날 그들의 후손들 중 많은 사람들은 오히려 달라이 라마한테 미혹된 "무지한 문명인"이 되었다. 그들은 달라이 라마가 21세기까지 지속해 온 '정교합일' 체제를 외면하고, 심지어 달라이 라마를 '민주'의 상징으로 받들고 있다. 그들은 이미 역사 속 암흑한 '정교합일' 통치에 대한 자신들의 깊은 증오를 완전히 까맣게 잊은 것이다. 어쩌면 이것이 바로 '이중 잣대'의 특징일 지도 모른다. 사실 이 '이중 잣대'는 달라이 라마의 '양면성'을 보여준다. 2008년에 그는 "중화인민공화국의 공민이 되고 싶다"고 밝혔으면서, 동시에 또 중화인민공화국의 헌법과 기본법을 위반하는 "비망록"을 내놓은 것은 바로 이런 '양면성'을 명백하게 보여주는 것이다.

상술한 바와 같이 민족구역자치제도를 견지하고 보완하는 것은 중국공산당의 시종여일 변함없는 중대한 원칙이다. 이런 점에서 개혁개방 이래 이 제도는 계속하여 개선되고 보충되고 보완되어 왔다. 1984년에 반포된 《중화인민공화국 민족구역자치법》은 바로 이 제도를 보완하는 중대한 조치였다. 2001년에는 새로운 형세와 발전 요구에 따라 전국인민대표대회 상무위원회에서는 사회주의 시장경제 체제의 수요에 더욱 부합되도록 민족자치법을 수정하였다. 2005년에 국무원에서는 《<중화인민공화국 민족구역자치법> 실시와 관련한 국무원의 약간의 규정》을 반포하여 상급 인민정부가 민족자치지방을 지지하고 지원하는 것에 대한 여러가지 책임을 명확히 하였고, 민족구역자치법의 전면적인 관철과 집행에 대해 새로운 요구를 제기하였으며, 민족자치지방에서 법에 따라 본 지역의 실정에 부합되는 자치조례와 단행조례를 제정하는 데에 대해 원칙적 지도를 하였다. 2008년까지 전국 각 급 민족구역 자치지방에서는 총 637개의 자치조례, 단행조례를 제정하였고 관련 법률에 대해 변통 또는 보충 규정을 하였다. 이것은 모두 민족구역자치제도를 보완하는 구체적 조치이며, 또한 중국이 민주 법제 건설, 정치 체제 개혁의 과정 속에서 민족 사무 면에서 내디딘 견실한 발걸음이다.

중국의 대외 개방은 인류사회의 문명 성과를 참고로 하고 흡수하기 위한 것이지, 다른 나라의 제도와 발전 모델을 전면적으로 도입하려는 것이 아니다. 중국 개혁개방의 성공은 자국의 실정에 따라 중국 국정에 부합되는 발전의 길을 탐색한 것이다. 이는 개혁개방 이래의 가장 중요한 경험이며 또한 중국이 미래에도 지키면서 나아가야 할 발전 방향이다. 마찬가지로 중국 서부 지역의 현대화 발전 과정에서는, 소수민족의 생태, 지리 환경, 전통적인 생산 생활 방식, 문화, 언어, 종교, 풍속 습관 등 사회생활의 특점에 따라, 동부 발달 지역과는 다른 발전의 길을 탐색하여 실천하고 있다. 중국이 확립한 사람을 근본으로 하는, 전면적이고 협조적이고 지속가능한 과학 발전관과 포용적 발전의 요구는 이러한 실천에 새로운 동력을 제공하였고 민족구역자치제도의 보완을 위해 새로운 발전 환경을 제공하였다.

민족구역자치법의 규정에 의하면 민족자치지방의 인민대표대회는 지방의 국가 권력기구의 권력을 가지고 있는 외에 당지 민족의 정치, 경제와 문화 특점에 따라 자치조례와 단행조례를 제정하는 권력을 가진다. 여기에는 국가의 법률, 행정 법규의 관련 내용에 대해 변통하여 집행할 수 있는 규정이 포함되어 있다. 이 권력이 체현한 본질은 바로 민족자치지방의 실제로부터 출발하여, 현지 실정에 맞게, 소수민족이 "자주적으로 본 민족의 내부 사무를 관리"하는 자치 실행의 핵심 이념을 실천하는 것이다. 이 원칙의 법률적 설명이 바로 민족구역자치법에서 규정한 내용이다. "민족구역자치의 실시는 각 소수민족이 본 민족의 내부 사무를 관리하는 권리에 대한 국가의 충분한 존중과 보장의 정신을 체현하였고, 국가가 각 민족의 평등, 단결과 공동 번영의 원칙을 견지하고 실시함을 체현하였다." 이것은 민족 요소와 지방 요소가 결합된 자치 모델로서, 전자는 "각 소수민족이 본 민족의 내부 사무를 관리하는 권리를 국가가 충분히 존중하고 보장해야 한다"는 것이고 후자는 "민족구역자치제도를 견지하고, 민족자치지방이 본 지방의 실제 상황에 근거하여 국가의 법률과 정책을 관철하고 집행할 수 있도록 확실하게 보장해야 한다"는 것이다. 이 두 방면은 서로 침투되고 유기적으로 통일되는 것으로서, 이것은 자치를 실시하는 소수민족이 자주적으로 본 민족의 내부 사무를 관리하고 자치 지방의 각 민족 인민들이 공동으로 본 지역 사무를 관리하는 이중 권리의 결합이다.

이 이중 권리의 실천은 자치 지방의 인민대표대회를 통하여 실현된다. 따라서 전국인민대표대회가 중국 각 민족 인민이 공동으로 국가 사무를 처리하는 것이라면, 민족구역자치 모델에서는 소수민족 인민의 "자치"가 포함될 뿐만 아니라 그 지역 각 민족 인민의 "공동 관리"도 포함된다. 이는 자치 지방 소수민족의 "내부 사무"와 자치 지방 각 민족의 "지방 사무" 사이에는 본래 "외부 유출"과 "내부화"의 상호 관계가 존재하기 때문이다. 이것은 각 민족이 융합 발전하는 필연적인 추세이다. 그런 의미에서 민족구역자치 지방의 각 민족 인민들은 인민대표대회의 민주집중제를 통하여 공동으로 자치 권리를 향유한다.

민족구역자치법이 규정한 자치권의 내용에는 "민족 사무"가 포함되었을 뿐만 아니라 "지방 사무"도 포함되어 있다. 그러나 이런 원칙적인 규정은 각 자치 지방의 실제로부터 출발하여 자치조례, 단행조례의 제정과 보완을 통해 구체화해야 한다. 이런 면에서 민족구역자치제도의 실천은 법제 건설면에서 이미 현저한 성과를 이루었다. 그렇지만 전면적으로 샤오캉 사회를 건설하는 발전 과정에 순응하고 적응하고, 중화민족의 위대한 부흥의 목표를 실현하고, 특히 새로운 서부대개발 전략을 실천하는 과정 중에서 민족구역자치제도를 한층 더 보완해야 하는 과업은 여전히 막중하다. 민족구역자치제도를 보완하려면 반드시 자치지방이 법에 따라 자치조례와 단행조례를 제정하는 과정, 특히 다섯 개 자치구의 자치 조례의 제정 과정을 가속화해야 한다. 동시에 민족구역자치법의 규정에 따라 "국무원 및 관련 부서는 응당 직권 범위 내에서 본 법을 실시하기 위한 행정 법규, 규정, 구체 조치와 방법을 제정해야 한다." 그러나 현재의 상황은 "첫째, 대부분의 국무원 관련 부처가 아직까지 일체화된 규정, 조치와 방법을 제정하지 않았고, 둘째, 다섯 개 자치구의 자치조례가 아직 정식으로 시행되지 않았다."[145]는 것이다.

민족구역자치법이 반포되기 전, 광시와 네이멍구 두 자치구는 이미 자치조례의 연구와 초안의 작성을 시작하였다. 1984년 민족구역 자치법

---

145 《全国人大常委会执法检查组关于检查＜中华人民共和国民族區域自治法＞实施情况的报告》, 国家民族事务委员会, 中共中央文献研究室编, 《民族工作文献选编》(二〇〇三-二〇〇九年), 제189쪽.

이 반포된 후 다섯 개 자치구의 자치조례의 초안 작성은 잇따라 전개되었고 조사 연구, 초안 작성, 의견 수렴 등 방면에서 모두 일정하게 진전을 이루어, 다수의 자치구가 선후로 자치조례 초안을 작성하였으며, 어떤 자치구는 심지어 20여 개의 안을 작성하였다. 학계에서도 자치구 자치 조례의 제정 문제에 대한 연구를 전개하였다. 2005년에 《〈중화인민공화국 민족구역자치법〉 실시와 관련한 국무원의 약간의 규정》이 반포된 후, 자치구 일급 자치조례와 단행조례의 초안 작성과 제정 업무는 새로운 단계에 들어섰다. 즉 국가에서 민족구역자치법의 실시 및 자치 지방의 부설 법률, 법규의 제정을 위해 더욱 명확한 근거를 제공한 것이다. 이런 법률, 법규가 실천 속에서 철저하게 실시되게 하는 것은 민족자치 지방과 중앙 국가 기관의 공동의 책임이다.

현재 다섯 개 자치구의 자치 조례의 제정 과정에서 부딪친 두드러진 문제는, 자치구의 자치조례 초안의 일부 내용이, 국무원 각 부서의 법규와 정책 등의 규정과, "권력, 책임, 이익" 면에서 일부 모순이 존재하는 것이다. 이 문제를 해결하려면 자치 지방과 국가기관 간의 공동 협력 연구, 민주 협상이 필요하며, 국가 통일을 수호하는 기본 원칙 하에 자치구의 자치권 내용을 명확하게 규명하고 확정해야 한다. 이 과정에서 법에 따른 자치권에 대한 자치 지방의 이해와 해석은 "정치적 요구"가 아니며, 관련 법률과 정책에 대한 중앙 국가기관의 해석도 "언론 패권"이 아니다. 그 원인은 자치구 일급 자치조례의 제정은 단순한 지방 입법이 아니며, 단순한 중앙과 지방의 직권 분배가 아니며, 중앙과 자치 지방이 국가 헌법, 기본법에 따라 국가 통일을 수호하며 자치 지방의 자치권 행사를 보장하기 위해 작성하는 규범이기 때문이다. 따라서 중앙과 자치 지방의 관계는 승부를 따지는 관계가 아니라, 법에 따라 공동으로 국가 통일의 의지를 수호하기 위해 제도적 건설을 진행하는 관계에 있다. 이것은 중국의 국가 통일의 의지에 민족구역자치제도의 실행도 포함되어 있기 때문이다.

자치구 일급 자치 조례의 제정은 민족구역자치제도를 보완하는 중요한 절차이며, 매우 복잡한 법과 제도의 건설 프로젝트이며, 이것은 중국 사회주의 민주 정치 건설의 중요한 내용에 속한다. 자치 조례의 제정은 반드시 현지 실정에 맞아야 한다. 즉 각 자치 지방의 자치 조례는 국가 통일의 기본 원칙을 준수해야 하며 민족구역자치법의 원칙에 따라 자치 지방의 실제로부터 출발하여 자치 조례를 제정해야 한다. 이는 두 개 방면의 기초를 포함한다. 하나는 민족구역 자치 지방의 실정(자치구, 자치주, 주지현의 상황)에 근거하는 것이고, 다른 하나는 자치를 실시하는 민족구역자치 지방의 소수민족의 실정(인구, 언어, 경제, 문화, 종교 신앙 등 특점)에 근거하는 것이다. 그렇기 때문에 다섯 개 자치구의 자치 조례는 통일된 버전이 될 수 없으며, 공통점도 있고 특수성도 있게 된다. 그 공통점은 국가의 통일을 수호하는 것이고 특수성은 그 지역의 실정으로부터 출발하는 것이다. 시짱자치구에서 비약적인 발전과 장기적 안정 전략을 실천하는 과정에서, "중국 특색, 시짱 특징"은 이 전략 목표를 실천하는 기본 요구이며, 또한 시짱자치구 자치 조례가 체현해야 하는 기본 요구이기도 하다. 이는 그 어떤 자치구에서든지 모두 마찬가지이다. 현지 실정에 맞게 진행하는 것이 곧 실사구시이고 실제로부터 출발하는 것이다. 이는 민족구역자치제도의 보완에서 반드시 지켜야 할 기본 원칙이고 당과 국가가 민족구역 자치 지방의 경제 사회 발전을 분류 지도하는 기본 원칙이기도 하다.

　서부대개발 전략을 실시하는 과정에서 최근 몇 년간 당 중앙과 국무원은 잇따라 닝샤, 광시의 경제 사회 발전을 한층 더 촉진시킬 것에 대한 몇 가지 의견을 반포하였고, 시짱과 신장에 대해 비약적 발전과 장기적 안정의 전략 배치를 진행하였으며, 2011년에는 네이멍구 경제 사회 발전을 한층 더 촉진시킬 것에 대한 몇 가지 의견을 반포하였다. 이런 중대한 정책 결정들은 모두 각 민족이 다함께 단결 분투하고, 다함께 번영 발전하여 전면적으로 샤오캉 사회를 건설하는것을 목표로 하고 있으며, 모두 각 자치구의 실제로부터 출발하여 현지 상황에 맞게 내린 정책 결정이었다. 이들은 다섯 개 자치구의 자치 조례의 제정을 위해 더욱 전면적인 경제 사회 발전의 정책 환경을 마련하였고, 다섯 개 자치구가 이러한 중대한 정책 결정을 관철하고 실시하는 실천 과정에서 자치 조례의 제정을 가속화할 수 있도록 여건을 창조하였다. 국가의 제12차 5개년 계획의 실시 및 장래 10년 간 서부대개발전략의 심화 발전에 따라 자치구 일급 자치조례가 제정한 경제 사회 환경은 계속 보완될 것이다. 중국 특색의 사회주의 법률 체계가 형성됨에 따라 자치구 일급 자치조례 실시의 법률 환경은 이미 구비되었다. 민족구역자치제도의 자기완성은 중국 정치 문명 건설의 중요한 내용으로서, 새로운 진전을 이루어야 한다. 자치구 일급 자치조례의 제정은 정치적 안정, 사회적 안정, 민족 단결을 실현하기 위한 제도적 보장이다. 이것은 소수 민족 지역의 경제 사회를 발전 부흥시키며, 인민에게 행복과 이익을 가져다주는 제도적 우월성을 충분히 체현하였으며, 동시에 해외 적대 세력의 도전에 대응하는 제도적 역량도 강화할 것이다.

양안 관계 평화 발전의 주제를 확고하게 파악

2005년 4월, 대륙에서 《반분열국가법》이 반포된 지 얼마 되지 않아 해협 양안의 관계에는, 중국국민당 주석 롄잔(連戰, 연전) 일행이 대륙을 방문하는 역사적 대사건이 있었다. 중국공산당과 중국국민당 관계사에 중대한 기념비적 의의가 있는 이 사건은 양안 관계의 중대한 돌파구이기도 하다. 중국공산당 총서기 후진타오는 롄잔 회견 시, '92공식'을 인정하고 '타이완 독립'을 반대하며 양안 관계의 발전을 주장하는 타이완 각 정당, 단체와 대표 인사들을 환영한다고 하면서, 대륙과의 교류 및 대화를 전개하고, 공동으로 양안 관계의 개선과 발전을 추진해야 한다고 강조하여 지적하였다. 국민당 주석 롄잔도, '92공식' 원칙에 대해, 국민당은 종래로 그 어떤 변화도 없었고, 국민당 역시 이것의 기초에서 계속하여 양안이 공동으로 함께 밝고 아름다운 미래와 비전을 구축하기를 희망한다고 표시하였다. 이번 '후진타오-롄잔 회의'가 가져온 영향은 매우 중대하다. 이 회의는 해협 양안 국민당과 공산당 양당이 교류하고 회견하는 무대를 마련하였을 뿐만 아니라 타이완의 기타 정당과 대륙 간의 교류의 통로를 개통하고 확대하였다. 양안의 평화적 발전의 길은 이때로부터 열렸으며, 중국공산당 제17차 전국대표대회 보고에서는 "양안 관계 평화 발전의 주제를 확고하게 파악해야 한다"는 내용을 제기하였다.

2008년에 국민당이 타이완의 '정당 교체' 경쟁에서 승리하면서 국민당 주석 마잉주(馬英九, 마영구)가 타이완 당국의 지도자가 되었다. 마잉주는 정권을 잡은 후, 국민당과 공산당 양당이 달성한 '92공식'의 기초에서, "과거 권력자들이 시행했던 '자신을 봉쇄하고 대륙과 대항'하는 잘못된 대륙 정책을 신속히 시정함과 동시에 리덩후이 시기부터 민진당에 이르기까지 기간의 양안 관계에 대한 위헌적 평가를 바로잡았다."[146] 또한 양안의 10여 년 동안 중단되었던 대륙의 해협양안관계협회(해협회)와 대만의 해협교류기금회(해기회) 간의 교류, 회담도 재개하여 점차적으로 일련의 공감대를 형성하였다.

2008년 12월 31일 후진타오는 《타이완 동포들에게 고하는 편지》 30주년 기념 좌담회에서 《협력하여 양안 관계의 평화적 발전을 추진하고 마음을 합쳐 중화민족의 위대한 부흥을 실현하자》라는 연설을 했다. 그는 "타이완 문제 해결의 핵심은 조국 통일을 실현하는 것이고, 목적은 국가의 주권과 영토 완정을 수호하고 확보하며 타이완 동포를 포함한 전체 중화의 자녀들의 행복을 추구하고 중화민족의 위대한 부흥을 실현하기 위한 것이다. 평화적 방식으로 조국 통일을 실현하는 것은 타이완 동포를 포함한 중화민족의 근본 이익에 가장 부합되며, 평화를 추구하고 발전을 도모하고 협력을 촉진하는 시대의 조류에도 부합된다."[147]라고 지적하였다. 그리고 "높은 곳에 올라 멀리 바라보고, 상황을 잘 파악하며, 역사 및 인민에 대해 책임지는 태도로 전 민족 발전의 높이에 서서 더욱 원대한 시선, 더욱 풍부한 지혜, 더욱 굳센 의지, 더욱 실용적인 사고로 양안 관계 발전의 중대한 문제를 진지하게 생각하고

---

146 杨开煌,《新局: 对胡六点之解读》, 海峡学术出版社, 2009년, 제3쪽.

147 胡锦涛,《携于推动两岸关系和平发展同'实现中华民族伟大复兴》, 新华网, http://news.xinhuanet.com/newscenter/2008-12/31/. 이하에서는 반복하여 주를 달지 않음.

실제적으로 실속있게 해결해야 한다."고 지적하였다. 후진타오는 또한 다음과 같은 여섯 가지 원칙을 제기하였다.

첫째, 하나의 중국 원칙을 엄수하고 정치적 상호 신뢰를 증진한다. 국가 주권과 영토 완정을 수호하는 것은 국가의 핵심 이익이다. 세계에는 오직 한 개의 중국만 있으며, 중국의 주권과 영토 완정은 절대 분할할 수 없다. 둘째, 경제 협력을 추진하고 공동 발전을 촉진한다. 양안 동포들은 경제 대협력을 전개하고, 양안의 직접적인 "삼통(三通)"[148]을 확대하며, 공동 이익을 강화하고, 긴밀한 관계를 형성하며 양측 호혜를 실현한다. 셋째, 중국 문화를 선양하고 정신적 유대를 강화한다. 중화 문화는 역사가 유구하고 휘황찬란하다. 이것은 양안 동포들의 공통된 귀중한 재부이며, 양안 동포의 민족 감정을 유지하는 중요한 연결고리이다. 넷째, 인적 왕래를 강화하고 각계 교류를 확대한다. 양안 동포들의 교류를 확대하며, 양안 각계각층 및 그 대표적 인사들의 교류를 확대하며, 선의적 교류를 강화하고, 상호 이해를 증진한다. 다섯째, 국가 주권을 수호하고 대외 사무를 협상한다. 여섯째, 적대 상태를 끝내고 평화적 합의를 달성한다. 이것은 새로운 형세 하에서 대륙이 타이완 사무에 대한 강령적 원칙이다.

타이완 사무에 대한 이 여섯 가지 강령적 원칙에는 매우 중요한 원칙적 입장과 기본 주장이 포함되어 있다. 여기에는 양안 관계의 평화적 발전에 대한 대륙의 성의와 진정성과 뜻이 충분히 표현되어 있다. 구체

---

148 역자 주, 삼통(三通)이란 통상(通商, 교역), 통항(通航, 물류 및 인적 교류), 통우(通郵, 우편 교류)를 의미한다.

중국공산당은 어떻게 민족문제를 해결하는가

적으로 예를 들면 다음과 같은 것이 있다.

- 1949년 이래 대륙과 타이완은 아직 통일되지 않았지만, 이것은 중
  국 영토와 주권의 분열이 아니라, 1940년대 중후기의 중국 내전이
  남겨둔, 지금까지 지속된 정치적 대립으로서 대륙과 타이완이 모
  두 하나의 중국에 속한다는 사실은 변함이 없다. 양안의 통일의 복
  원은 주권과 영토의 재건이 아니라 정치적 대립을 끝내는 것이다.
- "타이완 독립"의 분열 활동을 계속 반대하는 것은 양안 관계의 평
  화적 발전을 추진하는 필수 조건이며, 양안 동포들의 공동의 책임
  이다. 양안 관계의 평화적 발전에 유리한 일들은 반드시 강력하게
  추진해야 하며, 양안 관계의 평화적 발전을 파괴하는 모든 일은
  반드시 단호하게 반대해야 한다. 과거 '타이완 독립'을 주장했거
  나 '타이완 독립'에 종사했거나 '타이완 독립'을 추종했던 사람들
  일지라도, 우리는 그들이 양안 관계의 평화적 발전을 추진하는 정
  확한 방향으로 돌아오면 열렬히 환영한다. 우리는 민진당이 형세
  를 정확히 인식하고 '타이완 독립'의 분열 활동을 중지하고, 더 이
  상 전 민족의 공동 염원과 뜻에 역행하지 않기를 희망한다. 민진
  당이 '타이완 독립'의 분열 입장을 바꾸기만 한다면 우리도 긍정
  적으로 응답할 것이다.
- 양안은 이를 위해 종합적인 경제협력협정을 체결하고, 양안 특색
  의 경제협력체제를 건립하여 상호 보완하고 상호 이익을 극대화
  할 수 있다. 더욱 긴밀한 양안 경제협력체제를 건립하는 과정은
  타이완 경제의 경쟁력 향상과 발전 공간 확대에 유리하며, 양안

경제의 공동 발전에 유리하며, 양안 경제의 공동 발전과 아시아 태평양 지역 경제협력체제와의 연계 가능한 방법을 모색하는 데 유리하다.

- 중화문화는 타이완에서 기반이 튼튼하고 널리 발전하였고, 타이완 문화는 중화문화의 내용을 풍부하게 하였다. 타이완 동포들의 향토애의 타이완 의식이 '타이완 독립' 의식과 동일한 것이 아니다. 양안 동포는 공동으로 중화문화의 우수한 전통을 계승하고 발양해야 하며, 각종 형태의 문화 교류를 전개하여 중화문화의 횃불을 대대로 전하고 더욱 발양하고 빛나게 함으로써, 민족 의식을 강화하고, 공동의 의지를 결집하여 중화민족의 위대한 부흥을 함께 실현하고자 하는 정신력을 형성해야 한다.

- 양안이 대외 사무에서 불필요한 내적 소모를 피하는 것은 중화민족의 전반 이익 증진에 유리하다. 타이완과 외국의 민간적인 경제 문화 교류 전개에 대해서는, 필요에 따라 더 협상할 수 있다. 타이완이 국제 조직의 활동에 참가하는 문제에 대해서는, '두 개의 중국', '일중일대(一中一臺, 하나의 중국과 하나의 대만)'를 조성하지 않는 전제 하에서 양안의 실무적인 협상을 통해 합리적으로 배치할 수 있다. 타이완 문제의 해결과 국가의 완전한 통일을 실현하는 것은, 중국 내부 사무로서 그 어떤 외국 세력의 간섭도 받지 않는다.

- 양안의 협상, 담판, 서로 간의 원활한 왕래에 유리하게 하기 위해 양안은 아직 국가가 통일되지 않은 특수한 상황에서 정치 관계에 대해 구체적이고 실용적인 논의를 전개할 수 있다. 타이완 해협 정세의 안정에 유리하게 진행하고 군사 안보 우려를 완화하기 위

중국공산당은 어떻게 민족문제를 해결하는가

해 양안은 군사 문제에 대해 적시적으로 접촉하고 교류하여 군사 안보 신뢰 체제 구축 문제를 논의할 수 있다. 우리는 '하나의 중국' 원칙에 기초하여, 협상을 거쳐 양안 적대 상태를 확실하게 끝내고, 평화 협정을 체결하여, 양안 관계의 평화적 발전의 틀을 구축할 것을 거듭 촉구한다.

2009년 5월 후진타오는 국민당 주석 우붜슝(吳伯雄, 오백웅) 일행을 회견하고 상기 원칙과 주장에 대해 재차 설명하였다. 이에 우붜슝은 이렇게 답하였다. "일년 동안 양안 양측은 현실을 직시하고 미래를 개척하였으며, 상호 신뢰를 쌓고 분쟁을 포기하였으며, 끊임없이 공통점을 찾고 차이점을 줄여 협력을 심화하여, 평화, 공영, 호혜의 길로 나아갔으며, 양안 관계의 발전은 풍성한 성과를 거두었다. 이런 성과는 모두 양안이 정치적 상호 신뢰가 있었기에 이루어진 것이다. 양측의 정치적 상호 신뢰의 기초는 바로 '92공식'을 유지하고 '타이완 독립'을 반대하는 데에 있다. 양안 관계의 평화적 발전은 양안 인민과 국제 사회의 기대에 부합한다. …… 대다수 타이완 인민들은 모두 양안 교류와 협상이 가져다 준 긍정적 효과를 실감하였으며 양안 관계의 평화적 발전을 더욱 지지할 것이다. 우리가 노력한 방향은 정확하며, 반드시 견지해야 한다는 것을 실천이 증명하였다. 양안이 서로 간의 신뢰를 증진하고 공통점을 찾고 차이점을 줄이며, 양성 순환의 상호 작용을 적극적으로 촉진하고, 어려운 문제를 해결하는 방법을 안전하고 확실하게 축적하며, 공동으로 평화를 창조하고, 공동으로 안정을 촉진하며, 공동으로 발전을 추진하고, 공동으로 번영을 누리기를 바란다."[149]

해협 양안의 평화적 발전은 이념 상의 주장과 원칙인 것만은 아니다. 2008년 6월 대륙의 해협양안관계협회와 대만의 해협교류기금회가 협상을 재개한 이후, 2011년 5월까지 양안은 15건의 협의를 체결했고 두 가지 공감대를 형성하였다. 양안은 전면적 직항 항로 개설에 대해 합의를 달성하였고, 해협 양안 경제협력기본협정(ECFA)를 체결하였고, 대륙 관광객의 타이완 관광 개방, 금융 협력, 식품 안전 관리, 의료 위생 등을 포함한 경제, 민생 등 여러 분야의 협의를 체결하였다. 이런 협의들이 속속 실시되면서 양안의 경제가 번영했고 타이완 인민들에게 실질적인 이익을 가져다주었다. 2008년 7월 18일에 대륙 관광객의 타이완 관광이 개방되어 2011년 5월 말까지 타이완에 다녀온 대륙인은 234만 8,100명에 달하여 대륙은 타이완 제일의 관광객 시장이 되었다. 2011년 6월까지 대륙 기업이 타이완에 86종의 항목에 투자했으며 그 투자액은 1억 8천만 달러에 달한다. 타이완에 대한 대륙 기업의 투자는 타이완의 고용을 촉진하고, 타이완 경제를 활성화하였으며, 대륙 기업의 더욱 양호한 발전에도 유리하여 양안의 호혜를 실현할 수 있었다. 양안의 경제, 문화, 인원의 교류와 협력은 양안의 평화적 발전을 촉진하는 데 중대한 토대를 마련했다.

이에 대하여 타이완의 한 학자는 다음과 같이 주장하였다. "양안 경제의 상호 작용과 상호 이익은, 양안 관계의 발전에 끊임없이 동력을 제

---

149 《胡锦涛会见吴伯雄率领的中国国民党大陆访问团》, 中央政府网, http://www.gov.cn/ldhd/2009-05/26/를 참조하라.

공하고, 양안의 문화 교류, 인식의 진보는 양안 관계의 평화를 위해 오해를 제거하는 보장이 된다. 그러나 이것이 필연적으로 '권력'의 곤혹을 해결할 수 있는 것은 아니다. 양안의 정치 의제에 있어서 양안의 엘리트들은 사상을 해방하고, 창의적으로 사고해야 하며, 시대를 앞서 가며 의논하고, 집행 과정에서 늘 수정을 진행해야 한다. 이런 것들은 모두 실행이 가능한 것으로서, 그 어떠한 형식이나 격식에 구애되지 않는 것도 양안의 특수성 표현 중의 하나이다. 앞으로 양안 간의 정치적 배치는 서로 협력하면서 담화하는 방식으로 평화적 발전의 길을 찾아 나갈 가능성이 크다."[150] 확실히, 양안의 평화적 발전을 실천하는 과정에서 쉬운 것으로부터 시작하여 점차적으로 추진하는 것은 필연적인 과정이다. 그러나 경제, 문화와 민간 교류에 필요한 정치적 환경은 '92공식', '평화 발전'의 기초에서 안정을 찾아야 한다. 이 점에서 대륙은, 양안의 긴밀한 상호 작용을 통해 이를 위해 가장 유리한 조건을 창조할 것이다. 하지만 타이완의 '타이완 독립' 세력의 활동, 2012년 '정당 교체'의 결과 등은 모두 평화적 발전에 영향을 미치는 변수가 될 수 있다.

후진타오는 "양안 동포들은 피를 나눈 운명 공동체이다. 대륙과 타이완을 포함한 중국은 양안 동포들의 공동 보금자리로서 양안 동포들은 이 보금자리를 잘 지키고 건설할 책임이 있다. 중화민족의 위대한 부흥을 실현하려면 양안 동포들이 함께 공동 분투해야 하며, 양안 관계 평화적 발전의 새로운 국면은 양안 동포들이 함께 공동으로 개척해야 한다. 그리고 양안 관계의 평화적 발전 성과는 양안 동포들이 공동으로

150　杨开煌,《新局: 对胡六点之解读》, 제48쪽.

향유해야 한다. …… 타이완의 앞날은 양안 관계의 평화적 발전에 달려 있고, 중화민족의 위대한 부흥에 달려 있다."라고 지적하였다. 중화민족의 위대한 부흥은 중화민족의 정체성에 기초한 양안의 평화적 발전이 없이는 불가능하다.

중국공산당은 전국 각 민족 인민들을 이끌고 사회주의 혁명과 건설을 진행하는 과정에서, 민족문제를 해결하는 방면에서 시종여일하게 국가 통일을 수호하고 확고부동하게 민족 분열을 반대하였다. 이것은 중화민족의 위대한 부흥을 실현하는 기초이기 때문이다. 오늘날의 중화인민공화국은 20세기 전반기의 그 가난하고 쇠약하여 업신여김을 당하던 중국이 아니다. 오늘의 중국은 국가의 주권과 영토의 완정을 수호할 능력이 있고, 세계 각국과 평등하게 상대하고 서로 돕고 협력할 능력이 있으며, 역사가 남겨둔 여러 가지 문제를 해결할 능력이 있다. 물론 이것은 책임이 무겁고 갈 길이 먼 과제이다. 중국은 이러한 국가의 통일을 수호하고 민족분열을 반대하는 것과 관련되는, 역사가 남겨둔 문제들을 해결해야 할 뿐만 아니라 대륙 범위에서 서부 지역 특히 소수민족 지역의 경제 사회 발전 과정에서 직면한 문화, 생태, 민생 등 방면에서의 조화로운 사회 건설과 지속 가능한 발전과 관련되는 중대한 문제를 해결해야 한다. 이런 문제의 해결은 민족문제 '역사적 유산'의 청산에 중대한 의의가 있다.

제5장

조화 사회의 건설,
과학적 발전의 실현

사회주의 조화사회는 활력이 넘치는 사회이며 화목하고 단결된 사회로서, 반드시 사회 활력을 최대한으로 불러일으키고, 정부와 당의 관계, 민족관계, 종교관계, 계층관계 및 국내외 동포관계의 조화를 촉진시키며, 전국 각 민족의 대단결 및 국내외 중화의 아들 딸들의 대단결을 공고히 다져야 한다.

-《중국공산당 중앙위원회의 사회주의 조화사회 건설에 대한
몇 가지 중대 문제에 관한 결정》

우리는 각 민족의 역사 발전 과정에서 형성된 전통, 언어, 문화, 풍속 습관, 심리적 동질성 등의 방면에 대한 차이를 충분히 존중하고 이해해야 하며, 그들의 존재에 대해 무시해서는 안 되며, 더우기 그들을 강제적으로 바꾸게 해서는 안 된다. 우리는 적극적으로 노력하여 조건을 창조함으로써 각 민족이 발전 수준의 차이를 줄이고 해소할 수 있게 해야 한다.

- 후진타오《중앙민족사업회의에서 한 연설》

과학발전관의 최우선 과제는 발전이고, 핵심은 사람을 근본으로 하는 것이며, 기본적인 요구는 전면적이고 협조적인 발전이며, 지속가능한 발전

이다. 그리고 근본적 방법은 각 분야의 발전을 통일적으로 계획하고 균형 있게 추진하는 것이다.

- 후진타오《중국공산당 17차 전국대표대회 보고》

제1절 조화 사회 및 조화로운 민족 관계의 구축

2006년 중국공산당 제16기 중앙위원회 제6차 전체회의에서는《중국공산당 중앙위원회의 사회주의 조화사회 건설에 대한 몇 가지 중대문제에 관한 결정》[01](이하 《결정》"이라고 함)을 발표하였다. 중국공산당은 "사회의 화합은 중국특색의 사회주의의 본질적 속성으로 국가의 부강, 민족의 진흥, 인민의 행복을 실현하는 중요한 보장이다."라는 데에 근거하여 조화사회 건설의 목표와 임무를 제기한 것이다. 이것은 "사회주의가 무엇인가, 사회주의를 어떻게 건설할 것인가"하는 근본적인 중대한 문제에 대해 더욱 깊이 있게 해독한 것이며, 전체 인민이 각자의 능력을 발휘하고 각자가 자기의 자리에서 서로 화목하게 지내는 사회를 형성한다는 당의 분투 목표에 대해 새로운 형세에서 고도로 개괄한 것으로서 당의 집권을 공고히 다지는 사회 기초이고 당이 집권하는 역사적 임무를 실현하는 필연적 요구이다. 중국 사회의 급격한 변화에 적응하여 조화사회의 건설을 중요한 위치에 두며, 사회 활력을 불어넣는

---

01 《中共中央关于构建社会主义和谐社会若干重大问题的决定》, 人民出版社, 2006년. 이하에서는 반복해서 주를 달지 않는다.

것을 중시하고 사회의 공평과 정의를 촉진하며, 전 사회의 법률 의식과 성실과 신의 의식을 강화하고 사회의 안정 단결을 수호하는 것은 중국 공산당의 '세 개 대표론'[02]을 실천하는 장엄한 선언이다. 따라서 이《결정》은 중국 특색의 사회주의 현대화 사업의 번영 발전을 이끌어 나가는 중요한 강령성 문헌이며, 중국이 새로운 역사적 조건에서 더욱 사상을 해방하고 개혁개방을 이행하도록 하는 지도성 문헌으로서 중국의 민족문제 해결에도 중요한 의의를 가지고 있다.

이익의 다양성을 통일적으로 계획하고 고루 돌보기

중국의 개혁개방 사업은 경제 건설을 중심으로 하여 진행한 역사상 유례가 없는 사회 건설 사업이다. '두 개의 대세[兩個大局]'를 실행하는 동·서부의 순서적 발전 과정에서 서부대개발 전략을 중심으로 하는 경제 사회 발전은 전면적으로 샤오캉 사회를 건설하는 새로운 단계로 나아가는 문을 열었다. 당과 국가는 구역 경제의 조화로운 발전을 통일적으로 계획하는 면에서 서부대개발을 촉진하고 동북 지역 등 오래된 공업기지를 진흥시키며 중부 지역의 흥기를 촉진하고 동부 지역의 우선 발전을 격려하는 구조를 설계함으로써 분공이 합리하고 특색이 명확하고 우세를 상호 보완하는 지역적 산업구조를 형성하여 중국의 각 경제 구역의 공동 발전과 공동 번영을 촉진하였다.

02　역자 주, '세 개 대표론[三个代表'重要思想]'은 중국공산당이 선진 생산력과 선진 문화, 광대한 인민의 근본 이익을 대표해야 한다는 정책 이념.

전국 각 민족 인민들이 함께 발전하고 번영하는 것은 전 사회 평등을 실천하는 기본적 입장으로서 그 본질은 "다함께" 발전이다. 지역 분포, 자연 환경, 역사 기초 및 발전 수준 등 조건이 서로 많이 다른 다민족 국가에서 평등을 바탕으로 건립된 각 민족의 "다함께" 발전은 결코 나란히 전진하는 발전이 아니며, 이 또한 가능하지도 않다. 또한 하나의 기정된 모식에서의 공동 발전도 아니다. 중국 국정의 특수성에 기반하여 신속하게 발전할 수 있는 지역으로 하여금 먼저 발전하도록 하며, 이러한 지역의 발전 성과(자금, 기술, 시장 및 경험 등)를 바탕으로 국가의 계획과 조율 및 지역 간의 지원과 협력을 통해 중국 실정에 알맞게 저개발 지역의 가속화 발전을 이끌어 가는 전략을 취할 수밖에 없다. 따라서 "다함께" 발전은 대세이며, "다함께" 공동 발전은 일시적인 "다함께" 발전이 아니라, 단계적이고 전략적인, 선·후 발전을 통해 "다함께" 발전하는 공동의 목표를 실현하는 것이다. 이것은 진리를 추구하고 실효를 강조하는 마르크스주의의 태도이며 각 민족, 각 지역의 발전 염원과 근본적인 이익을 실현하는 가장 효과적인 방식이다.

《결정》에서는 다음과 같이 지적하였다. 중국은 이미 개혁 발전의 중요한 시기에 들어섰는 바 경제 체제를 깊이 있게 개변하고 사회 구조를 깊이 있게 변동하고 이익 구조를 깊이 있게 조정하며 사상 관념을 깊이 있게 변화시켜야 한다. 이 유례없는 사회 변혁은 중국의 발전 진보에 큰 활력을 가져온 동시에 여러 가지 모순과 문제도 가져왔다. 그중 민족문제가 포함된 각 종 사회 문제가 날이 갈수록 두드러지고 비교적 집중적이면서 서로 교차되어 나타났다. 예컨대, 도시와 농촌, 각 지역 간 경제 사회 발전이 불균형하고, 인구 자원 환경의 압력이 점차 커지고, 취업, 사회 보장, 소득 분배, 교육, 의료, 주택, 안전 생산 및 사회 치안 등 군중의 이익과 관계되는 문제가 비교적 두드러지며, 이와 관련된 체제와 구조가 아직 완벽하지 못하며, 민주 법제가 아직 부실하다. 또한 일부 사회 구성원들이 착실하지 못하고 신용이 부족하고 부도덕적이며 일부 지도 간부가 소질, 능력과 태도 면에서 새로운 형세와 임무에 아직 적응하지 못했으며 일부 분야에서는 부패 현상이 여전히 비교적 심각하며, 적대 세력의 파괴 활동이 국가 안전과 사회 안정에 위험을 끼치는 등과 같은 문제들이 존재한다. 이러한 문제들은 도시와 농촌, 지역 간, 민족 간 등 기존의 차이 구조에서 더욱 두드러지게 나타나며 민간 사회의 계층, 가정, 개인 간의 비교에서도 날로 두드러지게 나타나고 있다. 중국의 이익 구조는 20여 년 간의 지속적이고 급속한 경제 발전과 사회 전환의 영향을 받아 새로운 세기에 들어선 후 다양한 발전 추세를 보이고 있다.

1991년 11월 1일 중국 정부의 첫 인권 백서인 《중국의 인권 상황》이 발표되면서 중국 내 각 민족의 생존권과 발전권은 중국 인권 사업 분야에서 더욱 강조하는 기본적 인권으로 자리 잡았다. 개혁개방 사업의 발전에 따라, 특히 빈곤 퇴치를 위한 장기간의 꾸준한 노력으로, 중국 각 민족 인민들의 생존권 방면의 보편적 문제는 효과적으로 해결되었다. 발전권 면에서도 세계적으로는 국가 발전, 국내적으로는 도시와 농촌, 지역, 민족, 그리고 공동 발전에서 모두 현저한 진보를 거듭하고 있다. 그러나 생존권과 발전권이 강조하는 집체인권은 "인간의 발전"이라는 이 근본적인 문제에서 점점 뚜렷하게 드러나기 시작하였다. "인간의 발전"으로서의 집체인권은 국가 정책으로 보장되는 소수민족,

농민, 장애인, 여성 등의 집단에서 체현된다. 그리고 이는 또한 인간의 개체 발전에 대한 요구를 보여주는데, 고용, 사회 보장, 소득 분배, 교육, 의료, 주택, 안전 생산, 사회 치안 등에서 날로 증가하고 있는 대중들의 보편적인 수요, 특히 공평과 정의에 대한 절박한 요구를 보여준다. 이들은 모두 인간 개체, 가족의 처지에 의해 형성된 대중들의 공감에서 비롯된 대중적인 이익의 포커스인 것으로서, 보편성을 띠게 된다.

후진타오는 "우리가 건설하려는 사회주의 조화사회는 민주적이고 법치적이며, 공정하고 정의로우며, 신의와 우애가 있고, 활력이 충만하며, 질서가 있고 안정적이며, 인간과 자연이 조화롭게 공존하는 사회이다."[03]라고 하였다. 이러한 특징을 지닌 조화사회는 법 앞에서 모든 사람이 평등하다는 인권의 초석 위에 입각한 사회이다. 평등은 평균이 아니다. 평등에는 인간의 존엄, 사회적 지위, 공민의 권리 및 사회 공익 사업의 공유 등의 평등이 모두 포함된다. "인간의 발전" 정도(경제, 교육, 기능 등의 조건)의 제약으로 인해 생긴 "사실상의 불평등"은 중국 사회가 반드시 해결해야 하는 과제이다. 법 앞에서 모든 사람이 평등하다는 것을 보장하기 위한 사회 자원이 아직 충분하지 못하기 때문에, 진정한 평등을 아직 실현할 수 없다. 이 점은 민족 관계에서뿐만 아니라 다른 사회 관계에서도 동일하다.

중국 특색의 사회주의가 추구하는 공동 발전과 번영은 전 사회의 진정한 평등을 실현하기 위한 것이다. 즉 모든 인민에게, 발전 성과를 공유하고 발전 기회를 공유하는 균등화를 창조하고 제공하는 것이다.

03　《构建社会主义和谐社会》,《人民日报》社论, 2005년 2월 26일.

물론 "법 앞에서 모든 사람이 평등하다는 원칙의 실효적 실시는 진정한 기회 균등 원칙의 실시와 마찬가지로 시간이 많이 필요하다. 수 년, 심지어 수십 년이 필요할 수도 있다는 사실을 반드시 인식해야 한다. 너무 급히, 빨리 하려고 시도한다면 그 어떤 큰 부작용이 나타날 가능성도 있음을 고려해야 한다."[04] 따라서 조화사회와 공평하고 정의로운 사회를 건설하기 위해서는 기초 조건을 무시해서는 안 된다. 이것은 또한 당중앙이 《결정》에서 거듭 강조한 내용으로서 "중국은 현재 사회주의 초급단계에 처해 있고, 앞으로 장기간 유지될 것이다. 날로 늘어나는 인민들의 물질 문화적 수요와 낙후한 사회 생산 간의 모순은 여전히 중국 사회의 주요 모순이다. 우리 앞에는 각 방면의 이익을 통일적으로 계획하고 골고루 돌봐야 하는 어렵고도 막중한 임무가 놓여있다."

《결정》에서는 "각 방면의 이익을 통일적으로 계획하고 골고루 돌보는 임무가 어렵고도 막중하다."라고 지적하였는데, 이것은 중국이 아직 사회주의 초급단계에 처해 있기 때문이며, 중국의 사회 기본 모순이 아직 변하지 않았기 때문이며, 또한 중국이 중진국의 발전 수준에 도달하려면 '삼단계 전략'[05]을 필요로 하며 21세기 중엽에 이르러서야 이 목표를 달성할 것으로 예상하기 때문이다. 이 장기간의 과정에서 각 방면의 이익을 통일적으로 계획하고 골고루 돌본다는 것은 결코 쉬운 일이 아니다. 사회주의 조화사회의 건설은 경제 사회의 전면적인 발전을

04　【스위스】托马斯·弗莱纳, 《人权是什么?》, 谢鹏程 译, 中国社会科学出版社, 2000년, 제48쪽.

05　역자 주, 삼단계 전략[三步走战略]은 중국이 현대화 발전을 3단계로 나누어 실현하는 전략을 말한다.

의미할 뿐만 아니라 사상 관념의 중대한 변혁을 의미한다. 오늘날 중국 경제 사회 발전의 조건에서 사회가 각 민족 인민들의 날로 늘어나는 물질 문화적 수요를 만족시키는 능력이 총체적으로 현저하게 제고되었다는 것은 의심할 여지가 없다. 하지만 "낙후한 사회 생산"은 여전히 사회 기본 모순의 주요한 측면인 것도 사실이다. 따라서 "반드시 과학적 발전을 견지해야 하며, 중국공산당의 집정흥국의 첫 번째 임무인 발전을 잘 시행하고 관철해야 한다. 즉 도시와 농촌의 발전, 지역 발전, 경제 사회 발전, 인간과 자연의 조화로운 발전, 국내 발전과 대외개방을 통일적으로 계획하며 성장 방식을 개변하고 발전의 질을 향상시키며 절약 발전, 친환경 발전 및 안전 발전을 추진하고 경제 사회의 전면적이고 협조적이며 지속 가능한 발전을 실현해야 한다." 이러한 발전의 실천 과정에서 더욱 적극적으로 모순을 직시하고 해결하며, 조화 요소를 최대한 증가하고 불협화 요소를 최대한 감소하여 사회의 화합을 부단히 촉진함으로써, "날로 늘어나는 인민들의 물질 문화적 수요를 끊임없이 충족시키며, 발전은 인민을 위하여 진행하며, 발전은 인민에 의거하고, 발전 성과는 인민들이 공유할 수 있게 함으로써 인간의 전면적인 발전을 촉진하도록 해야 한다."

1956년에 마오쩌둥이 발표한 《10대 관계론》은 사회주의 건설의 길을 탐색함에 있어서 중요한 지도적 의의를 가지는 문헌이다. 각 방면의 관계를 통일적으로 계획해야 한다는 것이 이 문헌의 핵심 내용이다. 1957년 이후 정세 변화로 이 중요한 문헌이 그 역할을 충분히 발휘하지 못했지만, 50년 뒤 중국공산당의 사회주의 조화사회의 건설에 관한 《결정》은 이 문헌의 사상을 계승하고 발전시켰으며 내용을 더욱 풍부히 하였다. 특히 조화사회 건설에 있어서 민족 사무와 종교 사무의 중요한 지위에 대해 새롭게 천명하였다.

민족 관계의 조화

개혁개방 이래 평등, 단결 및 호조의 사회주의 민족 관계를 공고히 하고 발전시키는 것은 당과 국가의 민족 사무가 나아가는 중요한 방향의 하나였다. 민족관계는 통일된 다민족 국가 내부의 가장 중요한 사회관계의 하나로서, 민족문제 해결 정도를 반영하는 척도일 뿐만 아니라 각 민족의 공동 단결 분투, 공동 번영 발전을 실현하는 역량과 원천이다. 사회주의 조화사회 건설《결정》에서 당중앙은 시대의 발전과 더불어 중국 사회주의 민족관계의 네번째 특징인 조화를 제기하여, 평등, 단결, 호조, 조화의 사회주의 민족 관계를 구축할 것을 요구하였다. 조화 사회를 건설하고 다양한 이익의 수요를 통일적으로 계획하고 골고루 돌보는 것은 여러 가지 사회관계를 조절하는 내적인 요구이다. 《결정》에서는 "사회주의 조화사회는 활력이 넘치는 사회이며 단결되고 화목한 사회이다. 반드시 사회 활력을 최대한으로 불러일으키고 정부와 당의 관계, 민족 관계, 종교 관계, 계층 관계 및 국내외 동포 관계의 조화를 촉진시키며 전국 각 민족의 대단결 및 국내외 중화의 아들 딸들의 대단결을 공고히 다져야 한다."고 지적했다. 민족 관계는 종교 관계를 포함하여 민족 사무에 있어서 가장 중요한 주안점이다. 따라서 "조화(화합)"라는 이 개념을 사회주의 민족 관계의 기본적 특징으로 하는 것은 중국특색의 사회주의의 건설 과정에 있어서 민족 관계에 대한 중국공산당의 더욱 전면적인 개괄과 지도인 것이다.

민족 관계의 조화를 실현하려면 반드시 각 민족의 평등에 입각해야 한다. 각 민족이 규모, 역사의 길고 짧음과 선진과 낙후에 관계없이 일률로 평등하다는 것은 중국의 민족문제 해결에서의 기본적 입장이다. 평등은 정치 상의 평등 뿐만 아니라 경제, 문화 및 사회 생활 측면에서의 전면적인 평등을 말한다. 서부대개발 전략의 실시는 소수민족과 민족 지역의 경제 사회의 발전을 가속화하였고 역사가 남겨놓은 발전의 차이를 제거하였으며 현실에서 확대된 발전의 차이를 축소하였다. 즉 각 민족과 각 지역의 공동 발전의 "절박한 소원"이 체현된 이익 요구를 통일적으로 계획하고 골고루 돌본 것이다. 이것은 전면적인 평등과 사회의 공평 정의를 실현함에 있어서 반드시 거쳐야 할 길이다.

민족관계의 조화를 실현하려면 반드시 각 민족의 단결을 강화해야 한다. 다민족 국가 내부의 각 민족의 단결은 국가의 차원에서 중화민족 응집력의 기초이고 종합적인 국력의 기본 요소이며, 사회의 화합 정도를 가늠하는 가장 중요한 지표이다. 단결의 전제는 근본적 이익의 일치성이다. 즉 함께 단결 분투하여 공동 번영발전을 실현하는 것이다. 각 민족의 근본적 이익의 일치에는 각 민족의 자가 발전의 특수한 이익 요구가 포함된다. 예컨대, 각 지역의 실정에 알맞게 특색 경제를 발전시키고, 다양한 문화, 언어와 종교가 계승되고, 사회 생활 풍습이 존중을 받는 등 각 방면의 권익이 포함된다. 이를 보장하기 위해서는 각 민족이 서로 존중하고 이해하는 것이 필요할 뿐만 아니라 법률과 정책의 보장도 필요하다. 만약 이런 존중과 이해, 그리고 국가 법률과 사회 규범의 보장이 없다면 단결을 실현할 수 없다.

중국공산당은 어떻게 민족문제를 해결하는가

민족 관계의 조화는 반드시 호조를 통해 공고히 다져야 한다. 각 민족의 공동 단결 분투와 공동 번영 발전은 호조를 통해 실현된다. 호조가 없다면 "다함께" 공동 발전을 실현할 수 없다. 호조는 민족 관계가 활력이 넘친다는 표징으로서 그 특징은 각 민족 간 관계가 날로 밀접해지고 서로 의존하고 이익이 교차되는 정도가 심화된다는 것이다. 각 민족 간에 형성된 '세 개의 불가분의 관계'[06]는 역사 상의 조공 관계가 아니며, 현실 속의 "지역 발전에서 국가의 자금 원조를 기다리고, 국가에 의지하고, 국가에 요구하는" 의존 관계도 아닌, 호조의 관계이다. 호조 관계의 기초는 평등이고, 보장은 단결이고, 목적은 공동 번영 발전이다. 호조는 서로 간의 상호 작용과 도움이다. 이에 대해 마오쩌둥은 일찍 "소수민족은 정치 면, 경제 면 및 국방 면에서 국가 전체 및 전 중화 민족에게 큰 도움이 된다. 한족은 소수민족을 도왔는데 소수민족은 한족을 돕지 않았다거나 소수민족을 조금만 도와주고 잘난 체하는 것 등은 모두 틀린 것이다."[07], "중국은 소수민족이 없으면 안 된다. 중국에는 수십 종의 민족이 있다. 소수민족이 거주하는 지역은 한족이 거주하는 지역보다 면적이 훨씬 넓으며, 지하에는 여러 가지 물질 재부가 아주 많이 매장되어 있다. 우리의 국민 경제는 소수민족의 경제가 없어서는 안 된다."[08]라고 예리하고 투철한 논술을 하였다. 따라서, 각 민족 간

---

06   역자 주, "3개의 불가분[三个离不开]의 관계"란 한족이 소수민족을 떠날 수 없고, 소수민족이 한족을 떠날 수 없으며, 소수민족과 소수민족 간에도 서로 떠날 수 없는 이 세 가지 관계를 가리킨다.

07   毛泽东, 《反对大汉族主义》, 国家民族事务委员会政策研究室编, 《中国共产党主要领导人论民族问题》, 第113쪽.

08   毛泽东, 《再论反对大汉族主义》, 国家民族事务委员会政策研究室编, 《中国共产党主要

의 호조는 경제 숫자 등 지표로 가늠하는 것이 아니다. 마오쩌둥의 "인구가 많다" 및 "땅이 넓고 자원이 풍부하다"의 관계에 대한 해석은, 개혁개방 이래 특히 서부대개발을 실시한 이래 충분히 증명되었다. 서부지역 특히 소수민족 지역은 비록 보편적으로 경제 사회 발전이 낙후하다는 문제가 있지만 중국의 자연 자원과 인문 자원이 가장 집중된 지역이다.

자연자원을 놓고 볼 때 소수민족자치 지역의 초원 면적은 전국의 75%, 삼림 축적량은 전국의 51.8%, 수력자원은 전국의 66%를 차지한다.[09] 또한 여기에는 석탄, 석유 및 천연 가스 등 기타 광산자원도 집중되어 있어서 앞으로 중국이 본토의 자연자원을 발전시킴에 있어서 영원히 이용해야 할 후속 전략 지역이다. 그리고 여러 소수민족이 가지고 있는 전통문화 자원은, 중국 각지의 주민 및 그들의 후예들이 공동으로 건립한 통일된 다민족 국가가 창조하고 축적한 재부이며, 또한 중국특색의 사회주의 선진 문화를 건설하는 본토 자원이다. 이러한 자원의 개발과 이용은 국가 통일의 전반적 국면의 이익과 조화사회 건설에 기여하며, 중화민족의 위대한 부흥의 목표 실현에 기여한다.

따라서 민족 관계의 조화 정도는 민족 평등, 민족 단결 및 민족 호조의 정도를 나타내는 기준으로 된다. 어떻게 사회주의 조화사회의 건설 과정에서 민족관계의 조화를 촉진시킬 것인가에 대해《결정》에서는 일련의 상응한 정책적 지도와 사업상의 요구를 제기한 동시에 이것이

　　　领导人论民族问题》, 제115쪽.

09　中华人民共和国统计局编,《中国统计年鉴》(2010), 제23쪽.

중대한 이론적 의의와 실천적 의의를 가진다는 관념을 제기하였다.

우선, 경제 사회의 발전에 따라 기본적 공공 서비스 균등화의 문제를 잘 해결하는 것이 매우 시급하다. 이것은 각 민족 인민들이 개혁개방의 성과와 "인간의 발전"을 실현하는 균등 기회를 공유하기 위한 필수적 요건이다. 따라서 중앙 재정에서 자금 투자의 중점을 전이하는 것은 중·서부 지역의 인프라와 교육, 위생, 문화 등 공공 서비스 시설을 조속히 개선하고 점차적으로 지역 간의 기본 서비스의 차이를 줄이기 위해서이다. 이를 위해서는 농촌, 중서부 지역, 빈곤 지역, 변방 지역 및 민족 지역에 공공교육자원을 많이 분배해 주도록 하여 도시와 농촌 지역의 교육 발전 차이를 점차적으로 줄이고 공공교육의 조화로운 발전을 촉진해야 한다. 또한 사회사업의 발전과 민생 문제의 해결을 중점으로 공공자원의 배치를 최적화하고, 농촌, 기층 및 저개발지역에 치중하며, 전 국민에게 더 많은 혜택을 줄 수 있는 기본적 공공서비스 체계가 점차적으로 형성되게 해야 한다. 이러한 조치들은 모두 공익 사업의 균등화를 실현하는 중요한 대책으로서, 특히 소수민족 지역에 있어서는 더욱 중요하고 절박하다.

다음, 각 민족의 공동 단결 분투, 공동 번영 발전을 확실하게 파악하고, 당의 민족정책을 잘 관철하고 실시하며, 민족구역자치 제도를 견지하고 보완하며, 평등, 단결, 호조, 조화로운 사회주의 민족 관계를 공고히 하고 발전시키며, 민족 단결 진보의 활동을 광범위하게 전개하여 각 민족 인민들이 화목하게 지내고 마음을 합쳐 서로 돕고 조화롭게 발전하도록 하는 것은 조화로운 사회 환경을 창조하는 근본적인 보장이다. 또한 당의 종교 신앙 자유 정책을 전면적으로 관철하고 법률에 의거하여 종교 사무를 관리하여 적극적으로 종교와 사회주의 사회가 서로 적응하게 인도하며, 종교를 믿는 군중과 종교를 믿지 않는 군중, 서로 다른 종교를 신앙하는 군중의 단결을 강화하여 종교가 사회 조화를 촉진하는 데에 긍정적인 역할을 발휘하게 하는 것은 조화사회를 건설하고 여러 방면의 적극성을 불러일으키는 관건이다. 많은 소수민족에게 있어서, 종교 신앙은 '전민성'과 '경건성'의 특징을 가지고 있다. 따라서 "종교가 사회조화를 촉진하는 데 긍정적 역할을 발휘하게 하는 것"은 바로 종교와 사회주의 사회가 서로 적응되었다는 중요한 표징이고 조화로운 민족 관계를 건설하는 관건의 하나이기도 하다.

셋째, 조화로운 문화의 건설은 사회주의 조화사회를 건설하는 중요한 임무이다. 사회주의 핵심 가치 체계는 조화로운 문화를 건설하는 근본이다. 사회주의 핵심 가치 체계로 사회사조를 이끄는 것을 견지하고 차이를 존중하고 다양성을 포용하는 관념을 실천하여 최대한 사회사조의 공통된 인식이 형성되게 하는 것은 민족 단결과 사회 응집의 정신적 동력이다. 문화는 인류 정신과 물질 창조에 대한 고도로 된 개괄로서 "지역마다 특색이 있다"는 중요한 표징이며 동시에 민족 다양성의 가장 두드러진 특징이기도 한다. 따라서 민족관계의 범주에서 경제사회 발전 수준의 접근성과 상사성(homoplasy)은 각 민족의 평등, 단결, 호조 및 조화를 위해 물질적 기반을 마련할 수 있다. 반대로 문화의 차이성은 평등, 단결, 호조 및 조화에 영향을 끼치는 일종의 안정적이고 심층적인 관념 요소이다. 어떻게 하면 각 민족들이 문화 다양성의 조건 하에서 화목하게 지내고 조화롭게 공동으로 발전하며, 사회주의 조화사회의 다채롭고 서로 어울려 빛나고 하나로 융합된 공통 문화의 버팀목이 될 수 있게 할 것인가는, 관념과 실천 속에서 탐구해야 할 중대한 문제이다. 차이를 존중하고 다양성을 포용하는 관념은 이를 위해 명확한 방향을 제시하였다.

차이 존중, 다양성 포용

《결정》에서 제기한 "사회주의 핵심 가치 체계로 사회사조를 이끄는 것을 견지하고, 차이를 존중하고 다양성을 포용하여 최대한 사회사조의 공통된 인식을 형성해야 한다."는 원칙은 통일된 다민족 국가인 중국에 중대한 의의가 있다. 차이를 존중하고 다양성을 포용하는 것은 하나의 중요한 관념으로서 현대 세계에서 한창 형성되고 있는 문화다양성 관념에 대한 본질적인 파악이며, 조화사회를 건설하고 혁신적 사회를 실현하고 사회주의 선진 문화를 발전시키는 중요한 기초인 동시에, 중국공산당인들이 새로운 역사 조건에서 인류 사회발전의 객관적법칙을 준수하여 확립한 새로운 문명관이기도 한다. 이러한 문명관은다민족 국가에, 또한 다양한 세계에, 민족관계, 국제관계 나아가서 각종 복잡한 사무를 처리함에 있어서 새로운 경지를 열어주었다.

예로부터 지금까지 인류 사회는 유구한 역사 변천 과정에서 줄곧문화 차이와 사회 생활의 다양성의 객관적 현실에 직면해 있었다. 또한 동서고금의 사회 역사 과정 속에는 차이를 없애고 다양성을 배척하고자 하는 시도가 늘 존재했었다. 그중 민족문제는 두드러진 예증이다. 민족은 안정성을 가진 인류공동체 형식으로서 복잡한 형성과 발전 과정을 거쳤다. 민족은 자신의 특징을 실현하는 가운데서 이를테면 언어,

집단 거주지, 경제 생활, 사회 풍속, 종교 신앙, 가치 관념 및 행위 방식 등에서 차이를 나타냈는데 이것은 다민족 국가와 다양한 세계에서 인류 문화 다양성의 차이를 나타내는 가장 기본적 매개체였다. 한 국가에서 민족 성분의 다양성은 광의적 문화 범주의 차이성(이질성)을 나타내는데 이런 차이성을 갖고 있는 단체로 이루어진 사회 관계가 곧 민족 관계이며, 이런 차이가 일으킨 모순이 바로 민족문제이다. 현재 세계로 놓고 말하면 민족문제는 시종일관 다민족 국가 내부에서 가장 두드러진 사회문제 중의 하나이다. 오늘날까지 이미 민족문제를 해결했다고 선포할 수 있는 나라는 아직 하나도 없다. 이것의 근본적인 원인은 민족문제 해결의 기본적 이념에 있는데, 이 이념은 차이를 없애고 통일을 실현하겠는가 아니면 차이를 존중하고 조화로운 사회를 건설하겠는가 하는 것이기 때문이다. 이 문제는 세계적인 문제이다.

줄곧 미래 예측에 진력해온 나이스비트(Naisbitt)는 "우리의 생활이 한 유형으로 몰릴수록 우리는 심층적 가치관 즉 종교, 언어, 예술과 문화에 대한 추구에 더욱 집착하게 된다. 외부 세계가 점점 비슷해 가는 상황에서 우리는 내부에서 파생된 전통적인 것을 더욱 소중하게 여기게 된다."[10]고 말했다. 이것은 현재 세계, 특히 경제 세계화가 촉진하는 현대화의 진행 과정에서 특히 두드러지게 나타난다. 2001년 11월 2일, 유네스코는 제31기대회에서 《세계 문화 다양성 선언》을 발표했다. 여기에서는 "문화 다양성은 교류, 혁신 및 창작의 원천으로서, 마치 생물

---

10   【미국】约翰·奈斯比特, 帕特里夏·阿伯迪妮, 《2000年大趋势–九十年代的十个新趋势》, 军事科学院外国军事研究部译, 东方出版社, 1990년, 제141쪽.

중국공산당은 어떻게 민족문제를 해결하는가

의 다양성이 생태 평형을 유지하는것과 마찬가지로 인류에게 필수적인 것이다."[11]라고 특별히 지적했다. 만약 생물의 다양성이 생태 균형을 유지하는 기반이라고 한다면 문화 다양성은 인류 평화를 수호하는 기반인 것이다.

그렇지만 인류가 인류의 문화 다양성에 대해 가진 인식은 줄곧 비(非)문명상태에 처해있었다. 차이를 두려워하고 차이를 오해하고 차이를 배척하고 차이를 없애는 것이 인류 사회 발전과정에서 줄곧 주도적 지위를 차지했는 바, 인류 역사에는 이로 인해 초래된 모순, 충돌, 전쟁으로 가득하다. 이러한 실천을 지도한 일부 이론과 관념 역시 서방의 소위 "지리적 대발견" 이래 세계적으로 성행해 왔다. 예를 들면 서방인들이 자기와 다른 문화에 대해 저열하게 평가하고, 사람의 신체적 차이로 열등 인종 구별을 진행한 것은 모두 문화 다양성에 대한 배척을 통해 인류의 생물학적 의미의 통일성에 도전한 것이다. 현대 사회에서 "사람들은 비록 인류의 통일성을 인정하고 있기는 하지만, 동시에 사람을 신분이 높고 낮은 서로 다른 종족으로 나누려는 경향이 있다. 민족의 권리는 인정을 받았지만, 일부 민족은 스스로 자신이 남보다 우위에 있다고 여기며, 스스로 자신에게 전 인류를 지도하고 지배하는 사명을 부여하였다."[12] 심지어 "유럽중심주의"는 종래로 제거된 적이 없었고, "미국 지상주의" 관념이 계속되고 있으며, 문명, 문화의 차이를 "민족 충돌"의 근원으로 확대하면서 서방의 정치 문화를 세계로 통하는

---

11 范俊军编译,《联合国教科文组织关于保护语言与文化多样性文件汇编》, 民族出版社, 2006년, 제100쪽.

12 埃德加·莫林, 安娜·布里吉特·凯恩,《地球祖国》, 제8쪽.

"보편적 원칙"으로 승화시켜 모든 개발도상국들에 "공업화, 현대화와 서방화는 필연코 서로 연계된 것"[13]이라는 규칙을 증명해 보이려고 시도하였다. 그 목적은 바로 개발도상국들로 하여금 맹목적으로 미국과 서방을 따라하게 함으로써, 열등감, 굴종, 감격 속에서 영원히 미국을 대표로 한 서방 문명에 종속시키려는 데에 있다.

문명의 다양성과 문화의 차이성은 결코 충돌을 초래하지 않는다. 우리가 해결해야 할 것은 '차이'와 '다양성'의 관념과 실천을 어떻게 정확하게 대할 것인가 하는 문제이다. 차이를 존중하고 다양성을 포용하는 관념은 문명의 다양성과 문화 차이의 각도에서나 사회제도, 이데올로기 및 발전 모델의 다양성의 측면에서나 모두 새로운 문명관이다. "이 세계에서 서로 다른 문화 관점과 가치 관념을 형성하는 기본적 전제가 동등한 합법성을 갖는 다는 것을 인정하는 것은 매우 정확할 뿐만 아니라, 또한 매우 필요하다. 따라서 이렇게 해야만 다양한 문화 간의 상호 이해와 상호 존중이 가능해진다. 이것은 문화적 다양성이 있는 세상에서 평화를 유지하고, 생존해 나가기 위한 기본적 선결 조건이다."[14] 문화 다양성의 차이를 인정하고 존중하며, 문화 생태계에서 상호 의존하며 조화롭게 공생하는 관계를 형성하는 것은 사회 통합의 문제 중의 하나다. 문화는 교류 가운데서만 발전할 수 있고 교류는 호혜평등의 사회 분위기를 필요로 한다. 이 사회 분위기의 기본적 특징은 조화이다. 이런 의미에서 차이를 존중하고 다양성을 포용하는 것은 사회 조화관

---

13   华勒斯坦 等, 《开放社会科学》, 刘锋 译, 生活·读书·新知三联书店, 1997년, 제93쪽.

14   【미국】 E.拉兹洛, 《决定命运的选择》, 제125쪽.

의 기본적 입장이라고 할 수 있다.

차이를 존중하고 다양성을 포용하는 것은 민족 대천세계로 놓고 말하면 그 출발점은 평등에 입각한다. 그리고 각 민족은 규모, 사회 발전의 정도 여부와 문화 차이에 관계없이 지위가 평등하다. 이것은 마르크스주의 민족 이론의 기본원리의 토대이고 민족문제를 과학적으로 처리하고 해결하는 전제조건이다. 경제 발전의 측면에서 인류 사회 현대화 과정에서 물질문화, 과학기술, 관리 모델 및 생활수준이 글로벌화로 확산되는 영향을 보였는데 이는 개발도상국에 본보기로 삼을 만한 문명 성과를 제공하였다. 이 점은 중국의 개혁개방, 그리고 중국이 경제 건설을 중심으로 하여 부단히 전 세계 경제에 융합되는 과정에서 잘 체현되었다. 그렇지만 문화 발전 측면에서 서방 선진국의 강력한 문화는 대중성, 유행성 등의 방식으로 개발도상국에 날로 광범위한 영향을 일으키고 있다. 또한 자국에 뿌리 박혀 있는 전통문화와 민족문화가 보편적으로 유실되고 계승 발전이 어려운 현상이 나타나고 있다. 이른바 전통과 현대 간의 모순은 관념, 형식, 내용과 적응성 등에서 보편적으로 나타나고 있고 민족 허무주의와 문화 민족주의가 공존하고 있다. 심지어는 "과학-기술 문화의 실체와 힘은 실재적이지만 전통 문화의 정신과 힘은 실재가 아니다."[15]라는 서양인들의 전형적인 잘못된 인식에 빠져 있다. 중국도 이런 문제에 직면해 있다. 이런 현상에 대한 접근은 이념적으로 차이를 존중하고 다양한 문제를 포용하는 데로부터 출발해야 한다.

15 　【미국】E.拉兹洛, 《決定命运的选择》, 제125쪽.

후진타오는 "우리는 각 민족의 역사 발전 과정에서 형성된 전통, 언어, 문화, 풍습, 심리적 동질성 등에 대한 차이를 충분히 존중하고 이해해야 하며, 그들의 존재에 대해 무시해서는 안 되며, 더우기 그들을 강제적으로 바꾸게 해서는 안 된다. 우리는 적극적으로 노력하여 조건을 창조함으로써 각 민족이 발전 수준의 차이를 줄이고 해소할 수 있게 해야 한다."[16]고 지적했다. 이것은 차이 존중, 다양성 포용이 민족관에서 집중적으로 표현된 것이다. 각 민족의 전통문화 등 민족 특징을 나타내는 요소에 대한 충분한 존중과 이해는 각 민족이 일률로 평등함을 실현하는 기본적인 내용이다. 그리고 경제 발전과 생활 수준의 차이를 줄이고 없애는 것은 충분한 인권을 실현하는 물질적 기초의 보장이다.

광의적 문화의 시각에서 볼 때 차이를 존중하는 것은 결코 문화 상대주의를 준수함으로써 고착화를 초래하고, 나아가 차이를 확대하는 것이 아니다. 문화상대주의는 서로 다른 문화가 누리는 독특한 가치를 인정한다. 하지만, 일부 문화상대주의론자들은 서로 다른 문화 간의 공통된 가치와 상호 작용의 영향 하에서의 발전을 반대하며, 심지어 소수 민족의 전통문화를 '냉동층'이나 '보존지'로 삼거나 박물관의 범주에 넣어 '원래의 모습'을 고착화해야 한다고 주장하기도 한다. 문화의 생명은 계승에 있고 문화의 번영은 발전에 있다. 계승의 과정에는 발전이 포함되고 발전의 과정 자체가 계승을 실현하는 것이다. 따라서 문화의 활력은 발전 과정 속에서만이 잘 드러나고 지속될 수 있다. 발전은 받

---

16   胡锦涛, 《在中央民族工作会议暨国务院第四次全国民族团结进步表彰大会上的讲话》, 国家民族事务委员会, 中共中央文献研究室编, 《民族工作文献选编》(二〇〇三–二〇〇九年), 第70쪽.

아들이고 참고하는 것을 필요로 한다. 폐쇄적이거나 또는 답보 상태에 있게 되면 그 어떠한 문화든지 필연적으로 정체되게 된다. 변화 발전하는 세계에서 정체는 곧 활력을 잃는 것을 의미한다.

차이를 존중하는 것은 서방 이민 국가가 선도하는 다문화주의를 본받는 것을 의미하지 않는다. 서방에서는, "1970년대부터 이민 단체의 압력 하에 미국, 캐나다 및 호주 세 개 나라가 모두 동화주의 모델을 포기하고, 실제상 이민자들의 각종 민족 전통 유지를 허락하고 지지하는 보다 관용적이고 다원화적인 정책을 취하였다."[17] 미국은 체계적인 다문화주의 정책을 형성하지는 못했지만 관련된 법안과 실천은 기타 국가에 뒤지지 않았다. 이러한 서구 사회 정치 다원화에 뿌리박고 있는 다문화주의 정책은 비록 "통합적 단체 교류의 기회와 가능성은 증가시켰지만 또한 서로 다른 단체 구성원들 간의 충돌이 발생할 수 있는 상황과 가능성도 증가시켰다."[18] 이것은 실천을 통해 입증되었다. 그렇다면 쌍방향의 가능성이 있는 이 정책은 도대체 어떤 가능성이 주류가 되는가? 최근 몇 년 동안 서방 국가들에서는 다문화주의 정책에 반대하는 사조가 끊임없이 생겨나고 있다. 독일, 영국은 심지어 다문화 정책이 실패했다고 발표했다. 이처럼 다문화주의의 전망은 낙관적이지 않다. 서로 다른 종족 단체를 가장 잘 융합할 수 있고 가장 잘 동화할 수 있는 도시 환경에서조차도 "부동한 종족성을 띤 단체가 아주 명확하게

---

17 【캐나다】威尔·金里卡,《少数群体的权利: 民族主义、多元文化主义与公民权》, 邓红风译, 中国台北, 左岸文化出版社, 2004년, 제263쪽.

18 【미국】彼特·布劳,《不平等和异质性》, 王春光, 谢圣赞译, 中国社会科学出版社, 1991년, 제236쪽.

구역을 나누어 생활하고 있는데, 이것은 이미 서로 간의 교류를 제한하고 있다."[19] 따라서 다문화주의 정책은 서양 사회에서 소수민족, 원주민의 지위와 권리 존중의 실천을 어느 정도 보여주고 있기는 하지만, 다문화주의가 사회정치 다원화(다당제를 포함)에 뿌리를 두고 있기 때문에 인종, 여성, 동성애 및 종교 등 다양한 사회 단체 간의 "정치적 차이" 의식의 대립과 각자 내부의 "정치 정체성" 의식의 강화를 초래하게 된다. 이러한 국가들의 다문화주의 정책의 실시 효과는 아직 인류 사회 문화 다양성 관념을 풍부히 하고 완성화하는데 참고가 되지 못하고 있을 뿐만 아니라 중국의 차이 존중 다양성 포용의 관념에도 비교할 만한 참조물을 제공하지 못하였다.

　　다양성을 포용하는 것은, 사회 조화와 안정 발전에 이롭지 않은 모든 요소까지도 다 허용하고 방종한다는 것을 의미하지는 않는다. 이데올로기, 문화적 표현이나 가치관, 행동 방식이 모두 그렇다. 정당 관계, 민족 관계, 종교 관계, 계층 관계 및 국내외 동포 관계의 조화와 단결을 촉진하는 측면에서도 예외가 아니다. 이데올로기와 사회 신앙 체계에 대해 중국공산당은 예로부터 종교신앙 자유의 정책을 선도하는 동시에 종교와 사회주의 사회가 서로 적응하도록 적극 유도하는 사업 방침을 확립하였다. "사회 조화를 촉진하는 면에서 종교가 긍정적인 역할을 발휘하게 한다."는 것이 바로 사회주의 사회에 적응하는 것이다. 왜냐하면 조화는 사회주의 사회의 본질적 속성이기 때문이다. 그러나 정

19　【영국】安东尼·吉登斯,《超越左与右-激进政治的未来》, 李惠斌, 杨雪冬译, 社会科学文献出版社, 2009년, 제256쪽.

교합일, 종교가 정치에 간섭하고 종교 인사들이 위법 정치 활동과 사회 활동에 종사하는 것, 예컨대 시짱 등의 지역 승려들이 분열 활동에 종사하는 것과 같은 행위는 당연히 다양성을 포용하는 범위에 속하지 않으며, 반드시 법적 제재를 받아야 한다. 광의적 문화 범주와 사상 도덕 분야에서도 마찬가지이다.

그 어떠한 문화든지 모두 그것의 형성, 발전의 배경과 과정이 있고 그 어떠한 문화에든지 모두 현대 문명 사회의 공통된 인식 준칙에 맞지 않는 관념과 형식이 있기 마련이다. 예컨대 일부 민족 전통 문화에 남아 있는, 인체 또는 부녀자들의 어느 한 신체 부위나 장기를 훼손시키는 풍속, 그리고 적지 않은 민족에 존재하는 포틀래치(potlatch)[20]식의 과시 전통 등과 같은 것이다. 비록 이러한 것들은 전통문화의 범주에 속하지만 현대문명 사회에서는 오히려 인권 위반, 건강 훼손, 생산 생활에 해를 미치는 고루한 인습으로서 이러한 문화 풍습은 인류 문화 발전 과정에서의 역사 유적을 연구하는 데에만 그 의미가 있을 뿐 절대로 현대 문명 사회가 존중하고 포용할 수 있는 범주가 아니다. 이러한 풍습이 나타나게 된 시대적 배경, 사회 관념 및 가치 성향에는 불평등, 비문명의 요소가 포함되어 있다. 그렇기 때문에 경제 사회, 문화 교육, 의료 위생 및 인권 등 사업의 발전을 통해 이러한 풍습에 대해 차차 개변해 나가야 한다. 이것 역시 조화사회를 구축해나가는 과제 중의 하나이다.

통일된 인류와 다양한 문화는, 우리가 복잡다단한 다양성 속에서

---

20 역자 주, 북서부 아메리카 인디언 사회의 과거 의례 중 하나로 사람들을 초대해 음식 과 선물을 나누어 주는 풍습.

인류가 타고난 또 날로 증가하고 있는 공통성을 인식할 것을 요구하며, 차이(다양성)에 대한 조화를 통해 인류 사회의 다양성 통일을 보다 높은 수준에서 체험할 것을 요구한다. 따라서 인류 사회의 민족 대천세계에서는 새로운 이념을 통해 통일과 차이의 변증법적 관계를 인식해야 할 필요가 있다. 차이를 존중하고 다양성을 포용하는 민족관이 바로 이러한 새로운 이념인 것이다. 이것은 마르크스주의 민족 이론의 창조성에 대한 보완과 발전이다. 이 중국식 사회주의 이론 체계의 중요한 관점은 사회주의 핵심 가치체계가 이끄는 문화적 다양성과 그 계승, 발전, 혁신에 중대한 의의를 가질 뿐만 아니라, 민족관계를 포함한 각종 사회관계의 조화 구축에도 중대한 의의를 가진다. '차이'와 '다양성'은 모순 발생의 기초이지만 모순이 필연적으로 생긴다는 것을 의미하지는 않는다. '차이'를 어떻게 대하고 '다양성'을 어떻게 보느냐가 관건이다. 차이를 존중하는 것은 조화롭게 공생하는 전제이고 다양성을 포용하는 것은 서로 보완하고 혁신하는 것을 실현하는 보장이다. 서로 다른 문명과 문화를 지닌 국가와 민족이 "경쟁과 비교 가운데 서로 장점을 취하고 단점을 보완하고, 공통점을 취하고 차이점을 보류하면서 공동으로 발전해야 한다."[21]는 것은 바로 차이를 존중하고 다양성을 포용하는 문제의 관건으로서 사회 활력을 최대한 불러일으키고 사회 화합을 유지하는 데 유리한 모든 요소를 동원하는 기본적 보장이다.

문화 다양성의 관점이 강조하는 것은 다양성이지 각자 고립된 다

---

21 江澤民, 《共同创造一个和平繁荣的新世纪》, 《江泽民文选》第三卷, 人民出版社, 2006년, 제474쪽.

원성이 아니다. 생물의 다양성이 생태의 균형을 유지하는 데에 있어서 필수적인 역할을 하듯이, 문화 다양성이 중요시하는 것은 다양성의 가치 및 서로 간의 의존관계이다. 이런 관계는 유기적인 인류 통일성을 형성하였다. 그리고 이런 관계는 "통일화와 재다양화 과정이 더욱 폭넓게 전개되는 것을 전혀 방해하지 않는다."[22] 이러한 전개가 바로 창의적인 발전이다. 그리고 이것은 세계관과 방법론의 실천적인 과제이다. 국가 통일과 사회 화합은 각종 이익 관계 통합을 필요로 한다. 하지만 이 통합은 신앙, 문화, 생활방식 등에서의 동일화를 요구하는 것은 아니다. 동일화식의 통일은 차이와 다양성을 없애고 배척하는 진부한 관념으로서 민족관계 측면에서 보면 바로 이른바 "동화"인 것이다. "동화정책은 마르크스 레닌주의의 무기고에 절대 존재해서는 안 된다. 왜냐하면 이는 인민과 혁명을 반대하는 정책으로서 해로운 정책이기 때문이다."[23] 다양함 속에서 통일을 추구하는 관념이 바로 통합이다. "통합은 각 구성 부분의 공유와 호혜의 질서 중에서의 조화"이기 때문에 이런 시스템 속에서의 "통합은 다양화에 대한 부정이 아니고 그에 대한 보충이다." 이러한 통합은 "이미 형성된 단체 및 실체와 관계되기 때문에 그들은 서로 간에 더욱 밀접하고 공생적인 관계를 맺으려는 경향이 있다."[24] 중화민족 대가정을 구성하는 각 구성원은 중화민족의 위대한 부흥의 진행 과정에서 국가 민족 차원에서의 통합을 실현해야 한다.

---

22 【프랑스】埃德加·莫林, 安娜·布里吉特·凯恩,《地球祖国》, 제53쪽.

23 斯大林,《民族问题和列宁主义》,《斯大林全集》第11卷, 제298쪽.

24 【미국】E.拉兹洛,《决定命运的选择》, 제135-136쪽.

중국공산당은 조화사회를 구축하는 이념과 실천 속에서 조화로운 세계의 관념도 함께 제창한다. 중국 사회주의 핵심 가치 체계가 이끌고 있는 문화적 차이에 대한 존중, 사회생활에 대한 다양한 포용은 창조성을 키워주는 온상이다. "역사가 보여주다시피, 어디든지를 막론하고 백화제방·백가쟁명[25]이 있는 곳에서는 문명이 번영한다. 반대로 자신과 의견이 일치하지 않는 사람을 허용하지 않고 서로 협력하지 않는다면 문명은 몰락하게 된다."[26] 인류 사회의 현실적 발전은 계속하여 이 진리를 증명할 것이다. 이는 문화적 다양성이 갈수록 국제사회에서 공감을 얻고 있는 이유이기도 하다. 문화의 다양성이 곧 인류의 차이를 나타내고 바로 이 다양성과 차이가 인류 사회가 서로 의존하고 협력하는 문화 생태를 구성한다. 문화의 격리, 배척 및 파괴는 문화 생태를 훼손할 뿐만 아니라 발전과 혁신을 억제하게 된다. 사회주의 조화사회를 건설하는 문명관이 바로 마르크스주의 세계관의 새로운 경지이며 차이를 존중하고 다양성을 포용하는 관념이 이 문명관의 핵심 가치 내용의 하나이다.

범위를 넓혀 보면 정치 문화 범주에서도 마찬가지이다. 서론에서 서술한 바와 같이 동유럽 사회주의 국가가 '소련식 모델'의 속박 하에 강제로 동일화되지 않았다면, 마르크스 레닌주의와 자국의 구체적인

---

25   역자 주, 백화제방(百花齊放)이란 온갖 꽃이 만발하여 수많은 학설이 자유롭게 토론하며 발전하는 모습을 말하며, 백가쟁명(百家爭鳴) 또한 수많은 학자나 학파가 자유롭게 자신들의 사상을 내세우는 것을 말한다.

26   【이탈리아】L.L.卡瓦利－斯福L, F.卡瓦利－斯福L,《人类的大迁徙》, 乐俊河译, 杜若甫校, 科学出版社, 1998년, 제344쪽.

실제를 결부시켜 자국의 국정 특점에 부합하는 사회주의 길을 모색했더라면, 세계적 범위에서의 사회주의와 자본주의의 양 진영의 경쟁 태세 속에서도, 1991년의 소련의 붕괴와 그로 인해 초래된 전체 멸망의 결과가 발생하지는 않았을 것이다. 중국의 덩샤오핑이 제기한 "일국양제" 및 홍콩과 마카오가 중국으로 반환된 이 실천은 새로운 경지를 구현하였다. 국가 통일이라는 전제조건 하에서 홍콩과 마카오가 원래의 사회제도를 유지하여 "항인치항(港人治港, 홍콩인이 홍콩을 다스림)", "오인치오(澳人治澳, 마카오인이 마카오를 다스림)"라는 고도의 자치를 실행함으로써, 중국은 주권 독립, 영토 완정 및 중화민족의 통일을 수호하는 면에서 홍콩 마카오의 평화적인 반환과 조화로운 발전이라는 국가 통일의 대업을 실현하였다. 그리고 이러한 "일국양제"의 체제는 앞으로 중국 대륙과 타이완이 하나의 중국이라는 전제에서 통일을 실현하는 데 본보기로 삼을 만한 모범 양식을 제공하였다. 하나의 중국, 두 가지 제도는 중국 고대의 "화이부동" 관념의 현대 사회에서의 승화이며, 정치 문명과 제도 문명의 위대한 창의이다. 문명의 다양성과 문화 차이의 측면에서 보든지 아니면 사회제도, 이데올로기 및 발전 모델의 다양성에서 보든지 이것은 모두 새로운 문명관이다. 차이 가운데서 통일을 추구하고 다양성 가운데서 조화를 추구하는 것은 중국이 국가 통일과 사회 조화를 실현하는 기본적인 이념이다.

따라서 차이를 존중하고 다양성을 포용하는 조화 관념은 정치 지혜의 고도의 구현이라고 할 수 있다. 중국 고대 사회의 정치 지혜 중에는 "화이부동"의 관념이 있을 뿐만 아니라 또 "차이"와 "다양성" 속에서 조화를 추구하는 실천도 있었다. 고대의 서적에서 유래한 "화해(和

諧, 조화)"는 음률학에 주로 쓰였다. 즉 "모든 음률이 조화를 이루어 우열을 가릴 수 없다."는 뜻이다. "옛날의 음악은, 오성으로 팔음을 내며 조화롭게 어울렸는데, 이는 치세지도와 상통한다. (昔日作乐, 以五声播于八音, 调和谐合而与治道通。)"[27]는 설이 있는 바, 옛사람들은 이렇게 음률의 조화 속에서 치세지도의 의의를 깨달았다. 이것은 우리가 차이 가운데서 조화를 추구하고 다양성 가운데서 조화와 통일을 추구하는 데에 대해 중요한 계시를 준다. 들쑥날쑥 차이가 많이 나는 음들도 뛰어난 악사의 연주 속에서 아름답고 조화로운 음악 소리를 낼 수 있듯이, 우리가 사회의 다양성, 문화의 차이성을 각종 악기에 비유한다면 집정자 또는 관리자는 독주 또는 합주 또는 교향곡 연주에 있어서 복잡다단한 차이음을 조화롭게 연주해 낼 수 있는 악사인 것이다.

중국공산당이 바로 사회주의 조화사회를 건설하는 악사이다. "조화는 힘을 모으고, 조화는 대업을 성취한다. 사회주의 조화사회의 건설은 중국 특색의 사회주의를 건설하는 중대한 전략적 임무이고 공산당의 집권능력에 대한 중대한 시험이다". 이 역시 《결정》에서 지적한 "사회주의 조화사회를 건설하는 관건은 공산당에 달려 있다."는 것의 중요한 의미이기도 하다.

---

27   《宋史》卷一百二十七, 志八十·乐二, 中华书局, 1985년, 제2971쪽.

제2절 조화 사회, 과학적 발전 중에서의 인문자원

중국 현대화 발전의 단계성 목표는 2020년에 이르러 전면적으로 샤오캉 사회를 실현하는 것이다. 여기서 말하는 '전면'에는 많은 의미가 포함되어 있지만 그중 '공동(다함께)'이 핵심내용이다. 즉, 전국 각 지역, 각 민족이 공동으로(다함께) 샤오캉 사회의 정치, 경제, 문화, 사회와 생활환경 수준을 누리는 것인데 이것은 국가 전체가 전면적이고 협조적이며 지속 가능한 발전 능력을 구비했고 인간 중심의 발전 능력을 구비했음을 의미하는 것으로, 웅대한 목표임에 틀림이 없다.

조화사회에서의 문화 존중

사회주의 조화사회 구축에 있어서는 각 민족, 각 계층, 각 업계의 이익을 통일적으로 계획하고 골고루 돌봐야 할 뿐만 아니라 차이를 존중하고 다양성을 포용하는 사회관념을 수립해야 한다. 이것은 평등, 단결, 호조, 조화의 사회주의 민족관계를 튼튼히 다지고 발전시킴에 있어서 반드시 구비해야 할 정책과 사회 조건이다. 즉 이것은 조화로운 발전의 정책 체제와 포용 발전의 사회 환경이다. 그중 민족 문화의 다양성에 대한 존중과 이해는 각 민족의 이익과 평등한 권리를 보장하는 기본요구이고 각 민족 문화의 공동 번영 발전을 실현하는 기본조건이기도 하다. 이런 면에서 국가의 문화 정책을 관철하고 실천하는 것은 정책의 방향에 대한 실질적 보장일 뿐만 아니라 전 사회를 규제하고 교육하는 규범이기도 하다. 그 목적 중 하나가 바로 전 사회, 각 민족 간의 자각적인 문화 존중 의식을 수립하고자 하는 것이다. 문화 존중은 문화에 대한 이해에서 나온다.

앞에서 기술한 바와 같이, 중국 선진(先秦) 시기의 역사 문헌 중 "오방지민"의 문화에 대한 묘사는 전면적으로 문화 현상을 해석한 가장 이른 경전이라고 할 수 있다. "무릇 백성들의 거처를 배치할 때에는 백성들의 생활 습관과 현지의 기후, 지형을 알맞게 고려해야 한다. 산골짜기와 강변에서 생활하는 사람들이 외모가 서로 다르듯이 그들의 풍속 습관도 서로 다르다. 어떤 민족은 성격이 급하고 어떤 민족은 느릿느릿하며 각자 음식도 서로 다르다. 또 사용하는 도구도 서로 다르고 옷차림도 모두 상이하다. 중국의 이(夷), 만(蠻), 융(戎), 적(狄) 등의 소수 민족은 모두 각자가 원하는 안정된 거처가 있고 자기만의 음식 취향이 있으며 각자의 옷차림 취향이 있고 각자가 사용하는 도구도 서로 다르다. 오방지민은 말이 서로 통하지 않고 취향도 서로 다르다."[28] 이 오래된 기록에 대한 이해는 어렵지 않다. 문화 현상에 대한 현대의 과학적인 이해가 이러한 오래된 사상을 결코 뛰어넘지 못했다고 말할 수도 있다. 예를들면 "문화지리학은 서로 다른 민족의 형식 상의 차이, 즉 물질 문화의 차이뿐만 아니라 사상 관념의 차이에도 주목하는데, 바로 이런 사상 관념이 한 민족을 하나로 뭉치게 한다."[29] 이른바 "말이 서로 통하지 않고 취향도 서로 다르다."는 것이 바로 이런 사상관념 즉 가치관념과 그 차이성에 대한 표현이다.

---

28 《礼记》, 王制, 第五, 《十三经注疏》.

29 【영국】迈克·克朗, 《文化地理学》, 杨淑华, 宋慧敏 译, 南京大学出版社, 2005년, 제2쪽.

중국공산당은 어떻게 민족문제를 해결하는가

문화는 인류사회에서 가장 복잡한 개념 중 하나로서 그 정의가 다양하고 그에 대한 의론이 분분하다. 인류사회에서 문화는 모든 곳에 존재하고 인류의 각종 활동과 늘 함께 하고 있다고 할 수 있다. 따라서 한 사람이 모체를 이탈하여 세상에 태어나면, 단순한 생물학적 계승('태교' 제외)에서 벗어나 문화를 답습하는 과정에 진입하게 된다. 옹알거리며 말을 배우는 것으로부터 모든 사물을 관찰하고 받아들이는 것은 모두 문화를 획득하는 것이며, 제도화된 교육과정을 이수하고 사회에 진출하여 어떤 직업에 종사하게 되면서 그 어떤 문화의 탑재자, 전승자가 되는 것이다. 물론 정도의 차이가 있을 수 있는데 이것은 모든 사람은 한정된 문화적 코드 및 그 내포만을 수용하고, 하나의 문화유형은 집단적인 수용과 전승에 의해 보존되기 때문이다.

개개인은 모두 하나의 민족, 하나의 국가에 속하는 바 개개인이 탑재한 문화는 모두 민족적 특성과 국가적 특징도 가지고 있다. 그렇기 때문에 "문화는 인류 단체가 대대로 전해져 내려오는 과정에서 개인과 집단의 노력을 통하여 얻은 지식, 경험, 신앙, 가치관, 태도, 의의, 사회 등급, 종교, 시간관념, 역할, 공간 관계, 우주관 및 사물과 물질 재부 등 모든 것이 축적된 것이다."[30] 이런 축적은 비교적 고정된 코드나 상징적 사물을 통하여 표현되고 전파되는데 그 내포는 서로 다른 가치, 심리와 지식 체계를 구현한다. 그렇기 때문에 문화는 인류 사회에서 가장 복잡한 조직 체계로서 일부 인류학자들은 "이른바 문화란 이처럼 사람 스

30　【미국】拉里.A.萨默瓦, 理雪德.E.波特主编,《文化模式与传播方式-跨文化交流文集》, 麻争旗等译, 北京广播学院出版社, 2003년, 제7쪽.

스로가 만든 의미의 그물망이기 때문에 문화에 대한 분석은 일종의 규율을 찾는 실험 과학이 아니라 그 의의를 탐구하는 해석 과학이다."[31]라고 하였다. 따라서 문화에 대한 이해 또는 타문화에 대한 이해는 부동한 민족끼리 서로 교류하고, 서로 존중하고, 서로 협력 보완하는 전제 조건이다. 이 점은 다민족국가에 있어서 특히 중요하다.

당대 세계에서 문화 다양성의 관념 및 이론 해석에 대해 국제적 공감대를 형성한 역사는 길지 않지만, 인류학 등의 학과에서는 일찍이 이런 현상을 찾아서 제시했다. 중국으로 놓고 말하면, 일찍 선진(先秦) 시기의 선현들이 벌써 '오방지민'의 문화 다양성을 인식했다. 그렇지만 소수민족 문화를 존중하고 발전시키자고 제창한 것은 중국공산당이었고, 소수민족 문화를 대량으로 발전시키고 보호하는 법률, 법규, 정책, 조치를 제정한 것은 중화인민공화국이었다. 물론, 법률, 법규, 정책과 조치의 시행은 경제 사회 발전의 실천 속에서 그 효과를 나타내야 할 뿐만 아니라, 이를 위한 사회 환경과 분위기를 창조할 필요가 있다. 즉 광범위한 사회적인 공감대를 형성해야 하는 것이다.

문화 다양성이 내포하는 의미는 부동한 문화 간의 차이를 인정하는 데 있을 뿐만 아니라 부동한 문화가 지닌 가치 및 상호 간의 공생(共生, 서로 도우며 함께 살아나감), 공용(共容, 상호 포용), 공영(共榮, 공동 발전)의 가능성에 대해 인정하는 데 있다. 이는 다문화 교류와 어울림 속에서 상호 존중, 상호 이해, 조화로운 발전을 실현하는 필수조건이다. 중국 각 민족의 교류와 상호 관계에서 문화 요소는 갈수록 중요해지는 특

---

31 【미국】克利福德·格尔茨,《文化的解释》, 韩莉译, 译林出版社, 1999년, 제5쪽.

징을 나타내고 있다. 특히 개혁개방 이래 지역 간, 민족 간의 경제 사회 발전 과정에서 날로 밀접해지는 상호 작용으로 인해 각 민족 간의 문화 적응 문제도 갈수록 뚜렷해지고 있다. 여기에는 각 민족의 문화가 포함되는데, 특히 소수민족의 문화가 현대화 과정에서 개방적으로 발전하여 나타난 민족문화-지역문화-국가문화의 발전 추이까지 포함된다. 이 점에 대해서는 비록 사람들이 자연스레 느끼고는 있지만, 아직 자각해서 인지하고 있지는 않다. 그렇기 때문에 날로 확대되고 밀접해지는 각 민족의 상호 관계 속에서 소수민족 문화에 대한 존중과 이해에는 여전히 일부 문제가 존재하고 있다.

개혁개방 이래 소수민족 문화에 대한 인지면에서의 문제로 인해 민족관계에 영향을 미치는 일련의 사건들이 나타났었다. 비록 이런 문제의 원인이 의식적으로 차별하거나 배척하는 관념에서 비롯된 것은 아니었지만 이른바 기이한 풍속에 대한 엽기적인 묘사, 각종 문화의 '금기' 관념과 형식에 대한 경멸, 역사 화제에 대한 허구와 날조, 그리고 영화 또는 드라마 캐릭터에 대한 상징적 및 기호적인 설계, 소수민족 종교 신앙 및 그 영향으로 인해 생활 습관에 스며든 요소의 표현에 대한 비존중 등은 모두 민족적인 시위, 항의 그리고 민원을 불러일으켰다. 일부 간행물, 영화 드라마 작품, 문학 작품 및 그 당사자, 책임자들도 이로 인해 국가의 민족정책을 위반하여 징계처분을 받았다. 이런 문제가 생긴 원인은 민족정책 관념이 미흡하고 민족 역사와 현실 지식에 대한 이해가 부족한 등의 이유가 있겠지만 타문화를 존중해야 한다는 가장 기본적인 관념 기반이 부족했기 때문이다. 이런 관념 기반은 많게 적게 자아 문화 우월성의 심리적 요인을 포함하는데 상대적으로 말하면 타문화의 낙후성에 대한 심리적 평가이다. 이러한 현상은 대한족주의 사상의 반영으로 간단하게 귀결시킬 수 없다. 이것이 소수민족에게 주는 심리적 느낌은 결코 '엽기'나 '농담'이나 '연기'만큼 가벼운 게 아니다.

20세기 80년대 개혁개방의 발전에 따라 중국과 세계의 상호 관계는 날로 밀접해지고 있다. 중국 사람들도 경제 사회 발전의 낙후성 또는 전통성으로 인해 현대 경제 생활의 교류 및 영향 속에서 문화 행위 적응성 문제가 발생하여 심리적 체험의 변화를 겪은 경험이 있다. 중국 사람들이 출국하여 서방의 선진국으로 가거나 또는 국내에서 '서양인' 및 그 문화(제품 포함)를 접촉했을 때, 일부 사람들의 마음 속에는 맹목적으로 외국을 숭배하는 심리가 생기기도 했고, "기술이 뒤떨어졌다"는 열등감이 생기기도 했다. 그러나 가장 보편적인 예민한 심리는 '서양인'들의 중국 사람에 대한 부정, 조롱, 경멸적인 평가에서 나타났다. 여기에는 중국 문화 행위에 대한 비존중, 불이해가 포함되는데, 이로 인해 격분된 언론과 행위가 나타났고 나아가 자존심을 지키자는 민족주의 정서를 형성한 사례도 적지 않다.[32] 이러한 국제적 상호 관계에서 나타난 현상의 시각으로 국내의 민족관계를 자세히 살펴보면 사실 유사성을 갖고 있음을 알 수 있다. 사실 소수민족이 주류사회 문화와 상호 작용하는 과정에서도 역시 비슷한 문제가 존재하고 있다. 비록 이런

---

32 이를테면 " '네트워크 시대의 의화단정신'을 반영한 위정론 작품"이라고 불리는《No라고 말할 수 있는 중국(中国可以说不)》같은 것이 있다. 许纪霖,《返西方主义与民族主义》, 李世涛主编,《知识分子立场-民族主义与转型期中国的命运》, 时代文艺出版社, 2000년, 제421쪽을 참조하라.

문제는 일반적으로 개인의 접촉 과정에서 발생하지만 개인의 경험과 느낌은 종종 집단의 이미지로 전환되어, 더 나아가 집단적인 반응과 집단적인 기억을 형성하게 된다.

부동한 문화 간의 상호 교류는 다문화 전파의 범주에 속한다. 그중 '다문화 민감성'은 이런 교류와 상호 작용 중 가장 보편적이고 중요한 현상이다. 이른바 '다문화 민감성'이란 한편으로는 차이를 발견하는 민감한 능력이고 다른 한편으로는 차이를 대하는 민감 반응이다. 전자는 대비 효과의 직관성으로 인해 쉽게 인식된다. 후자는 문화 차이에 대한 태도, 평가와 관련되기 때문에 부동한 문화 집단의 상호 작용 관계에서 관건적인 요소로 작용한다. 우월감과 자존감, 경멸과 방어 등 심리는 모두 이런 민감성에서 나타난다. 그렇기 때문에 "다문화 민감성은 특히 존중의 태도를 강조"하는데, "다문화 교류에서 타인 및 그 문화 차이를 존중할 줄 모른다면 그 결과는 늘 만족도를 저하시키게 된다."[33] 다민족 국가에서 이런 만족도 저하는 민족관계의 손상을 의미한다. 따라서 "각 민족이 역사 발전 과정 중에서 형성한 전통, 언어, 문화, 풍속 습관, 심리적 동질감 등의 차이를 충분히 존중하고 이해해야 한다."[34]는 것의 의의가 바로 중국공산당이 조화사회를 구축함에 있어서 민족관계에 대해 내린 문화에 대한 이해인 것이다. 이 관념은 민족 정책의 원

---

33   【미국】拉里.A.萨默瓦, 理查德.E.波特主编, 《文化模式与传播方式-跨文化交流文集》, 제453쪽.

34   胡锦涛, 《在中央民族工作会议暨国务院第四次全国民族团结进步表彰大会上的讲话》, 国家民族事务委员会, 中共中央文献研究室, 《民族工作文献选编》(二〇〇三-二〇〇九年), 제70쪽.

칙으로서, 전 당, 전 사회, 전국 각 민족 인민의 공동 인식이자 행위 규칙으로 되어야 한다. 이 점은 미래에 각 민족이 더욱 광범위하고 더욱 밀접하게 교류하고 상호 작용함에 있어서 특히 더 중요하다.

중국에서 사회주의 조화 사회를 구축하는 중요한 내용 중 하나가 바로 사회주의 핵심 가치 체계의 인도 하에 중화문화의 번영 발전을 실현하는 것인데 이는 중화민족의 위대한 부흥을 실현하는 중요한 표징의 하나이다. 소수민족 문화는 중화문화의 유기적인 구성부분이고 중화문화의 번영 발전을 실현하는 중요한 원천이기도 하다. 그렇기 때문에 충분한 존중과 이해의 기초에서 소수민족 문화의 번영 발전을 추진하는 것은 곧 중화문화의 번영 발전을 위하여 다양한 영양분을 제공하는 것이다. 스탈린이 말한바와 같이 "전 인류의 무산계급 문화는 각 민족의 민족 문화를 배척하는 것이 아니라 민족 문화를 전제로 민족 문화에 영양분을 공급하는 것이다. 이것은 각 민족의 민족 문화를 취소하는 것이 아니라 전 인류의 무산계급 문화를 더욱 알차게 하고 풍부히 하는 것과 같은 도리"[35]인 것이다. 중국특색의 사회주의 선진문화는 중국 각 민족의 전통문화에 뿌리를 두어야만 중국 특색을 나타낼 수 있다. "내용은 무산계급의 것이고 형식은 민족적인 것—이것이 바로 사회주의가 도달해야 할 전 인류의 문화이다. 무산계급문화는 민족 문화를 취소하는 것이 아니라 그에 내용을 부여하는 것이다. 반대로 민족 문화도 무산계급문화를 취소하는 것이 아니라 그에 형식을 부여하는 것이다."[36]

---

35   斯大林,《论东方民族大学的政治任务》,《斯大林全集》第7卷, 人民出版社, 1958년, 제119쪽.

36   斯大林,《论东方民族大学的政治任务》,《斯大林全集》第7卷, 제117쪽.

이것이 바로 그러한 특색이다. 해당 목표를 실현하려면 각 민족의 문화 특히 소수민족 문화에 대한 충분한 존중과 이해의 기초에서 각 민족 문화와의 교류, 각 민족 문화에 대한 흡수와 참고를 통하여 각 민족 문화의 우수한 내용을 추출하고 발양하는 승화의 과정을 통해 중화민족의 공통 문화를 만들어내야 한다.

과학적 발전과 문화자원

과학적 발전관은 중국공산당이 개혁개방의 실천 경험에 대해 내린 중대한 이론적 개괄이고, 중국특색의 사회주의를 건설하는 지도사상이기도 하다. 과학적 발전관은 사회주의 초급단계의 기본국정에 입각하여 개혁개방 이래 중국 경제 사회 발전 실천에 대한 총결을 통하여, 그리고 국제 사회의 발전 경험을 흡수하고 참고하여, 사회주의 조화사회를 구축하는 발전 요구에 부합되게 제정하고 제기한 중대한 전략 사상으로서, 개혁개방을 견지하고 장기적인 발전을 계획하는 근거이다. 그렇기 때문에 과학적 발전관은 "많은 문명을 포함하는 경험이며, 자연세계의 복잡한 네트워크이며, 인류역사에 대한 투철한 이해와 수많은 과학연구의 결정체이다."[37]라고 할 수 있다. 따라서 이것은 하나의 스마트형 발전관념이다.

1970년대 초 로마클럽의 《성장의 한계》 등 연구보고서와 그에 관

---

37 【미국】丹尼尔.A.科尔曼,《生态政治: 建设一个绿色社会》, 梅俊杰译, 上海译文出版社, 2002년, 제112쪽.

련된 전 세계적인 문제들이 세간의 관심을 끌었으며, 세계적인 범위에서 발전 모델에 대한 반성과 탐구가 진행되었다. 그중 공통된 인식 즉 서방 현대화 과정의 중요한 교훈 중 하나가 바로 "발전주의 사상은 경제학 및 양적 관점으로 사물을 바라볼 뿐, 종래의 또는 전통적인 사회의 문화재는 무시해 왔다."는 것이다. 이로 인해 인류사회의 많은 전통 지혜가 과학적 인식을 얻지 못하였고 추출되지 못한 채 유실되어 사라지고 말았다. 다양한 문화는 인류사회 발전의 귀한 자원이다. "역사적으로 볼 때, 인류의 각종 문화는 늘 서로 잘 적응해 왔을 뿐만 아니라 그 주변 환경의 안정과 활력을 힘있게 촉진했다."[38] 그렇기 때문에 모든 나라, 모든 민족의 현대화의 방법 및 발전 방식은 모두 그 나라, 그 민족, 그 지역의 실제에 입각하여야 하는데, 이런 실제는 자신의 경제 기반, 발전 환경, 자연조건 등을 포함할 뿐만 아니라 문화 요소도 포함한다. 세계든 중국이든, 아니면 선진국이든 개발도상국이든 경제세계화 시대의 "발전 문제는 모두 문화와 문명 문제 및 생태 문제에 직면하게 된다."[39] 문화와 문명의 다양성은 또 발전의 길에 대한 선택의 다양성과 발전 방식의 다양성을 분명하게 보여준다.

중국의 현대화의 발전 목표는 중국을 미국 또는 서양의 어느 한 선진국으로 변화시키는 것이 아니라, 동양 문명에 뿌리를 두고 중국 본토에 입각한 현대 사회주의 국가를 건설하는 것이다. 상술한 바와 같이 경제 세계화의 추동 하에 서방의 물질 문명, 과학기술 문명의 많은 성

---

38 【미국】丹尼尔·A.科尔曼,《生态政治: 建设一个绿色社会》, 제117쪽.

39 【프랑스】埃德加·莫林, 安娜·布里吉特·凯恩,《地球祖国》, 제60쪽.

과는 이미 인류 사회에 보편적이고도 심각한 영향을 미쳤는데 많은 과학기술 성과 및 그 매개체는 개선이 필요할 뿐 발명이 필요한 것은 아니다. 그렇기 때문에 이런 전체 인류 문명의 성과를 대표하는 성과를 받아들이고 참고하는 것은 개발도상국의 필수 선택이다. 하지만 받아들이고 참고하는 것은 모방이나 그대로 옮겨 오는 것이 아니라 개선이나 혁신을 하기 위한 것이다. 이런 개선과 혁신은 모두 본국의 실정, 본민족 실제에 부합해야 한다는 내적 요구를 포함하는데 이런 내적요구는 문화를 포함한다. 문화는 하나의 지극히 복잡한 개념이다. 그렇지만 그 어떠한 문화든지를 막론하고 모두 지식, 지혜, 가치 관념과 표현 방식 등 기본요소를 포함한다. 이런 요소로 구성된 국가성, 민족성, 지방성의 다양화는 '코카콜라'나 '맥도날드' 식의 보편성, 표준화로 대체할 수 없다.

많은 개발도상국에서 현대화를 실현하기 위한 발전은, "발전의 개념 가운데서 경제주의의 찌꺼기를 제거해야 할"뿐만 아니라 "발전을 위해 방향과 표준을 제정한 서양의 경제, 문명, 문화의 모델을 돌파하고 초월해야"한다. 그렇기 때문에 반드시 "인간을 근본으로 하는" 발전 목표를 세워야 한다. 이 발전은 인류가 진정한 문명을 실현했다는 것을 의미하며 "억압, 모욕, 차별 대우를 받는 조건에서 생활하지 않고 이해와 단결과 동정 속에서 생활한다는 것을 의미한다. 즉, 발전의 목표가 논리 면의 절박한 수요까지도 포함한다는 것이다."[40] 이런 점에서 1989년 미국 정부와 그 통제 하에 있는 국제경제기구가 제정한, 라틴아메리

---

40 【프랑스】埃德加·莫林, 安娜·布里吉特·凱恩,《地球祖国》, 제110쪽, 제115쪽.

카 국가들과 동유럽의 체제전환 국가를 겨냥한 신자유주의 정치경제 이론인 '워싱턴 컨센서스(Washington Consensus)'가, 바로 이 같은 "경제주의의 찌꺼기"에 해당하는 것이다. 이런 발전 모델의 이론과 실천의 실패는 "모든 라틴아메리카 국가의 경제가 곤경에서 벗어날 수 없게 되는"[41] 단계적 특징을 조성하였다. 그 뿐만 아니라 1994년 1월에는 멕시코 치아파스주에서 인디안인 '사파타 민족 해방군' 봉기가 폭발함으로서, "미국이 강요하는 자유무역협정에 대해 공개적으로 대항하는 형식을 취하였다."[42] '워싱턴 컨센서스'는 단순한 신자유주의 경제 정책이 아니라 경제 체제, 정치 체제, 문화 체제의 다중 특성을 가진 개조 방안으로서, 이는 일종의 거짓된 경제 글로벌화의 힘으로 추진한 서구 문명과 문화의 침략이다. 모든 국가, 모든 민족, 모든 사회는 이런 침략에 저항할 수 있는 문화적 역량을 가지고 있다. 그것이 바로 한 국가의 '소프트 파워'이다. 여기에는 정치 문명, 물질 문명, 정신 문명, 생태 문명이 함축하고 있는 문화의 저력이 포함되어 있다.

20세기 90년대에 이르러, 비록 이데올로기의 대치는 냉전구조가 가셔짐에 따라 완화되었지만, 문화 다양성의 차이는 오히려 서방 사람들이 만들어 낸 '문명 충돌'에 의해 더욱 확대되었다. 이런 확대의 착안점은 여전히 이데올로기인데, 다만 더욱 오래된 '유교'문명, 이슬람문명과 기독교문명의 모자를 썼을 뿐이다. 하지만 세계화의 발전 과정에서 사람들은 "20세기의 마지막 10년 동안 서로 다른 민족과 사회는 반

---

41   【멕시코】卡洛斯·安东尼奥·阿居雷·罗哈斯,《拉丁美洲: 全球危机和多元文化》, 王银福译, 山东大学出版社, 2006년, 제13쪽.

42   【멕시코】卡洛斯·安东尼奥·阿居雷·罗哈斯,《拉丁美洲: 全球危机和多元文化》, 제203쪽.

드시 더욱 많은 노력을 해야지 서로 용인하기만 해서는 안 되며, 반드시 함께 생활하고 서로 보태주고 상호 보완하는 법을 배워야 한다."는 것을 인식하게 되었다. 왜냐하면 "서로 용납하고 의존하는 논리가 있게 되면 문화의 다양성이 더욱 조화를 이룰 수 있기 때문이다. 이것은 서로 다른 사람들과 서로 다른 사회 간의 상호 보완성을 이해하는 기초가 될 수 있으며, 호혜호조의 운영관계를 수립하는 기초가 될 수 있다."[43] 물론 이는 일종의 미래 지향적인 이상이지만 이런 이상은 마르크스주의가 제기한 인류사회 발전의 필연적 비전으로서, 중국공산당은 이를 실현하기 위해 끊임없이 노력하고 있다.

중국의 '일국양제' 및 그 실천과 미국의 '이슬람세계 개조'는 인류사회 정치 문명과 정치 야만의 두 가지 전형적인 사례이다. 전자가 뿌리를 내린 문화적 배경은 중국 고대의 "화이부동"의 체현이고, 후자가 선양한 문명 관념의 출발점은 식민주의 시대의 '백인 우월주의'이다. 전자는 포용을 의미하고 후자는 편협을 의미한다. 전자가 추구하는 것은 조화로운 사회의 내정(內政)이며, 또한 외교 영역으로까지 뻗어 나가 조화로운 세계를 선도하는 것이다. 후자가 추구하는 것은 '용광로' 식으로 되돌아 가는 동화의 내정이며, 국제 무대로 확장해 나가 세계를 '서방화'하려는 것이다."[44] 이에 대해 헌팅턴은 위협적인 말투로 "미국의 신조(信條)와 서방 문명을 포기하는 것은 우리가 알고 있는 아메리카 합중국의 종결을 의미한다. 사실상 이는 서방 문명의 종결을 의미하기

---

43   【미국】E.拉兹洛,《决定命运的选择》, 제126, 130쪽.

44   졸문《民族认同危机还是民族主义宣示? 亨廷顿〈我们是谁〉-书的族际政治理论悖论》, 《世界民族》2005년 第3期。

도 한다. 만약 미국이 서방화를 하지 않는다면 서방은 축소되어 유럽과 유럽 이민 인구가 많지 않은 몇 개의 나라만 남게 될 것이다. 미국이 없으면 서방은 유라시아 대륙 한 쪽의 작고 또 별로 중요하지 않은 반도에 거주하는, 세계 인구 가운데서 보잘 것 없는 몰락된 한 부분으로 될 것이다."[45]라고 단언했다. 이처럼 으름장을 놓는 말로 서방 세계의 단결을 유지하고, 미국의 리더 지위를 추대하여, 미국의 '단극 체제'의 패권을 구축하려는 것이 바로 '문명 충돌론'이 이루고자 하는 목표이다. 이러한 "문명에 대한 도전"을 없애기 위하여 미국 및 미국을 대표로 하는 서방 세계는 "인권이 주권보다 우위에 있다", "반테러", "대규모 살상 무기 반대", "인도주의 재난", "민주화" 등과 같은 이유로 유고슬라비아, 아프카니스탄, 이라크, 리비아 등 나라에 대해 일련의 전쟁을 도발하였다. "기술은 문명을 가져다준 동시에 익명의 누군가의, 지배자의 신형 야만을 초래하였다. 이성이란 단어는 비판정신을 갖춘 합리성을 의미할 뿐만 아니라 구체적인 사무와 실제 복잡성을 무시하는 합리화한 망상을 의미한다. 우리가 말하는 문명의 두드러진 표현은 야만의 두드러진 표현이기도 하다."[46] 이것이 바로 서방 현대화가 대표하는 문명 및 그 문명의 불가피한 자본주의의 속성이다.

솔직히 말하면 비서양 고대 문명의 성과, 특히 역사 상에서 이미 성장을 멈춘 문명 성과에 대한 해석은 서방의 과학이 주도적 역할을 발휘하여 진행하였다. 서방의 과학계가 휘황찬란한 고대 문명 유적을 주목

---

45   【미국】塞缪尔·亨廷顿,《文明的冲突与世界秩序的重建》, 제354쪽.

46   【프랑스】埃德加·莫林, 安娜·布里吉特·凯恩,《地球祖国》, 제95쪽.

하고 해석하는 데 열중한 반면, 서방의 정치 문화, 경제 문화는 고대 문명을 대표하는 전통 문화가 현대에서 빠른 속도로 사라지는 현상에 대해 전혀 무관심하고 심지어 경멸하면서 담담하게 처리하였다. 서방의 현대 문명을 추앙하는 이러한 문화 전략은 일부 비(非) 서방국가들로 하여금 "서방의 경외할 만한 '힘과 재부'를 축적한 비결을 찾으면서, 일말의 비판성도 없이 서방의 모든 것을 숭배"하게끔 한다. 그리고 현대 첨단 기술에 의한 서방 문화의 세계적 확산으로 "'흰 피부가 아름답다'와 같은 광고들이 불가피하게 제3세계인들의 열등감과 자기 비하 의식을 강화시켰다."[47] 발전을 모색하는 이러한 '서방화' 추세와 열등감은 이런 나라들로 하여금 현대화 과정에서 더욱 보편적으로 자신의 전통 문명 요소를 얕보고 아무 생각 없이 포기하게 한다. 이것이 바로 미국을 대표로 하는 서방 세계가 자신의 정치 문명을 추진함에 있어서 필요로 하는 부분이다. 이는 자발적인 '서방화'의 내적 동력이고 미국과 서방이 '서방화'를 추진함에 있어서 "싸우지 않고 적을 굴복시킬" 수 있는 원가가 가장 낮은 모략이기 때문이다. 그렇기 때문에 개발도상국들이 세계 민족 속에서 굳건히 홀로 설 수 있는 현대화 길을 모색함에 있어서, 자체 문화 자원의 역량은 국정의 견고함을 보장하는 기반이다. 중국의 현대화의 길에서 출현한 과학적 발전관은 차이를 존중하고 다양성을 포용하는 조화 사회 이념을 포함할 뿐만 아니라 사회주의 문화의 건설, 발전, 번영의 중요한 의의를 밝혔다. 그중 소수민족 문화의 보호, 계승, 발전과 번영은 민족문제의 해결에 있어서나 중화민족의 위대한 부흥을

---

47 【미국】斯塔夫里阿诺斯,《远古以来的人类生命线》, 제148, 177쪽.

실현함에 있어서나 모두 중요한 의의가 있는 유기적인 구성부분이다.

소수민족 문화의 번영 발전

중국 소수민족의 다채로운 문화는 각 민족 자체의 특징과 자기발전 능력의 지혜의 원천일 뿐만 아니라 중화민족 문화 보고(寶庫) 중에서 문화의 다양성을 구성하는 중요한 구성부분이기도 하다. 이런 인문자원은 중화문명을 구성하는 데 없어서는 안 되는 요소이다. 소수민족이 집거하는 서부 지역은 비록 경제 사회 발전 수준이 아직도 덜 발달한 상황이지만 이 광활한 지역은 중국 문화의 다양성, 생물 다양성의 자원이 풍부하게 집결된 지역이다. 중국의 민족 정책 체계에서 모든 민족은 인구의 많고 적음, 역사의 길고 짧음을 막론하고 모두 중화민족 대가정의 평등한 구성원이고 문화 평등은 민족 평등의 기본 내포이다. 그렇기 때문에 중국 소수민족의 현대화 발전은 경제 사회 생활의 발전 뿐만이 아니라 소수민족 문화의 발전과 번영도 포함한다.

중국공산당은 예로부터 소수민족 문화의 발전을 중시하여 왔다. 그리고 인식 면에서도 끊임없이 승화하였다. 특히 서부대개발 전략을 실시한 이래, 당과 국가는 소수민족의 문화 발전 문제를 경제 사회 발전을 가속화하는 궤도에 올려놓고 자금, 정책과 조치 면에서 대대적인 지원을 강화했다. 사상 관념 면에서는 소수민족문화 보호와 발전에 대해 새로운 요구를 제기하였다. "문화는 민족의 중요한 특징이고 소수민족 문화는 중화문화의 중요한 구성부분이다. 국가는 소수민족 문화를 존중하고 보호하며, 소수민족의 우수한 문화를 계승하고 발전시키며 혁신하는 것을 지지하며, 각 민족의 문화 교류 강화를 격려한다. 그리고 소수민족의 교육, 과학기술, 문화, 보건, 체육 등의 사업을 대대적으로 발전시키고 각 민족 군중의 사상도덕 소질, 과학문화 소질과 건강 소질을 부단히 제고해야 한다."[48] 이런 눈높이에서 소수민족 문화의 가치를 인식하고 소수민족 문화를 중화문화에서 없어서는 안 될 구성 부분으로 삼는 것이 바로 조화사회를 건설하고 과학적 발전을 실현함에 있어서 반드시 입각해야 하는 문화적 입장인 것이다.

중국은 국토가 광활하고 자연지리 조건이 다양하다. 이것은 문화 다양성을 산생하고 자양하는 환경기초이다. 소수민족은 비록 중국의 각 지역에 널리 분포해 있지만 경제 지리적 의미에서는 서부 지역에 가장 많이 집중되어 있다. 그렇기 때문에 서부 지역은 문화 다양성이 가장 뛰어난 지역이기도 하다. 소수민족 문화의 다양성은 문화 표현의 다양한 형식에 있다. 그뿐만 아니라 자연 지리 환경, 경제 사회 발전 수준, 생산 생활 전통, 종교 신앙 등 특징에 따라 더 많은 전통성을 띠게 된다. 중국 속담에 "한 지방의 풍토가 한 지방의 사람을 키운다."라는 말이 있는데 이 말은 민간에서 전해지고 있지만 심오한 도리를 내포하고 있다. 인류의 생존과 발전은 모두 자연 환경에 대한 의존을 벗어날 수 없다. 대자연이 제공한 각종 자원을 사용하여 생계를 유지하고 번식하는 것은 인류의 생물 본능이다. 그리고 자연을 개조하고 발명 창조하는 것은 인류의 생물 지능이다. 하지만 개조와 발명은 인류가 처한 지역

---

48 《中共中央、国务院关于进一步加强民族工作加快少数民族和民族地区经济社会发展的决定》, 国家民族事务委员会, 中共中央文献研究室编, 《民族工作文献选编》(二〇〇三-二〇〇九年), 제93쪽.

환경과 생태 자원을 떠날 수 없다. 즉 강, 하천, 호수와 바다를 끼고 있지 않으면 배와 노의 편리함을 모르는 것과 같은 도리이다. 따라서 각 민족 발전 방식의 다양성은, 부동한 자연 환경에서 생존 번식하는 인류가 대자연이 내려준 조건 속에서 자연을 이용하고 자연을 개조하여 실현한 창조인 것이다. 각 민족의 전통 생산 생활 방식에서 표현된 발전 방식의 차이는, 이런 방식에 직접적으로 의존하는 창조자가 서로 다른 자연 지리 조건에서 진행한 독특한 선택의 결과인 것이다. 그렇기 때문에 생산 생활 방식의 표현이 아무리 전통적이라 하더라도 거기에는 모두 문화 정신과 지혜가 내포되어 있는 것이다.

하지만 사회의 발전에 따라 특히 공업화 발전 과정에서 현대적 요소가 끊임없이 증가함에 따라 사람들의 의식주행의 도구, 생산 생활 도구 등 많은 전통적인 물질 문화 매개체가 대체되고 개조되고 있다. 이로 인해 전통 제작 기술과 공예가 쇠락되고 유실되고 사라지는 현상이 비일비재하다. 이러한 기술과 공예의 유실은 그 가운데 내포된 지식, 지혜와 문화 형식의 유실도 포함한다. 이런 면에서 중국의 각 민족 중 한족의 전통 문화 유실이 아마 가장 많을 것이다. 다만 한족은 인구 규모가 거대하고 한자의 역사가 유구하며 문화 누적이 두텁고 흡수 능력이 강했기 때문에, 한족의 문화 전통이 줄곧 중국 사회의 주류에 위치했고 중국 문화의 주체 특징을 구성한 것이다. 반면 소수민족은 절대다수 소수민족의 문자가 없을 뿐만 아니라 민족 단체의 인구 규모에서 차이가 지극히 컸고, 기나긴 역사 발전 과정에서 문화가 상대적으로 폐쇄된 상태에 처해 있었으며 흡수 능력이 부족함과 동시에 유지 능력도 부족했기 때문에, 강세 문화, 현대 문화와의 교류 및 상호 작용 속에서 쉽게 유실된 것이다.

물론 이런 문화 유실 현상은 물질 문화의 각종 매개체 및 생산 기술과 공예에 국한되지 않는다. 더욱 중요한 것은 언어이다. 한 민족에게 있어서 가장 중요한 특징인 언어는 사람과 사람 간의 의사소통의 도구일 뿐만 아니라 사상을 표현하고 문화를 계승하는 가장 기본적인 매개체이다. 언어가 문자가 없이 대대손손 말로 전해 내려가는 형식으로 문화를 계승하고 지식을 전파하며 사상을 표현하기에는 그 능력이 제한적일 수 밖에 없다. 특히 이런 언어들이 공공교육 체계에 진입할 수 없는 상황에서, 사회 언어 환경의 변화는 흔히 이런 유형의 언어들의 소실을 초래하게 된다. 상고시기, 인류의 언어는 수십만 종에 달했었는데 21세기에 들어설 무렵 세계의 언어는 6,000여종으로 줄었고 국제언어학계는 이번 세기 말 세계의 언어는 600여 종밖에 남지 않을 것이라고 예측하고 있다. 이러한 현상은, 한편으로는 경제 사회의 발전으로 인해 사람들이 점점 더 밀접하게 교류하면서 공통언어를 익히고자 하는 동력이 생겼기 때문에 나타난 현상이며, 또 다른 한편으로는 각 나라의 사회 언어 환경이 국어, 국가공용어 이외의 민족 언어, 지역 언어를 존중하고 보호하는 정책과 실천을 갖추고 있지 않기 때문에 나타난 현상이다.

서방 국가들은 민족-국가(nation-states)를 구축하고 현대화를 실현하는 역사 발전 과정에서 거의 예외 없이 모두 다음과 같은 정책을 채택하였다. "그들은 국가 영토에서 생활하는 공민들이 모두 하나의 공용어를 사용하는 통일된 공공제도에 동참하도록 격려하거나 심지어 강요했다. 서방 국가들은 이러한 언어와 제도의 융합을 위해 다양한 전략을 사용해 왔다. 예를 들면 국적 및 귀화법, 교육법, 언어법, 공무원 고용, 병역 제도와 국가 전파 매체와 관련된 정책 등 여러가지 전략을 사용하였다." 그리고 "이런 정책은 항상 소수 민족 문화 집단에 초점을 맞추었다."[49] 이것은 문화의 다양성을 제거함으로써 국민의 동화를 실현하기 위해서였다. 중국은 그렇지 않았다. 중국공산당은 초기의 민족문제 강령에서 각 민족이 본 민족의 언어를 사용할 권리를 민족 평등의 중요한 내용으로 정하여 강조했고 해당 원칙은 시종일관 지켜져 왔으며 실천에 옮겨졌다. 왜 일부 문자가 없는 소수민족을 위해 문자를 창제하였는가? 그 목적은 바로 이런 소수민족 언어를 현대 교육 체계에 진입시켜 계승되게 하기 위해서였다. 중국은 언어 자원이 풍부한 나라로서 언어학자들의 조사에 따르면 20세기 말까지 중국(타이완 포함)에는 129종의 언어가 있었는데 이들은 각각 중국티베트어족, 알타이어족, 오스트로네시아어족, 오스트로아시아어족, 인도유럽어족에 속한다고 한다. 그중 한어를 제외한 기타 언어는 모두 소수민족 언어에 속한다. 해당 조사는 또 소수민족 언어 가운데서 6종의 언어는 사용자가 백명이 채 안되고 15종의 언어는 사용자가 천 명이 안 되어 국제 언어학계에서 분류한 "소멸 위기의 언어"에 속한다고 하였다.[50] 그렇기 때문에 소수민족의 언어자원을 보호하고 계승하는 것은 줄곧 당과 국가가 고도로 중시하는 민족 문화 사업일 뿐만 아니라 중국 민족정책, 민족구역자치 제도의 중요한 내용이기도 하다.

---

49   【캐나다】威尔·金里卡,《少数群体的权利: 民族主义、多元文化主义与公民权》, 邓红风译, 中国台北, 左岸文化出版社, 2004년, 제49쪽.

50   孙宏开, 月增益, 黄行主编,《中国的语言》, 商务印书馆, 2007년, 제3쪽을 참조하라.

소수민족 및 민족자치지방의 경제 사회 발전과 관련된 정책 방면에서 광의의 문화 정책은 주로 상호 관련되고, 상호 작용하며, 상호 보완하는 두 가지 방면의 내용을 포함한다. 첫번째는 지역성 즉, 소수민족 집거 지역의 사회문화 조건을 대대적으로 개선하고 각종 공익사업과 문화시설 건설을 통해 지방 특유의 사회 문화 분위기를 창조하여 국가의 평균 수준에 서서히 접근하도록 하는 것이다. 그 중에는 교육, 과학기술, 보건, 체육 등 사업의 발전이 포함된다. 두번째는 민족성 즉 소수민족 특유의 전통문화 발전과 번영을 대대적으로 지원하여 사회 공익 사업과 지역 문화 시설 중에서 발전의 활력을 얻게 하는 것인데 여기에는 교육체계와 공무행사에서의 언어 문자의 사용, 전통 의학의 개발과 이용, 전통 체육운동의 보급과 전시, 소수민족 의식주행에 필요한 특수 제품의 생산과 공급에 대한 보장, 전통 수공업 기술과 공예에 대한 지원과 지지, 소수민족 음악무용 등 예술의 육성과 승화, 민간문학(가요, 이야기, 서사시 포함)의 수집과 정리, 민간 신앙과 명절 의식 및 종교 문화 행사의 보장, 건축 문화와 역사 문화 고적의 보호 등이 포함된다. 이것은 민족 요소와 지방 요소, 경제 요소와 문화 요소가 결합된 민족 구역자치 지방의 제도 특성에 부합된다.

서부대개발 전략을 실시한 이래 모든 민족자치지방이 모두 서부대개발 범위에 포함되거나 서부대개발 정책(중부, 동부와 동북 지역의 민족자치지방 포함)을 향유하기 때문에, 국가의 대대적인 투입과 발달한 지역의 적극적인 지원 하에 민족구역자치지방의 사회 공익사업은 아주 현저한 발전을 가져왔다. 그중 교육 면에서는, 소수민족과 민족자치지방의 기초교육을 전면적으로 추진하고 고등교육을 확대하였으며 2006년부터 소수민족 고차원 핵심인재 육성계획을 실시하기 시작하였고 국가기관 소속 중점대학교는 "정향(定向) 신입생 모집, 정향(定向) 육성, 정향(定向) 취업[51]"의 원칙에 따라 서부 12개 성, 자치구에서 학생을 모집함으로써 서부와 민족지역에 소수민족 고차원 인재가 부족한 상황을 완화하고 개선하였다."[52] 소수민족 언어의 사용을 보장함과 동시에 국가 공용언어문자를 보급하고 국가의 통일된 교육시스템에서 이중언어 교육을 실시하는 것은 전면적으로 소수민족 교육 수준을 제고함에 있어서 없어서는 안 되는 교육방식이다. 언론 매체에서 소수민족 언어로 된 방송, 텔레비전을 발전시키고 소수민족 문자로 된 출판물(신문, 서적)을 발전시키는 것은 소수민족 언어문자 사용권을 보장하는 필수조건이다. 현재 중국 전역에는 30여 개 출판사에서 28종 소수민족 문자로 각종 도서를 출판하고 있다. 또 13종의 소수민족 문자로 99종의 신문을 출판하는데 그 수량은 전국 신문 총 수량의 5% 정도를 차지하며, 10종의 소수민족 문자로 223개의 정기간행물을 간행하고 있다. 통신, 인터넷 등 기술이 나날이 발전함에 따라 소수민족 언어문자의 표준화와 정보화도 국가에서 고도로 중시하는 과학기술문화 프로젝트로 되었다. 20세기 80년대부터 소수민족문자 부호 작성 연구 제작 사업이 시작되었고 서부대개발 과정에서 선후로 여러 가지 소수민족 문자가 정보기술의 표준화의 성과를 거두었는데 몽골어, 위구르어, 카자흐어, 키르기

---

51 역자 주, 졸업 후 자신의 출신 지역으로 되돌아가는 것을 조건으로 뽑아 교육하는 대학생 모집 및 배양 방법.

52 《培养少数民族高层次骨干人才计划的实施方案》, 国家民族事务委员会, 中共中央文献研究室 编,《民族工作文献选编》(二〇〇三-二〇〇九年), 제110-111쪽을 참조하라.

즈어, 장족어, 조선어, 이족어, 태족어 및 소수민족의 일부 고대어가 표준화 정보화의 운영 플랫폼과 인터넷 환경 등에서 응용적인 발전을 가져왔다."[53] 소수민족 언어문자의 현대과학기술의 개발과 사용은 음성 감별 기술, 음성 합성 및 핸드폰, 컴퓨터에서의 응용을 포함한다. 이것들은 모두 소수민족 언어 보호와 언어 활력 증강에 사회 언어 환경을 제공하였다.

2006년 전국인민대표대회 상무위원회의《중화인민공화국 민족구역자치법》의 법 집행 상황에 대한 검사에 따르면 제10차 5개년 계획 이래 소수민족 문화사업은 장족의 발전을 가져왔다. 전국 소수민족 간부와 각 계 전문 인재는 290여만 명에 달했고 55개 소수민족은 모두 본민족의 대학생이 있게 되었으며 조선족, 만족, 몽골족, 카자흐족, 시보족 등 14개 소수민족은 평균 수학 기간이 모두 전국의 평균 수준보다 길었다. 소수민족지역에는 이미 유치원교육으로부터 고등교육에 이르기까지 완전한 교육시스템이 형성되었다. 또한 국가에서 실시한 "전국 만리변강 문화회랑 건설 공정", "마을마다에 방송 텔레비전을 보급하는 공정"이 현저한 성과를 거두었고 위구르족, 장족, 몽골족 등 소수민족 언어 방송, 털레비전 프로그램의 번역, 더빙 제작 능력과 질이 대폭 제고되었다. 그리고 민간에 흩어진 소수민족 고서 문헌에 대해 수집 정리하였는데 그 수량이 무려 30여만 권에 달했다. 몽골족의《장거알》, 키르기즈족의《마나스》와 장족, 몽골족, 토족 등 민족의《거싸얼》3부

53   戴红亮, 陈敏,《少数民族语言文字的标准化和信息化建设》, 金星华, 张晓明, 兰智奇主编,《中国少数民族文化发展报告》(2008), 民族出版社, 2009년, 제39-51쪽을 참조하라.

서사시의 수집, 정리와 간행은 중대한 문화 프로젝트를 형성했다. 그리고 소수민족의 전통 의약학은 지원과 확대 발전을 통해 현대화된 의료 기관과 의약 제품을 형성하였다."[54] 소수민족의 예술 창작은 전문단체와 민간조합 등 여러 가지 형식으로 전국 소수민족 문예공연, 민족예술절, 춘절연환만회[55] 등과 같은 큰 무대에 올라 공연되었다. 소수민족의 특색 요식업은 내지와 동북 지역의 중심 도시에 진출하여 더욱 광활한 다민족 상호 작용의 환경 속에서 인기를 끌었다. 소수민족 전통 수공예품, 의상은 광범위하게 감상하고 소장되는 기념품으로 되었을 뿐만 아니라 그중의 풍부한 문화적 요소는 예술 디자인, 의상 디자인의 세계 무대 진출의 지혜의 원천이 되기도 했다.

우수한 소수민족 문화유산에 대한 보호는 국가 문화정책의 중요한 내용이기도 하다. "보호를 주요로 하고 복구를 일순위에 두며 합리적으로 이용하고 계승 발전시킨다"는 원칙의 문화보호프로젝트는 부단히 심도 있게 실시되고 있다. 2003년부터 무형문화재 보호 프로젝트를 실시한 이래 국무원이 두 차례에 걸쳐 공포한 총 1,028개의 국가급 무형문화재 목록 중 소수민족의 민간 서사시, 구전문학, 노래, 무용 등 예술형식과 소수민족의 의약, 전통수공예, 소수민족 의상, 민간 의식, 건축기술 등 항목이 367종에 달하여 전국 무형문화재 보호 항목의 35.7%

54　《全国人大常委会执法检查组关于检查〈中华人民共和国民族區域自治法〉实施情况的报告》, 国家民族事务委员会, 中共中央文献研究室编, 《民族工作文献选编》(二〇〇三-二〇〇九年), 제176-183쪽.

55　역자 주, 중국중앙방송(CCTV)에서 방영하는 음력설 특집 방송.

를 차지한다.[56] 이것은 중국 인구의 9%도 안되는 소수민족이 문화 다양
성의 중요한 계승자임을 표명한다. 문화부에서 공시한 1,488명의 국가
급 무형문화재 항목의 대표적인 계승자 중 소수민족 계승자는 393명으
로 26%를 차지한다. 이런 문화 계승자들은, 그들이 보유한 문화가 국가
의 존중과 보호를 받을 뿐만 아니라, 국가에서 전문적으로 그들의 문화
를 전수받고 배우는 행사를 지원하기 때문에 그들의 이런 문화자원은
계속 전파되고 계승되고 발양되고 있다. 2007년과 2008년에 문화 주관
부문은 전국에 네 개의 문화생태보호실험구를 설립하였는데 그중에는
열공(熱貢)문화와 강족(羌族)문화 두 개의 소수민족 문화생태보호실험구
가 있다. 이처럼 국가에서 실시한 무형문화재 보호 프로젝트는 소수민
족 무형문화재의 완전성 보호사업을 효과적으로 추진하였다. 동시에
소수민족 문화요소는 국가 무형문화재 보호 항목에서 두드러진 비중
을 차지하고 있는데 이것은 현대화 발전과정에서 소수민족문화가 더
욱 쉽게 유실된다는 것을 반영한다. 그렇기 때문에 국가에서는 더욱 특
별히 중시하여 국가의 정책과 조치를 통해 이런 문화 재부의 계승과 발
전을 보장하고 있다.

소수민족 및 그 집거지역의 경제 사회와 각종 사업의 발전을 가속
화하는 정책 중에서 국가의 제11차 5개년 계획은 최초로 소수민족 사
업을 특별기획으로 삼았다. 《소수민족사업 제11차 5개년 계획》에서는
'극빈 소수민족 군중의 어려움을 해결하는 프로젝트', '민족 기초 교육

---

56 《国务院关于公布第二批国家级非物质文化遗产名录和第一批国家级非物质文化遗产
    扩展项目名录的通知》http://www.inchina.cn/inc/guohiamingluer.jsp, 2008년
    을 참조하라.

돕기 프로젝트', '민족 대학교 건설 프로젝트', '소수민족 전통의학 발전 프로젝트', '소수민족 문화발전 프로젝트', '소수민족 인재대오 육성 프로젝트', '민족 법제체계 건설 프로젝트', '소수민족 대외교류협력 프로젝트', '민족사무관리 정보화 건설 프로젝트', '소수민족 현황 조사 프로젝트', '민족 사무 서비스체계 건설 프로젝트'[57]를 확정하였고 소수민족 문화건설사업에 대한 관심과 지원이 두드러졌다. 소수민족 문화사업의 번영 발전을 효과적으로 보장하기 위해 2009년 중국 정부는《소수민족 문화사업을 진일보 번영 발전시키기 위한 국무원의 몇 가지 의견》을 반포하여 "인민을 위해 복무하고 사회주의를 위해 복무하는 방향을 견지하고, 백화제방, 백가쟁명의 방침을 견지하며, 차이를 존중하고 다양성을 포용하며, 소수민족문화를 계승하고 보호하고 발양시키며, 각 민족 문화의 상호 참고, 교류 증대, 조화로운 발전을 추진해야 한다. 현대화 지향, 세계화 지향, 미래 지향을 견지하고 규칙성을 파악하고 민족성을 유지하며 시대성을 체현하고 소수민족 문화의 개혁 혁신을 추진하여 소수민족의 문화 생산력을 끊임없이 해방하고 발전시켜야 한다."[58]는 등과 같은 기본 원칙을 확립하였다. 그리고 소수민족과 민족 지역의 공공문화 인프라 건설을 가속화하고, 소수민족 신문출판사업을 번영 발전시키며, 소수민족 방송 영상 사업을 대대적으로 발전시키고,

57 《少数民族事业'十一五'规划》, 国家民族事务委员会, 中共中央文献研究室编, 《民族工作文献选编》(二○○三-二○○九年), 제230-235쪽.

58 《国务院关于进一步繁荣发展少数民族文化事业的若干意见》, 国家民族事务委员会, 中共中央文献研究室编, 《民族工作文献选编》(二○○三-二○○九年), 中央文献出版社, 2010년, 제343쪽.

중국공산당은 어떻게 민족문제를 해결하는가

소수민족 문화예술단과 박물관 건설에 대한 지원 역량을 확대하며, 군중성 소수민족 문화활동을 대대적으로 발전시키고, 소수민족 문화유산의 발굴과 보호를 강화하며, 소수민족의 우수한 전통문화를 존중하고 계승하고 발양하며, 소수민족 문화 혁신을 강력하게 추진하고, 소수민족 문화 산업 발전을 적극적으로 촉진하며, 변방 민족지역의 문화건설을 강화하고, 소수민족 문화의 대외교류를 증진시키기 위해 부단히 노력해야 한다는 사업 임무와 정책 조치를 제기하였다.

소수민족 문화의 보호, 계승과 발전의 실천에서 소수민족 문화관광은 이미 문화 활력을 활성화시키고 문화 매력을 전시하며 문화 영향력을 확대하는 중요한 문화산업으로 되었다. 민족자치지역, 소수민족 집거 수준이 높은 성(省)은 문화대구(大區)(성)를 건설하는 과정에서 모두 소수민족 문화자원을 지역 이미지 구축의 브랜드로 사용하였다. 소수민족지역의 각종 산업 가운데에서 관광업의 발전이 가장 빠르고 효과가 가장 뚜렷하다. 독특한 문화 경관, 자연 경관은 국내외 관광객을 끌어들이는 중요한 인문, 생태 관광 자원이 되었다. 관광업의 대규모적인 발전은 교통, 통신, 숙박업, 음식, 수공예품 등 일련의 서비스 업계의 대발전을 이끌었고 취업, 창업의 넓은 통로를 열었으며, 많은 농민과 목축민 가정도 특색 관광의 산업화 발전에 참여하여 업종 전환과 수입 증가를 위해 새로운 길을 개척하였다. 관광업은 민족구역자치지방의 중요한 수입원 중 하나로 되었다. 예를 들면 국제관광만 놓고 보더라도 2009년 윈난의 국제관광 외화수입은 11억 7,200만 달러로 2000년에 비해 8억 3,300만 달러 증가하여 전국에서 제10위를 차지했다. 2009년 광시의 국제관광 외화수입은 6억 4,300만 달러에 달해 2000년에 비해 3억

3,600만 달러 증가하여 전국에서 제13위를 차지했다. 2009년 네이멍구의 국제관광 외화수입은 5억 5,800만 달러로 2000년에 비해 4억 3,200만 달러 증가하여 전국에서 제16위를 차지했다.[59] 이처럼 국제관광의 수입으로 볼 때, 이런 경제 사회 총체적 발전수준이 전국 중, 하위에 처해 있는 성(省), 자치구가 관광산업에서는 전국 중상위로 발돋움 하여 그 우세를 가지고 있음을 볼 수 있다.

소수민족 문화가 보호, 계승, 발전과 번영의 길로 나아감에 따라 당과 국가는 소수민족 문화의 발전과 번영의 중대한 의의에 대해 중화민족의 위대한 부흥의 차원에서 재차 더욱 전면적인 해석을 하였다. "문화는 민족의 중요한 특징이고 민족 생명력, 응집력과 창조력의 중요한 원천이다. 소수민족 문화는 중화문화의 중요한 구성 부분이고 중화민족 공동의 정신적 재부이다. 장기간의 역사발전 과정 속에서 중국의 각 민족은 특색이 있고 풍부하고 다채로운 민족 문화를 창조하였다. 각 민족 문화는 상호 영향을 주고 상호 융합되면서 중화문화의 생명력과 창조력을 증강시켰고 끊임없이 중화문명의 내포를 풍부히 하고 발전시켰으며, 중화민족의 문화 동질감과 단결력을 제고시켰다. 각 민족은 모두 중화문화의 발전 진보를 위해 기여하였다."[60] 이는 소수민족의 문화사업을 발전시키고 번영시킴에 있어서 깊은 지도적 의의가 있다.

소수민족 문화사업의 발전과 번영은 이미 효과가 뚜렷한 중대한 성과를 이룩하였다. 하지만 서부대개발 두번째 10년 전략을 실시하여

경제 사회 발전을 진일보 가속화하고 비약적으로 추진하는 과정에서 소수민족 문화의 유실 현상도 그에 따라서 더욱 가속화될 것이다. 그렇기 때문에 소수민족 문화를 보호하고 발전시키는 임무는 결코 경제 사회 발전의 중임에 비해 가볍지 않다. 또 경제 사회의 발전, 도시화의 과정, 민족 간 날로 밀접해지는 교류와 함께 문화의 적응, 계승과 발전 등의 문제도 계속 부각될 것이며, 따라서 민족문제의 새로운 국면을 구성할 것이다. 그리고 이와 함께 생태환경 문제도 대두될 것이다.

제3절 사람과 생태환경이 조화 공생하는 과학적 발전관

개혁개방 이래 중국의 경제 사회 발전 속도와 성과는 세계의 주목을 받았다. 그렇지만 동시에 전통문화 유실, 생태환경 파괴 등과 같은 거대한 대가도 지불하였다. 서부 지역의 경제 사회 발전의 가속화 추진에 따라 이런 문제들은 더욱 뚜렷하게 나타났다. 과학적 발전관의 통솔 하에 조화사회를 구축함에 있어서, 사람과 사회, 사람과 문화, 사람과 자연의 조화로운 발전을 실현할 것을 강조하여 요구하였다. 경제 성장 방식을 전환하고 생태문명을 건설하고 조화로운 발전을 실현하는 것은, 과학적 발전관을 전면적으로 관철하고 실현하기 위한 필연적 요구이며 서부 지역의 쾌속적인 발전을 추진함에 있어서 반드시 중시해야 하는 문제이기도 하다.

생물 다양성과 서부 생태위기

'생물 다양성 (biological diversity 또는 biodiversity)'이라는 표현은 1980년대 초에 출현하였는데, 이에 대해 《생물다양성 협약》에서는 다음과 같이 정의하고 있다. "생물 다양성은 모든 자원의 살아있는 생물체 중의 변이성을 가리킨다. 이런 자원은 육지, 해양 및 기타 수생생태계와 그들로 구성된 생태복합체를 포함한다. 여기에는 종내의 다양성, 종간의 다양성과 생태계의 다양성이 포함된다."[61] 즉, 생물권 내의 모든 동물, 식물, 미생물 및 그들이 소유한 유전자와 생존 환경을 가리킨다. 중국은 생태계가 다양한 국가로서 세계 3위의 식물자원이 풍부한 나라이다. 중국의 식물 자원 중 절반 이상이 중국에만 있는 식물이다. 또한 중국의 포유동물, 조류, 어류 자원은 세계의 8분의 1을 차지하며 중국은 세계 작물 재배 유전 변이체 중심 중의 하나이다.[62] 그렇기 때문에 중국의 생물 다양성 자원은 스스로 인간과 자연의 조화로운 발전을 실현할 수 있는 우세가 있을 뿐만 아니라 세계 환경과 인류사회 전체에도 극히 중요한 영향을 미치게 된다.

서부 지역은 중국 생물 다양성 자원이 가장 풍부한 지역 중의 하나이다. 서부 지역은 독특한 자연지리 조건, 다양한 기후와 삼림, 초원, 사막, 고원, 빙하, 습지, 수계, 강과 하천 등 환경으로 인해 고유한 종류와

---

61 《中国生物多样性国情研究报告》编写组编,《中国生物多样性国情研究报告》, 中国环境科学出版社, 1997년, 제11쪽.

62 中国环境与发展国际合作委员会编,《国际环境合作与可持续发展: 保护中国的生物多样性》, 中国环境科学出版社, 1997년, 제3쪽을 참고하라.

중국공산당은 어떻게 민족문제를 해결하는가

진귀한 종류의 생물이 매우 많아 이 지역 생물 다양성의 특색과 우세를 구성하였다. 이런 자연자원은 중국의 거대한 재부이고 지속가능한 발전의 자연기반이기도 하다. 그렇기 때문에 서부 지역의 생물 다양성 자원을 보호하는 것은 장기적인 전략적 의의를 지닌 중대한 사업이다.

전 세계적으로 보면, 생물 다양성 보호에 대한 공동 인식의 증강은 물종의 빠른 멸종 및 그로 인해 나타난 생태 불균형과 함께 나타났다. 생태환경의 악화에서 가장 뚜렷하고 또 비교적 잠재적인 지표는 바로 생물 다양성의 파괴이다. 자연환경과 생태계에서 동식물 등 물종의 불균형과 멸종으로 인한 먹이사슬의 결함과 단절은 필연적으로 시스템적인 연쇄반응을 일으키며, 이로 인한 환경변화는 거의 복구할 수 없다. 그렇기 때문에 생물 다양성은 자연환경에 있어 기초적이면서도 결정적인 요소이다. 특정 의미에서 보면 일부 오염 요소 외에 수토 유실, 초원 퇴화, 사막화 등 현상은 모두 생물 다양성의 파괴와 직접적인 연관이 있다.

그러나 사람들은 아직도 생물 다양성과 생태환경의 관계에 대해 충분한 인식이 없다. 사람들은 많은 것을 자연으로부터 획득하면서, 심지어 무절제하게 획득하면서, 일시적이고 단계적인 물질적 풍요를 만족시키는 과정에서 다음과 같은 사실을 인식하지 못하고 있다. 즉, "인류의 생존은 기타 생물을 떠날 수 없다. 지구 상의 다양한 식물, 동물, 미생물은 인류에게 없어서는 안 될 음식, 섬유, 목재, 약재와 공업 원료를 제공하였다. 그들이 물리 환경과 상호 작용하면서 형성한 생태 시스템은 지구상의 에너지 유동을 조절하고 물질순환을 보장하며 대기의 기체농도에 영향을 주고 토양의 성질을 결정하며 수문 상황을 통제한다. 한마디로 말하면 복잡하고 다양한 생물 및 그 조합 즉, 생물의 다양성과 그들의 물리적 환경이 공동으로 인류 생존이 의존하는 생명보장 시스템을 구성한다. 동시에 지구 상에 존재하는 천태만상의 생물은 인류에게 미적 감흥을 준다. 이는 예술 창조와 과학 발명의 원천이 된다. 생물의 이런 기능은 기타 물질이 대체할 수 없다. 역사가 오늘날에 이르기까지 인류는 전례없는 속도로 지구의 모습을 변화시키고 있다. 인류 생존을 위해 전례 없는 물질적 재부를 창조한 동시에 다른 생물의 생존 환경을 크게 변화시켜 지구상의 생물 다양성이 끊임없이 감소되었고 대량의 물종이 멸종 위기에 처하게 되었다. 인류의 생존 기반은 점차 와해되고 있다."[63]는 사실을 인식하지 못하고 있다. 이것은 결코 으름장이 아니다. 이것은 전 세계적인 현상이며 중국 역시 예외가 아니다.

중국은 개혁개방 이래 방대한 인구 규모와 경제 사회의 신속한 발전에 따라 자연자원에 대한 수요가 나날이 증가하고 있고, 생물 다양성 자원의 영구적 이용 역시 심각한 위협을 받고 있다. 특히 경제 사회 발전과정에서 인간의 활동과 자연 환경과의 상호 작용이 심화되었고, 심지어 과도한 개발 및 이용까지 나타났으며, 여기에 지구온난화의 기후 영향까지 더해져, 중국의 생태 환경 문제는 날로 심각해지고 있다. 그 중에서도 생물 다양성 자원이 풍부한 우세가 매우 뚜렷하게 역전되는 추세가 나타났다. 무차별적인 벌목으로 인해 삼림 면적이 대규모로 축소되고 파괴되었으며 초원은 과도한 방목으로 심각하게 퇴화되었다.

---

63 《中国生物多样性国情研究报告》编写组 编, 《中国生物多样性国情研究报告》, 제1쪽.

진귀한 모피동물과 약용 식물에 대한 약탈적인 포획과 채집, 수생생물에 대한 과도한 채집, 무분별한 광산 채굴, 그리고 환경 오염과 외래종의 침입으로 인해 생물 다양성 자원이 엄중하게 파괴되었고 멸종종, 멸종위기의 생물 명부가 지속적으로 증가하는 추세도 여전히 막지 못하고 있다.

예를 들면 2005년 6월 칭하이성 환경보호국은 생물 다양성 보호 문제에 관한 발표에서 칭하이성의 초지 식물 피복이 퇴화되고 습지가 위축되고 토지 사막화 면적이 확대되어 야생동식물의 생존환경이 악화되고 분포지역이 축소되었으며 인류가 야생동물을 무분별 사냥하고 동충하초 등 약용식물을 함부로 채집하여 청장고원 특유의 동식물 종류와 수량이 대량으로 감소했으며 일부 종은 심지어 멸종의 위기에 처했다고 재차 지적했다. 중국 경내에서 위협을 받고 있는 생물종은 약 총 수의 15%~20%를 차지하는데 이는 세계의 평균 수준인 10%~15%보다 현저히 높다.[64] 그렇기 때문에 21세기에 들어선 후 칭하이성은 국내외 생태보호분야 연구의 중점 지역 중 하나로 되었는데 이는 해당 지역의 생물 종류가 풍부해서일 뿐만 아니라 해당 지역의 생물 다양성이 엄중하게 위협을 받고 있기 때문이다.

중국의 과학적 발전관은 인간을 근본으로 하고 사람과 자연의 전면적인 조화를 추구하는 지속 가능한 발전관이다. 전면적인 조화와 지속 가능성은 단순한 경제-기술-디지털의 발전이 아닌, '인간의 발전'을

---

64 《青海省境內受威胁生物物种高于世界水平》, 青海新闻网, 2005년 6월 27일, http://www.sina.com.cn.

의미한다. 그것은 단체에 소속된 사람을 포함한 민족과 국민의 발전을 핵심으로 하고, 미래의 지속 가능성을 고려한, 인간과 자연의 우호적인 상호 작용의 발전을 목표로 하는 문명적인 발전관을 의미한다. 이것은 "한편으로는 현재의 수요를 충족시키면서 다른 한편으로는 후손들에게 해를 끼치지 않고 후손들의 수요를 충족시킬 수 있는 능력을 의미한다."[65] 이것은 일종의 지속 가능한 발전관이다. 이에 대해 일부 서방 관점은 "핵심적으로 말하면, 이런 방식은 인류의 발전과 환경을 대립시켰다. 환경의 질이 퇴화한 것을 이유로 인류의 번영을 직접적으로 비난했기 때문이다."라고 반박하였다. 이들 관점은 다음과 같이 주장한다. "이런 방식에 따르면, 인류 사회 활동의 유해한 영향을 제거하려면, 인류는 반드시 전체 에너지 사용 한도를 80% 줄여야 한다. …… 다시 말하면, 지속 가능한 발전은 전 세계 사람들이 영원히 미국의 1900년의 수준에서 생활할 것을 요구한다."[66]

이런 관점이 제기한 발전 규칙은 "후퇴는 진보가 아니다."이다. 그들은 경제 성장 초기에 조성된 환경 파괴는 그에 따른 경제 번영으로 다스릴 수 있다고 여긴다. 그러나 동식물 종의 소멸, 자연 생태권의 결손, 먹이사슬의 단절 등 일련의 재생 불가능한 생태 환경은, 영화에서 재현되는 쥬라기의 공룡이나 컴퓨터에서 구축한 가상 세계로 보상받을 수 있는 것이 아니다. 세계 인구의 25%밖에 안 되지만 세계 에너지의 75%를 소비하는 서방 선진국의 "미래 장악(Seizing the Future)"의 초고

---

65 【미국】丹尼尔·A·科尔曼,《生态政治: 建设一个绿色社会》, 제121쪽.

66 【미국】迈克尔·G·泽伊,《摭获未来》, 王剑男, 宇宾译, 生活·读书·新知三联书店 1997年版, 제36, 38쪽.

속 성장은 "진보 자체가 인류의 발전을 재해석하게 한다는 사실은 진보에 대한 서구인들의 믿음을 보여준다. 우리의 성과로 우리는, 우리의 현실과 동떨어진 환상일지라도 꼭 실현할 수 있다."[67]를 증명할지도 모른다. 그러나 "제3세계가 경제적으로 발달한 나라에 착취당하고, 발달한 나라의 독단과 편협함을 참아야 하며, 정신적 지적인 면의 미발달을 감수하지 않으면 안 된다."는 상황을 해결할 수 없다.[68] 사실 이런 "정신적 지적인 면의 미발달"은, 주로 비서방 문명과 그 전통 문화의 현대적 의미에 대한 폄하에 있다. 그리고 자기들의 경제적, 기술적 성과로, 그들 자신의 내적 지지 역량인 서구 문명과 문화가 그 무엇과도 비할 바 없이 우수하다는 그 우월성을 표명하고 있다.

중국의 소수민족 지역을 놓고 보면, 산지농업, 관개농업이든 초원 목축업이든, 산악지구 사냥업이든 모두 해당 지역의 구체적인 실정에 알맞는 생산경험과, 생태평형을 유지해야 한다는 소박한 지식을 가지고 있다. 이런 전통 지혜 및 그것이 내포한 가치 관념은 과학적 발전관을 풍부히 하고 실천함에 있어서 소홀히 대할 수 없는 지식 원천의 하나이고 이런 지식의 발굴, 정리와 승화는, 문화 다양성, 생물 다양성의 '두 가지 자원'의 보호와 이용의 기본요구일 뿐만 아니라 지식을 존중하고 사회 활력을 활성화시키며 창조성을 실현하기 위한 필수조건이다. "화전경작의 농업에 종사하는 세망족(Semang)[69]이 일으킨 오염의 영

---

67 【미국】迈克尔·G·泽伊,《擒获未来》, 제28쪽.

68 【프랑스】埃德加·莫林, 安娜·布里吉特·凯恩,《地球祖国》, 제79쪽.

69 역자 주, 말레이반도의 소수민족 집단, 산악지대에 사는 왜소흑인(矮少黑人), 수렵채집민.

향은 특징적으로 또한 개념적으로 현재의 첨단기술을 사용하는 50억 인구가 일으킨 오염의 영향과는 다르다. 세망족은 당연히 자신이 하천, 삼림에 대해 무슨 영향을 미치고 있는지에 대해 반성하지 않는다. 이런 '자기만족'은 근대 이전에는 이해 가능했다. 그렇지만 강과 바다를 공업용 하수구와 폐기물을 처리하는 쓰레기장으로 변화시키는 세상에서는, 실행 가능한 선택이 되어, 점차 사라지고 있다."[70]라는 것을 역사가 보여주고 있다. 안타깝게도 이런 소실은 이에 대한 합리적인 계승이 없거나 부족한 기초에서 소실되었다는 것이다. 또한 인류 문명의 발전 과정에서 우리의 과거가 전혀 소중히 여겨지지 않은 채 완전히 부정되었다는 것이다.

중국의 서부 지역은 농업과 축산업 인구의 비중이 매우 크며, 초원 목축업 지역은 땅이 넓고 사람이 드물며, 수천 수백 년 동안의 전통적인 유목 생산 생활 방식을 답습하고 있다. 이 지역은 아동 취학, 노인 부양, 의료 보건, 교통, 물, 전기 등 문제가 아주 심각하다. 그러나 이런 오래된 유목 생산방식은 초원을 몇 개의 목축구로 나누어 번갈아 가며 방목하면서 식생(植生)이 회복할 시간을 주는, 윤활방목의 전통지식을 포함하고 있는, 사람, 풀, 가축의 균형 잡힌 공생을 실현하는 일종의 원시적인 운영방식이다. 그렇지만 농업 정착 생산 생활방식과 비교하면 이런 유목방식은 당연히 단순하게 원시적이고 낙후한 것으로 간주된다. 이로 인해 초원에서 농업을 발전시키고자 시도하여, 곡식도 자라지 않고 풀도 자라지 않는 사막화를 조성하는 대가를 치르기도 하였다. 그리고 농

---

70 【미국】斯塔夫里阿诺斯, 《远古以来的人类生命线》, 제38쪽.

업과 축산업 경영 체제의 개혁에 따라 목지 도급제, 가축 자체 사육 및 유목민들의 가축 규모 확대를 통한 수입 증대가 일반 경제 생활의 추구 대상이 되었다. 하지만 축산품 가격의 상승, 특히 캐시미어 등 축산품의 가격이 천정부지로 치솟아 오르면서 제한적인 목장에 가축의 수량이 과부하되는 현상이 보편적으로 나타났다. 게다가 발채, 동충하초 채집이 고액의 이윤을 내게 되자 많은 사람들이 초원 지역에 들어가 채집, 채굴을 남발하면서 초원은 구멍투성이가 된 사막화 현상을 보이기 시작했다. 그 뒤를 이어 진행된 초원의 광산 채굴, 금광, 철광, 탄전의 무분별한 채굴에 의해 초원은 파괴적인 피해를 입고 퇴화되었다. 2006년에 후이량위(回良玉, 회량옥)는 "중국의 목축 지역의 총 면적은 426만 제곱킬로미터이고 총 인구는 5,052만명이며 여기에 거주하는 사람은 대부분이 소수민족이다. 여러가지 원인으로 인해 현재 목축 지역의 발전에는 비교적 많은 문제가 있다. 이 지역은 생산 방식이 비교적 낙후하고 생산조건이 비교적 취약하며 생존환경이 비교적 열악하다. 이미 90%의 초원이 퇴화되었으며 50%의 초원이 사막화, 알칼리화 되었다. 목축 지역의 건설과 발전은 민족의 단결, 사회의 조화, 변방의 안정과 밀접하게 관계된다."[71]라고 지적하였다. 사실이 보여주다시피 초원의 지속적인 악화 추세와 목축민들의 생산 생활에 미치는 영향이 날로 심각해지면서 목축업과 광산업 사이의 모순이 초래되었고 민족 단결, 사회의 조화, 변방의 안정에 영향을 미치는 다양한 상황이 발생했다.

---

71   回良玉, 《努力把民族工作提高到一个新水平》, 国家民族事务委员会, 中共中央文献研究室编, 《民族工作文献选编》(二〇〇三-二〇〇九年), 제168쪽.

따라서 서부 지역의 경제 사회 발전을 가속화함에 있어서, 단순히 지역 총생산과 같은 경제 지표로 발전의 성과를 가늠해서는 안 된다. 서부 지역, 특히 소수민족 지역의 경제 사회 발전에서 직면한 인문자원, 생태자원의 보호, 활용과 개발 문제는 날로 증가되고 강화되는 추세를 보이고 경제 사회 발전에서 부딪친 문화, 생태 문제는 날로 심각해지고 있다. 그렇기 때문에 서부 지역의 급속한 발전과 비약적인 발전을 실현하는 과정에서 소수민족 지역의 인문 특징과 생태 조건의 특수성의 실제로부터 출발하여, 경제 성장 방식을 실정에 맞게 변화시키는 것은, 시급하고도 무거운 과제로 되었다.

과학적인 발전과 생태문명

생태문명은 중국 현대화 건설의 중요한 내용 중 하나이며, 과학적 발전관의 핵심내용이기도 하다. 과학적 발전관이 명시한 발전요구 및 중국의 사회주의 초급단계의 기본국정에 입각한다는 것은 함부로 자신을 낮추거나 스스로 낙후함을 인정하는 것이 아니며, 실제에서 벗어나 서둘러 성공하려는 것도 아니다. 이것은 모든 것을 중국의 실제로부터 출발하고, 모든 것을 각 민족 인민들의 공동 단결 분투, 공동 번영 발전에 유리하게 해야 한다는 요구에서 출발하여, 중국특색의 사회주의 현대화를 건설한다는 것이다. 이른바 "발전의 문제가 문화, 문명 문제와 생태 문제에 봉착했다."는 것은 "발전의 주도적 사상 기초에는 서방의 진보적인 위대한 범례가 포함되어 있다."는 것을 가리킨다. 서방 선진국의 선진기술 및 그에 따른 생활 조건은 현대화 발전의 보편적인 목표가 되었다. 하지만 "이러한 기술-경제 관념은 인간의 특성, 공동체, 상호 연계와 문화 문제를 완전히 무시했다. 따라서 발전의 개념은 여전히 심각한 저개발 단계에 처해있다."[72] 발전을 위해 모든 것을 희생해야 하는 맹목성은 인류사회에 점점 더 많은 문제를 가져온다. 인간과 자연의 관계를 중시하고 생태 평형을 유지하는 지속가능한 발전의 사상은 이런 상황에서 제기된 것이다. 이것이 바로 과학적 발전관의 내포이기도 하다.

1990년대 이후 일련의 글로벌 문제가 국제 사회의 광범위한 관심을 불러일으켰는데 그중 생태환경 문제가 특히 주목을 받았다. 생태환경과 관련된 많은 이슈 중에서 생물 다양성 보호가 가장 중요한 이슈 중의 하나였다. 1992년 리우데자이네이루에서 개최된 세계 환경 개발 정상회의에서는 153개 국가가 《생물다양성협약(convention on Biological Diversity)》에 서명했다. 지구의 생태 환경, 종 및 유전자를 보호하는 지속가능한 발전 모델을 실현하며 정책, 경제 및 관리의 조정과 개혁을 통하여 전 세계, 국가, 지역에서 공평하고 합리적으로 생물 다양성이 인류에게 가져다주는 이익을 향유할 수 있도록 보장했다. 1992년 11월 중국은 처음으로 협약을 승인한 6개 나라 중의 하나로 되었다.

국제 경험이 표명하다시피 자연보호구(natural reserve)를 구축하는 것은 생물 다양성을 보호하는 가장 중요한 대책이다. 1994년과 1996년에 중국 정부는 연이어 《중화인민공화국 자연보호구조례》, 《중국자연보호구 발전계획 강령(1996-2010)》을 반포하여 "2001-2010년 사이에 자연보호구의 총 수는 1,200개 정도(그중 국가급 160~170개)에 달하고 자연

---

72   【프랑스】埃德加·莫林, 安娜·布里吉特·凯恩, 《地球祖国》, 제78쪽.

보호구의 면적은 국토 면적의 10%를 차지하도록 한다."[73]는 발전목표를 제기하였다. 사실 서부대개발 전략을 실시한 이래 자연보호구를 구축하는 것을 기초로 한 생태환경 보호 계획은 전국 범위에서 쾌속적인 발전 추세를 보이고 있다. 2007년까지 중국 내지에는 여러 가지 등급의 다양한 유형의 자연보호구가 이미 2,000개가 넘었고 그중 국가급 자연보호구는 303개에 달하였다. 자연보호구의 면적은 국토 면적의 약 15%를 차지하여 계획된 목표를 훨씬 초과하였다. 303개 국가급 자연보호구 중 서부 지역에 절반 이상이 위치하고 있으며, 보호구의 유형이 다양하고 면적이 넓어 모두 전국에서 앞자리를 차지하였다. 서부 지역 특히 소수민족 지역은 이미 중국 생물 다양성 보호의 가장 중요한 지역이되었다. 그중 칭짱(靑藏, 청장)고원을 중심으로 한 자연보호구 건설은 장족의 발전을 가져왔다. 이를테면 칭하이후(靑海湖, 청해호), 커커시리(可可西里), 산장위안(三江源, 삼강원) 등과 같은 습지, 물새, 어류, 동물, 수원, 초원, 빙하와 관련된 자연보호구는 모두 근년래 국가 생태프로젝트의 중점 건설지역이다. 경작지를 삼림으로 되돌리고 방목을 중단하고 초원을 되돌리는 등의 방식을 통하여 생태환경의 회복과 복구를 진행하고 생태이민 등과 같은 방식을 통하여 이런 생태지역의 인위적인 활동을 감소시켰다. 이런 면에서 중국은 광범위하게 선진국의 경험을 받아들였을 뿐만 아니라 부단히 광범위한 국제협력을 모색해 왔다. 2009년에 이르러 국가급 자연보호구는 319개에 달하였다. 이런 의미에서 보

---

73 《中国自然保护区发展规划纲要(1996-2010年)》, 국무원의 동의를 얻어, 국가 환경 보호 총국, 국가 계획위원회가 1997년 11월 24일에 발간.

면 중국은 자연보호구 건설과 관리 및 생물 다양성을 보호하는 면에서 중요한 발전을 가져왔고 뚜렷한 성과를 거두었다. 동시에 이것은 중국의 생물 다양성이 점점 심각한 위협을 받고 있다는 것을 보여준다.

과학적 발전관의 제기와 관철 실시에 따라 경제 사회 환경의 전면적이고 조화로운 발전을 촉진하는 것은 이미 전 사회의 공통된 인식이 되었고 생물 다양성 보호의 중요성도 점차 각 급 정부와 사회 대중들에게 인식되고 있다. 서부 지역의 생태 보호와 환경 복원을 가속화하는 전략적 배치에서 당과 국가는 일련의 중대한 프로젝트를 가동시켰다. 현재 서부 지역에서 가장 큰 생태보호 프로젝트가 칭하이성의 산장위안 자연보호구에서 실시되고 있다. 산장위안 지역은 중국에서 면적이 가장 크고 해발이 가장 높은 천연습지로서, 세계 고해발 지역 중 생물 다양성이 가장 집중된 자연보호구이기도 하다."[74] 칭짱고원의 일부분인 이 지역의 독특한 지리환경과 기후조건은 중국뿐만 아니라 동아시아 나아가 북반구의 대기순환에도 매우 중요한 영향을 미친다. 자연적인 및 인위적인 요소로 인해 산장위안 지역에는 초원 사막화, 습지 위축, 빙하 용해, 호수 고갈 등의 문제가 나타났다. 2005년에 중국 정부는 산장위안 생태보호프로젝트를 가동하고 75억 위안을 투자하여 가장 큰 규모의 이 생태보호 및 재건설 프로젝트를 실시하기로 계획했다.

최근 몇 년 동안 방목을 중지하고 초원을 되돌리며, 벌목을 금지하고 나무를 심으며 수원을 축적 보존하고 사막화를 다스리며 생태이민

---

[74] '삼강원'이란 명칭은 중국 황하 총 유량의 49.2%, 장강 총 유량의 25%와 란창강 총 유량의 15%가 모두 이 지역에서 오기 때문에 붙여진 이름이다. '중화의 수탑'이라고도 불린다.

을 진행하는 등과 같은 프로젝트를 통하여 생태보호는 이미 현저한 효과를 거두었다. 이런 생태보호와 관리 대책은 서부의 각 성, 구에서 보편적으로 실시되고 있다. 따라서 생태프로젝트는 이미 서부대개발 전략에서 가장 중요한 건설 프로젝트로 되었다. 2009년 국무원은《시짱 생태 안전 방어 장벽과 건설 계획(2008-2030년)》을 통과시켰고 155억 위안을 투자하여 크게 세 가지 유형의 10종의 생태환경 보호와 건설프로젝트를 실시할 계획이다. 여기에는 천연 초원 보호, 삼림 화재방지 및 유해생물 예방 퇴치, 야생동물 보호 및 보호구 건설, 중요한 습지 보호, 농업구와 축산구의 전통 에너지 대체, 방호림 시스템 건설, 인공 원예와 천연 목초지 개량, 사막화 예방 및 관리, 수토 유실 관리와 생태 안전 방어 검사 등이 포함되며, 2030년에 기본적으로 시짱 생태 안전 방어 장벽을 건설 완료할 계획이다. 현재 중국에서는 이미 25억 위안을 누적 투자하였다.

2011년에 국가에서 반포한《중화인민공화국 국민경제와 사회발전 제12차 5개년 계획 강령》에서는 중국의 생태안전 전략의 기본 구성을 제기했다. 즉 "중점생태 기능구의 보호와 관리를 강화하고, 수원을 축적 보호하고 수토 유실을 방지하고, 바람을 막고, 토사 유실을 방지하는 능력을 증강하며, 생물의 다양성을 보호하고, 칭짱고원 생태방어장벽, 황토고원-쓰촨 윈난 생태방어장벽, 동북 삼림대, 북방 사막화 방지대와 남방 구릉 산지대 및 강 하천의 중요한 수계를 골격으로 하고, 국가의 기타 중점 생태기능구를 중요한 버팀목으로 하여 점상(點狀) 분포의 국가 개발 금지구역을 중요한 구성부분으로 하는 생태 안전 전략 구조를 구축한다."[75]고 하였다. 그중 서부 지역은 생태 보호와 중점 복구 프로젝트가 가장 집중된 지역이다. 이로부터, 서부 지역의 경제 사회 발전, 소수민족 지역의 현대화 발전, 나아가 중국의 민족문제 해결의 다양한 사회적 요소는 아주 복잡하고 특수한 성분을 가지고 있으며, 문화 문제와 생태 문제는 상호 연관되고 상호 영향을 주는 아주 중요한 문제라는 것을 알 수 있다. 소수민족의 문화와 자연지리 환경의 관계는 아주 밀접한 바 생산생활방식을 포함한 문화의 변천은 생태환경의 변화에 영향을 미칠 수 있다. 생태환경의 변화 역시 문화의 변천에 영향을 미칠 수 있다. 이런 변화는 "경작지를 삼림으로 되돌리고", "방목을 중지하고 초원을 되돌리며" 또한 도시화로 나아가는 발전과정에서 빠르게 나타나고 있다.

아직 해결해야 할 발전 난제

경제 사회 발전을 가속화하고, 생태환경 보호를 진행하는 과정에서는 일반적으로 '두 가지 난제'의 국면이 나타나게 된다. 이 현상은 서부 지역에서 특히 두드러진다. 중국의 지속 가능한 발전 능력의 지표체계에서 31개 성, 시, 자치구의 지역 환경 수준 순위는 매우 특수한 현상을 나타냈다.

지역 환경 수준 순위는 다음과 같다. 시짱(1), 칭하이(3), 윈난(4), 신

---

75 《中华人民共和国国民经济和社会发展第十二个五年规划纲要》, 人民出版社, 2011년, 제72-73쪽.

장(5), 간쑤(6), 쓰촨(9), 구이저우(13), 네이멍구(19), 광시(21), 닝샤(27) 순이다. 해당 순위는 소수민족 집거 지역이 지속 가능한 발전 지표 체계에서 압도적 우세를 차지하고 있음을 보여준다. 하지만 이처럼 주로 공업 배출 세기와 대기오염으로 구성된 지표는, 한편으로는 이들 지역의 환경의 전반 수준은 전국에서 가장 좋은 상태라는 것을 의미하지만 다른 한편으로는 이들 지역은 공업화 수준이 전국에서 가장 낮은 위치에 있다는 것을 말해주기도 한다.

하지만 지속 가능한 발전과 관련된 기타 환경 조건으로 볼 때, 그 구체적인 상황에서는 변화가 나타났다.

지역 생태 수준 순위는 다음과 같다. 닝샤(31), 간쑤(30), 신장(29), 칭하이(28), 네이멍구(27), 쓰촨(21), 윈난(20), 시짱(16), 광시(12), 구이저우(11) 순이다. 생태 취약성, 기후 변이, 토양 침식 지수로 구성된 지역 생태 수준으로 보면 소수민족 집거 지역은 거의 전국의 뒷자리에 위치한다.

지역 환경저항(environmental resistance) 수준 순위는 다음과 같다. 시짱(31), 신장(25), 광시(20), 닝샤(15), 네이멍구(14), 구이저우(10), 칭하이(9), 쓰촨(6), 윈난(3), 간쑤(2) 순이다. 이것은 환경 복원과 생태 보호 지수로 구성된 환경저항의 복구능력을 보여주는데, 이런 지역들은 거의 열세에 처해있다.[76]

이런 환경저항 수준이 낮은 지역에서 어떻게 공업화의 가속화를 실현하는 동시에 인간과 자연의 조화로운 발전을 보장할 수 있겠는가

---

76 中国科学院可持续发展战略研究组 编,《2010中国可持续发展战略研究报告-绿色发展与创新》, 제308-310쪽.

중국공산당은 어떻게 민족문제를 해결하는가

하는 것은 서부 지역의 전면적인 샤오캉 사회 건설과 조화사회 건설에서 중대한 난제임에 틀림없다.

　인류 상고 시대의 발전이 '환경 결정론'의 영향을 받았다면, 오늘날 인류가 객관 세계를 개조하는 능력이 부단히 향상되는 과정에서, "환경 결정론의 주제는 기본적으로 인간과 환경 모델의 등장에 의해 대체되었다."[77] 이런 모델은 인간과 자연이 상호 작용하는 관계로서, 이미 발생한, 그리고 현재에도 발생하고 있는 보편적인 현상들은, 인류가 자연을 간섭하는 능력의 강화, 자연 자원에 대한 수요의 증가와, 자연이 인류에 대한 징벌, 인류에 대한 공급의 고갈이 정비례함을 보여준다. 이것은 양성 순환의 상호 관계가 아니다. 그렇기 때문에 지속 가능한 과학적 발전관은 근본적으로 말하면 인간과 자연의 양호한 상호 작용, 선순환의 발전 모델을 탐구하는 것이다. 인류에게 있어 이것은 새로운 탐색으로서, 이것은 발전 관념, 발전 모델, 발전 경험 등 일련의 문제에 대한 재인식 및 재창조이다.

　이와 동시에 생태문제가 인류사회에 미치는 영향은 자연 환경과 경제 발전을 판단하는 지표에 국한되어 있지 않고 인간의 가치관, 사회 정의(正義), 사회 안정 나아가 국가 안보와 같은 중대한 문제와도 관련된다. 관련 연구에 따르면 한 나라의 안전은 점점 "강, 하천, 경작지, 삼림, 유전자원(遺傳資源), 기후 및 군사 전문가와 정치 지도자들이 별로 고려하지 않는 기타 요소들과 관련된다."[78]고 한다. 생태문제로 하여 발생하

77 　【미국】唐纳德·L·哈迪斯蒂,《生态人类学》, 郭凡, 邹和译, 文物出版社, 2002년, 제3쪽.

78 　【미국】诺曼·迈尔斯,《最终的安全-政治稳定的环境基础》, 王正平, 金辉译, 上海译文出版社, 2001년, 제20쪽.

제5장 조화 사회의 건설, 과학적 발전의 실현　　　　　　　　　　　　　　*487*

는 자원 분쟁, 환경 난민 등과 같은 문제는 세계에서 비일비재하게 일어나고 있으며, 환경문제를 이용하는 것은 이미 해외 적대세력이 국제 여론을 유도하고 민족관계를 도발하는 중요한 수단으로 되었다. 그렇기 때문에 서부대개발의 전략 과정에서 확고부동하게 전면적인 과학적 발전관을 실행하는 것은 서부 지역의 각 민족의 근본이익과 직결될 뿐만 아니라 사회주의 조화사회를 구축하는 전반 국면과도 직결된다.

중국의 개혁개방 사업은 이미 중요한 전략적 시기에 들어섰다. 이 시기는 발전 기회, 여러 가지 도전과 사회 위험이 공존하는 단계이다. 특히 중국처럼 도시와 농촌 발전, 지역 발전의 격차가 현저하고 인구당 평균 자원 점유량이 결핍한 인구 대국에 있어서는 경제 사회 발전이 직면한 다양한 모순이 더욱 두드러지다. 따라서 지역 격차를 줄이고 경제 사회의 조화로운 발전을 추진하는 과제가 더욱 막중하다. 이 방면에서 동·서부 간의 경제 사회 발전 격차 특히 소수민족 집거 지역과 내지 및 동부 지역의 발전 격차가 가장 두드러지다. 이를 위해서는 과학적 발전관의 통솔 하에 생태환경을 보호하는 동시에 경제 사회의 쾌속적인 발전을 실현해야 한다. 동시에 생태보호 프로젝트와 생태보존 관련 대책에서도 '인간의 발전'과 관련한 새로운 문제에 직면하게 되었다. 경작지를 삼림으로 되돌리고 방목을 중지하고 초원을 되돌리는 중대한 생태보호 프로젝트 과정에서 생태이민의 방식으로 농민과 목축민의 정착과 산업 전환을 실현하는 것은 어느정도 규모를 형성했지만 정착과 산업 전환의 취업 문제, 전통 문화의 유실 문제는 이와 함께 더욱 두드러졌다.

경제 사회의 발전을 가속화하는 것은 도시화의 속도를 가속화한다는 것을 의미한다. 하지만 현재 상황으로 보면 서부 지역 특히 소수민족 집거 지역의 도시화 상태는 도시 규모, 인프라 건설에서 뿐만 아니라 시장 응집력, 노동력 흡수능력에서 모두 약세에 처해있고 도시화 수준도 전국 평균 수준보다 낮다. 소수민족 자치지방의 총 인구는 1억 8,400만 명으로서, 전국 총 인구의 13.8%를 차지한다. 이런 지역으로는 31개의 지급시(地級市)[79], 30개의 자치주, 65개의 현급시, 120개의 자치현(기)이 있는데, 전국 동일 유형의 행정 구획 총 수의 9.8%를 차지한다.[80] 다섯 개 자치구 중 지급시는 광시에 14개, 네이멍구에 9개, 닝샤에 5개, 신장에 2개, 시짱에 1개가 있다. 서부대개발 이래 이런 중심 도시는 규모와 인프라 건설 면에서 모두 현저한 발전을 가져왔지만 지역의 경제 사회 발전 수준과 미래의 가속화 발전의 수요를 놓고 보면 이런 중심 도시의 수량과 규모는 시장 용량, 유통 능력, 확대 기능, 사회보장 등 면에서 모두 가속화 발전이 추동하는 인구 이동과 농민과 목축민의 도시 진입 취업 수요를 충족시키지 못하고 있다.

앞으로 10년 간 서부 지역의 빠른 발전, 나아가 비약적인 발전 과정에서 소수민족 집거 지역은 전례없는 인구 이동의 절정을 맞이하게 될 것이다. 첫째는 현지 농민과 목축민의 도시화 이동이고 둘째는 내지의 농민공이 이들 지역의 중심 도시로 이동하는 것이며 셋째는 소수민족 농민과 목축민이 내지, 동부 지역으로 이동하는 것이다. 이런 이동의 방향은 모두 도시인데, 이것은 유동인구가 도시로 들어와 생활하고 취

---

79 중국의 2급 행정구역 단위인 지급행정구의 한 단위이다. 지급시는 시 및 각종 유형의 현급 행정구를 관할한다.

80 中华人民共和国统计局编,《中国统计年鉴》(2010), 제19-23쪽을 참조하라.

업한다는 것을 의미한다. 그렇기 때문에 서부 지역 특히 소수민족 집거 지역의 소도시 건설과 발전을 가속화하는 것은 쾌속 발전, 비약적 발전에 적응하는 기본 조건이다. 자원을 개발하고, 경작지를 삼림으로 되돌리고, 방목을 중지하고 초원으로 되돌리며, 생태보호구를 건설하고, 대형 인프라를 건설하는 것은 모두 농민과 목축민이 고향을 떠나 이주하는 것과 관련된다. 그들 역시 도시화 과정에서 취업과 생활의 스트레스에 직면할 수밖에 없다.

중국에 있어서 도시화는 여러 민족 인구가 다 함께 집거하는 새로운 방식이다. 하나의 도시가 민족 성분 면에서 단일하다고 생각해서는 안 된다. 도시 환경은 사회계층이 가장 집중되고 사회 역할이 가장 다양한 상호 작용의 장소로서 사람들의 주거 조건, 직업 특징, 수입 수준, 생활 수준 등의 차이가 가장 뚜렷하다. 이것은 도시 생활에 적응하는 경쟁 능력 특히 교육 수준, 취업 경로, 노동 기능 등의 차이를 나타내며 계층의 차이를 나타낼 뿐만 아니라 민족 차이도 반영한다. 이런 차이는 계층 간, 민족 간의 불평등 현상을 초래하게 되는데 이것들은 모두 공평과 정의, 민족 평등을 실현함에 있어서 반드시 주목해야 할 문제이다.

서부 지역 소수민족 집거 지역의 도시화 과정에서는, 또한 민족관계 면에서의 특수 문제에 직면하게 된다. 소수민족 농민과 목축민이 내지와 동부의 도시를 포함한 여러 도시로 진입하면서 취업문제 외에도 언어, 생활습관, 종교신앙 등에서의 적응성 문제가 나타난다. 동시에 도시화 자체가 민족성의 집거 상태를 변화시키고 있는데 이것은 각 민족들 간에 도시화 환경에서 접촉과 교류 융합하는 과정에서 사회화, 민간화, 생활화의 발전 추세가 나타나게 됨을 의미한다. 이런 상황은 각

중국공산당은 어떻게 민족문제를 해결하는가

민족이 상호 적응하는 과정에서 마찰과 모순을 일으킬 수 있을 뿐만 아니라 동시에, 각 민족이 서로 존중하고, 서로 이해하고 서로 돕는 사회적 조건을 조성하여 조화로운 사회 관계를 구축할 수도 있다. 마찰을 피하고 조화를 실현하려면 국가와 지방 정부의 정책 보장이 필요할 뿐만 아니라 전 사회적으로 더욱 광범위하고 심도 있는 교육을 전개해야 하며 도시화 과정에서 민족관계의 건강한 발전을 위해 양호한 사회환경을 창조해야 한다.

이미 완료된 전국 제6차 인구조사는 다민족이 융합된 하나의 새로운 국면 즉, 중국 각 민족 인구 분포의 새로운 국면을 보여줄 것이다. 1990년에 베이징시에만 56개 민족 성분이 있었다. 2000년 제5차 인구조사에 의하면 전국 18개 성, 자치구, 시에는 56개 민족 성분이 모두 분포해 있었다. 2010년 인구조사에서는 중국의 각 성, 구의 민족성분이 모두 거의 50개 이상에 달하거나 나아가 대다수 성, 구에 56개 민족성분이 모두 거주하는 민족인구 분포특징이 나타날 것으로 예측한다. 중국은 각 민족 인민들이 점점 교류 융합되면서 도시화 과정에서 더욱 광범위하게 활발히 퍼져 나가고 있다. 이것은 각 민족이 바야흐로 힘차게 번영·발전하고 있는 추세이며, 각 민족의 공동 단결 분투, 공동 번영 발전이 민간 사회에서 전면적으로 전개되는 필연적인 과정이기도 하다. 그러나 민족문제 해결의 과제는 여전히 막중하고 그 길은 멀다.

제6장

중국 특색의 민족문제 해결의 올바른 길

중국 특색의 민족문제 해결의 올바른 길은, 바로 중국공산당의 지도 아래 중국 특색의 사회주의 길을 견지하고, 조국 통일을 견지하고, 각 민족의 일률적인 평등을 견지하며, 민족구역자치제도를 견지하고 보완하며, 각 민족의 단결 분투와 공동 번영 발전을 견지하며, 중화민족공동체의 사상 기초를 굳게 다지고 법에 따라 나라를 다스리는 것을 견지하고, 각 민족의 교류와 융합을 강화하며, 각 민족이 화목하게 공존하며 한마음으로 협력하여 어려움을 극복하고 조화롭게 발전하는 것을 촉진하며, 평등하고 단결되고 서로 돕는 조화로운 사회주의 민족관계를 공고히 하고 발전시키며, 여러 민족이 다함께 공동으로 중화민족의 위대한 부흥을 실현하는 것이다.

신중국 건국 후 65년 동안 중국공산당의 민족 이론과 방침과 정책은 정확했고, 중국 특색의 민족문제 해결의 길은 정확했으며, 중국의 민족관계는 총체적으로 조화로웠다.

예정대로 민족 지역을 전면적인 샤오캉 사회로 건설하기 위해서는, 실사구시해야 하며, 각 지역의 구체적인 실정에 맞게 적절한 대책을 세워야 하며, 일정한 기준을 견지해야 할 뿐만 아니라 목표를 너무 높게 잡는 것도 방지해야 하며, 2020년이라는 이 시점을 염두에 두어야 할 뿐만 아니라, 기반을 다지고, 멀리 내다보고, 성과를 내는 데에도 입각해야 한다.

중화민족의 대단결을 강화함에 있어서 장기적이고 근본적인 것은 문화적 정체성을 강화하고, 각 민족이 공유하는 정신적 보금자리를 건설하며, 중화민족의 공동체의식을 적극 배양하는 것이다. 문화적 정체성은 가장 깊은 층위의 정체성으로서, 민족 단결의 뿌리이며, 민족 화합의 혼이다.

우리는 실크로드 경제벨트와 21세기 해상 실크로드 건설을 내세워 유라시아 무대, 세계 대(大) 무대에 착안점을 두었다. 이것은 민족 지역, 특히 변방 지역에 큰 혜택을 가져다 줄 수 있다. 서부대개발 전략을 심도 있게 실시하며, 변방 지역의 개방과 개발을 가속화하고, 국가 발전을 지탱하는 새로운 공간을 넓혀야 한다.

- 시진핑(習近平) 《중앙민족사업회의에서의 연설》

제1절 민족구역자치제도의 확고한 견지와 보완

민족구역자치제도는 중국의 민족문제 해결의 제도 설계이며, 중화인민공화국의 기본 정치 제도 중의 하나로, 헌법에 규정되어 있으며, 《중화인민공화국 민족구역자치법》에 의해 보장되며, 중국공산당의 각 민족정책의 기본원칙은 모두 이 국가의 기본법에 구현되어 있다. 그렇기 때문에 중국공산당은 줄곧 민족구역자치제도의 견지와 보완을 강조해 왔다. 이것은 중국 특색의 사회주의 제도를 수호하기 위한 관건이며, 또한 법에 따라 치국하고, 헌법에 따라 집권하며, 당의 민족정책을 전면적으로 관철해야 한다는 정치적 요구이기도 하다. 따라서 당 중앙은 "민족구역자치는 중국공산당의 민족문제 해결의 기본 경험으로서 의심할 여지가 없으며, 중국의 기본 정치제도로서 흔들려서는 안 되며, 중국 사회주의의 정치적 우세로서 약화시켜서는 안 된다."[01]는 확고한 입장을 확립했다. 그러나 중국의 민족사무가 새로운 문제에 직면하게 된 상황에서 민족구역자치제도의 이론과 실천은 국내외 사회로부터 여론의 도전에 직면하게 되었다.

민족문제의 정치적 시각 견지

앞에서 논의하였듯이, 2008년 라싸 '3.14'사건, 2009년의 신장 우루무치의 '7.5'사건 이후 중국의 민족문제는 세계의 관심사로 떠올랐다. 서부 지역의 경제 사회 발전을 가속화하고 사회주의 조화사회 구축을 선도하는 정책 실천과 신장 지역의 분신 사건, 신장 지역 및 내륙으로 확장된 테러 폭력 사건은 서로 충돌되는 사회 여론을 형성하였다. 그중 일부 여론은 중국의 민족문제 해결에 대한 제도, 정책, 실효에 대해 의심하고 의문을 제기하고 심지어 폄훼까지 하는 쪽으로 쏠리고 있다. 사회 여론이 민족문제의 곤혹에 대해 전반적으로 관심을 갖는 가운데 일부에서는 중국의 민족문제 해결 방법에 대한 "성찰"이 전개되었고 "민

---

01   胡锦涛, 《在中央民族工作会议暨国务院第四次全国民族团结进步表彰大会上的讲话》, 国家民族事务委员会, 中共中央文献研究室编: 《民族工作文献选编》(2003-2009年), 제 81페이지.

족문제 탈정치화"라는 "새로운 발상"[02]을 제기하였다. 이러한 "새로운 발상"은 중국의 민족구역자치제도는 "완전한 소련 모델"이라는 것에 입론하고 있으며, 소련 연방 공화국의 연방제 구조로 중국의 민족구역자치를 개괄하고 있으며, 중국이 민족 확인을 실시하고, 민족구역자치제도를 실시하며, 각종 민족정책을 제정하고, 심지어 주민등록증에 민족 신분을 표시하는 이 모든 것이 다 "소련 모델"의 범주에 속한다고 생각한다.

소련 붕괴의 교훈은 의심할 여지없이 극히 심각했다. 여기에는 민족문제 해결의 실패도 포함된다. 그러나 소련 붕괴의 비극이 그 나라 건설에서 시행한 연방 체제에서 기인했다는 증거가 전혀 없고, 그 어떤 사실도 소련의 각 가맹공화국의 붕괴가 레닌이 선도한 민족평등정책에서 기인했음을 입증할 수 없다. 소련이 민족문제 해결에서 실패한 원인은 소련의 사회주의 건설의 실패가 민족 사무 방면에서 집중적으로 나타났기 때문이며, 소련 공산당이 마르크스-레닌주의의 기본원리와 사회주의 건설의 객관적 발전 법칙을 위배했기 때문이다. 이것은 필연적인 결과이다. 이러한 위배가 사회 발전 단계를 초월하여 민족문제를 포함한 모든 사회 문제를 해결하고자 하는 인위적이고 무모하며 급진적인 잘못된 실천으로 이어지게 한 것이다. 이것이 바로 이른바 "소련 모델"의 실체이다.

따라서 이른바 "소련 모델"을 중국에 완전히 덮어 씌워 적용하려

---

02   马戎,《理解民族关系的新思路-少数族群问题"去政治化"》,《北京大学学报》, 2004년 제11기를 참조하라.

고 하고, 특히 중국의 민족문제 해결을 위한 제도, 법률, 정책에 "소련 모델"이라는 꼬리표를 달아 주고, 나아가 "민족문제 탈정치화" 즉 "탈 민족구역자치제도화", "탈 민족정책화"의 주장을 제기한 사람들은 따라 배워야 할 "성공 경험"으로 미국, 브라질, 인도의 "용광로"정책 및 "탈민족"이라는 민족동화정책을 내 놓았으며, "제2세대 민족정책"설[03]을 형성하였다. 이로 인해 민족 이론 학계, 민족 사업 분야에서는 사상적 혼란이 일어났고, 지나치게 자신을 비하하는 '자비(自卑)' 사조가 생겨났으며, 중국의 민족문제 해결 방법에 대한 열띤 논쟁을 불러일으켰다.[04] 중국의 민족문제 해결의 역사적 선택을 어떻게 인식하고, 중국의 민족문제 해결을 위한 정책 실천을 어떻게 볼 것인가는 중국공산당 제18차 전국대표대회 이후 중대한 정치 의제가 되었으며, 또한 이론과 실천의 측면에서 사상 혼란을 시급히 규명해야 하는 중대한 정치 과제가 되었다.

중국공산당 제18차 전국대표대회 이래 시진핑 총서기를 핵심으로 하는 당중앙은 '5위일체(경제 건설, 정치 건설, 문화 건설, 사회 건설, 생태 문명 건설)'의 총체적 배치를 총괄적으로 추진하고, '4개 전면(전면적 샤오캉 사

---

03   胡鞍钢, 胡联合,《第二代民族政策: 促进民族交融一体和繁荣一体》,《新疆师范大学学报》, 2011년 제5기를 참조하라.

04   졸문《评"第二代民族政策"说的理论与实践误区》,《新疆社会科学》2012년 제2기,《美国是中国解决民族问题的榜样吗？-评"第二代民族政策"的"国际经验教训"说》,《世界民族》2012년 제2기,《巴西能为中国民族事务提供什么"经验"-再评"第二代民族政策"的"国际经验教训"说》,《西北民族大学学报》2012년 제4기,《印度构建国家民族的"经验"不值得中国学习-续评"第二代民族政策"的"国际经验教训"说》,《中南民族大学学报》2012년 제6기를 참조하라.

회 건설, 전면적 개혁 심화, 전면적 법치 국가 통치, 전면적 당 엄격 관리)'의 전략 배치를 조화롭게 추진하는 국정운영의 새로운 구도를 전개하였고, 중화민족의 위대한 부흥을 실현하는 새로운 시대를 열었으며, 2014년에는 개혁 개방 이래 네번째로 되는 중앙민족사업회의를 개최하였다. 이번 회의에서는 그 전·후에 개최되었던 중앙 제6차 시짱 사업 좌담회, 제2차 신장 사업 좌담회, 중앙통일전선 사업회의, 전국종교사업회의 등과 함께 신시대 중국의 민족, 종교, 통일전선사무의 창의적 추진을 위한 지도사상과 행동지침을 구성하였다. 이들 회의에서 한 시진핑 총서기의 중요한 연설과 소수민족 지역 시찰 및 다양한 장소에서 소수민족 인사들과의 좌담회 때 한 수많은 연설, 메시지 등은 시진핑의 신시대 중국 특색 사회주의 사상의 중요한 조성부분으로 되었다. 즉 학계에서 요약한 시진핑의 국정운영의 민족 사업 사상을 구성했다.[05] 이 사상은 본토의 실정에 입각하여 이론을 계승 발전시켰으며 자신감을 확고히 하였고 경험을 바탕으로 학문의 원리를 받아들인 것으로서, 넓은 시야와 넓은 흉금, 미래 지향적 특성이 뚜렷하다. 이 사상의 기본 입장은 바로 민족관계를 정치적으로 파악하고 고찰한다는 것이다. 이것은 신시대 중국 특색의 사회주의가 민족문제를 해결하는 지도성적인 행동 지침이며, 중국이 민족 사업 분야에서 중화민족의 위대한 부흥이라는 '중국의 꿈[中國夢]'을 실현하기 위해 분투하는 사상적 보장이다. 그 근본적 지향은 민족문제를 해결하는 중국 특색의 올바른 길을 확고히 견지하는 것이다.

---

05   졸문《习近平民族工作思想述论》,《中国民族报》, 2017년 7월 7일을 참조하라.

국제 사회와의 비교에서 얻은 확고한 자신감

중국공산당 제18차 전국대표대회 이후 시진핑 총서기는 중국 특색의 사회주의 길과 이론, 제도, 문화적 자신감을 확고히 하는 문제를 강조하여 지적하였다. 중국공산당의 정치적 역량을 보여주는 이 전략적 사고는 자아도취에 빠진 자화자찬이 아니다. 이것은 세계 대세를 파악하고 중국 특색의 사회주의가 이룬 위대한 성취에 기초한 국제 사회와의 비교에서 얻은 자신감이다. 여기에는 민족문제 해결의 장단점이 포함되어 있다.

2014년 전 세계적 범위에서 민족문제에 일련의 중대한 변화가 일어났다. 예를 들면, 연초의 크림공화국이 주민 투표를 거쳐 러시아에로 합병되면서 촉발된 우크라이나 위기 및 그 배후인 나토와 러시아의 지정학적 쟁탈전, 그리고 유럽위원회 인권보고서에 드러난 유럽 39개국의 소수민족 차별 문제, 이슬람국가(IS)의 궐기로 촉발된 극단적 종교 테러와 중동 난민 위기, 미국 퍼거슨 사태로 계속된 대규모 인종 갈등, 스페인 카탈루냐 여론 조사식 독립 주민 투표, 영국 스코틀랜드의 합법적 독립 주민 투표, 독일에서 시작된 "애국적 유럽인들의 유럽의 이슬람화(PEGIDA) 반대" 운동, 그리고 전 세계 테러 건수 35% 증가, 사망자 81% 증가 등과 같은 것들이 있다. 이러한 혼란의 이면에는 유럽과 미국의 극우세력의 증가, 포퓰리즘의 범람, 민족주의 확산이 자리 잡고 있다. 1970년대 이후 미국과 유럽 국가들이 민족관계 처리의 자랑거리로 삼고 있고, "정치적 올바름"을 대변했던 다문화주의 정책은, 미국, 영국, 프랑스, 독일 등 국가들에서 연이어 실패를 선언하면서, 그 전망이 불투명해졌다. 바로 이러한 2014년, 세계 민족문제 변화의 국면 속에서 중국 역시 새로운 시대를 여는 선택을 하였다.

2014년 9월, 중국공산당은 중앙민족사업회의를 개최하였다. 시진핑 총서기는 회의 연설에서 서방 국가들의 민족문제 해결을 위한 정책 실천에 대해 다음과 같이 지적했다. "서방의 민족 정책은 그들 스스로 말하는 것처럼 그렇게 좋은 것이 아니다. 그들에게도 민족문제해결의 만병통치약은 없다."[06] 이 판단은 실사구시적이다. 그렇다면 이 시점에서 중국이 국내 민족문제 해결을 위해 선택한 노선, 제도 설계, 정책 실천에 대해서는 어떤 판단을 내릴까? 민족문제를 해결하기 위한 중국 특색의 올바른 길을 확고히 걷는 것은 이번 중앙민족사업회의가 밝힌 뚜렷한 주제이며 정치적 결정력이다.

이번 회의에서 시진핑 총서기는 "새로운 정세 하에서 민족문제, 민족 사업의 특징과 법칙을 정확히 파악하고, 사상적 인식을 통일하며, 목표 과제를 명확히 하고, 신념을 확고히 하며, 민족 사업능력과 수준을 향상시켜야 한다."는 총체적 요구를 둘러싸고, 최근 몇 년간 중국의 민족문제와 민족 사업에 대한 국내외 사회의 이견에 대하여 다음과 같이 지적했다. 통일된 다민족 국가라는 중국의 기본 국정을 정확히 파악하고, 중국 특색의 민족문제를 해결하는 올바른 길을 견지하며, 민족구역자치제도를 견지하고 보완하며, 중화민족 대단결을 강화하고, 민족지역의 전면적인 샤오캉 사회를 건설하는 과정을 가속화하며, 각 민족이 공유하는 정신적 보금자리를 구축하고, 도시의 민족 업무를 잘 수행

---

06   졸문《习近平民族工作思想述论》,《中国民族报》, 2017년 7월 7일을 참조하라.

하며, 민족 업무를 잘 수행함에 있어서 관건은 당과 사람에 있다는 이 여덟 가지 방면에서, "민족문제를 잘 처리하고, 민족 업무를 잘 수행해야 한다."는 중국의 국정 방침, 목표 과제, 업무의 중점 및 사상 방법 등에 대해 뛰어난 통찰력으로 체계적인 해석을 하였다. 그리고 모호하고, 국정을 이탈하고, 지나치게 자신을 비하하는 등과 같은 부정확한 인식에 대해서도 깊이 있게 그리고 구체적으로 답하였다.

민족구역자치는 중국공산당의 민족 정책의 근원

중국 특색의 민족문제 해결의 올바른 길, 여기에서 키워드는 '중국 특색'과 '올바른 길'이다. 전자는 다른 나라와는 다른 중국의 역사와 현실을 표현했고, 후자는 중국의 실정에 맞는 이 길의 실천적 성과를 나타냈다. 따라서 중국이 민족문제를 해결하는 올바른 길은 역사를 존중하고, 국정에 부합하며, 민심에 순응한다는 기본적 특징을 가지고 있다.

역사를 존중한다는 것은 바로 중국이 진한(秦漢) 시기로부터 통일된 다민족 국가를 형성했다는 것이다. 국가의 통일과 다양한 민족은 중국의 가장 중요한 기본 국정이다. 이것은 중화 문명의 수천 년 역사가 전승 발전되면서, 각 민족이 끊임없이 교류하면서 이룬 국가의 특성이다. 선진(先秦) 시기 천원지방(天圓地方)의 우주관에서 유래한 오방지민은 "소수민족의 종교적 신앙을 따르며, 그들의 생활습관을 바꿀 필요 없이 국가의 통일을 중시해야 한다.(修其教不易其俗、齐其政不易其宜)"는 치세 이념 속에서 천하통일의 대업과 "세속에 따라 다스리기"의 방법과 "화이부동"의 목표를 형성하였다. 통일된 다민족 국가라는 국가의 의지가 전반 중국 역사에 관통되어 있으며 중국의 역사 기록에 잘 나타나 있다. 서양의 한 인류학자가 원(元)나라의 역사를 연구하면서 깨달은 바와 같이, 중국의 고대 지식인들은 실현하기 무척 어려운 이상을 늘 고수하고 있었다. 즉, "모든 국민이 정부의 통치 하에 있는 하나의 통일된 국가를 건설하고자 하였다." 이러한 "중국"의 관념은 오랫동안 쇠퇴하지 않았다. 원나라의 통일이 바로 중국 역사 상 국가와 민족의 최대 범위의 통일이었다.[07] 이러한 역사적 과정이 "중국 문명을 우리가 살고 있는 이 시대에 이르기까지 거의 중단 없이 번영하게 만들었다"[08]. 중국의 기나긴 국가 역사 발전 과정 속에서, 진나라가 기반을 닦고, 한나라가 보완 완성한 '대일통(大一統)' 체제는, '오방지민'과 그 후손들이 함께 추구해 온 능동적으로 적응하고 자각적으로 수호해 온 목표가 되었다. 이에 대해 시진핑은 다음과 같이 요약했다. 왕조가 아무리 바뀌고 강산이 아무리 변해도 국가 통일의 왕조 체제는 계속되었고, 다민족의 구조는 변하지 않았다. "오방지민이 모여 함께 살며, 온 세상 사람이 모두 형제이다." 이것이 바로 중국의 통일된 다민족 국가 형성과 발전의 역사적 대세이다. "중국 역사 상 통일성을 지키면서도 차별을 중시해 온 이념은 중화민족의 형성과 발전에 매우 중요한 역할을 했다." 중국 역사 속에서 '중국 특색'의 기저 내용을 찾아내는 것은 바로, "각 나라와 민족의 역사 전통, 문화 축적, 기본 국정의 차이에 대해 명확하게 설

---

07 【미국】杰克·威泽弗德,《成吉思汗与今日世界之形成》, 温海清、姚建根译, 重庆出版社, 2006년, 제207-208쪽.

08 【미국】斯塔夫里阿诺斯,《远古以来的人类生命线》, 吴象婴等译, 中国社会科学出版社, 1992년, 제109쪽.

명하기 위한 것이다. 그 발전의 길에는 나름대로의 특색이 있기 마련이다."[09]

국정에 부합한다는 것은 우선 중국의 역사적 국정과 치세 방식에 맞아야 한다는 것이다. 그러나 역사 상의 "세속에 따라 다스리기"와 같은 제도는 "낡은 방법"으로서, 이들은 신복(臣服), 조공(朝貢), 회유(懷柔), 기미(羈縻)에 불과했다. 이에 대해 마오쩌둥은 일찍이 민족문제 해결은 역사 상의 "회유, 기미의 방법으로는 통하지 않는다."[10]고 지적했다. 그렇기 때문에 시진핑은 "우리 당은 민족구역자치라는 새로운 방법을 채택해 국가의 단결과 통일을 보장하는 동시에 각 민족이 함께 주인이 되는 목표를 실현했다."[11]고 요약하여 설명했다. 민족구역자치제도는 중국공산당 지도 하의 신중국의 현실적 국정에 부합한다. 국정에 맞는 길을 선택해야만이 민심에 순응할 수 있다. 즉 중국의 역사와 현재의 국민 성분 다양성을 인정하고, 중화민족의 다원일체를 인정해야 하는 것이다.

민심에 순응한다는 것은 중국의 민족 다양성과 일체화된 중화민족 공동체 구조를 인정하는 것이다. 중국의 민족 확인은 56개 민족의 평등한 지위와 민족 별 신분 문제를 해결하였을 뿐만 아니라 소수민족 집거 지역에서 각 민족의 평등한 권익을 보장하는 민족구역자치를 실현했

---

09 习近平,《把宣传思想工作做得更好》,《习近平谈治国理政》, 外文出版社, 2014년, 제155쪽.

10 毛泽东,《论新阶段》, 中共中央统战部编,《民族问题文献汇编》, 中央党校出版社, 1991년, 제595쪽.

11 习近平,《在中央民族工作会议上的讲话》(2014년 9월 28일), 中共中央文献研究室编,《习近平关于社会主义政治建设论述摘编》, 中央文献出版社, 2017년.

다. 통일된 다민족국가, 다원일체의 중화민족 대가족이라는 이 국정 설정이 바로 민심을 가장 잘 따르는 것이다. 이렇게 말하는 것은 다음과 같은 이유 때문이다. "우리 나라 56개 민족은 역사가 만들어 낸 객관적 존재이며, 사람의 의지로 전이되지 않는 존재이다. 우리 나라에는 소수민족이 1억 명이 넘는다. 민족관계를 잘 처리하는 것은 시종 국가 정치 생활의 아주 중요한 내용이다. 다민족, 다문화는 바로 우리 나라의 하나의 특색이며, 또한 우리 나라 발전의 중요한 동력이다. 우리의 위대한 조국은 56개 민족이 함께 공동으로 개발한 것이며, 중화민족의 미래는 56개 민족이 함께 개척해야 한다."[12]

민족구역자치제도는 중국 특색의 민족문제 해결의 올바른 길의 "중요한 내용과 제도적 보장"[13]으로서, "민족구역자치는 당의 민족 정책의 근원이며, 우리의 민족 정책이 모두 여기에서 비롯되었고 이에 따라 존속한다. 이 근원이 바뀌면 뿌리가 흔들리게 되는 바, 민족 이론, 민족 정책, 민족관계 등 현안에서 도미노효과가 나타나게 된다."[14] 민족구역자치제도는 바로 여기에 그 중대한 의의가 있다. 중국이 소련의 붕괴, 동유럽 급변 이후 서구인들의 판단이나 예언대로 분열로 나아가지 않은 것은, 중국이 중국 특색의 사회주의 길을 포기하지 않기 때문이며, 소련과 동유럽 국가들의 사회주의 건설 실패의 영향으로 인한 갈

---

12   习近平,《在第二次中央新疆工作座谈会上的讲话》(2014년 5월 28일), 中共中央文献研究室编,《习近平关于社会主义政治建设论述摘编》, 中央文献出版社, 2017년.

13   习近平,《在中央民族工作会议上的讲话》, 2014년 9월 28일.

14   졸문《民族區域自治-中央民族工作会议讲了什么？》,《中央民族大学学报》, 2015년 제2기를 참조하라.

팡질팡 흐트러지는 전복적 오류를 발생하지 않았기 때문이며, 민족문제 해결을 위한 제도와 정책과 이론에서 완전히 '소련 모델'에 기대지 않았기 때문이다. 또한 '180도 전환'하여, 이른바 "미국에서는 민족 확인 작업을 하지 않"기 때문에 "미국에는 신분증이 없"고 "미국에는 민족대학이 없"으며 "미국에는 민족구역자치가 없"으며, 따라서 "미국에는 민족 분열이 없다"라는 미국식의 터무니없는 논리 추론을 따르지 않았기 때문이다. 실제로 개혁 개방 이후 신장을 시찰하면서 덩샤오핑은 "신장의 근본문제는 공화국으로 하느냐 자치구로 하느냐의 문제이다. 우리 나라에서 시행하고 있는 민족구역자치제도를 법률로 규정해 법적으로 이 문제를 해결해야 한다."[15]고 요점을 찔러 명백하게 말했다. 즉 민족공화국 연방제를 채택하면 "소련 모델"이고, 국가 통일 체제 하의 민족구역자치를 채택하면 "중국 특색"이라는 것이다. 이것은 아주 명백하고 정확한 결론이다. 따라서 민족구역자치제도를 견지하고 보완하는 것은 중국 특색의 민족문제 해결의 올바른 길을 확고히 걷는 징표이다.

민족구역자치제도 취소는 받아들일 수 없는 주장

시진핑은 중국 특색의 사회주의 근본 정치제도 및 기본 정치제도와 관련하여 다음과 같이 강조했다. 국가 제도의 선택에 있어서, "어느

15　邓小平,《新疆稳定是大局 , 选拔干部是关键》, 中共中央文献研究室, 中共新疆维吾尔自治區委员会编,《新疆工作文献选编》, (1949-2020), 제252쪽.

날 갑자기 상상에 의해 정치제도를 만들어 내서는 안 된다. 또한 다른 나라에는 있고 우리는 없다고 해서, 간단하게 우리 부족하다고 생각하고 그대로 가져와서는 안 된다. 또는 우리에게 있고 다른 나라에 없다고 해서, 쓸데없는 것으로 생각하고 제거해서도 안 된다. 이 두 가지 관점은 모두 단순화 한 단편적인 생각이기 때문에 모두 정확하지 않다." 개혁개방과 중국 특색의 사회주의 제도의 자기완성화 과정에 있어서 "우리는 외국의 정치 문명의 유익한 성과를 거울 삼아야 하지만 중국 정치 제도의 근본을 절대로 포기해서는 안 된다. 중국은 960여만제곱킬로미터의 땅과 56개 민족을 가지고 있는 나라이다. 이런 우리가 어느 나라의 모델을 따를 수 있으며 또 어느 나라가 이래라저래라 식으로 우리에게 어떻게 해야 할지를 알려줄 수 있겠는가?"[16]

이런 인식을 바탕으로 시진핑은 중앙민족사업회의 보고에서 다음과 같이 지적했다. 한 국가가 민족문제 해결에서 어떤 길을 선택하고 어떤 패러다임을 선택하는지는 그 나라의 기본 국정, 역사 발전 과정, 경제 사회 상황, 문화적 전통 등 여러 가지 요인이 복합적으로 작용한 결과이다. 민족구역자치가 "소련 모델"이라는 주장에 대해 시진핑은 "이 제도를 소련 모델로 보는 시각이 있다. 국내에서도 이런 말을 하는 사람이 있고, 소련, 동유럽 급변 때 서방에서도 이런 말이 나왔었다. 이러한 주장은 사실에 부합되지 않는 주장이다."라고 말했다. 시진핑은 더 나아가 다음과 같이 강조하여 지적했다. "일각에서는 민족구역자치

---

16   习近平, 《在庆祝全国人民代表大会成立60周年大会上的讲话》, 《人民日报》, 2014년 9월 5일.

제도를 이제 그만하고 민족자치구도 다른 성시(省市)와 같은 체제로 해도 된다는 말도 나오는데 이런 견해는 옳지 않다. 정치적으로 해롭다. 다시 한 번 강조하지만 민족구역자치제도를 취소하자는 것은 받아들일 수 없는 주장이다."[17] 이것은 "민족문제 탈정치화"의 잘못된 시각에 대한 엄중한 비판이다. 중국의 "민족 사업은 정치성, 정책성이 매우 강한 업무이다. 정치적으로 민족관계를 파악하고 민족문제를 고찰하는 입장을 견지해야 한다."[18] 그렇기 때문에 중국 특색의 민족문제 해결의 올바른 길을 견지하려면 반드시 국가의 기본 정치 제도를 견지해야 하고 국가의 기본법을 관철해야 한다.

통일과 자치의 결합을 견지

새로운 역사 조건 하에서 어떻게 민족구역자치제도를 견지하고 보완할 것인가? 중앙민족사업회의에서는 이에 대해 기본 이념으로부터 새롭게 천명하였다. 우선 통일된 다민족국가라는 이 기본 국정에 입각해야 한다. 국가통일이 최우선이다. "국가 통일이 없이는 민족구역자치를 논할 수 없다." 이것은 '가죽이 있어야 털이 나지.'와 같은 변증법적 관계의 문제이다. 국가의 통일을 수호하고, 국가의 법률과 정부 법령의 시행을 확보해야 비로소 "법에 따라 자치 지방의 자치권의 행사를 보장하고, 자치 지방에 특별 지원을 할 수 있으며, 자치 지방의 특수 문제

---

17   졸문《民族區域自治-中央民族工作会议讲了什么?》를 참조하라.

18   习近平,《在中央民族工作会议上的讲话》, 2014년 9월 28일.

를 잘 해결할 수 있다.” 이것은 중국공산당이 처음으로 ‘통일과 자치’를 결합한 변증법적 관계에 대해 내놓은 설명이다. 둘째는 민족적 요소와 지역적 요소 결합의 원칙을 견지해야 한다. 즉 자치를 실시하는 소수민족의 평등한 권익을 보장해야 할 뿐만 아니라, 자치 지방 전체 인민의 공동 이익을 수호해야 한다. 이러한 의미에서 볼 때, “민족구역자치는 어느 한 민족이 독점적으로 누리는 자치가 아니며, 민족자치지역이 어느 한 민족만의 것은 더더욱 아니다. 이 점을 분명히 해야 한다. 그렇지 않으면 잘못된 방향으로 가게 될 것이다.”[19] 이것은 그동안 강조해 온 민족적 요소와 지방적 요소의 결합에 대한 심층적 해석이기도 하고, 중국 민족구역자치제도의 실천에 대한 정확한 해석이기도 하다. 자치 지방의 각 민족 인민은 국가가 부여한 자치 권익을 공동으로 향유하며, 민족구역자치를 실행하는 소수민족은 국가의 통일과 민족 단결 수호라는 더 큰 책임을 어깨에 짊어지게 된다.

통일과 자치의 관건은 중국공산당의 영도를 견지하는 것이다. 1947년에 네이멍구자치구가 세워진 이래 전국의 155개 민족구역자치 지방이 모두 중국공산당이 이끄는 중화인민공화국의 불가분의 구성 부분임은 실천에 의해 증명되었다. 70여 년간의 실천은 민족구역자치 지방의 최고 권력기관이 국가의 헌법과 민족구역자치법에 위배되는 그 어떤 문제도 일으키지 않았음을 보여준다.[20] 이것은 중국 특색의 사

19   习近平,《在中央民族工作会议上的讲话》, 2014년 9월 28일.

20   헌법 원칙을 짓밟고, 민족 사업을 폐지하고, 민족구역자치 제도를 파괴하며, 민족구역 자치 지방을 파괴하고 민족관계를 해치는 각종 그릇된 사상과 행위가 가득했던 문화대혁명 10년 내란은 제외한다.

회주의 정치 통일의 우세이다. 이 같은 우세는 서방 국가들이 실시하는 다당 민주제 및 그에 따른 지방적 정당, 민족주의 정당 정치와는 완전히 다르며, 이들 사이에는 아무런 공통점도 없음을 잘 보여준다. 그렇기 때문에 중국의 민족구역자치제도는 서방 국가들의 "민족 자치", "지방 의회", "연방 제도", 심지어 "나라 안의 나라"와 같은 자치 모델과는 이론으로나 실천적으로나 모두 완전히 다르다.

경제 발전과 민생 개선이 관건

민족지역자치 제도는 국가의 기본 정치 제도로서, 상부 구조의 범주에 속한다. 경제 기초가 상부 구조를 결정한다는 마르크스주의의 기본 원리는, 시종 중국공산당이 민족구역자치 제도를 견지하고 보완하는 기본 입각점이다. 그렇기 때문에 "민족구역자치를 실시하면서 경제 발전을 잘 잡지 않으면 그 자치는 실속이 없게 된다".[21] 민족구역자치 지방의 경제 사회 발전을 추진하는 "가장 근본적인 문제는 소수민족이 생산을 발전시키고 생활을 개선하도록 돕는 것이다. 만약 소수민족이 경제적으로 발전하지 못한다면, 그것은 진정한 평등이 아니다. 그러므로 각 민족이 진정으로 평등해지려면 반드시 소수민족을 도와 경제를 발전시켜야 한다."[22] 이것은 중국공산당이 일관되게 강조해 온 기본 원칙이다. 개혁개방 이후 중국은 민족구역자치법을 제정하였다. "《민

---

21 邓小平,《关于西南少数民族问题》,《邓小平文选》第一卷, 人民出版社, 1994년, 제167쪽.

22 周恩來,《要尊重少数民族的宗教信仰和风俗习惯》, 中共中央文献研究室, 中共新疆维吾尔自治區委员会编,《新疆工作文献选编》(1941-2010), 제145쪽.

족구역자치법》을 관철 시행하는 중요한 측면의 하나가 바로 경제 권익 문제를 잘 해결하는 것이다."[23] 민족구역자치 지방은 보편적으로 경제 사회 발전이 뒤처진 문제가 존재하며, 개혁개방의 "경제 건설 중심"의 발전 과정에서 중국 동서부 간의 발전 격차가 지속적으로 확대되는 양상을 보이고 있다. 그렇기 때문에 2000년에 중국 중앙 정부가 시행한 서부대개발전략은 동서부의 발전 불균형이라는 현실 국정에 입각하여 국가가 힘을 기울여 서포트하고, 동부의 힘을 모아 지원하여 서부 지역 즉 민족구역자치 지방의 경제 사회 발전에 박차를 가하는 것이다. 이것은 장기적이고 어려운 과제이다.

따라서 시진핑은 현 단계에서 "민족구역자치제도의 정착은 자치 지방의 경제 발전과 민생 개선이 관건"[24]이라고 강조했다. 특히 중국공산당 제18차 전국대표대회에서, 전면적인 샤오캉 사회 건설을 위한 전략 목표 실천 중, 전국 56개 민족이 '모두 빠짐없이' 빈곤에서 탈출하여 부유해지는 목표를 실현해야 한다는 기본 요구를 제기한 이후, 민족구역자치 지방의 '경제 발전과 민생 개선' 과제는 더욱 절실해졌고, 따라서 이것은 또한 민족구역자치 제도를 견지하고 보완하는 '관건'이 되었다. 이 판단 자체는, 장기간 사회주의 초급단계에 처해 있는 중국의 실제 국정과 정치 제도 설계의 선진성과 제도 실천의 우월성에 입각한 것으로서, 국가의 발전 단계를 뛰어 넘을 수 없다. 개혁개방의 진행과정에서 끊임없이 자기 완비가 필요하며, 전면적인 법치 국가의 진행 과정

---

23   习仲勋,《在庆祝内蒙古自治区成立四十周年干部大会上的讲话》, 中共中央统战部, 中共中央文献研究室,《习仲勋论统一战线》, 中央文献出版社, 2013년, 제497쪽.

24   졸문《民族區域自治-中央民族工作会议讲了什么？》를 참조하라.

에서 실제에 근거하여 기초를 잘 닦고 장기적인 안목으로 제도를 보완하며, 법률을 실천하고, 충분한 우세를 발휘할 수 있는 여건을 조성해야 한다.

헌법과 민족지역자치법 규정의 실시

중국공산당 제18차 전국대표대회 이래, 전면적으로 법에 따라 나라를 다스리는 중대 방안을 실시하는 것은 "중국 특색의 사회주의를 견지하고 발전시키는 본질적 요구와 중요 보장이며, 이는 국가의 통치 체계와 통치 능력을 현대화하는 필연적인 요구이다."[25] 국가의 기본 정치제도인 민족구역자치제도는 헌법에 규정되어 있고 기본 법률로 규범화되어 있으며, 그 내용은 민족구역자치 지방의 각종 사무와 권익과 관련된 것이다. 현 단계에서 이 제도의 "관건" 요소를 실행하는 것은 "진정한 민족구역자치"를 실현하고 이 제도의 우월성을 충분히 발휘하여 경제 사회 기반을 다지기 위해서이다. 민족구역자치제도의 법률 규정을 전면적으로 이행하려면 각 민족구역자치 지방이 《중화인민공화국 민족구역자치법》의 규범에 의거하여 본 지역의 실제와 결합하여 《자치조례》와 《단행조례》를 제정해야 한다.

이와 동시에, 국무원의 관련 부처들도 민족구역자치법을 관철 시행하기 위한 법규와 규약, 구체적인 조치와 방법을 제정해야 한다. 민

---

25 习近平, 《在党的十八届四中全会第一次全体会议上关于中央政治局工作的报告》, 2014년 10월 20일, 中共中央文献研究室编, 《习近平关于社会主义政治建设论述摘编》, 中央文献出版社, 2017년.

족구역자치법이 반포된 이래 전국 155개 민족구역자치 지방 중 이미 139개 자치 지방이 본 지역의 자치조례를 제정하였는데, 이는 법에 따라 민족구역자치를 실행한 중요한 성과이다. 그러나 앞서 언급한 대로 다섯 개 성(省)급 자치구의 '자치조례'는 아직 마련되지 않았고, 이중 신장 위구르자치구가 관할하는 다섯 개 자치주, 여섯 개 자치현의 자치조례도 아직 마련되지 않았다. 자치구 1급 '자치조례'는 지방과 중앙의 관계와 관련되는 것으로서, 정치 체제 개혁의 진행 과정에서 해결해야 할 중요한 문제이다. 신장 지역의 자치주, 자치현의 '자치조례'의 제정은 이 지역의 경제 사회 발전과 사회 안전의 안정 정세에 달려 있다.[26]

따라서 민족구역자치법을 정착시키는 임무는 중국이 전면적으로 법에 따라 나라를 다스리는 방안의 키포인트이다. 이에 대해 시진핑 주석은 2014년 중앙민족사업회의에서 다음과 같이 지적했다. "올해는 민족구역자치법 반포 시행 30주년이 되는 해이다. 헌법과 민족구역자치법의 규정을 잘 실천해야 하며, 민족구역자치를 규범화하고 보완하는 것과 관련된 법규와 제도에 대해 연구를 강화해야 한다. 각급 당위원회, 특히 민족구역자치 지방의 당위원회는 민족구역자치제도의 실시를

---

26 신장위구르자치구에서는 1990년대 이후, 소련 붕괴 후 중앙아시아, 서아시아 정세의 영향과 극단적 종교, 극단적 민족주의의 침투로, '동투르키스탄'으로 대표되는 국내외 극단세력, 즉 민족 분열 세력, 극단적 종교 세력 및 폭력 테러 세력을 아우르는 '세 세력'을 형성하였다. 따라서 이 지역의 개혁 개방, 경제 사회 발전, 민족 단결, 사회 안정은 중대한 위협을 받아왔다. 특히 2009년 '7·5 사건' 이후 '테러' 사건이 계속 발생하면서 중국에서 사회 안정 임무가 가장 막중한 지역으로 떠올랐다. '세 세력'의 파괴 활동은 이 지역의 경제 사회 발전에 어려움을 가중시켰고 빈곤 고용 등 사회 문제를 더욱 부각시켰다. 이런 양상은 2014년에 이르러서야 효과적으로 통제되었다.

중국공산당은 어떻게 민족문제를 해결하는가

지도하는 책임을 져야 한다."[27]라고 하였다. 그 어떤 제도나 법도 확립과 반포만으로 당장 효과가 나타나는 것은 아니다. 중국의 민족구역자치제도와 그 법적 보장은 국가의 근본 제도와 기타 기본 제도와 마찬가지로 개혁 개방의 실천 속에서 보완되어야 하며, 전면적으로 실현되어야 한다. 그러나 이 제도나 법률의 보완과 정착 과정에서 발생하는 문제점을 제도나 법률 자체에 대한 회의, 질의, 폄훼의 이유로 삼아 스스로 부정하거나, 타인에게 빌붙거나 또는 포기하고 다른 선택을 한다면 반기를 들고 기치를 바꾸는 그릇된 길을 걸을 수밖에 없게 된다.

2014년 세계 민족문제의 정세 변화는 미국 등 서방 선진국, 나아가 자본주의제도를 시행하고 있는 개발도상국들이 광의의 민족문제(인종, 민족, 종교, 언어, 이민 등)를 해결하는 문제에서 전례 없는 어려움에 처해 있음을 보여준다. '정치적 올바름'을 보여주는 다문화주의 정책이 크게 좌절되고 지방-민족주의 분리 운동이 뒤엉켜 빈번하게 일어났다. 심지어 유럽연합(EU) 회원국들 간의 불화와 반목이 브렉시트(Brexit)로 이어지면서 민족-국가의 보수로 되돌아갔음을 분명하게 보여주었고, 포퓰리즘적 민족주의, 배외주의, 우익 극단 세력의 '탈세계화(역세계화)'의 함성이 고조되고 있다. 바로 이러한 큰 변화의 정세 속에서 중국공산당은 '중국 특색'의 국정을 잘 파악하고 정확하게 심화 인식하여, 자신있게 중국 특색의 민족문제 해결의 올바른 길을 보여주었고, 민족구역자치 제도가 역사를 존중하고, 국정에 부합하며, 민심에 순응한다는 이 제도의 '중국 특색'을 핵심적으로 심도 있게 해석하였으며, 민족구역자

---

27   졸문《民族區域自治-中央民族工作会议讲了什么？》를 참조하라.

치 제도를 확고히 견지하고 보완해야 한다는 발전 방향을 제시하였다. 그 근본 원인은 "민족구역자치제도가 중국의 국정에 부합하고, 국가의 통일과 영토 완정을 수호하며, 민족의 평등 단결을 강화하고, 민족 지역 발전을 촉진하며, 중화민족의 결속력을 증강하는 등과 같은 방면에서 중요한 역할을 하고 있음을 실천이 증명하였다."[28]는 데에 있다. 이것은 중국이 민족사업 분야에서 방향을 명확하게 잡고, 새로운 시대를 맞아 혁신과 추진 과정에서 반드시 지켜야 하는 초심과 사명이다. 민족구역자치 제도를 견지하고 보완한다는 것은 바로, "민족구역자치 제도라는 이 이론의 근원을 더욱 깊게 뿌리 내리게 하고, 실천의 근간을 더욱 튼튼히 다져나가야 한다."[29]는 것이다.

제2절 "한 민족도 빠짐없이" 전면적인 샤오캉 사회 건설

2020년에 샤오캉 사회를 전면적으로 건설하는 것은 중국공산당이 전국 각 민족 인민들과 세운 장엄한 약속이다. 중국공산당 제16차 전국대표대회에서 전면적인 샤오캉 사회 건설을 제기하였고, 제17차 당대회에서 전면적인 샤오캉 사회 건설을 실현하자고 제기하였으며, 제18차 당대회에서 전면적인 샤오캉 사회 건설을 이루기 위한 분투 목

---

28 习近平, 《在中央民族工作会议上的讲话》, 2014년 9월 28일.

29 习近平, 《参加第十三届人民代表大会内蒙古团审议时的讲话》, 《人民日报》, 2018년 3월 6일.

표를 제기하였는데, 이들은 서로 이어져 지속적으로 앞으로 나아간 발전 과정이었다. 가장 기본적인 수치가 바로 2020년에 이르러 국내총생산(GDP)과 도시 농촌 주민의 1인당 전국 국민 소득을 2010년에 비해 두 배로 늘리는 것이다. 이 목표를 달성하는 시점이 바로 2021년으로서, 중국공산당 창건 100주년이 되는 해이다. 이것이 중국공산당 지도 하의 '첫 100년' 목표이다. 2000년 중국이 서부대개발을 실시한 이래 서부 지역, 즉 민족구역자치 지방을 주체로 하는 서부 지역은 중국 국가 정책의 서포트, 동부 성시(省市)의 일대일 지원과 본 지역의 자력갱생의 다중 작용으로 경제 사회 발전이 장족의 진보를 이루었다. 이것은 전면적인 샤오캉 사회 건설을 시작해서부터 전면적인 샤오캉 사회 건설을 이루게 된 관건적인 요소이다.

지역 차별화 발전 정책을 전면적으로 실시

중국의 지역 경제 발전의 불균형은 자연 지리적인 요소도 있지만 역사적인 발전에도 그 원인이 있다. 중국의 육로 변방 지역에는 동북, 북방, 서북으로부터 서남, 남방에 이르기까지 도합 2만 2,000킬로미터에 달하는 국경선이 있다. 이곳들은 역사가 중국에 남겨준 변경 지역과 변방이며, 중국의 소수민족이 집중 분포되어 민족구역자치가 이뤄지는 지역이다. 이들 지역은 중국 고대 국가 지형의 '변두리' 지역으로, 동남 연해 지역과 내륙에 비해 지역이 넓고 인구가 적으며 자연 조건이 복잡하고 경제 사회 발전 수준이 낙후하며 경제 지리적 의미에서 '서부 지역'에 속한다. 국가가 서부대개발을 실시한 이래 경제 발전 중심이 이

동함에 따라 국가가 서부 지역에 대해 실시하는 지역 차별화 지원 정책은 국가의 동부, 중부, 서부와 동북의 오래된 공업기지의 거시적인 발전 배치에서도 체현되었고, 또한 국가가 서부의 각 성, 자치구, 시에 대해 제정한 발전 정책에서도 체현되었다.

예를 들면 《신장의 경제 사회 발전을 더욱 촉진할 것에 관한 국무원의 몇 가지 의견》(2007년), 《닝샤의 경제 사회 발전을 더욱 촉진할 것에 관한 국무원의 몇 가지 의견》(2008년), 《광시의 경제 사회 발전을 더욱 촉진할 것에 관한 국무원의 몇 가지 의견》(2009년), 《간쑤의 경제 사회 발전을 더욱 촉진할 것에 관한 국무원판공청(国务院办公厅)의 몇 가지 의견》(2010년), 《네이멍구의 경제 사회 발전을 더욱 좋고 빠르게 촉진할 것에 관한 국무원의 몇 가지 의견》(2011년), 《서남 개방에서 중요한 교두보 역할을 하도록 윈난성의 가속화 건설을 지원할 것에 관한 국무원의 의견》(2011년), 《구이저우의 경제 사회 발전을 더욱 좋고 빠르게 촉진할 것에 관한 국무원의 몇 가지 의견》(2012년) 등과 같은 것이 바로 이런 차별화된 지역 정책의 구현이다. 이들 복합 정책은 소수민족이 많이 모여 살고 있고 민족구역자치 지방이 가장 많이 밀집해 있는 지역에 대한 정책이다. 시짱과 신장 지역에 대해서는 중앙 시짱 사업 좌담회와 중앙 신장 사업 좌담회에서 형성된 전문 메커니즘에서, 전문적이고 종합적이며 맞춤형의 특수 정책을 많이 내놓았다.

서부 지역에 비해 동부 지역의 발전 우세는 인구, 도시, 교통, 산업, 시장 등 많은 유리한 조건에 있을 뿐만 아니라 연해, 내륙 평야, 강하 수계, 강우량, 기온 등 자연 지리로 이루어진 자연 조건에 기초하고 있다. 따라서 동부의 발전 경험을 그대로 서부 지역으로 옮겨갈 수는 없다. 그렇지만 동부 지역의 자금, 기술, 지적 능력(교육, 의료 등을 포함) 여건은 서부 지역의 발전을 가속화할 수 있도록 지원할 수 있다. 그렇기 때문에 서부 지역에 대한 동부 지역의 일대일 맞춤형 지원 활동은 서부 지역에 대해 실시하는 국가의 지역 차별화 지원 정책의 중요한 내용 중 하나이다. 예를 들면 베이징은 네이멍구를, 상하이는 윈난과 닝샤를, 톈진은 간쑤를, 허베이는 구이저우를, 쟝수는 광시를, 산둥은 칭하이를 지원하고, 19개 성시(省市)가 신장을 지원하며, 전국적 범위에서 시짱을 지원하고 있다.

2015년 시짱자치구 성립 50주년을 앞두고 제6차 중앙 시짱 사업 좌담회에서는 시짱의 경제 사회 발전과 장기적인 안정 사업을 더욱 진전시키기 위해 새로운 배치를 진행하였다. 이것은 2020년 전면적인 샤오캉 사회 건설의 목표를 달성하기 전, 중앙 정부가 시짱 지역의 경제 사회 발전을 가속화하기 위해 새로운 동력을 불어넣은 것이다. "법에 의해 시짱을 다스리고, 시짱을 부유하게 하고, 장기적으로 시짱을 건설하고, 민심을 결집하고, 기초를 다져야 한다."는 시짱 관리 방안을 확립하였고, 시짱과 네 개 성의 장족 지역에서 계속하여 특별 재정, 조세, 투자, 금융 등의 정책을 실시한다는 것을 더욱 명확히 하였다. 이중 시짱에 대한 맞춤형 지원은, 국가의 통일 배치 아래, 국가 관련 부처와 국유기업 등의 맞춤형 지원 사업의 형태로 잇따라 추진되었다.

예를 들면 2016년 국무원 빈곤구제판공실[国务院扶贫办]과 시짱자치구 정부가 라싸에서 개최한 '전국 빈곤구제지원사업회의'에는 베이징, 상하이, 쟝쑤, 저쟝, 광둥, 톈진 등 17개 지원 성시(省市)가 참가했고, 둥펑자동차, 중국알루미늄공사, 우한철강그룹, 중국연초총공사(中国烟

草总公司, CNTC) 등 18개 지원 기업이 참가했다. 2017년 중국석유화학집단공사(시노펙)는《시짱에서의 중국 석유화학》(2002-2017)이라는 시짱 지원 백서를 발표하여 최대 국유 기업 중 하나인 이 회사가 15년간 시짱의 발전을 지원한 경험과 성과를 전시하였다. 그중 "이제쥐마취안(易捷卓玛泉)" 생수 프로젝트는 시노펙 통로의 우세를 이용하여 시짱의 생수 1위 기업으로 성장하였으며, 3년 동안 누적 44만 톤을 판매하였고 세금 1억 4천만 위안을 납부하였으며 500명이 넘는 취업을 이끌어 내어, 시짱의 우세한 기간 산업의 경제 포인트가 되었다. 15년간 이 기업은 시짱에 3억 4,100만 위안의 자금을 투입해 135개의 지원 건설 프로젝트를 진행하였는데, '이제쥐마취안(易捷卓玛泉)' 생수 프로젝트는 그중의 하나이다.[30] 이러한 사례는 헤아릴 수 없을 정도로 많다. 통계에 따르면 1984년부터 2014년까지 전국의 각 기업들이 시짱에 대해 맞춤 지원한 프로젝트는 총 7,615개이며, 투입된 지원 총 금액은 260억 위안에 달한다.

마찬가지로 신장위구르자치구의 발전에서도 지역 차별화 부양, 지원 정책이 부단히 강화되고 있다. 2014년 5월 중국공산당 중앙과 국무원은 제2차 신장사업 좌담회를 열었다. 회의에서는 "신장 사회의 안정과 장기적 안정 실현"을 기본 정신으로 신장 지역의 경제 사회 발전을 위한 새로운 배치를 진행하였다. "비약적 발전과 장기적 안정"으로부터 "신장 사회의 안정 수호와 장기적 안정 실현"으로의 주제 변화는, 발전 요구에 대한 약화가 아니라, 발전의 함의와 효과와 목적을 더 깊

---

30 《中石化"产业援藏" 真情"输血""造血"十五年》, 中国新闻网, 2017년 8월 5일을 참조하라.

중국공산당은 어떻게 민족문제를 해결하는가

이 해석한 것이다. 2015년은 신장위구르자치구 성립 60주년이 되는 해로, 그해에 개최된 제5차 전국 신장 맞춤 지원 사업 회의에서는, 13차 5개년 계획 기간 중의 신장 맞춤 지원의 새로운 구상을 배치하였고, 신장 맞춤 지원의 새로운 중점을 강조하였다. 여기에서는 고용 확대에 치중하여, 산업이 고용을 견인하도록 하는 것을 우선 목표로 삼았으며, 현지인들이 가까운 곳에서 안정적으로 취업할 수 있게 하는 것을 최우선 원칙으로 삼았다.

그해 국무원판공청(国务院办公厅)이 발표한《신장 방직 의류 산업 발전 지원을 통한 고용 촉진에 관한 지도 의견》에서는, 방직 의류 산업의 발전이, 신장 경제 구조를 최적화하고, 고용을 증가시키며, 고용 규모를 확대하며, 신장 특히 남부 지역의 각 민족 대중의 고용 안정을 촉진하고, 신형 도시화의 진행 과정을 가속화하며, 신장 사회의 안정과 장기적 안정을 촉진하는 데 모두 중요한 의의가 있다고 명시하였다. 2020년까지 신장에 "국가 중요 면방직 산업기지, 서북 지역과 실크로드 경제 벨트 핵심구의 의류 패션 생산기지, 서부 지역 수출 허브"를 건설한다는 목표를 세우고, 이 기초 위에 "민족 의류 패션, 무슬림 의류 패션, 수제 융단, 자수 등 특화 산업을 대대적으로 발전시키자"는 발전 요구를 특별히 내놓았다.[31] 노동 집약적 산업을 육성하고 고용 강도를 높이는 동시에, 현지의 구체적인 실정에 맞추어 정책을 마련하였는 바, 소수민족의 전통 수공예 전승과 그 현대적 발전을 이룰 수 있는 정책을

---

31 《国务院办公厅关于支持新疆纺织服装产业发展促进就业的指导意见》, 中国政府网, 2015년 6월 25일.

구현하였다.

2017년 7월에 개최된 제6차 전국 신장 맞춤 지원 사업회의에서는 20년 동안의 신장 지원 사업의 경험을 전면적으로 총결산한 후, 빈곤 퇴치, 취업 확대, 교육 지원, 인재 지원, 민족 단결, 기층 건설 등 여섯 개 방면에 초점을 맞춘 임무를 제시하여 신장 지원 사업의 종합 효과를 제고하였다. 관련 자료에 따르면, 1997년부터 20년 간, 특히 중국공산당 제18차 전국대표대회 이래, 국무원 각 부 각 위원회와 19개 성시(省市)는 중앙의 신장 관리 방안과 시진핑 주석의 신장 사업에 관한 중요한 연설 정신을 관철 실행하여, 대량의 자금, 기술, 인적 자원을 투입하여 사회 각 분야에서 인민 생활을 개선하고 지방 경제 사회 발전 능력을 향상시켰다. 2010~2016년 기간에만 신장 지원 19개 성시(省市)가 지원한 프로젝트는 7,015개에 달하며, 투입한 자금은 724억 위안에 달한다. 이 중 74%의 자금이 4,296개의 민생 사업에 쓰였다.[32] 이것은 발전 환경 최적화로부터 경제 동력 주입까지, 모두 고용을 확대하고, 신장의 각 민족 인민들의 생활을 개선하는 발전 목표에 초점을 맞추었음을 보여준다.

국가가 서부 지역에 대해 실시하는 지역 차별화 발전 정책은 서부의 여러 개 지역에서 실시되었다. 이는 국가 경제 발전의 중심과 재정 이전 지불이 서부 지역에 초점을 맞추었다는 것을, 보편적 의의가 있다는 것을 보여준다. 또한 성, 자치구 별로 각 지역에 적합한 특수 정책을 실시하였는데, 이러한 지역 차별화 발전 정책의 실천은, 특히 저개발 지역에 대한 발달 지역의 대대적인 지원이, 지역 발전의 불균형을 해결

---

32   《纪念对口援疆工作走过光辉20年》, 天山网, 2017년 7월 11일을 참조하라.

하고, 각 민족 인민들이 개혁개방의 발전 성과를 공유할 수 있게 하여, 중국 특색의 사회주의 제도의 우월성을 집중적으로 보여주었다. 이것이 바로 세계적으로도 유례없는 "전국을 하나의 바둑판으로 보고 총체적으로 관리하는" 바둑판[33] 정책이다.[34]

빈곤의 대물림을 단호하게 저지

중국의 개혁개방 이후 국제 사회가 주목하는 중국의 발전 성과 중 하나는 중국의 각 민족 인민이 빈곤에서 벗어나 부유하게 된 것이다. 개혁개방 40년 동안 빈곤 퇴치는 중국 정부가 변함없이 노력해 온 중대한 문제이다. 그중 소수민족 집거 지역의 빈곤 문제는 시종 국가의 빈곤 구제 개발 정책의 중점이었다. 1986년 개발식 빈곤 구제를 상징하는 전국적 행동이 시작됐을 때 전국 331개 국가급 빈곤현 가운데 소수민족 지역의 빈곤현이 143개였다. 1994년 국가 중점 지원 빈곤현을 재

---

33 역자 주, 중국에서 1959년 초 전 국민 경제를 하나의 바둑판처럼 생각하여 각 지방 각 부문 간의 상호 긴밀한 연관성을 고려하여 국가 경제 전체를 통일적인 관점에서 배치하고 계획하자고 제기한 방침.

34 서방 선진국들은 내부적으로 지역 경제 불균형 문제를 해결하기 위해 중앙 정부의 이전지급(transfer payment) 재정 정책에 의존하고 있다. 발달 지역이 저개발 지역을 무상 원조하고 기업이 저개발 지역에 무상으로 경제 발전의 동력을 제공하는 것은 상상하기 어려운 일이다. 오히려 지역 경제 발전의 불균형으로, 발달 지역은 저개발지역에 대한 지원을 꺼리고, 중앙 정부가 저개발지역에 더 많은 자금과 정책을 지원한다는 불만까지 제기하면서 발달 지역의 지역-민족주의 분리운동, 독립 주민 투표로 이어지는 경우가 비일비재하다. 예를 들면 벨기에 북방 프레망 지역의 독립 시도, 스페인 카탈루냐 독립 주민 투표, 이탈리아 북방의 고도의 자치 도모 등은 모두 이들 국가의 부유한 지역의 지방적, 민족적 정당 조직이 일으킨 독립운동이다.

확정했을 때 전국 592개 빈곤현 중 소수민족 지역의 빈곤현은 257개로 43.4%를 차지했다.[35] 이는 소수민족 인구가 전국 인구의 약 8%를 차지하는 비중보다 훨씬 높은 수치이다. 따라서 소수민족 지역의 빈곤 탈출을 가속화하기 위해 채택한 특수 정책과 중국의 빈곤 퇴치를 위해 실시하는 위대한 실천은 민족평등을 실현하고 민족단결을 공고히 하는 중요한 과제이다.

1990년에 소수민족 빈곤 지역 생계 기금이 설치된 이래 민족구역 자치 지방에 대한 국가의 특별 자금 투입과 정책 지원은 끊임없이 강화되고 있다. 특히 서부대개발 전략을 실시한 이후 1999년부터 실시된 《전국 흥변부민(興邊富民, 변방 지역 개발 및 국민 생활 개선) 행동 계획 강요(2001-2010)》와 2005년에 시행된 《인구가 적은 민족 발전 지원 계획(2005-2010)》은, 육로 변경 지역과, 인구 10만 이하인 22개 소수민족(총 63만명)을 위해 제정한 특별 발전 정책으로 국가의 정책이 소수민족 기층사회, 촌락 가정에 구체적이고 세심하게 파급되게 하기 위한, 국민을 위한 프로젝트로서 빈곤 퇴치의 의의가 매우 크다. 2003년에 중국의 전국 농민의 1인당 국민소득은 2,622위안이었지만, 이들 22개 소수민족의 1인당 국민소득은 884위안에 불과했다. 이런 특별정책은 국가가 매 5년마다 제정하는 국민 경제와 사회 발전 계획에 따라 지속적으로 추진되고 있으며 정책 범위도 점점 넓어지고 있다. 예를 들면 2011년에는 《인구가 적은 민족 발전 지원 계획(2011-2015)》을 발표하여, 인구 30만 이하인 28개 소수민족, 총 169만5,000명으로 그 지원 대상을 확대하였다. 인구

---

35 《中国的农村扶贫开发》,《人民日报》, 2001년 10월 16일.

중국공산당은 어떻게 민족문제를 해결하는가

로 따지면, 전국 13억 명 인구에 대비해 소수민족 인구는 1억 여명에 불과하고, 전국 8,000만 명의 빈곤 인구 중 169만 5,000명에 불과해 아주 적은 수량이다. 그러나 전국 56개 민족의 대가족으로 치면, 소수민족은 절반의 가족을 대표한다. 그렇기 때문에 중국의 각 민족은 역사의 길고 짧음, 인구 규모에 관계없이 일률로 평등하다는 정책 이념은 빈곤에서 벗어나 부유해지고 함께 발전함에 있어서 "한 민족도 낙오할 수 없다"는 형태로 구현되고 있다.

이러한 지역성(변경 지역), 민족성(인구가 적은 민족) 특별 정책은 국가의 서부대개발, 맞춤형 지원, 빈곤 퇴치 등 전반적인 정책과 함께 포트폴리오 효과를 내고 있다. 이러한 정책은 이들 지역의 경제 사회 전반의 발전 능력의 향상을 가속화하였을 뿐만 아니라, 빈곤 구제 개발 사업의 초점을 농촌 목축 지역의 모든 촌락과 각 가정으로까지 넓혀 빈곤 구제 개발 실천에서 중국의 '빈곤선' 기준이 국가 전체의 경제 사회 발전과 함께 상승하여 세계 은행이 정한 빈곤 기준에 점차 근접하고 있다. 이에 따라 2013년 말까지, 1인당 연간 소득 2,300위안의 농촌 빈곤선을 기준으로 보면, 중국에는 아직도 8,249만 명의 빈곤 인구가 있다. 중국공산당 제18차 전국대표대회에서 전면적인 샤오캉 사회 건설을 목표로 제기한 후 빈곤 퇴치를 위한 빈곤 구제 개발은 한 단계 도약했다. 그 목표는 2020년까지 중국의 현행 표준 이하에 있는 농촌 빈곤 인구를 모두 빈곤에서 벗어나게 하며, 빈곤현의 모자를 벗도록 하며, 지역 전반의 빈곤을 해결하는 것이다. 구체적인 실천 요구는 빈곤 구제를 정밀하게 하고 빈곤 퇴치를 정밀하게 하는 것으로, 구체적으로는 '1촌

1책', '1가구 1책'[36]으로까지 구체화하여 매 년 1,000만 명 이상의 빈곤 인구가 빈곤을 벗어나도록 하는 이와 같은 속도로 구체적으로 실천에 옮기는 것이다. 2014년에 시진핑 총서기와, 리커창(李克強) 총리는 중앙 민족사업회의에서 각각 이 문제에 대해 설명하고 동원하면서 다음과 같이 강조하여 지적하였다. 전국 빈곤 구제 임무를 잘 완성하기 위해서는 소수민족 지역이 가장 중점이다. 전반적인 추진과 각 가구에로까지의 정밀화 추진의 결합을 통해 빈곤 부축의 효과를 높이고, 빈곤 감소를 대폭 실현해야 한다. "가난이 대물림되지 않도록 가난의 뿌리를 잘 라내겠다는 각오를 다져야 한다."[37] 이것이 바로 중국의 빈곤 퇴치 개발 사업이 추구하는 목표이며, 각 민족이 평등하게 단결할 수 있는 가장 기본적인 사회적 물질적 토대이다.

개혁개방의 발전 성과를 공유

빈곤 현상을 없애고 전면적으로 샤오캉 사회를 건설하여 각 민족이 "한 민족도 빠짐없이" 개혁개방의 발전 성과를 공유하도록 하는 것은, 중국 특색의 민족문제 해결의 올바른 길에 대한 확고부동한 견지가 새로운 시대로 진입하였음을 알리는 중요한 징표이다. 빈곤 퇴치는 전면적으로 샤오캉 사회를 건설하는 전제 조건이다. 빈곤 부축 개발이 계

---

36   역자 주, '1촌 1책'은 한 개의 촌 당 한 개의 빈곤 구제 방안 제정을 뜻하며, '1가구 1 책'은 한 가구 당 한 개의 빈곤 구제 방안 제정을 뜻한다.

37   国家民族事务委员会编,《中央民族工作会议精神学习辅导读本》, 民族出版社, 2015년, 제187쪽.

속되면서 빈곤 문제는 점차 전국 14개 집중적인 특수 빈곤 지역에 그 초점이 맞춰졌다. 이들 지역은 자연 조건이 좋지 않고 빈곤의 정도가 심해 빈곤 부축 빈곤 퇴치의 '가장 어려운 과업'이 되었다. 이들 14곳이 집중된 특수 빈곤 지역 가운데 11곳은 민족구역자치 지방에 속하거나 민족구역자치 지방을 포함하고 있다. 또한 여기에는 특별 정책을 실시하는 시짱자치구, 간쑤, 칭하이, 쓰촨, 윈난 네 개 성의 장족 밀집 지역과 신장위구르자치구 남쪽의 네 개 자치주도 포함된다. 이런 의미에서 전국의 극빈 지역은 주로 소수민족 지역이라고 할 수 있다.

소수민족 집거율이 높고 인구 규모가 큰 민족8성구(民族八省區)[38]의 빈곤 인구는 2016년 말에 1,411만 명으로 떨어졌지만 빈곤 발생률은 2011년의 30.4%에서 2016년에는 32.55%로 높아졌다. 전국적으로 빈곤 인구가 매 년 수천만 명씩 빈곤에서 벗어나면서 소수민족 지역의 빈곤층 비중이 부각되고 있는 것은 '민족8성구'로 대표되는 소수민족 지역의 빈곤 퇴치 과업이 그만큼 어렵다는 것을 보여준다. 따라서 소수민족 지역의 빈곤 문제 해소는 2020년 전면적인 샤오캉 사회 건설이라는 시간적 시점을 향해 나아가면서, 동시에 실사구시적으로 기반을 잘 닦고 장기적인 안목을 도모하여 착실하게 '전면적인 샤오캉'을 실현해야 한다. 이에 대해 시진핑 주석은 다음과 같이 지적하였다. "전면적인 샤오캉 사회 건설에서 강조하는 것은 '샤오캉' 뿐만이 아니다. 더 중요하고 어려운 것이 '전면적' 건설이다. '샤오캉'은 발전의 수준을 의미하고,

---

38   민족8성구(民族八省區)는 네이멍구자치구, 닝샤회족자치구, 신장위구르자치구, 시짱자치구와 광시좡족자치구의 5대 소수민족자치구와 소수민족 분포가 집중된 구이저우, 윈난, 칭하이 3성을 말한다.

'전면적'인 건설은 발전의 형평성, 조화성, 지속 가능성을 의미한다."[39] 중국의 빈곤 퇴치를 위한 위대한 실천은 전면적으로 샤오캉 사회를 건설하는 과정에서 알차게 그리고 깊이 있게 발전하고 있다. "곤란을 극복하고 어려움을 헤쳐 나가자"는 전략 배치는 2017년 중국공산당 중앙판공청과 국무원판공청이 발간한 '극빈 지역 빈곤 퇴치 지원에 관한 실시 의견'에 반영되어 있다. 이 실시 의견에서는 자연 조건이 열악하고 경제 기반이 약하며 빈곤의 정도가 심각한 시짱, 네 개 성의 장족 지역, 신장 남부의 네 개 자치주와 쓰촨 량산(涼山, 양산)자치주, 윈난 누장(怒江, 노강)자치주, 간쑤 린샤(臨夏, 임하)자치주("3구 3주"로 약칭) 및 빈곤 발생률이 18% 이상인 빈곤현과 빈곤 발생률이 20% 이상인 빈곤촌 등 빈곤 퇴치 사업 중의 "가장 어려운 과업"에 대하여 정책 배치를 진행하였다. 즉, 중앙의 재정 투입력을 높이고, 빈곤 부축 금융 지원 강도를 높이며, 프로젝트 지원을 늘리며, '이주식 빈민구제[易地扶貧搬迁]' 강도를 높이고, 생태 환경 빈곤 부축 지원의 강도를 높이며, 간부와 인재 지원 강도를 높이며, 사회 도움의 강도를 높이며, 힘을 모아 어려움을 극복하고, 극빈 지역의 빈곤 퇴치 요구에 부응하는 지지 보장 체계를 구축하였다.

중국의 빈곤 퇴치를 위한 위대한 투쟁은 이미 결정적 전투에 들어갔고, 소수민족 지역, 특히 '3구 3주'는 이 전투에서의 가장 어려운 공격전이 되었다. 통일된 다민족 국가인 중국에 있어서, 각 민족이 모두 빈

---

39   习近平, 《在党的十八届五中全会第二次全体会议上的讲话》(2015년 10월 29일), 中共中央文献研究室编, 《习近平关于全面建成小康社会论述摘编》, 中央文献出版社, 2016년.

곤에서 벗어나 부유해지고, 전면적인 샤오캉 사회 발전 단계에 진입하는 것은, 중국의 민족문제 해결을 위해 견고한 물질적 기초를 마련하게 된다. 전국 각 민족 인민들이 "하나도 빠짐없이" 개혁개방의 발전 성과를 공유해야만 비로소 민족 평등을 위해 공정하고 정의로운 사회 보장을 제공할 수 있다. 빈곤 퇴치는 개혁개방의 발전 성과를 공유하는 전제 조건이다. 따라서 중국공산당은 예로부터 민족문제 해결 과정에서 경제 발전의 역할을 강조해 왔으며, 민족구역자치제도의 실행은 반드시 경제 발전과 민생 개선을 촉진해야 한다고 강조해 왔다. 이것은 모두 일정한 역사적 단계에서 각 민족의 경제 생활의 평등을 실현해야 한다는 입장에 입각한 것이다. 이것은 "존재가 의식을 결정한다"는 기본 원리에 부합하는 인식이며, 각 민족 인민들이 정신적 영역에서 융합하고 동질감을 가질 수 있도록 하는 "물질적 존재"이기도 하다. 그러나 경제 사회 발전과 물질적 조건 개선의 과정은 민족 단결 촉진을 위해 지속적으로 완비할 수 있는 사회 정체성 환경을 조성해야 한다. 즉 각 민족이 평등하게 공유하는 물질적 터전을 건설함과 동시에 각 민족이 단결하여 공유하는 정신적 보금자리를 건설해야 한다. 평등한 물질적 생활의 존재와 공동의 정신적 생활 의지라는 이 양자는 어느 한쪽도 소홀히 해서는 안 된다.

제3절 중화민족의 공동체 의식 구축

중국공산당의 민족문제 해결의 기본 정책은 두 가지 기본 포인트로 요약할 수 있다. 첫째는 경제 발전 면에 있어서 각 민족의 격차를 줄이는 것이고, 둘째는 문화 번영 면에서 각 민족의 차이를 존중하는 것이다. 전자는 사회 물질 생활의 공평성을 포함하고, 후자는 사회 정신 생활의 공정성을 포함하고 있다. 중국은 통일된 다민족 국가이고, 중화민족은 다원일체의 대가족으로서, 국가가 인정하는 통일성과 중화민족이 인정하는 일체성은, 모두 다민족을 인정하고 다원성을 존중하는 기초 위에 세워진 국민 통합과 의지의 결집이다. 각 민족 인민들의 경제 발전과 물질적 생활 수준이 끊임없이 격차를 줄이고 균등화 되어 가는 조건 하에서 각 민족 인민들의 문화 발전과 정신적 생활 수준 역시 차이를 존중하는 사회적 실천 속에서 승화되어야 한다. 시진핑 주석은 중국의 민족 사업에 대해, 물질과 정신의 '두 개의 열쇠'를 모두 잘 사용해야 한다고 논술하였다. "우리의 발전 목표를 실현하기 위해서는 물질적으로 강해져야 할 뿐만 아니라 정신적으로도 강해져야 하"[40]기 때문이다. 다원일체의 중화민족에게 있어서, 정신적으로 강대해지는 초석은 각 민족이 서로 동고동락하는 단결이며, 이렇게 긴밀하게 단결된 정신력을 결집하여 중화문화의 토양의 정체성에 뿌리를 내리도록 하는 것은 중화민족의 공동체 의식을 구축하는 밑바탕이다.

다원일체의 대가족

청나라 말기부터 중화민국에 이르기까지, 중국이 현대 국가로 진

---

40   习近平, 《实干才能梦想成真》, 《习近平谈治国理政》, 外文出版社, 2014년, 제46쪽.

입하는 과정에서 '중화민족'이라는 이름은 중국 현대 민족-국가의 민족(nation)의 이름으로, 수십 년간의 설명과 해석과 논쟁을 거쳐오면서, 중국공산당의 인식에 의해 중국 각 민족의 총칭으로 확정되었다. 중화인민공화국이 건국된 뒤 중국공산당은 시적인 표현으로 중화민족을 '대가족'이라고 불렀는데, 그 가족 구성원은 국가가 인정한 56개 민족(nationalities)이다. 1980년대 중반 중국 사학계의 민족 관계사 연구 열풍 속에서 역사 학자들은 중국 고대의 "천하일체관"에 대한 연구를 진행하면서 처음 "중화일체관"을 제시하였다. 즉 "'천하일체(天下一體)'의 그 어떤 종족이든지 '중국'의 통치자가 되면 모두 이 '중국'으로 되었고 정통이 되었다. …… 원(元)나라에 이르러 남북 발전의 기초 위에서 전국을 통일하고, 통일된 한제(漢制, 한대의 제도)를 실시하여, 전국 각 종족이 '중화일체' 속으로 들어오게 되었다."[41] 페이샤오퉁(費孝通, 비효통) 선생은 중국 역사에서 다민족이 상호 작용하여 결성된 "중화일체"의 연구에 기초하여 중화민족의 다원일체 사상을 제기하였다. 이로써 '다원일체'의 중화민족의 형성과 발전 맥락은 중국 역사 연구의 사상적 기본선이 되었을 뿐만 아니라 중국 민족 사업의 기본 입장이 되었다. 이에 대해 시진핑 주석은 2014년 중앙민족사업회의 연설에서 전례 없는 새로운 해석을 내놓았다.

시진핑 주석은 통일된 다민족 국가의 형성과 발전에 대한 논술에서 다민족이 함께 중국의 '대일통(大一統)' 국가 구도를 건설한 역사적 '유전자'를 강조하여 지적하였고, 중국 역사가 통일을 지키면서도 차이

---

41   张博泉, 《"中华一体"论》, 《吉林大学社会科学学报》, 1986년 제5기.

를 중시한 치세(治世)의 길을 밝혔으며, 이것이 중화민족의 형성과 발전에 대한 중요성을 밝혔다. "한 민족이 진지하게 추구하는 정신적 지향점을 알기 위해서는 반드시 대를 이어 계승해 온 민족 정신 속에서 유전자 염기 서열 분석을 해 보아야 한다."[42]고 하였다. 그리고 이러한 "유전자 염기 서열 분석"은, "중국 역사 상 어느 민족이 통치 지위에 올랐든지를 막론하고 모두 다민족 국가를 건설하였으며, 강성한 왕조일수록 수용한 민족이 더 많았다. 어느 민족이 중원을 다스리든지, 모두 자신이 세운 왕조를 통일된 다민족 국가의 정통으로 여겼다는 것을 증명하였다."[43]고 하였다. 이러한 역사 변화의 특점은 중국의 각 민족들이 민족 분포에 있어서 함께 어울려 생활하고, 문화 면에서 서로 폭넓게 수용하고, 경제 면에서 서로 의존하고, 정감 면에서 서로 가까워지게 된 국면을 형성하도록 하였다. 따라서 각 민족은 "내 안에 네가 있고, 네 안에 내가 있는(我中有你, 你中有我)" 상태가 되어, 서로 떨어질래야 떨어질 수 없는 다원일체의 국면을 형성하게 되었다. 이것은 마르크스주의의 유물사관에 입각한 "중국관(中國觀)"으로서, 통일된 다민족 국가에 입각한 중화민족관(中華民族觀)이다. 중화민족 대가족의 다원일체의 구도는 역사가 중국에 부여한 천부이다. "일체는 다원을 포함하고, 다원은 일체를 이루며, 일체는 다원을 떠날 수 없고, 다원도 일체를 떠날 수 없다. 일체는 기본선과 방향이며, 다원은 요소와 동력이다. 양자는 변

---

42   习近平, 《走和平发展道路是中国人民对实现自身发展目标的自信和自觉》, 《习近平谈治国理政》, 제265쪽.

43   国家民族事务委员会编, 《中央民族工作会议精神学习辅导读本》, 제26쪽.

증법적 통일을 이룬다."[44] 예로부터 지금까지 객관적으로 "다원"이 존재하였기 때문에 "일체"를 구축해야 했다. 역사를 존중하고, 국정에 부합하며, 민심에 부응하는 이러한 국가-민족의 구상은 역사적 유물주의와 변증법적 유물주의의 사상 방법을 구현하였다. 따라서 신중국에 있어서, 일체를 구축하는 것이 바로 중화민족을 건설하는 것이며, 중화민족의 위대한 부흥이 바로 이 건설 사업의 분투 목표이다.

다원일체의 대가족 중에서 "중화민족과 각 민족의 관계는 하나의 대가족과 가족 구성원의 관계이며, 각 민족 간의 관계는 한 대가족 안의 서로 다른 구성원 간의 관계이다."[45] 대가족이 가족 구성원의 "다원"을 인정하고 존중하고 애호하는 것은 중화민족 "일체"의 역사 기본선과 발전 방향을 대표한다. 대가족의 "다원"의 구성원이 서로 평등하게 대하고, 서로 인정하며, 서로 돕고 보호하는 것은 중화민족의 "일체"를 수호하는 요소와 동력을 대표한다. 그런 의미에서 시진핑 주석은 다음과 같이 지적하였다. "각 민족 다원일체는, 선조들이 우리에게 물려준 소중한 재산이다. 다민족을 '짐'으로 여기고, 민족문제를 '골칫거리'로 여기고, 소수민족을 '외부인'으로 여기며, 민족 신분을 취소하는 것을 통해, 민족의 존재를 무시하는 것을 통해 민족문제를 단번에 해결하려는 시도는 통하지 않는다".[46]고 하였다. 국가의 '통일'과 국민의 '다민족'은 세계 민족의 숲에 자립한 중화민족의 의미에서는 '다원일체'

44   习近平,《在中央民族工作会议上的讲话》, 2014년 9월 28일.

45   国家民族事务委员会编,《中央民族工作会议精神学习辅导读本》, 제29쪽.

46   国家民族事务委员会编,《中央民族工作会议精神学习辅导读本》, 제22쪽.

이다. 이것은 중국 역사가 결정한 신중국의 현실이다. 서방의 학자들은 유럽과 미국의 "현대 국가들은 소수민족을 포용할 방법을 아직 찾지 못했다"[47]고 본다. 그러나 중국은, 중국 특색의 민족문제 해결의 길로, 다양함 속에서 통일을, 차이 속에서 화합을 추구하는 방법을 찾아내어 시종일관 국내 각 민족의 단결을 선도하고 있다.

석류알처럼 똘똘 뭉쳐

중국공산당은 창건 이래 단결할 수 있는 모든 힘을 결집하여 중국 혁명을 이끄는 한 폭의 깃발이 되었다. 민족문제를 해결하는 실천 속에서 각 소수민족을 단결시켜 공동으로 '세 개의 큰 산'[48]을 무너뜨리는 것이 민족 사업의 핵심 내용이 되었다. 특히 전국 항일 민족 통일전선을 건설하는 과정에서 옌안 시기 민족 사업 중 민족 단결의 국정 방침을 확립하였다. 이에 대해 마오쩌둥은 "옌안은 단결을 전문으로 논하는 곳으로, 여기에는 이슬람교 사원이 있고, 몽골문화진흥회가 있으며, 민족대학교가 있다. …… 이곳에서는 반파시즘의 민족대회도 열 수 있다."[49]고 지적했다. 중국 혁명의 발전 과정과 신중국의 수립에 따라 국가의 통일, 민족의 단결, 국내 각 민족 인민의 대단결은 중국의 독립 부강 사업

---

47 【캐나다】威尔·金里卡,《少数群体的权利: 民族主义、多元文化主义与公民权》, 邓红风译, 中国台北左岸文化出版社, 2004년, 제177쪽.

48 역자 주, 제국주의, 봉건주의, 관료 자본주의(官僚資本主義)를 가리킴.

49 毛泽东,《各民族团结起来共同对付日本帝国主义》, 中共中央文献研究室、国家民族事务委员会编,《毛泽东民族工作文选》, 中央文献出版社, 民族出版社, 2014년 제10쪽.

의 근본 보증이 되었다. 새 중국이 건국된 후, 중국공산당의 민족 사업은, 각 민족의 대단결에 입각하여, 민족구역자치제도가 구현하는 "다 함께"를 강조하는 사상과 각 민족을 선도하여 함께 단결하고 분투하며 공동 번영 발전한다는 "공동"의 이념으로 사회주의의 평등하고, 단결되고, 서로 돕고, 조화로운 민족관계를 공고히 발전시켜 중국 특색의 민족 단결 진보 사업을 형성하였다. 민족 단결은 마르크스주의 민족이론의 '중국화' 사상 성과의 주요 내용이 되었다.

중국공산당 제18차 전국대표대회 이후 시진핑의 신시대 중국 특색 사회주의 사상이 형성되면서 새로운 역사적 조건 하에서 중국공산당의 민족 단결 이론은 더욱 풍부해지고 발전했다. "석류알처럼 똘똘 뭉치자"라는 비유로부터 "민족 단결은 각 민족 인민의 생명선"이라는 논의와 "민족 단결은 발전과 진보의 초석"이라는 논의, 그리고 각 민족이 "친 형제처럼 친하게 지내고 서로 돕고 보호하자"는 염원으로부터 "중화민족은 한 가족이다. 한마음 한뜻으로 중국의 꿈[中國夢]을 실현하자."는 격려까지 모두 "민족 대단결의 기치를 높이 들어야 한다"는 민족 사업의 핵심 사상, 즉 "민족 사업을 잘해야 하며, 민족 단결을 잘하는 것이 관건"이라는 것을 체현하고 있다. 2014년 중앙민족사업회의에서 시진핑 주석은 다음과 같이 강조하여 지적하였다. "민족 사업은 결국은 사람에 대한 일이고, 민족 단결은 결국은 사람 간의 단결이다. 따라서 민심을 얻고 민심에 순응하고 민심을 결집하는 것이 관건이다. 민심이 최대의 정치이다."라고 하였다. 또한 시진핑 주석은 '두 가지 민족주의(대한족주의와 지방민족주의)'를 반대한다는 중대한 정치 원칙을 재천명하였으며 "두 가지 민족주의는 모두 민족 단결의 큰 적"이라는 뜻을 밝혔다. 시진핑 주석은 "법으로 민족 단결을 보장하자"는 이념을 내세워 민족관계 분야에서 전면적으로 법에 의해 나라를 다스리는 것을 중요한 과업으로 확립했다. 그는 민족 단결 교육을 국민 교육, 간부 교육, 사회 교육에 포함시킬 것을 요구하였고, 민족 사업은 장기적인 안목으로 장기적으로 끊임없이 이어가야 한다는 방향성을 제시하였다.[50] 장기적인 실천 속에서 국가, 성, 시, 현, 기 급의 민족 단결 진보 표창 활동, 민족 단결 진보 시범구의 건립, "민족단결의 달" 등과 같은 행사가 많이 진행되었고, 민족단결 교육은 사회 각 분야에서 다양한 형태로 광범위하게 전개되고 있다. 이러한 것들은 모두 신시대 중국의 민족 단결 진보 사업 발전의 넓은 공간을 보여주고 있다.

민족 단결의 정도는 민족관계의 가장 중요한 지표이며, 그 실현의 정도는 경제 사회 생활과 정신 문화 생활에서의 민족 평등 원칙의 통일의 정도를 나타내고 있다. 경제 사회 생활 수준의 균등화와 공유는 민족 평등을 실현하기 위한 가장 기본적인 사회적 물질적 조건이며, 정신 문화 생활 수준의 융합성과 동질성은 민족 평등을 실현하기 위한 가장 중요한 사회 의식의 보장이다. 각 민족은 "민족 단결을 눈동자처럼 아끼고, 목숨처럼 소중히 여겨야 하며, 석류알처럼 똘똘 뭉쳐야 한다."[51] 이것이 바로 이러한 사회적 의식에 대한 요구인 것이다. 따라서 중국공산당이 믿고 선도하는 사회적 핵심 가치는 전국 각 민족 인민과 전 국민의 정신적 풍모를 이끌고 육성하는 데 중요한 역할을 한다. 민족 단결이

---

50   졸문《习近平民族工作思想述论》을 참조하라.

51   习近平, 《在参加十二届全国人大五次会议新疆代表团审议时的讲话》(2017年3月10日), 《人民日报》, 2017년 3월 11일.

체현하는 화목, 상생, 화합의 발전의 요구는 물질 생활의 공유뿐만 아니라 정신 생활의 공감대도 필요하다. 중화문화는 곧 민족의 단결을 수호하고 중화민족의 공동체 의식을 구축하는 정체성의 귀결점이다.

중화문화의 정체성

시진핑 주석은 국정운영의 사상에 대한 논의에서 다음과 같이 지적하였다. "중화민족은 5천여 년의 유구한 문명의 역사를 가지고 있으며, 이 역사 속에서 유서 깊고 심오한 중화문화를 창조하였고, 인류 문명의 진보에 불멸의 공헌을 하였다. 수천 년의 파란만장한 세월을 거쳐 우리 나라 56개 민족, 13억이 넘는 인구를 하나로 뭉치게 한 것은 우리가 함께 해 온 비범한 분투의 경험과, 우리가 함께 일궈낸 아름다운 보금자리와, 우리가 함께 키워온 민족 정신이다. 더욱 중요한 것은 여기에 관통된 우리가 함께 지켜온 이상과 신념이다."[52] 이러한 민족 정신과 함께 지켜온 이상과 신념은 위대한 조국, 중화민족, 중화문화, 중국 특색의 사회주의의 길과 중국공산당의 정체성에 집중적으로 체현되어 있다. 그중에서도 중화문화에 대한 정체성은 '다섯 가지 정체성'[53]을 실현하는 관건이며, 문화 정체성은 가장 심층의 정체성이며, 이들 정체성

---

52 习近平,《在第十二届全国人民代表大会第一次会议上的讲话》,《习近平谈治国理政》, 제39쪽.

53 역자 주, 2015년 5월 18일 배포한 《중국공산당 통일전선 사업조례(시행)》에서 전면적이고 지속적으로 민족단결진보 행사를 전개하여 중화민족 공동체 의식을 적극 배양하고, 각 민족 대중의 중국, 중화민족, 중화문화, 중국공산당 및 중국 특색의 사회주의 등에 대한 다섯 가지 정체성을 증진시킬 것을 제안하였다.

의 기저와 내포이다.

중국공산당의 민족 정책의 방향에서 소수민족의 문화를 보호하고 전승하고 발전시키는 것은 예로부터 중요한 실천 내용이었다. 언어, 종교, 풍속, 습관 등의 요소를 포함한 각 민족의 넓은 의미의 문화(정신적 물질적 문화 포함)는 각 민족의 역사적 원류와 발전의 맥락을 담고 있을 뿐만 아니라 각 민족의 정신적 풍모와 가치관도 반영하고 있다. 각 민족이 함께 중국을 건설하는 역사적 과정 속에서, 서로 다른 민족 문화의 상호 작용 및 상호 작용에 의한 학습, 흡수와 융합 현상은 그야말로 비일비재했다고 말할 수 있다. 그리고 이러한 문화적 상호 작용은, '대일통(大一統)'의 국가 구도를 수호하는 역사에 대한 인정이자, 다양성 수용을 존중하는 서로에 대한 인정이다. 바로 이러한 각 민족 문화의 융합의 저력이 중화 문명의 유구한 역사를 만들어 냈다. 즉 세계에서 유례없이, 소수민족이 중원에 들어와 가장 큰 '대일통'의 왕조 국가를 형성한 것이다. 원나라, 청나라가 바로 그러하다. 따라서 중국공산당이 "통일된 다민족국가"로 국가의 성격을 설정하고 이를 견지하는 것은 역사를 존중하는 태도로 진행한 국정에 맞는 판단이며, 각 민족 문화의 다양한 구도 속에서 민심에 순응하는 중화문화 정체성의 장을 확립한 것이다.

중화문화는 한문화(漢文化)와 동일하지 않다. 중화문화는 중국 각 민족 문화의 집대성이다. 이것은 2014년 중앙민족사업회의에서 전국 각 민족 인민들에게 다시 한번 명확하게 밝힌 중화문화 정체성의 방향이다.[54] 중화민족의 다원일체의 대가족은 중화문화의 다양성 일체의 집대성을 결정하였다. 중화민족 대가족의 평등을 수호하여 56개의 가족 구성원이 모두 경제 사회 발전의 성과를 공유하도록 해야 하며, 중화민족 대가족의 단결을 공고히 하여 56개의 가족구성원이 다함께 중화문화 정신적 터전의 정체성을 구축하도록 해야 한다. 따라서 중화문화 정체성은 중국 각 민족 인민들의 집단적 정체성의 경지를 승화시키는 키워드가 되었다. 그것은 중국 사람, 중국 각 민족, 중화민족의 심리적 공감대의 심층 기질과 관계되는 것으로서, "민족 단결의 뿌리, 민족 화목의 혼"이다. 중국 해협 양안, 홍콩과 마카오 특별행정구 인민은 물론, 세계 각지에 흩어져 살고 있는 해외 화교들도 "몸에 뚜렷한 중화문화의 낙인이 찍혀 있으며, 중화문화는 중화 아들딸들의 공동의 정신적 유전자이다."[55]

중국 각 민족 문화의 집대성인 중화문화는 각 민족 인민의 자기 민족 문화에 대한 자존자애의 기초 위에 형성된 것이다. 따라서 각 민족 문화, 특히 소수민족 문화를 보호하고 전승하는 것은 매우 중요하다. 한문화(漢文化)는 중화문화의 유서 깊고 심오한 맥을 이루었고, 소수민족 문화는 중화문화가 서로 어울려 빛날 수 있도록 오색찬란한 빛깔을 형성하였다. "한 민족도 빠짐없이"는 또한 중화문화의 "중국 특색"이기도 하다. 유엔 무형문화재 유산 목록과 중국 무형문화재 유산 목록 중, 세계적 범위에서 중화문화를 대표하고, 중국 내에서 민족 문화

54   国家民族事务委员会编,《中央民族工作会议精神学习辅导读本》, 제74-75쪽을 참조하라.

55   习近平,《实现中华民族伟大复兴是海内外中华民族儿女共同的梦》,《习近平谈治国理政》, 제64쪽.

를 대표하는 소수민족의 항목은 거의 1/3의 비중을 차지하고 있다. 이런 의미에서 소수민족 문화는 중화문화의 다양성의 주체를 구성한다고 할 수 있다. 중국의 언어 문화 자원도 마찬가지이다. 130여 개 언어 중 중국어 즉 한어는 하나의 언어일 뿐이다. 기타 언어는 모두 해협 양안의 소수민족들의 언어이다.

그렇기 때문에 시진핑 주석은 다음과 같이 지적했다. 한문화를 중화문화와 동일시하고, 소수민족 문화를 무시하고, 자기의 민족 문화를 중화문화에서 분리시키고, 중화문화에 대한 정체성이 부족한 것은 모두 옳지 않으므로, 모두 단호히 극복해야 한다. 한 민족으로 하여금 자신의 민족 문화 정체성을 갖지 못하게 하는 것은 옳지 않다. 중화문화 정체성과 자신의 민족문화 정체성을 인정하는 것은 서로 위배되는 것이 아니다.[56] 이것은 변증법적인 관계이지 서로 해치는 관계가 아니다. 그런 면에서 페이샤오퉁 선생이 문화인류학의 시각에서 제시한 명언은 매우 큰 가치가 있다. "각양각색"의 자존감이 있어야, 서로의 "아름다움"을 존중할 수 있고, "서로의 아름다움이 한데 어울려" 번영을 이룰 수 있으며, 나아가 '천하대동(天下大同)'[57]의 공동체 인식을 이룰 수 있다. 중화문화가 바로 "각 민족이 공유하는 정신적 보금자리"인 천하대동의 구축이다. 물론 이것은 건설의 과정으로서, 끊임없이 확대되어야 하며, 여러 민족의 빈번한 왕래와 깊은 교류와 융합을 거쳐야만 이룰 수 있는 목표이다.

---

56   国家民族事务委员会编,《中央民族工作会议精神学习辅导读本》, 제257쪽.

57   역자 주, 유가에서 말하는 이상 세계, 사람이 천지와 만물과 서로 융합하여 한 덩어리가 된다는 뜻.

각 민족의 왕래와 교류와 융합을 촉진

중국의 역사는 중국의 각 민족에게 그 누구도 털어버릴 수 없는 "정신적 유전자"를 부여하였다. 현시대 중국 각 민족이 함께 단결 분투하고 공동 번영 발전하는 과정에서 서부대개발, 빈곤 퇴치, 도시화, 농촌 진흥, 변경지구를 부흥시켜 국민을 부유하게 하는 '흥변부민(興邊富民)' 전략, '일대일로' 등 중국 국내와 해외의 두 개의 국면을 총괄하는 개방 발전의 구도 하에서 중국 각 민족의 상호 작용은 전대미문의 좋은 국면을 보여주고 있다. 민족관계는 전국적인, 사회화된 민간 차원으로 접어들었고, 각 민족 간의 상호 교제, 상호 적응, 상호 인정의 문제도 갈수록 광범위화되고 구체화되었다. 특히 소수민족은 서로 다른 언어 문화, 종교 신앙, 풍속 습관, 행동 방식과 취업 취향을 가지고 있다. 그렇기 때문에 어떻게 하면 그들이 인구의 유동과 도시화의 진행 과정에서 각 민족이 화목하게 공존하면서 왕래하고, 협심하여 어려움을 극복하면서 교류하고, 조화롭게 발전하면서 융합할 수 있도록 할 것인가에 대해 민족 사업에서 깊이 있고 상세하게 전면적인 요구를 제기하였다. 민족 사업은 더 이상 소수민족 집거 지역에 국한된 업무가 아니라 전국 각 지역의 업무이다. 그 어느 지방의 간부이든지를 막론하고 당의 민족 이론과 민족 종교 정책을 학습하여야 한다. 민족 종교 문제는 어디에서나 부딪칠 수 있기 때문이다. 이것은 민족 사업 전개에 대한 새로운 시각이다.

소수민족은 보편적으로 한 지역에 모여 사는 경우가 많고 또한 농업, 목축업 인구 비중이 크다. 이러한 조건에서 도시화 수준과 그에 내포된 소수민족 인구의 도시화율은 각 민족의 경제 사회 발전 격차를 축소하는 중요한 지표일 뿐만 아니라, 또한 각 민족의 왕래와 교제와 융합 범위가 확대되고, 더욱 심도 깊게 발전하는 구도의 중요한 표징이기도 하다. 도시화 과정에서 '폐쇄주의'를 실시해서도 안 되고, 방임해서도 안 되며, 나아가 '도시 빈민촌'을 형성해서도 안 된다. 반드시 존중, 인도와 관리를 통해 각 민족의 합법적 권익을 보장하고, 차별이나 편법적 차별의 언행을 근절하며, 상호 임베디드적인 사회 구조와 커뮤니티 환경을 구축할 수 있도록 보장해야 한다. 그 목적은 "도시가 소수민족 대중을 더 잘 수용하고, 소수민족 대중이 도시에 더 잘 융합될 수 있도록 하기 위한 것"[58]이며, 더 나아가 각 민족 인민들이 서로 존중하고, 서로 호감을 가지고, 서로 배우고, 함께 즐겁게 생활하는 사회 환경을 형성하기 위한 것이다. 이것은 각 민족이 공유하는 정신적 보금자리를 구축하는 기본 조건이다. 이에 시진핑 주석은 동부, 내륙 그리고 각 도시들이 어떻게 소수민족을 수용해 도시로 편입시킬 것인가에 대해, 사상과 방법 면에서 다음과 같이 강조했다. "나날이 확대되는 민족 왕래 중 각 민족 대중 간 약간의 작은 충돌은 불가피하다. 이런 문제를 처리함에 있어 지속적으로 구체적인 문제를 구체적으로 분석해야 한다. 어떤 사건이 발생하면 그 일에 대해서만 이야기하고, 법에 따라 처리해야지 상황을 구별하지 않고 모두 민족문제로 처리해서는 안 된다. 내륙 지역은 안정 유지 업무에서 방법에 주의를 돌려야 한다. 민족 정책을 엄격히 집행하고, 어느 한 민족 전체를 방범 대상으로 삼는 것을 절대 삼가

---

58   国家民族事务委员会编, 《中央民族工作会议精神学习辅导读本》, 제293쪽.

야 한다. 이러한 단순한 방법과 민족 감정을 해치는 방법은 오히려 역효과만 초래할 뿐이다."[59]

중국 각 민족 전통 문화의 기초적 저장소는 농촌과 목축 지역이며, 이들 지역은 중화문화 근원의 소재지이다. 13억이 넘는 인구 대국에 있어서, 도시화 발전은 현대화의 필연적인 요구이지만, 광대한 지역, 서로 다른 자연 환경에서 있는 농촌과 목축 지역은 여전히 도농 구조에서 중요한 역할을 하고 있다. 농촌과 목축 지역의 현대화는 중국 현대화 발전의 유기적인 구성 요소이다. 특히 소수민족의 부락과 취락 그리고 생태 환경과 일체화된 그들의 민가(民家), 생산 생활 양식과 그에 함축된 문화적 가치는 중요한 문화 자원이다. 2012년 국가민족사무위원회는《소수민족 특색 촌락 보호발전계획 개요(2011-2015년)》를 반포하였다. 이 문화 자원 보호 발전 계획은 경제 사회 발전 중에서의 소수민족 특색 촌락의 인문학적 우세를 발휘시키는 중요한 조치이다. 이 방면의 실천은 대량의 한족이 모여 사는 지역의 옛 촌락의 보호와 현대화 발전도 포함한다. 이는 각 민족의 농목민이 본 지역에서 그들의 현대화를 이룰 수 있도록 하는 발전 조치이며, "아름다운 농촌"의 인문 생태 환경, 자연 생태, 특색 산업을 건설하는 "녹색 발전"의 과제이며, 서로 아끼고 존중하는 각 민족의 왕래, 교류와 융합의 촉진에 "문화 본향"의 의미를 더한다.

신농촌 건설, 특색 촌락 보호 등 농업, 농촌, 농민 현대화 발전과 관련된 정책과 조치들은, 중국공산당 제19차 전국대표대회에서 제기한

---

59 习近平,《在中央第六次西藏工作座谈会上的讲话》(2015년 8월 24일), 中共中央文献研究室编,《习近平关于社会主义政治建设论述摘编》, 中央文献出版社, 2017년.

농촌 진흥 전략에 따라, 도시화와 병행하여, 도시와 농촌이 융합 발전하는 농촌의 현대화 과정이 전국적으로 전개되게끔 하였다. 그 중요한 내용 중의 하나가 바로 향촌 문명에 입각하여 도시 문명 및 외래문화의 우수한 성과를 흡수하며, 보호 전승의 기초 위에서 창조적으로 전환하고 창조적으로 발전시키며, 끊임없이 시대의 내포와 풍부한 표현 형식을 부여한다는 것이다. 이렇게 함으로써 민심을 결집하고 대중을 교화하며 민풍을 순화시키는 데 있어 그 중요한 역할을 충분히 발휘할 수 있게 하였다. 또한 농촌 건설의 역사 문화 보호 라인을 확정하여 문화 유적, 전통 마을, 민족 마을, 전통 건축, 농업 유적, 관개 공사 유산을 잘 보존하도록 했다. 그리고 농촌 지역의 우수한 희곡 곡예 예술, 소수민족 문화, 민간 문화 등의 전승 발전을 지원하였다. 각 민족의 "문화 본향"의 현대화 발전은 도시와 농촌 간, 민족 간에 인원, 물류, 정보 교류의 더욱 넓은 공간을 개척하게 될 것이며, 각 민족의 농촌 민속 문화의 왕래, 교류와 융합을 촉진하는 중요한 공간이 될 것이다.

중화민족이 공유하는 정신적 보금자리 구축

각 민족의 경제 사회 발전의 격차를 줄이고, 각 민족이 공유하는 물질적 터전을 건설하는 한편, 각 민족의 광의의 문화적 차이를 존중하는 바탕 위에서 각 민족이 공유하는 정신적 보금자리를 구축하는 것은 신시대 중국 민족 사업 업무 확립의 중요한 역점 사업이다. 다원일체의 중화민족 대가족에게 있어서 각 가족 구성원은 먼저 자신이 중화민족 대가족의 구성원임을 알아야 하며, 어려서부터 중화민족의 구성원 의식을 배양하고 중화문화의 정체성을 배양해야 한다. 물질 생활의 격차를 해소하는 동시에 정신 생활의 '대가족' 관념을 더욱 강력하게 육성하는 것이 중화민족의 대가족의 상부상조와 협력 발전을 실현하는 현실적 과제가 되었다. 물질 생활의 평등한 공유가 반드시 사람의 마음을 하나로 묶는 국민통합을 이루는 것은 아니다. 정신 생활의 단합된 공감대가 있어야 마음이 하나 되는 '대가족'의 공동체 의식을 형성될 수 있다. 중앙민족사업회의에서 제기한 "각 민족이 공유하는 정신적 보금자리 구축"의 전략 과제가 실현하고자 하는 목표가 바로 이것이다.

시진핑 주석은 다음과 같이 지적했다. "중화민족의 대단결을 강화하며, 장기적으로 근본적으로 문화적 정체성을 강화하고, 각 민족이 공유하는 정신적 보금자리를 건설하며, 중화민족 공동체 의식을 적극 육성해야 한다. 문화적 정체성은 가장 심층적인 정체성으로서, 민족 단결의 뿌리이고 민족 화목의 혼이다. 문화 정체성 문제가 해결되어야 위대한 조국, 중화민족, 중국 특색 사회주의의 길에 대한 공동체 의식이 공고해질 수 있다."[60] 이 "정신적 보금자리"는 중화민족 대가족이 "정신적으로 강대해졌다"는 징표이다. 그것은 중화민족 대가족 내부의 하나로 통합된 사상 정신일 뿐만 아니라 중화민족 대가족이 세계 민족 가운데서 당당히 설 수 있는 정신적 풍모이다. 중화문화 정체성의 확립은 우선 각 민족 문화 간의 상호 인정이다. 즉 각 민족 문화가 집대성된 중화문화의 모든 "요소와 동력"에 대한 인정이다.

중국공산당 제18차 전국대표대회 이후 시진핑 주석은 국정운영의

---

60   国家民族事务委员会编,《中央民族工作会议精神学习辅导读本》, 제253쪽.

사상 계획 전략 중 문화적 자신감에 대해 완전히 새롭게 해석했다. 그는 "우리는 중국 특색의 사회주의 길에 대한 자신감, 이론적 자신감, 제도적 자신감을 확고히 해야 한다고 강조하고 있는데, 이것은 결국 문화적 자신감을 확고히 하는 것이다. 문화적 자신감은 더 기본적이고, 더 깊고, 더 오래 지속되는 힘이다."라고 지적했다. 이것은 중국과 중화민족 모두에 중대한 의미가 있다. 다른 점이 있다면 중국 각 민족이 자기 민족 문화에 대해 갖는 자신감은 반드시 "중화문화에 대한 정체성을 증진하는 기초 위에 세워져야 한다"는 점이다. 즉 중화문화를 풍부히 하고, 발전시키고, 번영시키는 과정에서 문화적 자각, 문화적 자존감과 문화적 자신감을 실현해야 한다는 것이다. 문화적 자각은 자기 민족 문화가 중화문화의 유기적인 구성 부분이라는 것을 대표한다. 문화적 자존감은 자기 민족 문화가 중화문화 중에서 인정을 받고 높은 평가를 받고 있음을 의미한다. 문화적 자신감은 자기 민족 문화가 중화문화에서 빠질 수 없는 공헌을 했음을 보여준다. 따라서 각 민족의 문화를 보호하고 전승하고 발전시키는 것은 제자리 걸음으로 모든 것을 보존하는 소위의 "원시상태"를 추구하는 것이 아니다. 사회주의의 핵심 가치를 따라 낡고 쓸모없는 것은 버리고 좋은 것은 찾아내 새로운 방향으로 발전시켜 중화문화의 발전 중에서 승화하게 하는 것이다.

이러한 승화는 중화문화 "일체"의 문화 정체성을 구현하였고, 중화문화 "다원"의 문화 번성의 특징을 선명하게 나타낸다. 각 민족이 공유하는 정신적 터전은 "일체"이고, 터전에 백화가 만발한 것은 "다원"이다. 이러한 아름다운 꽃들의 어울림 즉 다양성의 통합은, "하나도 빠짐없이" 중화의 대지에 다함께 뿌리를 내리고, 중화민족의 다원일체 대가족의 각 가족 구성원들이 서로 돕고 보호하며, 상부상조하고 상호 의존하는 집단적 풍모를 보여준다. 이것은 전대미문의 위대한 과업의 질서정연한 청사진이다. '질서정연'은 이 정신적 터전이 뒤죽박죽인 '모둠'이 아니라 서로 녹아든 유기적 통합이라는 것을 의미한다. 이러한 통합 구조를 관통하는 힘이 바로 중국공산당 지도 하의 중화민족 공동체 의식이다. 시진핑 주석의 말처럼 "중국은 13억이 넘는 인구와 56개 민족으로 이루어진 대국이다. 전국 여러 민족이 공통적으로 공감하는 가치관이 반영된 '최대 공약수'를 확립하여, 모든 인민이 한마음 한뜻으로 단결 분투하게 하는 것은 국가의 앞날, 운명과 인민의 행복, 안녕과 직결된다."[61] 이 "최대 공약수"가 바로 중화민족의 공동체 의식이다. 이것은 또한 "중화민족 공동체 의식을 확고히 하자"는 것을 중국공산당 제19차 전국대표대회에서 당 규약에 추가하고, 제13기 전국인민대표대회에서 중화인민공화국 헌법에 추가한 근본 이유이기도 하다.

제4절 국가 발전을 뒷받침하는 새로운 공간 확장

중국의 서부 지역은 육로 변경 지역으로, 소수민족이 많이 모여 살고 있으며 경제 사회 발전이 낙후된 지역이다. 중화인민공화국이 수립된 이래 당과 국가는 전면적으로 민족구역자치제도를 실시하여 각종

---

61   习近平,《青年要自觉践行社会主义核心价值观》, 中共中央文献研究室编,《习近平关于社会主义文化论述摘编》, 中央文献出版社, 2017년.

민족정책을 제정하고, 특별 조치를 취하여 민족구역자치 지방의 경제 사회 각종 사업의 발전을 지원하여 큰 성과를 거두었다. 개혁개방 이래, 특히 서부대개발 전략 이후 서부 지역의 경제 사회는 비약적인 발전 양상을 보이고 있으나, 전국의 평균 수준과는 아직 뚜렷한 차이가 있으며, 동부 지역과의 격차는 더욱 현저하다. 따라서 서부 지역에 대한 국가의 서포트, 서부 지역에 대한 동부 지역의 맞춤형 지원은 장기적인 정책 실천 과정이 될 것이다. 그렇지만 중국 특색의 사회주의 현대화 건설에 대한 서부 지역의 "자산" 효과가 갈수록 부각되고 있는 것도 보아야 한다.

중국공산당 제18차 전국대표대회 이래, 당중앙은 중국 국내와 해외라는 두개의 국면을 총괄하는 국정운영의 실천 과정에서, 전면적인 개혁개방과, 경제 세계화를 돕는 "중국 방안" 즉,《실크로드 경제벨트와 21세기 해상 실크로드의 공동 건설 추진을 위한 비전과 행동》, 즉 '일대일로' 건설 구상을 제기하였다. 이것은 국정과 세태를 깊이 파악한 바탕 위에서 제시한 중대한 발전 계획과 책략이다. 그중, 국정을 깊이 파악하는데 있어서 "실크로드 경제벨트"가 지향하는 중국 육로 변경 지역은 중국의 개방 발전의 "전방지대"이자 "핵심지역"이 되었다. 이러한 역사적 지역 전환은, 즉 민족구역자치 지방에 입각하는 것은 중국의 새로운 시대 발전에 중요한 의의를 가지고 있다. 이것은 또한 민족 업무의 중요성에 대한 깊은 인식의 결과이기도 하다.

다민족 국가의 "자산"

중국의 인문지리학자 후환융(胡煥庸, 호환용) 선생은 일찍 1935년에 벌써 《중국 인구 분포》라는 논문에서 동북 헤이허(黑河, 흑하)(아이후이, 瑷珲, 애훈)에서 서남 텅충(騰沖, 등충)에 이르는 전국 인구 밀도 경계선을 그어 중국을 동남과 서북의 두 구역으로 나누었는데, 동남 지역은 국토 면적의 약 36%, 인구의 96% 정도를 차지하고, 서북 지역은 국토 면적의 약 64%, 인구는 약 4%를 차지하여, 서부 지역은 땅이 넓고 인구가 적다고 하였다. 이 후환융 라인(Hu Line)은 중국 인구 분포의 지역적 밀도를 고찰했다는 데 가치가 있을 뿐만 아니라 중국의 기후, 자연 지리 등 다방면의 경계선을 밝혔다는 데 그 가치가 있다. 오늘날까지도 이 경계선이 정한 중국의 동남, 서북의 인구 밀도 및 기타 자연 요소는 여전히 근본적인 변화가 일어나지 않았다. 경제 사회 발전의 여러 요소로 볼 때, 이 라인의 "서북"의 중국은 오늘날 중국의 서부와 거의 겹친다. 이 라인으로 갈라진 '발달'과 '미개발' 구도를 어떻게 타파할 것인가 하는 것은 서부 대개발과, 전면적인 샤오캉 사회 건설이 주력하여 해결해야 할 문제이다.

개혁개방 이래, 특히 서부대개발 이후 국가, 동부 및 내륙 지역에서 서부 지역의 가속화 발전을 전폭적으로 지원하는 과정에서, 서부 지역이 국가, 내륙 및 동부 지역의 지속 가능한 발전에 기여한 점을 간과해서는 안 된다. 예를 들면, 서기동송(西氣東輸, 서부의 천연가스를 동부에 수송하는 사업), 서전동송(西電東送, 서부의 전력을 동부으로 수송하는 사업), 북매남운(北煤南運, 북부의 석탄을 남부로 운반하는 사업), 남수북조(南水北調, 중국 남부의 담수를 물이 부족한 북부로 끌어오는 사업) 등 전국적 차원의 통합적인 자원 배치 효과는 이미 중화민족의 다원일체 대가족이 함께 발전을 공유하는 우세를 보여주었다. 2014년 중앙민족사업회의에서 시진핑 주석은 통일된 다민족국가라는 현실에서 출발하여 볼 때 "다민족"은 중국 국정의 "큰 특색"으로서, "짐"이나 "골칫거리"가 아닌 중국 발전에 큰 도움이 되는 유리한 요소인 "호재"라고 하였다. 그는 다음과 같이 강조했다. "다민족의 통일과 각 민족의 다원일체는 선조들이 우리에게 남겨준 중요한 재산이자 우리 나라의 중요한 우세이다." 이런 총체적 판단의 토대 위에서 시진핑 주석은 기본 국정의 '집안 자산'을 점검함으로써 민족 사업의 중요성과 민족사업의 막중하고 어려운 특징을 설명했다.

시진핑 주석은 중국은 "국토가 넓고 자원이 풍부하다"고 한 마오쩌둥의 국정적 시각에서 출발하여, 중국의 민족 지역에 대해 보다 정교하고 구체적으로 개괄하였다. "민족 지구는 우리 나라의 자원이 집중되어 있는 지역이며, 수계 원천 지역이고, 생태 천연 장벽 지역이며, 문화 특색 지역, 변방 지역, 빈곤 지역이다. 이렇게 이들 지역이 여러 가지 많은 특징을 모두 가진 '지역'이라는 것은 당과 국가의 전체 업무에서 민족 사업이 차지하는 위치도 그만큼 매우 중요하다는 것을 말한다. 이러한 '집안 자산'을 잘 알아야 우리 나라의 기본 국정을 제대로 알 수 있고, 민족 사업이 얼마나 중요한지, 민족 사업을 잘 하는 것이 얼마나 어려운지를 알 수 있다."[62] 이들 지역이 자원이 집중되어 있는 지역이며, 수계 원천 지역이고, 생태 천연 장벽 지역이며, 문화 특색 지역이라고 하는 것은 민족 지역의 천연 우세이다. 그러나 이러한 자원을 합리하게 개발 이용하고, 싼장위안(三江源, 삼강원)을 대표로 하는 수계 원천

---

62   习近平,《在中央民族工作会议上的讲话》, 2014년 9월 28일.

을 보호하고 녹색 생태 천연 장벽을 구축하고, 문화 특색을 보호하고 전승하는 이 현실적 과제는 그 책임이 매우 막중하다. 그리고 변방 지역, 빈곤 지역이라는 미발달 지역의 특성은 흥변부민(興邊富民, 변방 지역 개발 및 국민 생활 개선)과 빈곤 퇴치 과정을 통해 완전히 바뀌어야 한다. 이들은 모두 민족 사업에서 고도로 관심을 돌려야 하는 중대한 문제이다. "집안 자산"의 우세를 보호하고 발휘하고, "집안 자산"의 약점을 개변하고 해소하는 것은 후환용 라인(Hu Line)의 철칙을 깨기 위해서 반드시 거쳐야 하는 길이다. 비록 서부 지역의 땅이 넓고 사람이 적은 현 상황은 여전히 변함이 없지만, 서부 지역의 미래의 자원 개발, 생태 환경, 문화 번영의 발전 전망은, 서부 대개발의 새로운 구도가 형성됨에 따라 점차 실현되고 있다. 여기에서 가장 중요한 관건 포인트가 바로 '일대일로' 건설이 민족 지역에 가져다 주는 "호재"이다.

'일대일로'의 민족 지역의 새로운 확정

중국 소수민족의 집거 지역은 주로 서부에 속하는 육로 변방 지역에 집중되어 있다. 역사적으로 이 지역들은 내륙과 '중심과 변두리'의 구도를 형성하였고, 현재는 이들 지역은 내지와 '내륙과 변방'의 관계를 형성하고 있다. 경제 사회 발전의 관점에서 볼 때, '변두리' 지역은 경제 사회 미발달 지역에 속하며, '변방' 지역은 개혁개방이 낙후한 지역에 속한다. 그러나 '일대일로' 건설의 추진 중에서 중국의 서부 지역과 변방 지역은 지금 유례없던 지역 대변국이 발생하고 있다. 즉 '변두리'는 개방 발전의 '최전방'으로 바뀌고 있고, '변방'은 안팎으로 이어지는 '중심'이 되고 있다.

'일대일로' 건설에 편입된 18개 성, 시, 자치구 중 네이멍구, 신장, 시짱, 광시, 닝샤의 5개 소수민족 자치구와 윈난, 간쑤, 칭하이, 헤이룽장(黑龍江, 흑룡강), 지린(吉林, 길림), 랴오닝(辽宁, 요녕) 등 다민족 성(省)과 변방 지역은 모두 '일대일로' 대외 개방 발전 과정 중에서 '일대일로 경제 회랑'을 상호 연결하는 중요한 책임을 짊어지고 있다. 예를 들면 다음과 같다.

- 신장은 독특한 지역 우세와 서부 개발 중에서 중요한 창구 역할을 발휘하여, 중앙아시아, 남아시아, 서아시아 등 국가들과의 교류와 협력을 심화하고, 실크로드 경제벨트에서의 중요한 교통 허브, 무역 물류, 문화 과학 교육 중심을 형성하여, 실크로드 경제벨트 핵심구를 조성한다.
- 산시, 간쑤의 종합적인 경제 문화와 닝샤, 칭하이의 민족 인문 우세를 발휘하여 시안(서안, 西安) 내륙형 개혁개방의 새로운 고지를 조성하고, 란저우, 시닝(西寧, 서녕)의 개발과 개방을 가속화하며, 닝샤의 내륙 개방형 경제 시험구 건설을 추진하며, 중앙아시아, 남아시아, 서아시아 국가들을 위한 통로, 무역 물류의 허브, 중요 산업과 인문 교류 기지를 형성한다.
- 러시아, 몽골과 연통된 네이멍구의 지역 우세를 발휘하고, 헤이룽장-러시아 철로와 지역 철도망을 정비 보완하고, 헤이룽장, 지린, 랴오닝과 러시아 극동 지역의 육해 연결 운송 협력을 통하여 베이징-모스크바 유라시아 고속 수송로의 건설을 추진하여 북쪽 개방

의 중요한 창구를 건설한다.

- 광시는 아세안(ASEAN) 국가들과 육해로 인접해 있는 독특한 지역 우세를 발휘하여, 북부만경제구(北部灣經濟區)와 주강(珠江)-서강(西江) 경제벨트의 개방 발전을 가속화하며, 아세안 지역을 향한 국제 통로를 구축하며, 서남, 중남 지역의 개방 발전의 새로운 전략적 거점을 만들어, 21세기 해상 실크로드와 실크로드 경제벨트가 유기적으로 연결되는 중요한 관문을 형성한다.
- 윈난의 지역 우세를 살려 주변국과의 국제 수송로 건설을 추진하고, 메콩강 서브 지역 경제 협력의 새로운 고지를 조성하여, 윈난을 남아시아와 동남아시아 영향권의 중심지로 건설한다.
- 시짱과 네팔 등 국가와의 국경 무역과 관광 문화 협력을 추진한다.[63]

이로부터, '일대일로' 프로젝트의 전국 육로 변방 지역 배치는, 대외 개방뿐만 아니라 중국 내 실크로드 경제벨트, 장강(長江)경제벨트, 징진지(京津冀, 베이징·톈진·허베이)협동발전시범구 등 경제벨트와 긴밀하게 연계돼 있음을 쉽게 알 수 있다. 이러한 내부 외부로 연결된 개방적 발전 구도는 변방 지역으로 하여금 새로운 중심지를 형성하게 하였다. 시진핑 주석은 '일대일로' 건설은 변방의 민족 지역에 큰 이익이 될 뿐만 아니라, 장기적인 안목으로 볼 때 서부 지역과 변방 지역은 국가 발

---

63   国家发展改革委, 外交部, 商务部, 《推动共建丝绸之路经济带和21世纪海上丝绸之路的愿景与行动》, 新华网, 2015년 3월 28일을 참조하라.

전을 확장하는 새로운 공간이 될 것이라고 지적했다.[64] 그는 사마천의 "성공은 대부분 서북쪽에 있었다(收功实于西北)"는 논설을 인용하면서 서부 변방의 민족 지역이 중국의 현대화 발전에서 갖는 '새로운 공간'의 지위를 강조했다.

'일대일로' 프로젝트의 서로 연통된 구조에서는 민심 통일이 근간이다. 변방 민족 지역은 다양성 문화 자원이 가장 풍부한 지역일 뿐만 아니라 주변국들과 많은 역사 문화 자원을 공유하고 있으며, 언어 문화, 종교적 신념, 경제 생활, 풍속 습관 등 면에서 서로 융통할 수 있는 우수한 조건을 갖추고 있다. 따라서 중화문화의 유기적인 구성부분인 소수민족 문화는 보호하고, 전승되고, 발전되어야 할 뿐만 아니라 개방 발전 중에서 민심을 통하게 하는 중요한 역할을 하도록 해야 한다. "국가 간 교류가 잘 이루어지려면 각국 국민들이 화목하게 지내는 것이 관건이다."[65] 각국 국민이 화목하게 지내야 마음이 통할 수 있고, 마음이 통해야 국가 관계의 '친성혜용(親诚惠容)'[66]의 준칙이 각국 국민의 삶과 마음에 스며들 수 있다. 이것은 모두 신시대의 발전 과정에서 변방 민족 지역이 가진 우세이다.

64　졸문《习近平民族工作思想述论》을 참조하라.

65　习近平,《共同建设"丝绸之路经济带"》,《习近平谈治国理政》, 제290쪽.

66　역자 주, "친(親), 성(诚), 혜(惠), 용(容)"은 주변국에 대한 중국의 외교 노선으로, 친하게(亲) 성심껏(诚) 혜택을 주며(惠) 포용하겠다(容)는 뜻을 담고 있다.

신시대 민족 사업의 혁신적 추진

중국공산당 제19차 전국대표대회 보고에서는 "초심을 잊지 말고 사명을 가슴 깊이 새기고, 중국 특색 사회주의의 위대한 기치를 높이 들고, 전면적으로 샤오캉 사회를 건설하며, 신시대 중국 특색 사회주의 위대한 승리를 쟁취하고, 중화민족의 위대한 부흥이라는 중국의 꿈[中國夢]을 실현하기 위해 꾸준히 분투하자."는 주제로 '신시대 중국 특색 사회주의'의 중대 명제를 명시했다. 이는 중국 특색 사회주의의 새로운 역사적 단계와 발전 방향으로, "초심을 잊지 않고 사명을 가슴 깊이 새긴" 중국공산당이 구현하는 새로운 시대적 경지이기도 하다. 이 역사적 방향에 입각한 실천은, 마르크스주의 중국화의 최신 성과 이론 즉 중국공산당 제19차 전국대표대회가 확립한 시진핑의 신시대 중국 특색 사회주의 사상의 지도 하에 실현된다. 이 사상은 중국 특색의 사회주의 이론 체계가 풍부하게 발전되는 유기적인 구성 부분일 뿐만 아니라 획기적이고 선구적인 특징을 갖는, 마르크스주의의 중국화의 사상 체계로서, 여기에는 중국 특색의 사회주의 위대한 사업의 각 분야가 망라되어 있으며, 민족 사업 업무도 포함되어 있다.

"민족 종교 사업에 대한 혁신적 추진"은 중국공산당 제19차 전국대표대회 보고의 개괄적인 평가이다. 이것은 중국공산당 제18차 전국대표대회 이후 시진핑을 핵심으로 한 당 중앙위원회의 민족, 종교 업무 분야에서 형성한 새로운 이념, 새로운 사상과 새로운 전략을 정확히 반영했다. 여기에는 국제정세의 심각하고 복잡한 변화 중 민족문제 변화의 국면에 대한 판단이 포함되어 있으며, 또한 민족문제와 민족 사업에 관한 국내의 부동한 인식에 대한 답변도 포함되어 있다. 여기에서는 또한 이를 바탕으로 중국 특색의 민족문제 해결의 올바른 길의 중대한 역사적 의의와 현실적 의의에 대해서도 심도 있게 해석하였다. 그중 "민족 업무는 각 방면에 걸쳐 있고, 각 방면에는 모두 민족 업무가 있다."는 주장은 중국 민족 사업의 새로운 시대적 특징인 광의의 민족 사업의 특징을 보여준다. 즉 민족 사업은 국정 운영 전반에 대해 그 의의가 더욱 두드러지는 바, 민족 사업은 머지않아 전면적으로 실현되는 샤오캉 사회 건설과 긴밀하게 연결되어 있으며, 중화민족의 위대한 부흥이라는 '중국의 꿈'과도 직결된다. 다시 말하면, 신시대의 광의의 민족 사업은 중화민족의 위대한 부흥이라는 총목표를 실현하기 위한 것이며, 또한 56개 민족의 "다원"이 중화민족의 "일체"를 구축하는 위대한 사업이다.

중국공산당 제19차 전국대표대회에서 가장 중대한 이론적 판단은 중국 특색의 사회주의가 새로운 시대로 진입했다는 역사적 방향을 제시했다는 점이다. 새 시대의 가장 근본적인 특징은 중국 사회의 주요 모순이 "인민들의 날로 늘어나는 아름다운 생활에 대한 수요와 불균형하고 불충분한 발전 간의 모순"으로 전환되었다는 것이다. 이는 중국 사회의 발전의 객관적인 실제에 입각한 판단으로서, 당과 국가의 대정방침, 장기적인 전략을 수립하는 데 중요한 근거가 된다. 민족 사업의 관점에서 볼 때, 사회의 주요 모순 중 "인민들의 날로 늘어나는 아름다운 생활에 대한 수요"의 발전 추세를 파악해야 할 뿐만 아니라, 이 주요 모순 중 "불균형하고 불충분한 발전"이라는 이 현실적 격차도 매우 중시해야 한다. 민족 사업의 주요 대상과 주요 지역은, 동부, 내지와 전국 평균과의 비교에서 "불균형, 불충분"한 발전의 모순을 더욱 두드러지게 반영하고 있기 때문에, 빈곤 탈출, 교육, 취업, 위생 등 민생과 관련된 발전 과업은 여전히 어렵고 막중하다.

중국공산당 제18차 전국대표대회 이래 시진핑 총서기를 핵심으로 하는 당중앙은 '5위일체(경제 건설, 정치 건설, 문화 건설, 사회 건설, 생태 문명 건설)'의 총체적 배치와, '네 개 전면(전면적 샤오캉 사회 건설, 전면적 개혁 심화, 전면적 법치 국가 통치, 전면적 당 엄격 관리)'의 전략 배치와, '5대 발전 이념(창조와 혁신, 협조, 녹색, 개방, 공동 이익 향유의 발전 이념)'으로 전면적인 샤오캉 사회 건설을 추진하면서 중국 특색 사회주의의 위대한 사업의 새 시대를 열었다. 그중에서도 민생 개선을 중심으로 한 발전 실천으로, "정밀 빈곤 구제"와 "정밀 빈곤 탈출"이 이끄는 빈곤 구제와의 "어려운 싸움"을 전개하여, "마지막 일 킬로미터"의 "가장 어려운 빈곤의 실제 탈출"의 결승전 단계까지 파고들었다. 2012~2017년 기간, 중국에서 전국적으로 6,000만 명 이상의 빈곤층이 안정적으로 빈곤에서 벗어나면서 빈곤 발생률은 10.2%에서 4% 이하로 떨어졌다. 중국의 빈곤퇴치 사업은 세계적으로 유례를 찾아보기 없을 만큼 주목할 만한 성과를 거두었다. 그러나 경제적 지리적 의미를 특징으로 하는 서부 지역은 소수민족이 가장 많이 모여 살고, 그 분포가 가장 넓고, 인원수도 가장 많은 지역으로서 전국의 빈곤 인구가 큰 폭으로 감소한 것과 비교할 때 그 비중이 여전히 높아, 본격적인 샤오캉 사회 건설 중의 "어려운 싸움"의 중심축으로 떠오르고 있다. 시진핑 주석은 2014년 중앙민족사업회의 연설에서 다음과 같이 실사구시하게 지적하였다. 민족 지역은 전국적 빈곤 퇴치를 위한 싸움의 가장 어려운 지역이다. 5년에서 10년 간의 시간을 들여 민족 지역의 빈곤 가정과 빈곤 군중들이 안정적으로 빈곤에서 벗어 나게 해야 한다. 즉 빈곤 퇴치는 2020년이라는 이 시점에 한정되는 것이 아니다.

제19차 당대회에서 제20차 당대회까지는 '두 개의 100년' 분투 목표의 역사가 서로 만나는 시기이다. 이 역사적 교차기의 중점 사업은 2020년에 전면적으로 샤오캉 사회를 건설하는 것인데, 이것은 전면적으로 사회주의 현대화 국가를 건설하는 새로운 여정을 여는 출발점이다. 전면적으로 샤오캉 사회를 건설하는 중요한 지표 중 하나가 국가의 현행 기준 하에서 농촌 빈곤 인구의 빈곤 탈출을 실현하고, 모든 빈곤현이 빈곤에서 벗어남으로서, 지역 전체의 빈곤을 해결하는 것이다. 그러나 "불균형하고 불충분한" 발전 격차와 발전의 질적 문제는 여전히 서부 지역, 민족 지역, 극빈 지역에 집중되어 두드러지게 나타날 것이다. 또한 중국 사회 주요 모순의 변화는 중국의 사회주의가 처한 역사적 단계에 대한 판단을 개변시키지 않았다. 즉 중국이 여전히 그리고 장기간 동안 사회주의의 초급 단계에 처해 있다는 기본 국정은 변함이 없으며, 중국이 세계 최대의 개발도상국이라는 국제적 지위도 변함이 없다. 사회 발전 단계의 제약 요소는, 필연적으로 전국 각지에서, 각 민족이 동시에 전면적인 샤오캉 사회로 진입할 수 없으며, 같은 수준의 샤오캉에 도달할 수 있는 것이 아니며, 모든 지역, 모든 민족, 모든 사람이 똑같은 수준에 도달하는 것은 아닌 것으로 표현된다. 즉 격차는 항상 존재할 것이다.

이런 의미에서 광의의 민족 사업은 2020년이라는 이 시점을 분투 목표로 삼아야 할 뿐만 아니라, 또한 실사구시적으로, 기초를 잘 닦고,

중국공산당은 어떻게 민족문제를 해결하는가

장기적인 계획을 세워, 성과를 내는 데에 입각하여, 각지의 구체적인 실정에 맞게 적절한 대책을 세워 전면적으로 샤오캉 사회를 건설하기 위해 내실을 공고히 하고 충실히 해야 한다. 역사적 교차기에 축소된 격차와 향상된 수준은, 서부 지역과 민족 지역이 새로운 여정에 진입한 후에도 전국의 평균 수준에 맞게 함께 발전을 유지하는 데 결정적 의의가 있음을 반드시 알아야 한다. 마찬가지로, 역사의 교차기에 확대된 격차와, 더 커진 수준 차이는, 미래의 새로운 여정의 "첫 번째 단계"에 동서부 간, 그리고 민족 지역의 발전 격차의 지속적인 확대를 초래하게 될 것임을 알아야 한다. 따라서 중국공산당 제19차 전국대표대회 보고에서 제기한 유아 교육, 교육 질량 제고와 평생 교육, 노동 소득, 의료, 노인 복지, 주거, 취약 계층 보호 등의 목표에 따라, 국가의 "조치를 강화하여 서부대개발을 추진하여 새로운 구도를 형성하"는 진행 과정에서, '일대일로' 프로젝트가 변방 지역에 가져다 주는 내외 연계 쌍방향 발전 동력에 힘입어, 동서부 경제 사회 발전의 격차가 지속적으로 벌어지는 태세에 종지부를 찍는 것은, 새로운 시대 민족 사업의 혁신적 추진의 기본 초점이다.

결론

중화민족의 위대한
부흥의 새 시대로

중화민족을 반식민지에서 진정한 독립국가로 탈바꿈시키고 중국 인민을 완전히 해방시켜 머리를 짓누르던 봉건적 억압과 관료주의(즉 중국의 독점 자본)의 억압에서 벗어나게 해야 한다. 이렇게 함으로써, 통일되고 민주적인 평화적 국면을 조성하고 농업국에서 공업국으로 변화하는 전제조건을 마련하며 사람이 사람을 착취하는 사회에서 사회주의 사회로 발전할 수 있는 가능성을 제공해야 한다.

- 마오쩌둥《혁명을 끝까지 진행하자》

중국공산당은 중국 노동자계급의 선봉대이며 동시에 중국 인민과 중화민족의 선봉대이다.

-《중국공산당 규약[黨章, 당헌] 》

중국공산당 창립 88년, 집권 60년, 개혁개방을 이끈 30년 동안 몇 세대에 걸쳐 중국공산당인들은 줄곧 중화민족의 위대한 부흥의 실현을 자신의 과제로 삼았고 마르크스주의 기본원리를 중국의 구체적 실제와 결합시키는 것을 견지하였으며 단결하여 전국 여러 민족 인민을 이끌고 끊임없이 분투하여 각종 고난과 좌절을 이겨냈으며 끊임없이 혁명과 건설 및 개혁의 위대한 승리를 이룩하였다.

-《중국공산당 제17기 중앙위원회 제4차 전체회의 공보》

전당의 동지들은 반드시 역사적 사명감을 가슴 깊이 새기고 겸손하고 신중하며 교만하지 않고 조급해하지 않는 태도를 견지해야 하며, 간고분투하는 태도를 견지하고 용감히 변혁하고 용감히 혁신하며 경직되지 말고 정체되지 말며 동요하지 말고 게으름을 피우지 말며 낭비하지 말아야 한다. 그 어떤 곤난도 두려워하지 말고 그 어떤 방해에도 현혹되지 말며 확고부동하게 중국 특색의 사회주의의 길을 따라 용감하게 전진해야 하며 더욱더 분발하고 단결하여 전국 각 민족 인민들이 자신의 행복한 생활과 중화민족의 아름다운 미래를 창조하도록 인도하여야 한다.

- 후진타오《중국공산당 창립 90주년 경축 대회에서의 연설》

전당 전국 각 민족 인민들은, 당 중앙의 주위에 긴밀히 단결하여 중국 특색 사회주의의 위대한 기치를 높이 들고 열심히 일하며 꿋꿋이 앞으로 나아가, 현대화 건설을 추진하고, 조국 통일을 실현하고, 세계 평화를 수호하고 공동 발전을 촉진하는 이 3대 역사적 과제를 실현하기 위해, 전면적으로 샤오캉 사회를 건설하고, 새로운 시대 중국 특색 사회주의의 위대한 승리를 쟁취하며, 중화민족의 위대한 부흥을 실현하는 중국의 꿈을 실현하기 위해, 인민들의 더 나은 삶에 대한 열망을 실현하기 위해 계속 분투하자!

- 시진핑《중국공산당 제19차 전국대표대회에서 한 연설》

1921년에 중국공산당이 창립되었다. 그후로부터 "중화민족을 반식민지에서 진정한 독립국가로 변화시켜 완전히 탈바꿈 시키"[01]는 것은 중국공산당이 신민주주의혁명을 이끄는 분투 목표가 되었다. 1949년 중국공산당은 전국 각 민족 인민을 이끌고 중화민족의 자결을 실현하였으며, 독립적이고 자주적인 중화인민공화국을 건립하였다.

중국공산당 창립 90주년 무렵, 후진타오는 지난 역사를 회고하면서 "새 중국의 성립은 인민들로 하여금 국가, 사회와 자기 운명의 주인이 되게 하였고 중국의 수천 년의 봉건전제 제도에서 인민민주 제도로의 위대한 도약을 실현하였으며 중국의 고도의 통일과 각 민족의 전대미문의 단결을 실현하였고 구 중국의 반식민지 반봉건사회의 역사를 완전히 종식시켰으며 흩어진 모래알 같던 구 중국의 오합지중의 국면을 철저히 결속지었고 열강들이 중국에 강요한 불평등조약과 중국에서의 제국주의의 모든 특권을 철저히 폐지하였다. 중국 인민은 이때로부터 일어섰고 중화민족의 발전은 이때로부터 새로운 역사적 기원을 열었다."[02]고 지적하였다.

중국공산당은 사회주의 건설의 길을 탐색하는 과정에서 우여곡절을 겪은 후 1978년에 사회주의 초급단계라는 국정 기반에 입각하여 개혁개방의 길로 나아갔다. 이것은 중국 특색의 사회주의 현대화 건설의 길이고 중화민족의 위대한 부흥을 실현하는 길이다. 이것은 책임이 막중하고 갈 길이 멀며 간고하고 도전과 시련이 가득찬 길이기도 하다.

---

01   毛泽东, 《将革命进行到底》, 《毛泽东选集》第四卷, 제1375쪽.

02   胡锦涛, 《在庆祝中国共产党成立90周年大会上的讲话》, 新华网, http://news. xinhuanet.com/politics/2011-07/01/, 이하에서는 반복하여 주를 달지 않는다.

이렇게 말하는 것은 전 세계적으로 그 어느 나라에도 13억 7천만 명 인구의 공동 발전, 공동 번영을 실현하는 현대화의 중책을 짊어지고 나아가는 집권당은 없기 때문이다. 또한 중국처럼 민족문제 "역사 유산"을 제거하는 복잡한 상황과 민족문제의 현실적 요인을 해결하는 막중한 과제를 안고 있는 국가도 없기 때문이다.

1

중국공산당은 마르크스주의 민족이론의 기본원리에 근거하여 중국의 통일된 다민족국가라는 실제와 결합하여 민족문제 해결의 기본 정치제도인 민족구역자치를 확립하고 실행하였으며《중화인민공화국 민족구역자치법》을 제정하고 공포하였으며 정치, 경제, 문화, 사회생활 등 여러 측면을 포함하는 진정한 평등에 입각하여 일련의 민족정책을 제정하였다. 또한 다섯 개 자치구, 30개 자치주, 120개 자치현과 수천 개의 민족향을 건립하여 국가로부터 지방에 이르는 체계화된 민족 종교 사업 부문을 형성하였고 소수민족 학생을 주요로 모집하는 중앙 및 지방의 민족대학교를 설립하였으며 중국사회과학원, 일부 지방사회과학원, 대학교, 민족 종교 사업부문에 전문적으로 민족학, 인류학, 민족이론과 민족정책 연구에 종사하는 연구소와 전공과 학과를 설치하였다. 이 방대한 규모의 민족 사무 체계의 건립은 각 민족의 공동 단결 분투, 공동 번영 발전을 통하여 중화민족의 위대한 부흥을 실현한다는 이 하나의 목표를 실현하기 위해서이다.

2005년에 당중앙은 중국화 된 마르크스주의 민족이론과 민족정책의 12개 기본원칙에 대해 다음과 같이 개괄 및 해석을 진행하였다.

- 민족은 일정한 역사적 발전 단계에서 형성된 안정된 인류 공동체이다. 일반적으로 민족은 역사적 기원, 생산방식, 언어, 문화, 풍속 습관 및 심리적 정체성 등 측면에서 공통된 특징을 갖고 있다. 어떤 민족의 형성과 발전 과정에서는 종교가 아주 중요한 작용을 한다.
- 민족의 발생, 발전과 멸망은 하나의 긴 역사적 과정이다. 인류 사회 발전 과정에서 민족의 멸망은 계급, 국가의 멸망보다 더 오래 간다.
- 사회주의 시기는 각 민족이 공동으로 번영 발전하는 시기이다. 이 시기에 각 민족 간의 공통적인 요소는 부단히 증가하지만 민족 특징, 민족 차이와 각 민족의 경제 문화 발전에서의 격차는 장기적으로 존재하게 된다.
- 민족문제는 민족 자체의 발전을 포함할 뿐만 아니라 민족 간, 민족과 계급, 국가 간 등의 관계도 포함한다. 오늘 날 세계에서 민족 문제는 보편성, 장기성, 복잡성, 국제성과 중요성의 특징을 띤다.
- 중국 특색의 사회주의 길은 중국의 민족문제 해결의 근본적인 길이다. 중국의 민족문제는 오직 중국 특색의 사회주의를 건설하고 중화민족의 위대한 부흥을 실현하는 공동 사업 과정에서만 점차적으로 해결할 수 있다.
- 중국은 각 민족 인민들이 함께 공동으로 창건한 통일된 다민족 국가이다. 조국 통일은 각 민족 인민들의 최고의 이익이다. 각 민족 인민들은 애국주의 전통을 계승하고 발양하며 자발적으로 조국

의 안전, 명예와 이익을 수호해야 한다. 중국의 민족문제는 중국의 내부사무로서 민족문제를 이용하여 진행하는 외부 세력의 중국에 대한 침투, 파괴, 전복의 모든 활동을 반대한다.

- 모든 민족은 인구 수, 역사의 길고 짧음, 발전 수준의 여하에 관계없이 일률로 평등하다. 국가는 소수민족을 위해 더욱 좋은 발전 기회와 조건을 창조하고 각 민족의 합법적 권익을 보장하며 각 민족 인민은 헌법과 법률의 존엄을 수호할 의무가 있다.

- 민족구역자치는 중국공산당이 중국의 민족문제를 해결하는 기본 정책으로서 중국의 국정에 부합되는 기본정치제도이며 사회주의 민주를 발전시키고 사회주의 정치문명을 건설하는 중요한 내용이다. 그렇기 때문에 반드시 장기적으로 견지하고 끊임없이 보완해야 한다. 민족구역자치법은 민족구역자치제도의 법률적 보장으로서 반드시 전면적으로 관철 집행해야 한다.

- 평등, 단결, 호조, 화합은 중국 사회주의 민족관계의 본질적 특징으로서, 한족은 소수민족을 떠날 수 없고 소수민족 또한 한족을 떠날 수 없으며 각 소수민족 간에도 서로 떠날 수 없다. 각 민족은 서로 존중하고 서로 배우며 서로 협력하고 서로 도우면서 지속적으로 전국 각 민족 인민의 대단결을 공고히 하고 발전시키며 사회주의 조화사회를 구축해야 한다.

- 각 민족의 공동 단결 분투, 공동 번영 발전은 현단계 민족사업의 주제이다. 소수민족과 민족 지역의 경제 사회 발전을 가속화하는 것은 현단계 민족사업의 주요 임무이고 민족문제를 해결하는 근본 경로이다. 과학적 발전관을 견지하고 소수민족과 민족 지역의

가속화 발전을 대대적으로 지원하고 도와야 한다.

- 문화는 민족의 중요한 특징이고 소수민족 문화는 중화민족 문화의 중요한 구성부분이다. 국가는 소수민족 문화를 존중하고 보호해야 하며 소수민족의 우수한 문화의 전승, 발전, 혁신을 지지해야 하며 각 민족 간에 문화 교류를 강화하도록 격려해야 한다. 교육, 과학기술, 문화, 보건, 체육 등 각종 사업을 대대적으로 발전시키고 각 민족 군중들의 사상도덕 소질, 과학문화 소질과 건강 소질을 부단히 제고시켜야 한다.

- 소수민족 간부를 육성하고 선발하는 것은 민족문제를 해결하고 민족사업을 잘 해내는 관건이며, 장기적으로 관리하고 근본적으로 관리해야 할 대사이다. 재능과 도덕을 겸비한 방대한 소수민족 간부대오를 육성하기 위해 노력해야 한다. 민족 지역 인재자원 개발은 하나의 전략적 과제이다. 민족 지역의 현대화 건설에 필요한 각 급, 각 유형의 인재를 대대적으로 육성해야 한다.[03]

이것은 중국공산당 창건 이래 특히 중국 특색의 사회주의 현대화 건설 사업 과정에서 민족문제 해결의 기본경험에 대한 고도의 개괄이며, 마오쩌둥 사상, 중국 특색의 사회주의 이론 체계 중 민족 사무의 사상 이론에 관해 집약적으로 정리한 것이며, 현재와 미래의 중국의 민족문제 해결을 지도하는 국정 방침 및 기본원칙이며 새로운 역사적 조건

---

03 《中共中央、国务院关于进一步加强民族工作加快少数民族和民族地区经济社会发展的决定》, 国家民族事务委员会, 中共中央文献研究室, 《民族工作文献选编》(二〇〇三—二〇〇九年), 제91-93쪽.

하에서 수많은 간부 군중들이 민족이론을 학습하고 그들에게 민족정책 관념을 확고히 수립하도록 교육하는 기본내용이기도 하다.[04] 후진타오는 "지난 90년 간의 당의 발전 여정은 우리에게 이론적인 성숙은 정치의 튼튼한 기초이고, 이론적인 면에서 시대와 함께 나아가는 것은 실제 행동으로 단호하게 앞서 나가는 전제이며, 사상의 통일은 전 당이 발을 맞추는 중요한 보장임을 알려주고 있다."고 지적하였다. 중국공산당이 민족문제 해결의 장기적인 실천 속에서 총화하고 개괄해 낸 상기 12개의 기본원칙은 마르크스주의, 마오쩌둥 사상과 중국 특색의 사회주의 이론체계를 체현하였고, 통일된 다민족 국가라는 중국의 실제에 근거하여 형성된 이론 및 정책적 원칙이다. 이 기본원칙은 중국공산당과 중국이 장기적이고 복잡하고 준엄한 "집권 시련, 개혁개방 시련, 시장경제 시련, 외부환경 시련" 속에서 민족문제를 처리하고 해결함에 있어서 반드시 견지해야 할 기본원칙이며, 새로운 형세, 새로운 문제에 근거하여 중국의 민족이론, 민족정책을 시대의 변화에 발 맞춰 발전시키고 보완해 나가감에 있어서의 기본 방향이다.

2

중국의 민족 정책 체계는 일종의 제도적 설계로서, 아주 완벽하면

---

04   国家民族事务委员会编,《中国共产党民族理论政策干部读本》, 民族出版社, 2011년을 참조하라.

서도 특색이 있다고 할 수 있다. 제도, 법률, 정책으로 구성된 이 민족 정책 체계는 새 중국 건립 이래 많은 풍파를 겪었다. 소련 해체, 동유럽 혁명의 준엄한 시련을 견뎌냈으며, 또한 "세 세력"의 파괴에 저항하고 있으며, 서방의 반중국 세력이 민족과 종교 문제를 이용하여 침투하는 현실적 도발도 마주하고 있다. 실천이 증명하다시피 지난 역사에서 이 민족 정책 체계는 각 민족의 평등 권리를 강력하게 수호하였고 국가의 통일, 민족 단결, 각 민족의 공동 번영 발전을 수호하는 데에 확실한 보장을 제공하였다. 현재, 나아가 미래에도 이 민족 정책 체계는 반드시 도전에 전면 승부하고 시련을 견디어 낼 수 있을 것이며 중화민족의 위대한 부흥의 실현을 위하여 장애를 제거하고 발전을 보장할 것이다. 그렇기 때문에 민족 정책 체계를 견지하고 보완하는 것은 중국이 민족문제 해결의 이론과 실천에서 반드시 고도로 중시해야 하는 과제이다. 견지는 추호의 동요도 없이 관철하고 실시함을 의미하고 보완은 실천 속에서 풍부해지고 발전하며 정책의 효능을 충분히 발휘하고 제도의 우월성을 충분히 나타냄을 의미한다.

중국의 인권 이념, 민족 평등 정책, 민족문제 해결의 제도와 법률 건설은 한창 진행 중이기 때문에 견지하는 과정에서 발전해야 하며, 발전하는 과정에서 보완해야 한다. 그 어떤 이념의 제기든, 그 어떤 제도의 확립이든, 그 어떤 정책의 시행이든 모두 즉시 효과가 나타나는 것이 아니다. 그것은 실천 속에서 관철, 점검, 개선, 보완해 나가는 과정이 필요하며, 문제 해결의 정확성과 유효성을 점검하는 과정이 필요하다. 그렇기 때문에 중국은 장기간 동안 사회주의 초급단계에 처해 있다는 현실적 조건하에서 인권이 충분하게 실현되지 못했고 민족 평등이 전면적으로 실현되지 못했으며, 제도와 법률이 완벽하게 건설되지 못했고, 정책의 실시가 제대로 이루어지지 못했는데, 이것은 전혀 이상한 일이 아니다. 이러한 이념과 실천의 격차, 정책과 효과의 격차는 중국의 모든 내정과 외교 사무에 모두 어느 정도 보편적으로 존재한다. 따라서 중국은 민족문제를 해결함에 있어서 위대한 성과를 긍정함과 동시에 정책 실천 나아가 정책 자체에 존재하는 문제점과 결함 및 부족점을 간과해서는 안 된다. 후진타오는 "우리 나라의 발전에는 불균형, 부조화, 지속 불가능한 문제가 뚜렷하다. 그리고 발전 과정에서 과학적 발전을 제약하는 체제나 구조의 장애를 피해갈 수 없다. 그렇기 때문에 반드시 개혁을 심화시켜 속히 해결해야 한다."고 지적하였다. 개혁은 곧 발전 속의 자기완성이다. 즉 개혁은 제도 설계에서 과학성이 있고, 정책 제정에서 실효성이 있는 자기완성 과정이다.

존재하는 문제를 직시해야만 취득한 성과를 소중히 여기게 되고 예정된 목표를 실현하기 위해 노력 분투할 수 있다. 정책은 국가 의지의 관념화, 주체화와 실천화를 반영하고 국가 의지의 정치 이념, 국민 이익, 법률 정신, 권력 한정과 권익 보장 등의 효과를 나타낸다. 정책은 사회 각 분야의 사업 지도 원칙이며 사업 행위 규범이다. 중국의 민족 사무는 당과 국가 전반에 관계되는 중대한 사무이며, 국가 근본 대법에서 선포한 "중화인민공화국의 각 민족은 일률로 평등하다."는 것은 민족 사무를 지도하는 헌법 원칙이며 민족정책을 제정하는 근본 입장이다. 당과 국가의 각 항 민족 정책을 견지하고 보완하는 목적은 관철 집행에서 이런 정책의 효과를 충분히 발휘하기 위해서이고 정책 설계의 목표와 요구를 실현하기 위해서이다. 솔직히 말하면 각 항 또는 각 종의 정책 실천 과정에서는 모두 정책 효과를 확대하거나 또는 정책 실행이 제대로 이행되지 못하는 문제가 일정하게 존재하게 되면 심지어 "위에 정책이 있으면 아래에서는 피해 갈 대책을 만든다."는 보편적 문제도 존재한다. 민족 정책의 실천 중에서도 이런 문제들이 존재하며 심지어 민족 정책의 원칙에 위배되는 현상까지도 존재하였다.

예를 들면, 2006년에 전국인민대표대회 상무위원회에서 민족구역자치법의 실시 정황에 대한 점검을 펼치는 과정에서 다음과 같은 문제들이 발견되었다. 민족구역자치법의 관철과 집행 과정에서 상급기관에 대한 보장과 지방 정부의 자력갱생 권리와 의무에 대한 규정 면에서 일반적으로 "부설자금의 감면이 제대로 실시되지 않아" 지방에 "부설할 능력이 아예 없어 민족 지역의 건설 프로젝트가 늘 제때에 배정 받을 수 없는" 문제가 존재하였고, "재정 전이 지불 강도가 약하고 규범적이지 않아", "일부 특정 전이 지불자금의 내용이 겹치고 분배 과정이 불투명하며 자금 하달이 즉각 이루어지지 못하는 문제"가 나타났다. 그리고 "자원개발 보상 규정이 실시되지 않아", "민족 지역에서 천연가스, 석탄 등 자연자원의 수출을 통해 획득하는 이익 보상이 적고 규범적이지 못하며, ... 민족지역의 자원 개발은, 경작지 점유, 환경 오염, 지질 재해 등 피해가 심했고, 이민 정착 후의 지원은 모두 민족 지역에서 부담해야 하지만 보상이 너무 적어, 민족 지역 간부 군중들의 불평 불만이 많은" 문제도 있었다. 또한, "생태 건설과 환경 보호 보상이 제대로 실시되지 못하여", "땅을 잃은 수많은 생태 이민과 저수지 구역의 이민이 정당한 보상과 합리적인 정착 배치를 받지 못하여 다시 빈곤으로 되돌아갔다". 그리고 "관련 법규 건설을 가속화할 필요가 있는데", "첫째는 절대다수 국무원 관련 부서가 여전히 관련 규정, 조치와 방법을 제정하지 않아" 민족구역자치법의 실시를 보장할 수 없었으며, "둘째는 다섯 개 자치구의 자치 조례가 줄곧 발표되지 않았다. 이 두가지 면의 관련 입법 사업 진도가 느려지면서 전반 관련 법규 건설의 과정에 영향을 주었고 더우기는 민족구역자치법과 국무원의 여러 규정의 깊이 있는 관철 집행에 직접적으로 영향을 주었다". "일부 부서는 민족 지역의 실제 상황에 대한 고려가 부족"하여 빈곤 구제, 초등학교 합병, 공무원 임용 등에서 "내지와 민족 지역의 차이를 고려하지 않고 표준상 '획일적'으로 처리하는" 등의 문제를 조성하였다.[05] 이런 문제들이 해결되지 않으면 민족구역자치제도의 우월성을 충분히 발휘할 수 없다.

또 다른 예로 '세 세력'이 사단을 일으키고 테러 활동을 벌이는 준엄한 형세가 나타난 뒤, 전 사회적으로 방어의식을 높이고 방어조치를 강화할 필요성이 아주 높아졌다. 그러나 이것 때문에 "일부 공항에서 보안 검사 경비 업무 중에서 민족을 기준으로 대상을 구분 짓고 일부 택시, 호텔, 상점 등에서 승차 거부, 숙박 거부, 매매 거부 등 행위로 소수민족의 정당한 권익을 침해하는 현상이" 나타나는 것은 "민족단결을 심각하게 파괴하고 사회안정에 영향을 미친다." 그렇기 때문에 이런 현상들은 "반드시 고도의 중시가 필요하며, 단호하게 시정해야 하며, 유사한 현상의 발생을 철저히 차단해야 한다."[06] 이러한 민족 평등, 공

---

05 《全国人大常委会执法检查组关于检查〈中华人民共和国民族區域自治法〉实施情况的报告》, 国家民族事务委员会, 中共中央文献研究室编, 《民族工作文献选编》(二〇〇三一二〇〇九年), 제188-190쪽을 참조하라.

06 《国务院办公厅关于严格执行党和国家民族政策有关问题的通知》, 国家民族事务委员

민 평등 정책을 위반하는 현상이 나타나고, 이러한 민족 차별적인 "불신"의 방어태도와 조치를 취하는 것은 소수민족 군중들에게 감정적, 심리적으로 깊은 상처를 주게 되며 더 나아가 개인의 경험이 집단 의식을 형성할 수 있게 된다. 이런 방어 심리와 조치가 나타나는 원인은 라싸의 '3.14'사건, 우루무치의 '7.5'사건과 같은 사건의 발생을 어느 한 민족에 귀결시켰기 때문이다. 이것이 바로 달라이 라마, '동투르키스탄' 세력과 해외의 반중국 세력이 바라는 결과이다.

이 점에서 현대에서의 민족문제 "역사 유산"의 "발효(醱酵)" 및 그 영향을 어느 한 민족자치지방, 어느 한 민족의 특징으로 보아서는 안 된다. 이것은 "타이완 독립" 세력의 "타이완국" 건립 도모와 "타이완 민족" 구축을 위한 분열 행동의 감투를 타이완 "민남인"과 "본성인" 또는 한족에게 덮어 씌우는 것과 마찬가지다. "민족 중에 분열을 꾀하는 사람이 나타나는 것은 전혀 이상한 일이 아니며, 이것은 해당 민족 인민이 조국을 위하여 이룩한 훌륭한 업적에 전혀 손상을 주지 않는다."[07] 사실 이런 문제를 해결하는 것은 결코 복잡한 업무가 아니다. 법률 앞에서는 사람마다 평등하고 사회 안정에 있어서도 사람마다 평등하기 때문에, 비상 시기에 특수한 보안 검사와 방어 조치를 취해야 한다면 모든 여행객에 대해 똑같이 엄격한 보안 검사를 진행해야 한다. 즉 후진타오가 지적했던 것처럼 "전 당의 동지들은 반드시 법률 앞에서 사람마다 평등하고 제도 앞에서 특권이 없으며 제도 제약은 예외가 없다

会, 中共中央文献研究室编,《民族工作文献选编》(二〇〇三—二〇〇九年), 제281쪽.

07   江泽民,《把新疆社会主义建设和改革事业不断推向前进》, 中共中央文献研究室, 中共 新疆维吾尔自治区委员会编,《新疆工作文献选编》(一九四九—二〇一〇), 제323쪽.

는 관념을 확고히 수립해야 한다." 이것이 바로 공평과 정의이며, 당과 국가가 민족정책을 엄격히 집행하는 집권 능력이다. 그것은 모든 민족 정책은 진정한 민족평등이라는 기본입장에 입각해 있기 때문이다. 여기에는 인민을 위해 복무하자는 당의 취지를 기반으로 건립된 책임감 문제도 포함된다. "사고 발생" 시의 책임 회피를 위해 소극적으로 "배척하고 거절"하는 태도나 조치를 취하고, "남의 일에 간섭할 필요 없이 각자 자기 할 일만 하면 된다"는 식의 태도로 임하는데, 이들은 이로 인해 치르게 되는 대가가 사회 책임감, 사회 공신력, 사회 응집력의 결손이 된다는 것을 전혀 인식하지 못하고 있다.

또 다른 예를 들면 다음과 같은 것이 있다. 중국의 민족 정책 체계 중에는 입학시험에서 가산점을 주고 산아제한을 유예하는 등 소수민족의 이익에 대하여 "배려"와 "우대"를 실시하는 내용이 포함되어 있다. 이는 한족에 대한 "역차별" 혹은 새로운 불평등을 조성하는 것이 아닌가? 소수민족 수험생에 대한 가산점 정책은 민족 정책 중 제한성이 있는 우대 정책에 속한다. 이런 정책을 제정하게 된 취지는 소수민족 지역의 경제 사회 발전이 낙후하고 교육자원이 결핍하며 소수민족 학생들의 언어 학습 환경 수준이 비교적 낮은 등 요소들을 고려한 것으로서 그 목적은 가산점(혹은 커트라인을 낮추는)의 방식으로 소수민족 학생들의 입학율과 사회의 교육 자원을 공유할 권리를 보장하기 위한 것이다. 이 정책은 소수민족의 여러 유형의 인재를 육성하는 것을 가속화하고 소수민족의 자기발전 능력을 제고하여 "실제적인 불평등" 현상을 해결하기 위한 필수 조치이기도 하다. 즉 "차별적 배급의 목적은 평등

중국공산당은 어떻게 민족문제를 해결하는가

한 대우에 도달하기 위해서이다."[08] 하지만 이런 정책을 관철 집행하고, 이런 정책의 효능을 실질적으로 발휘하려면 반드시 각지의 구체적인 실정에 맞게 적절한 대책을 세워야 하고 실사구시적이어야 하지, 쉽게 진행하기 위한 소위 "획일적"인 방법을 취해서는 안 된다.

중국은 개발도상국으로서 특히 소수민족이 집거하는 서부 지역은 여전히 경제 사회 발전이 현저히 낙후하고 도시화율이 낮으며 농업과 축산업에 종사하는 인구가 다수 또는 대부분을 차지하는 상황에서, 소수민족에 대해 사회공익권익을 공유할 수 있는 배려성 정책을 설정하는 것은 전적으로 필요하다. 하지만 소수민족 집거 지역의 중심도시에서 생활하거나, 중동부 도시, 베이징 등 대도시에서 생활하는 소수민족 가정(그중에는 이미 도시에서 대대로 생활한 소수민족 가족도 드물지 않다.)들이 의무교육 혜택 면에서 아직도 전면적 조건이 부족한 외진 목축 지역, 농촌 지역 소수민족 가정들과 동일한 배려정책을 공유하는 것도 비합리적인 "도시 농촌 이원 구조" 현상이다. 그러나 도시의 이런 정책이 민족 간에 미치는 비교 효능을 "역차별"의 예시로 간주하여 이런 정책 취소를 제안하는 것은 더욱 비합리적이다.

일체화, 동일성은 이론적으로는 사람들이 쉽게 인정하고 준수하지만 실제 집행 중에서는 흔히 "대책"을 강구하는 현상을 초래하게 된다. 중국의 교육자원이 아직 인민들의 날로 늘어나는 수요를 만족시키지 못하는 상황에서, 좋은 학교에 진학하려는 경쟁, 인재를 유치하고 협찬을 받으려는 학교의 운영 수요는 한때 고등학교 입시, 대학입시에서 나

08　【미국】亚历克斯·卡利尼克斯,《平等》, 徐朝友译, 江苏人民出版社, 2003년, 제98쪽.

타난 "가산점" 기풍이 만연하여 사회에 해를 끼치기도 했다. 이로 인해 격화된 교육 공평 문제는 이미 뚜렷한 사회 문제 중 하나로 되었다. 소수민족 수험생에 대한 가산점 부여 정책은 국가의 민족정책에 규정한 정책으로서, "은혜를 베푸"는 것도 아니며, 지방이나 학교에서 제멋대로 진행하는 "대책"도 아니다. 하지만 어떻게 해당 정책의 효과를 최대한 발휘할 것인가 하는 것은 각 소수민족 지역의 실제로부터 출발하여 조정을 해야 하며, 특히 농촌, 목축 지역의 기층 사회를 대상으로 해야 한다. 이것이 바로 민족구역자치 지방의 자치 권리이고 민족 사업 부문의 책임이기도 하다.

경제 사회 발전과 도시화가 끊임없이 속도를 내는 과정에서는 정책 실시 면에서 각지의 구체적인 실정에 맞게 적절한 대책을 세우는 것이 더욱 중요하다. 만약 다민족 국가 내부의 역사, 지리, 경제, 사회 등 원인으로 인해 "실질적인 불평등"이 존재함을 인정한다면 한 민족 내부에서도 거주 환경, 사회 계층, 직업 특징이 다름으로 인해 일부 정책의 향유 면에서 역시 "실질적인 불평등" 문제가 존재한다는 것을 승인해야 한다. 소수민족과 마찬가지로 한족 역시 그러하다. 심지어 한족 농민공들은 도시화 과정에서 이런 불평등을 더욱 많이 느꼈을 것이다. 이러한 "실질적인 불평등" 현상을 해결하려면 특수한 정책이 필요할 뿐만 아니라 동일한 정책이 각 지역의 구체적인 실정에 맞도록 적절한 대책을 세우고, 중점을 두고 혜택을 보급해야 하지 고정불변으로 차별 없이 집행해서는 안 된다. 이것이 바로 정책 조정을 진행하는 깊은 뜻이고 정책을 보완하는 역점이다. 그 목적은 바로 균등화 방면에 있어 이들 정책의 최대 효과, 최적의 효과와 가장 보편적인 효과를 발휘하기

중국공산당은 어떻게 민족문제를 해결하는가

위한 것이다.

실천 과정에서 소위 "획일적"인 현상이 존재했는데 이것은 정책 실시에 대한 간소화이고, 정책을 관철 집행함에 있어서 각지의 구체적인 실정에 맞게 적절한 대책을 세우는 기본원칙을 위반하여 나타난 현상이며 집권 능력이 부족한 표현이기도 하다. 각지의 구체적인 실정에 맞게 적절한 대책을 세우는 것은 실사구시의 정신을 나타낸다. 실사구시는 마르크스주의의 정수이며 실사구시가 곧 중국공산당이 집권 수준을 제고하고 집권 능력을 강화하는 입각점이다. 그렇기 때문에 실천 과정에 존재하는 정책 실시의 결함 문제를 회피해서는 안 되며, 또 이런 결함 때문에 정책 자체에 대해 함부로 의혹을 제기하거나 부정해서는 안 된다. 정책 실시를 견지하는 기반 위에서 부단히 민족정책 체계를 조정하고 보완하며 각지의 구체적인 실정에 맞게 적절한 대책을 세우면서 정책 실시를 위해 전략을 확립해야 한다. 정책과 전략은 중국공산당의 생명이다.

3

중국은 통일된 다민족 국가이다. 여기에서는 통일이 전제이다. 민족구역자치 지방을 포함한 전국 각지에서는, 모두 헌법 원칙에 따라, 통일된 국가 정책을 관철 집행해야 하며, 또한 이를 전제로, 각지의 구체적인 실정에 맞게 정책을 실시해야 한다. 정책은 국가의 의지를 나타내며, 통일성 원칙은 정책을 구성하는 기초이다. 하지만 정책은 항상 전략과 연계되는 바 전략은 흔히 정책을 실시하는 경로와 방안이다. 이런 의미에서 각지의 구체적인 실정에 맞게 적절한 대책을 세우는 것도 전략의 기본 내포이다.

중국은 현재 건설 과정에 처해 있는 다민족국가로서 국가의 통일된 정령, 법률, 교육 체제 등은 모두 국가 통합을 실현하고 국민의 공감대를 형성하는 필수조건이다. 국가에서 출시한 전국 통일 교육 계획은 전체 공민이 교육 권리를 누리도록 보장하는 강령이지만 각 지방에서 실시 과정 중에서 실제로부터 출발하는 절차와 방법을 채택하는 것을 배척하지 않는다. 이를테면 소수민족 지역의 이중언어 교육 강화에 대한 통일 원칙 요구와 관련하여 각 성에서는 실행하는 과정에서 반드시 부동한 지역의 소수민족 집거 상황, 사회 언어 환경에 근거하여 실행해야 하지, 무턱대고 "일체화"하고, "획일적"으로 실시해서는 안 되며, 실제에서 벗어나 급진적인 효과를 추구하거나 사회 발전 단계를 뛰어넘는 목표를 추구해서는 더더욱 안 된다. 다민족 국가에서, "국어"나 "국가 공용 언어 문자"는 모두 각 민족 간의 교류와 융합을 실현하고, 자기 발전능력을 나타내는 기본조건이다. 중국에는 한어를 배우고 유창하게 사용하는 데에 대해 위화감을 느끼는 소수민족이 없다. 그렇지만 본 민족 모어의 사용과 전승을 관심하는 것 역시 대중의 보편적인 심리이다. 그리고 소수민족 언어문자를 사용하고 발전시키는 자체가 바로 민족 구역자치법과 민족 정책의 중요한 내용 중의 하나이다.

모든 현대 국가는 영토, 주권, 국방, 외교, 행정 구역, 정치, 경제, 문화, 교육, 과학기술, 의료 등 사회 생활의 각종 영역에서 국가 통일의 의지를 집중적으로 나타내는 체제와 법률과 정령을 형성하는데, 이것은 의심할 여지가 없는 통칙이다. 이 기초 위에서 국민의 공감대 형성을 위한 통합을 구축하고 유지한다. 그중 언어는 국가의 민족 통합을 구축하는 기본 요소 중의 하나이다. 심지어 "사실상 공용어의 확정, 표준화와 교육은 이미 세계 각지에서 '민족 국가 구축'의 최우선 과제 중 하나가 되었다."[09]라고까지 할 수 있다. 하지만 실천 속에서 이중언어 교육은 부동한 지역의 사회언어 환경과 언어 학습 규칙을 준수해야 할 뿐만 아니라 경제 사회 발전에 따라 점차적으로 추진해야 한다. 레닌은 "경제 회전의 수요는 각 민족들로 하여금 더욱 절박하게 공동의 무역 왕래에 가장 편리한 언어를 배우도록 추동한다."[10]라고 지적하였다. 베이징의 '슈수이(秀水, 수수)' 쇼핑몰에 가보면 시골에서 온 청년 남녀들이 유창한 영어, 러시아어, 스페인어로 고객을 끄는 것을 볼 수 있는데, 이들로부터 경제 생활의 원동력과 효과를 진정으로 느낄 수 있다. 이것은 결코 단순한 "일체화", 대담한 "창조", 급진적인 "대약진"을 통해 실현할 수 있는 것이 아니다. 후진타오는 "역사상 일부 시기에 우리는 착오를 범했고 심지어 심각한 좌절도 맛보았다. 그 근본 원인은 바로 당시의 지도사상이 중국의 실제를 벗어났기 때문이다."라고 지적했다. 민족문제를 해결하는 면에서도 이러한 경험이 있었다. 하지만 "우리 당은 자신과 인민의 힘에 의하여 잘못을 바로잡았고 좌절 속에서 힘차게 일어서서 계속 승리하며 나아갔다. 그 근본원인은 다시 실사구시를 회복하고 실사구시의 철저한 실행을 견지했기 때문이다". 민족문제의 보편

---

09 【캐나다】威尔·金里卡,《少数群体的权利: 民族主义、多元文化主义与公民权》, 제480쪽.

10 列宁,《自由派和民主派对语言问题的态度》,《列宁全集》第23卷, 人民出版社, 1990년, 제447쪽.

성, 장기성, 복잡성, 국제성과 중요성에 대한 중국공산당의 인식이 바로 실사구시이다. 이러한 기본 특징에 대한 깊은 이해가 부족하고 실천 속에서 이러한 특징을 소홀히 하고 장기성, 복잡성의 과정을 단순화한다면 실패가 되풀이되는 것을 피하기 어렵다.

소수민족 자치지방에서 이중언어 교육을 실시하는 정책 실천 중, 소수민족 언어 교육을 축소하거나 대체하는 것으로 간소화해서는 안 되며, 인위적 상상에 의해 이중언어 교육의 수업 비중을 설정해서도 안 된다. 설령 한 개 주, 한 개 현만 대상으로 하더라도, 반드시 각 지역의 소수민족 집거 정도, 사회언어 환경과 "이중언어" 교수 경험 등의 실제로부터 출발해야 한다. 동시에 실천 과정에서 정책 원칙의 통일성 요구를 체현해야 하며, 소수민족 학부모 특히 학생들에게 선택의 권리를 부여해야 한다. 언어평등 그 자체가 바로 선택권과 사용권을 부여하는 것이다. 소수민족 언어로 수업하고, 서로 다른 비중으로 이중언어 수업을 진행하고, 한어 수업이 병행되면서도 서로 저촉되지 않는 병행교육 구조를 형성하여 소수민족 인민 군중의 수요와 심리적 수용력에 적응되게 해야 한다. 그렇기 때문에 이 방면에서는 반드시 "인민들에게 정치적 의견을 묻고 인민의 수요를 조사하고 인민에게 대책을 문의하는 것을 견지해야 하며, 진심으로 군중의 여론에 귀를 기울이고 군중의 소원을 진실하게 반영하며 진정으로 군중의 고통을 관심하며 법에 따라 인민 군중의 경제, 정치, 문화, 사회 등 각종 권익을 보장해야 한다". 이는 정책 실시의 기본요구로서 조화사회를 구축함에 있어서 "차이를 존중하고 다양성을 포용"하는 이념에 부합한다. 이것은 또한 자체적으로 본 민족의 내부 사무를 관리하는 소수민족의 권리를 존중하고 보장한다는 국가의 법률 및 민족구역자치제도의 요구를 체현한다.

　중국은 인구의 절대다수를 차지하는 한족이 정치, 경제, 문화와 사회 생활 등 여러 면에서 국가의 주체 특징을 구성하고 있다. 예를 들면 국가의 공용 언어 문자는 한어와 규범한자이며, 표준어는 "베이징 음성을 표준음으로 삼고 북방말을 기초방언으로 하며, 규범적인 현대 백화문 저서를 문법 규범으로 하는 현대 한민족(漢民族)의 공통어"이며, "규범 한자는 정리와 간소화의 과정을 거쳐 국가에서 글자표 형식으로 공식적으로 공표한 간체자와 정리와 간소화를 하지 않고 오늘날까지 사용되고 있는 전승자(傳承字)를 말한다." 이 "현대 한민족(漢民族) 공통어"와 "규범 한자"는 중국이라는 이 다민족 국가에 있어 각 민족이 공동으로 장악해야 할 민족 소통의 도구이다. 이것은 국가의 공용 언어문자이고 또 민족국가를 구축하고 중화민족 공동체 의식을 실현하는 기본 상징의 하나이기 때문이다. 물론 이는 각 민족에 대한 공통한 요구이며, 한족도 예외가 아니다. 이렇게 말하는 것은 절대다수 한족이 전승한 "가족 모어"가 "표준어"는 아니기 때문이다.

　이런 의미에서 보면 국가의 공용 언어 문자에 적응하는 면에서 한족에게도 여러가지 "내부 사무"가 존재한다. 여러가지 중국어 방언과 번체자가 여전히 민간 사회, 홍콩, 마카오, 타이완, 서예계, 영화 텔레비전 등 문예작품에서 널리 사용되고 전파되고 있기 때문이다. "방언 보호"는 이미 각 중국어 방언의 통용 및 전승 지역의 문화 건설 활동으로 되었다. 심지어 광저우(廣州, 광주) 시민들은 "광둥어 지지" 길거리 호소 활동까지 벌인 적이 있다. 또한 한족은 "이중언어민족"이며, "방언을 지키고 이어나가자"라는 주장도 꽤 유행했다. 그렇기 때문에 소수민족 언어 문자와 중국어 방언은 모두 중국의 문화 다양성의 중요한 매개체로서, 실천 속에서 보호하고 계승해 나가야 한다. 동시에 소수민족이든 한족이든 표준어를 배우고 장악하는 것은 모두 중화민족의 공통어를 배우고 장악하는 것이며 이는 한족을 포함한 각 민족의 "중화민족화"이지 "한족화"가 아니다. 이런 각도에서 소수민족의 "내부 사무"를 관찰해보면 칭하이성 일부 지역의 장족 중학교, 초등학교 학생들의 이중 언어 교육인 한어와 장족어의 비중 문제에 대해 청원 활동을 진행한 것이 이해가 된다. 더욱이 소수민족 집거 지역에서 생활하고 일하는 한족들이 소수민족 언어를 적극적으로 배우고 장악하여 명실상부한 "이중 언어 사용자"로 되었는데 그들의 이런 행동은 국가 정책의 격려를 받고 있다.

한족이 가지고 있는 여러가지 민족적 특징이 국가의 주체 특징을 구성하고 있기 때문에 한족의 "내부 사무"가 더욱 많이, 더욱 광범위하게 개조와 규범을 거쳐 국가화, 통용화와 사회화된다는 것을 의미한다. 이를테면 국가에서 법률로 규정한 명절에는 한족의 사회 문화 전통이 많이 포함되어 있다. 소수민족의 경우, 언어 문자, 문화 풍속, 경제 생활 등 요소는 주로 소수민족 집거 지역에서 사용되고 계승되며 이들은 모두 법률이 규정한 본 민족의 내부 사무를 자체적으로 관리하는 범위에 속한다. 동시에 국가가 소수민족이 본 민족의 내부사무를 자체적으로 관리하는 소수민족의 권리에 대한 존중과 보장은 소수민족의 "내부 사무"로 하여금 국가화, 통용화와 사회화의 특징을 구비하도록 하였다. 이를테면 국가의 통용 화폐에 있는 소수민족 문자, 통일로 출판하는 국가의 중요 문헌의 소수민족 언어 번역본, 민족구역 자치지방이

중국공산당은 어떻게 민족문제를 해결하는가

법에 따라 "현지에서 통용되는 하나 또는 여러 가지 언어 문자를 사용"
하고 "지역자치를 실시하는 민족의 언어 문자를 위주로" 하는 등의 실
천은 모두 국가화의 범주에 속한다(민족구역 자치기관은 지방 국가기관의 권
력을 행사하기 때문이다). 비교해 보면, 비록 소수민족 "내부 사무"의 국가
화, 통용화와 사회화 수준이 한족 "내부 사무"의 국가화, 통용화와 사회
화 수준과 동일시 될 수는 없지만 소수민족 문화 풍속의 지방화 현상은
오히려 보편적이다. 지방화는 국가화로 나아가는 단계이며, 이는 점차
적으로 승화되고 인정받는 과정이다. 그리고 문제는 "많고" "적은" 데
에 있는 것이 아니라 평등에 있고 특색에 있으며, 중화문화를 풍부히
하고 각 민족이 중화민족의 위대한 부흥을 위해 함께 기여하는 데에 있
다. 물론 이런 기여는 넓은 의미의 문화 범주에만 국한되어 있는 것이
아니다. 환경, 자원, 특색 경제, 변강 건설, 국경 수비 강화 등에 대한 민
족자치지방의 기여는 모두 중화민족의 위대한 부흥에 중대한 전략적
의의를 갖는다.

4

덩샤오핑은 중국 사회주의 건설의 역사 경험을 총화하면서 "우리의
가장 큰 경험은 바로 세계를 이탈하지 않은 것"[11]이라고 지적하였다. 중
국 개혁개방의 실천은 이미 이 점을 증명하였다. 세계를 이탈하지 않았

---

11 邓小平,《保持艰苦奋斗的传统》,《邓小平文选》第三卷, 제290쪽.

다는 것은 바로 인류 사회의 모든 우수한 문명 성과를 받아들이고 참고한다는 것이며 세계에 융합하는 과정에서 중화민족이 세계 민족들 사이에서 자립하는 데에 유리한 국제환경을 획득하고 중국 자체의 발전을 통해 세계의 평화와 발전을 위해 기여를 한다는 것이다. 민족사무 즉, 민족문제를 처리하고 해결하는 것도 마찬가지다. 중국은 세계적 범위에서 민족문제를 처리하고 해결하는 경험을 참고해야 함과 동시에 중국이 민족문제를 해결한 성과 역시 세계에 경험을 제공하게 될 것이다.

민족구역자치제도를 주체로 하는 민족정책 체계를 견지하고 보완하는 면에서 중국은 세계의 성공 경험과 실패 교훈을 참고하고 받아들여야 하지만 절대 그대로 베끼거나 옮겨와서는 안 된다. 교훈적으로 말하면 소련과 동유럽의 일부 사회주의 다민족 국가들의 민족문제 해결에서의 실패는 모든 사람들이 다 알고 있는 사실이다. 문제는 바로 실패의 원인을 제대로 파악하는 것이다. 이에 대해 중국과 해외 학계에서는 많은 견해가 제기되었다. 총체적으로 말하면 두 가지 견해로 귀납할 수 있다. 첫째는 소련은 비록 민족문제를 해결하고 민족평등을 실현하기 위한 제도, 법률과 정책을 확립했지만 실천 가운데서 실제로 견지하고 실행하지 못했으며 고도의 중앙 집권은 대(大)러시아민족주의를 격려하여 비(非)러시아민족의 원심력을 조성하였다는 것이다. 둘째는 소련이 "정치화"된 제도 배치와 정책 인도로 민족문제를 해결하는 것은 각 민족 간의 "구분화"를 초래하였을 뿐만 아니라 더 나아가 국내 각 민족의 지위를 강화하였고 또 법률에 분리의 자유를 규정하여 비(非)러시아민족의 "민족주의"와 "민족자결" 의식을 함양하였기 때문에 분리운동과 연맹 해체를 초래하였다는 것이다.

두번째 관점의 참고 증거는 미국이 "문화화(文化化)" 지향 정책으로 종족문제를 처리하여 이룩한 성공이다. 이것은 중국의 현대 민족문제의 두드러진 표현이 "정치화"로 민족문제를 해결한 소련의 "크나큰 영향"을 받은 결과라는 데에 초점을 둔다. 이 말의 숨은 뜻은 바로 중국의 민족구역자치, 민족정책은 기본적으로 "소련 모델"의 산물이기 때문에 반드시 미국의 "문화화" 지향의 "새로운 사고"에 따라 중국 민족문제 해결의 기본방침을 다시 선택해야 한다는 것이다. 지금 비교적 유행하고 있는, 민족사무 "탈 정치화" 과정과 "문화화"로 방향을 바꾸는 관점에서는, 미국이 성공적으로 종족, 집단 충돌을 없앤 것이 참고할 만한 경험이라고 생각한다. 그렇기 때문에 그들은 중국에 국가에서 정치적으로 인정하고 사회적으로 승인한 "56개 민족"을 "56개 집단"으로 개칭하고, 신분증 등의 양식에서 '민족' 항목을 취소하고, 심지어 관련된 차별성을 띤 혜택 정책을 취소하면, 종족 의식을 약화시키고 민족관계의 융합과 공민사회의 평등을 실현할 수 있을 것이라고 주장한다. 이런 선의의 상상은 장기성, 복잡성 등의 특징을 갖고 있는 민족문제를 간단명료하게 문화 범주에 귀속시키려는 것으로서, 그들은 하나의 개념의 변화가 "탈 정치화"의 목적을 실현할 수 있고 문화 범주에서 각 민족의 일률적인 평등, 공동 번영 발전과 중화민족 정체성의 목표를 실현할 수 있을 것이라고 생각한다.

"소련 모델"을 참고하여 사회주의를 건설하는 것은 과거의 옛 사회주의와 현재의 사회주의가 거의 모두 경험했던 사실이며 더욱이 소련은 줄곧 국제공산당(코민테른), 강권 정치 심지어 군사행동으로 대외에 이 모델을 추진하였다. 실천이 증명하다시피 무릇 자발적이든 강요에 의해서든 "소련 모델"을 따른 사회주의국가는 모두 민족문제 해결을 포함한 이 모델의 각종 폐해를 공유하게 되었고 이로부터 분열과 변천을 겪게 되었다. 그러나 비교적 일찍 국정으로부터 출발해야 한다는 것을 깨닫고 압력을 무릅쓰고 자국의 사회주의길을 견지하고 탐색한 다민족 국가들은 "소련 모델"의 안 좋은 결과를 공유하지 않았다. 중국이 바로 그랬다. 중국이 민족구역자치제도를 실시하는 이유는 더이상 강조할 필요가 없고 문제의 초점도 여기에 있지 않다. 사실 위의 두 가지 관점의 차이는 다민족 국가에서 내부의 민족문제를 해결하기 위해 "정치화"의 제도배치에 의거해야 하느냐, 아니면 "문화화"의 민간해소에 의거해야 하느냐에 있다. 그렇다면 "집단화"의 미국 모델에서 종족-집단 문제가 정말 효과적으로 제거되었는가?

일단 미국 등 서방 국가가 실시하는 다문화주의 정책이 "문화화" 지향 정착에 속하는지 여부는 차치하고, 문화상대주의적 입장에 기초한 다문화주의 정책을 놓고 보면 이것은 마침 미국의 개인주의 관념과 저촉된다. "이 문제는 전반 미국 체제의 초석과 관련되"기 때문이다. 즉, "미국 체제는 개인의 권리에 기초한 것이지 집단의 권리에 기초한 것이 아니"기 때문이다. 그러나 다문화주의는 집단 권리 및 그 정치 수요를 비호한다. 이런 형세 속에서 "미국은 앞으로 어떤 사회가 될 것인가? 그런 사회를 만들어가는 과정에서 미국의 신다원주의는 이 문제의 해답을 알기 위해 급급해하고 있다."[12] 30년이 지난 후 헌팅턴은 "다문

---

12 【미국】哈罗德·伊萨克, 《族群: 集体认同与政治变迁》, 邓伯京译, 中国台湾, 立绪文化事业有限公司, 2004년, 제310쪽. 이 책에서 저자가 논의하는 "부락"은 관련 종족 공동체의 각종 유형을 포함한다. 즉 race, nation, nationality, ethnic group, tribe,

화론과 다양성 이론의 의식형태의 출현은 미국 국민 신분과 국가 특성에 여전히 존재하는 중심내용 즉, 문화 핵심과 '미국 신념'의 합법적 지위에 손상을 주었다."라는 해답을 내놓았다. 해당 표현은 "집단권리가 개인권리보다 높다는 각종 선동 운동"에서 나타난다. 이런 집단은 "미국 역사에, 여러 하위 민족 집단의 역사를 보충하거나 후자로 전자를 대체할 것을 요구한다. 그들은 미국 생활에서의 영어의 중심 지위를 비하하고 이중언어 교육과 언어 다양화를 선동한다. 그들은 각 집단의 권리와 종족 권리를 법률적으로 인정할 것을 주장하고, 이를 '미국 신념'이 강조하는 개인 권리 위에 올려놓을 것을 주장한다. 그들이 다문화주의 이론을 제기하는 것은 그들 행동의 근거를 찾기 위해서이다. 그들은 또 모든 것을 압도하는 미국의 가치관은 통일 일치가 아니라 다양성이어야 한다고 선동한다. 이러한 여러 가지를 합치게 되면, 300여년 동안 점차적으로 건립된 미국의 특성 구조가 해체되고, 하위 민족 특성이 이를 대체하게 되는 효과가 나타나게 된다."[13] 만약 다문화주의 정책이 "문화화" 지향 정책에 속한다고 가정하면, 그 실천 결과는 오히려 브레진스키, 헌팅턴 등이 우려한 집단 정치화의 결과 및 국가 차원의 민족 정체성(national identity)에 대한 도전을 초래한다. 이론 연구뿐만 아니라 미국의 사회 실천도 마찬가지다. 그렇기 때문에 "문화화"로 미국의 집단정책을 기술하고 그것이 집단의식과 민족주의를 해소했다고 성공적

---

ethnicity 등을 포함한다. 이 저서의 저자는 이런 개념들이 대표하는 추상적인 단어를 군체(group)로, 역자는 이들을 통틀어 대만에서 가장 유행하는 단어인 "집단(族群)"으로 번역하였다.

13   【미국】塞缪尔·亨廷顿,《我们是谁–美国国家特性面临的挑战》, 제16, 120쪽.

인 역할로 평가하는 것은 분명 단편적이고 부정확한 것이다.

소련과 미국의 민족(종족) 문제 및 그 처리 방침에 대한 비교 연구에서 "민족 신분"과 "공민 사회" 또는 "시민 사회"도 한쌍의 모순되는 두 개의 지향이다. 일부 연구 결론은, 반드시 미국의 방식에 따라 "공민 의식"을 강화하고 민족신분을 "약화"시키거나 "취소"해야 한다고 주장한다. 이론적으로 말하면 소련은 집단주의를 제창하고, 각 민족 인민이 소련 공민인 동시에 민족 신분을 향유함을 제창하고, 미국은 개인주의를 숭배하고 종족의식을 "약화"시키며 "하나로 통합"하는 것을 강조한다. 실천 면에서 보면 소련은 "민족 신분"과 관련 권리를 인정하는 유명무실한 허울뿐인 행동으로 위기와 최종 분열을 초래했고, 미국은 "한 용광로에 넣어 모두 녹여 하나가 되게" 하려 했기 때문에, "민권운동", 다문화주의 실시, 민족 집단 식별 작업 진행[14], 집단권리 보장에 유리한 이중언어 교육 등을 포함한 "소수집단 우대정책(affirmative action)"을 채택하는 현상이 나타났으며 나아가 미국 "각 집단 특유의 의식이 뚜렷이 강화되고 따라서 정치 참여도 더욱 활발해졌다."[15] 양자는 비록 표현은 다르지만 사실 이들은 모두 "동일"을 추구한 실패의 결과이다.

---

14 1970년대 중반, 하버드대학은 미국 정부의 "민족유산 계획"의 지원을 받아 《하버드 미국 인종 집단 백과전서》를 편찬하기 시작하여 1980년에 출판했다. 이 책은 미국 100여 개의 "인종 집단(ethnic groups)" 및 "인종성(ethnicity)"에 대해 구분하고 논술했다. 이는 미국 "인종 인식"의 권위적 저서이며, "인종 집단 신분"을 승인하는 지침서이기도 하다. Stephan Thernstrom, Harvard Encyclopedia of American Ethnicgroups, The Belknap Press of Harvard University Press, 1980 을 참조하라.

15 【미국】茲比格涅夫·布热津斯基, 《大抉择-美国站在十字路口》, 王振西主译, 新华出版社, 2005년, 제214쪽.

단순한 모델로 정리하면 다음과 같다.

소련: 민족신분 및 그 권리 인정-러시아화-실패와 분열-더욱 높은
차원의 인정 초래.[16]
미국: "용광로"-실패와 분화-집단 신분 및 그 권리 인정-미국화
재차 강조.[17]

그러나 일부 외국 학자들의 영향을 받아 중국 국내 일부 학자들도
서방의 "인종집단" 이론의 분석 프레임과 자기정체성을 기준으로 일부
특정 집단을 관찰하면서 중국 민족 확인에서 여러가지 오류가 발견된
다고 주장하며, 심지어 일부 서방 인류학자들이 이미 역사 기억을 잃어
버린 "원주민"에게 풍속 습관을 전수하는 것처럼 이미 자연적으로 동
화된 일부 특정 집단에 대해 인종집단 의식을 일깨우고 새롭게 인종집
단을 구축하고자 하는 현상까지 나타났다. 한족을 포함한 56개 민족에
대해 "인종집단화"의 재구조화를 진행하는 목적은 무엇인가? 소위 "탈
정치화" 민족(nationalities)의 취향과 "문화화"의 "인종 집단(ethnic groups)"
식별을 진행하는 것은 민족문제를 해결하기 위한 것인가? 아니면 "파
편화"된 "민족의식"을 강화하고 만들기 위한 것인가? 해당 효과가 중
화민족의 통합에 유리한 것인가? 아니면 더 많은 이익 단체의 분화를
초래하는 것인가? 이는 심사숙고해야 할 문제이다. 이런 면에서 이런

---

16   당대 러시아연방 구조 중 소련의 민족자치공화국은 민족공화국으로 승격되고 민족자
      치구는 민족자치공화국으로 승격되었다는 것을 가리킨다.

17   브레진스키, 헌팅턴 등을 대표로 하는 관점.

학자들이 "인종 집단 발견", "인종 집단 구축"을 통해 민족 식별을 비판의 대상으로 삼고 있을 때 해외 학자가 제기한 다음과 같은 한 마디 말은 아주 주목할 만하다. "유럽과 아메리카의 학자들이 중국 사람들이 인종 집단(ethnic groups)을 식별할 때 범한 착오를 지적하고 있는데, 사실 이는 그들 자신이 종래로 종사해 본 적 없는 사업에서 남을 질책하고 있는 것이다."[18] 미국은 스페인어를 구사하는 이민을 라틴아메리카계 사람 또는 서양계 사람으로 분류하고 아시아주에서 온 이민을 아시아계 사람으로 분류하였으며 아프리카주와 관련된 모든 흑인을 아프리카계 사람으로 분류하였다. 그리고 이것을 인구 통계 시의 종족 신분으로 삼았다. 물론 이는 해당 국가의 정책이다. 그러나 이런 종족 분류에 종족 의미 외의 소위 "집단 문화"의 요소가 얼마나 포함되어 있겠는가? 만약 있다면 이런 종족의 "인종집단"들은 아직 미국의 "핵심 문화"를 인정하지 않고 있음을 증명한다.

개념은 이론의 지렛대이다. 인종집단(ethnic group) 개념은 비록 유래가 깊지만, 미국 등 서방 국가 나아가 세계적인 범위에서의 유행은 1960년대 미국 민권운동 후에 나타났다. 인종집단 이론의 실증적 기반은 미국의 종족 관계, 이민 사회 및 고도의 도시화 과정에서 강화된 인종집단 의식이다. 이 이론이 서방에서 유행하면서 이 이론은 서방 학계가 세계를 관찰하고 비(非) 서방 국가의 민족 간 관계를 연구하는 근거로 되었으며, 동시에 비(非) 서방 국가의 학자들이 본토 연구 수행 시 참

18　【미국】郝瑞,《论一些人类学专门术语的历史与翻译》, 杨志明译,《世界民族》2001年第4期.

고하고 모방하는 이론과 방법이 되었다. 문제는, 인종집단 개념의 광범위한 사용은 모두 인종집단 식별과 분류를 강화하며, 인종집단의 의식과 요구를 발견하며, 거의 모든 인종집단 연구는 불가피하게 "인종집단 찬성", "인종집단 정명", "인종집단 정체성", "인종집단 정치", "인종집단 충돌"과 같은 유행 이슈와 필연적 현상에 직면해야 한다는 것이다. 왜냐하면 민족성(ethnicity)의 발효는 전 세계적인 현상이기 때문이다. 서방 학자들의 "인종집단화" 연구와 본토 학자들의 "인종집단화" 연구를 경험한 다민족, 다인종, 다이민의 국가와, 인종집단으로 국내 각 민족, 소수민족, 소수자를 통계 분류한 국가들은 진정 효과적으로 사회 모순과 충돌을 제거했는가? 분리주의의 위협을 피했는가? 이것은 답하기 어려운 문제는 아닌 것 같다.

평등, 자유, 박애, 민주, 인권은 서방 자본주의 세계의 기본 신념이며 이것들은 그 나라들의 제도, 법률, 정책과 사회 체제에 침투되어 있다. 하지만 자본주의 사회가 발전한 지 이미 몇 백 년이 지난 지금, 어느 발달한 자본주의 나라에서 이런 신념을 충분히 실현하였다고 발표할 수 있을까? '민주', '자유', '인권'을 대표하는 것으로 유명한 미국도 비록 "종족 충돌과 민족주의 충돌에서 벗어나 자유를 누린다."고 주장하지만 "해당 자유가 우리 나라 신화에서 말하는 자유보다 훨씬 적다"[19]는 것을 승인하지 않을 수 없다.

다민족 국가를 주체로 하는 세계 국가 구도에서 국가민족(state nation)의 통합, 인정과 소수집단(종족, 민족, 종교, 언어 등 소수자)의 권리

19　【미국】塞缪尔·亨廷顿,《我们是谁-美国国家特性面临的挑战》, 제53쪽 재인용.

문제는 여전히 보편적으로 존재하는 난제임이 틀림없다. 세계에는 약 200개 나라가 있는데, 절대다수는 다민족 국가이다. 민족문제는 이들 국가 중에서 비록 서로 다른 모습으로 나타나지만 모두 어느 정도로 많게 적게 존재하고 있다는 것은 공인된 사실이다. 서방의 선진국 중에는 민족 간 상대적으로 화목한 사회도 있고 마찰이 끊이지 않고 충돌이 가시지 않으며 분리주의, 테러리즘, 이민모순 등 각종 혼란이 있는 나라도 있다. 개발도상국도 마찬가지다. 이는 민족문제의 보편성, 복잡성, 장기성 등 특징에 의해 결정된 것이다. 그렇기 때문에 세계적 범위의 민족문제를 관찰하든 중국의 민족문제를 살펴보든 모두 크게 작게 각 나라의 역사와 현실 국정을 벗어날 수 없고 단순히 견강부회하거나 중국의 민족구역자치제도를 포함한 민족정책 체계에 대해 경솔하게 실사구시적이지 못한 판단을 내려서는 안 된다.

중국으로서는, 통일된 국가 원칙 하에서 민족구역자치제도를 실시하는 것이 해당 원칙과 본국의 국정 특징에 부합되는 선견지명이었다. 실천이 증명하다시피 중국의 모든 민족구역자치 지방은 모두 중국 공산당의 지도 하에 헌법원칙에 근거하여 민족구역자치법을 이행하는 정치 매개체이며 중국 민족구역자치 지방의 각 민족 인민들은 모두 국가 통일을 수호하고 민족 단결을 공고하게 하는 확고한 힘이다. 중국의 155개의 자치구, 자치주, 자치현 민족자치 지방에는 그 어느 한 곳에서도 민족구역자치제도를 실행함으로 인해 분리하려는 요구를 제기하거나 분리주의 세력을 키운 곳이 없다. 이것은 객관적인 사실이다. 달라이라마 집단이나 '동투르키스탄' 세력, 그 어느 것이 민족구역자치제도를 실행하여 산생된 것인가? 그들은 한결같이 민족구역자치제도를 배척하고 비방하고 공격하면서 "고도 자치" 및 "독립 건국"을 도모하고 있는데 그 원인은 바로 민족구역자치제도가 이런 극단세력의 조국을 분열하려는 계략을 제약하기 때문이다. 따라서 확고부동하게 중국 특색의 사회주의 발전의 길로 나아가고 민족구역자치제도를 견지하고 보완하는 것은 중화민족의 통합을 실현함에 있어서 반드시 거쳐야 하는 길이다. 여기에는 맹목적인 모방이나, 다른 길을 따른다는 선택은 존재하지 않는다.

5

중국은 현재 세계에서 발전이 가장 빠른 나라 중의 하나이고 또 사회적 변혁이 가장 급격한 나라 중의 하나이기도 하다. 30여 년의 개혁개방을 통하여 중국의 경제 사회 발전은 세계가 주목하는 성과를 이룩하였다. 하지만 후진타오가 지적한 것처럼 중국이 여전히 그리고 장기간 사회주의 초급단계에 처해있다는 기본국정은 변함이 없고 인민의 날로 늘어나는 물질적 수요와 낙후한 사회생산 간의 모순인 사회 주요 모순도 변하지 않았으며, 세계에서 가장 큰 개발도상국이라는 중국의 국제적 지위도 변함이 없다. 서방 국가나 세계가 어떻게 중국을 평가하든 이 "세 가지 변함이 없다"는 것은 중국이 국정에 입각하여 착실하게 나아가고 있다는 표현이다. 그리고 이것은 또한 중국이 민족문제를 포함한 모든 사회문제를 관찰하고 처리하는 기본 출발점이기도 하다.

1998년, 국가민족사무위원회의 한 차례 소규모 토론회에서 필자는 중국 민족문제의 형세에 대해 논의하면서 "중국 민족문제의 절정은 아직 오지 않았다."는 견해를 내놓았다. 이런 판단을 내리게 된 기초는 개혁개방 이후 민족문제의 "증가 및 강화"의 특징이 아주 뚜렷했기 때문이다. "민족문제는 민족 자체의 발전을 포함할 뿐만 아니라 민족 간, 민족과 계급, 국가 간 등의 관계도 포함한다."는 점에서 "증가"는 민족문제가 더욱 복잡하고 다양하게 나타난다는 의미이며, "외부 세력이 민족문제를 이용하여 중국에 대해 침투하고 파괴하고 전복하는 활동을 진행한다."[20]는 점에서 "강화"는 민족문제가 더욱 뚜렷하고 격렬하다는 의미이다. 사실이 바로 이러하다.

개혁개방 이후 중국의 사회문제는 점점 많아지고 있고 날로 복잡해지고 다양해지고 있다. 민족문제는 사회문제의 구성부분으로서 "물이 불으면 배가 위로 올라 오"듯이 필연적인 것이기 때문에 회피할 필요가 없고 예민해 할 필요도 없다. 하지만 소수민족 집거 지역의 지리 위치, 경제 사회, 자기발전 능력 등의 특징으로 인해 이런 지역의 개혁개방 실현 수준, 사회 변화 강도, 이익 구조 방향, 인구 유동 범위는 중부, 동남 연해 발달 지역과 비교해 보면 모두 침체되고 느리며 단순하고 제한적인 특징이 있다. 그럼에도 불구하고 소수민족이 빠른 발전을 절박하게 요구하는 소망은, 계속해서 자체 발전 문제와 한족 지역, 중부, 연해 및 중심 도시와의 비교 효과 문제를 날로 더 뚜렷해지게 했다. 1994년에 어느 한 변방의 기(旗)를 조사할 때, 현지의 지도자는 다짜고

---

20   《中共中央、国务院关于进一步加强民族工作加快少数民族和民族地區经济社会发展的决定》, 国家民族事务委员会, 中共中央文献研究室, 《民族工作文献选编》(二〇〇三－二〇〇九年), 제92쪽.

짜 "선생님들은 베이징에서 왔지요? 국가에서 우리 이 지방을 나 몰라라 할 건가요?"라고 물었다. 이 말은 우선 이 말의 옳고 그름을 떠나 절박히 발전을 원하는 염원과 확대되고 있는 발전 격차의 비교 효과를 집중적으로 보여준다. 이런 지역들은 확실히 "수정주의를 반대하고 수정주의를 퇴치하며", "전쟁과 자연재해를 대비하던" 시대에 발전과 투입의 대가를 지불하였다. 서부대개발 과정에서 실시하는 "변강 지역 개발 및 국민 생활 개선을 위한 흥변부민(興邊富民)" 발전 전략에는 변강 지역의 이러한 대가에 대한 보상이 포함되어 있다.

서부대개발을 실시한 이래 소수민족 지역은 경제 사회 발전 속도가 빨라지고 사회 변혁의 강도가 심해졌으며 이익 구조 변화가 다양해지고 인구 유동이 날로 광범위해지는 추세가 나타났다. 이것은 서부 지역, 소수민족 지역과 국가, 중부, 동부 지역의 상호 관계가 부단히 강화되고 있음을 의미하고 각 민족 간의 경제, 문화, 사회 생활 각 분야의 상호 작용이 날로 밀접해 지고 있음을 의미한다. 중국 각 지역, 각 민족 간의 상호 작용이 날로 광범위해지고 깊어지고 밀접해지는 발전 형세 속에서 민족관계의 사회화, 민간화는 더욱더 여러가지 사회 문제와 상호 교차하고 상호 작용할 것이며, 따라서 민족관계가 전반 사회 관계 체계에서 차지하는 보편적 의의와 영향력도 날로 뚜렷해질 것이다. 지역 발전의 비교 효능과 지역과 국가, 지역과 기업 간의 권익 분할, 이익 배분 그리고 부동한 민족 간의 취학, 취업, 수입 분배, 사회 권익 등 면에서의 이익 비교 역시 필연적으로 모순이 다양하고 마찰이 빈번한 현황을 나타내게 된다. 게다가 문화 적응, 문화 보호, 환경문제, 사회 생활에서의 전통과 현대의 충돌이 민족관계의 사회화, 민간화, 도시화, 민족 간의 인구 유동화라는 이 막을 수 없는 발전 추세 속에 처해 있기 때문에 민족문제는 계속 "증가"하는 추세를 보일 것이다. 여기에는 현재 주로 중부, 동부 지역에서 발생하는 각종 사회 문제가 포함되며, 또한 이런 사회 문제는 향후 10년 동안 서부 지역의 가속화 발전, 소수민족 지역의 비약적인 발전 과정에서 다발적인 고조를 형성할 것이다. 그리고 이러한 동일 요인, 동일 유형, 동일 성질의 사회문제는 민족 자체의 발전 능력과 민족 간의 상호 관계 속에서 발생하기 때문에 민족문제의 특징도 띠게 된다. 동시에 이런 비교 효과의 민간성과 사회화 특징은 흔히 개체적, 우발적인 충돌로 인해 집단성, 규모적인 사건을 일으켜 사회의 안정, 민족관계에 해를 끼치게 된다.

이른바 민족문제의 "강화 추세" 문제란 주로 달라이 라마, '동투르키스탄' 세력 및 서방의 중국을 반대하는 세력의 영향 속에서 형성된 민족분열의 사태와 사건을 말한다. 하지만 이런 사태의 엄중성, 사건의 폭력성은 모두 민족문제의 "증가" 추세와 직접적인 관련이 있다. 이는 내적 요인과 외적 요인의 관계이다. 마오쩌둥은 "사물 발전의 근본 원인은 사물의 외부에 있는 것이 아니라 내부에 있으며, 사물의 내부 모순성에 있다. …… 마찬가지로 사회 발전의 요인은 주요하게 외부 요인에 있는 것이 아니라 내부 요인에 있다. …… 유물론적 변증법은 외부 요인은 변화의 조건이고 내부 요인은 변화의 근거이며 외부 요인은 내부 요인을 통하여 작용한다고 주장한다."[21]라고 지적하였다. 세계가 어떻게 변하든, 예컨대 경제 세계화가 추동하는 "지구촌" 현상이든, "글

---

21   毛泽东,《矛盾论》,《毛泽东选集》第一卷, 제301-302쪽.

로벌 거버넌스" 중의 "주권양도"설이든 "민족국가 주권 쇠퇴론" 또는
"인권이 주권보다 높다는 주장"이든, "유럽" 및 "솅겐조약"의 효과이
든, 민족 국가 구축이 아직 초급단계에 처해있는 개발도상국이나 중국
에 있어서는, 모두 "참고할 만" 한 또는 "추세에 순응"할 수 있는 이념
과 논리가 아니다. 주권 독립을 수호하고 내정 간섭을 용납하지 않는
원칙을 견지하는 것이야말로 개발도상국이나 중국의 흔들리지 말아야
하는 핵심 이익이다. 그러나 중국의 개방 발전 과정에서 국제 사회와
융합하는 상호 작용 속에서 통신, 인터넷, 미디어, 교통, 국제 관계 등에
서의 발전 변화, 이러한 외부 요인이 중국의 내정에 대해 미치는 영향
과 작용은 확실히 전례 없던 것이다. 이것은 또한 민족문제가 "국제성"
의 특징을 갖게 된 원인 중의 하나이다. 그렇기 때문에 외부 요인이 내
부 요인에 대한 작용력의 강화는 이미 공인된 분명한 사실이다. 그럼에
도 불구하고 이런 변화는 "외부 요인은 변화의 조건이고 내부 요인은
변화의 근거이며 외부 요인은 내부 요인을 통하여 작용한다."는 유물
론적 변증법의 기본원리를 변화시키지 못한다.

  해외의 각종 반중국 세력은 중국의 사회문제를 이용하여 오명화
조작, 제도성 비방을 진행하고 심지어 중국 정권을 뒤집으려고 시도하
였다. 예를 들면 '민족 운동', '파룬궁(법륜공)' 등과 그 지원 세력들의 장
기간 동안 진행해 온 모든 행위들이 모두 포함된다. 해외의 달라이 라
마 집단, '동투르키스탄' 세력 등도 중국의 민족문제를 이용하여 비슷
한 종류의 활동을 진행하고 있으며 또 미국 등 서방 세력도 민족 및 종
교문제를 이용하여 중국의 내정에 간섭하기 위한 '구실' 메이커가 되고
있다. 그렇기 때문에 이런 세력들이 중국의 민족문제를 이용한 여러 가

지 표현과 반응들은 서방 세계가 제창하는 "보편주의"의 감투를 쓰고 진행한 허위 날조와 악의적 조작이다. 이들의 목적은 바로 사건을 조작하고 사태를 확대하여 "민족적인 항쟁" 및 "민족 대립을 조성"함으로써, 그들을 위해 "민족 이익의 대변인"을 담당하여 영향력을 도모하고 서방의 지지를 얻기 위한 것이며, 더 나아가 중국과의 "담판"의 지위를 모색하기 위한 것이다. 이것이 바로 그들이 외국으로 망명하여 서방에 머무는 유일한 가치이며, 서방의 반중국 세력이 그들을 수용, 방임, 지지하는 유일한 목적이기도 하다.

사실 이런 세력들은 이미 돌이킬 수 없는 길을 걷고 있다. 그렇기 때문에 이런 세력은 계속 중국의 민족문제, 종교문제, 소수민족 지역 발전 과정의 사회문제를 이용하여 그들의 존재를 증명하려 할 것이다. 달라이 라마 집단은 결코 달라이 라마의 존망에 따라 바로 사라지지 않을 것이며, "동투르키스탄" 세력 역시 그의 종교적 배경 및 테러리즘 특징으로 인해 서방 반중국 세력의 지지를 상실하지는 않을 것이다. 왜냐하면 이런 세력들이, 서방 반중국 세력의 목표인 중국 특색 사회주의의 현대화 사업이 승승장구하고 성공하는 것을 허락하지 않고 용납하지 않는다는 이 목표를 위해 봉사하고, 그들의 이 봉사는 변함이 없기 때문이다. 따라서 만약 향후 10년동안 중국 민족문제의 "증가" 추세가 예상된다면, 해외 '세 세력'의 영향력 "강화" 추세도 계속될 것이다. 또 이들 세력과 "민족 운동" 따위와의 합류, 공모 및 그들이 바라는 "제4차 민주화 물결"이 도래하여 중국의 발전 방향에 영향을 미치는 것은 그들이 함께 결탁하고 서로 호응하는 공동의 정치 목표가 될 것이다.

예언은 사실이 아니지만 예언에는 이미 일어난 현상과 지금 진행

중국공산당은 어떻게 민족문제를 해결하는가

되고 있는 현상에 대한 방향성 인식과 판단이 담겨 있다. 따라서 예언은 현실의 도전에 직면하여 사고를 미연에 방지하고자 하는 것이 그 목적이다. 중국공산당 창건 90주년을 맞아 후진타오는 중국공산당이 전국 각 민족을 이끌고 '3대 대사(大事)'[22]를 완수하고 추진해 '두 가지 이론적 성과'[23]를 이룩했다고 설명하였고, 동시에 중국공산당이 직면한 도전에 대해 다음과 같이 깊이 있게 지적했다. "전당은 반드시 세계, 국가 및 당의 정세가 심각하게 변화하는 새로운 형세 하에서 당의 지도력과 집권 수준을 높이고 부패 방지 및 위험 저항 능력을 향상시키며 당의 집권력 건설과 선진성 건설을 강화해야 한다. 우리가 전례 없던 수많은 새로운 상황과 새로운 문제와 새로운 도전에 직면해 있으며, 집권, 개혁개방, 시장경제, 외부환경의 시련은 장기적이고 복잡하며 심각하다는 사실을 명확하게 알아야 한다. 그리고 정신적 해이의 위험, 능력 부족의 위험, 대중을 이탈하는 위험, 소극적이고 부패한 위험이 당 앞에 더욱 첨예하게 놓여 있음을 알아야 한다. 따라서 당을 관리하고 엄격하게 당을 다스려야 하는 과제가 그 어느 때보다 무겁고 시급하다." 이것은 "90년 동안의 중국의 발전과 진보를 돌이켜보면 중국의 업무를 잘 처리하는 관건은 당에 달려 있다는 기본적인 결론을 내릴 수 있다."는 사실이 이미 증명되었기 때문이다. 민족 사무는 중국공산당과

---

22 역자 주, 첫째, 중국공산당이 인민에 의지하여 신민주주의 혁명을 완수하고 민족독립과 인민해방을 실현한 것. 둘째, 인민에 의해 사회주의 혁명을 완수하고 사회주의 기본 제도를 확립한 것. 셋째, 인민에 굳게 의존하여 개혁개방의 새로운 위대한 혁명을 수행하고 중국 특색의 사회주의를 창조, 견지, 발전시킨 것.

23 역자 주, 이 두 가지 이론적 성과는 마오쩌둥 사상과 중국 특색의 사회주의 이론 체계이다.

중국 국가 전체와 관련된 중대한 업무이다.

중국공산당은 줄곧 민족사업을 고도로 중시할 것을 강조하고 전 당에 다음과 같은 일련의 중대한 기본 원칙을 제기하였다. 즉 민족사업의 '두 가지 공동'의 주제[24]를 확실히 장악하며 민족구역자치제도를 견지하고 보완하며 평등, 단결, 호조, 조화의 사회주의 민족관계를 공고히 하고 발전시키며 "차이를 존중하고 다양성을 포용하는 것"을 제창하고 과학적 발전을 주제로 하며, 경제 발전 방식의 전환을 주요 노선으로 하며 소수민족과 민족 지역 경제 사회 발전을 가속화하고 비약적인 발전과 사회의 장기적인 안정을 함께 실현한다는 등과 같은 일련의 기본원칙을 제기하였다. 그러나 당과 국가의 전반 국면의 의의에 관계되는 민족문제 해결의 중대한 기본원칙이 어떻게 전 당의 사상이론의 공동 인식이 되게 하고, 전 당의 집권능력의 정책 실천 효과가 되게 하며, 민족문제 해결의 실천 속에서 어떻게 정확하고 전면적이고 철저하게 관철 집행할 것인가 하는 것 역시 고도로 중시해야 할 문제이다. 이러한 중대한 기본원칙(각지의 구체적인 실정에 맞는 적절한 대책 제정 실천을 포함)을 착실하게 관철 실시해야만 효과적으로 민족문제의 "증가" 태세를 감소시킬 수 있고 이를 통해 민족문제의 "강화" 추세의 강도를 효과적으로 낮출 수 있다. 많은 문제들은 "회피할 수 없"지만 이익을 좋고 해를 피해갈 수 있으며 문제를 맹아상태에서 제거할 수 있다. 동부 지역, 중부 지역의 발전 경험을 완전히 서부 지역에 옮겨올 수는 없지만

24　역자 주, 민족 사업이 각 민족이 공통으로 단결 분투하고, 공통 번영 발전하는것을 주제로 삼는 것을 말한다.

발전 과정에서 나타난 문제들은 서부 지역, 소수민족 지역에 경고를 줄 수는 있다. 동시에 소수민족 지역의 경제 발전의 가속화와 비약적인 발전을 실현하려면 안정된 사회 보장이 필요할 뿐만 아니라 화목한 사회 환경도 필요하다. 가속화는 그 자체로 사회 변혁과 문화 변천을 심화시킨다. 반대로 관용적이며 조화로운 사회 환경은 급격한 변화로 인한 심리, 생활 방식 등의 적응성 모순을 해소하고 완화할 수 있다.

중국은 사회주의 초급단계에 처해있는 개발도상국이다. 이 기본적인 사실에 대해 그 어느 국가도 인정하지 않을 수 없다. 동시에 중국의 발전 과정에는 많은 현실적이고 시급히 해결해야 할 문제들도 존재하고 있다. 이 역시 세계가 주목하는 바이며 중국에 대해 각양각색의 예측과 단언이 적지 않으며, 심지어 일부 세력들은 "남의 불행을 즐기는" 심리를 가지고 그 어떤 "도미노" 효과가 발생하기를 기대하고 있다. 민족문제가 바로 그 작용점 중 하나이다. 물론 이것은 새로운 문제가 아니라 줄곧 존재해 온 도전이다. 후진타오는 "발전은 여전히 중국의 모든 문제를 해결하는 관건"이라고 지적하였다. 오직 중국 특색 사회주의의 물질적 기초를 단호히 견지하고 발전시켜야만 중국 사회의 기본모순을 해결할 수 있으며 이 기본모순의 작용과 영향 하에 있는 민족문제를 포함한 모든 사회문제를 해결할 수 있다. 서부 지역은 인구는 비록 중국 전체 인구의 3분의 1밖에 안 되지만 경제 사회 발전을 실현하는 과업은 오히려 가장 막중하고 가장 복잡하다. 이것은 한 차례의 장기적인 공격전이라고 할 수 있다. 후진타오가 중국의 미래 발전에 대해 제기한 "옛것을 고수하고 실천을 무시하며 실제 생활을 초월하거나 실제 생활보다 낙후한 방법으로는 모두 성공할 수 없다."고 한 경고는 미

래 10년 동안 서부 지역, 특히 소수민족 지역의 발전에 대해 중대한 현
실적 지도적 의의가 있다.

6

중화민족(Chinese Nation)의 통합은 중화민족의 위대한 부흥을 실현
하기 위한 국민 정체성의 기초이다. 이 통합의 과정이 바로 중화민족의
"각 구성 요소들이 공유와 호혜의 질서 속에서 조화를 이루어 가는 과
정이다."[25] 즉, 평등, 단결, 호조, 조화(화합)의 민족관계 체제 속에서 각
민족이 공동으로 번영 발전하고 다함께 개혁개방의 성과를 공유하는
것이다. 이것은 중국이 국가 민족을 구축하고 중화민족의 통합을 실현
하는 필연적 요구이다.

솔직히 말하면 중국의 학술계에서 중화민족이라는 이 국가 민족에
대한 연구 중에는 비록 역사적 시야의 중화민족의 응집력 형성과 발전
에 대한 연구도 있고 "중화민족 응집력학"이라는 학문적 구축도 있지
만 민족국가의 시각에서 중화민족에 대해 진행한 연구는 아직 많지 않
다. 최근 서방 민족주의 이론 저서가 번역 소개되면서 "민족국가", "국
가민족", "민족주의"에 관한 학술 토론이 핫이슈가 되기 시작했다. 특
히 학술계에서 청나라 말 민국 초기 중국의 현대 민족국가 구축에 대한
연구 시야가 다시 전개되고 신해혁명 이후 "중화민족" 관념의 변화 발

---

25   【미국】E.拉兹洛,《決定命运的选择》, 제136쪽.

전에 관한 역사를 계속 이어나가는 등 국가민족(state nation) 문제에 대한 학술계의 관심이 날로 강화되고 있다. 하지만 중국의 민족국가 구축, 중화민족의 이미지에 대한 학술계의 연구는 아직도 초기 단계에 처해 있다. 최근 몇 년 동안 특히 라싸 '3.14'사건, 우루무치 '7.5'사건 이후 중화민족 정체성에 관한 문제는 사회 각계의 관심을 불러 일으켰지만 어떻게 정체성을 실현하고 강화해야 하는지에 대한 민족국가가 진행해야 하는 국가 차원의 민족 공동체 구축이라는 과제에 대해서는 학술계가 아직 이론으로부터 실천에 이르기까지 적절한 지적 지원을 못하고 있는 실정이다.

앞에서 기술한 바와 같이 1913년에 레닌은 자본주의 세계에서 민족문제 면에서 나타나게 될 두 가지 역사적 추세에 대해 아래와 같이 판단했다. 첫번째 추세는 바로 "민족 생활과 민족 운동의 각성, 모든 민족 억압을 반대하는 투쟁, 민족국가의 건립"이다. 두번째 추세는 "각 민족 간에 각종 왕래가 더욱 발전하고 날로 빈번해지며, 민족 간의 장벽이 사라지며, 자본, 일반 경제생활, 정치, 과학 등의 국제적 통일이 형성된다는 것"이다. 이 두 가지 추세는 모두 "자본주의의 세계적 규칙이다. 첫번째 추세는 자본주의 발전 초기 단계에서 주도적 지위를 차지하며, 두번째 추세는 자본주의가 이미 성숙되어 사회주의 사회로 전환되고 있음을 의미한다."[26]

첫번째 추세는 세계적 범위에서 이미 실현되었지만 절대다수의 국가는 민족국가 구축의 임무를 아직 완성하지 못하였다. 동시에 두번째

---

26   列宁,《关于民族问题的批评意见》,《列宁专题文集·论资本主义》, 제290쪽.

추세도 이미 나타났는 바, 경제 세계화가 추동하는 "국제 통일" 및 "민족 간 장벽 제거" 현상이 가장 뚜렷하다. 하지만 "정치, 과학 등의 국제적 통일의 형성"과는 아직 거리가 멀다. 의식형태와 사회제도의 정치적 대립은 여전히 준엄하고 과학기술 능력, 핵심기술의 소유는 여전히 일부 서방 국가에만 국한되어 있으며 자본주의는 아직 그 내부의 문제를 해결할 수 있을 만큼 성숙되지 못했다. 예를 들면 전쟁 발동, 경제위기(금융위기), 사회문제, 민족, 종족, 이민 문제 등을 해결할 수 없다. 동시에 세계적 범위에서의 사회주의 건설 사업의 탐색은 비록 중국이 이미 세계가 주목하는 위대한 성과를 이룩하였지만 아직도 초급단계에 처해있기 때문에 아직 인류 사회에 성공적인 경험이나 자본주의 사회의 "사회주의사회로의 전환"을 촉진할 수 있는 조건을 제공하지 못하고 있다. 그렇기 때문에 100여 년 전 레닌이 이 두 가지 추세를 예견할 때 한 경고는 여전히 중요한 현실적 의의를 가지고 있다. "마르크스주의자의 민족 강령은 이 두 가지 추세를 고려해야 한다. 따라서 우선 민족평등과 언어평등을 수호해야 하며 이 면에서 그 어떤 특권도 허용해서는 안 된다. (동시에 민족 자결권을 수호해야 하는데 이 점에 대해서는 아래에서 전문적으로 논함) 다음으로는 국제주의 원칙을 수호해야 하며 자산계급 민족주의가 무산계급에 해독을 끼치는 것을 한치의 타협도 없이 전적으로 반대해야 한다(아무리 정교한 것일지라도 예외가 없음)."[27] 비록 이것은 국제관계에서의 국가 민족관계에 대해 말하는 것이지만 다민족 국가 내부의 각 민족 간의 관계에도 시사하는 바가 매우 크다. 즉, 언어

27　列宁,《关于民族问题的批评意见》,《列宁专题文集·论资本主义》, 제290쪽.

　　　　　　　　중국공산당은 어떻게 민족문제를 해결하는가

평등을 포함한 민족 평등을 수호하고 일체 민족주의를 반대해야 한다.

민족 국가의 구축과 국가 민족의 구축은, 자본주의 세계에서 민족주의의 원동력을 떠날 수 없다. 마르크스주의의 경전 작가들은 민족국가를 건립하는 과정에서 민족주의의 이중성에 대해 이미 깊이 논술한 바 있다. 즉 무산계급 혁명의 민족해방 운동 지지, 다민족 국가에서 자산계급 잔재인 "두 가지 민족주의"의 제거, 무산계급 국제주의와 자산계급 민족주의의 타협 불가능성 등에 대해서도 상세히 해석하였다. 그 결론은 바로 "민족주의, 이것은 자산계급의 최후의 진지이며, 자산계급을 철저히 전승하려면 반드시 이 진지를 공략해야 한다."[28]는 것이다. 물론 세계적 범위에서 사회주의가 자본주의를 전승하려는 투쟁은 여전히 전방 진지에서의 대결에 처해있으며, "자산계급 최후의 진지"와는 아직도 거리가 멀다. 따라서 민족주의 현상 및 그에 따른 문제들은 여전히 세계적 범위에서 보편적으로 존재하는 현상이다. 미국 등 서방 국가의 패권주의가 바로 민족주의의 산물이다. 예를 들면 민족주의가 과거에 발생시킨 쇼비니즘, 식민주의, 제국주의, 군국주의, 파시즘 등과 같은 것들이다. 그리고 이런 패권주의에 저항하여 나타난 국가 민족적 반응 역시 민족주의의 성격을 띠고 있는데 이것은 애국주의 성격을 띠었다고도 할 수 있다.

민족 국가의 구축에서 만약 국가 민족을 국가 역량이 만들어 낸 한 잎의 동전이라고 하면 그 한 면은 애국주의(patriotism)이고 다른 한 면은

---

28   斯大林, 《在耻且 - 巴什基里亚苏维埃共和国成立大会筹备会议上的讲话》, 《斯大林全集》第4卷, 제84쪽.

민족주의(nationalism)이다. 전자가 부르는 것은 "조국의 노래"이고 후자가 표현하는 것은 "민족의 정(情)"이다. "민족주의는 일종의 특수 형식의 애국주의"[29]라고 여기는 사람도 있다. 실천 과정에서 대체로 전자는 국가 역량이 양성하고 통제하는 이성적 특징을 지닌 주입과 지도에 속하고 후자는 민간 사회의 우발적이고 격정적인 감화를 통해 나타나는 비(非) 이성적인 특징을 지닌 동원과 호응에 속하며, 이는 외부 압력에 의해 국민 및 민중들이 불가피하게 참여한 감정과 정서의 표현으로, 국가 관계 및 국제 상호 작용 분야에서 자주 발생한다. 전자는 국가 역량의 개입과 국가의 주권 독립을 수호하고 내정 간섭을 용납하지 않는 등의 원칙을 체현하는 국제 행위로서 국민의 보편적 지지를 받고 후자는 민간사회 역량의 자발적 동원과 민족 자존감을 체현하는 행위로서, 일부 민중의 격렬한 언행을 야기시킨다. 그러나 예로부터 비(非) 이성적으로 민족 자존심과 우월감을 선양하는 것은 민족주의의 "교만과 오견"을 초래하기도 했다. 즉, 18세기에 비코가 말한 "모든 민족, 그리스인이든 야만인이든 모두 동일한 교만과 오견을 가지고 있었다. 자기가 기타 모든 민족보다 역사가 더 유구하고 일찍이 인류의 편안한 생활에 필요한 사물을 창조하였다고 여긴다. 그러나 그들은 반드시 그들이 되돌아보는 역사를 세계 자체의 기원으로까지 거슬러 올라가 보아야 할 것이다."[30] 이것이 민족 간, 국가 간의 모순과 충돌을 일으키는 중요한 동인 중의 하나이다.

---

29 【영국】厄内斯特·盖尔纳,《民族与民族主义》, 韩红译, 中央编译出版社, 2002년, 제181쪽.

30 【이탈리아】维柯,《新科学》, 朱光潜译, 人民文学出版社, 1987년, 제83쪽.

유고슬라비아에서 독립해 나온 마케도니아공화국은 1993년에 "구 유고슬라비아 마케도니아공화국"이라는 국명으로 유엔에 가입하였다. 이는 현재 국제사회에서 유일하게 합법적으로 존재하는 여전히 "유고 슬라비아"를 앞에 붙인 국가 명칭이다. 물론 이는 결코 마케도니아인 들이 유고슬라비아 국가에 대해 미련을 갖고 있음을 뜻하는 것이 아니 라 "마케도니아"라는 국명이 그리스 국가와 국민의 민족사적 신경을 강하게 자극했기 때문이다. 왜냐하면 그리스는 기원전 4세기 알렉산더 대왕 및 마케도니아제국의 휘황한 역사가 그리스의 것이라고 여기기 때문이다. 이 역사적 국명, 역사적 인물에 대한 국제 분쟁은 민족주의 담론으로 가득차 마케도니아공화국의 유럽연합 가입에 걸림돌이 되었 다. 2011년 6월, 마케도니아인들이 530만 유로의 자금을 들여 알렉산더 대왕의 기마 동상을 수도 스코페 중심 광장에 세울 때 그리스는 국가 채무위기에 처해 있었지만, 주저없이 항의하면서 재차 국제 여론 분쟁 을 불러 일으켰다. 물론 이런 유형의 역사 문화 분쟁 외에도 현실 발전 과정에서 민족주의나 애국주의 운동을 촉발시키는 국가적 반응, 국민 적 반응은 비일비재하다. 중국도 예외가 아니다.

개혁개방 이래, 중국의 경제 사회의 발전과 국제적 지위가 상승함 에 따라 중국인의 자존감과 중화민족의 자존감도 부단히 상승되고 있 다. 이런 자존감 상승에는 홍콩 반환과 마카오 반환 등 역사적 굴욕을 씻는 현대적 부흥이 포함되며 "남경대학살"을 대표로 하는 일본 침략 행위를 대상으로 한 당대의 "항일" 행동인 일본상품 불매운동, 일본 교 과서 역사 왜곡에 항의하는 운동, 댜오위다오(釣魚島, 조어도) 보호 운 동 등이 포함되며, 올림픽 성화 봉송이 서방 국가 경내에서 방해를 받자 일으킨 "서풍에 휘날리는 붉은 기" 운동과 "CNN 반대" 운동 및 "까르푸" 불매 등 인터넷 동원도 포함된다. 또한 인접국과의 역사 문화 자원의 귀속 논쟁, "세계문화유산 신청" 논쟁 등도 포함된다. 이 모든 것은 날로 광범위해지고 심화되는 국제 상호 작용 속에서의 중국의 국민 의식과 민간 사회의 반응이다. 20세기 중국에서는 민족국가의 구축에서 어떻게 "중화민족"이라는 국가민족의 사상문화와 정치관념의 범주를 확정할 것인가에 대한 논쟁이 있었다. 그렇지만 민간사회 차원에서는 "소비주의가 민족주의를 명확히 하는 과정에서 근본적 역할을 하였으며 동시에 민족주의 역시 소비주의를 정의하는 데에서 근본적 역할을 하였다". 이것이 바로 중국 사회 각계를 휩쓸고, 나아가 농촌에까지 영향을 미친 "국산품 애용 운동"이다. "이번 국산품 애용 운동은 전 중국에 널리 퍼진 민족주의 정서 전파의 배후의 원동력이다."[31] 이러한 현상들은 상기의 현대 중국에 대한 표현들 중에서, 역시 민족 자존감을 표현하는 선택 중의 하나였다. 이러한 것들은 "중국은 NO라고 말할 수 있다"를 대표로 하는 말들이 유행하게 했고 애국주의, 민족주의, "분노하는 청년"[32] 언행의 현상들이 한데 어울려 나타나게 하였다. 그러나 해외 여론은 이들을 모두 예외 없이 "중국의 민족주의"로 보도하고 심지어 중국 정부가 민족주의를 좌우지한다는 반응까지 내놓고 있다.

중국공산당은 예로부터 애국주의를 제창했다. 조국을 사랑하고 공산당의 영도를 옹호하고 사회주의 제도를 옹호하며 국가통일, 민족단

---

31 【미국】葛凱, 《制造中国-消费文化与民族国家的创建》, 黄振萍译, 北京大学出版社, 2007년, 제4쪽, 9쪽.

32 역자 주, 사회나 현실에 불만을 갖거나 분노를 분출하는 청년들을 이르는 말.

중국공산당은 어떻게 민족문제를 해결하는가

결을 수호하고 공무(公務)를 중히 여기고 법을 지키는 것은 모두 애국주의의 내용이다. 중국이 조화로운 세계를 제창하고 영원히 패권을 잡지 않는다고 선포한 자체가 민족주의의 범주에 속하지 않는 것이다. 하지만 자본주의 민족국가가 현대화된 이 시대에, 중국은 여전히 민족국가의 구축 과정에 있으며 다민족이 통일된 국가민족 정체성인 중화민족 정체성을 실현하기 위해서는 "민족주의가 민족을 만든다"[33]는 것의 영향을 우회하기 어렵다. 또는 불가피하다. 이런 영향에는 "원시적이고 자발적인 것이 아닌, 환경 변화에 대한 일종의 반응, 물론 우선 중국의 국제환경에 대한 반응"이 포함된다. 그러나 "서방 학자들은 도리어 서방 자체의 발전 경험에 근거하여 거의 반대되는 결론을 얻어냈다. 즉, 민족주의의 흥기는, 중국이 경제 실력이 급증하면서 그 힘을 검증하기 위해 '주먹'을 휘두르기 시작하였음을 보여준다고 했다."[34] 이런 고의적인 "오해"는 확실히 중국이 "영웅 국가가 되려고 하고, 세계 리더가 되려고 한다", "영웅 국가, 모든 중국인이 반드시 구비해야 할 심리적 지표" 등과 같은 "중국 민족주의의 깃발"의 선포의 예로 들 수 있다.[35] 그러나 이런 "교만과 오견"에 속하는 "격정적 충동"은 중화민족의 의지를 대표하지 못할 뿐만 아니라 중화민족의 정체성을 실현하는 데에도 전혀 도움이 되지 않는다.

---

33   【영국】厄内斯特·盖尔纳,《民族与民族主义》, 제73쪽.

34   郑永年,《中国模式: 经验与困局》, 浙江人民出版社, 2010년, 제28쪽, 제29쪽.

35   예를 들면 王小东,《天命所归是大国-中国: 要做英雄国家和世界领导者》, 江苏人民出版社, 2009년; 宋晓军, 王小东, 黄纪苏,《中国不高兴-大时代、大目标及我们的内忧外患》, 江苏人民出版社, 2009年 등과 같은 것이 있다.

세계적 범위에서 보면, 절대다수의 국가들에는 모두 국민 성분 이질성의 특징(종족, 민족, 종교, 언어, 문화)이 존재하기 때문에 국가 정체성, 지역 정체성, 집단 정체성(즉, 상술한 이질성 요인)에는 다양한 차원과 다양한 범위가 존재한다. 민족국가의 민족 정체성 구축에서, "성공적으로 공동의 민족 정체성을 보급하는 것은 많은 나라들에 있어서, 의외의 성과이며, 미약한 성과이며, 현재 진행 중인 과정이지, 결코 이미 완성된 사실이 아니다."[36] 이뿐만 아니라 선진국이든 개발도상국이든 이런 국가민족의 정체성에는 모두 내부에서부터 나오는 해소성 역량도 존재한다. 심지어 일종의 극단적인 경향도 보인다. "정체성, 민족과 국가는, 현재의 '죽음의 무도'의 현장에서, 한 편으로는 빈껍데기뿐인 민족국가를 남겨두어 전 세계의 권력의 바다에서 떠다니도록 내버려두었다. 다른 한 편으로는 여러 가지 원리주의의 정체성을 남겨두는데 이런 정체성은 그들의 커뮤니티의 작은 범위 내에 깊이 빠져 있거나, 사면초가인 민족국가에 대해 전혀 타협하지 않고 약탈 공세를 발동한다."[37] 사실상 전자는 미국, 서방 패권주의가 전 세계로의 확장되는 결과를 초래하였다. 심지어 한 주권국가에 대해 마음대로 군사타격을 진행하고 한 나라의 정부를 뒤집는 등과 같은 행동을 발동하는 "국제 환경"을 초래하였다. 반면 후자는 서방 선진국을 비롯한 수많은 민족국가들이 국가민족 정체성을 구축하는 과정에서 직면하게 되는 크고 작은 위기인 것이다. 중국도 비슷한 문제에 직면해 있다.

36 　【캐나다】威尔·金里卡,《少数群体的权利: 民族主义、多元文化主义与公民权》, 제367쪽.

37 　【미국】曼纽尔·卡斯特,《认同的力量》, 曹荣湘译, 社会科学文献出版社, 2006년, 제332쪽.

중국이 내정에 속하는 민족문제를 해결하는 면에서 "두 가지 민족주의를 반대"하는 것은, 역사와 민족 억압(제국주의 이간질 포함)으로 인한 민족 간의 장벽, 불신, 시기, 경멸 등의 요소를 제거하고 이를 통해 각 민족의 관념, 의식과 심리적 상호 존중, 상호 이해, 화목, 단결 호조를 실현하기 위해서이다. 현실의 발전 과정 속에서 자신의 전통문화에 대한 각 민족의 소중감, 보호 의식과 자존감 의식의 증강을 단순히 민족주의로 보아서는 안 된다. 이것은 자신감, 자존감, 자아발전 능력의 증강에 유리한 심리상태이다. 이러한 경향은 미래의 발전 과정에서 한족을 포함한 각 민족들에서 계속 증가되는 추세를 나타낼 것이다. 따라서 반드시 이를 중시하고 인도해야 한다. 그렇기 때문에 중국은 중화민족의 정체성을 구축하는 면에서 국가 능력 강화가 절실하다.

다민족 국가에 있어 각 민족의 자아 정체성과 각 민족의 국가 정체성, 국가민족 정체성은 두 개의 서로 다른 차원에 속하지만 병존하는 정체성이다. 여기에는 또 지역성적인 지방 정체성, 중국 전통사회의 조상 숭배와 종족 정체성, 종교 신앙 단체의 집단 정체성, 더욱 세밀하게는 더 작은 사회단위, 사회관계 등 복잡한 사회 네트워크 속의 정체성까지 포함된다. 자각적이거나 무의식적인 정체성 현상은 심리, 감정, 가치, 상징, 부호, 느낌, 사회 역할, 행위 방식이 서로 뒤엉킨 복잡한 범주에 속한다. 사회 이익 구조의 변화, 전통문화와 현대문화의 상호 작용, 국제화, 민족화 교류에 적응함에 있어서의 열등감과 자존감은 모두 다차원, 다방향, 다유형으로 정체성을 강화한다. 그리고 지방성, 민간성의 정체성 구축이 강화되는 추세는 이미 아주 뚜렷하다. 중국 개혁의 분권 문제와 관련된 연구에서는 다음과 같은 논의가 있었다. "이것은 지방 관원과 지방 주민들의 아주 강한 지방 정체성이나 지방 의식을 발전시킨 반면, 그들의 국가 의식은 도리어 상대적으로 약화시켰다."[38] 이 주장은 어느 정도 일리가 있지만 정확하지는 않다. 중국 경제 사회 발전의 지역적 격차는, 지방과 중앙의 관계 문제 및 그에 따라 출현한 이른바 국가나 지방의 "정체성" 문제에서, 주로 자기발전 능력의 차이에 있다. 발달한 지역과 중부 지역은 자주성이 강하고 서부 지역은 국가에 대한 의존성이 강하다. 그렇기 때문에 지역 정체성 구축에서도 현저한 차이가 존재하는데 여기에는 시장의 국제화 번영(특히 패션과 유행에서) 수준의 차이도 포함된다.

서방 나라가 주도하는 경제 세계화 및 경제 세계화가 추동하는 대중적이고, 유행적인 경제 문화 생활과 거기에 포함된 가치관은, 한 편으로는 사회에서 유동하고 변화하는 포스트 모더니즘 가치와 행위의 추구를 육성하고 다른 한 편으로는 사람들로 하여금 전통, 자아의 프리 모더니즘 가치와 행위로의 회귀를 강요한다. "나는 누구인가", "그는 누구인가"의 정체성 구분은 민간사회 의식 속에서 자라났다. 한나라 의상을 입은 젊은이들은 거리에서 사람들의 이목을 끌면서 전통을 알리기 위해 두루마기를 입고 머리를 땋고 "서당 선생"이 되어, 어린이들에게 "삼자경", "제자규(弟子規)" 등과 같은 경전을 읊어준다. 동시에 자부심 고취, 관광업 발전 등 요소의 추진 하에 지방화 및 인문역사 자원의 쟁탈전도 일어나고 있다. 서로 경쟁하듯 대량의 자금을 규모가 거대한 왕릉, 옛 성, 옛 거리, 랜드마크, 마스코트 등의 구축에 투입하고

---

38   郑永年,《中国模式: 经验与困局》, 제197쪽.

있다. 대규모의 "인문 시조(始祖)", "역사 영웅" 등의 "제릉제향" 행사도 지방 우세를 조성하는 센세이션 속에서 국가민족을 구축하는 과정에 영향을 미치고 있다. 이런 지역성, 민간화의 정체성 추세 속에서 일부 "대한민족", "황한민족", "소수민족"을 비롯한 민족주의 색채가 농후한 민족 차별적 사이트 등과 같은 것들도 만들어져 역사를 재평가하는 "교향곡"을 연주하거나 역사적 대업을 선양하거나 역사적 비운을 호소하고 있다. 이러한 과학적 근거가 부족하고 감정적인 콘텐츠들은 청년 (네티즌의 주체)들의 민족관 형성에 영향을 미칠 뿐만 아니라 민족 단결에 손해를 주고 중화민족의 정체성에 손해를 주며 심지어 "중화민족"의 존재 여부에 대해서도 여러가지 의문이 나타나게 했다. 이로 인해 국가민족과 관련된 허구적인 관점이 유행하기도 했다. 즉, 민족(nation), "이것은 일종의 상상 속의 정치 공동체이며, 또한 본질적으로 제한적 (limited)인 것이며, 동시에 주권을 향유하는 공동체인 것으로 상상되었다."[39] 이 관점은 국가민족 개념과 관련된 역사적 "원초론"과 현대적 "구축론" 방면의 학리적 논쟁을 불러 일으켰다. 그러나 국가민족 통합을 실현하려는 다민족 국가에 있어 국가의 힘으로 국가민족을 구축하고 형성하는 것은 세계 민족의 숲에서 자립을 실현하기 위한 필수조건이다. 중국에 있어서, 중화민족은 결코 단순한 현대적인 "상상 속의 정치 공동체"가 아니다. 중화민족은 몇 천 년간 "오방지민"이 상호 융합하고 상호 작용하면서 풍부한 역사적 축적을 이룬 공동체이다. 그렇지

---

39   【미국】本尼迪克特·安德森:《想象的共同体: 民族主义的起源与散布》, 吳叡人 译, 上海人民出版社, 2003年, 제5쪽.

만 역사의 결합이 현대의 구축과 형성을 대체할 수는 없다. 반드시 국가의 역량에 의해 다민족의 통합을 위한 조건을 창조하고 공동의 특징을 만들어내야 한다.

중화민족은 중국 각 민족의 총칭이며, 중국의 국가민족이다. 민족국가의 관념으로부터 볼 때 중국은 통일된 다민족 국가로서 "다민족"은 국가민족 지위를 향유하는 여러 민족(nations)을 가리키는 것이 아니라 통일된 국가민족인 중화민족의 신분(national identity)을 향유하는 각 민족(nationalities)을 가리킨다.[40] "한 개인은 반드시 하나의 민족 소속 (nationality)이 있다"[41]는 설은 바로 국가민족이라는 범주의 신분 귀속을 가리킨다. 대륙 범위에서 중화민족 대가정의 56개 구성원은 비록 신분증에 각자의 민족을 표기했지만 그들이 누리는 국적과 소지한 국가 '명함'인 여권에는 오직 하나의 공동 신분이 있다. 즉, 중화민족(Chinese Nation)의 구성원인 중국인(Chinese)이라는 것이다. 이것은 중국 각 민족에게 나라의 주인이 되는 정치 평등의 지위를 부여하는 필수 조건이며 각 민족의 평등 지위와 권리에 대한 국가의 인정이다. 물론 중화민족에는 홍콩, 마카오, 타이완의 중국인도 포함된다. 중화민족은 중국과 타이완이 평화적 발전을 실현하는 중요한 정체성 기초이다.[42] 민족 대천

---

40   영어에서 'nationality'란 단어는 '국적', '민족', '민족성'이라는 뜻이 있으며, 그 자체가 바로 민족국가의 산물이다. 그렇기 때문에 중국으로 놓고 말하면 역사의 원초적 의의를 갖고 있는 각 민족(ethnos)은 현대의 통일된 다민족 국가에서 공동 국적과 민족성 귀속을 향유한다. 영어로 표현할 때 'nationality'라는 단어를 사용하는 것은 중국 국정에 부합될 뿐만 아니라 영어 표현 규칙에도 부합된다.

41   【영국】厄内斯特·盖尔纳,《民族与民族主义》, 제8쪽.

42   "해외 화교"의 중화민족 속성에 관해서 민족국가의 관념과 법리의 각도에서 무릇 다

세계에 있어서 오직 중화민족만이 세계 민족의 숲에서 자립할 수 있다. 중국의 어느 한 민족이 세계 민족 숲에서 자립하는 것이 아니다. 이것은 중화민족의 위대한 부흥의 유일한 표징이다.

이론에 대한 인지는 행동과 실천을 지도하기 위한 것이다. 국가 역량은 어떻게 중화민족의 정체성을 구축하는가? 정치, 경제, 문화와 사회 생활의 평등은 중화민족의 정체성을 실현하는 기초이다. 지역, 도시와 농촌, 계층, 민족 간의 경제 사회 발전 수준의 격차가 현저한 조건에서 애국주의의 국가 정체성을 완전히 실현한다는 것은 어려움이 있게 마련이고 또 필연적으로 차별이 있게 된다. 평등해야만 차별이 없고 공유해야만 장벽이 없다. 레닌은 "무산계급은 민족주의를 공고히 하는 그 어떤 방법도 지지해서는 안 되며 반대로, 민족 차별을 소멸하고 민족 간의 장벽을 없애는 데 유리한 조치를 지지해야 하며 민족 간의 날로 밀접해지는 연계를 추진하고 각 민족이 한데 뭉치도록 촉진하는 모든 조치를 지지해야 한다."[43]고 지적하였다. 중국공산당의 민족 정책 체계는 각 민족의 일률적인 평등에 근거한다. 각 민족이 공동으로 단결

른 나라 국적을 갖고 있는 중국인은 그가 소재하는 국가의 국가민족 구성원에 속한다. 이를테면 미국 여권을 갖고 있는 중국인은 미국인이지 국적 의미의 중국인이 아니다. 동시에 역사문화 범주의 원초성 정체성을 갖고 있는 것은 미국에서는 "자의식", "타의식" 신분의 "중국계 미국인"에 속하고 중국에서는 "미국적 중국인"이라고 한다. 세계 범위에서 일부 국가는 "이중국적"을 실시하기에 어떤 사람들은 두 나라의 국가민족 신분을 갖고 있다. 물론 이는 국가민족의 함의와 국제법, 국적법으로 놓고 말하는 것이고 실천과정에서 외국 국적의 화교들의 중화민족의 정체성, 조국에 대한 열애, 고향에 대한 그리움, 동포에 대한 정은 다른 차원의 문제로서, 국적의 귀속과 관계가 없다.

43 列宁,《关于民族问题的批评意见》,《列宁全集》第24卷, 제138쪽.

분투하고 공동으로 번영 발전하는 것은 각 민족 간의 날로 밀접해지는 관계를 촉진하고 따라서 최종적으로 각 민족의 자발적 융합을 실현하기 위한 것이다. 이 과정은 또한 중화민족의 통합 기초에서의 인정이며, 인정 기초에서의 소통이며, 소통 기초에서의 융합이다. 이는 기나긴 과정으로서 현재 중국은 중화민족의 통합을 부단히 강화하고 육성하는 단계에 처해있다. 이것은 감정, 심리, 가치관과 행위방식의 육성 과정으로서 국가의 역량에 의한 정신적, 물질적 형상화를 통하여 실현해야 한다.

2009년 중국 국경일에 천안문 광장에는 중국의 각 민족을 대표하고 중국 각 민족의 평등과 화합을 상징하는 56개의 '민족 단결 기둥'이 세워졌다. 매개 기둥의 높이는 13.6미터, 무게는 26톤이었고, 철근 콘그리트와 경질 유리로 만들어졌다. "중국홍(中國紅)"의 몸체에 기둥 밑부분과 꼭대기는 금빛찬란하였으며, 기둥면에는 색채가 화사하고, 화려한 명절 옷차림을 한 해당 민족의 한 쌍의 남녀가 흥겹게 노래하고 춤추는 그림이 그려져 있었고 해당 민족의 길상 무늬와 민족의 명칭이 조각되어 있었다. 천안문 광장 양측에 일렬로 나란히 솟아 장관을 이루었고, 휘황하고 웅장하고 아름다운 국경절 분위기를 더해 주었다. 하지만 영원에 의미를 둔 이 "갑작스런" 행위가 성공적인 국가 "민족 구축(nation building)"은 아니었다. 비록 56개 민족의 평등, 단결의 의미를 뚜렷하게 나타내고자 하였지만 결코 '중화민족'의 관념을 부각시키지 못했기 때문이다. 따라서 국경절이 지난 후, '민족 단결 기둥'의 거취는 사회 각계의 화제를 불러일으켰다. 예를 들면 양측에 마주 서있다는 "대립설", 광장의 전체적인 시야에 영향을 준다는 "환경설", 주변 건축

물과의 색채 "비조화설" 등이 있었다. 결국 이 56개 '민족 단결 기둥'은 올림픽삼림공원의 큰 길 양측으로 자리를 옮기게 되었다.

국가의 상징물, 의례는 민족 구축의 중요한 내용이다. 천안문광장의 인민영웅기념비가 바로 중화인민공화국, 중화민족의 영구적인 상징물이다. 그리고 1991년부터 《국기법》에 따라 규범적으로 거행하기 시작한 천안문광장의 국기게양식은 중화인민공화국, 중화민족의 가장 중대한 매일 진행되는 국가 의례이다. 전국 각 민족 인민, 남녀노소 모두 자발적으로 숙연해지는 이런 상징과 의례는 은연중에 사람들의 마음을 감화시키고 자연스럽게 전국 각지(학생이 몇 명 밖에 안 되는 산지 초등학교나 병사가 몇 명뿐인 변방초소에까지)에 보급되는데, 그 힘이 바로 국가와 민족의 정체성(national identity)인 것이다. 물론 국가 박물관, 국가 축제, 국가 명절로부터 역사 교과서, 국가 공통 언어 문자, 공민 교육 규범 등에 이르기까지 이 모든 것이 다 중화민족 정체성을 구축하기 위한 상징과 매개체이다. 중국은 중화민족 정체성을 구축하기 위해 경제 사회 발전을 통하여 중국 각 민족 인민들의 날로 밀접해지는 상호 융합의 실천 과정에서 생생한 영양분을 추출하고 응집하여, 각 민족들로 하여금 상호 존중, 상호 이해, 상호 방조와 상호 흡수의 발전 과정에서 상호 정체성을 실현하게 해야 하며, 나아가 중화민족의 정체성으로 통합하고 승화시켜야 한다.

사실 중화민족의 통합과 인정의 과정은 바로 각 민족이 서로 잘 융합되는 과정이다. 각 민족의 특징을 충분히 드러내는 요소들은 모두 이런 융합 과정에서 "외부로의 유출"과 "내재화"의 확산과 흡수 현상이 발생한다. 경제 사회 발전과 민족 간의 관계가 밀접해짐에 따라 민족구역 자치지방에서 소수민족 '내부 사무'가 지역 사무로 확산되는 현상이 비일비재하며 소수민족의 문화요소, 생활습관 등의 특징이 점점 더 지역 문화, 지역 풍습의 특징으로 되고 있다. 이런 요소들은 현재 민족화-사회화-지역화-국가화의 융합과 승화의 길로 나아가고 있다. 전국의 통일시장은 소수민족의 문화, 요식업, 의상, 의료, 지방 특산품, 수공업과 전통지식 등으로 하여금 사회 전반에 점점 더 많이 융합되게 하고 있다. 이와 동시에 현대화 진행 과정에 따라 국가 추진, 시장 통행, 국제 교류의 여러 가지 통일성과 표준화된 현대 사회 영향력(정신과 물질) 역시 각 민족에 '내재화'되고 있다. 이런 '내부 사무'의 '외부로의 유출'과 '공동 사무'의 '내재화' 현상이 바로 각 민족 인민 간의 상호 존중, 상호 흡수와 상호 인정의 과정이다. "사회주의 시기는 각 민족이 공동으로 번영 발전하는 시기로, 각 민족 간의 공동요소가 부단히 증가하고 있지만, 민족 특징, 민족 차이와 각 민족의 경제 문화 발전의 격차는 장기적으로 존재한다."[44] 그렇기 때문에 "차이 존중, 다양성 포용"은 공동으로 단결 분투하고 다함께 공동 번영 발전하는 실천 과정에서 반드시 확고히 수립해야 하는 관념이 되었다.

포용성 발전은 후진타오가 보아오포럼 기조연설에서 상세히 해석한 글로벌 시야성을 띤 중요한 관념이다. 포용성 발전은 경제 성장 방식의 전환으로 그 발전 성과가 많은 인민들에게 혜택을 줄 뿐만 아니라 또 발전 실천 과정에서 부딪치게 되는 날로 증가되는 복잡한 사회

---

44 《中共中央、国务院关于进一步加强民族工作加快少数民族和民族地區经济社会发展的决定》, 国家民族事务委员会、中共中央文献研究室编: 《民族工作文献选编》(二〇〇三─二〇〇九年), 제92쪽.

문제를 해결할 수 있다. 여기에는 민족, 종교 등의 문제도 포함된다. 포용은 '포(包)'와 '용(容)'의 통일체이다. '포(包)'는 다양성에 대한 통합이고 '용(容)'은 차이성에 대한 존중이며 다양성과 차이성은 모두 복잡성을 이루는 기초이다. 민족문제가 바로 복잡성을 띤 사회 사물이다. 따라서 민족 정책은 반드시 이러한 복잡성에 적응하여 그 다양성과 차이성의 특징을 나타내야 한다. 민족은 형성되는 과정에서 발전하고, 발전하는 과정에서 융합되며, 융합되는 과정에서 소멸된다. 이런 단계들은 서로 겹쳐지지만 초월할 수 없고 인위적으로 이 과정을 가속화시킬 수도 없다. 민족은 오로지 충분히 발전한 기초 위에서만 자발적인 융합을 실현할 수 있고, 자발적인 융합의 기초 위에서만 자연적으로 소멸될 수 있다. 오로지 한족을 포함한 각 민족이 충분히 발전해야만, 즉 정치, 경제, 문화와 사회생활 등 여러가지 방면에서 전면적으로 발전해야만 중화민족의 위대한 부흥을 실현할 수 있다.

이런 의미에서 스탈린의 국가민족(state nation)에 대한 정의는 부족점이 있기는 하지만 수많은 국가민족에 대한 정의 중에서 이것은 여전히 과학성과 현실성을 구비한다고 할 수 있다. 즉 "민족은 사람들이 역사 속에서 형성한 공동 언어, 공동 지역, 공동 경제 생활 및 공통된 문화로 표현되는 공통 심리 소망을 가진 안정된 공동체이다."[45]라고 정의하였다. 이것은 구체적으로 중화민족에 있어서는 바로 다음과 같이 표현된다.

---

45 斯大林,《马克思主义和民族问题》,《斯大林选集》上卷, 제64쪽.

공통 언어-국가 통용 언어 문자

공통 지역-중화인민공화국 영토(타이완 포함)

공통 경제 생활-사회주의 공유제를 주체로 하고 여러가지 소유제 경제(홍콩, 마카오, 타이완의 경제 체제 포함)가 공동으로 발전하는 현대 경제 생활

공통 문화-각 민족 전통 문화의 우수한 성분을 바탕으로 하는 중화 문화

공통 심리 소양-중화민족의 통합에 기초한 정체성.

스탈린이 이러한 공동의 특성에 대해 "하나라도 없어서는 안 된다" 라고 강조한 것은 이들 모두가 국가민족을 구축함에 있어서 필수적 조건이라는 것이다. 이것은 우리가 각 민족의 공동 단결 분투, 공동 번영 발전을 이해하는데 중요한 현실적 의의가 있다. "공동"이라는 이 관건적인 단어는 국가민족인 중화민족 통합의 내적 체제를 나타내며, "공동"은 평등, 공정, 공유와 정체성을 의미한다. 중화민족의 정체성을 구축하는 것은 당대 중국이 민족국가를 구축하는 과정에서의 하나의 새로운 과제이다. 중화민족이라는 이 국가민족 개념을 헌법에 기록해야 할 뿐만 아니라 국가의 정치, 경제, 문화, 사회, 생태 건설에서 공동의 권리, 공동의 직책, 공유의 권익 구조를 형성해야 한다. 이런 체제를 건립하는 것은 각 민족 간의 경제 사회 발전 수준의 격차를 축소하고 제거하기 위해서이다. 소수민족 집거 지역의 경제 사회의 쾌속적인 발전 나아가 비약적인 발전을 실현하는 것은 중국의 민족 정책이 달성해야 할 목표이며 민족구역 자치지방의 각 민족 인민들의 복지이기도 하다.

후진타오는 중국공산당 창립 90주년 경축대회 연설에서 "금세기 상반기에 우리 당은 단결하여 인민들을 이끌고 두 개의 장엄한 목표를 달성해야 한다. 하나는 중국공산당 창립 100주년에 십여억 인구가 혜택을 보는 더욱 높은 수준의 샤오캉 사회를 건설하는 것이고 다른 하나는 신중국 성립 100주년에 부강하고, 민주적이며, 문명적이고, 조화로운 사회주의 현대화 국가를 건설하는 것이다. 우리는 어깨가 무겁고 책임이 막중하다."라고 지적하였다. 첫번째 장엄한 목표인 "십여억 인구가 혜택을 보는 더욱 높은 수준의 샤오캉 사회"를 실현까지는 아직 10년이 남았다. 이 10년은, 중국이 계속하여 발전에 유리한 전략적 기회를 잘 잡고, 계속하여 효과적으로 안정적인 샤오캉 발전을 유지하는 기초 위에서 경제 성장 방식의 전환을 실현하고 과학적인 발전의 새로운 국면을 창조하는 아주 관건적인 시기이다. 또한 민족문제 해결의 건강한 발전을 추진하는 관건적인 시기이기도 하다.

7

중국공산당 제18차 전국대표대회 이후 중국특색 사회주의의 개혁 개방 사업은 다음과 같은 중요한 특징을 보여주고 있다. 시진핑 주석이 여러 차례 강조하였듯이, "우리는 역사상 그 어느 때보다 중화민족의 위대한 부흥을 실현한다는 목표에 가까이 다가와 있다. 역사상 그 어느 때보다 이 목표를 실현할 자신감이 있고, 또한 이를 달성할 수 있는 능력을 갖추었다." 이 판단은 역사적인 과정에 기초하고, 현재의 발전에 입각한 것이며, 중국공산당이 "초심을 잊지 않고 사명을 가슴 깊이 새기"고 인민의 행복을 도모하기 위해, 중화민족의 부흥을 위해 내린 시대적 판단이다.

중국공산당 제18차 전국대표대회 이후 중국 특색 사회주의 현대화 건설의 성과는 전방위적이고 획기적이었고, 중국 사회의 모든 영역에서 심층적이고 근본적인 변화가 일어났다. 민족 업무도 마찬가지이다. 이는 중국 특색의 민족문제 해결의 올바른 길에 대한 이론적 설명과 실천적 추진에서 집중적으로 체현되었다. 2014년 중앙민족사업회의로 대표되는 이론적인 해석은 중국 국내와 해외의 두 방면의 전반적인 민족문제 형세를 전면적으로 분석하여 세운 이론으로서 중국 국정운영의 노선, 제도, 이론, 문화적 자신감을 보여주는 것이다. 이러한 자신감은 동서양 및 국제적 비교 속에서 확립되었다. 미국 등 서방 국가들이 광의의 민족문제를 해결하기 위해 추구해 온 '민주적 가치', '인권 이념' 및 '정치적 올바름'은 현재 사회 내부에서 끊임없이 날로 증대되는 도전을 받고 있으며, 인종 차별, 민족 분리, 종족 배척 문제가 날로 심각해지고 있다.

2014년 이후 서구 선진국 및 자본주의 제도를 시행하는 개발도상국에서는 광의의 민족문제가 더욱 악화되는 양상을 보이고 있다. 미국 등 서방 국가들이 중동에서 타국 정권을 전복시키기 위한 전쟁을 치렀고, '아랍의 봄' 혁명을 책동하여, 극단적 종교 테러주의 무장단체인 '이슬람국가'의 결성을 초래했다. 이라크, 시리아에서 이같은 극단적 테러 세력의 확장은 2015년의 엄청난 규모의 '난민 위기'를 불러왔고, 이 '난민 위기'는 종교-민족주의 테러와 함께 영국, 프랑스, 독일, 벨기에 등 서방 국가는 물론 유럽연합 전체에 심각한 도전장을 내밀었다. 민족-국가 시대를 초월한 유럽연합은 국경 재설정, 분열된 민족주의, 포퓰리즘, 우익 배타적 사조로 인해 2016년 영국의 '주권 회복'을 위한 '브렉시트'를 초래했을 뿐 아니라 2017년 스페인 카탈루냐 자치 지방의 위헌 독립 주민투표까지 불러왔다. 미국은 지속적인 인종 갈등과 극단적 백인 포퓰리즘 운동으로, '흑인 대통령'으로 대표되는 '정치적 올바름'을 낳았고, 인종-민족주의와 '미국 우선주의'의 포퓰리즘 보수로 회귀해 미국의 인종, 종족, 계층 등의 구조적인 사회 분열을 드러냈으며, 유럽 국가들과 "민족 국가는 유럽의 표징"임을 재확립하였고, '문화다원주의자의 거짓 주장'에 반대하는 보수주의 사조와 함께 '교향악'을 만들어냈다. 서방의 이러한 오래된 민족-국가들은 이미 현대화를 실현하였지만 국민 통합의 현대 국가-민족 건설은 사회 핵심 가치를 이끌어내지 못하였고, 이로 인해 미국의 '앵글로 색슨 개신교'로 복귀하자는 호소, 유럽의 '기독교 근간'의 '핵심가치'로 복귀하자는 호소가 초래되었다. 이들은 모두 '다원일체(unity in diversity)'라는 관념에 대한 부정에 입각한 것으로서, "다양성, 포용성, 다문화주의를 논하는 것은 공허하다"고 여기며, 따라서 "국경 없는 다문화 세계의 유토피아적 환상을 거부"하며, '동화정책'에로 돌아가려고 하고 있다.[46] 이런 사조와 그 대표적인 정치적 성향은 서방이 전 세계에 '민주제도'를 강매해 발생한 '민주주의의 결손(democratic deficit)'의 현실적 효과이다.

46　华东师范大学世界政治研究中心译, 《巴黎声明: 一个我们能够信靠的欧洲》, 澎湃网, 2017년 10월 9일을 참조하라.

한때 중국 국내 일각에서는 중국의 민족문제 해결 정책에 대해 의심하고 부정하고, 미국 등 서방의 민족문제 해결 '성공 경험'에 대해 찬양하고 널리 소개하며, 심지어 영국 스코틀랜드 지방 의회, 스페인 카탈루냐 자치 지방의 독립 주민 투표 현상을 가지고 민족구역자치가 필연적으로 분리주의로 이어진다는 것을 증명하려 하였다. 이들은 모두 중국과 서방 국가의 기본 국정을 벗어난 교만하고 그릇된 견해였다. 미국 등 서구 국가들은 20세기 중후반에 들어서서, 오래동안 실행해 오던 인종 차별과 이민 동화 정책을 바꿔 이른바 '정치적 올바름'이라는 다문화주의를 확립하고 이를 '민주 제도,' '인권 업적'의 우세로 내세워 세계적으로 추진해왔다. 그러나 이들 국가들은 대내적으로는 '다문화'를 인정하고 대외적으로는 서방 민주로 '천하통일'을 하려고 함으로써, 내정과 외교의 모순을 초래하였다. 외교가 좌절된 조건에서는 필연적으로 내정의 반등을 초래하게 되는데, 이는 오늘날 서방 국가에서 국제적 차원의 '반 글로벌화', 국내적 차원의 정치적 포퓰리즘이 나타나게 된 중요한 동인이 되고 있다. 서방 민주제도의 내재적 모순은 '다당제 민주제도'가 낳은 지역주의, 민족주의 정당 정치에서도 나타난다. 스코틀랜드, 카탈루냐의 독립 주민 투표는 민족주의 정당들이 주도했고, 이탈리아 북부 지방의 독립 의도와 고도의 자치를 도모하는 국민 투표 역시 북부동맹이라는 지역주의 정당이 주도한 것이다. 이러한 국정, 사회 제도, 정당 정치와 이데올로기의 근본적 차이를 보지 못한 채 표상으로 중국을 비교, 평가하고 심지어 흑백을 전도하기까지 하는 것은 최소한의 실사구시의 원칙에 어긋날 뿐 아니라 옳고 그름을 혼동하는 사상적 혼란과 자신감 없는 자기비하만 조성할 뿐이다.

중국공산당은 어떻게 민족문제를 해결하는가

시진핑 신시대 중국 특색 사회주의 사상 및 그에 내포된 민족 사업 사상은 마르크스주의의 기본 원리와 중국의 실제를 결합한 이론적 성과이다. 그 중요한 특징은 바로 중국의 역사와 현실 국정에 확고히 입각하여 마르크스주의의 입장과 관점과 방법으로 중국 특색의 사회주의의 이론과 실천을 설명하였고, 세계화 시대의 세계 국면을 관찰하였으며, 고금을 관통하고, 중국과 서방을 융합하고, 시국을 자세히 연구하고, 발전 추세를 정확하게 예측하고, 변증법적 사고를 하는 사상방법을 형성하였다는 것이다. 이러한 중국 국내와 해외의 두 가지 전반적인 국면을 모두 총괄하는 전략적 사고는 중국 특색의 사회주의의 노선, 제도, 이론과 문화적 자신감에 정치적 신념을 제공하였을 뿐만 아니라 중국 발전의 성공적인 경험으로 "개발도상국들이 현대화하는 경로를 확장하여, 발전을 가속화하면서 자신의 독립성을 유지하고자 하는 세계의 여러 나라와 민족에게 새로운 선택을 제공하였고 인류 문제 해결을 위해 중국의 지혜와 중국 방안을 기여하였다."[47] 그중 민족문제를 해결하기 위해 확립한 기본 이념과 성공 경험은 민족 대천세계에도 큰 의미가 있다.

중국은 통일된 다민족 국가로서 다양성을 인정하고 통일된 일체를 구축하며 중국 실정에 맞는 중국 특색의 민족문제 해결의 올바른 길을 확고히 걷고 있으며, 평등, 단결, 상부상조하는 조화로운 사회주의 민족 관계를 지속적으로 공고히 발전시키며, 중화민족 대가족의 가족 구

<hr>

47 习近平,《决胜全面建成小康社会 夺取新时代中国特色社会主义伟大胜利 -在中国共产党第十九次全国代表大会上的讲话》, 新华网, 2017년 10월 18일.

성원 간의 경제 사회 발전 격차를 줄이고 가족 구성원 간의 문화 차이를 존중하는 자체 건설 과정에서, 개혁 개방의 발전 성과를 평등하게 공유하고, 중화민족 공동체 의식을 결집하고 굳건히 하고 있다. 이것은 중화민족의 위대한 부흥을 실현하는 기본 보장이다. 따라서 중국의 중화민족 운명공동체 건설의 기본 이념과 성공적인 실천은 중국 내정의 기본 경험일 뿐만 아니라 중국 외교의 내적 뒷받침이기도 하다. '외교는 내정의 연장'이라는 공리는, 한 나라의 국정운영의 내정의 결함은, 필연적으로 그 국정 운영의 외교적 열세를 초래하게 된다는 것을 알려주고 있다. 우리가 흔히 말하는 '약소국은 외교 협상에서 권한이 없다.(弱国无外交)'는 것도 이러한 의미를 반영하는 것이다. 중국이 중화민족 공동체 의식을 확고히 구축하는 것은 국정운영의 여러 측면을 모두 포함하지만 가장 중요한 것은 민족의 '다원화'와 '일체화'의 구축의 문제를 해결하는 것이다. 따라서 세계 대부분의 국가가 다민족(다인종, 다종교, 다언어, 다이민 포함) 국가에 속하기 때문에, 중국의 민족문제 해결의 성공적인 경험은 인류 사회의 민족문제를 해결하는 데에도 보편적 의의가 있다.

세계는 여러 나라가 함께 하는 세계이고, 수많은 민족의 인류가 공동으로 '지구촌'을 이루고 있다. 주권 독립을 대표하는 각 국가는 국제 사회의 행위 주체이고, 국가 간에 맺어진 국제 관계는 외교 업무의 주체이다. 세계화의 발전과 함께 글로벌 업무는 여러 나라의 외교 업무에서 점점 더 늘어나고 있으며 개방적인 발전과 세계화 과정으로의 통합은 모든 국가의 불가피한 선택이다. 시진핑은 중국공산당 제19차 전국대표대회 보고에서 "그 어떤 나라도 인류가 직면한 각종 도전에 독자

중국공산당은 어떻게 민족문제를 해결하는가

적으로 대처할 수 없으며, 그 어떤 나라도 폐쇄된 외딴 섬에 홀로 있을 수 없다."[48]고 강조한 바 있다. 글로벌 거버넌스는 각국의 동참을 의미하며 '다함께 공동으로'는 인류 운명 공동체 구축의 키워드다. 어떻게 하면 '다함께 공동으로'를 이룰 수 있고, 어떻게 수많은 국가와 민족의 대천세계에서의 '다함께 공동으로'를 실현할 수 있을까? 우선 넓은 의미의 다양성을 인정해야 한다. 시진핑 주석은 다음과 같이 말했다. "이 지구 상에는 200여 개의 국가와 지역, 2,500여 종류의 민족과 다양한 종교가 있다. 따라서 단일한 생활 방식, 단일한 언어, 단일한 음악과 단일한 복식만 존재한다는 것은 상상조차 할 수 없는 일이다."[49] 세계의 다양성에 대한 이런 인식은 중국의 다민족, 다종교, 다언어, 다문화 관계에 대한 깊은 이해에서 비롯되었다. "이 세상에 똑같은 모양의 나뭇잎은 없다."[50] 그렇기 때문에, 우리는 차이를 존중하고 다양성을 포용해야 한다. 이것이 바로 '다함께 공동으로'를 이루기 위한 전제이자 보장이다.

서로 다른 국제 장소에서 지속적으로 제기해온 중국의 명시적인 주장은 모두 중국이 차이 속에서 평화를 유지하고 다양성 속에서 공통의 이념을 실현하려고 함을 보여주고 있다. 예를 들면 다른 나라의 사회 제도와 발전 노선의 선택 존중에 기초한 "평화 협력, 개방 포용, 상호 학습, 상호 이익과 공동 번영 추구"; 문화적 다양성에 기초한 "의견의 차이는 보류하고 합의 가능한 부분을 협력한다는 구동존이(求同存

48　习近平,《决胜全面建成小康社会 夺取新时代中国特色社会主义伟大胜利-在中国共产党第十九次全国代表大会上的讲话》.

49　习近平,《文明因交流而多彩，文明因互鉴而丰富》,《习近平谈治国理政》, 제262쪽.

50　习近平,《青年要自觉践行社会主义核心价值观》,《习近平谈治国理政》, 제171쪽.

류), 폭넓게 수용한다는 겸용병축(兼容并蓄), 평화 공존, 다함께 잘 살고 번영한다는 공생공영(共生共榮)"; 그리고 민심에 기초한 각 나라 국민들의 "만남과 교류, 믿음과 존중, 협력과 조화, 평화롭고 풍요로운 생활 공유"와 같은 것들이다. 이러한 기본 이념은 모두 중국이 국내 민족문제를 해결하기 위해 따라야 하는 여러 가지 기본 원칙을 포함하고 있으며, '공동'이라는 평등의 의지와 단결의 메커니즘을 강조하고 있다. 민족 종교 사무의 일부 두드러진 문제를 처리할 때 개인과 전체, 부분과 전체라는 변증법적 사고 방법을 따라야 하듯이, 국내 차원에서 "어느 한 민족구역 자치지방에서 국소적으로 발생한 일을 이 민족구역 자치지방 전체와 묶어 처리해서는 안 되며, 어느 한 소수민족 중 극소수 사람들의 소동을 이 민족 전체와 묶어서 처리해서는 안 되며, 어느 한 소수민족에게서 일어난 일로 인해, 실천을 통해 이미 증명된, 장기간 유효한 민족정책을 의심해서는 안 된다."[51] 또한 국제 차원에서는 "특정 민족과 종교에 대한 모든 차별과 편견을 반대한다".[52] 중국은 국내 문제에서 다민족과 그것이 담고 있는 문화의 다양성을 국가 발전의 우세로 간주하고, 문화 다양성을 존중하고 소수민족 문화를 보호하고 전승하며, 각 민족이 교류하고 배우며, 함께 중국 문화를 건설할 것을 제창하며, 국제 문제에서 "세계 문명의 다양성을 존중하고 문명 교류로 문명의 장벽을 뛰어넘고, 문명에 대한 상호 학습으로 문명 충돌을 뛰어

---

51 习近平, 《在中央民族工作会议上的讲话》, 2014년 9월 28일.

52 习近平, 《弘扬丝路精神 , 深化中阿合作》, 《习近平谈治国理政》, 外文出版社, 2014년, 제315쪽.

중국공산당은 어떻게 민족문제를 해결하는가

넘으며, 문명의 공존으로 문명 우월성을 초월해야 한다."[53]고 선도한다. 이런 의미에서 중국은 국내에서는 다원일체의 중화민족 공동체를 건설하고, 대외적으로는 인류 운명 공동체 건설을 제창한다. 이는 내정 사무 해결의 이념과 외교 사무 처리 이념이 서로 융통하고 서로 협력하고 보완하여 시너지 효과를 내는 기본원칙을 구현하였다. 이는 일부 서방 국가들에서처럼 결코 내정과 외교의 이념이 서로 모순되고 서로 훼손하지 않는다.[54]

또한 "외교는 내정의 연장"이라는 공리(公理)에서 출발한다면, '내정'은 내인(內因)으로, 사물 변화의 근거이다. 중국이 대내적으로 중화민족 공동체의식을 확고히 하고 중화민족의 위대한 부흥을 실현하는 그 실현 정도는, 대외적으로 인류 운명 공동체 건설을 선도하는 실천적 효과를 결정한다. 따라서 중국의 민족 사업을 혁신적으로 추진하고 중국의 민족문제를 잘 해결하는 것은 중국이 글로벌 거버넌스 참여 중 "상호 존중, 공평 정의, 협력 상생의 새로운 국제관계를 건설하고 추진하며", "인류 운명 공동체 건설을 추진하며, 인류의 아름다운 미래를 함께 창조"하고자 하는 전망과 직결된다. 이에 중국공산당 제19차 전국대

---

53 习近平,《决胜全面建成小康社会 夺取新时代中国特色社会主义伟大胜利-在中国共产党第十九次全国代表大会上的讲话》.

54 예를 들면 미국의 저명한 학자인 헌팅턴은 대외적으로는 '세계 문명 충돌론'을, 대내적으로는 미국의 '문화 충돌론'을 제기하여 대외적으로는 '라이벌'을 세우고, 대내적으로는 '백인 문화 최우선'으로 '다문화'를 대체하려고 하였다. 또한 유럽의 일부 학자들은《파리 선언》을 발표하여, 문화적 다양성을 포용하는 것은 공허한 "유토피아"라고 주장하였고, 통일되고 우월한 기독교 유럽 문화로의 회귀를 주장하였으며, 기독교에 기반을 둔 문화에 동화하지 않는 이민은 모두 "식민주의자"라고 강조하였다.

표대회에서는 "역사적 교차기", "첫 번째 단계"와 "두 번째 단계"의 전략적 배치를 하였는데, 이것은 중국 특색의 사회주의가 새로운 시대의 역사적 방향으로 나아가는 분명한 지향점이다.

중국공산당 제19차 전국대표대회 보고에서는 "역사적 교차기"에 기반하여 전면적으로 샤오캉 사회를 건설하여 새로운 여정을 여는 첫 번째 단계에, 즉 2020년부터 2035년까지 15년 더 분투하여 사회주의 현대화를 기본적으로 실현한다고 지적하였다. 이에 대해 보고에서는 일련의 특징적인 비전에 대해 설명을 하였다. 예를 들면 경제, 과학기술은 혁신형 국가의 선두에 서고, 국민 참여와 평등 발전의 권리가 충분히 보장되며, 법치사회 건설이 기본적으로 완성되며, 각 방면의 제도가 더욱 완벽해지고, 중화문화의 영향이 더욱 광범위하고 깊어지며, 중간 소득층의 비율이 현저히 향상되고, 도시와 농촌 지역 간 발전 격차와 주민 생활 수준의 격차가 현저히 줄어들며, 기본적 공공서비스의 균등화가 기본적으로 실현되고, 전 국민의 공동부유가 힘찬 발걸음을 내딛고, 현대사회 거버넌스 구도가 기본적으로 형성되며, 생태 환경이 근본적으로 호전되고, 아름다운 중국 건설 목표가 기본적으로 실현된다는 등과 같은 것이다. 이러한 특징은 각 분야와 각 업종의 관련 개발 계획 및 지수 설계 중에서 점차 구체적인 그림이 완성되고, 실천되고 실행된다. 그렇다면 민족 사업은 이 시기의 비전을 어떻게 설계하고, 이러한 특징을 실현하기 위해 어떻게 실천하고 실행해야 성과를 거둘 수 있을까? 이것은 민족 사업의 사전 준비 및 전반 기획의 전략적 문제로 되었다. 여기에는 민족구역자치제도의 개선과 민족 사무의 국가 관리 능력의 현대화 문제가 포함된다. 그리고 각 민족이 정신적 터전과 물질적 터전 공유의 건설 면에서의 민족문제를 해결하는 "두 가지 열쇠"[55]의 효과의 문제가 포함된다. 또한 '일대일로' 건설 중 변방 민족 지역의 내외로 연통된 개방 발전의 문제도 포함된다. 이 과정에서 가장 중요한 임무는 중국의 주권 독립, 영토 보전 및 국민 통합을 위협하는 특수 모순을 효과적으로 해결하고 기본적으로 제거하는 것이다. 즉 '타이완 독립', '홍콩 독립', '시짱 독립', '동투르키스탄' 등을 포함한 민족 분열 세력, 종교적 극단 세력 및 폭력 테러 세력의 위협을 제거하는 것이다. 이것은 중화민족의 위대한 부흥을 실현하는 두 번째 단계에 진입하기 위한 중요한 조건 중의 하나이다.

중국공산당 제19차 전국대표대회 보고에서 제기한 두 번째 단계는 기본적으로 현대화를 실현한 기초 상의 2035년부터 2050년까지 기간으로서, 이 단계에는 15년 더 분투하여 중국을 부강하고, 민주적이며, 문명적이고, 조화로운 아름다운 사회주의 현대화 강국으로 건설하는 것을 예상 목표로 제기하였다. 이 목표가 실현되면, 중국은 물질 문명, 정치 문명, 정신 문명, 사회 문명, 생태 문명이 전면적으로 제고되고, 국가의 통치 체계와 통치 능력의 현대화를 실현하며, 종합 국력과 국제 영향력이 앞선 국가가 될 것이며, 모든 국민의 공동 부유를 기본적으로 실현하게 될 것이며, 국민들이 더욱 행복하고 평안한 생활을 누릴 것이며, 중화민족은 더욱 드높은 기개로 세계 민족의 숲에 우뚝 설 것이다. 이것은 130년 가까이 고군분투해온 중국공산당이 신중국 건국 100주년

---

55 역자 주, 중국이 민족문제 해결하는 데에는 "두 가지 열쇠"가 있는데, 하나는 정신적인 차원에서 각 민족의 차이를 존중하는 것이고, 다른 하나는 각 민족 간의 물질적 차원의 격차를 줄이는 것이다.

에 보여줄 중국의 모습, 중화민족의 모습이다. 이것은 비전이며, 또한 그려볼 수 있는 시대적 청사진이다. 그중에서도 중국의 민족문제 해결의 성과는, 각 민족이 공유하는 평등, 굳건한 단결, 사심 없는 상부상조, 한 가족 같은 화합으로 현대 국가-민족의 중화민족 공동체 구축을 반드시 이룰 것이다. 이것은 또한, 자본주의 상승기에 형성된 현대 민족-국가 시대가 4세기 동안 이어지면서 중국 특색의 사회주의가 성취한 현대화 강국이, 중화민족 공동체에 의거하여, 이념의 선도로부터 '인류 운명 공동체'의 전면적 추진에 이르는 위대한 항로를 열었다는 의미이기도 하다.

물론 인류 사회의 민족문제는 보편성, 장기성, 복잡성 등의 특징을 가지고 있으며, 21세기 중엽의 중국에는 민족문제를 포함한 다양한 사회 문제가 여전히 존재할 것이다. 이러한 문제는 내용, 유형, 지역과 공간에서 여러 가지 형태로 그 표현에 있어서 중대한 변화가 있을 것이며 민족 차별과 문화적 차이는 중국 국내는 물론 국제 사회에서도 새로운 형태로 계속 발생하고 존재하게 될 것이다. 중국공산당이 어떻게 민족문제를 해결하는가 하는 것은 과거, 현재, 미래를 포함하는 동적인 명제이며, 이는 또한 해답이고 과정이며 문제이기도 하다.

1. ≪资本论≫, 人民出版社, 1975.

2. ≪马克思恩格斯文集≫, 人民出版社, 2009.

3. ≪马克思恩格斯全集≫, 人民出版社, 1979.

4. ≪列宁专题文集·论资本主义≫, 人民出版社, 2009.

5. ≪列宁专题文集·论马克思主义≫, 人民出版社, 2009.

6. ≪列宁专题文集·论无产阶级政党≫, 人民出版社, 2009.

7. ≪列宁专题文集·论社会主义≫, 人民出版社, 2009.

8. ≪列宁全集≫, 人民出版社, 1985.

9. ≪列宁选集≫, 人民出版社, 1995.

10. ≪斯大林选集≫上·下卷, 人民出版社, 1979.

11. ≪斯大林全集≫, 人民出版社, 1958.

12. ≪毛泽东文集≫, 人民出版社, 1999.

13. ≪毛泽东书信选集≫, 人民出版社, 1983.

14. ≪毛泽东选集≫, 人民出版社, 1991.

15. ≪建国以来毛泽东文稿≫, 中央文献出版社, 1987.

16. 中共中央文献研究室, 国家民族事务委员会编, ≪毛泽东民族工作文选≫, 中央文献出版社, 民族出版社, 2014.

17. ≪建国以来刘少奇文稿≫, 中央文献出版社, 2005.

18. ≪邓小平文选≫, 人民出版社, 1994.

19. 《邓小平思想年谱》(一九七五──一九九七), 中央文献出版社, 1998.

20. 《江泽民文选》, 人民出版社, 2006.

21. 胡锦涛, 《在庆祝中国共产党成立90周年大会上的讲话》, 新华网, http://news.xinhuanet.com/policics/2011-07/01/.

22. 胡锦涛, 《携于推动两岸关系和平发展同心实现中华民族伟大复兴》, 新华网, http://news.xinhuanet.com/policics/2008-12/31/.

23. 《习近平谈治国理政》, 外文出版社, 2014.

24. 《习近平谈治国理政》第二卷, 外文出版社, 2017.

25. 中共中央文献研究室编, 《习近平关于全面建成小康社会论述摘编》, 中央文献出版社, 2016.

26. 中共中央文献研究室编, 《习近平关于社会主义政治建设论述摘编》, 中央文献出版社, 2017.

27. 中共中央文献研究室编, 《习近平关于社会主义文化论述摘编》, 中央文献出版社, 2017.

28. 中央统战部编, 《民族问题文献汇编》, 中共中央党校出版社, 1991.

29. 中共中央文献研究室, 中共西藏自治区委员会, 中国藏学研究中心编, 《毛泽东西藏工作文选》, 中央文献出版社, 中国藏学出版社, 2008.

30. 国家民族事务委员会政策研究室, 《中国共产党主要领导人论民族问题》, 民族出版社, 1994.

31. 中共中央文献研究室, 中共新疆维吾尔自治区委员会编, 《新疆工作文献选编》(一九四九—二○一○年), 中央文献出版社, 2010.

32. 中共中央党史研究室, 《中国共产党历史》第二卷(一九四九──一九七八年), 中共党史出版社, 2011.

33. 国家民族事务委员会, 中共中央文献研究室, 《民族工作文献选编》(二○○三—二○○九年), 中央文献出版社, 2010.

34. 《中央民族工作会议暨国务院第三次全国民族团结表彰大会文件集》, 人民出版社, 1999.

35. 中共中央统战部, 中共中央文献研究室, ≪习仲勋论统一战线≫, 中央文献出版社, 2013.

36. ≪乌兰夫文选≫上·下册, 中央文献出版社, 1999.

37. 国家民族事务委员会编, ≪中央民族工作会议精神学习辅导读本≫, 民族出版社, 2015.

38. ≪当代中国≫丛书编辑部, ≪当代中国的民族工作≫(上·下), 当代中国出版社, 1993.

39. ≪中国少数民族≫修订编辑委员会, ≪中国少数民族≫, 人民出版社, 1984.

40. 民族出版社编, ≪十年民族工作成就≫, 民族出版社, 1959.

41. 中华人民共和国统计局编, ≪中国统计年鉴≫(2010), 中国统计出版社, 2010.

42. ≪中华人民共和国国民经济和社会发展第十二个五年规划纲要≫, 人民出版社, 2011.

43. 王晨主编, ≪中国政府西藏白皮书汇编≫, 人民出版社, 2010.人民出版社地图室编, ≪近代中国百年国耻地图≫, 人民出版社, 1997.

44. 人民出版社地图室编, ≪近代中国百年国耻地图≫, 人民出版社, 1997.

45. ≪中国生物多样性国情研究报告≫编写组编, ≪中国生物多样性国情研究报告≫, 中国环境科学出版社, 1998.

46. 中国环境与发展国际合作委员会编, ≪国际环境合作与可持续发展：保护中国的生物多样性≫, 中国环境科学出版社, 1997.

47. ≪中国自然保护区发展规划纲要(1996-2010年)≫, 国家环保总局, 国家计委1997년 11월 24일 발행.

48. ≪孙中山全集≫, 中华书局, 1982, 1985.

49. ≪三民主义≫, 岳麓书社, 2000.

50. 秦孝仪编, ≪"总统"蒋公思想言论总集≫卷囚, 中国台湾"中央"文物供应社, 1984.

51. 金冲及, ≪二十世纪中国史纲≫, 社会科学文献出版社, 2009.

52. 沈志华主编, ≪中苏关系史纲≫, 新华出版社, 2007.

53. 康有为, ≪大同书≫, 华夏出版社, 2002.

54. 梁启超, ≪变法通仪≫, 华夏出版社, 2002.

55. 章炳麟, ≪訄书≫, 华夏出版社, 2002.

56. 邹容, ≪革命军≫, 华夏出版社, 2002.

57. 陈天华, ≪猛回头≫, 华夏出版社, 2002.

58. 常乃惪, ≪中华民族小史≫, 爱文书局, 1928.

59. 江应樑, ≪广东瑶人之今昔观≫, ≪民俗≫第一卷, 1937.

60. 顾颉刚, ≪中华民族是一个≫, ≪益世报≫, 1939년 2월 13일.

61. 费孝通, ≪关于民族问题的讨论≫, ≪益世报≫, 1939년 5월 1일.

62. 顾颉刚, ≪续论<中华民族是一个>-答费孝通先生≫, ≪益世报≫, 1939년 5월 8일.

63. 顾颉刚, ≪续论<中华民族是一个>-答费孝通先生≫(续), ≪益世报≫, 1939년 5월 29일.

64. 王晓秋, ≪近代中日文化交流史≫, 中华书局, 2000.

65. 郑匡民, ≪梁启超启蒙思想的东学背景≫, 上海书店出版社, 2003.

66. ≪认同与国家：近代中西历史的比较≫, 中国台湾"中研院"近代史研究所, 1994.

67. ≪中国少数民族革命史≫编写组, ≪中国少数民族革命史(1840-1949)≫, 广西民族出版
    社, 2000.

68. 翁独健主编, ≪中国民族关系史纲要≫, 中国社会科学出版社, 2001.

69. 王钟翰主编, ≪中国民族史≫, 中国社会科学出版社, 1994.

70. 许倬云, ≪西周史≫, 三联书店, 2001.

71. 童书业, ≪春秋史≫, 上海古籍出版社, 2003.

72. 田昌五, ≪古代社会形态研究≫, 天津人民出版社, 1980.

73. 马大正主编, ≪中国边疆经略史≫, 中州古籍出版社, 2000.

74. 卢勋等, ≪中华民族凝聚力的形成与发展≫, 民族出版社, 2000.

75. 陈育宁主编, ≪中华民族凝聚力的历史探索≫, 云南人民出版社, 1994.

76. 周伟洲主编, ≪英国俄国与中国西藏≫, 中国藏学出版社, 2001.

77. 周伟洲, 周源主编, ≪西藏通史·民国卷≫(上·下), 中国藏学出版社, 2008.

78. 厉声主编, ≪中国新疆历史与现状≫, 新疆人民出版社, 2003.

79. 郝时远, 杜世伟编著, ≪蒙古≫, 社会科学文献出版社, 2007.

80. 吴云贵, 周燮藩, ≪近现代伊斯兰教思潮与运动≫, 社会科学文献出版社, 2000.

81. 赵常庆主编, ≪中亚五国概论≫, 经济日报出版社, 1999.

82. 唐家卫编著, ≪事实与真相-十四世达赖喇嘛丹增嘉措其人其事≫, 中国藏学出版社, 2003.

83. 西藏自治区党史资料征集委员会, 西藏军区党史资料征集领导小组编, ≪平息西藏叛乱≫, 西藏人民出版社, 1995.

84. 姜念东, 伊文成, 解学诗, 吕元明, 张辅麟, ≪伪满洲国史≫, 吉林人民出版社, 1980.

85. 中国藏学研究中心历史所编印, ≪国外学者西藏历史论文集选译≫(上·下), 资料印刷本, 2006.

86. 孙云, ≪"台独"理论与思潮≫, 九州出版社, 2007.

87. 杨立宪, ≪"台独"组织与人物≫, 九州出版社, 2008.

88. 陈佳宏, ≪海外台独运动史≫, 中国台北, 前卫出版社, 1998.

89. 刘红, 郑庆勇, ≪国民党在台五十年≫, 九州出版社, 2001.

90. 李松林, 杨建英, ≪中国共产党反分裂反"台独"斗争及经验研究≫, 人民出版社, 2009.

91. 张植荣, ≪中国边疆与民族问题≫, 北京大学出版社, 2005.

92. 连横, ≪台湾通史≫, 华东师范大学出版社, 2006.

93. 施正锋编, ≪族群政治与政策≫, 中国台北, 前卫出版社, 1997.

94. 宋光宇, ≪台湾史≫, 人民出版社, 2007.

95. 许介鳞, ≪李登辉与台湾政治≫, 社会科学文献出版社, 2002.

96. 林浊水, ≪共同体-世界图像下的台湾≫, 中国台北, 左岸文化出版社, 2006.

97. 杨开煌, ≪新局：对胡六点之解读≫, 海峡学术出版社, 2009.

98. 林淑雅, ≪第一民族-台湾原住民族运动的宪法意义≫, 中国台北, 前卫出版社, 2000.

99. 李江琳, ≪1959拉萨！达赖喇嘛如何出走≫, 中国台北, 联经出版事业股份有限公司, 2010.

100. 达赖喇嘛,《达赖喇嘛自传》, 康鼎译, 中国台北, 联经出版社, 1990.

101. 茨仁夏加,《龙在雪域：一九四七年后的西藏》, 谢惟敏译, 中国台北, 左岸文化出版
社, 2011.

102. 孙宏开, 胡增益, 黄行主编,《中国的语言》, 商务印书馆, 2007年, 제 3페이지.

103. 金星华, 张晓明, 兰智奇主编,《中国少数民族文化发展报告》(2008), 民族出版社,
2009.

104. 李世涛主编,《知识分子立场-民族主义与转型期中国的命运》, 时代文艺出版社,
2000.

105. 范俊军编譯,《联合国教科文组织关于保护语言与文化多样性文件汇编》, 民族出版
社, 2006.

106. 郑永年,《中国模式：经验与困局》, 浙江人民出版社, 2010.

107. 王小东,《天命所归是大国-中国：要做英雄国家和世界领导者》, 江苏人民出版社,
2009.

108. 宋晓军, 王小东, 黄纪苏,《中国不高兴-大时代、大目标及我们的内忧外患》, 江苏
人民出版社, 2009.

109. [미국] 戴维·S.兰德斯,《国富国穷》, 门洪华等译, 新华出版社, 2001.

110. [미국] 斯塔夫里阿诺斯,《全球通史：1500年以前的世界》, 吴象婴, 梁赤民译, 上
海社会科学院出版社, 1992.

111. [미국] 何伟亚,《怀柔远人：马嘎尔尼使华的中英礼仪冲突》, 邓常春译, 社会科学
文献出版社, 2002.

112. [미국] 杜赞奇,《从民族国家拯救历史-民族主义话语与中国现代史研究》, 王宪明
译, 社会科学文献出版社, 2003.

113. [미국] E.拉兹洛,《决定命运的选择》, 李吟波等译, 三联书店, 1997.

114. [미국] 大卫·科兹, 弗雷德·威尔,《来自上层的革命-苏联体制的终结》, 曹荣湘, 孟
鸣岐等译, 中国人民大学出版社, 2008.

115. [미국] 威廉·富布赖特,《帝国的代价》, 简新芽译, 世界知识出版社, 1991.

116. [미국] 唐纳德·L.哈迪斯蒂,《生态人类学》, 郭凡, 邹和译, 文物出版社, 2002.

117. [미국] 诺曼·迈尔斯, ≪最终的安全-政治稳定的环境基础≫, 王正平, 金辉译, 上海译文出版社, 2001.

118. [미국] 马丁·N.麦格, ≪族群社会学≫(第六版), 祖力亚提, 司马义译, 华夏出版社, 2007.

119. [미국] 罗伯特·康奎斯特主编, ≪最后的帝国-民族问题与苏联的前途≫, 刘靖兆, 刘振前等译, 华东师范大学出版社, 1993.

120. [미국] 西奥多·怀特, ≪美国的自我探索≫, 中国对外翻译出版公司译, 美国驻华大使馆文化处, 1984.

121. [미국] 兹比格涅夫·布热津斯基, ≪竞赛方案-进行美苏竞争的地缘政治纲领≫, 中国对外翻译出版公司, 1988.

122. [미국] 兹比格涅夫·布热津斯基, ≪大失控与大混乱≫, 潘嘉功, 刘瑞祥译, 朱树飏校, 中国社会科学出版社, 1994.

123. [미국] 兹比格涅夫·布热津斯基, ≪大抉择-美国站在十字路口≫, 王振西 主譯, 新华出版社, 2005.

124. [미국] 塞缪尔·亨廷顿, ≪第三波-20世纪后期民主化浪潮≫, 刘军宁译, 上海三联书店, 1998.

125. [미국] 塞缪尔·亨廷顿, ≪文明的冲突与世界秩序的重建≫, 周琪等译, 新华出版社, 1998.

126. [미국] 塞缪尔·亨廷顿, ≪我们是谁-美国国家特性面临的挑战≫, 程克雄译, 新华出版社, 2005.

127. [미국] 梅·戈尔斯坦, ≪喇嘛王国的覆灭≫, 杜永彬译, 时事出版社, 1994.

128. [미국] 本尼迪克特·安德森, ≪想象的共同体：民族主义的起源与散布≫, 吴叡人译, 上海人民出版社, 2003.

129. [미국] 约翰·奈斯比特, 帕特里夏·阿伯迪妮, ≪2000年大趋势-九十年代的十个新趋势≫, 军事科学院外国军事研究部译, 东方出版社, 1990.

130. [미국] 丹尼尔·A.科尔曼, ≪生态政治：建设一个绿色社会≫, 梅俊杰译, 上海译文出版社, 2002.

131. [미국] 迈克尔·G.泽伊, ≪擒获未来≫, 王剑男, 邵宇宾译, 三联书店, 1997.

132. [미국] 彼特·布劳, ≪不平等和异质性≫, 王春光, 谢圣赞译, 中国社会科学出版社, 1991.

133. [미국] 拉里·A.萨默瓦, 理查德·E.波特主编, ≪文化模式与传播方式-跨文化交流文集≫, 麻争旗等译, 北京广播学院出版社, 2003.

134. [미국] 克利福德·格尔茨, ≪文化的解释≫, 韩莉译, 译林出版社, 1999.

135. [미국] 约翰·肯尼斯·克瑞斯, ≪冷战孤儿-美国和西藏为争取生存的抗争≫, 傅小强等译, 周镜校, 内部资料刊印本.

136. [미국] 哈罗德.伊萨克, ≪族群：集体认同与政治变迁≫, 邓伯震译, 中国台湾, 立绪文化事业有限公司, 2004.

137. [미국] 亚历克斯·卡利尼克斯, ≪平等≫, 徐朝友译, 江苏人民出版社, 2003.

138. [미국] 葛凯, ≪制造中国-消费文化与民族国家的创建≫, 黄振萍译, 北京大学出版社, 2007.

139. [미국] 曼纽尔·卡斯特, ≪认同的力量≫, 曹荣湘译, 社会科学文献出版社, 2006.

140. [영국] 冯客, ≪近代中国之种族观念≫, 杨立华译, 江苏人民出版社, 1999.

141. [영국] 彼德·费莱明, ≪刺刀指向拉萨≫, 向红筋, 胡岩译, 西藏人民出版社, 1997.

142. [영국] 埃德蒙·坎德勒, ≪拉萨真面目≫, 尹建新, 苏平译, 西藏人民出版社, 1989.

143. [영국] 安东尼·吉登斯, ≪超越左与右-激进政治的未来≫, 李惠斌, 杨雪冬译, 社会科学文献出版社, 2000.

144. [영국] 安东尼·D.史密斯, ≪全球化时代的民族与民族主义≫, 龚维斌, 良警宇译, 中央编译出版社, 2002.

145. [영국] 厄内斯特·盖尔纳, ≪民族与民族主义≫, 韩红译, 中央编译出版社, 2002.

146. [영국] 迈克·克朗, ≪文化地理学≫, 杨淑华, 宋慧敏译, 南京大学出版社, 2005.

147. [일본] 小森阳一, ≪日本近代国语批判≫, 陈多友译, 吉林人民出版社, 2003.

148. [일본] 松本真澄, ≪中国民族政策之研究-以清末至1945年的"民族论"为中心≫, 鲁忠慧译, 民族出版社, 2003.

149. [인도] 泰戈尔, ≪民族主义≫, 谭仁侠译, 商务印书馆, 1986.

150. [프랑스] 埃德加·莫林, 安娜·布里吉特·凯恩, ≪地球 祖国≫, 马胜利译, 三联书店, 1997.

151. [프랑스] 爱弥尔·涂尔干, 马塞尔·莫斯, ≪原始分类≫, 汲哲译, 渠东校, 上海人民出版社, 2000.

152. [프랑스] 埃莱娜·卡·唐科斯, ≪分崩离析的帝国≫, 郗文译, 新华出版社, 1982.

153. [프랑스] 石泰安, ≪西藏的文明≫, 耿昇译, 王尧审订, 中国藏学出版社, 1999.

154. [프랑스] 安玛莉·布隆铎, 卡提亚·毕菲特里耶等编著, ≪遮蔽的图伯特, 国际藏学家解读(中共版)<西藏百题问答>≫, 谢惟敏译, 中国台北, 前卫出版社, 2011.

155. [소련] 米·谢·戈尔巴乔夫, ≪改革与新思维≫, 苏群译, 新华出版社, 1987.

156. [불가리아] 托多尔·日夫科夫, ≪日夫科夫回忆录≫, 吴锡俊, 王金柏译, 新华出版社, 1999.

157. [독일] 埃贡·克伦茨, ≪大墙倾倒之际-克伦茨回忆录≫, 沈隆光等译, 世界知识出版社, 1991.

158. [독일] 马克斯·韦伯, ≪经济、诸社会领域及权力≫, 李强译, 三联书店, 1998.

159. [독일] 贡德·弗兰克, ≪白银资本-重视经济全球化中的东方≫, 刘北成译, 中央编译出版社, 2001.

160. [독일] 约恩·吕森, ≪历史思考的新途径≫, 綦甲福, 来炯译, 上海世纪出版集团, 2005.

161. [러시아] 雷日科夫, ≪大国悲剧-苏联解体的前因后果≫, 徐昌翰等译, 新华出版社, 2008.

162. [러시아] 亚历山大·季诺维也夫, ≪俄罗斯共产主义的悲剧≫, 侯艾君等译, 新华出版社, 2004.

163. [러시아] 瓦列里·季什科夫, ≪苏联及其解体后的族性、民族主义及冲突-炽热的头脑≫, 姜德顺译, 中央民族大学出版社, 2009.

164. [러시아] 米·谢·戈尔巴乔夫, ≪戈尔巴乔夫回忆录≫上·下册, 王尊贤等译, 社会科学文献出版社, 2003.

165. [캐나다] 乔治·安德森, ≪联邦制导论≫, 田飞龙译, 中国法制出版社, 2009.

166. [캐나다] 威尔·金里卡, ≪少数群体的权利：民族主义、多元文化主义与公民权≫, 邓红风译, 中国台北, 左岸文化出版社, 2004.

167. [스위스] 托马斯·弗莱纳, ≪人权是什么?≫, 谢鹏程译, 中国社会科学出版社, 2000.

168. [이탈리아] L.L.卡瓦利-斯福扎, F.卡瓦利-斯福扎, ≪人类的大迁徙≫, 乐俊河译, 杜若甫校, 科学出版社, 1998.

169. [이탈리아] 乔万尼·阿里吉, ≪亚当·斯密在北京：21世纪的谱系≫, 路爱国, 黄平, 许安结译, 社会科学文献出版社, 2009.

170. [이탈리아] 维柯, ≪新科学≫, 朱光潜译, 人民文学出版社, 1987.

171. [멕시코] 卡洛斯·安东尼奥·阿居雷·罗哈斯, ≪拉丁美洲：全球危机和多元文化≫, 王银福译, 山东大学出版社, 2006.

172. [미국] Stephan Thernstrom, Harvard Encyclopedia of American Ethnic Groups, The Belknap Press of Harvard University Press, 1980.

173, ≪十三经注疏≫, 阮元校刻。

174. 宋元人注, ≪四书五经≫, 天津古籍出版社, 1988.

175. 石介, ≪徂徕集≫, ≪四库全书≫.

176. 皮日休, ≪皮子文薮≫, ≪四库全书≫.

177. 房玄龄等, ≪晋书≫, 中华书局, 1974.

178. 萧子显, ≪南齐书≫, 中华书局, 1972.

179. ≪宫中档乾隆朝奏折≫第68辑, 中国台北,“国立故宫博物院”印行, 1988.

180. ≪大清高宗纯(乾隆)皇帝实录≫(28), 中国台北, 台湾华文书局股份有限公司, 1969.

181. 徐中舒主编, ≪甲骨文字典≫, 四川辞书出版社, 1988.

182. 许慎, ≪说文解字≫, 中华书局, 1963.

183. 王力主编, ≪王力古汉语字典≫, 中华书局, 2000.

184. ≪辞源≫二, 商务印书馆, 1984.

지은이 소개　　　하오스위안(郝時遠)

1952년 생.

현재 중국사회과학원 학술부 위원, 연구원. 몽골 과학원 외국인 원사, 중국세계민족학회 회장, 중국인류학회 회장 등을 겸임.

중국사회과학원 원장 보좌관과 부 비서장 직을 역임, 민족학 및 인류학 연구소 소장, 중국사회과학원 학술부 주석단 비서장, 사회정법학부 주임 등을 역임. 전국정치협상회의 제11기, 12기 정협위원, 중국민족학회 회장, 중국민족사학회 회장 등을 역임.

마르크스주의 민족이론, 중국공산당의 민족 정책, 중국 및 해외 민족문제 및 민족사 연구에 전념.

대표적인 저서로는 『제국 패권과 발칸 화약통(帝国霸权与巴尔干"火药桶")』, 『족류변물(类族辨物)』, 『중국특색의 민족문제 해결의 길(中国特色解决民族问题之路)』 등이 있다.

옮긴이 소개　　　김춘자(金春子)

2007년 2월 서울대학교 대학원 국어국문학과 문학박사 학위 취득.
현재 중국 칭다오대학교(靑島大學) 외국어대학 한국어학과 부교수.

조성금(趙城琴)

2015년 2월 서울대학교 대학원 국어국문학과 문학박사 학위 취득.
현재 중국 칭다오대학교(靑島大學) 외국어대학 한국어학과 조교수.

강홍화(姜紅花)

2000년 6월 중국 연변대학교 조선언어문학학과 졸업.
현재 중국 哈尔滨阿城区朝鮮族中学校 교사.

호금량(胡今亮)

2016년 6월 중국 칭다오대학교(靑島大學) 한국어번역 문학석사 학위 취득.
현재 중국 中昊(北京)飜譯服務有限公司 대표.

최명옥(崔明玉)

서울대학교 명예교수, 한국방언학회 1대, 2대 회장 역임.
일석국어학연구장려상, 일석국어학상 수상.

중국공산당은 어떻게 민족문제를 해결하는가
中国共产党怎样解决民族问题

초판1쇄 인쇄 2023년 8월 25일
초판1쇄 발행 2023년 9월 7일

지은이	하오스위안郝時遠
옮긴이	김춘자金春子 조성금趙城琴 강홍화姜紅花 호금량胡今亮 최명옥崔明玉
펴낸이	이대현
편집	이태곤 권분옥 임애정 강윤경
디자인	안혜진 최선주 이경진
마케팅	박태훈

펴낸곳	도서출판 역락
출판등록	1999년 4월 19일 제303-2002-000014호
주소	서울시 서초구 동광로 46길 6-6 문창빌딩 2층 (우06589)
전화	02-3409-2060
팩스	02-3409-2059
홈페이지	www.youkrackbooks.com
이메일	youkrack@hanmail.net

ISBN 979-11-6742-567-6 93300